G WEBEN STRICKE… …N
DIGITALE TECHNOLOG… …N
STOFFLICHKEIT MATERIALITÄT
ECHNIK KÜNSTLERISCHE PRAXIS
N FORSCHUNG KOOPERATION
NT TECHNIK TRANSFASHIONAL
JRELL MACHT NACHHALTIGKEIT
AUSSEREUROPÄISCH MODE
QUEER ARTS-BASED RESEARCH
FARBSTOFF REPRÄSENTATION
URCE LEHREN ÜBERSETZUNG
JNG HETEROGEN VIELSTIMMIG
NPASSUNG DIY WIDERSTÄNDIG
VISCHENRAUM GEMEINSCHAFT
OBJEKT INDIGO DIVERSITÄT
ETZWERKE SCHNITT FLICKEN
TTELN FASER WISSENSFORMEN
KULTUR TEXTILWISSENSCHAFT

Edition Angewandte – Buchreihe der
Universität für angewandte Kunst Wien
Hrsg. von Maria Zettler, geschäftsf. Rektorin

edition:'ʌngewʌndtə
Universität für angewandte Kunst Wien
University of Applied Arts Vienna

Barbara Putz-Plecko (Hrsg.)

GEOGRAFIEN DES TEXTILEN

Lehren als künstlerische Praxis

Textil – Freie, angewandte und experimentelle künstlerische Gestaltung
Universität für angewandte Kunst Wien

DE GRUYTER

INHALT

PROJEKTE MIT STUDIERENDEN

FORSCHUNGS-PROJEKTE

Vorwort
→ Seite 12

Einleitung
→ Seite 14

KAPITEL 1
Mapping by Stitches
→ Seite 23

KAPITEL 2
Atmosphärische Ausdehnung
→ Seite 157

KAPITEL 3
Transkulturelle Topologien
→ Seite 247

KAPITEL 4
Litoral und Neuland
→ Seite 297

KAPITEL 5
Appendix
→ Seite 357

BILDUNG: BEREITSCHAFT, FÄHIGKEIT UND MUT ZUR EROBERUNG DES NEUEN
Gerald Bast
→ Seite 10

VORWORT
Barbara Putz-Plecko
→ Seite 12

EINLEITUNG
GESPINSTE FORMEN LANDSCHAFT
Barbara Putz-Plecko
→ Seite 14

KAPITEL 1
Mapping by Stitches
→ Seite 23

KUNST UND LEHRE ALS POTENZIELLER RAUM
Barbara Putz-Plecko
→ Seite 26

VON DEN BESONDERHEITEN DER STOFFE, VON DINGEN UND EREIGNISSEN
Barbara Graf
→ Seite 42

TEXTILE PROZESSE
Über das Herstellen von Zusammenhängen
Manora Auersperg
→ Seite 54

TALKING TEXTILES – KULTURAUSTAUSCH AUF TEXTILER EBENE
Reflexionen zur Lehre im Zeitalter der Globalisierung
Karin Altmann
→ Seite 66
→ Seite 72

WISSENSVERMITTLUNG DURCH MODE UND TEXTILIEN
Walter Lunzer
→ Seite 80

WEBEN
Eine Möglichkeit des bildnerischen Gestaltens – ein Rückblick
Eva Lachner
→ Seite 88

DEM TEXTILEN GEHÖRT DIE ZUKUNFT
Manuel Wandl
→ Seite 96

EXPERIMENTELLE ENTWICKLUNGS-METHODEN, KÜNSTLERISCHE FORSCHUNG
Ute Neuber
→ Seite 104

TEXTIL – AUF DER SUCHE NACH DEM UNENTDECKTEN
Heidi Call
→ Seite 108

MUSTERGÜLTIG
Alice Götz
→ Seite 114

PROZESS ALS FORM. TEXTUREN DES HINTERFRAGENS
Katharina Heinrich
→ Seite 120

MANUELLES STICKEN ALS KÜNSTLERISCHES AUSDRUCKSMITTEL
Susanne Frantal
→ Seite 126

MEINE UNGEPLANTE KOMPETENZ
Oder: Der kläglich gescheiterte Versuch, zukünftigen Lehrer*innen einen vernünftigen Zugang zu Plastik zu vermitteln
P. Michael Schultes
→ Seite 134

WIR NAVIGIEREN: ALS INDIVIDUUM, ALS KOLLEKTIV, ALS ÖKOSYSTEM
Kristoffer Stefan
→ Seite 142

designSTRICKtextil
Strickjacken mit Schremser Bezug und andere StrickDinge
Susanne Gobl
→ Seite 146

VOM SCHWIERIGEN UNTERFANGEN, EIN TEXTILES GEWEBE ABZULICHTEN
Konrad Strutz
→ Seite 150

STUDIO PRAXISTEST
Paul-Reza Klein, Uli Kühn und Robert Zimmermann
→ Seite 152

KAPITEL 2
Atmosphärische Ausdehnung
→ Seite 157

TEXTIL:MOBIL
Auf stete Fortsetzung hoffend
Eva Sturm
→ Seite 160

PRÄSENTIEREN, AUSSTELLEN, VERMITTELN
Barbara Putz-Plecko
→ Seite 174

DANIEL ASCHWANDEN: POETISCHE INTERVENTIONEN
Barbara Putz-Plecko
→ Seite 182

HALLSTATTFARBEN
Textile Verbindungen zwischen Wissenschaft und Kunst
Barbara Putz-Plecko
→ Seite 192

ORTE AUSSERHALB IHRER SELBST
Gangart (Simonetta Ferfoglia und Heinrich Pichler)
→ Seite 200

WELTEN KREUZEN
SmArt C_Wien–Chongqing Seestadt Aspern–Karlsplatz
PRINZpod (Brigitte Prinzgau und Wolfgang Podgorschek)
→ Seite 206

INTERWEAVING KÖRPER/RAUM
Manora Auersperg und Barbara Putz-Plecko
→ Seite 216

TRANSFASHIONAL
Dobrila Denegri
→ Seite 222

EINMAL SCHRUNS–WIEN UND ZURÜCK
Multisensorische Lesarten und Transformationen einer Montafoner Tracht
Wilbirg Reiter-Heinisch
→ Seite 230

THREADS OF LIFE
Textiles in Medizin und Kunst
Barbara Putz-Plecko
→ Seite 234

GE_WANDEN
Manora Auersperg
→ Seite 242

FAÇADE
Ein Festgewand für das Integrationshaus
Manora Auersperg
→ Seite 244

KAPITEL 3
Transkulturelle Topologien
→ Seite 247

NORD_SÜD_OST_WEST
Barbara Putz-Plecko
→ Seite 250

DER WA LOOM
Webstuhldesign in Resonanz mit veränderten Bedingungen – Ghana 2020
Manuel Wandl
→ Seite 264

IKAT – WIE PERLEN AUS DEM OZEAN
Barbara Putz-Plecko
→ Seite 276

TEPPICH ALS KOLLEKTIVE SPIELERISCHE MATRIX
Flying Carpet
→ Seite 284

ornaMental structures. figure and ground
Danica Dakić
→ Seite 288

KAPITEL 4
Litoral und Neuland

→ Seite 297

DARSTELLUNGEN DES UNSICHTBAREN: KÖRPERERKUNDUNGEN
Barbara Graf
→ Seite 300

A WORLD OF BLUE – DIALOGUES IN INDIGO
Arts-based Research on the Potentials of Natural Indigo Dyeing
Karin Altmann
→ Seite 308

FABRIC OF LIFE
Textile Arts in Bhutan – Culture, Tradition and Transformation
Karin Altmann
→ Seite 314

SAFERTEX
Textilien in der Reinigungsindustrie
Walter Lunzer
→ Seite 316

OBERFLÄCHEN-DESIGN FÜR EXOPROTHESEN UND ORTHESEN
Walter Lunzer
→ Seite 326

FORSCHEND LEHREN, FORSCHEND LERNEN
Überlegungen zur künstlerischen Forschung und ihrer Lehre
Ebru Kurbak
→ Seite 330

KNITTED BODY MATERIALITY / GESTRICKTE KÖRPER MATERIALITÄT
Katharina Sabernig
→ Seite 338

SHAPESHIFTING
Transformatorische Prozesse in Schnittentwicklung und Lehre
Barbara Putz-Plecko
→ Seite 342

NAQSHE KHANI_GEWEBTE KLÄNGE
Mehdi Aminian
→ Seite 350

APPENDIX

→ Seite 357

NACHWORT
SOFT ASSEMBLIES
Ebba Fransén-Waldhör

→ Seite 358

TEXTIL AN DER ANGEWANDTEN
im Kontext der Wandlung des Kunstbegriffs seit den 1970er-Jahren
Marietta Böning

→ Seite 362

KURZBIOGRAFIE
BARBARA PUTZ-PLECKO

→ Seite 372

KURZBIOGRAFIEN DER AUTOR*INNEN

→ Seite 374

DANKSAGUNG

→ Seite 380

IMPRESSUM

→ Seite 382

BILDUNG: BEREITSCHAFT, FÄHIGKEIT UND MUT ZUR EROBERUNG DES NEUEN

Gerald Bast

„Es kommt darauf an, das Hoffen zu lernen", schreibt Ernst Bloch im Vorwort zu seinem Hauptwerk *Das Prinzip Hoffnung*. Bloch stellt den Begriff der Hoffnung, den er als Bereitschaft zur Eroberung des Neuen sieht, in einen direkten Zusammenhang mit dem Begriff der Utopie. Eine Gesellschaft, die nicht in Nostalgie ertrinken oder im Pragmatismus ersticken will, braucht die Kraft von Utopien.

Gerade heute, in einer Zeit radikaler gesellschaftlicher, technologischer und wirtschaftlicher Umbrüche scheint es notwendiger denn je, die aktive Bereitschaft zur Eroberung des Neuen zu lernen.

Die modernen Gesellschaften sind geprägt von Veränderung, Instabilität, Ungewissheit und Ambiguität. Dem kann man entweder mit Ignoranz begegnen – man verleugnet oder verdrängt Ungewissheit und Ambiguität, indem man mit simplen Botschaften Gewissheit und Stabilität behauptet und beschwört. Oder man kann das Gegenteil davon tun und findet sich dabei in der Domäne der Kunst, die das Hinterfragen, die Suche nach alternativen Zugängen und ungewöhnlichen Zusammenhängen, das Entwickeln und Entdecken von Ambiguitäten kultiviert.

In einer Welt, die kontinuierlich und immer schneller den Weg beruflicher und intellektueller Spezialisierung und Fragmentierung beschreitet, ist es wichtig, ein Gegenmodell zu vertreten, das Wirkungskraft und Erneuerungspotenzial aus einer Strategie von Multidisziplinarität, Verschränkung, Vernetzung, Überschreitung und Ausweitung von Disziplinen bezieht. Eine Universität sollte nicht zuletzt als intellektuelles Transferzentrum wirken – als Transferzentrum, das nicht auf ökonomische Wirkungsparameter reduziert wird, sondern Verbindungen zwischen Vision und Wirklichkeit, zwischen Theorie und Praxis, zwischen Kunst und Wissenschaft, zwischen Disziplinen und Denkschulen aufspürt, herstellt und auf diese Weise Veränderung und Innovation ermöglicht.

Die Fähigkeit zum konstruktiven Umgang mit Veränderung, mit Ungewissheit und Unvorhersehbarkeit, die Fähigkeit Daten und Fakten in neue Zusammenhänge zu setzen sowie die Fähigkeit, sich in verändernden Arbeitswelten und in neuen Formen gesellschaftlichen Zusammenlebens zurechtzufinden: Das sind die Schlüsselkompetenzen für die Gestaltung der Zukunft. Das muss Bildung vermitteln. An den Universitäten und in den Schulen. Und bei der Vorbereitung von Lehrerinnen und Lehrern auf diese schulischen Bildungsziele trifft die Universitäten eine besondere Verantwortung.

Wir brauchen Universitäten und Schulen, an denen Fähigkeit zu hoffen – jenseits von Passivität, Defaitismus oder Verzweiflung – gelehrt und erlernt wird. Weil wir die Bereitschaft, die Fähigkeit und den Mut zur Eroberung des Neuen brauchen.

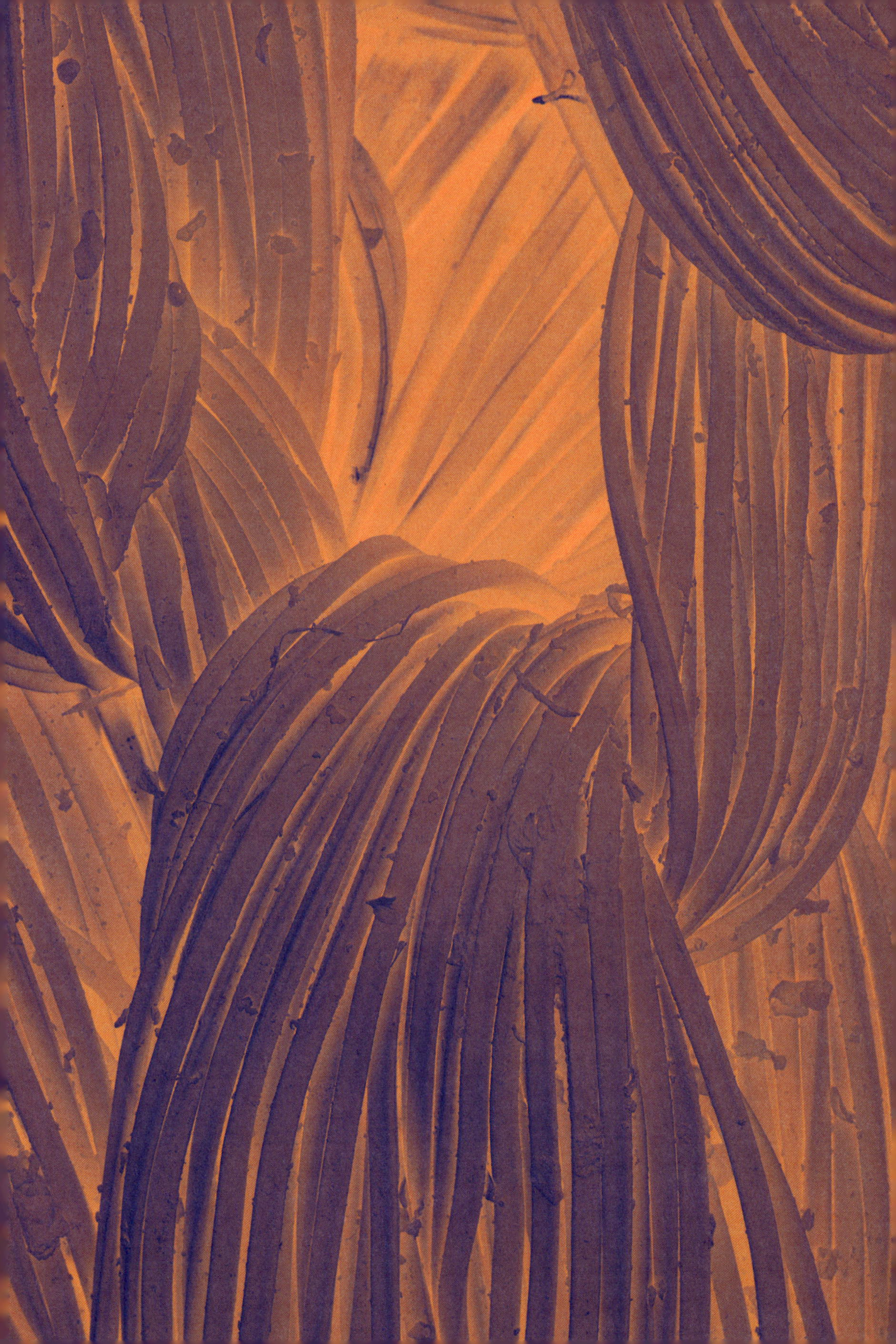

VORWORT

Barbara Putz-Plecko

Im Ausklingen eines so langen, guten und bereichernden Zusammenspiels von Menschen – Lehrenden, Studierenden und internen wie externen Partner*innen –, die alle ein intensives Interesse und die Liebe für textile Welten und deren immensen Facettenreichtum verbindet, möchte dieses Buch diesen gemeinsamen Resonanzraum, der sich an, um und durch die Abteilung *Textil – Freie, angewandte und experimentelle künstlerische Gestaltung* aufbauen ließ, nochmals mitvollziehbar machen. Die Vielfalt künstlerischer Praxisformen – ihrer unterschiedlichen medialen, handwerklichen, technischen, theoretischen und funktionalen Zugänge – vermittelt sich in den folgenden Beiträgen ebenso wie ihre reflexive und forschende Grundhaltung und die Verbindung zwischen dem jeweils individuellen künstlerischen Denken und Handeln sowie dem künstlerischen Lehren. Es soll erkennbar werden, wie künstlerisch-reflexive Arbeitsweisen Lehrformate, -inhalte und -methoden inspirieren respektive begründen und wie das Neben- und Miteinander diverser Zugänge individuelle Entwicklungen fördert und zugleich das Kollektive wertschätzt und pflegt. Damit setzt sich die Publikation im erweiterten Sinn auch für eine Kunst- bzw. Designpädagogik ein, die nicht nur „praxisnah" im Sinne eines Hand-Anlegens ausgerichtet ist, sondern die wesentlich auf Erfahrung und Wissen aus künstlerischen Prozessen aufbaut und damit komplementäre Prozesse der Selbst- und Welterfahrung und Gestaltung in Bildungsprozesse einbringt. Der im Buch verwendete Begriff der „künstlerischen Praxis" ist immer auch als Denkbewegung und reflexiv verstanden und als ein künstlerisches Handeln, das sich zu spezifischen Kontexten in Beziehung setzt.

Gleichzeitig wird dieses eingangs entworfene Bild des Resonanzraumes durch den gewählten Buchtitel mit dem Begriff der „Geografie(n)" verknüpft – also mit der Erforschung und Beschreibung der Beschaffenheit räumlicher Strukturen und landschaftlicher Sphären sowie ihrer Wechselwirkung mit Lebewesen, der Verknüpfung von Erscheinungen und Sachverhalten sowie der Räume und Orte menschlichen Lebens und Handelns. Dieser Bezug ist metaphorisch gesetzt, um das gemeinsame Wirken im Kontext der künstlerischen Abteilung, der Universität und im Zusammenspiel mit den oft räumlich weit entfernten Partner*innen sinnbildlich als ein „ökologisches System" zu fassen – weit, facettenreich und in permanenter Veränderung. Die Metapher schlägt vor, die Diversität von Akteur*innen, Praxisformen, Medien, Techniken, Materialitäten, Bezugsfeldern und Anwendungsbereichen, von Theorien, Philosophien, Ökonomien, Ressourcen etc. systemisch verbunden, in Beziehung stehend und interagierend zu betrachten und in ihrem Zusammenklang wahrzunehmen. Zugleich impliziert die begriffliche Verwendung von

„Geografie(n)" die Weitung und Überschreitung des kleinen, nächsten Bezugssystems der Abteilung respektive der Universität und verweist auf andere Kulturen des Wissens, von denen wir oft (zu) wenig wissen, aber viel lernen können, um eigene Sichtweisen und Positionierungen kritisch zu überprüfen. Gerade im Kontext transkultureller Kooperationen und postkolonialer Theorien und Methoden zeigt sich, wie besonders textile Medien eurozentristische Definitionen von „hoher" und „niederer" Kunst, also den hegemonialen Kanon westlicher Kunst und Kultur, in Frage stellen und widerständige Repräsentationen von Geschlecht, Ethnizität und Kultur formulieren. Über diese transformatorische Kraft von Textilien schreibt Birgit Haehnel, Professorin für Kunst- und Textilwissenschaften mit dem Schwerpunkt Transkulturalität in einem Text über Textilien im globalen Kontext: „Textilien besitzen ein semantisches Potential wie kaum ein anderes Material aufgrund ihres alltäglichen Gebrauchs. Ihre historische Dimension verbindet Zeiten, Menschen und Erinnerungen. Sie vermitteln bestimmte Lebensumstände wie etwa die der Migration, Diaspora, des Traumas bzw. von Identitäten generell. Textiles Material formt einen Raum für vielfältige Analogiebildungen, wo Geschichten verwebt, Erfahrungen, aber auch zukünftige Visionen mitgeteilt werden können."[1]

Anschaulich zu machen, wie sich nun Lehrende und Studierende dem Textilen in seinen historischen und zeitgenössischen Manifestationen nähern, diese untersuchen und die Potenziale des Textilen als künstlerisches Medium, als Materialität und als Prozess der Strukturbildung für konkrete Entwicklungen und innovative Konzepte in unterschiedlichen gesellschaftlichen Kontexten und Produktionsfeldern erproben, ist Anliegen dieses Buches. Ähnlich den vielen zarten Spinnennetzen, die sich im Herbst auf Wiesen und in Wäldern ausbreiten, wachsen die großen und kleinen Projekte zu vernetzten Gebilden und Landschaften. Sie sind verdichtete Felder künstlerischer und forschender Aktivitäten, eingebettet in eine entwicklungsoffene und zugleich verlässlich tragende, systemische Struktur.

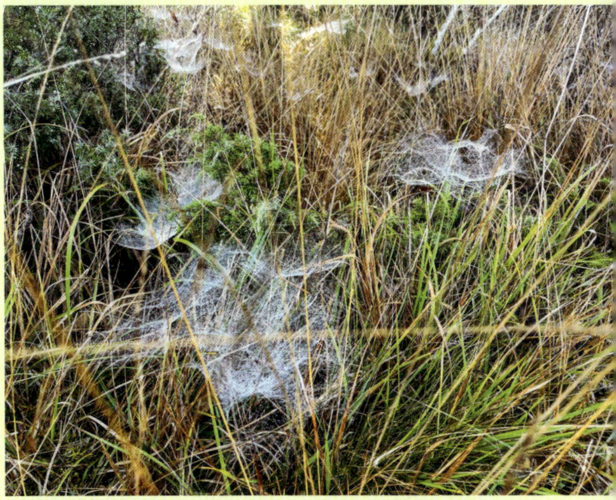

01 Herbstliche Gespinste, 2024, © Barbara Putz-Plecko

1 | Birgit Haehnel, „Textilien im globalen Kontext". In: Birgit Haehnel, Marianne Koos (Hrsg.), *Stoffe weben Geschichte(n). Textile Kunstmaterialien im transkulturellen Vergleich.* FKW, Zeitschrift für Geschlechterforschung und visuelle Kultur, Heft 52. Marburg: Jonas Verlag für Kunst und Literatur, 2011, 14.

Einleitung

GESPINSTE FORMEN LANDSCHAFT

Barbara Putz-Plecko

Im Vorwort zu seinem Buch *Kartographisches Denken* beschreibt Christian Reder, Politikwissenschaftler, Autor und langjährige Leiter des Zentrums für Kunst und Wissenstransfer an der Universität für angewandte Kunst Wien, diese Art des Denkens bezogen auf „erfahrbare und erforschbare Räume, auf verschiedenste Facetten in Texten und Bildern vermittelbarer Welterkundung“[1]. Sein Buch sei „wie ein Atlas konzipiert, damit sich in jedem Abschnitt Zugänge eröffnen“, mit dem Ziel einer „Sensibilisierung von Sichtweisen durch Argumentationen und visualisierte Beispiele – mit der Intention zum Weiterdenken“[2]. Er spannt den Bogen von Formen kritischer Kartografie, welche die grundsätzliche Fragwürdigkeit von Perspektiven reflektiert, bis hin zu subjektiven Formen von Mapping und zitiert mit Hinweis auf unsere „räumliche Verfassung“ Franz Xaver Baier: „Wir leben in einer Vielfalt unterschiedlich konstruierter Räume, in denen unsere Existenz je anders da ist.“[3] Gelebter Raum werde gleichzeitig mehrfach erfahren – etwa als „geometrischer, geschichtlicher, sozialer, dinglicher, allgemeiner oder privater“[4]. Der Mensch habe „unterschiedliche Landkarten im Kopf, mit denen er eine persönliche Orientierung herstellt“[5].

Im Zuge der Vorbereitung dieser Publikation, die meine Zeit als Lehrende an der Universität für angewandte Kunst Wien abschließen würde, vor allem aber die Abteilung *Textil* als weitläufig vernetzten gemeinsamen Denk- und Handlungsraum vieler Akteur*innen, als vielstimmigen Resonanzraum sichtbar und als bewusst auf Heterogenität aufbauendes Modell einer von- und miteinander lernenden Gemeinschaft verhandelbar machen sollte, gab mir die Auseinandersetzung mit Formen von kartografischem Denken inspirierende Impulse.

Ein zweiter Impuls ging von den großformatigen Landkarten des deutschen Künstlers Stefan Huber aus, auf denen „objektives Ausgangsmaterial mit subjektiven Empfindungen voller poetischer, politischer, historischer und philosophischer Anspielungen“ verwoben erscheint. Dabei handelt es sich „um fiktionale Topografien, in denen Historisches, Poetisches und Autobiografisches als phantasmagorische Landschaften vor Augen treten“[6].

Das Buch *Geografien des Textilen* würde also im Sinne eines mehrschichtigen Mappings von künstlerischen Projekten, Lehrformaten, Methoden, Praxisformen, persönlichen Erfahrungsberichten und Intentionen die Abteilung *Textil* aus verschiedenen Perspektiven vermitteln und gleich einer fiktionalen Karte vor dem inneren Auge der Leser*innen ausbreiten. Dazu wurden zur besseren Orientierung vier Cluster bzw. Kapitel gebildet, die viele Querverbindungen aufweisen: über handelnde Personen, über Inhalte und Perspektiven, über Material, Technik, Funktionalität ..., über künstlerische Zugänge, über Methoden des Forschens, über räumliche Kontexte usw. Die Kapitel sind benannt mit (1) *Mapping by Stitches*, (2) *Atmosphärische Ausdehnung*, (3) *Transkulturelle Topologien* sowie (4) *Litoral und Neuland.*

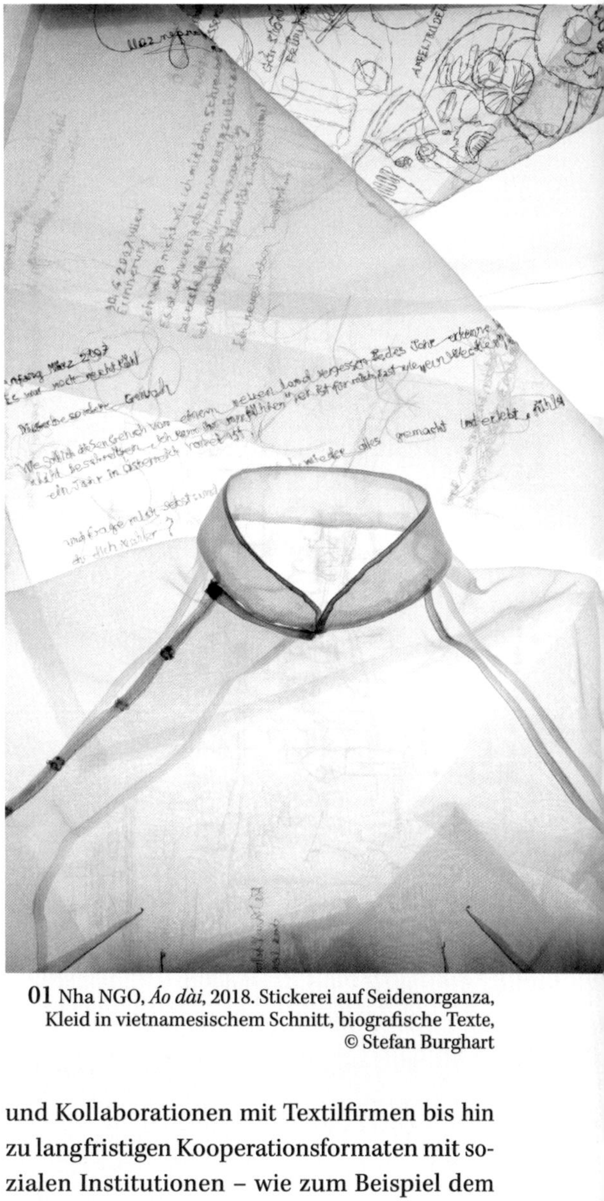

01 Nha NGO, *Áo dài*, 2018. Stickerei auf Seidenorganza, Kleid in vietnamesischem Schnitt, biografische Texte, © Stefan Burghart

Kapitel (1), *Mapping by Stitches*, versammelt Beiträge von allen Lehrenden der Abteilung und vermittelt anhand von Beispielen ihrer und studentischer Projekte die individuelle Praxis als lehrende Künstler*innen. Damit soll die Verbindung zwischen künstlerischer Praxis und Lehrpraxis angesprochen und der Frage nachgegangen werden, wie sich die persönliche künstlerische Kompetenz bzw. ein spezifischer konzeptueller, medialer, inhaltlicher, technischer oder methodischer Fokus in der künstlerischen Lehre ausdrücken. Zugleich vermittelt die Unterschiedlichkeit der vertretenen Ansätze und ihre Zusammenschau das systemische Konzept der Abteilung: den Resonanzraum, der durch ein bewusst heterogen zusammengesetztes Team entsteht, die polyphonen Lehrkonzepte und künstlerischen Expertisen sowie die individuellen und kollektiven Schwerpunktsetzungen.

Kapitel (2), *Atmosphärische Ausdehnung*, stellt beispielhaft Projekte vor, die über den üblichen Rahmen von Lehrveranstaltungen hinausgehen und in denen Studierende und Lehrende in ganz unterschiedlichen Formaten und Kontexten mit diversen Öffentlichkeiten, Communities, Institutionen oder Organisationen in Beziehung treten, interagieren und kollaborieren. Das Spektrum reicht von Kooperationen mit Museen, internationalen Festivals, Kulturinstitutionen und akademischen (europäischen und außereuropäischen) Partnern über experimentelle Projekte in österreichischen Schulen und Kollaborationen mit Textilfirmen bis hin zu langfristigen Kooperationsformaten mit sozialen Institutionen – wie zum Beispiel dem Wiener Integrationshaus – oder zu Aktionen im öffentlichen urbanen wie ländlichen Raum.

Kapitel (3), *Transkulturelle Topologien*, veranschaulicht anhand zweier zentraler internationaler Partnerschaften – jener mit der *Nubuke Foundation* in Ghana und ihren Gründer*innen Odile Tevi und Kofi Setordji sowie einer

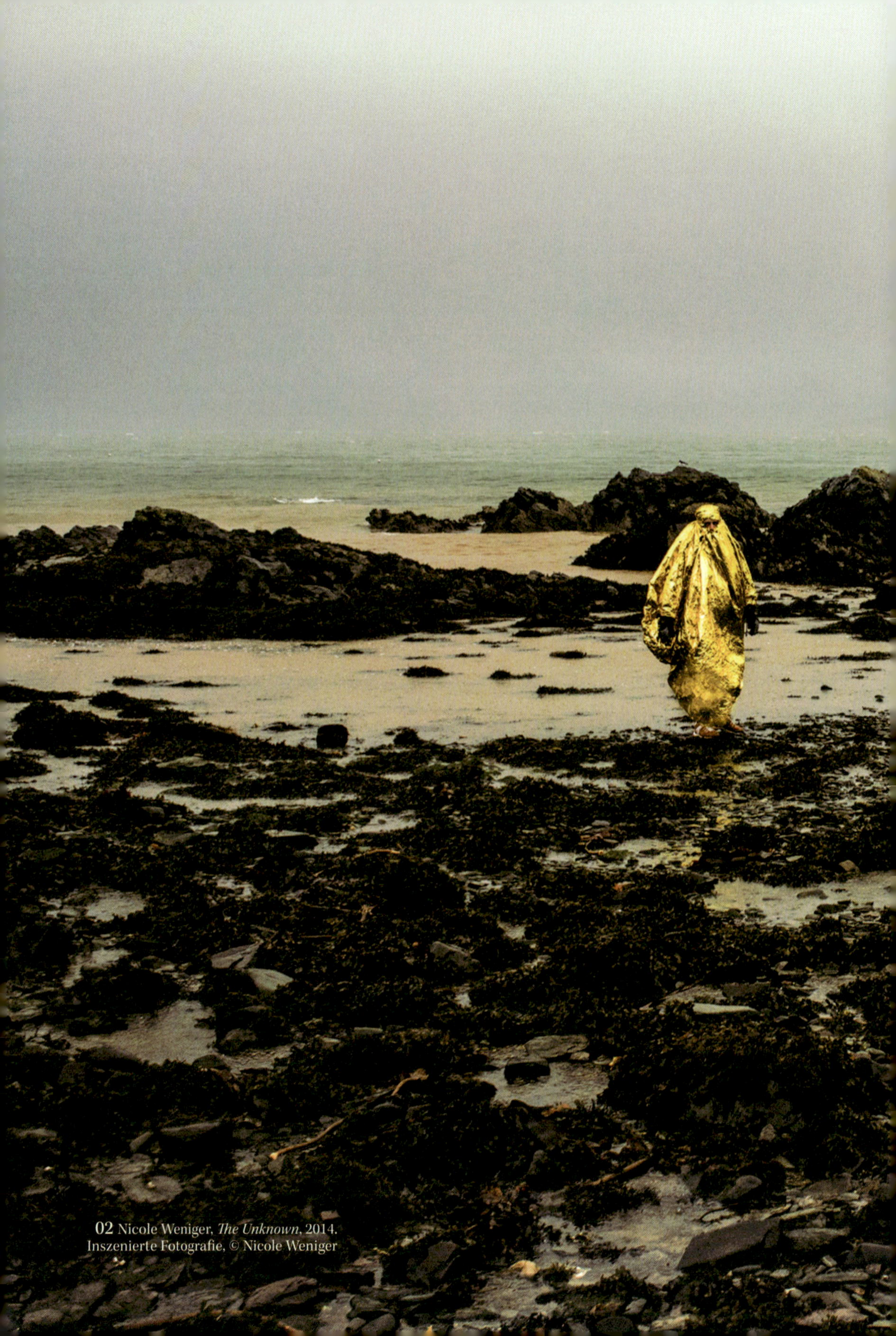

02 Nicole Weniger, *The Unknown*, 2014.
Inszenierte Fotografie, © Nicole Weniger

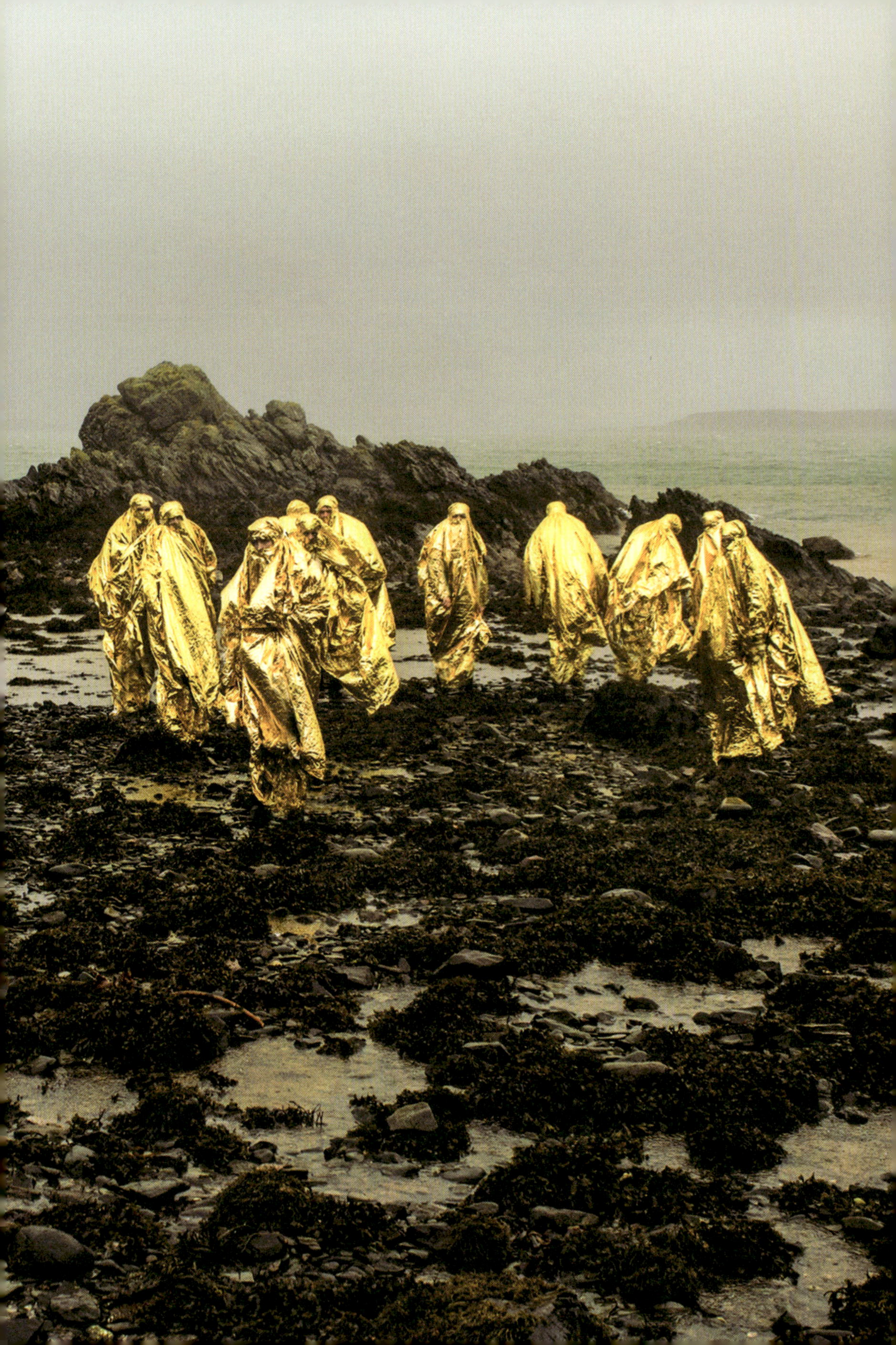

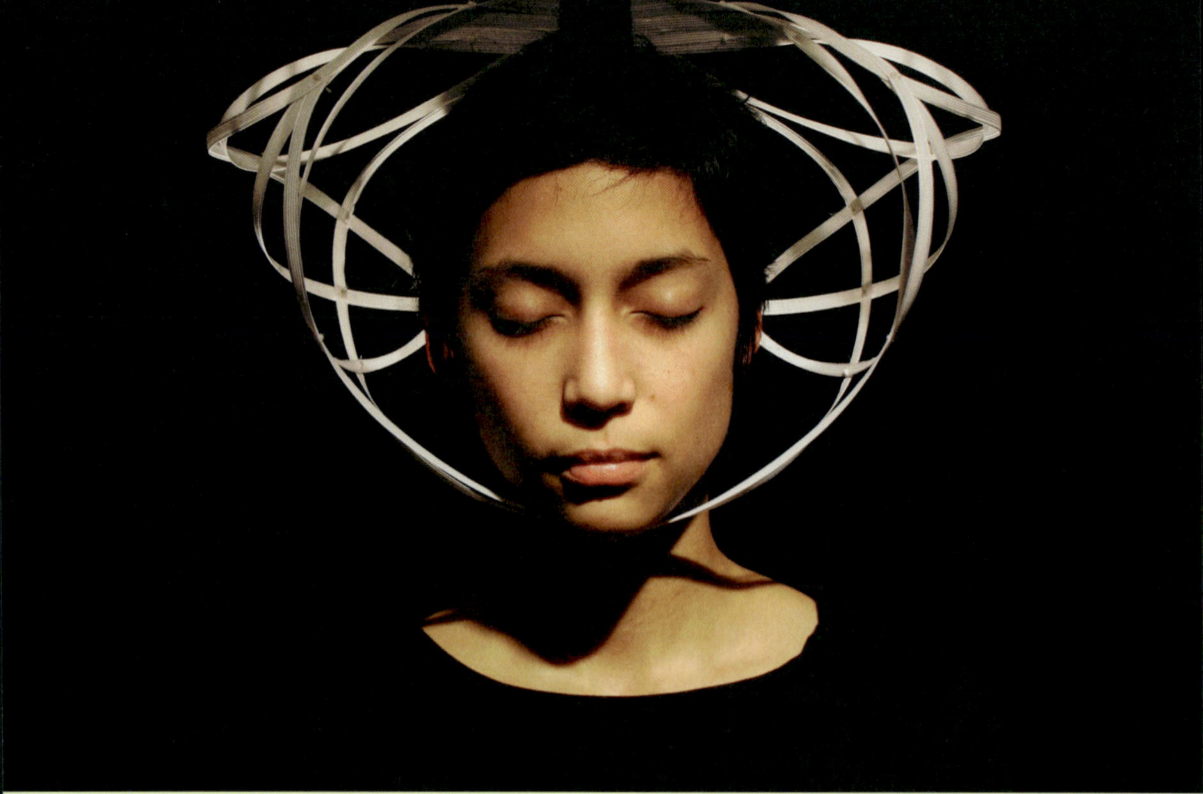

03 Dragan Jeremic, Kopfbedeckung, Studie, LV Dressur, 2008, © Dragan Jeremic

weiteren in Mali mit dem Künstler Aboubakar Fofana und Kooperativen textiler Produzentinnen – langjährige, immens lehrreiche Kooperationen, die uns nochmals neue Einsichten in die „textile Kette" (vom Anbau der Rohstoffe über die Herstellung der Fasern, über Produktion und Technologie zu Handel, Konsum, Verschleiß und Entsorgung) und vor allem in die damit verbundenen Hierarchien der Macht, in Mechanismen und Erfahrungen von Unterdrückung und Ausbeutung der Ressourcen ermöglichen. Darüber hinaus werden in diesem Kapitel beispielhaft Studienprojekte mit Fokus auf jeweils historische Kulturtechniken und deren inspiratives Potenzial für zeitgenössische künstlerische Interpretationen vorgestellt. Und es zeigt am Beispiel eines Ausstellungsprojektes in Sarajevo, wie kulturelle Muster künstlerisch thematisiert bzw. dekonstruiert werden können.

Kapitel (4), *Litoral und Neuland*, gibt durch die Vorstellung thematisch und methodisch ganz unterschiedlich ausgerichteter Forschungsprojekte Einblick in das weit gefasste Forschungsportfolio an der Abteilung. Die ausgewählten Beispiele versammeln kurz zusammengefasst sowohl wissenschaftliche als auch künstlerische Forschungsprojekte, die von verschiedenen Fördergebern wie dem FWF – dem Österreichischen Wissenschaftsfonds, der FFG – der Österreichischen Forschungsförderungsgesellschaft oder der ÖAW – der Österreichischen Akademie der Wissenschaften unterstützt wurden, sowie wissenschaftliche und künstlerische Dissertationsprojekte und Projekte, die durch das hausinterne INTRA-Programm zur Förderung inter- und transdisziplinärer Projekte in Kunst und Forschung unterstützt wurden. Die meisten der an der Abteilung durchgeführten Projekte sind tatsächlich inter- und transdisziplinär ausgerichtet und verweisen damit einmal mehr auf die Einbettung des Textilen in kulturwissenschaftliche, technische, naturwissenschaftliche, ökonomische, ökologische, soziale und politische Bezugsfelder und Diskurse.

Alle in den verschiedenen Kapiteln beleuchteten Blickrichtungen auf das Textile und künstlerische Projekte bauen auf dem hier textlich überblickshaft gefassten Abteilungsprofil (bis 2023) auf:

Fokus der Abteilung *Textil – Freie, angewandte und experimentelle künstlerische Gestaltung* ist die Erschließung und Vermittlung textiler Kulturen, Materialitäten, Produktionstechniken sowie zeitgenössischer Praxisformen und der Aufbau interdisziplinärer Kompetenzen durch künstlerische Projektarbeiten. Thematisiert wird das Textile • als wesentlicher Teil unserer Alltagskultur • als technisch funktionales sowie haptisches, taktil und visuell kommunikatives Material • als künstlerisches Medium und Medium angewandter Gestaltung • als Mittel der Selbstinszenierung und kulturellen Hautbildung, besonders im Kontext von Moden und Styles, und • modellhaft bezüglich Strukturbildung und Vernetzung • unter Berücksichtigung des aktuellen Forschungsstandes und • gesellschaftlicher bzw. ökologischer Entwicklungen, Problematiken und Krisen. Im Zentrum stehen also technologische, materialspezifische und mediale Grundlagen, Fertigungstechniken, (künstlerische) Praxisformen, innovative Potenziale und zukunftsweisende Entwicklungen sowie Produktionssysteme in Hinblick auf Fairness und Nachhaltigkeit. Angestrebtes Ziel ist die Befähigung der Studierenden zu einer reflektierten künstlerischen Praxis sowie einer differenzierten Kritik- und Vermittlungsfähigkeit – als Professionalisierung in Hinblick auf eine spätere künstlerische, kunstpädagogische oder kunstvermittelnde Tätigkeit. Die genaue Analyse von Gestaltungsprozessen und ein daraus resultierendes Verständnis ihrer Dynamiken soll ermöglichen, diese zu initiieren, zu steuern und einzuschätzen sowie die erworbenen Kompetenzen in andere Bereiche und Systeme zu übersetzen – als Motor für Entwicklung. Die Studierenden sollen nicht nur auf eine gegenwärtige professionelle Praxis bestmöglich vorbereitet werden, sondern sollen Kompetenzen erwerben, die ihnen möglich machen, zu einer Veränderung und guten Entwicklung ihrer Arbeitsfelder beizutragen.

In diesem Zusammenhang erscheint mir, bezugnehmend auf das im Buch beschriebene Spektrum an Lehr- und Projektinhalten seit 1997, wichtig, dass an Kunstakademien (heute Universitäten) und später im allgemeinen Schulsystem – einerseits durch die Forcierung neuer Medien und Bildungsinhalte, andererseits durch die weiblich konnotierte und mit „Hausarbeit“ verknüpfte Wahrnehmung und Abwertung des Textilen – textile Studienfelder ab Mitte der 1980er-Jahre in eine eher schwierige Situation gerieten. Der Aufbruchsstimmung in der zweiten Hälfte des 20. Jahrhunderts, beispielhaft nachvollziehbar an der Befreiung des Gobelins aus der Vormundschaft der Malerei (etwa durch Jean Lurcat oder Künstler*innen wie Ingrid Wiener, die wissen ließ: „Mein Plan war, aus dieser altmodischen Kunstform etwas Neues zu machen, unter dem Motto ‚Malen kann jeder.‘“[7]), der verstärkten Dreidimensionalität und Abstraktion im nun freien schöpferischen Spiel unterschiedlichster Materialsprachen (zum Beispiel in den Tapisserien von Ritzi und Peter Jacobi oder Jagoda Buic) und schließlich an der Loslösung des Textils von der tragenden Wand und seiner Transformation in mächtige und radikale Skulpturen (wie im großartigen Werk der polnischen Pionierin Magdalena Abakanowicz), dieser Phase eines neuen und dynamischen Selbstverständnisses,

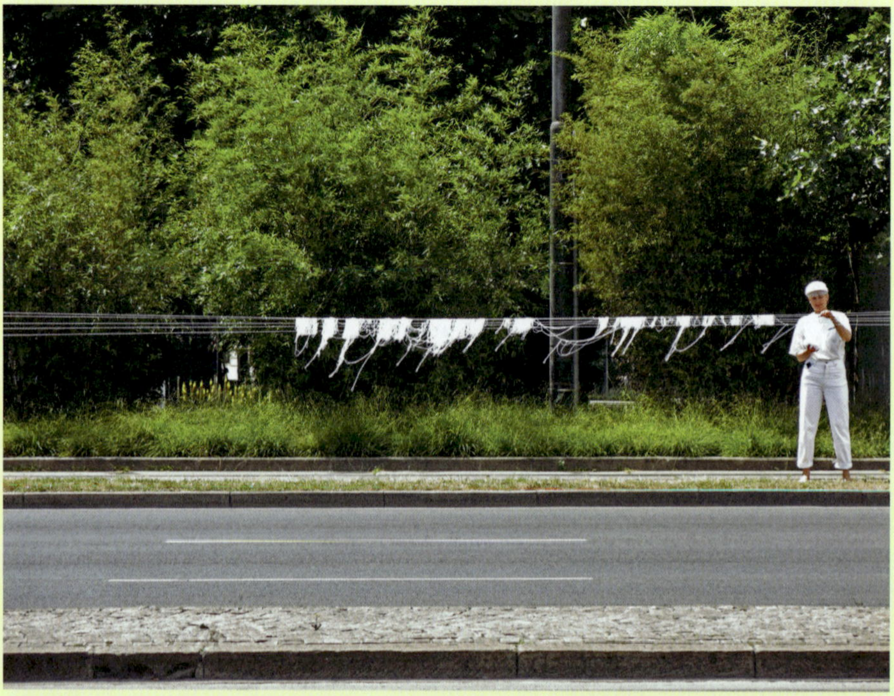

04 Johanna Odersky, *Performance as Practice*, entwickelt in Kooperation mit Jasmin Schaitl für The Essence, Karlsplatz Wien, 2014, © Jasmin Schaitl

folgte ein herber Rückschlag durch den reduktionistischen Blick auf sogenannte „Werkstätten" zugunsten technisch „neuer Medien" und digitaler „Studios". Die Einschätzung textiler Herstellungsverfahren verwies neuerlich auf die konventionelle Trennlinie zwischen „high" und „low" und eine Hierarchie künstlerischer Verfahren und Werte. Ethnisierende und geschlechtsspezifische Kodierungen blieben weitgehend unhinterfragt. Schließlich brauchte es mehr als zwanzig Jahre, um wieder Wind aufzunehmen und die gegebenen Querverbindungen der nur scheinbar weit voneinander entfernten Denk- und Arbeitsweisen neu in den Blick zu nehmen.[8]

Die Gegenwart des Textilen ist eine andere. In ihrer Allgegenwart an unseren Körpern und in unserem Umfeld, als gewissermaßen zweite und dritte Haut, sind Textilien uns nach wie vor näher als andere Materialien und besitzen dadurch ein besonderes semantisches Potenzial. Durch permanente Forschung und innovative Transformation erscheinen textile Technologien berechtigt aktuell und zukunftsorientiert. Ohne faden-, flächen- und raumbildende textile Techniken gäbe es gewisse Entwicklungen in vielen Bereichen nicht, auch wenn sich diese Vielfalt an Verbindungen des Textilen mit Technik und Wissenschaft, wie zum Beispiel mit der Medizin[9], nicht für jede*n auf den ersten Blick erschließt. Textilien sind wichtige Instrumente in Prozessen der Identitätskonstruktion und besitzen damit auch Potenzial zur Inszenierung menschlicher Repräsentationsformen, die sich etablierten, hierarchischen und hegemonialen Körperbildern entgegenstellen. Nicht zuletzt deshalb nützen heute immer mehr Künstler*innen textile Materialeigenschaften, Praktiken und Zeichensysteme: um Umdeutungen vorzunehmen, um klassen- bzw. geschlechtsspezifische und rassistische Differenzierungen zu entlarven und neuen Sinn zu stiften. Nadel und Faden, textile Techniken und Werkzeuge avancieren heutzutage also zu politischen Instrumenten der Neubestimmung von Subjektpositionen; das Medium wird zur ästhetischen Ressource.

In Resonanz dazu beschreibt die Kuratorin Lotte Johnson die Potenziale des Textilen in einem Gespräch, dokumentiert im Katalog zu der im September 2024 im Stedelijk Museum Amsterdam eröffneten Ausstellung *The Power and Politics of Textiles in Art*: „Textiles have a polyphonic potential not only in their material form but also conceptually, in the way that they can be both deeply personal and intimate materials for self-expression and speak to structural politics. Of course, these qualities are inextricably linked: the personal is political, and vice versa. The more we began to unpack the medium and its deep history, the more we confronted the fact that textiles themselves are extraordinary carriers of messages, communicating complex layers of meaning and speaking to histories of marginalization: how they have been gendered (often historically seen as feminine or "women's work"); how they have been instrumentalised to reinforce hierarchies of values in relation to craft; how they materially manifest globalization, trade and labour economies; how they reflect histories of movement and displacement; how they have embodied potent knowledge systems (often rooted in nature) that have been extracted, co-opted and appropriated through colonialism; and more."[10]

Im Feld der Kunst sind textile Arbeiten wohl auch gerade deshalb stark im Trend und haben sowohl im Kontext thematischer Ausstellungen als auch auf Biennalen und anderen künstlerischen Großereignissen inzwischen enorme Präsenz. Textiles sei zwar in der Kunstgeschichte ein unterbewertetes Medium gewesen, heißt es auf der Website des Stedelijk Museum, es sei von Künstler*innen aber inzwischen wiederentdeckt worden, nicht zuletzt als Möglichkeit, Geschichten der Liebe, der Resilienz, der Macht und des Widerstandes zu erzählen.[11]

In diesem Sinne möchte ich nun überleiten zu den vielen Beispielen textiler Produktion, die Sie in diesem Buch erwarten. Wenn es gelingen könnte, über seine Lektüre einen offenen und interessierten Blick auf das Medium in seinen so diversen Erscheinungsformen zu erreichen, zu bestätigen oder zu fördern, hätte sich die Arbeit jedenfalls gelohnt!

---

1 | Christian Reder, im Vorwort zu seinem Buch *Kartographisches Denken*, Edition Transfer (Hrsg. Christian Reder). Wien/New York: Springer, 2012, 10.

2 | Ibid., 10.

3 | Ibid., 11.

4 | Ibid.

5 | Ibid.

6 | Verena Krieger im Gespräch mit Stephan Huber, „Ich wollte nie die Karte auflösen". In: *Mapping: Zeitschrift für Kulturwissenschaften*, Heft 1/2018, transcript, 75. Siehe auch www.degruyter.com/document/doi/10.14361/zfk-2018-120109/html [21.11.24].

7 | Ingrid Wiener, „Es war 1966…". In: Karin Schick (Hrsg.), *Man darf auch weben, was man nicht sieht. Die Teppiche von Dieter Roth und Ingrid Wiener*. Bielefeld: Kerber, 2007, 22.

8 | Siehe dazu auch die bereits 1997 erschienene Publikation der britischen Philosophin und Kulturtheoretikerin Sadie Plant *Zeros and Ones, Digital Women and the New Technoculture*, 4thestate, UK, bzw. den Schwerpunkt des Lehrstuhls für Medientheorie und -geschichte an der Universität für angewandte Kunst Wien, geleitet von Clemens Apprich, in der Erforschung des Verhältnisses analoger und digitaler Kulturen.

9 | Siehe dazu den Beitrag *Threads of Life* auf Seite 234 des vorliegenden Buches.

10 | Conversation with Wells Fray-Smith, Lotte Johnson and Amanda Pinatih, „Thread weaves the world". In: Wells Fray-Smith, Lotte Johnson, Amanda Pinatih (Hrsg.), *Unravel: The power and Politics of Textiles in Art*. München/London/New York: Prestel gemeinsam mit der Barbican Art Gallery und dem Stedelijk Museum Amsterdam, 2024, 11 f.

11 | Website des Stedelijk Museum Amsterdam, www.stedelijk.nl/en/exhibitions/unravel-en [03.11.2024].

Die auf dem Cover sowie auf den Einstiegsseiten zu jedem Kapitel abgebildeten Materialproben wurden dankenswerterweise am Institut für *Konservierung und Restaurierung* von Farkas Pintér unter dem Elektronenmikroskop für die vorliegende Publikation aufgenommen.

Cover: Aufnahme eines synthetischen Faserbündels unter dem Elektronenmikroskop, 2024,

Seite 11: Aufnahme eines grob verwebten Perlgarns unter dem Elektronenmikroskop, 2024,

Rechts: Aufnahme eines grob verwebten Perlgarns unter dem Elektronenmikroskop, 2024,

KAPITEL 1

Mapping by Stitches

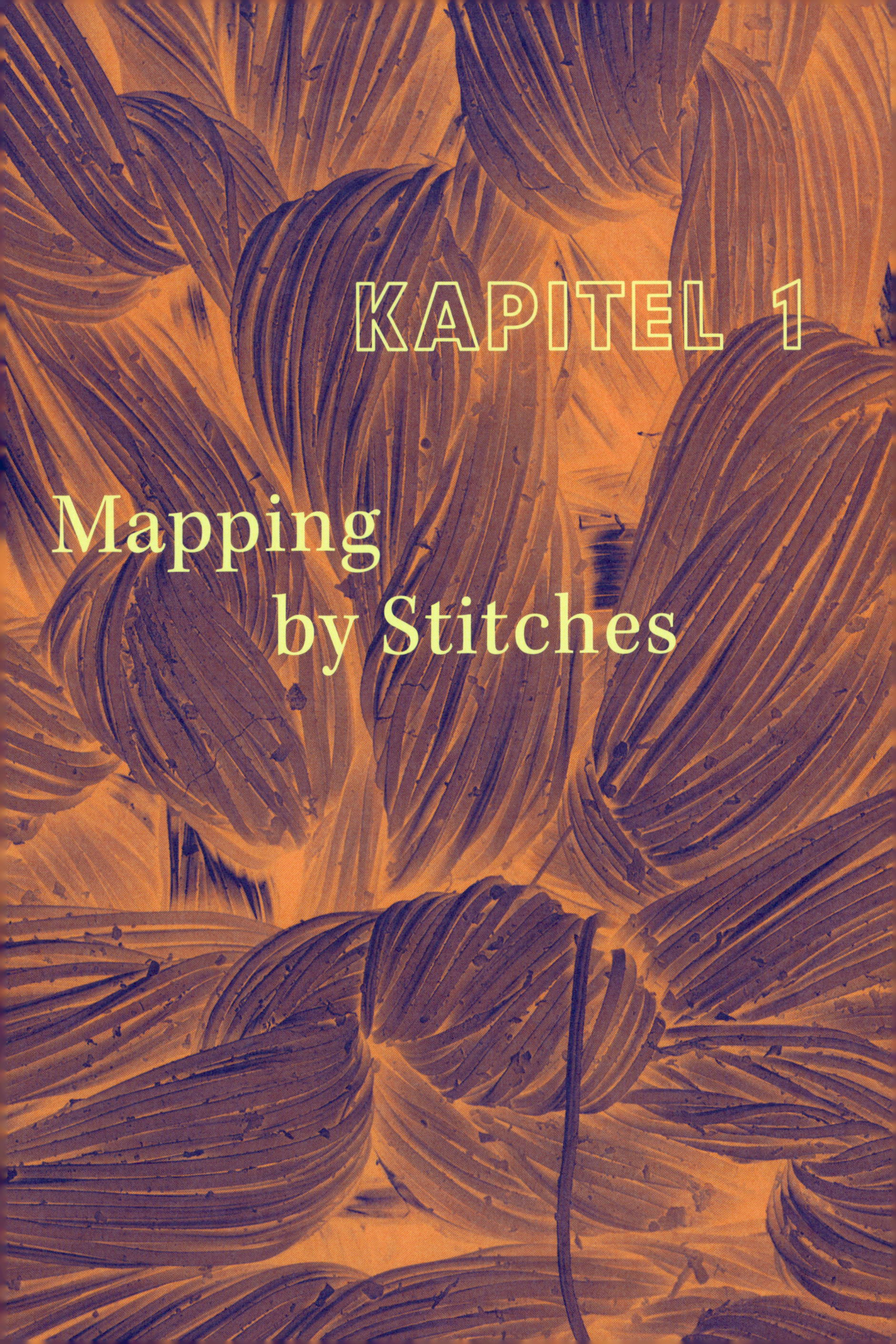

Mapping by Stitches

Barbara Putz-Plecko

Eine künstlerische Abteilung (dem früheren Akademieformat entsprechend meist als „Klasse" bezeichnet) ist für Studierende eines Studienprogramms die *Homebase* während des gesamten Studiums. Sie bietet einen Raum für Entwicklung, der – gewissermaßen als Gegenmodell zur fortschreitenden Fragmentierung akademischer Strukturen – auf langfristiger Zusammenarbeit und lebendiger Auseinandersetzung aufbaut. In einer Zeit, in der die Stückelung in *bits* und *pieces* und schnelle, getaktete Abfolgen die meisten unserer Lebensbereiche erfasst haben, stellt die „Klasse" einen gemeinsamen Resonanzraum her, der Kontinuität bietet sowie individuelle Interessen und Vertiefung fördert. Erfahrung und Wissen stellen sich hier nicht zuletzt über Beziehung, über die produktive Wechselwirkung zwischen Singularität und Kollektivität in dieser „provokativen Gemeinschaft"[1] her. Das folgende Kapitel versammelt Positionen in Kunst und Lehre an der Abteilung *Textil* und zeigt ihre Verortung in diesem vielstimmigen künstlerischen und sozialen Raum.

1 | Jan Verwoert, *kunst lehren – teaching art*, Städelschule, Frankfurt am Main/Köln, 2007, 86.

KUNST UND LEHRE ALS POTENZIELLER RAUM

Barbara Putz-Plecko

Der mit der Professur und Leitung der Abteilung *Textil* sowie mit dem Studium *Design, materielle Kultur und experimentelle Praxis* (zuvor *Textil – freie und kontextuelle künstlerische Praxis und Materialkultur*) verbundene Arbeitsauftrag umfasst Konzeption und Umsetzung eines künstlerischen Lehrangebots für Studierende der Kunstpädagogik unter Berücksichtigung aktueller Entwicklungen im textilen Feld (etwa im Bereich neuer Technologien und Praxen oder in Hinblick auf Inhalte und Erkenntnisse transdisziplinärer bzw. transkultureller Forschung) sowie in Resonanz mit gesellschaftlichen Themen und evidenten bzw. absehbaren Problemstellungen, die mit textiler Produktion und Kultur in Beziehung stehen. In Hinblick auf eine bestmögliche Professionalisierung der Studierenden für eine spätere Lehrtätigkeit im Unterrichtsfach *Technik und Design*, für eine kunst- bzw. kulturvermittelnde Tätigkeit (zum Beispiel in Museen, Sammlungen oder im journalistischen Kontext) sowie für die künstlerische Praxis bzw. textile Produktionsfelder ergibt sich der Bedarf nach einem Angebot, das sowohl die Vielfalt des textilen Mediums als auch den aktuellen Forschungsstand zu Textilien, Kleidung und Mode berücksichtigt und technisch wie künstlerisch, reflektierend, kontextuell und forschend in die Tiefe geht. So laufen im Rahmen des Studiums in der künstlerischen Produktion, in der Konzeption und Realisierung von ganz unterschiedlich ausgerichteten Projektarbeiten Fäden sowohl aus textilen Kulturtechniken als auch künstlerischer Praxis, wissenschaftlicher Theoriebildung und methodischer Reflexion zusammen. Im Zusammenwirken des breiten künstlerischen Lehrangebots mit dem ebenso reichen Angebot der Abteilungen der *Kunst- und Kulturwissenschaften* bzw. der *Didaktik* öffnet sich den Studierenden ein individuell gestaltbarer, multiperspektivischer Resonanz- und Entwicklungsraum. Dieser wird von einem Verständnis akademischer Bildung getragen, welchem die Besicherung und Pflege freier und vielstimmiger Denk-, Diskurs- und Handlungsräume (im Gegensatz zu getakteten „training grounds“) grundlegend eingeschrieben ist und das auf eigenverantwortlich navigierten Prozessen, Vernetzungen und Bildungspfaden aufbaut.

In der künstlerischen Lehre wird deshalb der individuellen Erschließung diverser medialer Felder und Praxisformen – der Fähigkeit, eigenständig Fragen zu entwickeln, als Motor und Orientierung eines forschenden künstlerischen Handelns – bewusst Zeit und Raum gegeben. Der kontinuierliche Austausch über

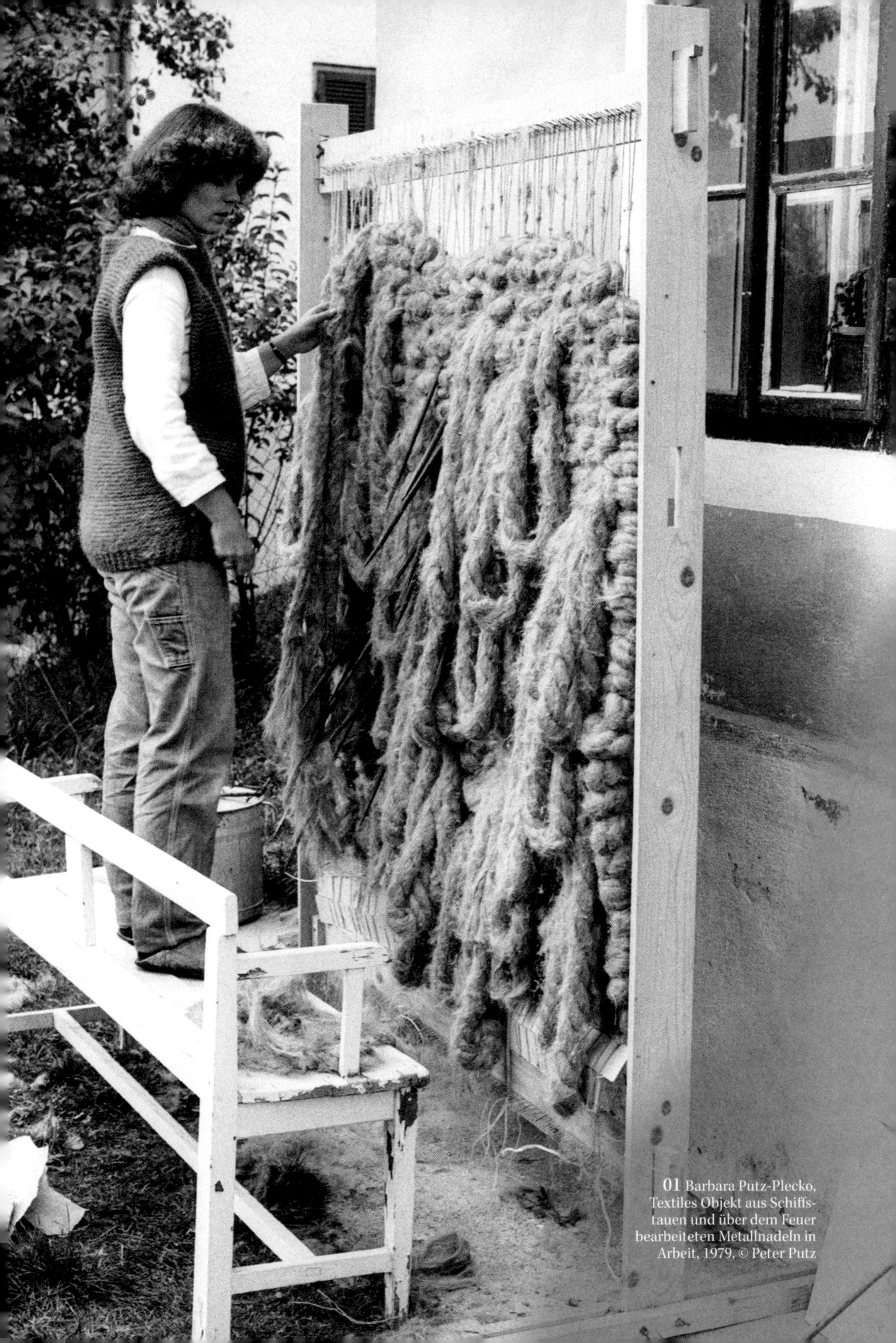

01 Barbara Putz-Plecko, Textiles Objekt aus Schiffstauen und über dem Feuer bearbeiteten Metallnadeln in Arbeit, 1979, © Peter Putz

den künstlerischen Prozess und seine Manifestationen, über Erfahrungen, Erkenntnisse und daraus resultierende neue Problemstellungen – also die gemeinsame Reflexion, die in verschiedenen kollektiven Formaten der Abteilung („Klasse") kontinuierlich gepflegt wird – formt und befeuert temporäre Gemeinschaften, in denen sich jede*r ausprobieren kann, um zu einer eigenen künstlerischen Haltung und Praxis zu finden und zu wachsen. Sinnhaftigkeit, Wert und Wachstum entstehen hier im gegenseitigen Austausch – im Kontext von Beziehung, durch Interesse füreinander, durch Zuhören, durch Hinschauen, in einer dialogischen Praxis, durch das Erkennen und Herstellen von Relationen und durch konstruktive Kritik. Daher stehen im Zentrum dieser kontinuierlichen Arbeit an der Schärfung der Wahrnehmungsfähigkeit und Vertiefung des Resonanzvermögens, an der Kultur des (Be)Fragens und Verhandelns, an den Translationsprozessen zwischen Denken und künstlerischem Handeln eben nicht Lernprozesse, die auf der Basis festgelegter Lernvoraussetzungen – gewissermaßen schematisch – zu einem Wissenszuwachs führen, sondern Lernprozesse, die Lernvoraussetzungen befragen und diese transformieren. Deshalb müssen im Rahmen des Studiums ebenso Lern- bzw. Entwicklungsräume gepflegt werden, welche Impulse für Denk- und Arbeitsweisen geben, die sich nicht gleichsam „automatisch" an vermitteltes Wissen und etablierte Praktiken anpassen: wie Methoden, die nicht nur ein offenes Experimentieren, sondern auch eine kritische Auseinandersetzung mit Wissenskonstruktionen, epistemischen Ungehorsam und institutionskritische Formen in Kunst und Wissenschaft zulassen.

Die Qualitäten und Dynamiken eines solchen „offenen" akademischen Raumes hat Irit Rogoff, Kunsthistorikerin und Professorin für Visuelle Kulturen am Goldsmith College in London, in ihrem Essay *Turning* (2008) sehr anschaulich beschrieben und ihn mit Schlüsselbegriffen wie *Potenzialität, Aktualisierung* und *Dringlichkeit* assoziiert. Ich möchte sie hier wenigstens ausschnitthaft zitieren, da ihre kritischen Befunde und weiterführenden Gedanken und Forderungen mich über viele Jahre begleitet und hinsichtlich meines eigenen Handelns an der Universität inspiriert haben:

„Academies often focus on what it is that people need to know in order to start thinking and acting, but we chose to approach the academy as a space that generates vital principles and activities – activities and principles you can take with you and which can be applied beyond its walls to become a mode of life-long learning. [...] At its best, education forms collectivities – many fleeting collectivities that ebb and flow, converge and fall apart. These are small ontological communities propelled by desire and curiosity, cemented together by the kind of empowerment that comes from intellectual challenge. [...] Notions of *potentiality* and *actualization* offer a capacity to replace the reorganization of education with ideas concerning distribution and dissemination. This speaks to an idea that there might be endless possibilities within us that we might never be able to bring to successful fruition. [...] A notion of urgency presents the possibility of producing an understanding of what the crucial issues are, so that they may become driving forces. [...] I want to think of education in terms of the places to which we have access. I understand this access as the ability to formulate one's own questions, as opposed to simply answering those that are posed to you in the name of an open and participatory democratic process. [...] If education can release our energies from what needs to be opposed to what can be imagined, or at least perform some kind of negotiation of that, then perhaps we have an education that is more."[1]

Die in ihren und vielen anderen Texten um den *educational turn* in Kunst und Vermittlung rund um die documenta 12 verhandelten Fragen, was heute unter Bildung verstanden werden kann, was tun, welche Zukunft wodurch möglich erscheint und – wenn wir Sackgassen in unserem Bildungssystem erkennen – mit welchen Denkgewohnheiten wir brechen müssen, damit „ein anderes Verhältnis zum Wissen, zur Zeit und zum Anderen denkbar wird, eine andere Möglichkeit des Möglichen"[2], hat mich als Lehrende – verantwortlich für die Abteilungen *Textil* (1997–2023) und *Kunst und kommunikative Praxis* (2006–2024), in Curricularkommissionen, als Mitglied des Rektorats und nicht zuletzt als Künstlerin intensiv beschäftigt. In Resonanz mit diesem Diskurs und mit mir besonders wichtigen Akteurinnen und Kolleginnen in diesem Feld, wie Carmen Mörsch (Oldenburg, Zürich, Mainz) und Eva Sturm (Hamburg, Oldenburg), ließen sich an der Abteilung *Textil* – im Zusammenwirken mit den an ihr lehrenden Künstler*innen und Studierenden – ein kollaborativer Arbeitsmodus und eine Programmstruktur entwickeln, welche dialogisch, reflexiv und entwicklungsoffen angelegt waren. Zwar gab es immer wieder Querschläge, die erschwerend wirkten – nicht zuletzt durch die bildungspolitisch gesteuerte Umsetzung des Bolognaprozesses –, weil sie mehr Kleinteiligkeit und eine zunehmende Verschulung der Curricula zu Folge hatten. Hinzu kam die Zusammenlegung der zwei Werkfächer zu einem Unterrichtsfach in der Sekundarstufe. Trotzdem gelang es, nicht zuletzt durch die verlässliche Unterstützung eines für Bildungsthemen und -reformen besonders engagierten Rektorats, ein vielstimmiges künstlerisches (und wissenschaftliches) Angebot, das weiterhin Wahlmöglichkeiten und damit individuelle Entwicklungspfade erlaubt, zu erhalten.

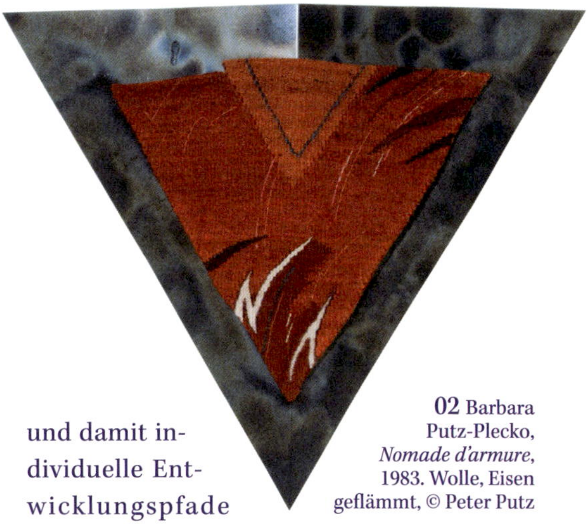

02 Barbara Putz-Plecko, *Nomade d'armure*, 1983. Wolle, Eisen geflämmt, © Peter Putz

Für die Hinterfragung der rapide fortschreitenden Verregelung und den vor allem an Kennzahlen und Einsparungspotenzialen orientierten bildungspolitischen Vorgaben brauchte es ebenso eine langatmige Argumentationskraft wie für den Erhalt künstlerischer Fächer im Fächerkanon österreichischer Schulen und damit von komplementären Formen der Welterfahrung, von persönlicher Artikulation und Gestaltung gesellschaftlicher Teilhabe.

In meiner Leitungsfunktion wusste ich mich für dieses mitunter Kräfte verschleißende Ringen ebenso verantwortlich wie dafür, verschiedenste künstlerische und mediale Lehrformate und Projekte, wie sie im vorliegenden Buch beispielhaft vorgestellt werden, anzubieten bzw. zu kuratieren, sie mit den Interessen und aktuellen Bedürfnissen der Studierenden abzustimmen, ihnen Raum zu sichern und sie gut zueinander in Beziehung zu setzen. Dazu mussten Teamstruktur, Dynamik und laufende Prozesse immer wieder gemeinsam kritisch reflektiert werden, um Schärfungen, Kurskorrekturen bzw. Veränderungen vornehmen zu können. Das Bild einer Flotte kleiner wendiger Boote und temporärer Gemeinschaften, die eigenständig und zugleich miteinander Kontakt haltend segeln, um sich am nächsten vereinbarten und zugleich immer vorläufigen Ziel zu treffen, Erlebtes, Erfahrungen und Erkenntnisse auszutauschen und gemeinsam nachzudenken, um den weiteren Kurs zu bestimmen und gut vorbereitet wieder auszulaufen – diese Metapher vermag vielleicht anschaulich zu machen respektive offenzulegen, wie ich persönlich das Zusammenwirken aller Akteur*innen an der Abteilung, mich eingeschlossen, verstanden habe. Im Überblick betrachtet wurde immer wieder deutlich, wie unterschiedlich Routen interpretiert und genommen werden können, aus Lust und Freude am Segeln selbst und am Ausloten und Erproben des Möglichen. Um im Kollektiv so unterwegs zu sein, erwies sich als besonders wichtig, jeweils neu Hinzukommende gut aufzunehmen – sie einerseits mit den Möglichkeiten und systemischen Grundlagen dessen, was sie vorfinden, bekanntzumachen und andererseits ihnen Methoden und Material an die Hand zu geben, um ihre eigenen Fähigkeiten und Kenntnisse gut einschätzen und so einbringen zu können, dass auch sie, als Teil einer Gemeinschaft, auf dem Wasser ins Gleiten kommen, nach und nach Fahrt aufnehmen und im Spiel mit dem Wind ihren Weg finden.

Neben der Veranschaulichung der individuellen und kollektiven Dynamik an der Abteilung erlaubt die Metapher des gemeinsamen Segelns und der in ihr bildlich gefasste Prozess des sich Ein- und Überlassens wie des Navigierens auch den Vergleich mit verschiedenen Ebenen eines künstlerischen Prozesses: hinsichtlich der Verschränkung von Denkbewegung und praktischer Wegfindung sowie des Zusammenspiels von Intuition, Erfahrung, Übung, Können, implizitem wie explizitem Wissen und von Material- und Umweltfaktoren. Die Rahmenbedingungen, die Studierende vorfinden, bestimmen darüber, ob, wie und in welchem Ausmaß ihnen Zeit, Raum und Möglichkeit gegeben wird, selbst in künstlerische Prozesse hineinzufinden, um darüber zu begreifen, was eine künstlerische Praxis, was den Zugang zu Themen aus einer künstlerischen Perspektive wesentlich ausmacht. Sich damit auseinanderzusetzen ist nicht nur Kern von Kunststudien, sondern gleichermaßen wesentliche Grundlage für eine spätere Lehr- bzw. Vermittlungstätigkeit: eben nicht nur den analytischen Blick „von außen“ auf Kunst und visuelle Kultur zu richten, sondern „von innen“ und über das eigene Tun die verschiedenen Ebenen dieses sehr vielschichtigen Feldes zu erschließen, um die spezifischen Eigenheiten, Qualitäten und Potenziale künstlerischer Denk- und Handlungsweisen in diversen Kontexten sinnvoll und jenseits simplifizierender Übertragungslogiken einbringen zu können.

Um als Lehrende, auf der Basis der eigenen künstlerischen und pädagogischen Kompetenz und Kenntnis des Feldes, Studierende in der Entwicklung ihrer eigenen Praxis als Künstler*innen, Pädagog*innen und Vermittler*innen gut zu begleiten, wird dem Aufbau einer differenzierten Reflexionsfähigkeit große Bedeutung beigemessen und dementsprechend Raum gegeben. Reflexivität wird in Rezeptions- wie Produktionsprozessen eingefordert, zumal sie – „neben Wissen, Erfahrung, Persönlichkeit und Ethos – ein zentrales Element professioneller Handlungskompetenz“ ist.[3] Dabei geht es immer wieder auch um das bewusste Hinterfragen bzw. Unterbrechen von Routinen sowie um die Formulierung eigener Entwicklungsperspektiven.

Reflektieren – sprachlich wie körperlich vollzogen – lässt sich im Kontext der Künste, im Prozess der Rezeption, als eine Methode und Praxis des genauen Wahrnehmens, des

Nachdenkens und Befragens verstehen; im Prozess der Produktion als eine Methode und Praxis der Selbstbeobachtung, des Innehaltens und Zurücktretens, des Versuchs der Objektivierung und eines Durchdenkens des Selbst- und Weltbezugs mit Konsequenzen für das weitere Vorgehen. Reflexivität wird von Lisa Großmann – sie ist Künstlerin und promovierte am Graduiertenkolleg „Das Wissen der Künste" der UdK Berlin – als eine Form routinierter Reflexionspraxis beschrieben, „die mit einer distanzierten Haltung verbunden ist und von der grundsätzlichen ‚Vorläufigkeit, Fragilität und Unvollständigkeit des Wissens' ausgeht"[4].

Dieses reflektierende Vorgehen fördert in der künstlerischen Praxis eine forschende Haltung. Bei Studierenden wird dadurch die Fähigkeit gestärkt, sowohl Beziehungen als auch Brüche in ihren diversen Projekten und Arbeiten zu erkennen. Durch die wertvolle Möglichkeit des kontinuierliche Austauschs in verschiedenen, von Jan Verwoert in einem Essay für die Städelschule als „provokativ" bezeichneten Gemeinschaften[5] – in der „Klasse", in Seminaren und Studiogesprächen, in von ihnen gewählten oder initiierten Gruppen und Netzwerken – lernen sie ihr eigenes Herangehen genauer zu erfassen, Muster und wiederkehrende Hindernisse, die ihm eingeschrieben sind, wahrzunehmen, Fragen zu entwickeln, die den Prozess voranbringen und nächste Arbeitsschritte möglichst präzise zu setzen.

Viele der Lehrenden, und so auch ich, haben selbst diese für Kunstakademien typischen Strukturen und Prozesse durchlaufen. Heute wie damals ruft das Format der „Klasse" (heute: Abteilung) mitunter auch Widerspruch hervor, kann von Einzelnen als beengend empfunden werden, zum Beispiel wenn Reibung oder Konflikte auftauchen oder künstlerische Interessen über das Angebot der Abteilung hinausgehen und diesen zu wenig Entwicklungsraum gegeben wird. Trotzdem bestätigen viele Absolvent*innen und Studierende die Qualitäten und Potenziale dieser akademischen Zellenstruktur. An ihr fühlen sie sich konkret verortet und können sich im sozialen Gefüge dieser „provokativen Gemeinschaften" einerseits in ihrer Singularität erkennen, ausdrücken und aus dieser heraus experimentieren; andererseits erfahren sie, was eine kollektive Struktur braucht, um ein gutes Umfeld und ein guter Entwicklungsraum zu sein, und was zu kollaborieren konkret bedeutet und voraussetzt.

Im Folgenden soll nun knapp und beispielhaft an Ergebnissen aus verschiedenen Arbeitsphasen gezeigt werden, wie dieses Hineinfinden in eine jeweils eigene künstlerische Praxis voranschritt.

Um den Studierenden den Start bei Studienbeginn zu erleichtern und mit ihnen eine gemeinsame Basis im Kontext der Abteilung aufzubauen, beschloss ich bereits mit Antritt der Professur 1997, eine Seminarform zu entwickeln, die uns wöchentlich ein Semester lang zusammenführen würde. Ihr Ziel war, mit den neu Hinzugekommenen eine erste Gemeinschaft aufzubauen, die die Qualität eines regelmäßigen Austauschs und die Dynamik zwischen dem*der Einzelnen und der Gruppe erproben und durch ein gegenseitiges konstruktives Feedback in ein möglichst kontinuierliches gestalterisches Arbeiten finden sollte. Basis des Seminars waren die Bereitschaft, sich zueinander in ein Verhältnis zu setzen, und die Zustimmung, dass in diesem Raum, der durch die Beteiligung aller immer wieder neu geformt wurde und seine Atmosphäre bekam, nicht nur „gelungene" Arbeiten gezeigt und wahrgenommen würden. Auch jene, die als „misslungen" eingeschätzt wurden, sollten sichtbar gemacht werden und sowohl Zweifel als auch ein Scheitern, ein Nichtkönnen oder Nichtwollen ernstgenommen werden. Zwei Fragen, die jedenfalls immer im Raum standen, waren einerseits jene nach formalen und inhaltlichen Kriterien dessen, was sich zeigt, andererseits jene nach möglichen Konsequenzen für nächste Arbeitsschritte. Auch wenn das Seminar im Rahmen des Textilstudiums angeboten wurde, gab es keine Verpflichtung, sich primär auf textile Medien oder Techniken zu fokussieren. Es schien mir weitaus wichtiger, den individuellen Interessen und Zugängen Raum zu geben und diverse Medien, Materialmanipulationen und -untersuchungen zuzulassen, und dann, durch die Übung eines gemeinsamen genauen Betrachtens und Reflektierens, formale, technische und inhaltliche Dimensionen der Arbeiten zu erfassen. Damit sich für Studierende aus dieser Reflexion Impulse für mögliche nächste Entwicklungsschritte ergeben konnten, war immer auch die Einbeziehung des Entstehungsprozesses selbst von Interesse.

Nach und nach, je deutlicher sich zeigte, wie und woran sie arbeiteten, ließen sich Bezüge zu Beispielen zeitgenössischer künstlerischer Produktion herstellen und zu Themen wie Recherche, Kontextualisierung oder Kritik.

Im Laufe des Semesters ließen sich Arbeitsweisen und Inhalte meist so verdichten und fokussieren, dass die Studierenden nach und nach vermochten, ein etwas vertieftes künstlerisches Projekt thematisch, formal und technisch eigenständig zu entwickeln. Diese Projekte wurden am Ende des Semesters in einem eigenen Format vor Mitstudierenden, Lehrenden und Gästen präsentiert, sodass auch Aspekte von Ausstellen und Veröffentlichen im Rahmen des Seminars behandelt werden konnten. Vor allem aber sollten sie den Studierenden einen guten Ausgangspunkt bieten für das nun eigenständige Navigieren im vielfältigen künstlerischen

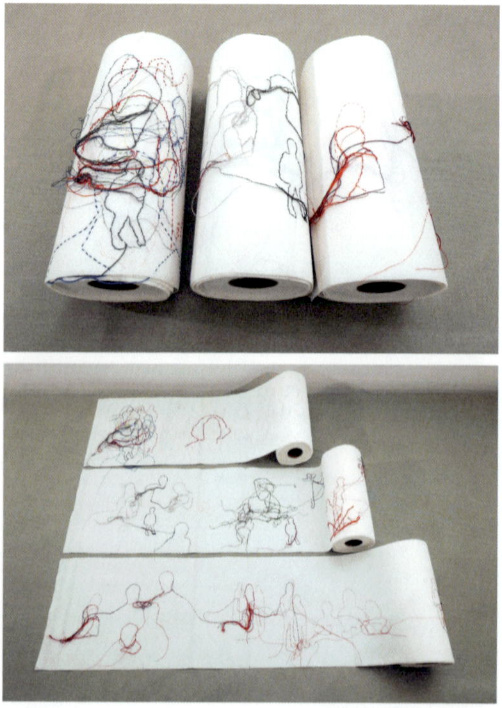

03–04 Brigitte Zausinger, *Ohne Titel*, 2009. Küchenrollen, bestickt, © Barbara Graf

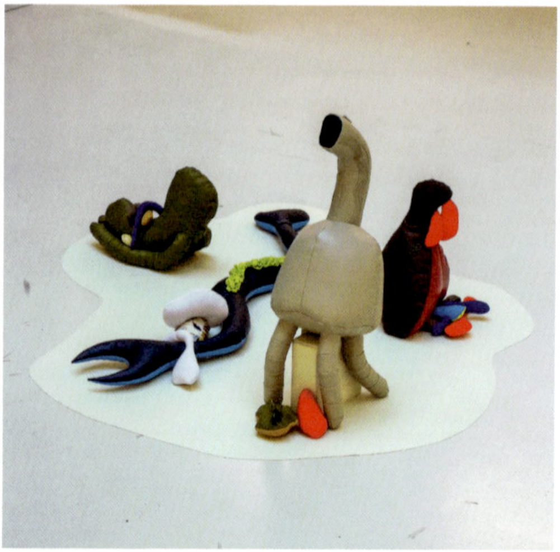

05 Erika Farina, *Symbionts*, 2023. Installation, Kunstleder, Stoff, © Erika Farina

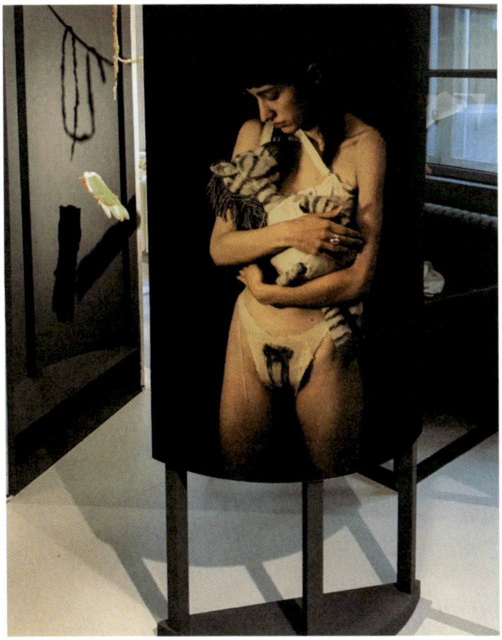

06 Leon Ruben Enosch Zellweger, *A mother to Himself*, 2023. Inszenierte Fotografie, Präsentation im Rahmen der Ausstellung *Threads of Life*, © Leo Ruben Enosch Zellweger und Rouven Reichert

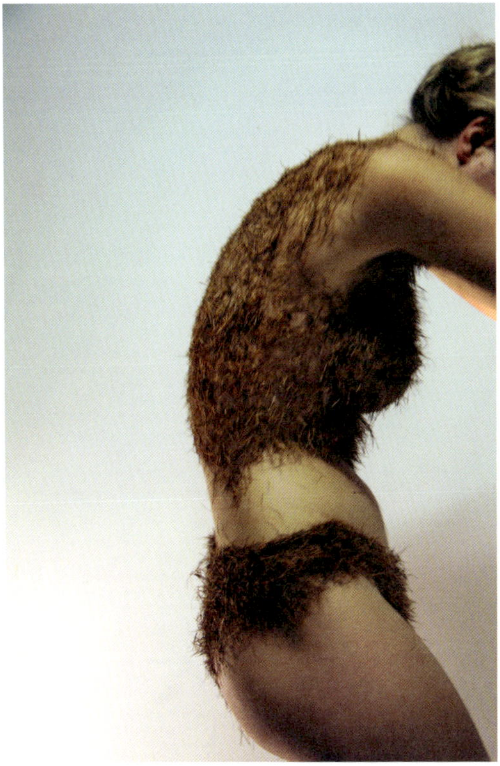

07 Julia Cristofini, *Lärchenkleid*, 2011. Körperbedeckung aus Lärchennadeln, © Gudarz Moradi

Angebot der Abteilung und das Entwickeln einer eigenen künstlerischen Praxis.

Die hier abgebildeten Arbeiten machen beispielhaft die ganz unterschiedlichen Ansätze der Projekte anschaulich.

Brigitte Zausinger (→ 03–04) verwendet für ihre Arbeiten einfache Nutzobjekte aus dem Haushalt und nobilitiert sie sowohl durch den aufwendigen und sorgfältigen Stickprozess als auch durch die persönlichen Inhalte, die sie dem Papier anvertraut. Das Ein- und Ausrollen erlaubt das partielle Sichtbarwerden und Teilen der Inhalte. Mit Nadel und Faden gezeichnete Körperumrisslinien repräsentieren Erinnerungen an Familiengeschichten und Familienbande. Das Abreißen des Papiers wird durch gestickte Linien verunmöglicht.

Die Installation *Symbionts* von Erika Farina (→ 05) besteht aus vier Hauptfiguren und 17 kleineren wesenhaften Stücken, die sich auf einer inselförmigen Fläche sammeln. Inspiriert von Donna Haraways Erzählung „Children of Compost“ in *Staying with the Trouble* (2016), bestehen *Symbionts* aus fiktiven Organismen, die aus einer alternativen Multispezien-Evolution entstanden sind. Die unterschiedlichen Wesen leben in einem symbiotischen und kollaborativen Verhältnis zueinander und bieten an, über das Konzept der Koexistenz und deren Rolle hinsichtlich der Evolution und dem Überleben der Arten nachzudenken.

A Mother to Himself von Leon Zellweger (→ 06) ist die Bearbeitung eines Kindheitstraumas mittels der Allegorie des „inneren Kindes“ in Form eines Kuscheltiers. Das Korsett stellt eine assoziative Verbindung zu einem Mutter-Kind-Verhältnis her. Die im Arbeitsprozess erinnerte tägliche Sorge um Kuscheltiere, als wären sie

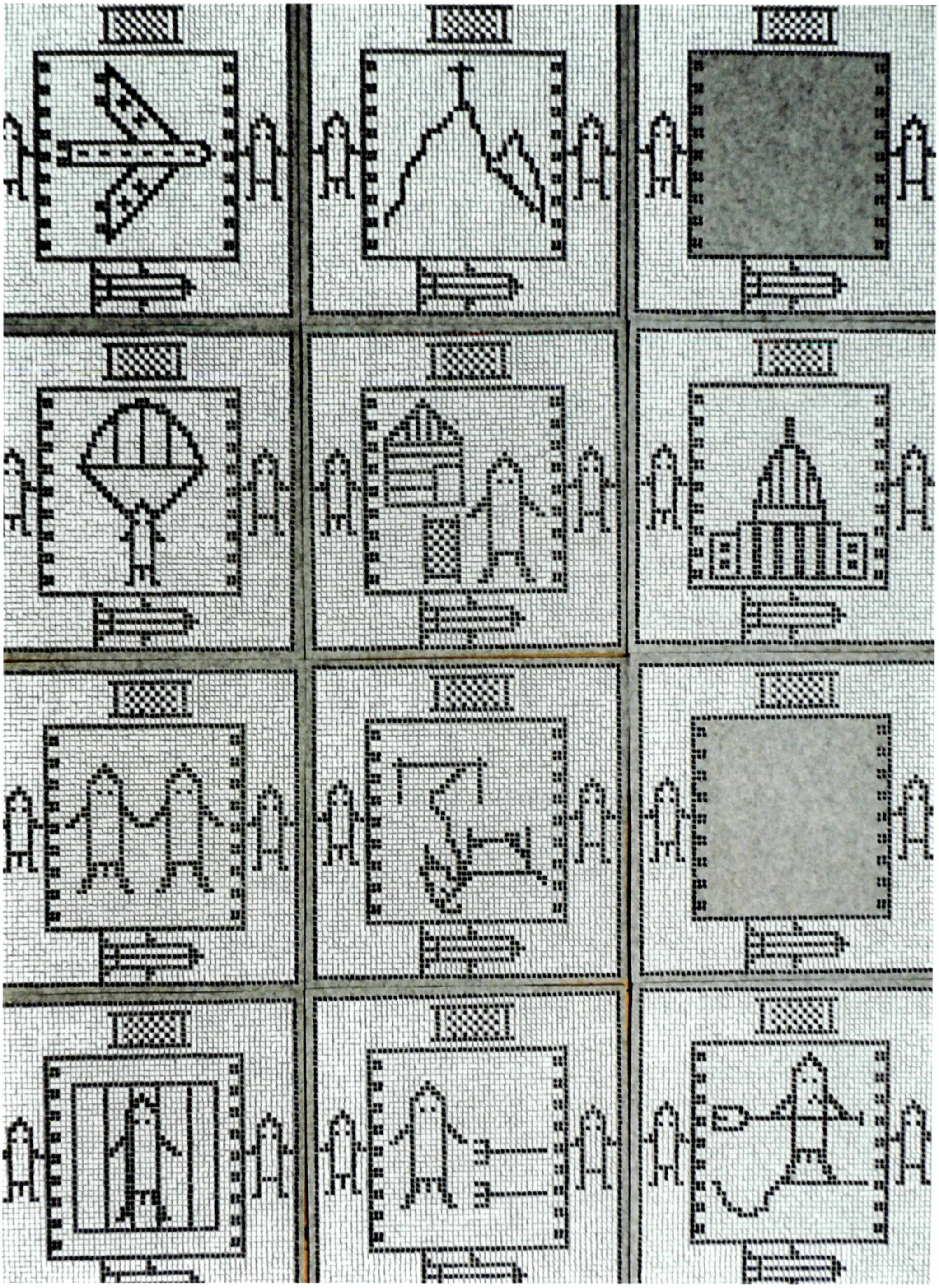

08 Matthias Schoiswohl, *Bombensplitter. Geschichtsverlegung*, 2012. Siebdruck auf Filz, © Matthias Schoiswohl

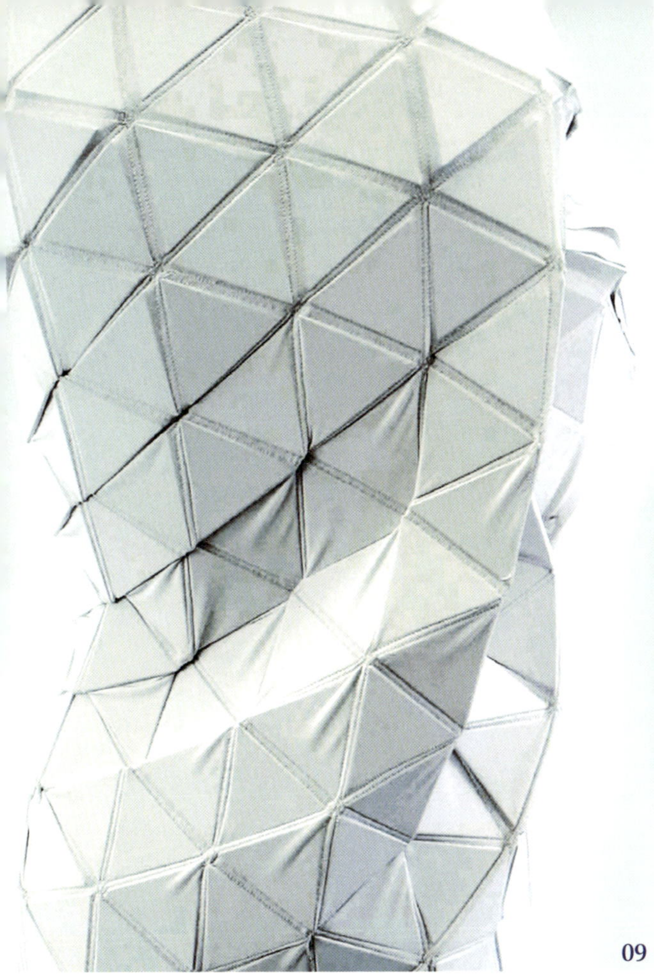

09

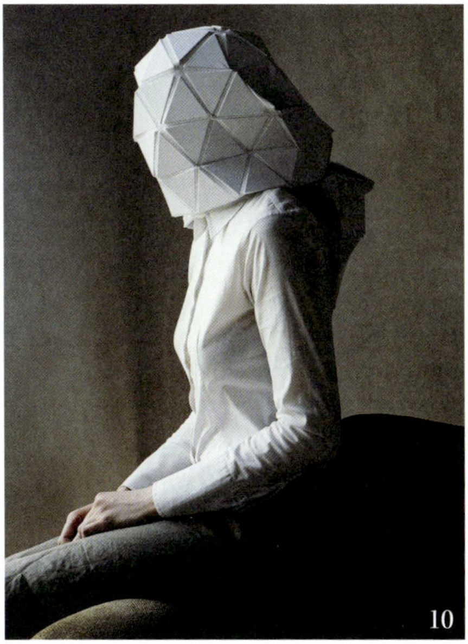

10

09 Oona Peyrer-Heimstätt, *Triangulation # 5,* 2004. C-Print, © Oona Peyrer-Heimstätt

10 Oona Peyrer-Heimstätt, *Triangulation,* 2004. C-Print, © Kasimir Reimann

11 Oona Peyrer-Heimstätt, *Shirt,* Teil der a.part Kollektion, 2004, © Oona Peyrer-Heimstätt

12 Oona Peyrer-Heimstätt, *Hose,* Teil der a.part Kollektion, 2004, © Oona Peyrer-Heimstätt

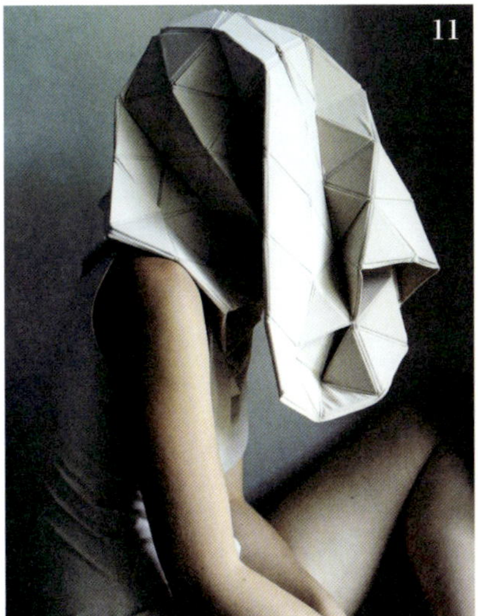

11

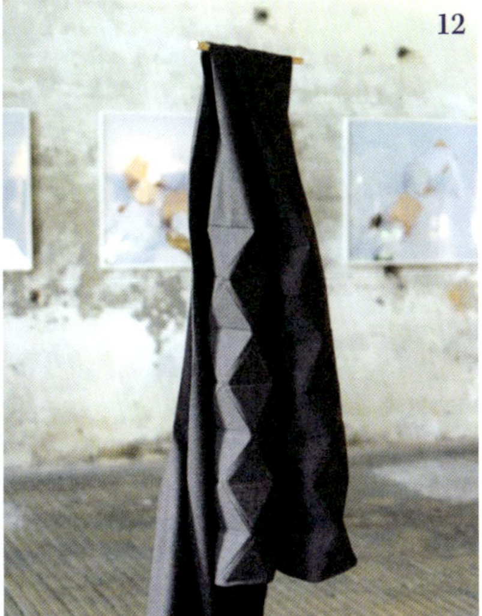

12

Kinder, füllte das Vakuum einer ungestillten Sehnsucht nach Halt und Fürsorge. Mit der Geste des mütterlichen Wiegens in der künstlerischen Inszenierung entsteht ein Bild der jetzt gelingenden Selbstfürsorge. Der Tanga repräsentiert die maskuline nicht-binäre Genderidentität der Künstler*innenperson.

Julia Cristofinis *Lärchenkleid (Larch-clad)* (→ 07) entsteht in poetischer Resonanz zur Natur und Landschaft ihres heimatlichen Umfeldes. Das zarte „Kleid" aus angelegten, von ihr gesammelten herbstlichen Lärchennadeln, erzeugt im Zusammenspiel mit dem für das Foto gewählten Ausschnitts des sich aus dem Bild beugenden Körpers das Bild einer sowohl nahen als auch scheuen, einer tiefen und zugleich ephemeren Beziehung.

Wenn sich nach dem ersten Semester jede*r Studierende nun selbstgewählt für weitere künstlerische Seminare an der Abteilung entschied, so ergab sich daraus ein individueller Zuwachs an Erfahrungen. In den jedes Semester abschließenden Präsentationen aller Projekte wurden diese Entwicklungen wieder miteinander geteilt. Darüber konnten sich Impulse für das „Wie weiter?" ergeben und immer wieder auch ein spontanes Interesse für neue Kollaborationen. Interessant war es, in diesen Präsentationen zu sehen, wie sich von den ersten Projekten ausgehend oft langfristige thematische Orientierungen entwickelten.

So schließen die siebbedruckten Filzfliesen von Matthias Schoiswohl mit dem Titel *Bombensplitter. Geschichtsverlegung* (→ 08) stimmt an den eineinhalb Jahre zuvor entstandenen geknüpften Teppich *Bombenhagel über Scharnstein* an und an das in ihm angespielte Thema der Romantisierung bzw. Verfälschung von Geschichte. Beide Arbeiten behandeln die

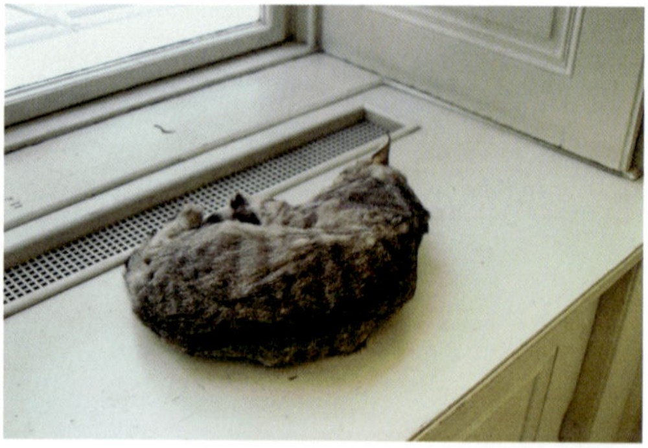

13 Oona Peyrer-Heimstätt, Triangulation an einer Katze, 2005, © Oona Peyrer-Heimstätt

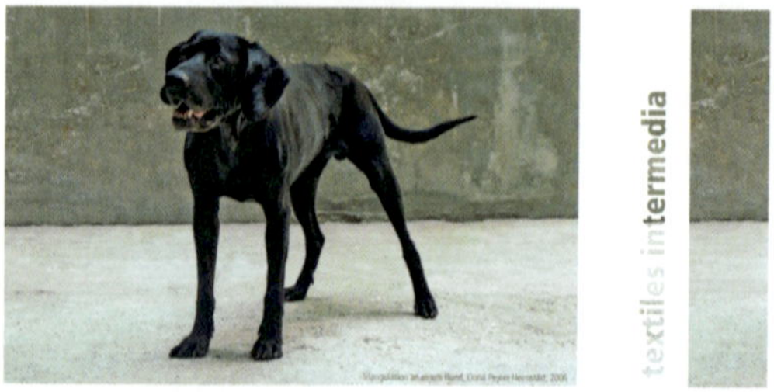

14 Oona Peyrer-Heimstätt, Einladungskarte, 2006, © Oona Peyrer-Heimstätt

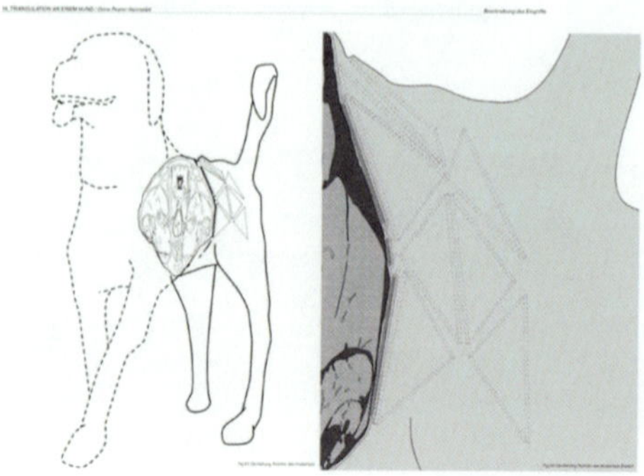

15 Oona Peyrer-Heimstätt, Skizzen zum Eingriff, 2006, © Oona Peyrer-Heimstätt

Schwierigkeiten, die sich für die Rekonstruktion von Geschichte durch mündliche Quellen ergeben können. Durch die Variabilität der einzelnen Fliesen wird der Aspekt des Zurechtlegens von Geschichte, „wie man sie gerade braucht“, in den Fokus genommen. Leere Bildflächen sind Platzhalter für „noch zu erfindende“ Teile der Geschichte. Dem „Grabe, wo du stehst“ wird ein „Baue, wo Du stehst“, bezugnehmend auf Erinnerung als Konstruktion, beigestellt.

Abschließend möchte ich an zwei Beispielen die Entwicklung und Transformation von thematischem Ansatz und Arbeitsweise etwas deutlicher machen.

Die Arbeiten von Oona Peyrer-Heimstätt und Maria Walcher zeigen diesen Translations- und Transformationsprozess aus meiner Sicht besonders gut.

Das erste Projekt von Peyrer-Heimstätt mit dem Titel *mein geschlecht!* thematisiert Verletzung und Verletzlichkeit sowie Strategien des sich Schützens mit Mitteln der seriellen Fotografie und durch Perforierung und Überformung von Papier und Körperbildern. In einem nächsten Arbeitsschritt entstand ein textiles Objekt aus doppelwandigem, dehnbarem Lycra mit 432 eingenähten Dreiecken aus Kunststoff – ein textiles Objekt, das sich durch seine regelmäßige „Triangulierung“ sowohl skulptural vielfältig in Form bringen ließ als auch räumliche und körperliche Anpassungen erlaubte. Begleitend entstand eine Reihe von fotografischen Arbeiten, die das Objekt in vielen Variationen interpretierten (→ 09–10).

Als Teil des Kollektivs A.Part, das seine Arbeit an der Schnittstelle von Kunst und Mode positionierte, entwickelte Peyrer-Heimstätt eine Kollektion, in der durch triangulierte Partien besondere Silhouetten formbar wurden. Gleichzeitig konnten sich die Teile, für sich stehend, als künstlerische Objekte im Galerieraum behaupten (→ 11–12).

Initiiert durch eine erste aufwendige Triangulation eines Zeitungsblattes, wurde das Gestaltungsprinzip bald auf diverse Alltagsgegenstände übertragen, bzw. in einem nächsten Schritt als interventionistische Methode im Raum angewandt. Nun wurde nicht mehr ein Gegenstand durch die Struktur sichtbar, sondern es war vielmehr der Gegenstand, an oder in dem die Struktur sichtbar wurde. So wurden zum Beispiel im Kontext einer Ausstellung verschiedene Wandkanten der Galerie durch den Dreiecksraster gebrochen und damit der Raumeindruck subtil verändert. In der selben Ausstellung war eine präparierte Katze, eingerollt, wie schlafend, auf einem Fensterbrett liegend zu sehen. Erst beim genauen Hinsehen wurde zart die Rasterung unter ihrem Fell sichtbar (→ 13).

Diese Intervention an einem vormals lebendigen Wesen wurde heftig diskutiert – nicht zuletzt unter ethischen Gesichtspunkten. Und gerade diese Diskussionen wurden schließlich zur Basis von Peyrer-Heimstätt künstlerisch-wissenschaftlicher Diplomarbeit. In ihr wurden nun wissenschaftlich und künstlerisch Argumente für und gegen das vorgegebene (also fiktive) Vorhaben, eine Triangulation am hinteren Rücken eines lebenden Hundes vorzunehmen, verhandelt.

Von einer Serie von Zeichnungen und Fotografien zur Implantation einer triangulierten Struktur unter dem Fell ausgehend, die wie in einem medizinischen Lehrbuch die operative Manipulation am Erscheinungsbild des Hundekörpers mitvollziehen ließ (→ 14–15), über die Erstellung eines Anschauungsobjektes, bis hin zu der im wissenschaftlichen Teil ausführlich geführten Diskussion des Vorhabens aus ethischer, philosophischer, medizinischer, künstlerischer und kulturwissenschaftlicher Perspektive reichte das Spektrum an Verhandlungsmaterial, das nicht zuletzt auch unser Rezeptionsverhalten angesichts permanenter ästhetischer Optimierung und Aktualisierung zur Diskussion stellte.

Dieses Beispiel einer individuellen künstlerischen Entwicklung im Rahmen der Studienzeit möchte vor allem zeigen, wie sich aus anfänglichen, oft sprunghaften Arbeitsweisen ein konsequenter Fokus und eine eigenständige künstlerische Praxis aufbaut und wie Verbindungen zwischen wissenschaftlichen und künstlerischen Perspektiven und Methoden die Arbeit zu fördern und vertiefen vermögen.

Das zweite Beispiel, die Arbeit von Maria Walcher, nahm seinen Ausgangspunkt zu Studienbeginn mit der künstlerischen Auseinandersetzung mit einem irgendwo erstandenen Second-hand-Kleidungsstück und den verschiedenen Ebenen einer möglichen Annäherung bzw. Aneignung dieses Objekts. Dabei zeigte sich, dass sowohl Material, Schnitt und Nähart Anknüpfungspunkte anbieten, wie eine konstruierte Kontextualisierung des Objekts, persönliche Assoziationen und fiktive Objektbiografien weiterführen können. Projekte wie *textil:mobil* (→ Seite 160) oder in der Folge *Textiles Unbehagen* waren zu dieser Zeit im Entstehen und stärkten spontane, aktivistische Arbeitsweisen, die sich in den öffentlichen Raum wagten und sich im Kontakt und in der Kommunikation mit noch unbekannten Menschen entfalteten. Ziel war, „das Textile" neu ins Spiel zu bringen, es aus dem Korsett konventioneller bzw. klischeehafter Zuschreibungen zu befreien und als facettenreiches, vertrautes und doch in so vielen Dimensionen noch unentdecktes, höchst aktuelles Medium vorzustellen. Zugleich wurde im Studio der Studierenden

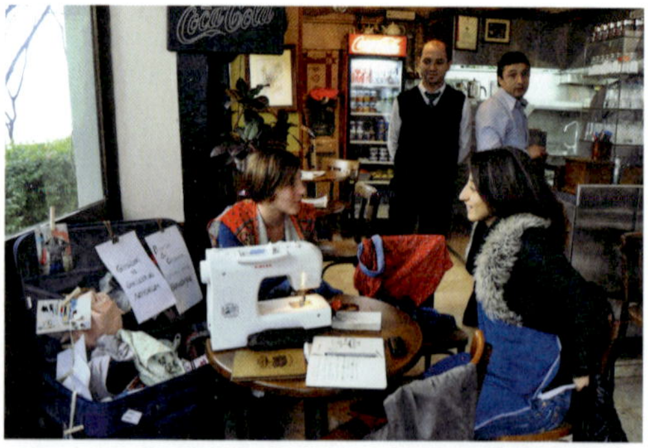

16 Maria Walcher, *I pack my bag 1*, Aktionsraum Wanderschneiderei, Sarajevo, 2011, © Maria Walcher

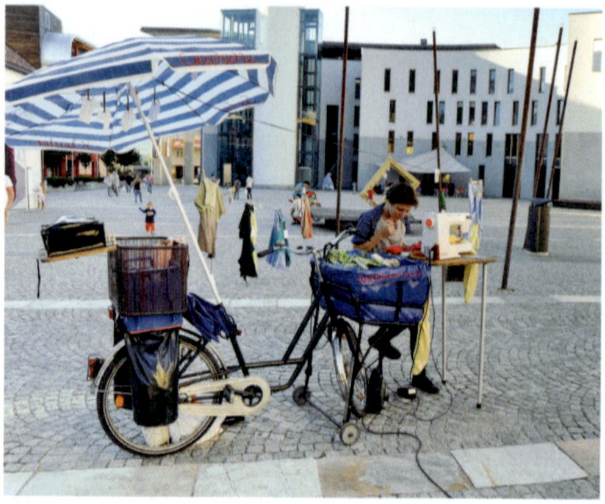

17 Maria Walcher, *I pack my bag 2*, Bozen, 2012, © Kunigunde Weissenegger

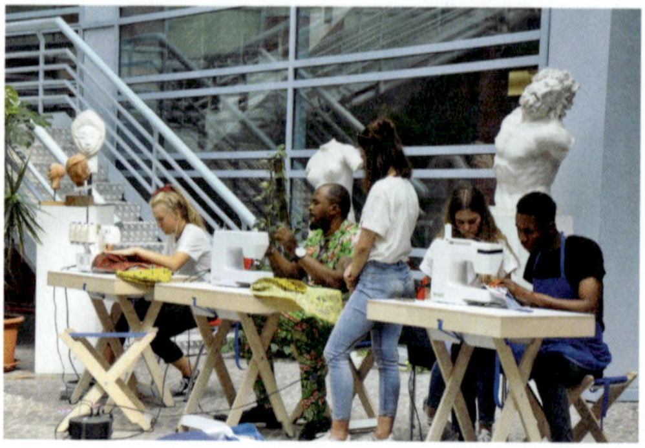

18 Maria Walcher, *querSCHNITT*, Sprachengymnasium Bruneck, 2018, © Maria Walcher

eine Sammlung abgelegter Kleidungsstücke angelegt, die nun intern ausgetauscht werden konnten bzw. für Experimente zur Verfügung standen.

Maria Walcher gehörte nun genau zu jener Student*innengeneration, die diese Auseinandersetzung mit dem Potenzial von Kleidung einerseits und mit interventionistischen, kollaborativen und partizipativen Praxisformen andererseits intensiv vorantrieb. Im Rahmen des Projekts *ornaMental structures* von Danica Darkić in Sarajevo (→ Seite 288) startete sie ihr Projekt *I pack my bag* (→ 16).

Sie selbst erzählt darüber: „Ich packe meine Nähmaschine und meinen Koffer und begebe mich auf ein Reiseprojekt: Sarajevo, Wien, München, Zürich, Istanbul. Der Koffer ist nicht mit meinen eigenen Kleidern gefüllt, sondern füllt sich auf der Reise mit Kleidern von verschiedenen Menschen, Kleidern die eine spezielle Geschichte erzählen. An einem neuen Ort angelangt, lasse ich mich je nach lokaler Begebenheit für ein paar Tage in Cafés, Geschäften, Galerien oder anderen öffentlichen Orten nieder, baue meine Wanderschneiderei auf und fordere die Passant*innen auf, mir Kleider mit speziellen Geschichten vorbeizubringen. Auf Etiketten werden diese durch Texte und Zeichnungen festgehalten. Ein Kleidungsstück aus dem Koffer wird mit einem „örtlichen" Kleidungsstück kombiniert zerschnitten und neu geschneidert, sodass die Kleider nicht mehr in ihrer herkömmlichen Art tragbar sind, sondern aus Kombination etwas Neues entsteht. Einzelne Hinweise zu ihrer jeweiligen Geschichte sind in Stickereien, Zeichnungen und Texten auf ihnen zu finden. Die Passant*innen können Kleider anprobieren und ihre Geschichte erforschen. Die kontinuierlich wachsende Wanderkollektion verändert und erweitert sich von Ort zu Ort durch die Einflüsse des Ortes, die beteiligten Personen und die Auseinandersetzung mit den jeweiligen Situationen. Die Schneiderei, als ortsspezifische Intervention, wird zum Ort des partizipativen Geschehens, der Begegnung und des Austauschs."[6]

Im Laufe der Studienzeit in Wien und später in Weimar an der Bauhaus Universität hat Maria Walcher dieses Arbeitsformat weiter ausgebaut und weitere Wanderprojekte durchgeführt wie *I pack my bag 2* (→ 17) und *querSCHNITT* (→ 18) – Performances also, „in denen die mobile Schneiderei zum künstlerischen Medium wird und [die] eine Bühne schaffen, die zur Interaktion laden, Dialoge hervorrufen und Geschichten entstehen lassen"[7].

Um nun diesen kleinen Parcours durch die verschiedenen Studierendenprojekte abzuschließen: Das also soll für die Studierenden, gerade durch die Vielstimmigkeit und Unterschiedlichkeit der individuellen Zugänge, die an der Abteilung vertreten sind, ermöglicht werden: verschiedene Konzepte und Ausformungen künstlerischer Praxis in der Zusammenarbeit mit Lehrenden und Kommilitoninnen* kennenzulernen und, durch lebendigen und konstruktiv „provokativen" Austausch in wechselnden Konstellationen, sich in der Weise und dem Tempo entwickeln zu können, dass die persönlichen Potenziale sich bestmöglich entfalten.

Durch meine eigene künstlerische Praxis (→ 01–02, 19–21), in der die Entscheidung für ein Medium immer wesentlich von den Themen und Fragen abhing, die einen Prozess anstießen, lag und liegt es mir wohl nahe, mich auch in der Lehre für einen entsprechenden Freiraum hinsichtlich der medialen Umsetzung einzusetzen und mediale Shifts zuzulassen. Trotzdem hatte ich von jeher eine besondere Liebe für das Textile und ein großes Interesse an seinen verschiedenen kulturellen Erscheinungsformen. Angesicht

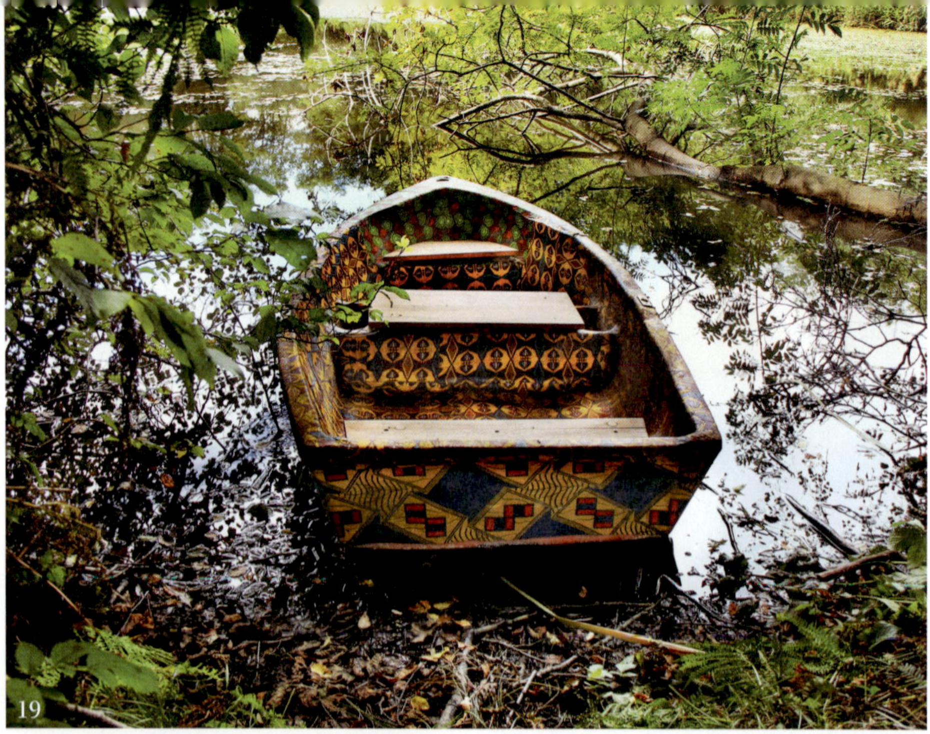

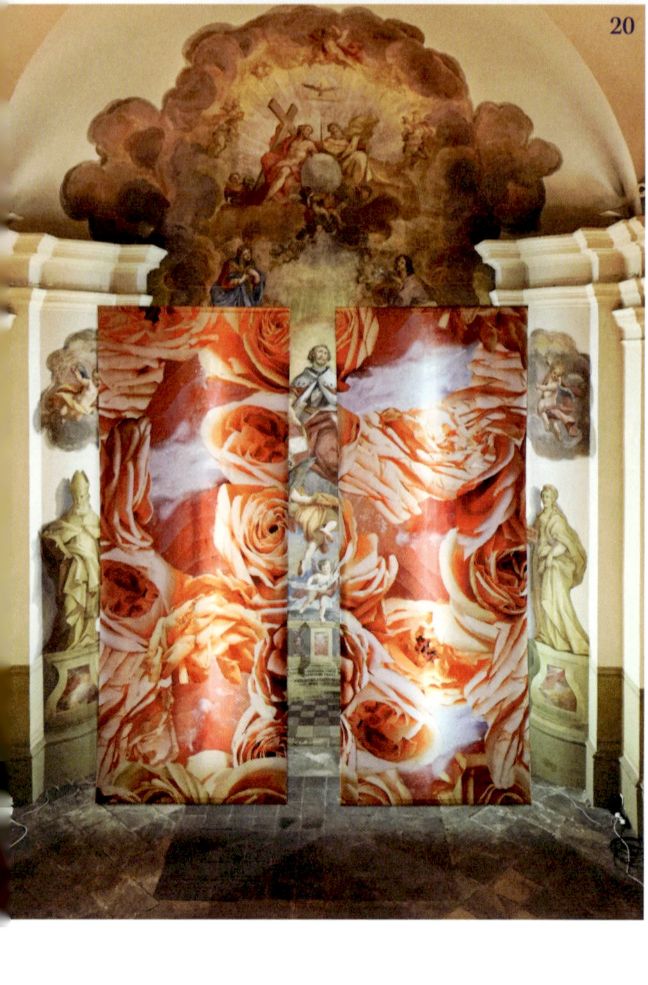

19 Barbara Putz-Plecko, *yonder*, 2015. Objekt auf verlandendem Teich, C-Print, © Barbara Putz-Plecko

20 Barbara Putz-Plecko, Aufbau einer Installation in der Burgkapelle des Museums für Moderne Kunst Kärnten unter Einbeziehung der historischen Malerei, Klagenfurt, 2017, © Peter Putz

21 Barbara Putz-Plecko, *Sofa II*, 1998. Tintendruck auf Satin, © Peter Rigaud

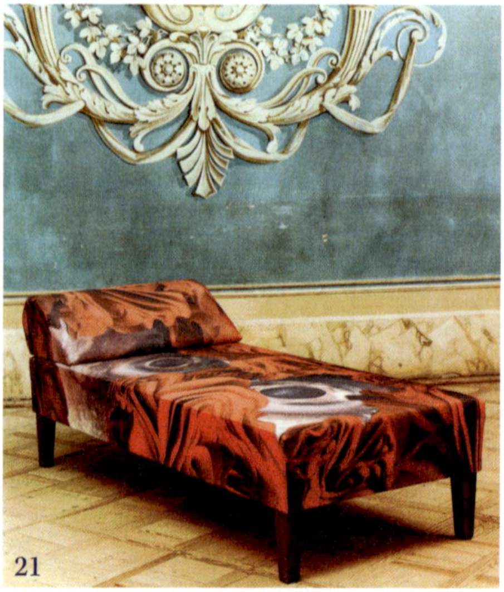

des immensen Reichtums des textilen Welterbes, der Bedeutung des Textilen in so vielen Lebens- und Anwendungsbereichen und seiner Relevanz und Potenziale für zukünftige Entwicklungen halte ich eine solide technische bzw. handwerkliche Fundierung und Materialkenntnis in Verbindung mit Gestaltungskraft, künstlerischer Kompetenz, mit einem transdisziplinären und transkulturellen Interesse sowie der Fähigkeit zur kritischen Reflexivität nach wie vor für wesentliche Faktoren eines guten Studiums.

---

1 | Irit Rogoff, „Turning". In: Issue #00 von e-flux Journal, 10/2008, 2-4, www.e-flux.com/journal/00/68470/turning [30.09.2024].

2 | Andrea Liesner, Michael Wimmer, „Der Umgang mit Ungewissheit. Denken und Handeln unter Kontingenzbedingungen". In: Werner Helsper, Reinhard Hörster, Jochen Kade (Hrsg.), *Ungewissheit. Pädagogische Felder im Modernisierungsprozess.* Weilerswist: Velbrück Wissenschaft, 2003, 29.

3 | Mit diesen Worten beschreibt die Universität Bremen aktuell in ihrem *Leitbild Lehre* die Stärkung der Lehrer*innenbildung durch forschendes Lernen. Bei den Lehramtsstudierenden soll ein entwicklungsbezogenes Denken in Verbindung mit einem professionellen Selbstverständnis als *Reflective Practitioner* (siehe dazu: Donald A. Schön, *The Reflective Practicioner: How Professionals Think in Action.* London: Temple Smith,1983) angeregt werden. Reflexion, genauer *reflection-on-action*, versteht man „als komplexen, von der Situation sich distanzierenden Prozess, der Theorie- und Praxiswissen aufeinander bezieht. Gleichzeitig werden dabei sowohl die unterschiedlichen Perspektiven der beteiligten Akteure als auch die gesellschaftlichen und institutionellen Bedingungen berücksichtigt, um Handlungsalternativen zu entwickeln. *Reflection-in-action* ist als situationsbezogenes Handeln (d. h. auf der Mikro-Ebene) zu verstehen, das einen Teilprozess in einem Zyklus der Reflexionsentwicklung bildet, der nicht isoliert von Prozessen der *Reflection-on-action* denkbar ist." Website der Universität Bremen, Zentrum für Lehrerinnen/Lehrerbildung und Bildungsforschung, www.uni-bremen.de/zflb/projekte-forschung/schnittstellen-gestalten-qualitaetsoffensive-lehrerbildung/leitbild-reflective-practitioner [01.10.2024].

4 | Lisa Großmann, „reflektieren". In: wissenderkuenste.de/2384/ Ausgabe #10, Mai 2021, Universität der Künste Berlin, https://wissenderkuenste.de/texte/10-2/reflektieren/pdf [01.10.2024].

5 | Jan Verwoert, „Frei sind wir schon. Was wir jetzt brauchen ist ein besseres Leben". In: *kunst lehren teaching art.* Städelschule, Frankfurt am Main/Köln, 2007, 86 ff. Der Begriff der Provokation im Sinne eines anregenden, hervorrufenden, herausfordernden, aus der Reserve lockenden Tuns wird von Verwoert im selben Text „durch die Provokation von aufschlussreichen Verhältnissen Erfahrungen zu provozieren" als wesentlicher Auftrag der Akademie beschrieben. Sehr anschaulich finde ich auch die Beschreibung der Perspektive von Lehrenden und Studierenden im Kontext von Lehre, die ich deshalb hier ausführlich zitieren möchte: „Wenn ich an einer Akademie lehre, heißt das: Ich begreife überhaupt erst, dass ich eine gewisse Erfahrung habe und auf der Grundlage dieser Erfahrung anderen potenziell etwas Bedeutungsvolles oder irgendwie Hilfreiches über Kunst sagen kann, wenn im Seminar oder Ateliergespräch jemand auf das, was ich sage, reagiert, sei es mit Worten oder dadurch, dass sich in der Folge in dessen Arbeit etwas ergibt oder löst, was sich sonst vielleicht nicht ergeben oder gelöst hätte. Gerade im Ateliergespräch bin ich als Lehrender nur dann glaubwürdig, wenn ich es schaffe, mich zu erklären und nicht nur irgendeinen Gegenstand. Das heißt: [M]eine Kritik wirkt nur dann stichhaltig und hilfreich, wenn ich jemandem die Prämissen und Kriterien meiner Kritik plausibel machen kann. [...] Oft genug erfahre ich in diesem Moment aber auch, dass meine Erfahrung begrenzt ist, weil meine Kritik nicht greift, oder dass ich die Prämissen meines Standpunkts überdenken muss, weil ich in dem Moment, wo ich sie vor anderen (und in Reaktion auf deren Arbeiten oder Fragen) erkläre, merke, dass sie nicht mehr glaubhaft wirken. Umgekehrt mache ich als Studierender Erfahrungen ja genau dadurch, dass ich mich von anderen Personen, Arbeiten oder Erlebnissen dazu provozieren lasse, in meiner Arbeit Entscheidungen zu treffen, die ich wahrscheinlich sonst so nicht getroffen hätte und die möglicherweise dazu führen, dass ich nochmal anders ansetze, um etwas, das mir wichtig ist, neu zu formulieren, und zwar so, dass es die neuen Erlebnisse mit einbezieht oder die Person, die mich provoziert, überzeugt oder sogar Lügen straft. Es können aber auch Entscheidungen sein, die bedeuten, dass ich in Bereichen, wo ich meiner Sache sicher war, plötzlich Dinge umstoße und alles dadurch auf eine andere Ebene hebe. Nicht selten geschieht das ja genau deswegen, weil jemand anderes etwas über meine Arbeit sagt, was einem Unbehagen Ausdruck verleiht, das ich selbst insgeheim schon länger verspürt habe (das Gefühl, sich an einem bestimmten Punkt im Kreis zu drehen) und das im besten Fall möglich macht, genau das zu verwerfen, was die weitere Entwicklung der Arbeit bis jetzt verhindert hat (oft genug drehe ich mich ja genau an dem Punkt im Kreis, wo ich verbissen oder verzweifelt an bestimmten Dingen festhalte, und zwar genau deshalb, weil ich schon selbst nicht mehr an sie glaube, mir das aber noch nicht eingestehen kann). Ein provokativer Kommentar kann dann wirken wie ein befreiender Witz, der es mir plötzlich erlaubt, über meinen eigenen Schatten zu springen." 89, www.yumpu.com/de/document/read/3505823/kunst-lehren-teaching-art-stadelschule [01.10.2024].

6 | Maria Walcher, Auf Wanderschaft – *I pack my bag.* Eigenverlag Maria Walcher, finanziert durch den Südtiroler Künstlerbund und die Südtiroler Landesregierung, 2020, 5.

7 | Ibid.

VON DEN BESONDERHEITEN DER STOFFE, VON DINGEN UND EREIGNISSEN

Barbara Graf

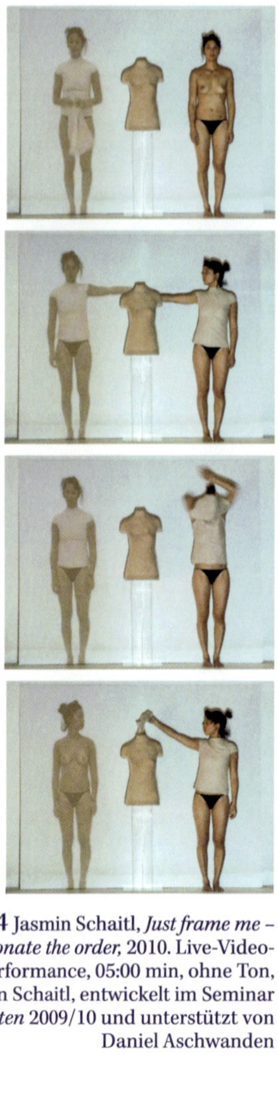

01–04 Jasmin Schaitl, *Just frame me – impersonate the order,* 2010. Live-Video-Performance, 05:00 min, ohne Ton, © Jasmin Schaitl, entwickelt im Seminar *Auf-Treten* 2009/10 und unterstützt von Daniel Aschwanden

Dinge und Bilder sind einmalig und doch stets flexibel, vielschichtig und wunderlich in den Bedeutungen, die sie von sich geben. Natürlich sind es nicht die Dinge selbst, die erzählen und Wirklichkeiten kreieren und erschließen; vielmehr sind es wir durch unsere Wahrnehmungen, die in ihnen und durch sie existieren. Und doch erscheint es so, als würde das Begehren in einer Umkehrung vom Ding auf das Auge gerichtet sein. Jacques Lacan beschreibt dieses Ereignis in einem Richtungswechsel im Abschnitt „Linie und Licht" seines *Seminars XI*.

> „Zwar zeichnet sich in der Tiefe meines Auges das Bild/tableau. Das Bild ist sicher in meinem Auge. Aber ich, ich bin im Tableau."
> „ […] auf seiten [sic] der Dinge gibt es den Blick, das heißt, die Dinge blicken mich/gehen mich an, und ich wiederum sehe sie."[1]

Durch Ausdehnungen und Stofflichkeit beziehen Dinge inhaltliche Aufladungen und sinnliche Präsenz, wesentlich aber auch durch die Orte, an denen wir ihnen schon begegnet sind: durch individuelle und kollektive Erinnerungen. Transferiert in einen anderen Raum und eine andere Zeit erscheinen sie in neuem Licht und erfinden Welt immer wieder neu – jedes Mal ein Ereignis.

Die Untersuchungen und gestalterischen Formen von Inhalten in meinen künstlerisch forschenden Seminaren entwickeln sich in enger Verknüpfung von materiell-bildnerischem Handeln und reflexiver Praxis. Den Schwerpunkt

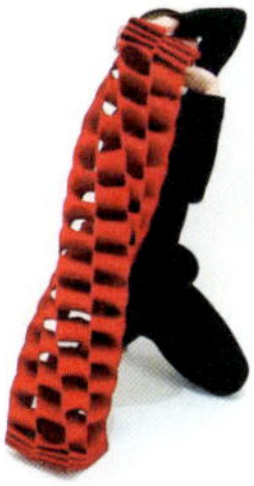

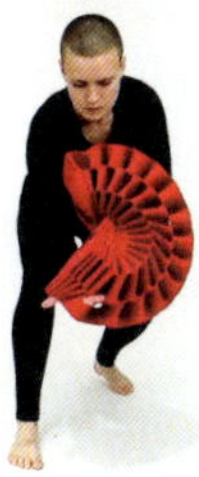

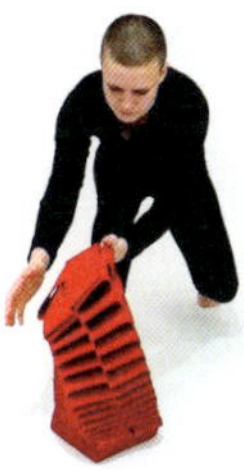

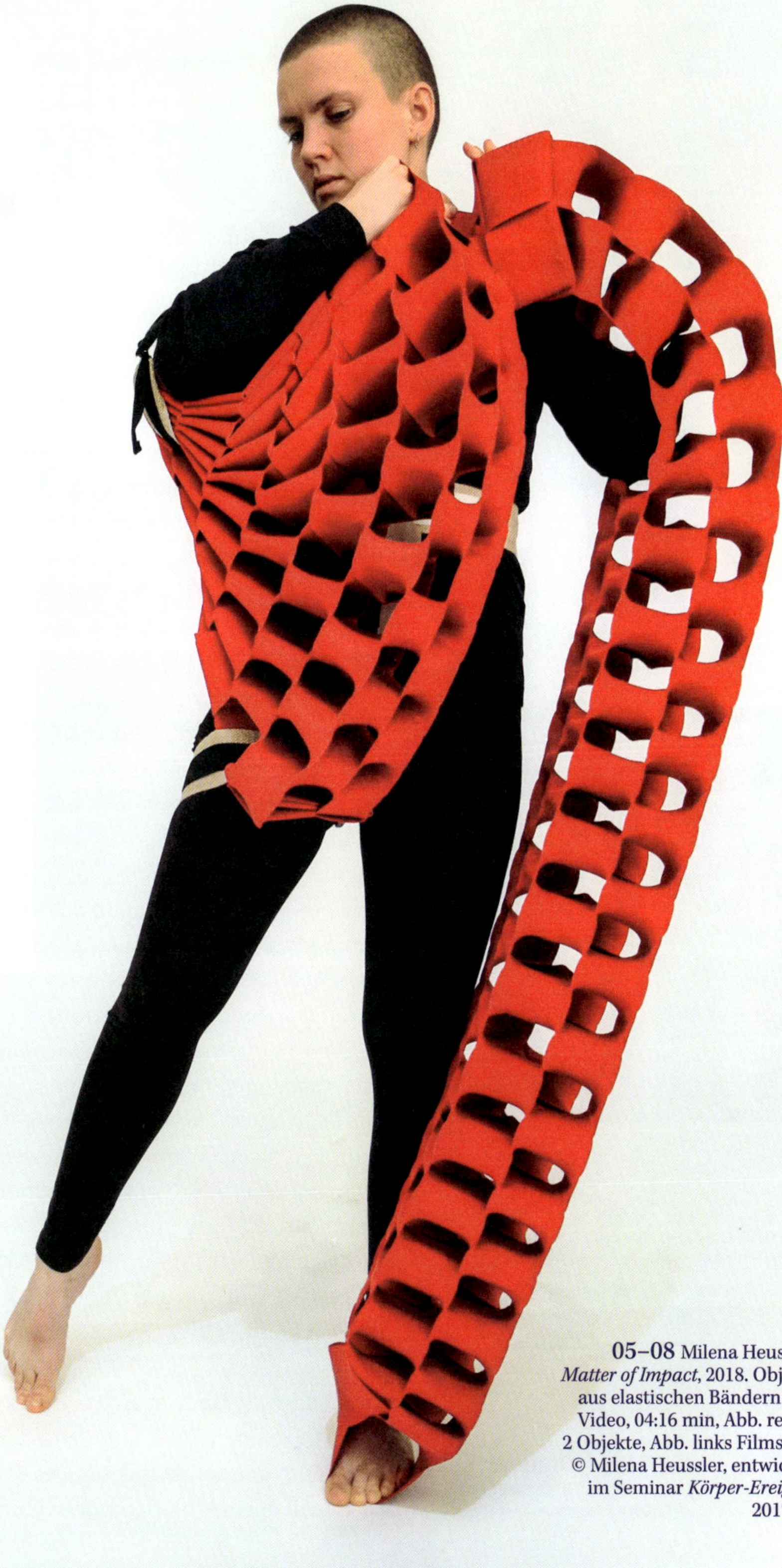

05–08 Milena Heussler, *Matter of Impact*, 2018. Objekte aus elastischen Bändern und Video, 04:16 min, Abb. rechts 2 Objekte, Abb. links Filmstills, © Milena Heussler, entwickelt im Seminar *Körper-Ereignis*, 2017/18

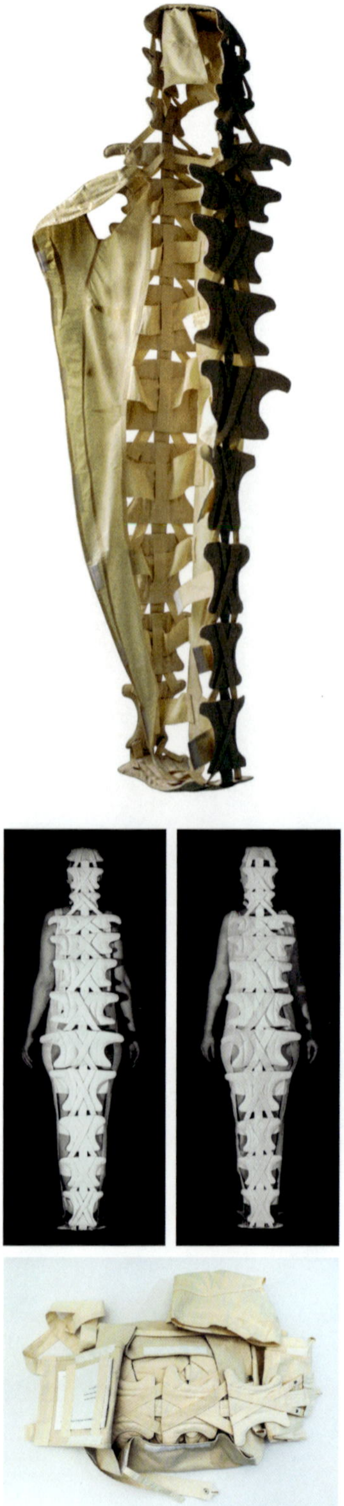

09–12 Barbara Graf, *Wirbelsäulenkleid – Anatomisches Gewand V*, 1996. Baumwolle, Druckknöpfe, Klettband, 24 Wirbelkörper, 2 Bänder, 3 Seitenteile und Tasche, © Barbara Graf

bildet dabei das Verhältnis von Körper und Hülle, sei es die erste oder zweite Haut, wie auch der Leib in seiner soziokulturellen Dimension. Die Darstellungen spannen einen Bogen von haptischen, performativen, analytisch-konzeptuellen bis hin zu ephemeren oder sprachlichen Formulierungen und manifestieren sich manchmal auch in Medien, die Textiles thematisieren, aber ohne dessen Material auskommen. Bedeutungen und Ausdruck hängen sozusagen in den Oberflächen und Tiefen von Materialitäten. Flexible Anordnungen und Verwandelbarkeit zeichnen die Arbeiten aus: Dinge entfalten sich in Anwendungen, Handlungen und Aufführungen und erschließen dabei stets neue Bedeutungs- und Funktionszusammenhänge: in der Fähigkeit zu verweisen, aber auch in ihrer Poesie und dem Eigenleben, für sich selbst genommen zu werden.

Exemplarisch für die thematischen Ausrichtungen der künstlerisch-forschend ausgerichteten Seminare und im Verhältnis zu eigenen künstlerischen Arbeiten stelle ich Projekte von Studierenden und eigene Arbeiten vor, die Körperschichten und Umraum, Körper und seine Handlungen wie auch Textiles als Membran konzeptueller und poetischer Aufzeichnungen untersuchen und Identitäten immer wieder neu konstruieren.

So etwa beschäftigt sich Jasmin Schaitl (→ 01–04) mit Fragen der Repräsentation und Identität und verhandelt diese über ein Ausloten des Verhältnisses von erster und zweiter Haut und der medialen Vermittlung.

In einem Bühnenraum begegnet sich die Künstlerin in drei verschiedenen Repräsentationsformen: als physisches Ich, als Projektion und als skulpturale Abformung des eigenen Körpers, die als vermittelnde Position fungiert. Schicht für Schicht werden die Körper enthüllt und wieder bekleidet. Präsenz entsteht durch die scheinbar kommunizierenden Blicke zwischen der Performerin und ihrem medialen Abbild. Der ins Publikum gerichtete Blick erweitert den performativen Raum und eröffnet ein Spannungsfeld von Nähe und Distanz. Das Spiel mit der (Nicht)Identifikation lässt an Jacques Lacan denken, umso mehr als die Künstlerin den Ablauf über einen Spiegel kontrolliert, und die Nichtübereinstimmung des Selbst mit seinem projizierten Anderen entfaltet sich in einer irritierenden Handlung.[2]

Über viele Jahre hinweg entwickelte ich die Arbeiten der *Anatomischen Gewänder* (→ 09–12). Das Verständnis der textilen Hülle als flexible Skulptur und Körperobjekte als Handlungsobjekte nimmt für mich, wie auch für viele Studierende, eine wichtige Position ein.

Am eigenen Körper Maß genommen, transformiert sich das Rückgrat, seiner Trägerfunktion beraubt, zur am Körper getragenen Außenhülle. Die Produzentin wird im skulpturalen Stehkleid zur Kunstfigur. Als leere Hülle verweist das Gewand auf den abwesenden Leib, in ihre Einzelteile zerlegt und zusammengepackt wandelt es sich zur Skulptur als Handgepäck.

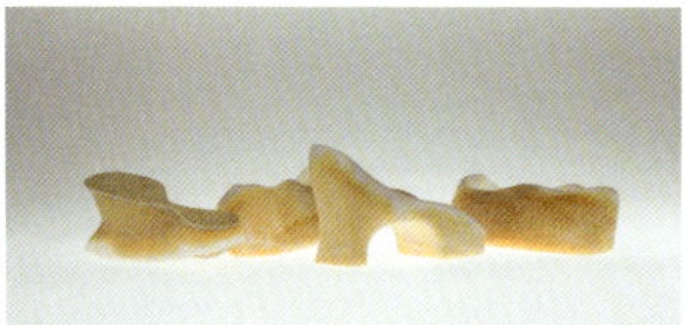

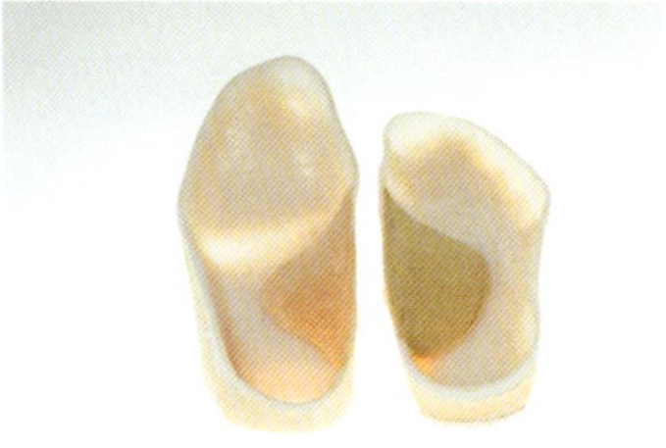

13–14 Ira Tauchen-Rohrweg, *(Non-) Disciplining Shoes – Unfunctional Footwear*, 2010/11. Niederdruckpolypropylen, PRU-Schaum H200, Leichtspachtelmasse, Plastazote, © Margarete Hottenroth, entwickelt im Seminar *Auf-Treten* 2009/10 und unterstützt von den Orthopäd*innen Eva und Florian Müller

Auch in einem expliziten Bezug auf die menschliche Anatomie und in deren Verkehrung zeigen sich die Fußobjekte von Ira Tauchen-Rohrweg (→ 13–14).

Auf paradoxe Weise, nicht ohne Ironie und mit großer Genauigkeit unterlaufen die Modelle der Fußunterbauten das orthopädische Prinzip und stellen eine Ordnung, wenn nicht auf den Kopf, so zumindest verkehrt unter den Fuß. In den Skulpturen sind temporäre Fehlhaltungen des Fußes abgeformt. Würden die Schuhe getragen, hätte das auf die gesamte Körperhaltung Auswirkungen. Auftreten wird zum Balanceakt. In einem erzählten Text eignet sich die Künstlerin die von ihrem Körper abgeleiteten Objekte auf eindringliche und poetische Weise neu an, als wären sie Teil des eigenen Körpers. Das glatte und milchig-transparente Fußbett und der schaumig verfestigte Unterbau mit porenartiger Struktur verleihen diesen Dingen zudem ein körperliches Eigenleben.

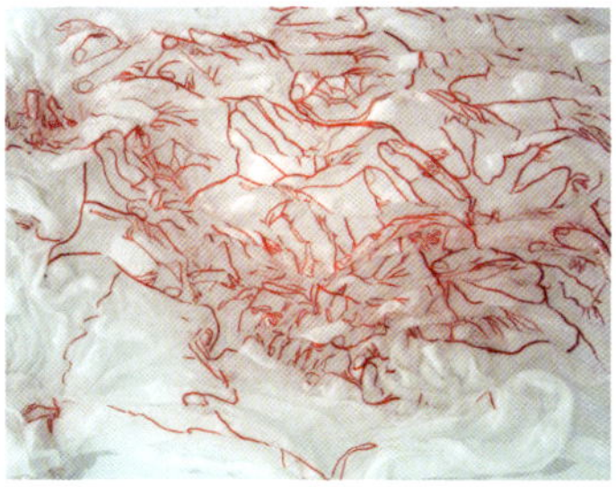

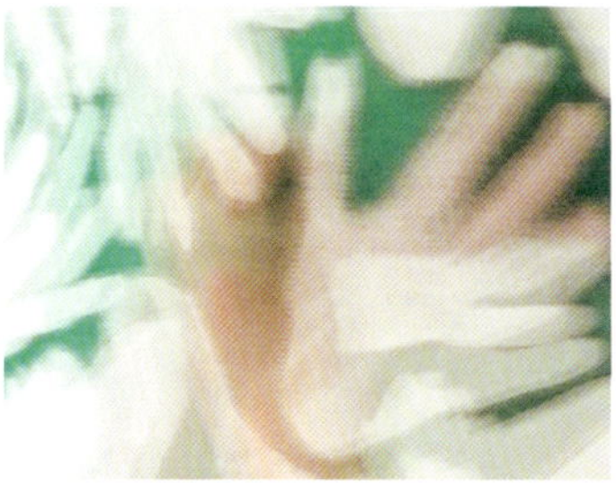

15–16 Barbara Graf, Fotografien aus den Serien *Tuch 1 (Nr. 7)*, 2011 und *Tuch 2 (Nr. 8)*, 2012, © Barbara Graf

Anatomisch angeeignet und herausgefordert sind die Körpererweiterungen von Milena Heussler (→ 05–08).

In der Arbeit *Matter of Impact* treten aus elastischen Bändern geflochtene Objekte in Interaktion mit dem Körper, in ein quasi organisches Zusammenspiel. Die Krafteinwirkungen machen Materialqualitäten sichtbar und im Verlauf der Bewegung erscheint es so, als verwandelten sich die zuerst unbelebten textilen Strukturbildungen in übergroße Muskeln, deren viskoelastische Eigenschaften durch die performativen Skulpturenbildungen sichtbar werden. Körperhaltung und Tonus der nun belebten Dinge bedingen sich gegenseitig. Nach dem Erforschen der verschiedenen

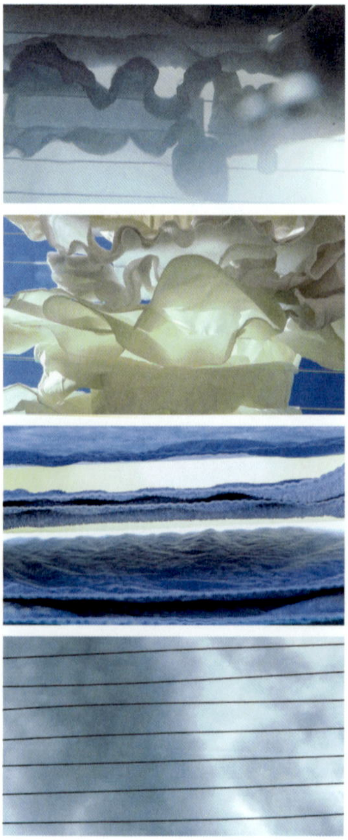

17–20 Florentina Prath, *Textil nimmt Raum, Serie 1–5,* 2016. Video HD, 10:50 min, Stills aus: 1, 3, 4, © Florentina Prath, entwickelt im Seminar *Körper/Leib* 2015/16

Qualitäten von Spannungszuständen werden diese belebten Dinge wieder abgelegt und bleiben zurück als Objekte, die ihr Potenzial verbergen.

Eine scheinbare Bewegung in den Körper manifestiert sich in der Arbeit der *Tücher* (→ 15–16), die ich im Kontext des künstlerisch forschenden Projektes *Surgical Wrappings*[3] erarbeitet habe.

Handgesten aus dem medizinischen Bereich sind in medizinischer Gaze oder Operationstüchern dargestellt. In fotografischen Inszenierungen verflüssigen sich die streng ornamental angeordneten Handarrangements, lösen sich auf oder überlagern sich mit dem Körper durch Langzeitbelichtungen. Textiles Gewebe verwandelt sich in körperliches; was an der Oberfläche war, dringt in die Tiefe ein und transformiert sich zu einem Ausdruck verletzlicher Leiblichkeit.

Gänzlich abwesend – zumindest als visuell sichtbarer – ist der Körper in den bewegten Tüchern und Kleidern von Florentina Prath (→ 17–20).

Eine alltägliche Handlung – Wäsche aufhängen – wird in der Videoserie *Textil nimmt Raum* aus unüblicher Perspektive betrachtet und in verschiedenen Wetterlagen vollzogen. Die sich stets wiederholende Handbewegung gerinnt zu einer Geste, die ohne sichtbares Gegenüber auskommt. Die Dinge der Darstellung werden durch die Auswirkungen des Wetters belebt. Bewegung bringt Materialqualitäten hervor und die Wahrnehmenden tauchen in einen atmosphärischen Raum ein, der Ding und Umgebung verbindet. Ganz explizit zeigt sich diese Verbindung im dritten Teil der Videoserie, als würden sich Textil und umgebender Raum in einem Dunstkreis – Kleidung wird im Regen aufgehängt – zu einem Bild eines belebten Himmels oder Ozeans verschmelzen. Und dieses Ereignis durchzieht die ganze Serie: Textilien erscheinen belebt, als würden sie den Leib, den sie sonst umhüllen, gar nicht entbehren und stattdessen Raum (aus)kleiden.

Die transparenten Schichten der Arbeit von Nha NGO (→ 21–22) hängen im Raum, als würden sie sich als Kleidung zur Verfügung stellen.

Keine Gewänder, die uns kleiden, sondern Bilder, zwischen denen wir präsent sind und auch verschwinden, sowie Erlebtes in unserer Erinnerung erscheint einmal klar und deutlich und ein andermal wie durch einen Nebel kaum fassbar. Nha NGO setzt sich mit einer ihrer Kulturen auseinander und druckt Motive aus Vietnam und ihrer Kindheit auf Seidenorganza, schneidet das Textil in Streifen und verwebt diese neu. Betrachter*innen werden in der Installation für einen Moment Teil der erinnerten Erzählung und die hauchfeinen und sich überlagernden materialisierten Erinnerungen geraten auch wörtlich in Bewegung.

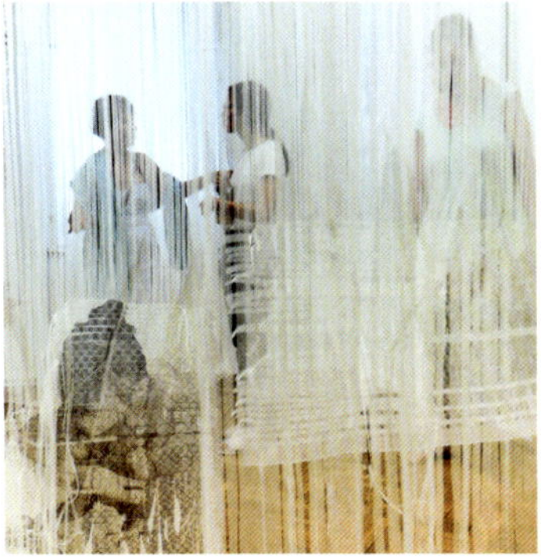

21 Nha NGO, *04.08.1995, Điện Bàn, Qua'ng Nam*, 2019. Installation, bedruckter Seidenorganza, 9 gewebte Teile, © Barbara Graf, Bachelorarbeit, entwickelt im Seminar *Anatomie/Kleidung* 2019 und unterstützt von Manuel Wandl

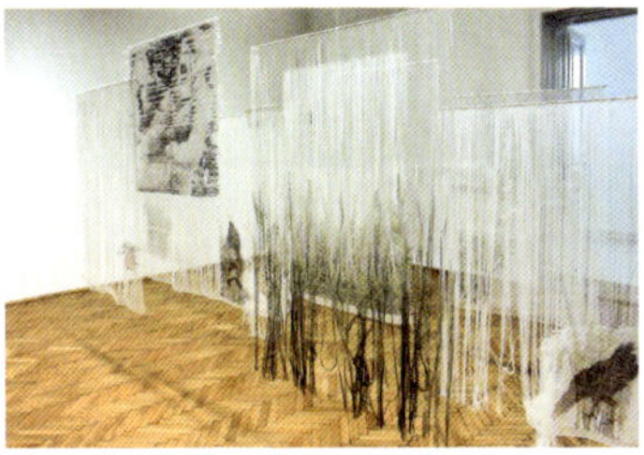

22 Nha NGO, *04.08.1995, Điện Bàn, Qua'ng Nam*, 2019. Installation, bedruckter Seidenorganza, 9 gewebte Teile, © Stefan Burghart, Bachelorarbeit, entwickelt im Seminar *Anatomie/Kleidung* 2019 und unterstützt von Manuel Wandl

In anderen Schichten und Zeile für Zeile entwickelt sich die Arbeit von Isabella Kohout (→ 23).

Körperliche Stoffe und der Stofflichkeit verpflichtete Sichtweisen des Körpers: Von diesen Besonderheiten und leiblichen Ereignissen erzählt die Arbeit *pli selon pli* (Falte für Falte). Eine konzeptuelle Strenge wird mit poetisch-fotografischen Erkundungen des Körpers verwoben. Wörter sind in schmälere und breitere, kürzere und längere Balken übersetzt, deren Farbtöne den Fotografien entnommen sind. Auch die Seitennummerierung funktioniert nach einem ähnlichen Prinzip. Die auf jeder Seite länger werdenden Balken am unteren Ende der Seite ersetzen die Zahlen. Der Tonwert dieser Balken ist der durchschnittliche Farbton aller Abbildungen des Buches und ist auch die Farbe des Umschlags. So sind alle Seiten miteinander verbunden und verschlungen wie auch die Abbildungen mit den Texten. Diese Transformationen können nicht rückübersetzt, aber neu gelesen werden. Und Falten sind immer eine seltsame Sache: Sie bringen Materialqualitäten hervor und existieren trotzdem nicht, wir erkennen sie nur durch die Wölbungen und an dem, was wie eine Leerstelle im Tal verschwindet. Oder wie Gilles Deleuze in den Faltungen der Materie Seele entziffert und es über das *Vielfältige* in Etagen formuliert:

> „Die obere Etage ist es, die keine Fenster hat: dunkles Zimmer oder dunkle Kammer, ausgestattet einzig mit einer gespannten, ‚von Falten untergliederten' Leinwand, wie eine lebendige Haut."[4]

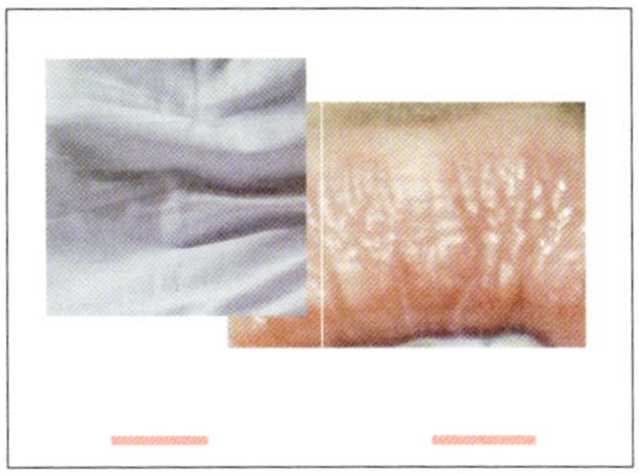

23 Isabella Kohout, *pli selon pli*, 2016. Buch, semigloss, 17 Doppelseiten und Umschlag, Abb. von links nach rechts: Inhaltsverzeichnis, S. 14/15, S. 16/17, © Isabella Kohout, entwickelt im Seminar *Körper/Leib* 2015/16

Mit Nadel und Faden schreibt Brigitte Zaussinger (→ 24–25) in das Leinen.

Was einmal das geduldig erarbeitete Stickmustertuch war, eng verstrickt mit einem traditionellen bürgerlichen

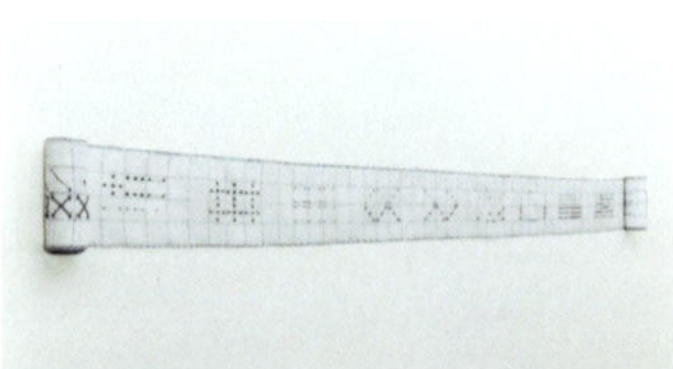

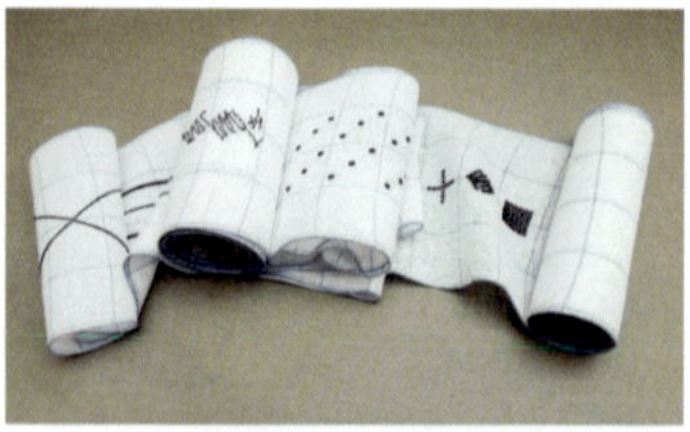

24–25 Brigitte Zaussinger, *Spot- und Bandsampler (Küchenrolle als Schriftrolle)*, 2014–2016. 41 Stickmustervorlagen, Leinen und schwarze Baumwolle, © Barbara Graf, entwickelt im Seminar *Referenzen* 2014/15

Weiblichkeitsideal, zeigt sich im *Spot- und Bandsampler*, befreit von den stereotypen Zuschreibungen der ordentlichen Fleißarbeit und weiblichen Disziplinierung, behält jedoch eine Nachdrücklichkeit durch Handarbeit – dem Durchstechen mit der Nadel. Ein Alltagsmaterial, das Küchentuch am Laufmeter, wird als Trägermaterial mit scheinbar minimalistischen Systemen verknüpft. Das gestickte Alphabet und dessen Anwendung als Text(ur) erweist Referenz an Zeichensysteme der konstruktivistischen und konzeptuellen Kunst. Als Buchstaben fungieren drei verschiedene Stickstiche, jeweils als Versalien und Minuskeln. Arrangements von Punkten, Zeilen, Zickzacklinien und so weiter – anfangs in konsequenten Anordnungen – befreien sich Stich für Stich aus der strengen Ordnung. Seite für Seite durchgerollt – dabei erscheinen auch immer die Rückseiten der folgenden Seiten – endet das Buch mit einem Tribut an Kasimir Malewitsch, mit einem Augenzwickern.

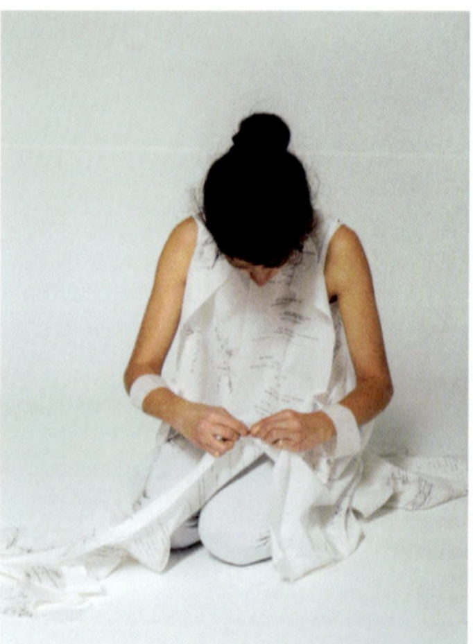

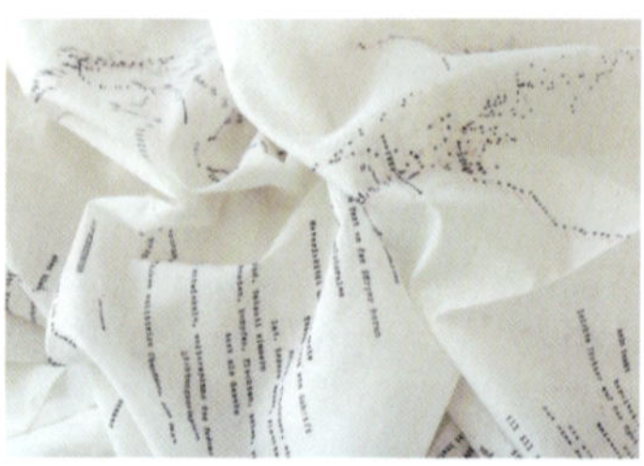

26–27 Alexandra Schroll, *Post_DADA_TEXT-Kleid*, 2016. 5 Stoffbahnen, Schreibmaschine auf Stoff, Druckknöpfe, © Konrad Strutz, entwickelt im Seminar *Körper/Leib* 2015/16

Auch eine Art Buch oder vielmehr auf die zweite Haut schreibt Alexandra Schroll (→ 26–27).

Falten fallen und Buchstaben rinnen aus den Zeilen. Über die Tasten der Schreibmaschine und als Abdruck in Druckerschwärze auf dem Stoff hinterlassen, tasten sich Wörter und Textgebilde an den Körper heran. Die Strenge, mit der die Stoffbahnen in das Werkzeug eingespannt wurden, steht ganz im Gegensatz zum leichten Gewebe, das Seite für Seite über den Körper fällt. Erinnerungsmomente, Reflexionen zur Leibwahrnehmung, Notizen über Ereignisse oder Thematisierungen von Text als Textur/Textil zeigen sich als visuelle Poesie. Die Buch-Körper-Hülle kann stets neu gelesen werden, indem die Bahnen anders aneinandergefügt werden. Was einmal an der Stelle der Brust geschrieben steht, kann alsbald auch am Ort der Kniekehle gelesen werden oder verschwindet gänzlich in einer Falte.

Textiles bedeckt, kleidet, schützt oder entblößt. In den Stoff wird geschnitten, gestochen, geschrieben und eingeschrieben. Gewebe legen sich in Falten oder breiten sich aus. Schichten überlagern sich und konstituieren sich immer wieder zu neuen Bedeutungszusammenhängen.

In den *Hand-Brust-Schichten* (→ 30–31) verwandelt sich der Körper in eine kartografische Topografie und versichert sich der eigenen Körperlichkeit durch die wörtlich

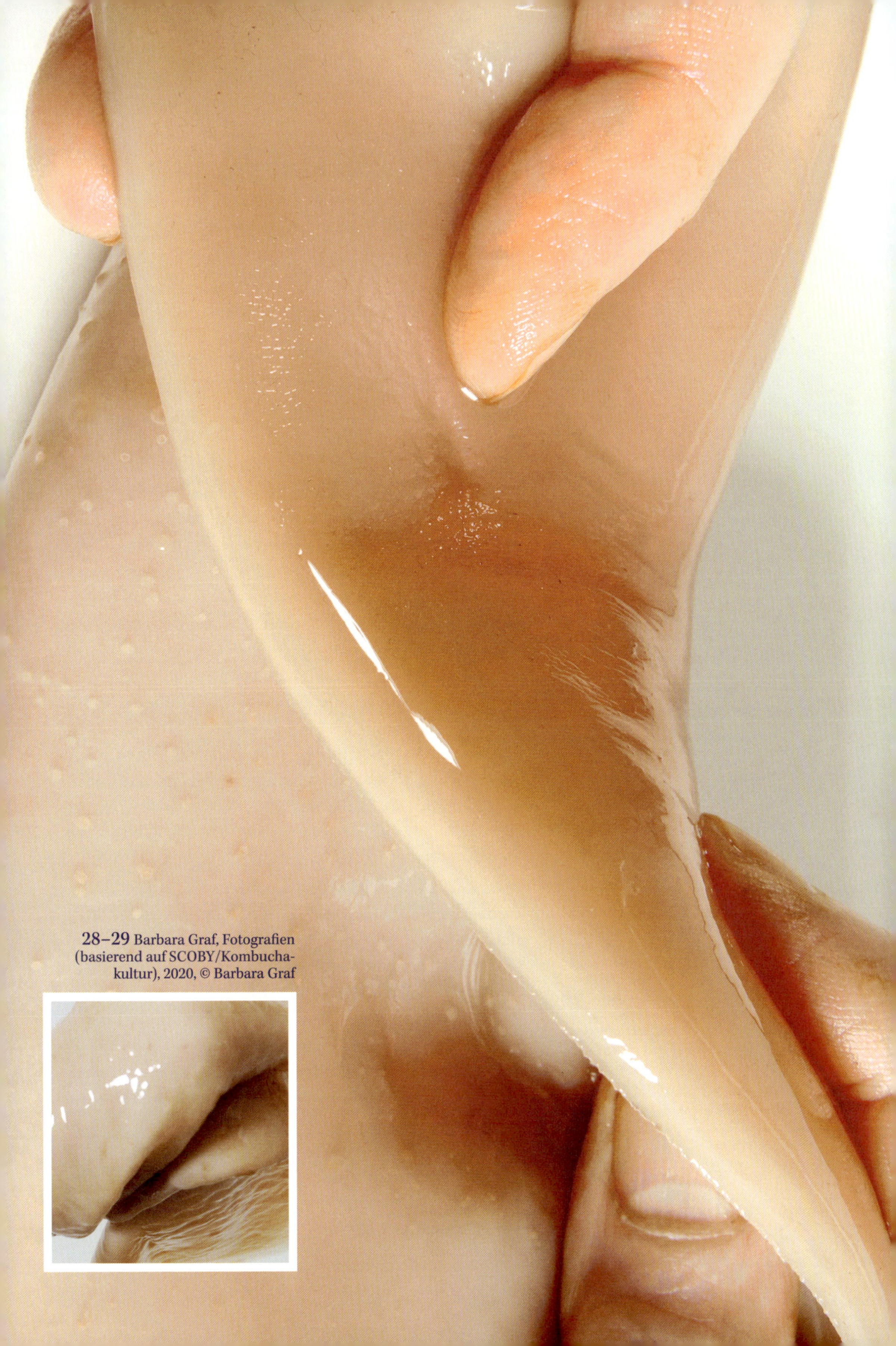

28–29 Barbara Graf, Fotografien (basierend auf SCOBY/Kombuchakultur), 2020, © Barbara Graf

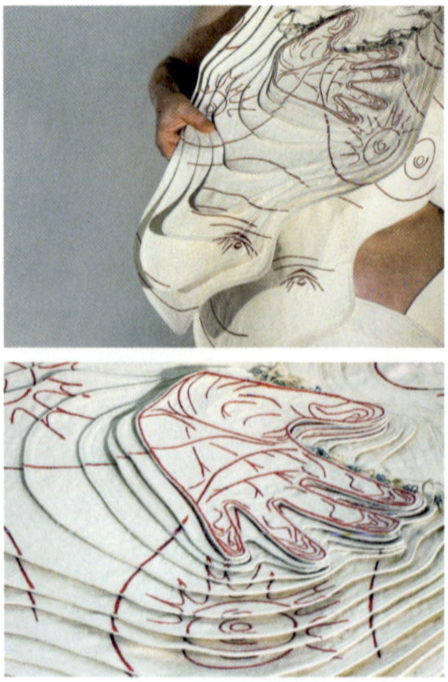

30–31 Barbara Graf, *Hand-Brust-Schichten, Anatomisches Gewand XVI*, 2008. Baumwolle, Druckknöpfe, Haken und Ösen, 15 Teile (Gewand und Tasche), Installation variabel, © Barbara Graf

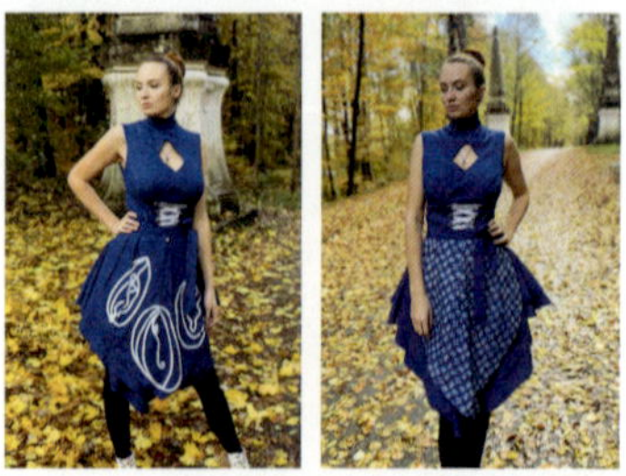

32–33 Maja Schrattenthaler, *ReVulvation – Dirndl als Leinwand*, 2020. Dirndl: dreischichtiger Rock, wendbare Schürze, Baumwolle (gefärbt mit Indigo), Zinnknöpfe, © Marie Rathmann. Abb. rechts © Maja Schrattenthaler. Bachelorarbeit, entwickelt im Seminar *Haut/Membranen* 2020 mit der Unterstützung von Karin Altmann, Ute Huber-Leierer, Ingrid Prettenthaler, Joseph Koo, Michael Schrattenthaler und Markus Spatzier

genommene Metapher „Hand aufs Herz". Die Haut als Membran des Übergangs transformiert sich in den mikrobakteriellen Zellulosefasern der „SCOBY-Haut" (→ 28–29) zu einem scheinbar Körperinneren.

Mit einer körperlichen Erscheinung als kulturelles Phänomen beschäftig sich Maja Schrattenthaler (→ 32–33) und unterläuft mit der Arbeit *ReVulvation* ein geschlechtliches Tabu auf humorvolle Weise – war und ist der explizite Hinweis auf das primäre Geschlechtsmerkmal doch mehr dem männlichen vorbehalten.

Maja Schrattenthaler bringt das Motiv der Vulva in die traditionelle Kleidung des Dirndls als Stoffdruck, Schnitt am Dekolleté und als Rückenausschnitt, wie auch als skulpturale Zinnknöpfe, die so individuell sind wie die körperlichen Anatomien. Auf einer Seite der wendbaren Schürze sind kleine Vulvas als Muster arrangiert und auf der anderen Seite als übergroße Geschlechtsteile. Sie sind auf den ersten Blick nicht als solche zu erkennen, da sie in der kleinen Variante aus der Ferne wie ein traditioneller Blumenblaudruck und in der übergroßen Formation als abstrakte Geste erscheinen. Das Dirndl fungiert als Leinwand des Umschreibens von Normen, auch wenn, oder gerade weil es ein aufgeladenes und traditionsbelastetes Kleidungsstück ist – ein subtiles und lustvolles Genderspiel.

Konzeptuell und sinnlich inszeniert Pascale Maxime Ballieul (→ 34–36) Körperlichkeit und entzieht sich tradierten Genderzuschreibungen, als wäre durch die monströse und fleischliche Körperhülle Geschlecht transformiert oder ausgelöscht; reziprok ist Gender und Sexualität im zugehörigen Text im Fokus: liquid und stets in Auflösung im nicht-binären Raum.

Ballieul tritt in der Performance, den Text *The Pussyboy Manifesto* lesend, in einer hautähnlichen Bekleidung auf. Das aus Latex gearbeitete Bodypiece, das weder Körperinneres noch -äußeres klar definiert, erscheint in seinem Ausdruck ambivalent: grauslich, prächtig, animalisch, teuflisch, porös, schleimig, kräftig und poetisch. Der Text des queeren Manifestos behauptet, Gender über seine Negation, aber auch durch neue Setzungen mit stereotypen Zuschreibungen zu irritieren oder umzustülpen. Die Arbeit ist direkt, aber niemals glatt und entzieht sich so einer kommerzialisierenden Pride-Ästhetik.

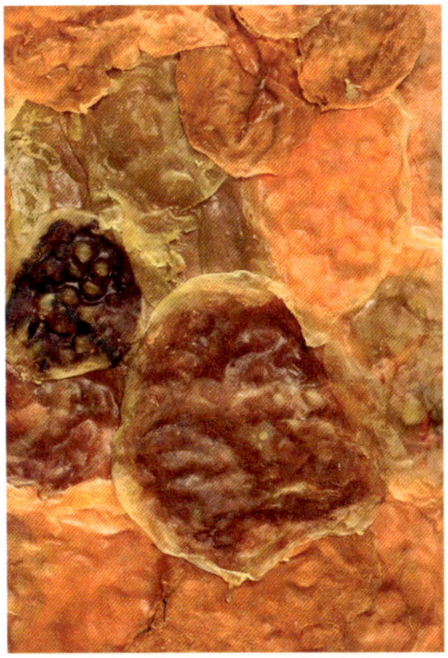

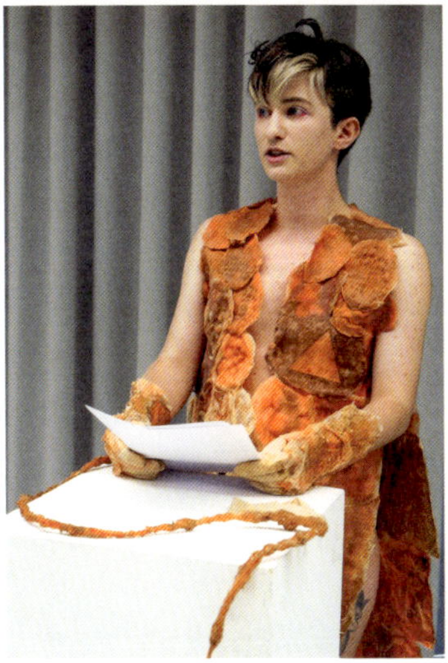

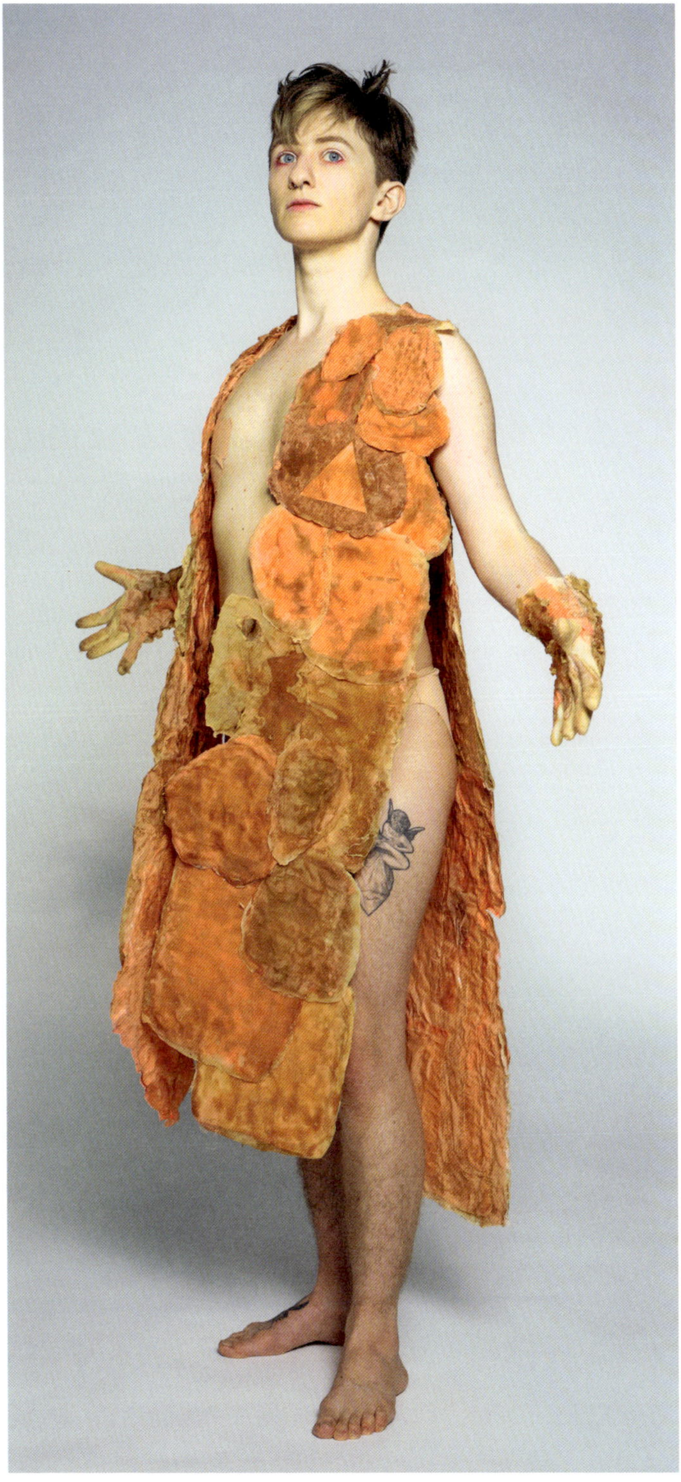

34–36 Pascale Maxime Ballieul, *Being It Being They Being The Thing Being Frankenstein Being The Monster,* oder *„Oh, Jesus Christ, Lucifer is a faggot!"*, 2020. Bodypiece, Handschuhe und Schnur, Latex, Textilien und andere Materialien. Performance 07.10.2020, Auftritt und Lesung des Textes *The Pussyboy Manifesto*, Manifest betreut von Ricarda Denzer, © Paul Vincenth Schütz, Abb. rechts © Barbara Graf. Bachelorarbeit, entwickelt im Seminar *Haut/Membranen* 2019/20

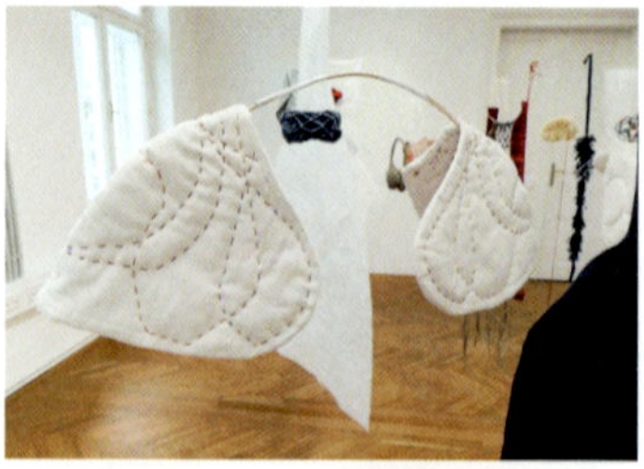

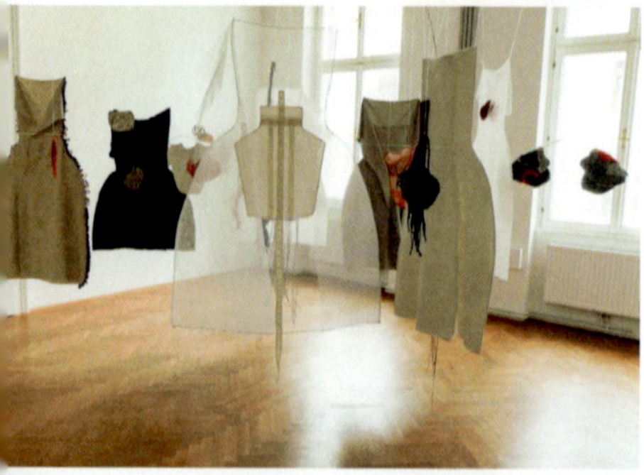

37–39 Julia Stern, *Sieben Schwestern*, 2023. Installation flexibel, verschiedene Textilien und Strukturbildungen, 7 Tarncapes und zahlreiche Objekte, © Barbara Graf, Bachelorarbeit, entwickelt im Seminar *Haut/Membranen* 2019/20 und weiter ausgeführt bis 2023

Die Frage nach Identitäten wird in der Installation von Julia Stern (→ 37–39) über die räumliche Anordnung von sieben Hüllen und organähnlichen Objekten zu einer flexiblen Angelegenheit. Je nachdem wie sich Rezipient*innen in der Installation positionieren, ordnen sich die fragmentarischen Objekte den körperlichen Hüllen immer wieder neu zu, als könnte gewählt werden, in welcher zweiten Haut man sich gerade zeigen oder tarnen möchte. Die geschneiderten, gestrickten, gefältelten und in vielen anderen Strukturbildungen gefertigten Objekte erscheinen als eine poetische Anatomie der Verschränkung des textilen und physischen Gewebes.

Interaktionen von Textil und Körper und das Verhältnis des Leibes zum umgebenden Raum, sei es ein physischer oder kultureller, sind zentrale Auseinandersetzungen der künstlerischen Beschäftigungen. Die Bewegungen des Abtastens, Erforschens und Reflektierens dieser Räume können physisch, aber auch inhaltlich-methodisch verstanden werden. Darauf verweisen auch die Titel der künstlerischen Seminare, die ich seit 2004 entwickelt und gemeinsam mit Studierenden durchgeführt habe: *Haut/Schichtungen, Camouflage, Identitäten, Shifting, Transfer, Auf-Treten, Sprechende Kleider, Linie, Fragment, Naht, Referenzen, Körper/Leib, Texere, Körper-Ereignis, Anatomie/Kleidung, Haut/Membranen, Hüllen, Faden, Berührung, Peripherie.*

Verschiedene Disziplinen und Kontexte werden verwoben, Fäden aufgelöst und neu verknüpft. So könnte auch die *Multivalenz* des Textes im *Gewebe der Stimmen* von Roland Barthes verstanden werden, bei dem seine fünf Codes durch eine Art Netz hindurchgehen und in ihrem Verweischarakter aufleuchtende Splitter erzeugen: Perspektiven von Zitaten, Spuren und Stimmen, aus denen der Text gewebt ist.[5]

---

1 | Jacques Lacan, „VII Linie und Licht". In: Ders., *Das Seminar XI, Die vier Grundbegriffe der Psychoanalyse*. Olten: Walter Verlag, 1980, 102 und 115.

2 | Jacques Lacan, *Écrits*. Paris: Édition du Seuil, 1966, 615, 818 ff., 904 ff.

3 | Barbara Graf, *Surgical Wrappings* (2009–2013), Projektleitung Christina Lammer, gefördert vom Wiener Wissenschafts-, Forschungs- und Technologiefonds WWTF/Art and Science.

4 | Gilles Deleuze, *Die Falte – Leibniz und der Barock*. Frankfurt: Suhrkamp, 2015, 12.

5 | Roland Barthes, „XI. Die fünf Codes" und „XII. Das Gewebe der Stimmen". In: Ders. *S/Z*, Frankfurt: Suhrkamp, 1987, 22–26. (Fünf Codes: hermeneutisch, proaïretisch, semantisch, kulturell, symbolisch.)

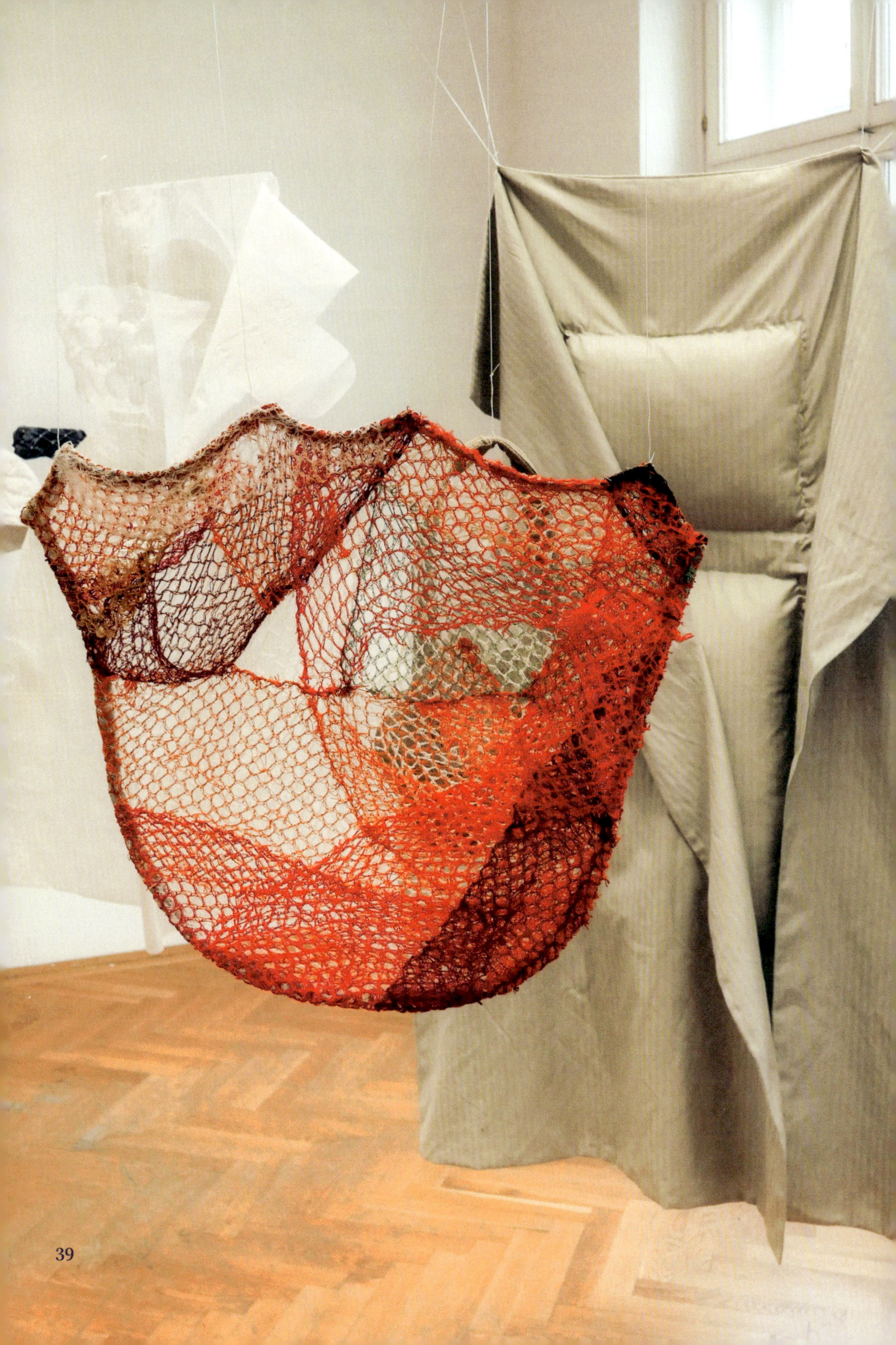

TEXTILE PROZESSE

Über das Herstellen von Zusammenhängen

Manora Auersperg

„Der Text. Dem lateinischen Ursprung *texere* ‚weben', ‚flechten' entsprechend eine zusammenhängende Äußerung. Die Nähe zum Wesen des Textilen in dem Werden, sich im Aufbau zusammenfügend, Gestalt annehmend, eine Kräftekonstellation in der Verdichtung von Bezügen."[1]

Das Interesse an den „Arten und Weisen, in denen Menschen in Beziehung zur Welt treten, sie erfahren und wahrnehmen, in ihr handeln und sich orientieren"[2], entfaltet sich zwischen dem sinnlichen, wahrnehmenden Leib und den ihn umgebenden Systemen. In diesem Feld sind sowohl meine eigene künstlerische Arbeit als auch die Lehrangebote verortet, die sich seit 2004 mit dem Beginn meiner Lehrtätigkeit fortwährend weiterentwickelt haben. In unterschiedlichen Formaten hat sich dabei ein Spektrum entwickelt, das sowohl künstlerische Praxen und grundlegende Techniken beinhaltet als auch die künstlerische Arbeit im Sinne einer individuellen Position, vor allem aber als kontextuelle und kommunikative Praxis versteht und vermittelt.[3]

Das Textile tritt im Beziehungsgefüge von Mensch und Umwelt als eine der ältesten Spuren menschlichen Lebens in Erscheinung. Textile Behälter, die dem „Sammeln und vorsorglichen Aufteilen"[4] dienten, zeugen von einer sozialen Kultur und sind materieller Ausdruck von Verbindung. Die Tätigkeit des Zusammenfügens (lat. *texo*) spiegelt sich in der etymologischen Nähe von Textil und Text[5] wider und lässt sich als spezifischer Prozess verstehen, in dem die komplexen Beziehungen seiner Elemente bestimmt werden. Die Arbeit am Material dient häufig einer Wegfindung, im Zuge derer sich Material, Denken und Handeln zugleich und wechselseitig verändern und die uns mit dem Zustand konfrontiert, in dem „unsere Erkenntnisordnung in Bewegung gerät".[6] Dabei scheint das textile Medium besonders geeignet, die

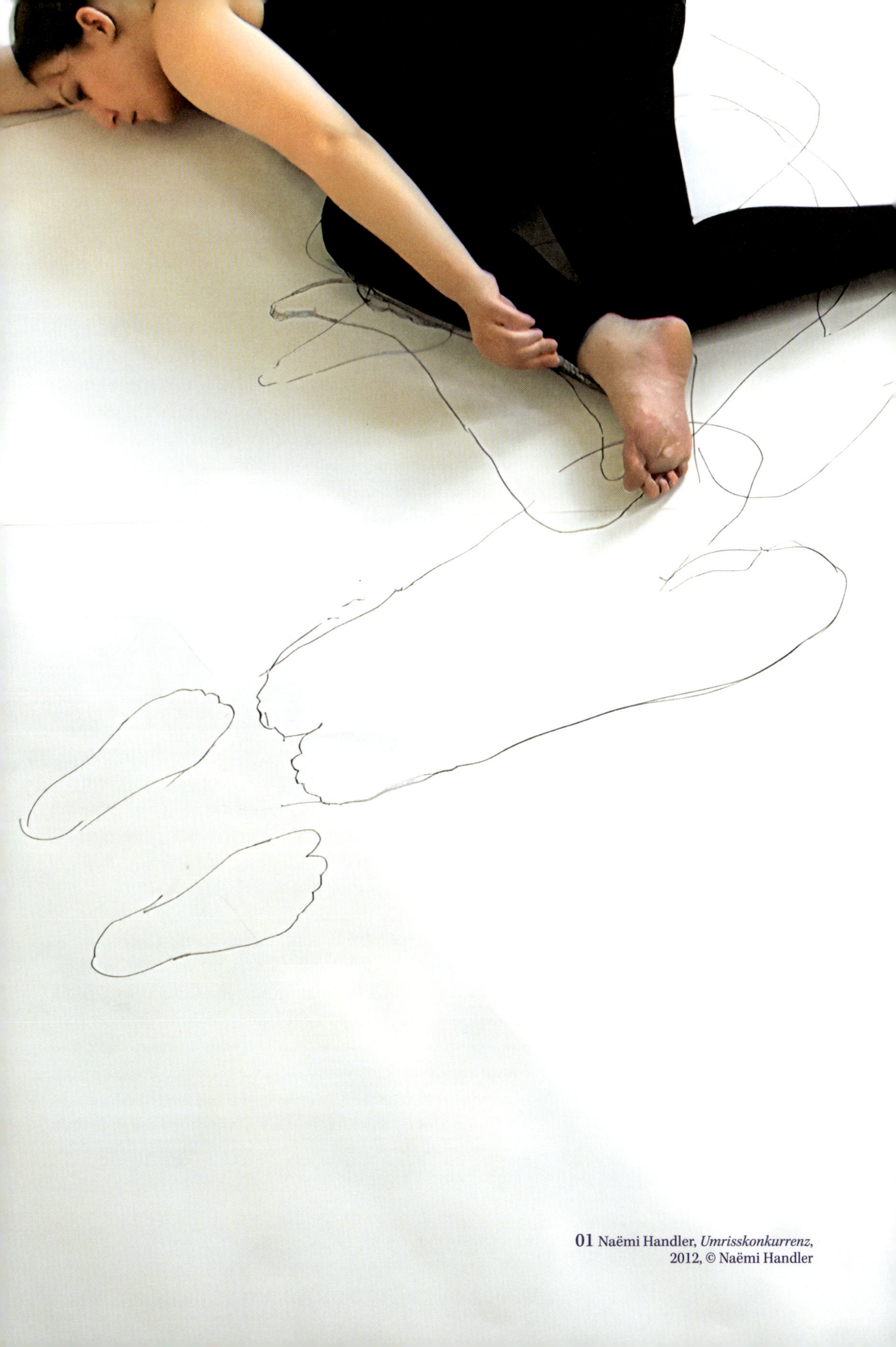

01 Naëmi Handler, *Umrisskonkurrenz*, 2012, © Naëmi Handler

aktive, sinnliche wie reflektierende Bezugnahme auf ein Gegenüber zu verzeichnen. Die folgenden Beispiele eigener künstlerischer wie studentischer Projekte wollen dies fassbar machen.

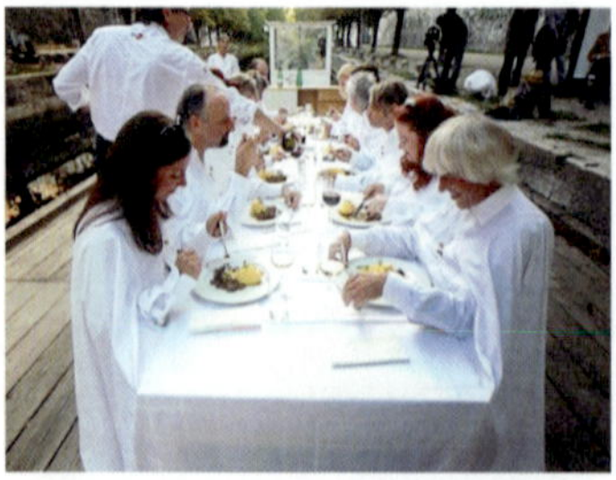

02 Manora Auersperg, *Abendmahl* im Lendhafen, Klagenfurt, 2013, © Gerhard Maurer

Das Material als Zeichenträger und Vermittler

Eine inhaltliche Denkbewegung, die sich über mehrere Jahre in meiner künstlerischen Arbeit prozesshaft entwickelte, sich auf unterschiedliche Weise experimentell anordnete und in mehreren Formen zum Ausdruck kam, zeigt sich im Projekt *Abendmahl* (2011–2015). Die performative Installation bildet eine zentrale Ausformung, die mehrere Personen durch ein gemeinsames „Tischgewand" verbindet. Als Maßnahme an Körper/Leib und Raum entfaltet das Material seine Wirkung als Vermittler und Zeichenträger. Das Gemeinschaftshemd ist solcherart auf Tisch und Gäste zugeschnitten, dass jede „unangemessene Handlung" einen spürbaren Effekt auf alle Beteiligten auslöst (→ 02).

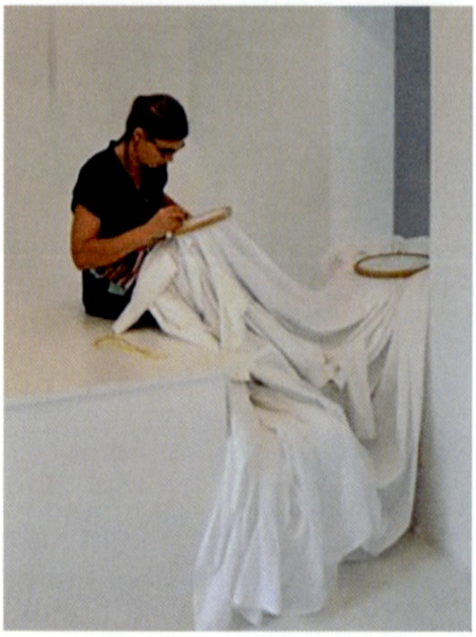

03 Performance zum *Abendmahl*, Galerie Stephan Stumpf, München, 2011, © Uwe Schneider

Die materielle Anordnung wird hier als Handlungsanweisung wirksam. Sie determiniert neben Haltung und Bewegung auch die sinnliche Wahrnehmung und jede Form der Kommunikation. Während der*die Einzelne die Situation zwischen Entsprechung und Widerspruch ermisst, eine bestimmte Haltung einnimmt und sich als Teil eines Gefüges wahrnimmt, verzeichnet das Material die Wirkung einzelner Handlungen.

Während die labile Tischsituation für die Dauer des Zusammenschlusses eine Entsprechung im Verhalten verlangt, wird im Prozess der Interaktion eine eigentümliche Dynamik erkennbar. Die Unvorhersehbarkeit von Synergien entzieht sich dem gesetzten Rahmen der Versuchsanordnung und zeigt sich in einer Ansammlung von Flecken. Diese werden in Folge Anlass, das Material neuerlich aufzunehmen. In einem performativen Akt werden die hinterlassenen Spuren von mir überstickt und im Sinne des Nachspürens präzise imitiert (→ 03–04).

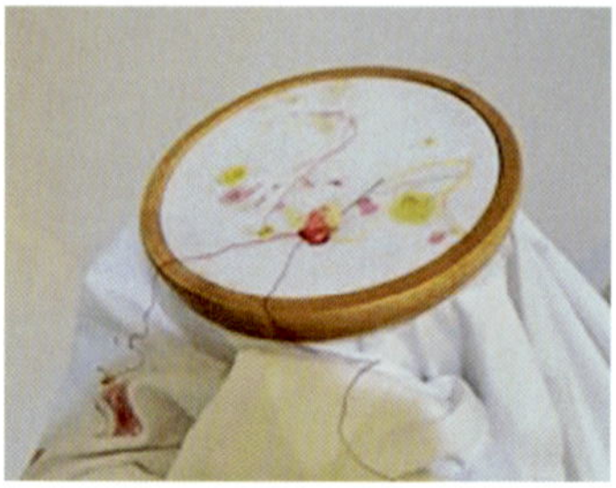

04 Performance zum *Abendmahl*, Galerie Stephan Stumpf, München, 2011, © Manora Auersperg

Von Spuren anderer und von Aneignung

„Ich möchte dem Raum geben, was durch „andere" Anteile „passiert". Mich interessiert der Übergang vom Fremden zum Eigenen. Aneignung. Intimität und Öffentlichkeit", schreibt Johanna Unger zu ihrer Arbeit *Video ohne Titel* (→ 05–07), die im Rahmen des künstlerischen Seminars *Fläche/Körper/Raum* entstanden ist. In ihrem Video wird über die Regelmäßigkeit des Strickens gleicher Maschen das Ungewollte in einem strengen Rahmen der Kontrolle fokussiert. Während man sieht, wie sich Reihe um Reihe „ein Muster immer und immer wieder" fortsetzt, entstehen durch das, was „passiert", kleine Brüche, die einen Verhandlungsraum eröffnen. „Welche „Fehler" will ich nicht „richtigstellen", „reparieren", „auftrennen", „rausschneiden" oder „korrigieren"?", fragt die Künstlerin. „Wo gebe ich „Kontrolle" über das, was ist, ab? Wie gehe ich um mit Strickfehlern, hinunter gefallenen Maschen, Dialekt, Grammatik, Bildausschnitt, Soundqualität, Schnitt, Haut, Fingernägeln und Omas Hochzeitsring?"

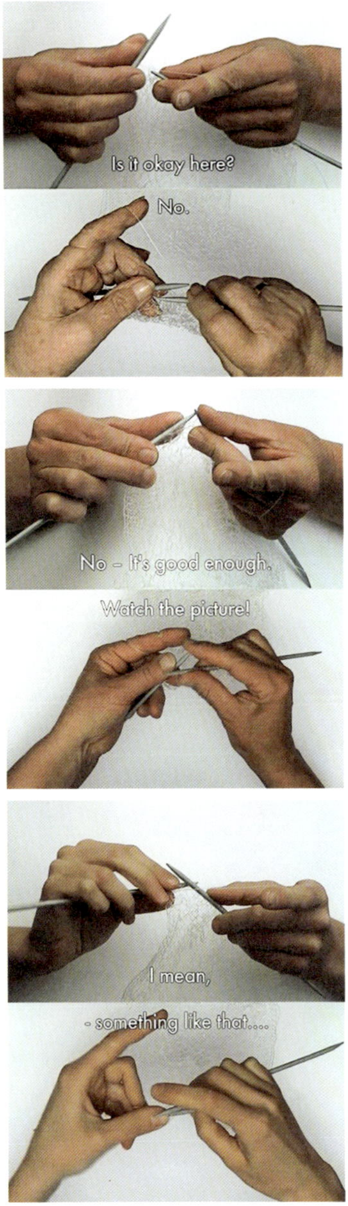

05–07 Johanna Unger, *Ohne Titel*, 2012. Video, © Johanna Unger

Das Video zeigt einen Prozess, in dem das Erlernen des Strickens (über drei Generationen einer Familie vermittelt) neben der Weitergabe des Wissens auch die Weitergabe von inneren Mustern vermuten lässt. Aus zwei übereinander positionierten Bildern zusammengesetzt, sieht man abwechselnd die strickenden Hände der Künstlerin, die ihrer Mutter und die der Großmutter. Das nahezu durchsichtige Material, das sich in dem parallel ablaufenden Produktionsprozess von den Händen wegentwickelt, scheint sich durch zwei unterschiedliche Kameraperspektiven in der Bildmitte zu berühren. Ober- und unterhalb dieser Verbindungslinie werden Untertitel eingeblendet, die das Gesprochene der beiden Videos vom steirischen Dialekt „in objektivierter Form" ins Englische übersetzen. „Parallel zur Dokumentation des Strickprozesses funktionieren die Untertitel als Dokument des künstlerischen Produktionsprozesses. Gleichzeitig aber wird das Gesprochene und dessen Übersetzung zum Material des künstlerischen Prozesses selbst."[7]

Kontextuelle Beziehungen

An der visuellen Nahtstelle entstehen im Verlauf des Videos Beziehungsmomente auf mehreren Ebenen. Das

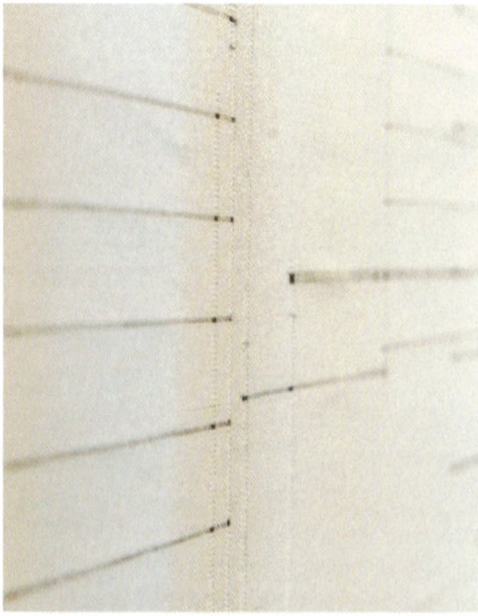

08 Manora Auersperg, *transcription untiteled*, © Bartosz Górka

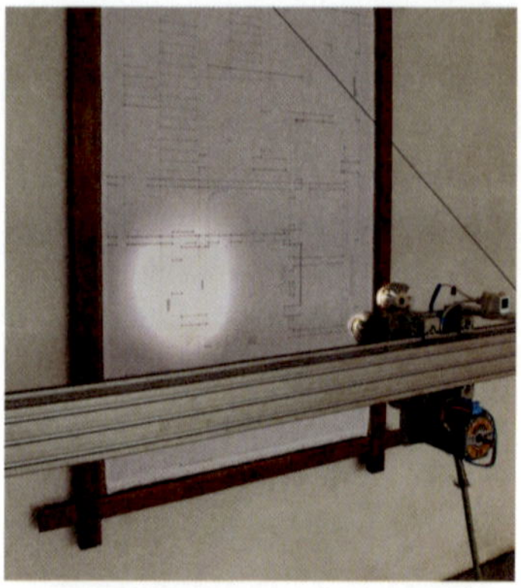

09 Manora Auersperg, *texture in translation*, 2017. Erprobung des Übersetzungsprozesses mit orthogonalem Projektor, Studioaufnahme, © Konrad Strutz

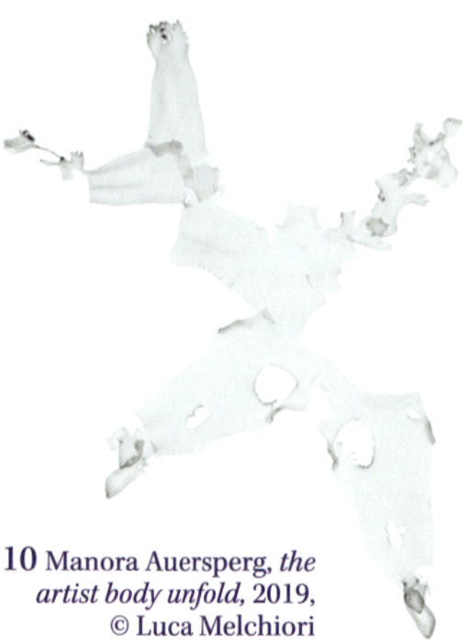

10 Manora Auersperg, *the artist body unfold*, 2019, © Luca Melchiori

Zusammentreffen von Material und Text im audiovisuellen Raum lässt Anschlussmomente entstehen, die im nächsten Moment wieder brüchig werden. Während über die gemeinsame Intention die Beziehung der beiden Bildteile geklärt scheint, ergeben sich wie beiläufig Irritationen, die aufkommenden Fragen Raum geben wollen. „In welchen sozialen Beziehungen/Verhältnissen entstehen meine [Johanna Ungers] künstlerischen Arbeiten? Wer bestimmt? Wer handelt? Nach wessen Regeln?"[8]

Als Teil eines institutionellen Kontexts, in dem künstlerische Arbeit verhandelt und ihr Bedeutung verliehen wird, haben Ausstellungsräume eine entscheidende Funktion. Diese beobachtet und dokumentiert die Arbeit *transcription untitled* (→ 08) während einer Ausstellungsserie, in deren Rahmen die Arbeit entstand, sich fortwährend veränderte und selbst ausgestellt war. In einem Leinengewebe wurde durch Entfernen und Wiedereinführen von Fäden die jeweilige temporäre Konstellation aller Projekte innerhalb der architektonischen Rahmenbedingungen performativ in eine Planansicht transkribiert. Der jeweilige Grundriss der Ausstellungsräume erscheint im Gewebe als Bordüre[9], die den signifikanten Rahmen für die Erzeugung von Bedeutung definiert. Im Wechsel von De(kon)struktion und (Neu)Anordnung der Materialstruktur ist in dieser Arbeit der Prozess künstlerischer Produktion selbst das zentrale Mittel, um in ein lebendiges Antwortverhältnis zum Ausstellungskontext zu treten.

Dem textilen Protokoll *transcription untitled* wurde im Laufe mehrerer Ausstellungssettings jeweils ein neuer „Dialogpartner" gegenübergestellt. In der Formation *texture in translation* (→ 09) (→ Seite 228) wurde die Stoffstruktur durch eine digitale Kamera[10] abgetastet. Die Apparatur bewegte sich in Analogie zum Schussfaden streng linear hin und her und übersetzte das Gewebe Punkt für Punkt in ein elektronisches Abbild. Betrachter*innen, die im Prozess der Übertragung in den Raum zwischen textiler Struktur und abtastender Vorrichtung eintraten, bewirkten ein „visuelles Echo" in der digitalen Projektion; im dabei entstehenden Abbild, das sich Zeile für Zeile aufbaute, wurde so die Verbindung von Objekt, Rezipient*in, Raum und Zeit sichtbar.

Vom Schneiden und Fügen

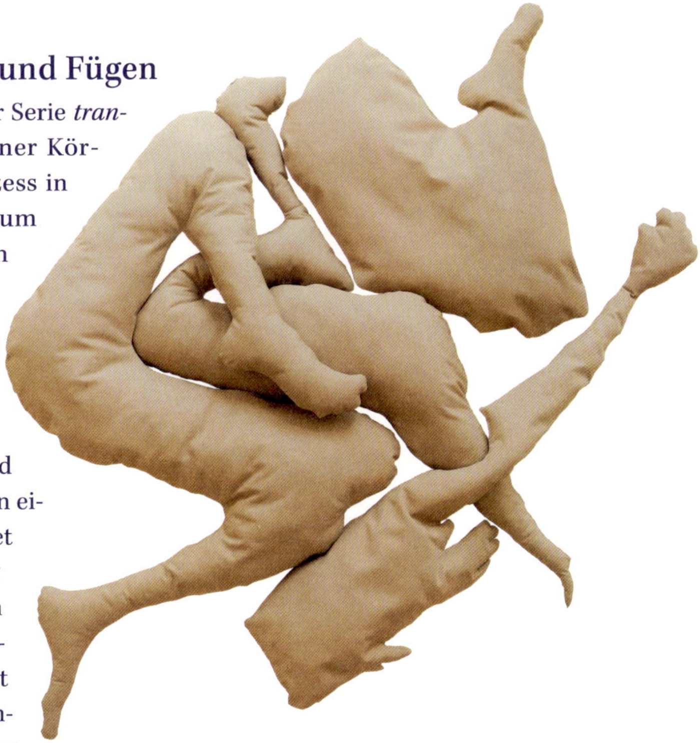

In der abschließenden Formation der Serie *transcription untitled* war es mein eigener Körper, der in einem Übersetzungsprozess in die Arbeit und den Ausstellungsraum eingeschrieben wurde. In mehreren halbtransparenten Lagen wird die Körperoberfläche in technischen Zeichnungen im Format A0 in ihrer Abwicklung abgebildet (→ 10). Der Prozess, in dem die Körperform mit technischen Hilfsmitteln „gelesen" und durch hochentwickelte Algorithmen in einem Plan ausgedeutet und angeordnet wird, entspricht einer Rationalisierung des Körpers und dem Verlangen nach Sichtbarkeit.[11] Das Prinzip, das die systematische Ordnung hervorbringt, ist das der Analyse. Die Zerlegung des Ganzen in elementare Teile verläuft analog zum Prozess des Denkens im Sinn der Differenzierung und der Neu(er)findung.

Die Überlagerungen von Spuren in der Serie *transcripton untitled* sind jeweils Verdichtungen von Information, die auf einer Fläche angeordnete Resultate unterschiedlicher Prozesse sind und diese mit abbilden. In Naëmi Handlers Arbeit *Umrisskonkurrenz*[12] (→ 01, 11–12) entsteht eine vergleichbare Verdichtung von Spuren, indem sich die Studentin zeichnend über ein großes Blatt bewegt. Abwechselnd verzeichnet sie auf dieser Fläche fragmentarisch die Konturen ihres Körpers und visuell Wahrgenommenes, fügt beschreibende Textteile mit ein und lässt bei Positionsänderung den Stift mitgehen. Aus dieser künstlerischen Praxis, in der die Zeichnung als Reflexionsraum zur Anwendung kommt, entsteht die Schnittzeichnung für nachfolgend angefertigte Teile. „Aus den sich überlagernden Konturen" löst die Künstlerin neue Flächenstücke heraus und verbindet diese wieder zu dreidimensionalen Formen. Diese neuen Körper bilden in Folge „zum Teil reale Gliedmaßen nach", zum Teil wird „der vorherige Negativraum zum körperhaften Objekt".[13]

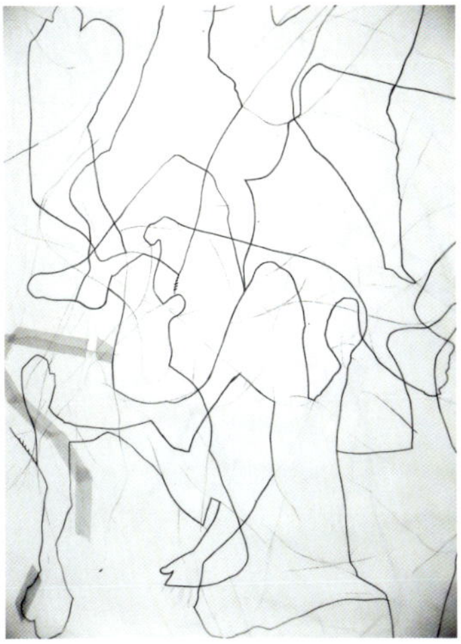

11–12 Naëmi Handler, *Umrisskonkurrenz*, 2012, © Naëmi Handler und Manora Auersperg

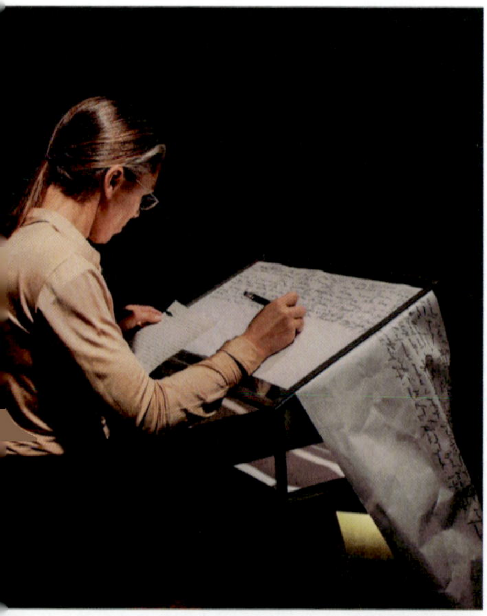

13 Manora Auersperg, *Nachahmungsbewegungen _ F.N. erschreiben*, Performance Tanzquartier Wien, 2015, © hohen bichler

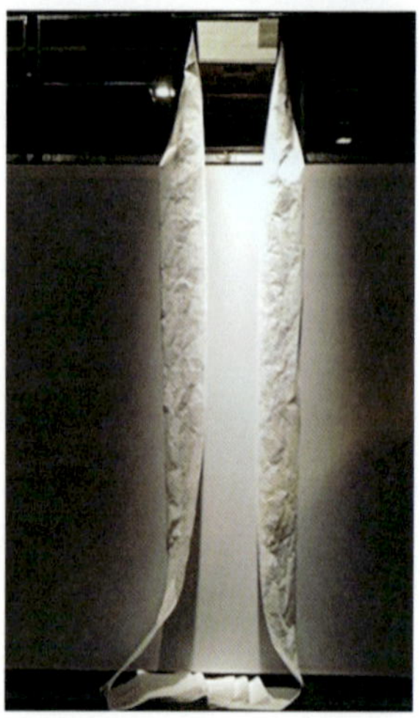

14 Manora Auersperg, *Nachahmungsbewegungen _ F.N. erschreiben*, Performance Tanzquartier Wien, 2015, © Manora Auersperg

Aus dem performativen „Nachspuren" ergibt sich ein Geflecht von Linien, die in ihrer Funktion nicht mehr eindeutig der Konturierung des Körpers dienen. Weder dem Objekt noch dem Umraum angehörend, beschreibt die Konturlinie sowohl das Objekt als auch den Negativraum. Das eigentliche Wesen der Kontur ist als Grenzlinie also immer trennend und verbindend gleichzeitig. Die Analogie von Kontur und Schnitt zeigt sich in der Arbeit *Umrisskonkurrenz* exemplarisch, indem die gezeichnete Linie im weiteren Prozess zur Schnittlinie wird. Das Ausbleiben einer Differenzierung zwischen objekt- und negativraumbezogenen Flächen ermöglicht die Neuschaffung von körperhaften Formen, die sich über finale Flächenschlüsse hin zu räumlichen Objekten transformieren.

Die künstlerische Praxis des Zeichnens ist – ähnlich ihrer Bedeutung in den Wissenschaften – eine Form tätiger Weltbeziehung, Mittel der genauen Beobachtung und Möglichkeit der Reflexion. In der unmittelbaren Übertragung von Wahrgenommenem verbinden sich in der Handzeichnung physische, psychische und zeitliche Dimensionen. In diesem Prozess liegt über die Annäherung von *Spüren* (Beobachtung) und *Spuren* (Zeichnung) das Potenzial tiefgreifender Einsicht.[14]

Nachspuren_Nachspüren

Als Versuch, sich dem Wesen einer anderen Person durch Wiederholung ihrer gestischen Spur anzunähern, war meine Performance *Nachahmungsbewegungen_ F. N. erschreiben* (→ 13–14) zu verstehen. Die Handschrift Friedrich Nietzsches bot mir darin die leibliche Spur, die es mir ermöglichen sollte, die materielle Formung eines Gedankens sinnlich nachzuvollziehen. „Das Hauptmittel aller Zauberei ist, dass man Etwas in Gewalt bekommt, das Jemandem zu eigen ist", schreibt Nietzsche in *Menschliches Allzumenschliches*, denn „zu allem Geistigen gehört etwas Körperliches". Und das Körperliche, so Nietzsche weiter, „giebt die Handhabe ab, mit der man das Geistige fassen kann".[15] Über die Dauer des „Nachspurens" zeigte sich, dass die Annäherung über das Wiederholen der fremden Schreibgeste eine maximale Zurücknahme des Eigenen verlangt: „Jeder Impuls den Text zu erfassen, sich den Sinn anzueignen, manifestierte sich augenblicklich in der Spur meiner Nachahmung. Das Verstehenwollen legte sich in meine Bewegung und führte so zur Abweichung von der Ähnlichkeit zu Nietzsches Schrift und dem Verlust seiner Geste."[16]

Das nachdrückliche Bemühen um die Nähe zur Geste des anderen zeigte eine direktive Wirkung auf meinen Körper, der während der drei Tage des Schreibens in die entsprechende Apparatur „eingespannt" war. Schreibpult, Stuhl und Schriftband waren als Ensemble angelegt, um die disziplinierte Haltung zu bewerkstelligen.[17] Die transparente Arbeitsfläche war schräg aufgestellt, sodass den Betrachter*innen ein darin eingespanntes Papierband von 14 Meter Länge und die darauf entstehenden Schriftspuren dargeboten wurde. Das Pult diente so als analoges Display, über das sich die Geste visuell vermittelte. Auf der materiellen Ebene wiederholte sich die Übertragung durch das in sich geschlossene Schriftband, das über die Schreibfläche hinauslief, sich über die Kante zog und in den Theaterraum hineinreichte. Während des Schreibens vollzog das Material eine andauernde Bewegung, die sich in den Raum schob und gleichzeitig wieder zurückkehrte, um immer weiter beschrieben zu werden.[18]

15 Laura Egger-Karlegger, *Teil 8 bezieht sich auf die Teile 1–5 sowie auf die Teile 6–7, die Teile 1–7 stehen in einem inhaltlichen und räumlichen Nahverhältnis und bilden den Raum, die Gruppe, den Kontext*, 2015. Videostill, © Laura Egger-Karlegger

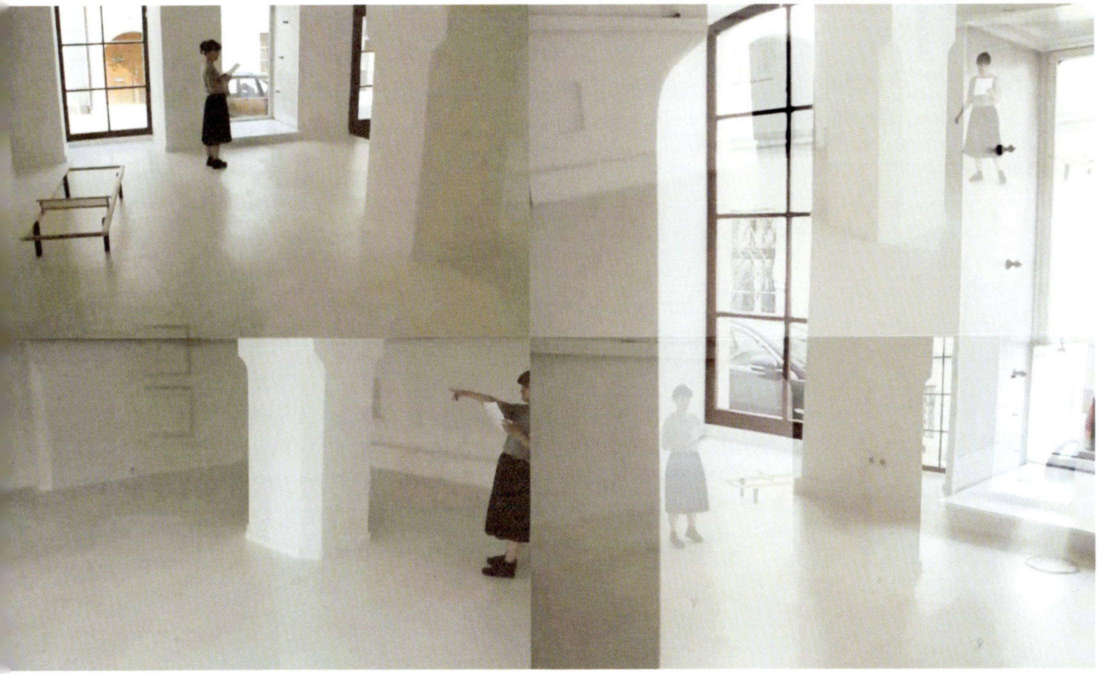

Vielstimmigkeit

Die Performance, die im Rahmen des Forschungsfestivals *SCORES // PHILOSOPHY ON STAGE #4** über drei Tage andauerte, entwickelte sich in der Verbindung von Tätigkeit, Apparatur, Theaterraum, Licht, Sound und Publikum in raumzeitlicher Kopräsenz mit den Beiträgen anderer. „Die Kontinuität des Schreibens setzte die Performance in ein immer neues Verhältnis zu den wechselnden Beiträgen [...] und warf so fortwährend neue Fragen auf. Gleichzeitigkeit, Konzepte möglicher Vielstimmigkeit, das Ensemble [...] Ein Zusammenspiel, das gerade durch seine Unvorhersehbarkeit etwas eröffnet, das dem Einzelnen unzugänglich bleibt. Was vermag ein Einzelner?“[19]

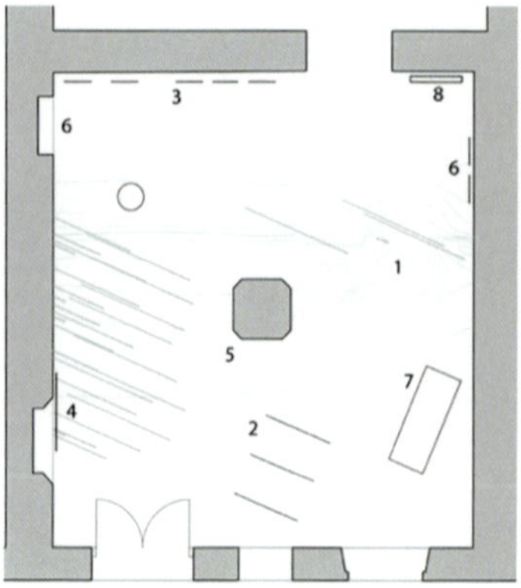

16 Laura Egger-Karlegger, *Teil 8 bezieht sich auf die Teile 1–5 sowie auf die Teile 6–7, die Teile 1–7 stehen in einem inhaltlichen und räumlichen Nahverhältnis und bilden den Raum, die Gruppe, den Kontext*, 2015. Grundriss und Topografie, © Jürgen Strohmayer

Möglichkeiten gemeinschaftlichen Handelns waren auch ein zentrales Forschungsanliegen im künstlerischen Seminar *Interweaving*[20], aus dem eine Gruppenausstellung in der Galerie Göttlicher (Stein/Krems) hervorging. „Wann entsteht aus unterschiedlichen Positionen ein dialogisches Arbeiten, wann aus einzelnen Bewegungen eine gemeinsame Geste? Was ist die Geste der Gruppe?“, fragt die Studentin Laura Egger-Karlegger in einem Text zur Ausstellung *Interweaving_ Körper, Raum und die Geste des Verwebens*[21]. Der Text mit dem langen Titel *Teil 8 bezieht sich auf Teil 1–5, sowie auf Teil 6–7. Teil 1–7 stehen in einem inhaltlichen und räumlichen Nahverhältnis und bilden den Raum, die Gruppe, den Kontext Raum 9* war Teil einer künstlerischen Arbeit, die auf meine Einladung hin im Vorfeld der Ausstellung entwickelt wurde.

In kontinuierlichem Austausch mit allen anderen Ausstellungsbeteiligten bedachte und beschrieb die Künstlerin im Text das Beziehungsgefüge der künstlerischen Arbeiten untereinander und im Verhältnis zum (Galerie-)Raum. Das dazugehörige Video *„Teil 8 bezieht sich ...“* (→ 16) zeigt die Künstlerin, die aus vier verschiedenen Perspektiven gefilmt den Text auf den noch leeren Galerieraum anwendet. Der Text, der sich analog zu den ausgestellten Arbeiten entwickelte, wurde bis zur Ausstellungseröffnung hin verdichtet und zu diesem Anlass performativ vorgetragen. „Die Bewegung im Raum gleicht dem Versuch, sich zwischen den unterschiedlichen künstlerischen Arbeiten, Kontexten, Positionen zu bewegen. Von einem zum nächsten und gleichzeitig in allem. Der Rahmen, der Inhalt, der Text, das Gewebe. (Das ist Teil 8.)“[22]

Weiter wirken …

Interweaving_ Körper, Raum und die Geste des Verwebens war Rahmen, Inhalt, Text und Gewebe. Als finale Form eines langen, vielschichtigen Prozesses, der 2013 in Ghana seinen Anfang nahm, zeigte die Gruppenausstellung eine Verdichtung von Inhalten, örtlicher Bezugnahme und individuellen Interessen, die durch ein dialogisches Arbeiten miteinander in Verbindung gebracht worden waren. Die textile Struktur des Gewebes diente uns bereits in dem interdisziplinären Projekt *Interweaving* als Modell, um verschiedene Parameter in einen produktiven Zusammenhang zu bringen und beschrieb darüber hinaus einen Prozess, in dem sich vielfältige Erfahrungen und verschiedene Kulturen miteinander verflochten.[23]

Die konkrete Bezugnahme auf ein Gegenüber bzw. das Arbeiten „vor Ort“ ist eine grundlegende Vorgehensweise in einer Reihe von projektbasierten Seminarformaten, die ich seit 2012 in der Zusammenarbeit mit Studierenden entwickle, um gezielt einen Raum für Begegnung und Kooperation zu schaffen.[24] Partizipation und Interaktion sind darin Handlungsformen, die außerhalb von individuellem Wissen das unvorhersehbare Neue hervorrufen. Der Mut, sich auf diese Zwischenräume einzulassen, führt in einen Prozess, in dem soziale, emotionale und sinnliche Ebenen mit einbezogen sind und in dem sich Teilnehmende selbstreflexiv mit Umwelt und Mitmenschen auseinandersetzen. Dabei betont der aus Erfahrung hervorgehende Erkenntnisgewinn die Bedeutung von Sinnlichkeit als das „Vermögen, Phänomene […] als komplexes Ganzes, durch das sich uns etwas zeigt“[25], wahrzunehmen. In der Gestaltung von Arbeitsprozessen, die darauf ausgerichtet sind, derartige Lernfelder zu eröffnen, ist der dialogische Ansatz maßgeblich, um über Kontakt – im Sinn einer innerlichen Berührung – in Bewegung zu kommen.

Rahmenbedingungen für Erfahrung und Reflexion zu schaffen, die unser Selbst- und Weltverständnis zu transformieren vermögen, folgt dem Anspruch an ein pädagogisches Wirkungsgefüge[26], das Lernen im Sinne einer explorativen Erschließung von Wirklichkeit versteht.[27] Zwischen vielen Disziplinen angesiedelt, ist das Textile in einem transdisziplinär gedachten Lernfeld ein wesentlicher Bestandteil. Als Materialisierung vernetzter Wirkungsgefüge[28] bieten besonders textile Dinge respektive Prozesse Möglichkeiten, sich den Herausforderungen unserer Lebensverhältnisse handelnd zu nähern und darüber komplexe Systeme begreifen und gestalten zu können.

---

1 | Manora Auersperg, *Interweaving Texture*, Ausstellungstext zu *Interweaving_ Körper, Raum und die Geste des Verwebens.* Krems/Stein: Galerie Göttlicher, 2016.

2 | Hartmut Rosa, *Resonanz. Eine Soziologie der Weltbeziehung.* Berlin: Suhrkamp, 2016, 83.

3 | Neben dem kontinuierlichen Lehrangebot zur Handzeichnung (*zeichnen!*, ehem. *Ansicht*) hat sich aus dem künstlerischen Seminar *Fläche/Körper/Raum* (künstlerische Praxen und Projektarbeit) zwischen 2012 und heute zunehmend ein Arbeitsformat entwickelt, in dem ich vorwiegend orts- und kontextbezogen (teils transdisziplinär) mit Gruppen arbeite. Manora Auersperg, „Working In_Between: Approaching the Unknown". In: Ruth Mateus-Berr, Richard Jochum (Hrsg.), *Teaching Artistic Research: Conversations Across Cultures.* Berlin: De Gruyter, 2020, 73–84.

4 | Oskar Negt, Chup Friemert, Anna Döpfner, *Text Textil Textur, William Morris.* Berlin: Form und Zweck, 1998, 15.

5 | Spätmhd. *text* < spätlat. *textus* = Inhalt, Text, eigentlich = Gewebe der Rede < lat. *textus* = Gewebe, zu: *textum*, 2. Partizip von: *texere* = weben, flechten, kunstvoll zusammenfügen.

6 | Jens Bardura, „Explorative Strategien. Anmerkungen zur künstlerischen Forschung 2013". In: *What's next? Kunst nach der Krise.* (http://whtsnxt.net/005).

7 | Johanna Unger, Ausstellungstext zur Essence 2012.

8 | Ibid.

9 | „Bordure here underlines the sense of a border, a demarcation line to be crossed, transcended, trespassed, in order to reach what is beyond." Dobrila Denegri, *Transfashional. Post/Inter/Disciplinary Lexicon.* Wien: Universität für angewandte Kunst Wien, 2019, 219.

10 | Die schlüssige Form der digitalen Übersetzung wurde durch die Kooperation mit meinem Kollegen Konrad Strutz und dem Einsatz seiner selbst konstruierten Kameraapparatur möglich. Die Vorrichtung war zuvor schon in der künstlerischen Produktion von Konrad Strutz im Einsatz.

11 | Kerstin Kraft, „Schnittmuster". In: *Text, Textil, Textur.* Berlin: Form und Zweck, 1998, 15, 48. Das Verfahren, die komplexe Oberfläche eines individuellen Körpers in der Ebene auszubreiten, findet herkömmlich Anwendung in der Entwicklung von Schnittmustern. Erst die „geschnittene Form von Bekleidung" machte den Körper in seiner Individualität sichtbar, öffentlich und verhandelbar (ibid., 52).

12 | Die Arbeit wurde 2012 im Rahmen des künstlerischen Seminars *Die räumliche Linie* entwickelt.

13 | Naëmi Handler, Prozessbeschreibung in einer E-Mail an Manora Auersperg vom 21.03.2021.

14 | Insofern hat das Zeichnen eine bedeutende Funktion in Lernprozessen. In meiner Lehrpraxis (*zeichen!*, ehem. *Ansicht*) führe ich an die Möglichkeit der „vorurteilslosen Beobachtung" mit vielfältigen Übungen heran. Dabei liegt beim Aufnehmen (Spüren/Sehen) und Übertragen von Information ein besonderes Augenmerk auf der Synchronität (*syn* – gemeinsam, *chronos* – Zeit) von Beobachtung/Spüren und Spuren. Die Verbindung von Lernen/Lehren mit der Spur bzw. mit dem Nachspüren legt schon die gemeinsame etymologische Wurzel nahe. Im Gotischen bedeutet *lais* „ich weiß" bzw. genauer „ich habe nachgespürt" und *laists* „Spur" (siehe *Lernen*, Wikipedia).

15 | „[D]as Körperliche giebt die Handhabe ab, mit der man das Geistige fassen kann." (aus: Friedrich Nietzsche, „Menschliches Allzumenschliches", I, § 111. In: *Kritische Studienausgabe,* Bd. 2, München: Deutscher Taschenbuchverlag, 1980 [1878], 114.)

16 | Manora Auersperg: *Nachahmungsbewegungen _ F.N. erschreiben*, siehe: https://homepage.univie.ac.at/arno.boehler/php/?p=9453 [13.02.2024].

17 | Einem Möbel nachempfunden, das einstmals Kinderkörper in eine disziplinierte Lernhaltung brachte – in Erwartung, dass der äußeren Einstellung auch die innere folge, bilden Schreibpult, Stuhl und Schriftband eine Apparatur, die den Körper der Schreiberin miteinschließt.

18 | In der Dokumentation zur Performance schildere ich die Erfahrung einer Bedeutungsverschiebung: „Das Beenden des Schreibens verdeutlichte einen möglichen Übergang vom Werden zum Sein, von Performance zum Kunstwerk, eine Verschiebung der Bedeutung, die Ephemeres zu etwas von bleibendem Wert werden lassen will. Der Moment, in dem ich das Schreiben beende und aus der Konstellation heraustrete, leitet eine Auflösung ein. Die Ablösung des Materials von der Apparatur schafft die Bedingung, unter der das Material in den Vordergrund tritt, verfügbar wird und so das Begehren nach Aneignung weckt. Das Schriftband, in das Publikum hineingetragen, löste sich – unter den Händen vieler – in Fragmente auf."

19 | Manora Auersperg, *Nachahmungsbewegungen _ F.N. erschreiben,* siehe: https://homepage.univie.ac.at/arno.boehler/php/wp-content/AUERSPERG_F.N.-erschreiben.pdf [13.02.2024].

20 | Manora Auersperg, *Working In Between*, 2020. Die Präsentation unternimmt den Versuch, eine Form zu finden, die nach dem Modell des *Interweaving* Inhalte, örtliche Bezugnahme und individuelle Interessen durch ein dialogisches Arbeiten miteinander verbindet und verdichtet.

21 | Die Gruppenausstellung ging aus dem interdisziplinären und transkulturellen Projektformat *Interweaving* hervor, das seinen Ausgangspunkt in einer Kooperation mit dem Lab [applied] Foreign Affairs an der Südküste Ghanas hatte. Transdisziplinäre Lehrveranstaltung, Workshop und Gruppenausstellung in der Galerie Göttlicher, Stein/Krems 17.06.–25.07.2015.

22 | Laura Egger-Karlegger, Performance- und Ausstellungstext, in Kooperation mit den Ausstellungsteilnehmer*innen, 2015.

23 | Siehe *Interweaving* 2013–2016 auf Seite 216.

24 | Ausführliche Informationen zu projektbasierten Arbeiten: Manora Auersperg, *Working In_Between* (2020).

25 | Jens Badura, „Sinn und Sinnlichkeit". In: *What's next? Kunst nach der Krise,* 2013, http://whtsnxt.net/006 [13.02.2024]. Dem Philosophen Jens Badura geht es in dem Interview „Sinn und Sinnlichkeit" um eine Reemanzipierung der Sinnlichkeit im Hinblick auf Erkenntnisgewinn. Denn „Erfahrungen [...] müsse man machen – und nicht nur darüber schreiben oder reden", so Badura.

26 | Das pädagogische Wirkungsgefüge meint hier ein komplexes Zusammenspiel von sämtlichen Faktoren, die in einen Bildungsprozess einwirken. Sie schließen neben den äußeren Bedingungen einer Lernsituation (Institution, Projektanforderungen ...) auch die inneren Bedingungen (Bedürfnisse, Vorstellungen, Bereitschaft ...) aller Teilnehmenden und insbesondere die Beziehungsebene mit ein.

27 | Sönke Ahrens, *Experiment und Exploration. Bildung als experimentelle Welterschließung.* Bielefeld: transcript, 2011.

28 | Christian Becker, *Material Literacy – Eine Perspektive für den Textilunterricht,* www.boekwe.at/fachtagung/pdf-referentinnen/Becker.pdf [13.02.2024].

TALKING TEXTILES – KULTURAUSTAUSCH AUF TEXTILER EBENE

Reflexionen zur Lehre im Zeitalter der Globalisierung

Karin Altmann

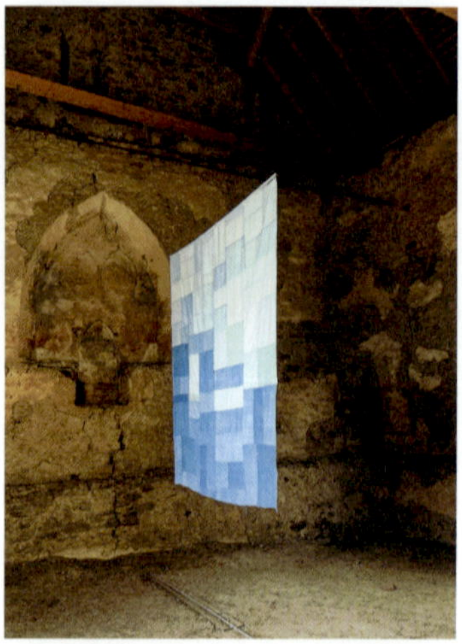

01–02 Karin Altmann, *Himmelstagebuch/Sky Diary*, 2023. Textiles Tagebuch, antikes Leinen, mit Naturindigo gefärbt und handgenäht, © Karin Altmann

Die Globalisierung hat über die letzten Jahrzehnte hinweg unsere Welt grundlegend verändert, unsere alltägliche Lebenswelt kulturell pluralisiert und zu einer ungeahnten globalen Vernetzung geführt. Durch die Globalisierung wird eine Überschneidung der Kulturen sichtbar, die es wohl schon von jeher gegeben hat, allerdings in einem anderen Ausmaß. Die mit der Globalisierung einhergehende Diffusion von kulturellen Praktiken, Formen des Ausdrucks und Ideen führt nach Byung-Chul Han zur Hyperkulturalität.[1] Im Zuge der Globalisierung lösen sich kulturelle Ausdrucksformen von ihrem ursprünglichen Ort und zirkulieren im globalen Hyperraum. Kultur wird zu einer Hyperkultur „ent-grenzt, ent-schränkt, ent-näht" und nicht durch Grenzen, sondern durch Links und Vernetzungen organisiert.[2] Dabei charakterisieren das Nebeneinander und die Gleichzeitigkeit des Verschiedenen die Hyperkultur. Mit Bezug auf den griechischen Begriff *hyphé* („Gewebe") denkt das Konzept der Hyperkulturalität das vernetzte, verflochtene und verwobene Nebeneinander unterschiedlicher Kulturen.

Auch wenn Han mit seinem Konzept der Hyperkultur eine zeitgemäße Differenzierung zu früheren Kulturbegriffen vornimmt, scheint der Blick auf die Welt von einer privilegierten Position auszugehen und zu negieren, dass die Globalisierung längst nicht allen Menschen auf dieser Welt zu mehr Zugängen und Möglichkeiten verhilft. Vandana Shiva und Andrew Dobson rufen in Erinnerung, dass lediglich der Norden über Globalisierungskräfte verfügt, während der Süden globalisiert wird und nur lokal existiert.[3] Im Gegensatz

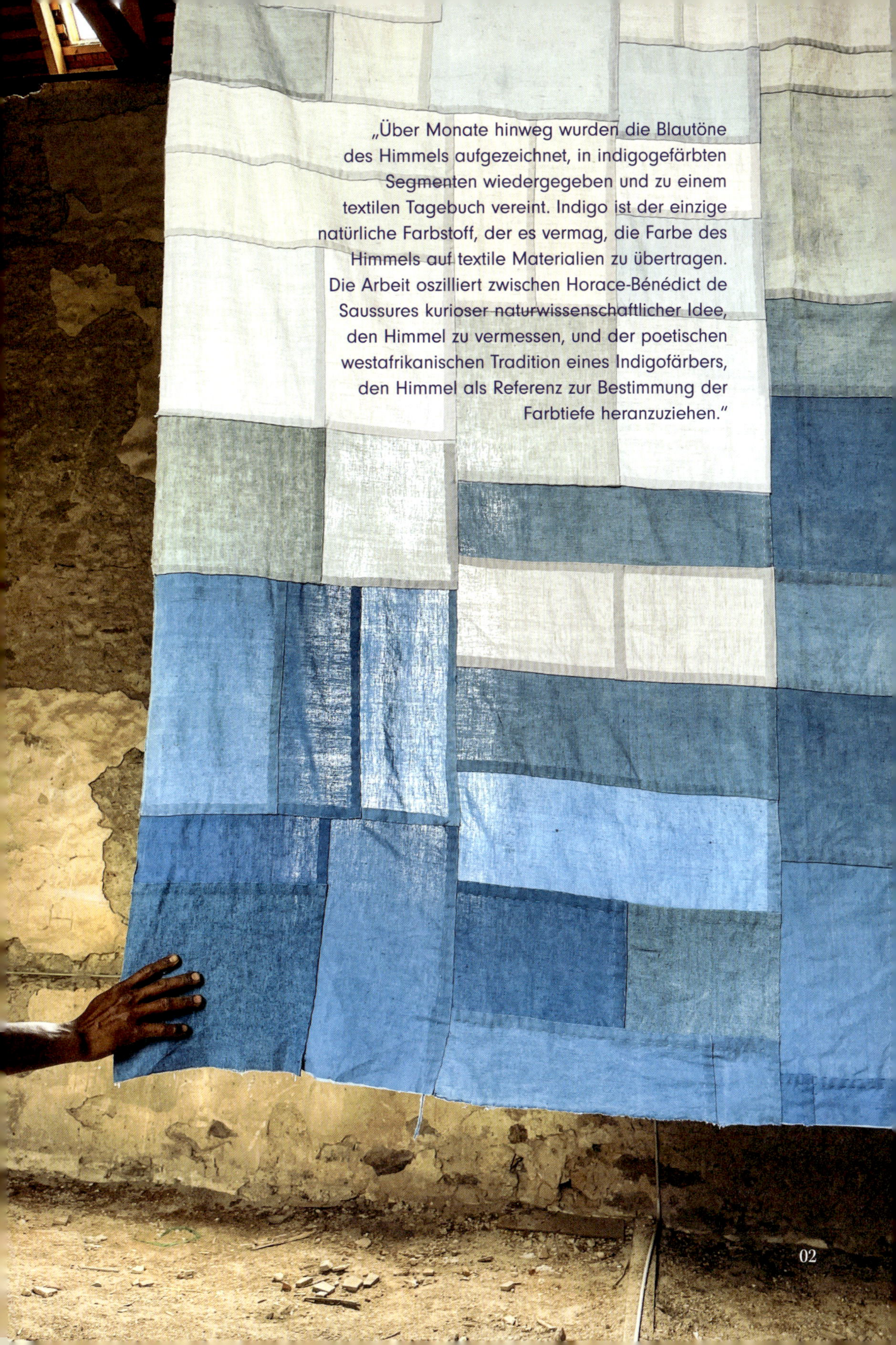

„Über Monate hinweg wurden die Blautöne des Himmels aufgezeichnet, in indigogefärbten Segmenten wiedergegeben und zu einem textilen Tagebuch vereint. Indigo ist der einzige natürliche Farbstoff, der es vermag, die Farbe des Himmels auf textile Materialien zu übertragen. Die Arbeit oszilliert zwischen Horace-Bénédict de Saussures kurioser naturwissenschaftlicher Idee, den Himmel zu vermessen, und der poetischen westafrikanischen Tradition eines Indigofärbers, den Himmel als Referenz zur Bestimmung der Farbtiefe heranzuziehen."

zur Interkulturalität, die Dialoge zwischen den Kulturen sucht, fehlen dem Konzept der Hyperkulturalität Begriffe wie Austausch, Sich-in-ein-Verhältnis-Bringen, Toleranz und Integration. Ebenso existiert eine Abgrenzung zur Transkulturalität, einem in den 1990er-Jahren im deutschsprachigen Raum vom Kulturphilosophen Wolfgang Welsch geprägten Konzept. Welsch setzt sowohl Herders Kulturbegriff, der Kulturen als in sich homogen und klar voneinander zu unterscheiden versteht,[4] als auch den Konzepten von Multi- und Interkulturalität den Begriff der Transkulturalität entgegen, weil seiner Auffassung nach heutige Kulturen nicht mehr einzelkulturell (monadisch) verfasst sind.[5] Transkulturalität wird durch Transformationsprozesse gekennzeichnet, die aus Verflechtungen, sozialen Beziehungen sowie gegenseitiger Wahrnehmung und wechselseitiger Durchdringung hervorgehen. Welsch weist dabei nicht nur auf die Auflösung des Eigenen und des Fremden hin, sondern auch auf ihre Verknüpfungen. Kulturen seien kein „homogenes Gewebe"[6], sondern „ein dynamischer und selbstreflexiver Prozess der Interaktion von Systemen und Grenzen, die ständig neu ausgehandelt und revidiert werden müssen"[7].

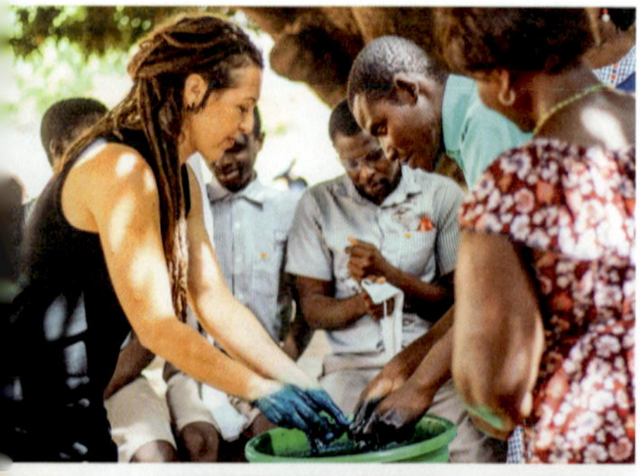

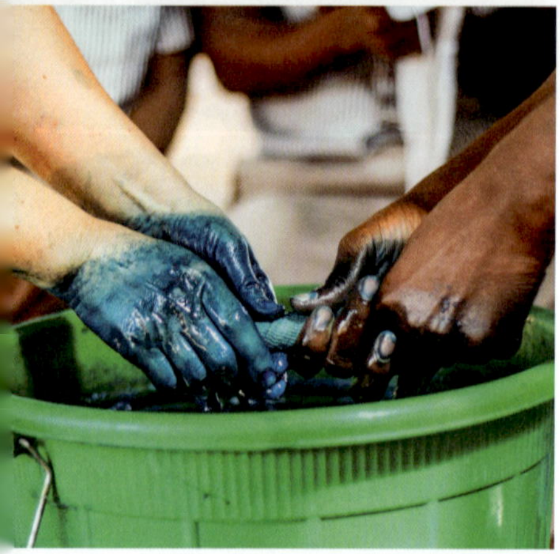

03–04 *Blue Hour – Tell Me Your Blue of the Sky*, 2023. Indigoworkshop mit Schüler*innen der Blindenschule in Wa/Ghana, © Nubuke Foundation Ghana

Über Monate hinweg wurden die Blautöne des Himmels aufgezeichnet, in indigogefärbten Segmenten wiedergegeben und zu einem textilen Tagebuch vereint. Indigo ist der einzige natürliche Farbstoff, der es vermag, die Farbe des Himmels auf textile Materialien zu übertragen. Die Arbeit oszilliert zwischen Horace-Bénédict de Saussures kurioser naturwissenschaftlicher Idee, den Himmel zu vermessen, und der poetischen westafrikanischen Tradition eines Indigofärbers, den Himmel als Referenz zur Bestimmung der Farbtiefe heranzuziehen.

In der heutigen Theorie und Praxis überschneiden sich die Begriffe „transkulturell" und „interkulturell". Interkulturalität sieht in der Existenz verschiedener Kulturen und der gleichberechtigten Interaktion zwischen ihnen die Möglichkeit, durch Dialoge und gegenseitige Achtung gemeinsame kulturelle Ausdrucksformen zu schaffen.[8] Kulturelle Vielfalt – als Quelle des Austauschs, der Erneuerung und der Kreativität – sei für die Menschheit ebenso wichtig wie die biologische Vielfalt für die Natur.[9] Angesichts der kulturellen Komplexität unserer Gesellschaft erscheint eine Auseinandersetzung mit der Vielfalt kultureller Ausdrucksformen zunehmend relevant und eine Aneignung interkultureller und transkultureller Kompetenzen unerlässlich. Interkulturelle Kompetenzen manifestieren sich in der Fähigkeit, unterschiedliche Konstruktionen von Wirklichkeiten wahrnehmen und wertschätzen zu können und sich mit Empathie, Respekt, Toleranz, Flexibilität und Solidarität mit dem Eigenen, Fremden und der Welt auseinanderzusetzen. Transkulturelle Kompetenzen fokussieren mehr auf Gemeinsamkeiten und Synergien. Beiden gemeinsam sind die Fähigkeiten der Selbstreflexion und des Perspektivenwechsels, das Hinterfragen der eigenen Position und das Sich-in-Beziehung-Setzen zu anderen Positionen. Alois Wierlacher verweist auf die Signifikanz einer kulturhermeneutischen Selbstreflexion im Umgang mit anderen Kulturen.[10] Er verwendet dabei den Begriff des „tragfähigen Zwischen", das nicht nur der Überschneidungspunkt zweier kultureller Räume sei, sondern einen dritten Ort, einen Ort des Allgemeinen, inkludiere. Dementsprechend definiert er interkulturelle Kompetenz als „die schöpferische Fähigkeit, diese neue Ordnung zwischen Menschen verschiedener Kulturen zu stiften und fruchtbar zu machen".[11] Die Reflexion von Selbst- und Fremdbildern erscheint auch im Hinblick auf die Dekonstruktion eurozentrischer Festschreibungen und das Hinterfragen kolonialer Machtstrukturen unumgänglich. Ansonsten würden Dominanzverhältnisse ungebrochen bleiben.[12]

Auf der textilen Ebene manifestiert sich die Diversität kultureller Dimensionen eklatant, denn Textilien begleiten uns Menschen ein ganzes Leben lang. Sie haben physiologische wie psychologische Funktionen inne, dienen als nonverbales Kommunikationsmittel und sind Ausdruck unserer Identität, unserer Sehnsüchte, Träume und Visionen. Das Leben eines Menschen ist untrennbar mit dem textilen Medium verknüpft. Textile Techniken, Materialien, Schnitte und Farben sind oftmals einzigartig und unmittelbar mit kulturellen Räumen und den darin lebenden Menschen verbunden und prägen deren kulturelle Identität. Die kulturelle Identität wie auch die Kreativität eines Menschen sind als Prozesse anzusehen; sie wurzeln in Traditionen und Weltanschauungen, können sich aber ebenso im Austausch mit anderen Kulturen entfalten. Die Koinzidenz kultureller Identitäten birgt die Chance einer Bewusstmachung und

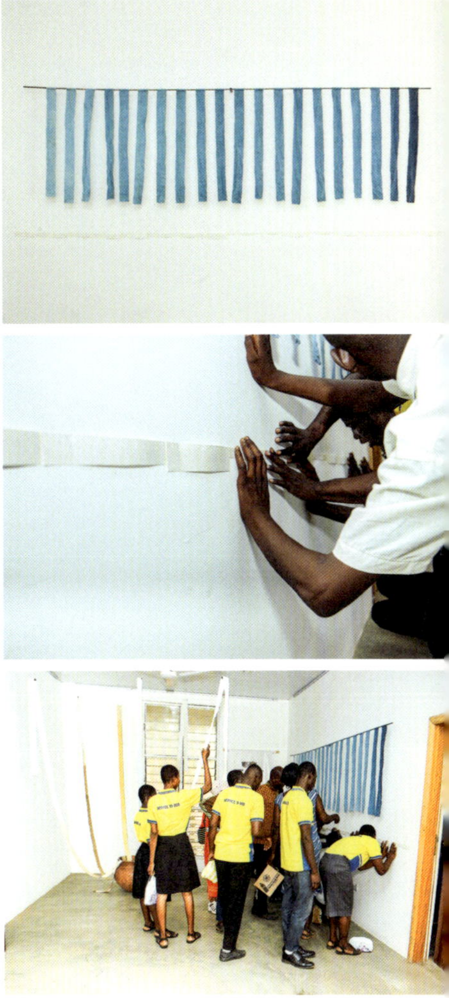

05–07 Karin Altmann in Kooperation mit der Blindenschule in Wa/Ghana, *Blue Hour – Tell me your Blue of the Sky*, 2023. Mit Naturindigo gefärbte handgewebte Stoffbahnen aus Ghana, Texte in Brailleschrift, Audioinstallation, © Nubuke Foundation Ghana

einer Hinterfragung der Selbstverständlichkeiten des eigenen Denkens und Handelns. In der Begegnung mit anderen Kulturen kann etwas Neues, Unerwartetes geschehen.

Vor diesem Hintergrund zielen meine künstlerischen, forschenden und lehrenden Tätigkeiten darauf ab, interkulturelle Dialoge anzuregen, die Achtung der Vielfalt kultureller Ausdrucksformen zu fördern und das Bewusstsein für den Wert dieser Vielfalt auf lokaler, nationaler und internationaler Ebene zu schärfen. Gleichzeitig geht es um die Erforschung der ältesten Kulturtechniken, um die Untersuchung von kulturhistorischen, soziologischen, politischen, ökonomischen, ökologischen und funktionalen Gesichtspunkten, aber auch um ein Modifizieren, Weiterdenken, Neuinterpretieren und möglicherweise Distanzieren von festgeschriebenen Regeln und Konventionen. Mit der Stärkung und Dynamisierung der kulturellen Vielfalt erweitern sich die Freiheitsspielräume der Studierenden sowie das Bewusstsein, dass die kulturelle Vielfalt nicht nur eine reiche und vielfältige Welt schafft, sondern auch die eigene Entwicklung fördert, wobei diese nicht primär im Sinne des wirtschaftlichen Wachstums gefasst werden darf, sondern auch intellektuelle und emotionale Aspekte impliziert. Dabei geht es auch darum, sich mit einem wachen sozialen

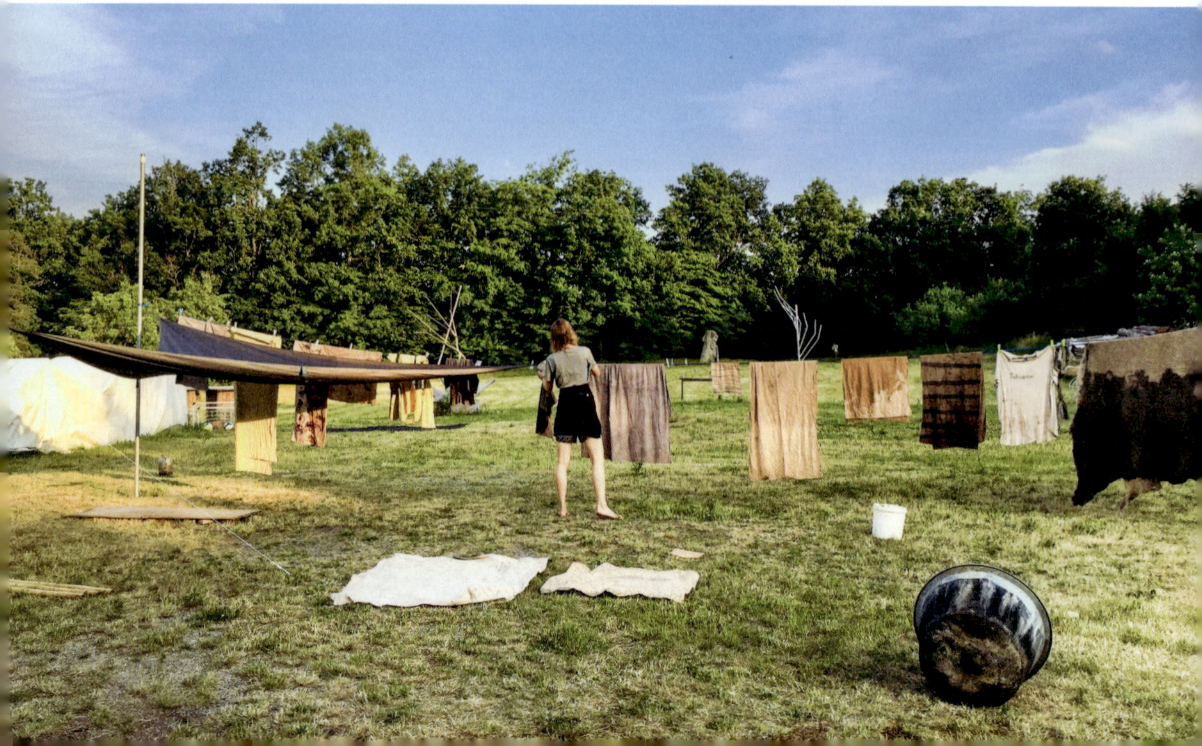

08 Temporäres Open-Air-Färbestudio / Kunst in der Natur am Wachtberg, 2021, © Karin Altmann

Bewusstsein und der Fähigkeit zur Solidarität in der Welt zu bewegen, sich mit der Relativität der eigenen Weltsicht zu konfrontieren und auf die Herausforderungen der kulturellen Heterogenität innerhalb der Gesellschaft zu reagieren. In künstlerischen, reflektierten Praxen werden an verschiedenen Schnittstellen Möglichkeitsräume der Begegnung, des Wissenszuwachses und -austauschs, des Aufbrechens festgeschriebener Wissensstrukturen und des Erforschens und Erfassens der unzähligen Facetten kultureller Vielfalt eröffnet, in denen sich alle Beteiligten repräsentiert finden.

Am Beginn des Seminars stehen nicht nur das Unvorhersehbare und die Freude am Experimentieren, sondern auch die Frage, welche Eigenschaften, Einsatzmöglichkeiten und Gestaltungskriterien wir textilen Materialien zuweisen. Es wird assoziiert, kombiniert und verfremdet. Kontexte und Gewohnheiten werden verändert, vertraute Strategien verlassen. Dafür braucht es nicht nur ein wildes und mutiges, sondern auch durchaus achtsames und reflektiertes Handeln. Die Studierenden lernen dabei, von einem lustvollen, materialzentrierten Tun und einer experimentellen Basis zu einer gestalterischen Praxis und einem eigenständigen, forschenden Tun zu finden sowie ein vertieftes Verständnis für die materielle Kultur unseres Alltagslebens und eine höhere Sensibilität für Materialien zu entwickeln. Außerdem gilt es, längerfristig das Bewusstsein für eine ökologische und nachhaltige Ausrichtung zu schärfen. Ressourcenverknappung, sichere und saubere Energieversorgung sowie die globale Umweltverschmutzung stellen zentrale Herausforderungen für die Textilerzeugung dar und machen es unumgänglich, sich auf umweltschonende und nachhaltige Erzeugungs- und Verarbeitungsprozesse zu besinnen respektive diese neu zu entwickeln und in die Zukunft zu denken. Zudem werden professionelle Ausformungen textiler Produktionsfelder untersucht und wird die Vernetzung mit Fachleuten und möglichen Kooperationspartner*innen forciert, um den Studierenden das breite Spektrum an potenziellen Arbeitsebenen zu eröffnen und sie auf zukünftige Arbeitsfelder vorzubereiten.

Die folgende kleine Auswahl an Lehrveranstaltungen und Projekten über einen Zeitraum von fünf Jahren soll Einblick in die konkrete Praxis geben:

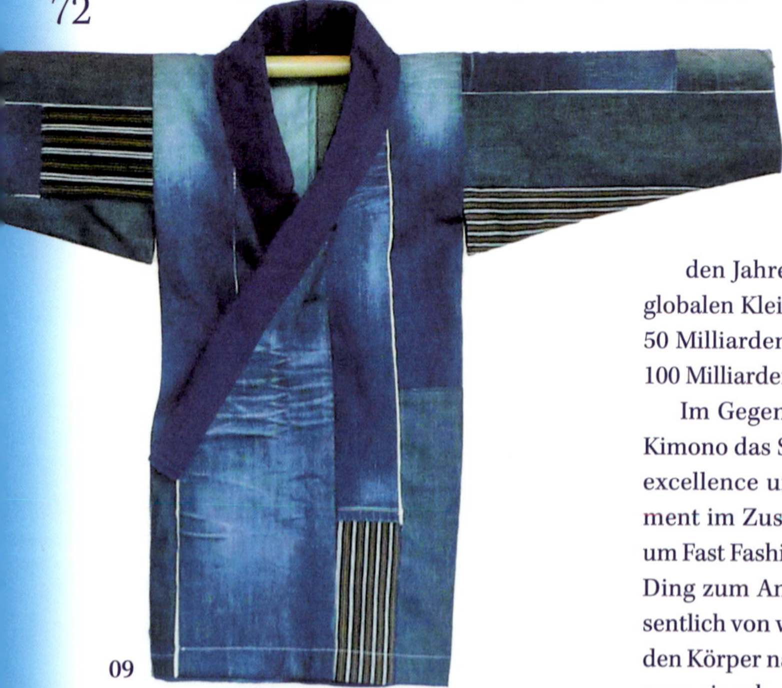

09

KIMONO NÄHEN
Meditation mit Nadel und Faden

Slow Fashion par excellence (2016/17)

Kleidung ist in unserer Gesellschaft zu einer billigen Massenware geworden. Diese billigen Kleider erkaufen wir uns aber tatsächlich zu einem hohen Preis. Allerdings zahlen diesen nicht wir, sondern vor allem jene Menschen, die für uns diese Kleidung unter schlechtesten Bedingungen anfertigen müssen. Und einen ebenso hohen Preis für die Textilproduktion zahlt unsere Umwelt: mit dem Einsatz von 43 Millionen Tonnen Chemikalien pro Jahr, dem Verbrauch von mindestens zehn Prozent des gesamten industriell genutzten Wassers, mit Treibhausgasemissionen, die jährlich mindestens 1.200 bis 1.715 Millionen Tonnen CO_2 entsprechen (das ist mehr als alle internationalen Flüge und die Seeschifffahrt zusammen), mit jährlich 92 Millionen Tonnen Müll und mit 552.000 Tonnen Mikrofasern, die jährlich in unsere Gewässer gelangen. Die globalen Probleme, welche Fast Fashion erzeugt, sind seit langer Zeit bekannt, und dennoch hat sich alleine zwischen den Jahren 2000 und 2014 die Anzahl der globalen Kleidungskäufe verdoppelt, von etwa 50 Milliarden Kleidungsstücken auf mehr als 100 Milliarden[13]; Tendenz steigend.

Im Gegensatz dazu ist ein handgenähter Kimono das Slow-Fashion-Kleidungsstück par excellence und ein bewusst gesetztes Statement im Zusammenhang mit der Diskussion um Fast Fashion. Ein japanischer Kimono („das Ding zum Anziehen") unterscheidet sich wesentlich von westlichen Schnittformen, welche den Körper nachbilden oder in bestimmte Formen einschreiben. Und weil ein Kimono aus ganzen geraden Stoffbahnen ohne Verschnitt und Abfall genäht wird, ist er obendrein das Zero-Waste-Kleidungsstück schlechthin. Die langen Stoffbahnen sind mit Vorstichen zusammengehalten und können jederzeit aufgetrennt und in neue Zusammenhänge gebracht werden, was ein interessantes Spannungsfeld zwischen Sorgfalt und Flüchtigkeit erzeugt. In seiner minimalistischen Ästhetik verkörpert der Kimono grundlegende Prinzipien der japanischen Ethik und Ästhetik, wie etwa *wabi-sabi*, das Konzept der Wahrnehmung von Schönheit,

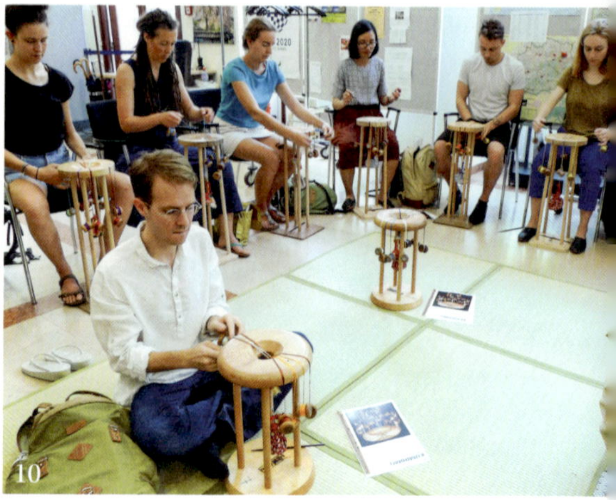

10

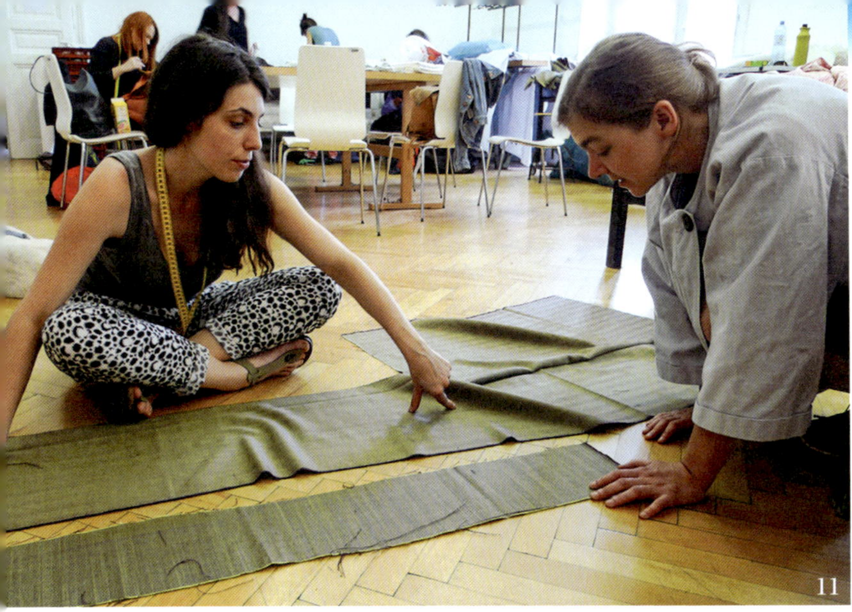

11

oder *mottainai* („verschwende nichts!") – Prinzipien, die für den Respekt vor der Einzigartigkeit der Dinge und der Unbeständigkeit allen Seins, aber auch für die Achtung vor dem Material und der Arbeit der Hände stehen. Einen japanischen Kimono mit der Hand zu nähen bedeutet Entschleunigung. Es ist eine kontemplative Arbeit an der Schnittstelle zwischen Design und Handwerk, in der sich Sinnlichkeit, altes Wissen und handwerkliche Virtuosität verbinden.

Projektleitung: Karin Altmann

Projekt in Kollaboration mit dem japanischen Informations- und Kulturzentrum, dem MAK – Museum für angewandte Kunst, Walter Bruno Brix, Lorenzo Duque (Senz Art) sowie den japanischen Künstlerinnen Yukika Kudo und Hoko Tokoro

Beteiligte: Alexandra Assinger, Anita Bauer, Clelia Baumgartner, Ayse Brunner, Lena Feitl, Susanne Frantal, Natascha Gerold, Monika Haas, Tanja Happel, Daniel Hayden, Helene Heiß, Irene Hopfgartner, Jeannine Jesch, Valentin Lichtenberger, Pia Mayer, Anna Nidzgorska-Buhr, Ngo Nha, Paul Presich, Benedikt Söllradl, Julia Stern

---

09 Karin Altmann, *Upcycling Kimono* aus der Serie *Silent Threads – The Kimono Project*, 2016–2018. Alte Jeansreste, © Karin Altmann

10 Kumihimo-Workshop in der japanischen Botschaft mit Hoko Tokoro, 2016, © Japanische Botschaft Wien

11 Seminar *Kimono nähen – Meditation mit Nadel und Faden*, 2016, © Karin Altmann

12 Anita Bauer, Kimonobahnen handgefärbt, 2016, © Anita Bauer

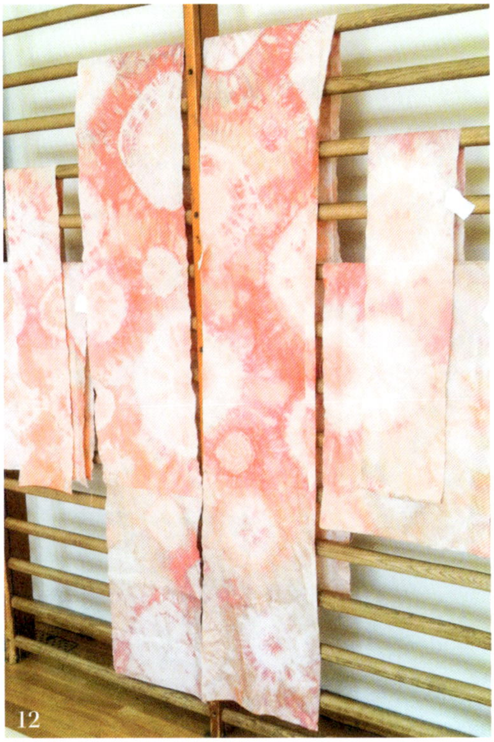

12

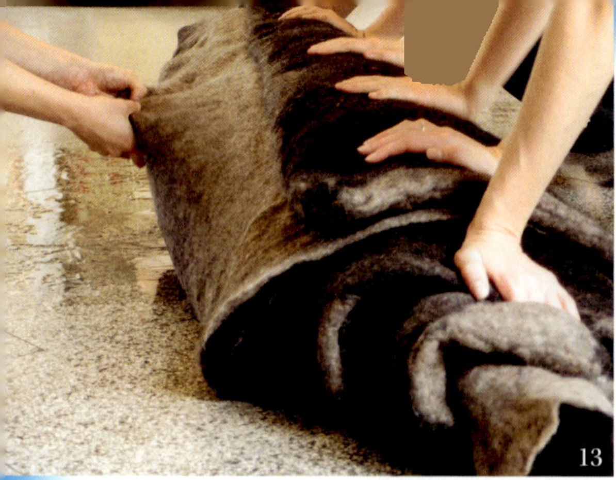

FILZ
Wohlbefinden mit Haut und Haar

Ein „ZusammenRaum" als soziale Skulptur (2015)

Mit Filz verbinden wir etwas Weiches, Warmes, Schützendes, Isolierendes, Sinnliches, Haptisches, mit dem Körper in Beziehung Stehendes, aber auch etwas Unordentliches, Unstrukturiertes, Widerständiges, Chaotisches. Filz ist ein Sinnbild für Leben, Wärme und Geborgenheit, und diese Assoziationen existieren nicht erst seit Joseph Beuys, der wesentlich dazu beigetragen hat, dieses bescheidene Material aus dem Alltagsgebrauch herauszulösen und in die Kunst einzuführen. Es waren vor allem die nomadisierenden Stämme Zentralasiens, die bereits im zweiten Jahrtausend vor unserer Zeitrechnung begonnen hatten, die einzigartigen Eigenschaften der Wolle und des Filzes für sich zu nutzen, und im Laufe der Zeit eine reiche Filzkunst entwickelten. Die Verwendung von Filz ist bis heute für das körperliche Wohlbefinden der wandernden Hirtenbevölkerung von großer Bedeutung und ist eng mit dem Leben, der Gedankenwelt und dem Glauben der nomadischen Bevölkerung verbunden. Gleichzeitig scheint dieses Material in unserer medialen, virtuellen und hybriden Gegenwart ein willkommenes natürliches Gegengewicht zu bilden. Heutige Filzer*innen folgen einem archaischen Rhythmus, dessen Basis nach wie vor die drei Grundelemente Wolle, Wasser und körperliche Arbeit bilden. Dass die Filzherstellung im Grunde ein soziales und kommunikatives Ereignis ist, bei dem üblicherweise mehrere Frauen aus einer Familie oder auch aus einem Dorf zusammenkommen, gerät hingegen zunehmend in Vergessenheit.

Im Rahmen des urbanize!-Festivals 2015, welches sich der Erkundung der Perspektiven eines kooperativen Urbanismus widmete, luden Studierende der Abteilung *Textil* und des ecm-Masterlehrgangs unter dem Festivaltitel „Do It Together" zu einer kollektiven Filzaktion. In zwei Tagen entstand aus 14 Kilogramm naturbelassener Schafwolle in einem gemeinsamen Prozess ein großformatiges Filzobjekt, welches auf den kommunikativen Charakter des Filzes verweist. Wie in den Steppen und Dörfern Zentralasiens wurden beim Filzen Neuigkeiten ausgetauscht, es wurde gemeinsam geschwitzt und geschnauft, gesungen und getanzt, gespaßt und gelacht, gegessen und getrunken. Nicht nur über die Hände entstand ein „ZusammenRaum" als gewissermaßen soziale Skulptur.

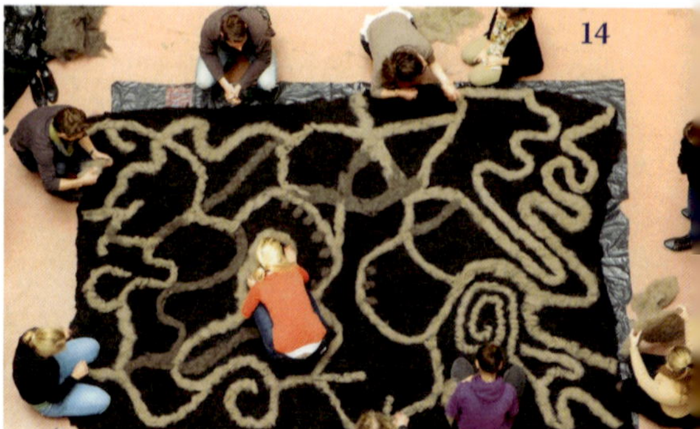

13–14 Karin Altmann (Projektleitung) in Zusammenarbeit mit Studierenden (Anja Ray Alturban, Lena Bankel, Anita Bauer, Jürgen Böheimer, Julia Cristofolini, Marie Kainz, Junia Lahner, Ramona Rieder, Stefanie Salzburger, Amelie Schillhuber, Anastasia Soutormina, Sylvia Stegbauer, Dana Sultana und Anita Zečić), *ZusammenRaum – ein Kommunikations-, Spielraum und Shelter für Nomad*innen,* 2015. Filz aus naturbelassener Schafwolle, © Karin Altmann

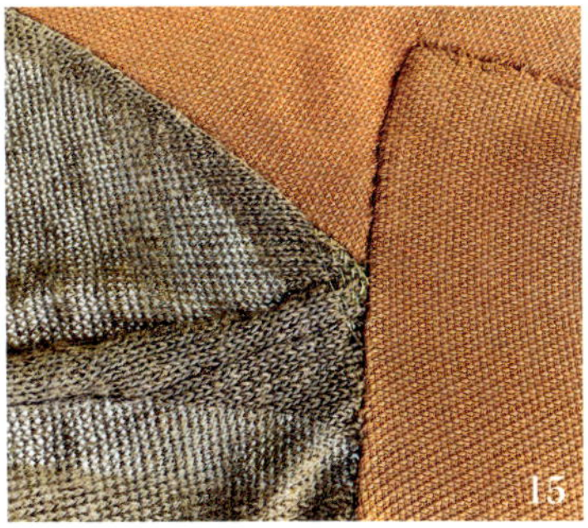

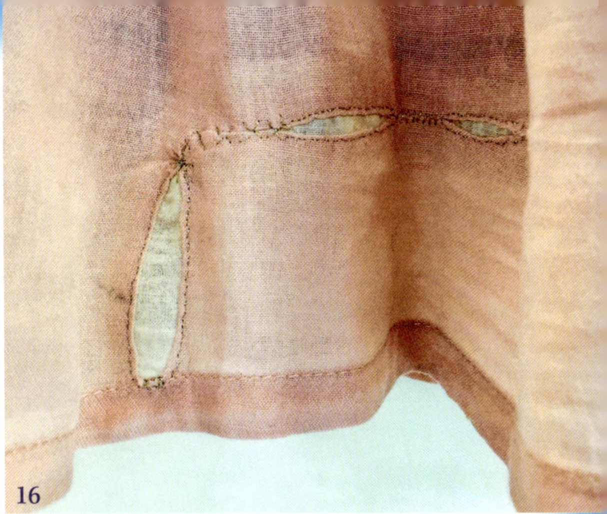

15–16 Katharina Idam, *Visible Mending / Golden Joinery*, 2017. Goldfaden, Alttextilien, © Barbara Graf

GEFLICKT UND ZUGENÄHT

Von Boro-Textilien zu aktuellen Upcyclingtrends

Eine Botschaft gegen die Konsum- und Wegwerfgesellschaft unserer Zeit (2017/18)

Das japanische Wort *boro* bedeutet „zusammengeflickt“ und bezeichnet die einst in Indigoblau gefärbten Flickentextilien der japanischen Landbevölkerung, die sich durch eine Ästhetik des Imperfekten wie beispielsweise Asymmetrie, Rauheit oder Unregelmäßigkeit auszeichneten. Nachdem sich Japan Mitte des 20. Jahrhunderts unter den Gesichtspunkten der Modernisierung und Urbanisierung rasant entwickelte, gerieten die Boro-Textilien weitgehend in Vergessenheit. Im Kontrast zum Lebensstil der heutigen Konsumgesellschaft erscheinen sie jedoch aktueller denn je. Bei uns war es vor allem die Nachkriegsmode, die sich vor dem Hintergrund der Materialknappheit unter der Devise „Aus alt mach neu“ entwickelte. Frauen trennten die Anzüge ihrer gefallenen Männer auseinander, um sich daraus warme Jacken zu schneidern. Wo vorhanden, wurden alte Kleider aus den Schränken geholt, Gebrauchstextilien wie Vorhangstoffe, Handtücher, Polsterbezüge oder Bettdecken zu Kleidern umgearbeitet und Lumpen und Flicken aufbewahrt und wiederverwendet.[14]

In der vorgestellten Lehrveranstaltung ging es darum, einen Bogen von alten Boro-Textilien und der Notwendigkeit des Flickens zu aktuellen Upcyclingtrends zu schlagen und die Bedeutung von Re- und Upcyclingmode in Zeiten der Schnelllebigkeit, Überproduktion und des Schwundes natürlicher Ressourcen zu beleuchten. Denn die Wiederverwertung von bereits vorhandenem Material reduziert nicht nur die Neuproduktion von Rohmaterialien. Upcycling nimmt dieses Material in die Hand, erkennt sein Potenzial, schöpft daraus Neues und transportiert darüber hinaus eine wichtige Botschaft gegen die globale Konsum- und Wegwerfgesellschaft unserer Zeit. Um die gesellschaftliche Wahrnehmung unserer Aktivitäten zu verstärken, wurden „Public Clothing Swaps“ und „Public Mending Sessions“ im öffentlichen Raum veranstaltet.

Projektleitung: Karin Altmann

Beteiligte: Alexandra Assinger, Anita Bauer, Amelie Bosse, Ayse Brunner, Susanne Frantal, Matthias Gabl, Natascha Gerold, Judith Giefing, Helene Heiß, Irene Hopfgartner, Katharina Idam, Anna Nidzgorska-Buhr, Julia Rohn, Alissa Schertler, Tine Soederberg und Anna Clarissa Holck Waehrens

---

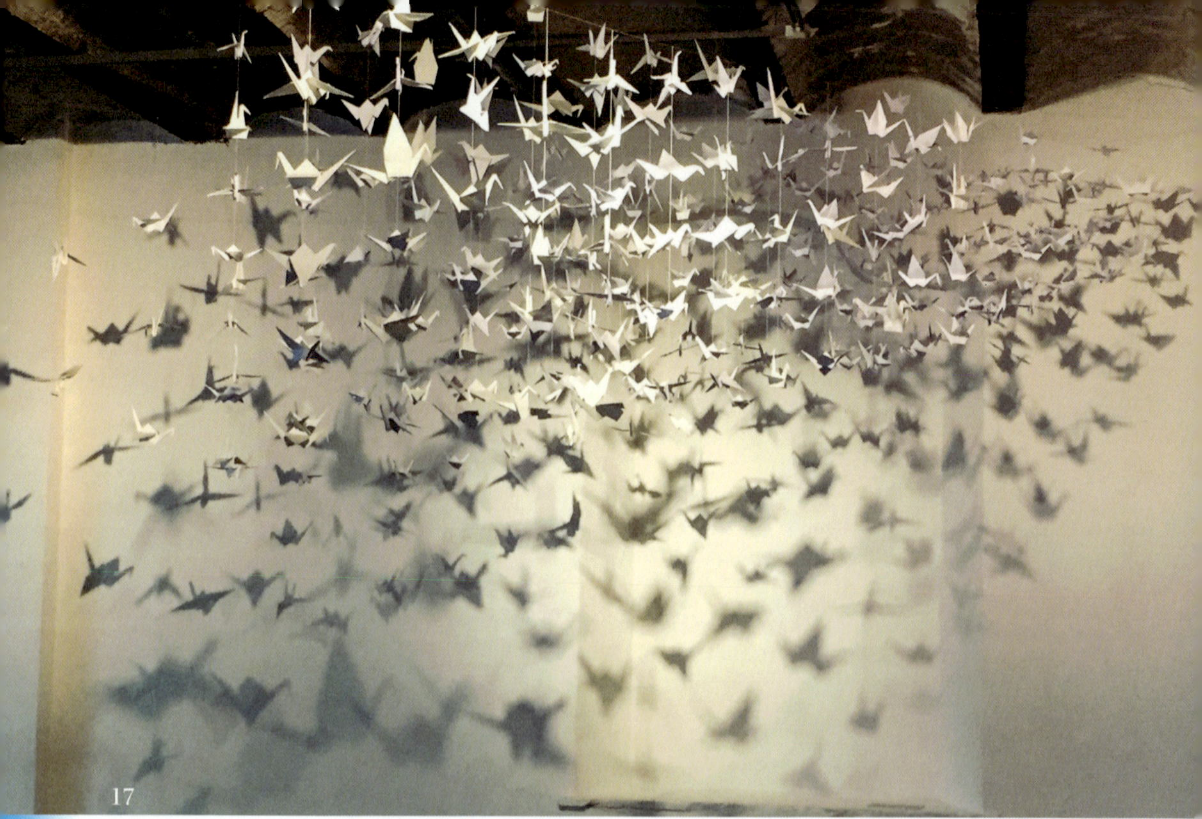

17

PaperLAB

Origami als metamorphe Kunst (2019)

Es wird angenommen, dass die japanische Kunst des Papierfaltens sich kurz nach der Einführung des Papiers im siebten Jahrhundert entwickelt hat. Verwurzelt in der zeremoniellen Welt, vor allem in der Shinto-Tradition, führten Priester Reinigungsrituale mit Zickzackstreifen aus weißem, gefaltetem Papier durch. Viele Jahrhunderte lang tauschten Angehörige der Oberschicht Geschenke aus, die mit *noshi* geschmückt waren, einem glücksbringenden, gefalteten Talisman aus Papier. Das Papierfalten als Zeitvertreib begann erst am kaiserlichen Hof der Heian-Zeit (794–1185). Im späten 19. Jahrhundert, als Japan das deutsche Kindergartensystem übernahm, wurden sowohl japanische als auch europäische Papierfalttechniken in den Lehrplan aufgenommen, um die mathematischen, künstlerischen und handwerklichen Fähigkeiten der Kinder zu fördern. Diese Falttraditionen wurden als Origami bekannt.

Für die Ausstellung *PaperLAB* im Papiermachermuseum Steyrermühl schuf Katharina Laher ein Papierobjekt, das in seiner Mischung aus Fragilität, Verformbarkeit und überraschender Stärke nicht nur die Vielseitigkeit des Materials präsentiert, sondern auch veranschaulicht, dass Papier im Zeitalter der Digitalisierung und Entmaterialisierung nach wie vor als Kulturträger mit besonderer Wertigkeit fungiert und ein zukunftsweisendes Material für den Textilbereich darstellt. 324 Origamiboxen bilden ein Objekt, das erfahren werden will: hochheben, über die Arme drapieren, an den Körper anpassen, gegen das Licht halten, den Mustern der Öffnungen, Faltlinien, Nähte und Kanten folgen und es wieder vorsichtig zurücklegen, wo es eine Raumskulptur bildet, die mit jedem neuen Versuch eine andere Form annimmt.

A Thousand Paper Cranes for a Wish ist eine interaktive Installation, basierend auf der

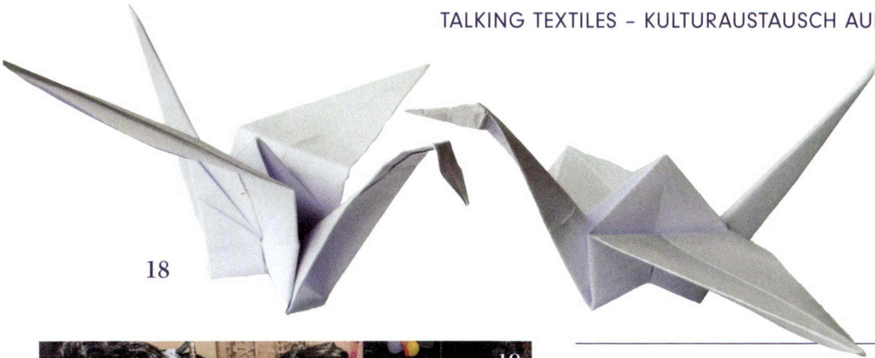
18

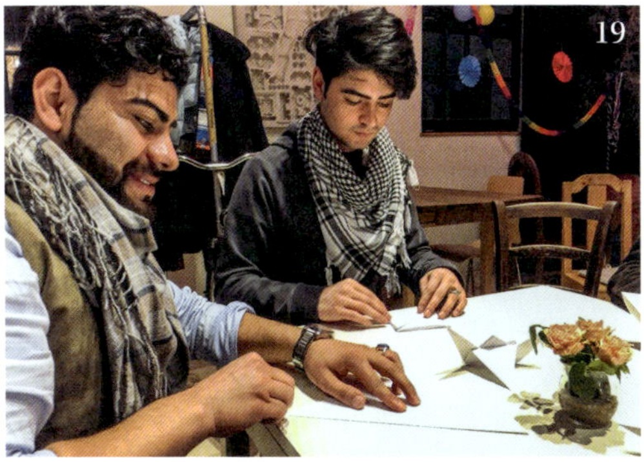
19

17–19 Karin Altmann, *A Thousand Paper Cranes for a Wish*, 2018/19. Interaktive Installation, Papier gefaltet, © Karin Altmann

Projektleitung: Karin Altmann

Projekt in Kollaboration mit Noriko Mafune-Bachinger vom Verein ORIGAMI und dem Papiermachermuseum Steyrermühl

Beteiligte: Anita Bauer, Caterina Egenhöfer, Lena Feitl, Alice Felch, Susanne Frantal, Monica Gross-Meinhart, Ida Hausner, Liliane-Sarah Kölbl, Katharina Laher, Walter Lunzer, Daniela Moosbauer, Ngo Nha, Manuel Wandl, Heidi Zach, Annelie Zellinger

Lebensgeschichte des in Hiroshima geborenen Mädchens Sadako Sasaki (1943–1955) sowie der alten japanischen Legende, der zufolge jeder Mensch, der eintausend Origamikraniche faltet, einen Wunsch erfüllt bekäme. Die Installation aus Papierkranichen versteht sich als stiller Verweis auf unsere Hoffnungen, Träume und Visionen sowie auf die menschlichen Bedürfnisse und Sehnsüchte nach Sicherheit, Frieden und Freiheit. Die Installation fand unter anderem in Zusammenarbeit mit Flüchtlingen, dem Verein Grenzenlos in St. Andrä-Wördern sowie mit Frauen in psychischen und sozialen Krisen in Wien ihren Anfang und in der Ausstellung *PaperLAB* im Papiermachermuseum Steyrermühl ihre Fortsetzung. Besucher*innen wurden eingeladen, ihren innigsten Wunsch auf ein weißes Blatt Papier zu schreiben und dieses, zu einem Kranich gefaltet, der wachsenden Installation hinzuzufügen. Nach dem Ende der Ausstellung wurden die Kraniche zum Friedensdenkmal nach Hiroshima geschickt.

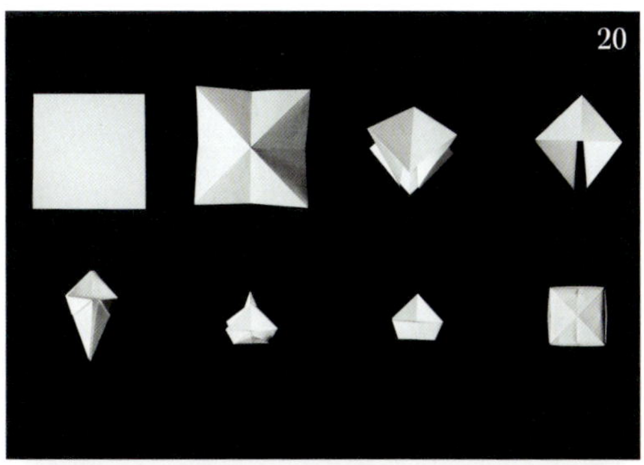
20

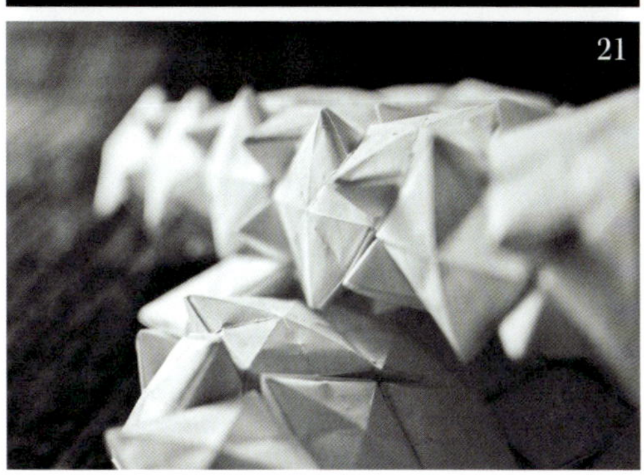
21

20–21 Katharina Laher, *324*, 2019. Papier gefaltet und genäht, © Katharina Laher

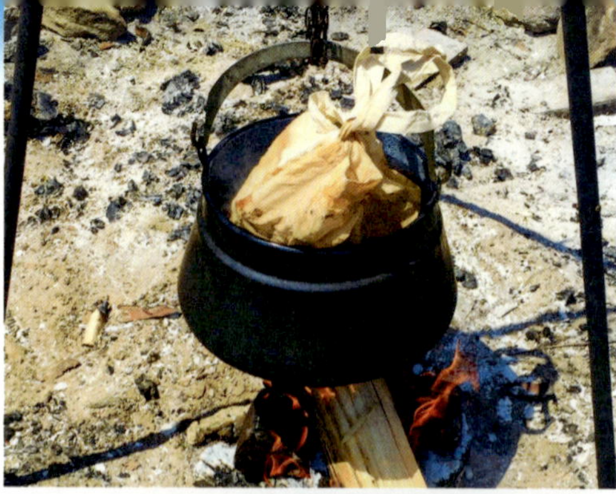

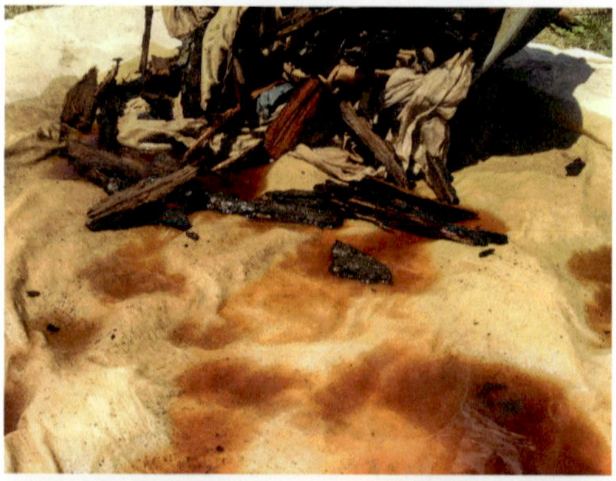

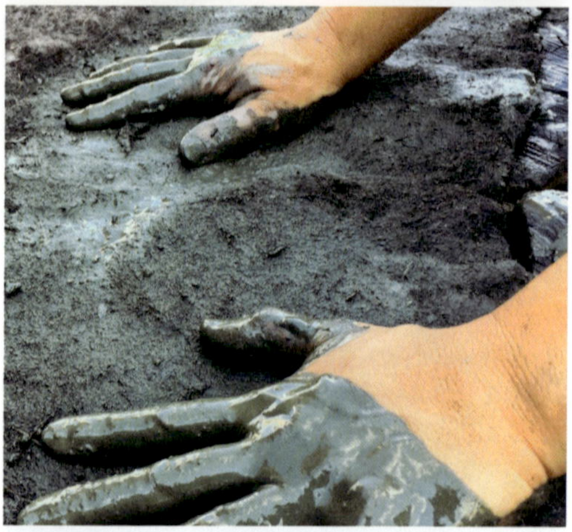

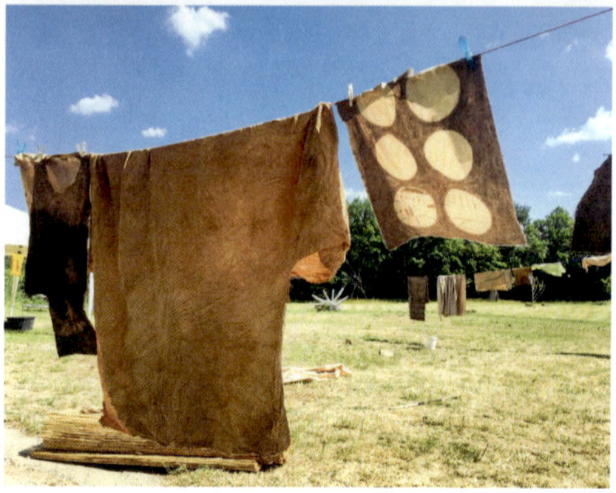

22–25 Waldviertler Mud-Dye – Experimentelle Praxis, © Karin Altmann

WALDVIERTLER MUD-DYE

Malen mit Schlamm. Künstlerische Forschung in den Waldviertler Hochmooren (2021)

Die Technik des Färbens und Malens mit Mineralschlamm wird in Mali als *bogolan* bezeichnet, was in der Sprache der Bamanan „aus Schlamm gemacht“ oder auch „Resultat der Erde“ bedeutet. Das Zusammenspiel von eisenreichem Schlamm und pflanzlichem Tannin hat aber auch in Europa Tradition: in den ehemaligen *muza*, den Färbergruben, in denen Wasser, Moorerde, Eichenrinden, frische Nussschalen und Erlenkätzchen miteinander vermischt wurden, um Leinengewänder schwarz zu färben. In der vorgestellten Lehrveranstaltung ging es darum, gemeinsam in den Waldviertler Hochmooren nach eisenhaltigem Schlamm zu suchen, diesen in experimentellen Prozessen zu testen und durch die künstlerische Fokussierung auf diese alten Textiltechniken neue Interpretations- und Transformationswege sowie neue Formen nachhaltiger Entwicklung zu erkunden.

Projektleitung: Karin Altmann, Manuel Wandl

Projekt in Kollaboration mit *Kunst in der Natur* am Wachtberg

Beteiligte: Sabrina Haas, David Hopp, Katharina Idam, Laura Kaminger, Benjamin Kauer, Lena List, Manuel Salomon, Nina Wandruszka, Tina Zierhofer, Veronika Ziller

---

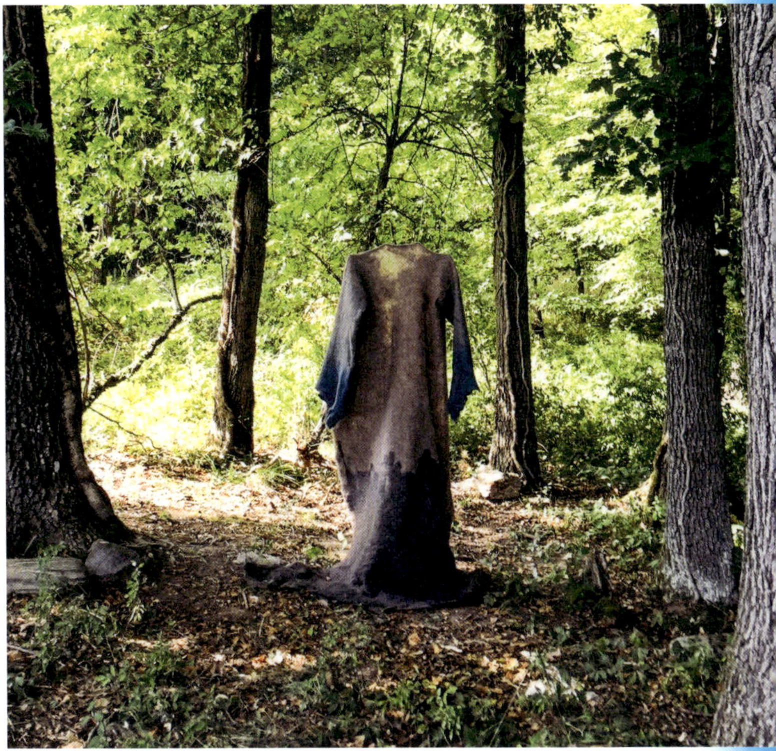

26 Karin Altmann, *Gedankengang*, Installation für das 28. Symposium *Kunst in der Natur* am Wachtberg, 2021. Naturwolle gefilzt, mit Naturindigo und eisenhaltigem Mineralschlamm gefärbt, handgenäht, © Karin Altmann

1 | Byung-Chul Han, *Hyperkulturalität. Kultur und Globalisierung*, Berlin: Merve, 2005.

2 | Ibid., 16 f.

3 | Vandana Shiva, „The Greening of Global Reach". In: Gearóid Ó Tuathail, Simon Dalby, Paul Routledge (Hrsg.), *The Geopolitics Reader*. London/New York: Routledge, 1998, 231–235; Andrew Dobson, „Globalisation, Cosmopolitanism and the Environment". In: *International Relations*, 3, 2005, 259–273.

4 | Johann Gottfried Herder, *Ideen zur Philosophie der Geschichte der Menschheit* (1784–1791). Martin Bollacher (Hrsg.). Frankfurt/M.: Deutscher Klassiker Verlag, 1989.

5 | Wolfgang Welsch, „Transkulturalität – die veränderte Verfassung heutiger Kulturen. Ein Diskurs mit Johann Gottfried Herder". In: *Via Regia – Blätter für internationale kulturelle Kommunikation*, 1994, 20, www.via-regia.org/bibliothek/pdf/heft20/welsch_transkulti.pdf [18.09.2023]. Ders., „Was ist eigentlich Transkulturalität?". In: Dorothee Kimmich, Schamma Schahadat (Hrsg.), *Kulturen in Bewegung. Beiträge zur Theorie und Praxis der Transkulturalität*. Bielefeld: transcript, 2012, 25–40.

6 | Ibid., 35.

7 | Inga Eremjan, *Transkulturelle Kunstvermittlung. Zum Bildungsgehalt ästhetisch-künstlerischer Praxen*, Bielefeld: transcript, 2016, 35.

8 | UNESCO, „Übereinkommen über den Schutz und die Förderung der Vielfalt kultureller Ausdrucksformen" (2005), www.unesco.de/sites/default/files/2018-03/2005_Schutz_und_die_F%C3%B6rderung_der_Vielfalt_kultureller_Ausdrucksformen_0.pdf [19.09.2023].

9 | UNESCO, „Allgemeine Erklärung zur kulturellen Vielfalt" (2001), www.unesco.de/sites/default/files/2018-03/2001_Allgemeine_Erkl%C3%A4rung_zur_kulturellen_Vielfalt.pdf [19.09.2023].

10 | Alois Wierlacher, „Das tragfähige Zwischen". In: *EWE – Erwägen, Wissen, Ethik*, 2003, 1, 215–217, hier: 216.

11 | Ibid.

12 | Astrid Messerschmidt, „Beziehungen in geteilten Welten – Bildungsprozesse in der Reflexion globalisierter Projektionen und Repräsentationen". In: Johannes Bilstein, Jutta Ecarius, Edwin Keiner (Hrsg.), *Kulturelle Differenzen und Globalisierung*. Wiesbaden: VS Verlag für Sozialwissenschaften, 2011, 197–213.

13 | Greenpeace (Madeleine Cobbing, Yannik Vicaire), „Konsumkollaps durch Fast Fashion" (2017), www.greenpeace.de/sites/default/files/publications/s01951_greenpeace_report_konsumkollaps_fast_fashion.pdf [26.09.2023].

14 | Friedrich Prinz, Marita Krauss (Hrsg.), *Trümmerleben. Texte, Dokumente, Bilder aus den Münchner Nachkriegsjahren*. München: dtv, 1985, 80 f.

WISSENSVERMITTLUNG DURCH MODE UND TEXTILIEN

Walter Lunzer

Die Welt aus einer textilen Perspektive anzusehen und zu erschließen, führt mich immer wieder zu unerwarteten Erkenntnissen, Innovationen und überraschenden interdisziplinären Brücken in Felder der Geistes- und Naturwissenschaften. Um diese Faszination an Textilien und deren vielfältigen Einsatzmöglichkeiten auch Studierenden erfahrbar zu machen, führe ich sie in Handwerkstechniken der Schneiderei und Textiltechnologie ein. Mit diesen praktischen Werkzeugen erforsche ich mit ihnen diverse Fragestellungen in vielfältigen textilen Feldern. Dazu stelle ich meine beruflichen Erfahrungen aus der Textilindustrie und Medizintechnik zur Disposition und verknüpfe sie mit Themen, die von den Studierenden eingebracht werden, wie etwa dem Spiel mit eigenen Identitäten oder dem Umgang mit den neuen Technologien – zum Beispiel „smarten" Textilien.

Textilien als Mode

Viele denken bei dem Begriff „Textil" zunächst an Mode. Mode ist eine Art und Weise sich nonverbal auszudrücken, die sich gleichermaßen auf eine Person selbst wie auch die Gesellschaft bezieht. Häufig wird der Begriff für die Präsentationsformen des menschlichen Körpers verwendet. Mode meint in diesem Zusammenhang die vielfältigen Techniken des Entblößens und Bedeckens, der Veränderung der Kontur und Oberfläche durch Kosmetik und Textilien sowie die Erweiterung durch Accessoires.[1]

Da wir uns alle kleiden, ist Mode ein populäres Thema, dem sich niemand entziehen kann. In meiner eigenen

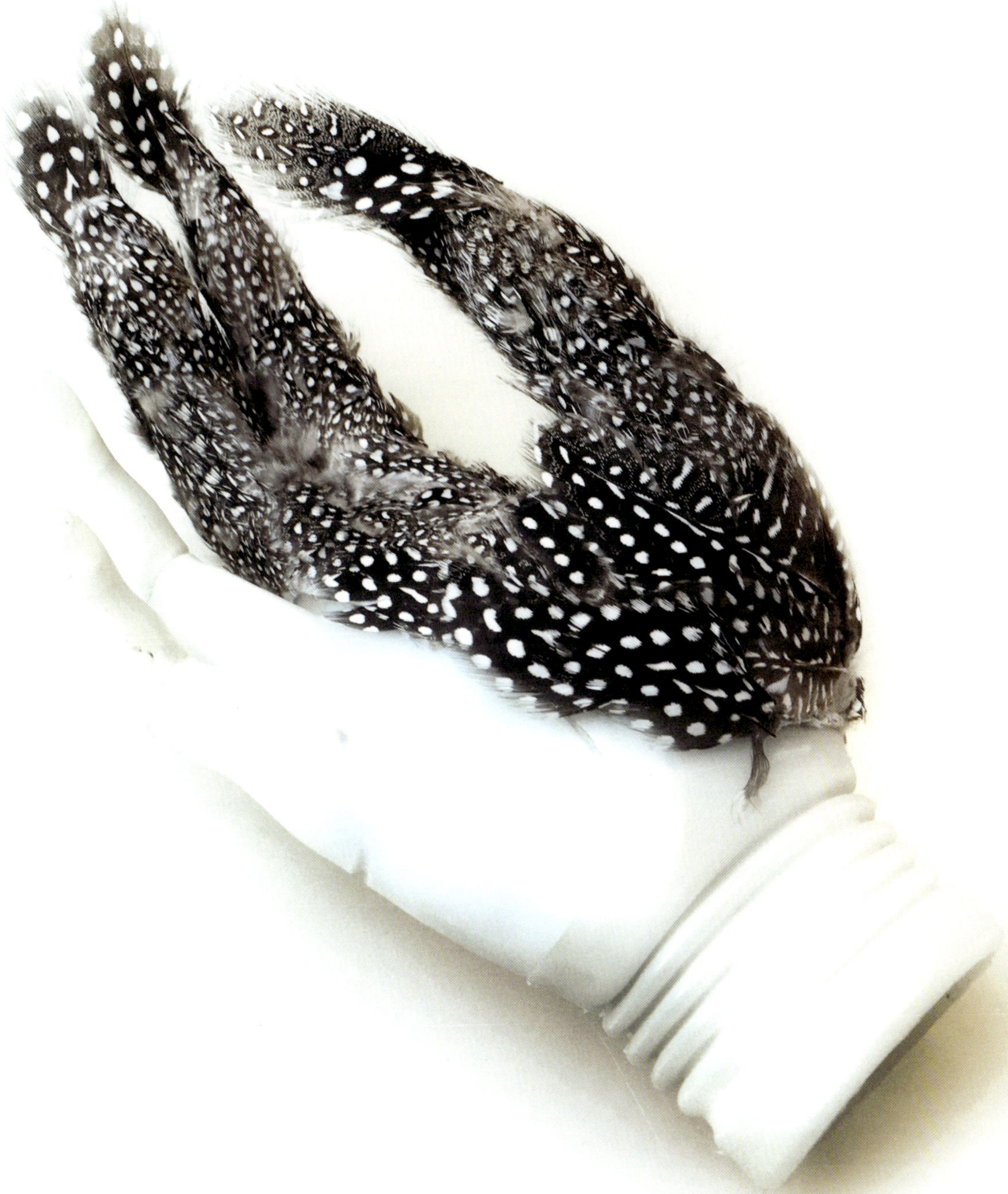

01 Walter Lunzer, *3-Finger-Feder-Handschuh,* 2022. Elektrische Handprothese, Polyamide/Elastane Jersey mit Perlhuhnfedern bestickt. Entwickelt wurde dieser partielle Handschuh für das Forschungsprojekt INTRA mit dem Titel „Phantom Lab". Zusammen mit der Künstlerin Barbis Ruder und der Philosophin Lona Gaikis ging es darum, die Grenzen zwischen Prothetik, Mode und Körper künstlerisch auszuloten. © Walter Lunzer

Diplomarbeit habe ich die Funktionsweisen von Dresscodes exemplarisch an Business Dresscodes herausgearbeitet und unterzog Anzug und Kostüm einer Designanalyse aus unterschiedlichen Perspektiven, welche im Folgenden dargestellt werden.

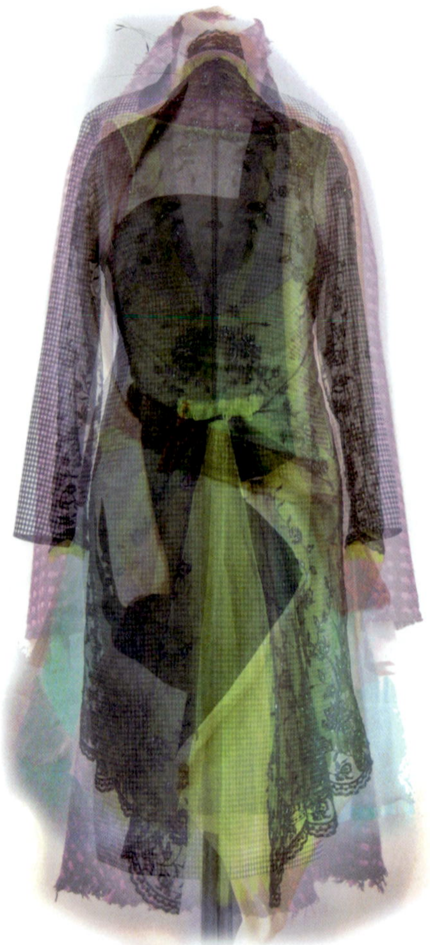

02 Walter Lunzer, *Modische Identitäten,* 2011. Fotoarbeit, © Walter Lunzer

Sozialwissenschaften

Kleidungsstücken und dem damit verbundenen[2] Styling wohnen explizite und implizite Dresscodes inne. Diese werden häufig als Marketing- und Brandingstrategien herangezogen, wie an der Bedeutungsvielfalt von T-Shirts zu erkennen ist. Damit sind Dresscodes ein anschaulicher Weg, um kulturelle und soziale Phänomene zu illustrieren und erlebbar zu machen. Anne Hollanders Buch *Anzug und Eros* zeigt, wie etwa Geschlechterrollen sich in unserer Bekleidung abbilden und beweist damit einmal mehr: Kleidung ist ein soziales Phänomen und Veränderungen in der Kleidung sind ebenfalls soziale Phänomene.[3]

Gemäß den sozialwissenschaftlichen Erkenntnissen über Mode sind Kleidung und Styling ein wesentlicher Bestandteil, um Identität auszudrücken, und damit ideal, um im schulischen Kontext mit jungen Menschen über Kulturen, Sitten und Bräuche nicht nur theoretisch in Diskussion zu treten, sondern es zu ermöglichen, im wahrsten Sinn des Wortes in eine andere Rolle zu schlüpfen.

Kulturgeschichte

Kleidung spiegelt Gesellschaftswandel wider. So war der Niedergang der Feudalgesellschaft in der französischen Revolution der Grund, weswegen das prachtvolle adelige Erscheinungsbild von einem schlichten dunklen Erscheinungsbild abgelöst wurde, das den Kopf fokussierte. Der Protestantismus und der damit eng verwobene Kapitalismus gelten als weitere Einflussfaktoren für das dunkle, den Körper zurücknehmende bürgerliche Styling. Max Weber erarbeitete in seiner Theorie „Asketischer Protestantismus und der kapitalistische Geist“ eine These für das ambivalente Verhältnis des Bürgertums zu Reichtum, die als weitere Begründung für die Schlichtheit der Businesskleidung gesehen werden kann.[4]

Gender

Anhand der Geschichte der Damen- und Herrenschneiderei in der westlichen Bekleidungskultur lassen sich die vestimentären Geschlechtertrennungen veranschaulichen. Anne Hollander verortet den Ursprung des heutigen Herrenanzuges etwa in der Rüstungsschmiede. Die komplexen Wattierungen und Versteifungen sind noch heute im Sakko gegenwärtig.[5] Männer fertigten daher auch die metallverstrebten Korsette und Reifröcke der Frauen. Frauen waren nur als Näherinnen oder in der Zunft der Putzmacherinnen zugelassen.[6]

Mathematik

Selbst abstrakte Wissenschaften lassen sich mit Mode und Textilien erlebbar und damit leichter erlernbar machen. Schnittzeichnen ist die Kunst, um vom Zweidimensionalen in die dritte Dimension zu gelangen. Kurvenverhalten in der Fläche und im Raum sind ein großes und komplexes Feld der Mathematik. Die dazugehörigen Kurvendiskussionen sind nur ein Grund, warum Mathematik im schulischen Kontext als Angstfach bezeichnet wird. Das Erlebbar-, ja Anziehbarmachen von Kurven, etwa einer Fibonacci-Schnecke oder eines Fraktals, wie z. B. der Gosperkurve, wirken wie Türöffner für ein Interessensfeld, selbst wenn es um abstrakte Gebiete wie Mathematik geht (→ 07–09). In meinen Lehrveranstaltungen motiviere ich Studierende zu diesem mathematischen Zugang des Schnittzeichnens, vor allem, um sich vom herkömmlichen Konstruktionsprinzip zu lösen und so neue Kleidungsformen zu finden.

Dieses Kleid für den Opernball wurde gemeinsam mit der Studentin Monika Haas für eine Person öffentlichen Interesses in der Lehrveranstaltung entworfen und gefertigt. Für Kragen und Ärmel wurde mit Lasercuts das Muster der sogenannten Gosper-Kurve angewendet. Der Grundschnitt für den Mantel basiert auf der Fibonacci-Schnecke.

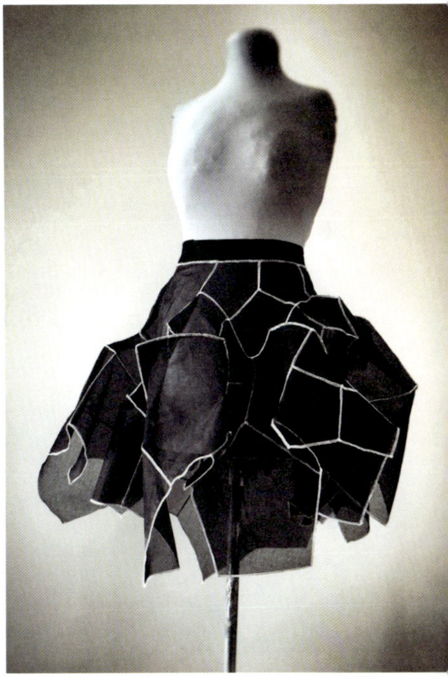

03 Walter Lunzer, *Mathemodik: Schnitttechnik aus Polyedern,* 2009. Baumwoll-Glasbatist, © Walter Lunzer

Textil-Chemie, -Physik, -Technik

Hinter der Textil- und Modeindustrie steht intensive Forschung aus vielfältigen Bereichen derNaturwissenschaften, wie beispielsweise alle zwei Jahre eindrucksvoll auf den

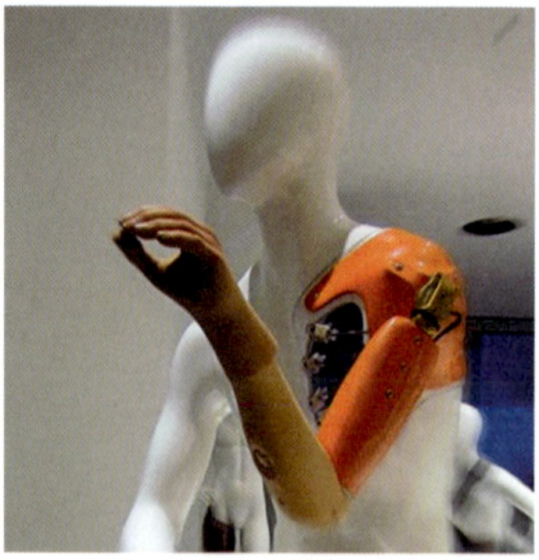

04 Mode, Technik und Artefakt: Schulterprothese mit Nervenimpuls-Ansteuerung des Arms. Ausgestellt im Foyer der Firmenzentrale von Ottobock Healthcare Products GmbH in Duderstadt, © Walter Lunzer

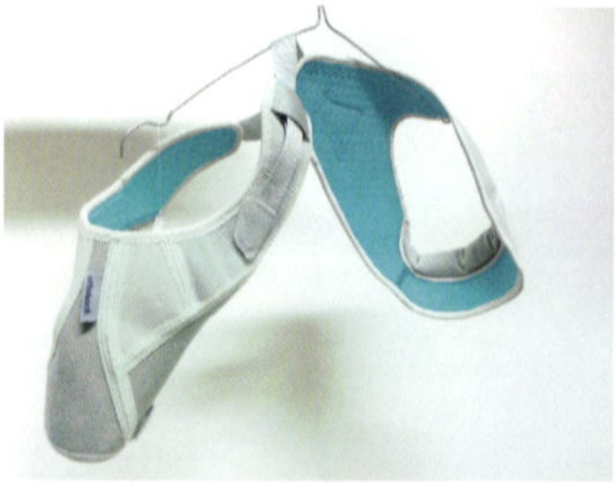

05 Alice Frey, Walter Lunzer und Sonja Wagner, Haltebandage für Oberarmprothesen, 2018, © Walter Lunzer. Schweiß- und druckregulierende Textilien mit Zugmechanismen, um die Passform und nach Bedarf zu verstellen. Mit diesem Produkt wurden Tragekomfort und Erscheinungsbild von Oberarmprothesen-Träger*innen verbessert. Seit 2018 wird diese Bandage weltweit von Ottobock Healthcare GmbH vertrieben. Davor wurden Oberarmprothesen üblicherweise mit Baumwollgurt, Klettverschluss und Schaumstoffpad unter der Achsel quer über den Brustkorb geschnallt.

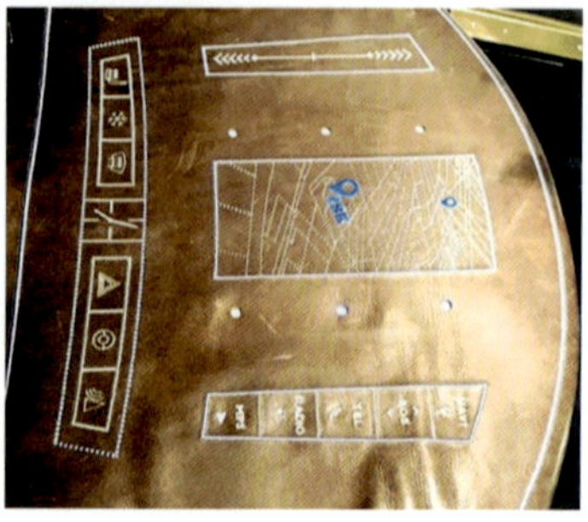

06 Fa. Amann Garne, ausgestellt auf der *Techtextil*-Messe, Frankfurt 2020. Prototyp einer textilen Autoarmatur, © Walter Lunzer

internationalen Messen *Techtextil* und *Texprocess* in Frankfurt zu erleben ist. Textilien sind sehr viel weitfassender zu verstehen, als ihre Reduktion auf schicke Laufstegmode vermuten lässt. Das beginnt mit Funktions- und Arbeitsbekleidung und reicht über Sportbekleidung bis hin zu medizinischen Textilien.

Neben meiner Lehrtätigkeit arbeite ich für Ottobock Healthcare, dem Marktführer für Exoprothesen. Künstliche Gliedmaßen stellen eine biomechanische Herausforderung dar und verlangen eine umfassende interdisziplinäre Forschung, die Aspekte des Designs und Methoden des Design Thinking mit einbinden muss, um Anwender*innen nicht nur als versehrtes Individuum aus einem technischen Blickwinkel zu behandeln, sondern Prothesen als modische Artefakte zu verstehen – nicht im Sinne von „Fashion", sondern als dem Menschen innewohnendes Bedürfnis, sich auszudrücken, wie Karin Harrasser herausarbeitet.[7] (→ 04–06)

Dem Bedürfnis nach der Individualisierung von Prothesen entsprechend entwickelte eine Gruppe von Studierenden verschiedene Muster für Textilien, die in Prothesenschäfte eingegossen werden können. Diese werden nach wie vor im Musterkatalog von Ottobock Healthcare vertrieben und weltweit in Prothesen und Orthesen eingegossen.

Textil abseits von Mode

Noch größer erweist sich das Feld im Bereich der Agrartextilien, die etwa dafür entwickelt werden, Gletscher vor dem Abschmelzen zu schützen oder Felder mit Schutznetzen abzudecken. Vom Industriedesign bis hin zur Architektur reicht der Einfluss von Textilien. Die Karbonfasertechnologie in Sportartikeln und in der Automobilindustrie und die Membranarchitektur sind bereits weit verbreitet. In jüngerer Zeit erleben wir in sogenannten „smart textiles" und „wearables" das Verschmelzen von Digitalem, Elektronik, Biochemie und Textilem. Eine textiltechnologische Forschungsfrage ist beispielsweise die Vernähbarkeit von leitenden Garnen und wie das Zusammenwirken zwischen Elektrotechnik und Textiltechnologie verbessert werden kann, denn beide Bereiche hatten historisch bisher wenige Anknüpfungspunkte.[8]

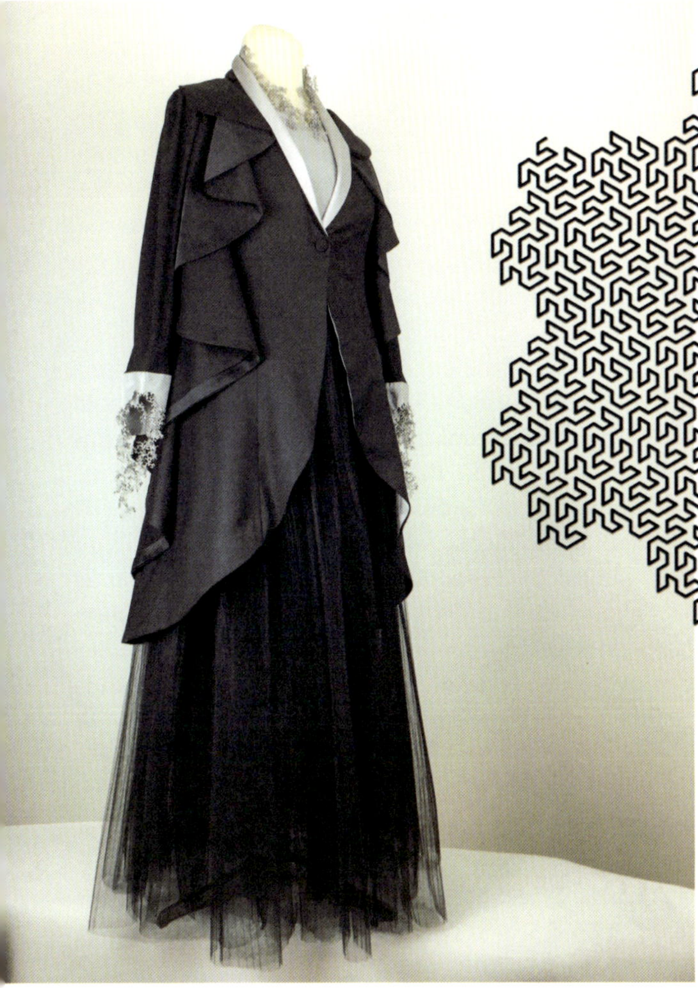

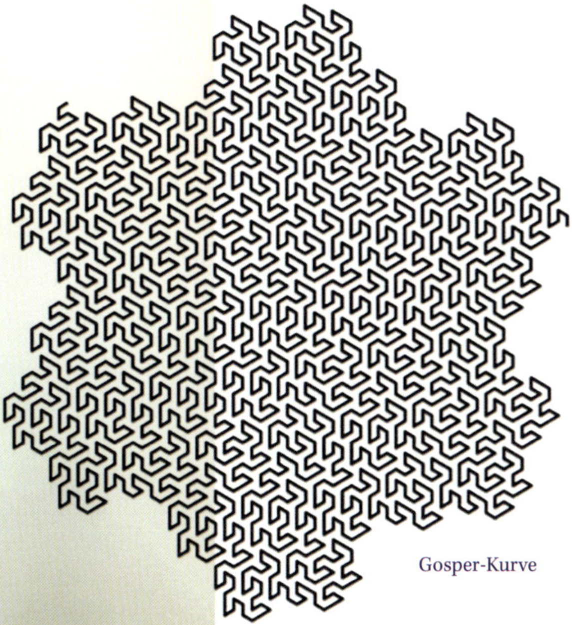

Gosper-Kurve

07–09 Walter Lunzer und Monika Haas, *Ballkleid*, 2016. Coolwool, Polyamidtüll, Polyamidtaft, Seidenjersey, © Walter Lunzer

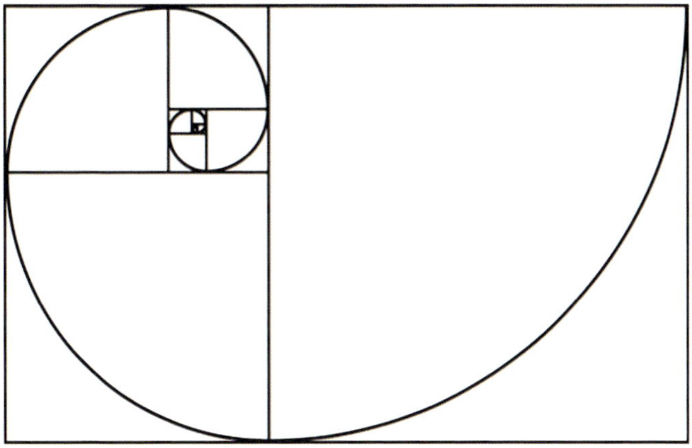

Fibonacci-Schnecke

Die untere Abbildung auf Seite 84 zeigt den Prototyp einer textilen Autoarmatur (→ 06), bei der Bedienfelder mit elektrisch leitendem Garn direkt in das Leder gestickt sind. Im Vergleich zu bisherigen Spritzgusskomponenten ist die Produktion deutlich günstiger und hat unter anderem hohe akustische Vorteile für die Fahrgastzelle. In Entwicklung befindet sich noch die Garantieleistung der Verbesserung der Strapazierfähigkeit und der Prozesssicherheit in der Produktion sowie in der Anwendung.

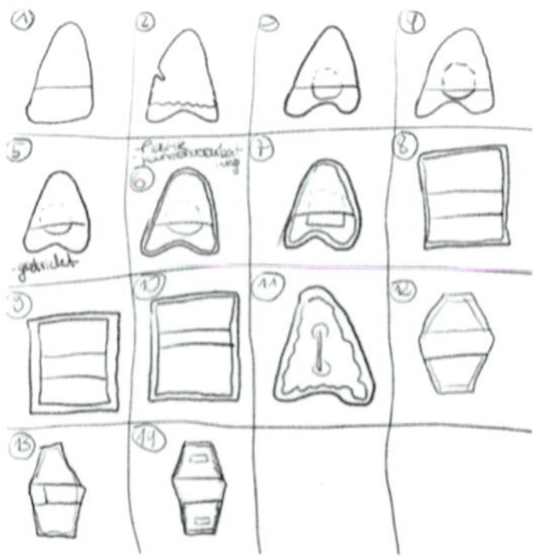

10 Julie Kohn, Zeichnung, © Walter Lunzer

Technische Textilien sind ein bedeutender Wirtschaftsfaktor mit einer breiten Palette an Einsatzmöglichkeiten auch abseits der Bereiche Mode und Bekleidung. Sie bieten Berufsfelder in vielen verschiedenen wissenschaftlichen Sparten.

Gemeinsam mit Studierenden erforschte ich etwa die Eigenschaften von Mikrofasertüchern und Mopps in der Reinigungsindustrie auf ihre Wechselwirkung mit Chemikalien und Keimen (→ 10–11). Im Krankenhaus erworbene Keime stellen ein großes Gesundheitsrisiko dar. Methoden der Reinigung und Desinfektion müssen deswegen ständig weiterentwickelt werden (siehe dazu das Projekt *Safer-Tex* auf Seite 316).[9] Textile Flächen unter dieser Anwendung zu untersuchen, bedarf der Fähigkeit, die Gebiete Textiltechnologie, Faserkunde, Flächenkunde, Chemie und Mikrobiologie kreativ zu verknüpfen (→ 12).

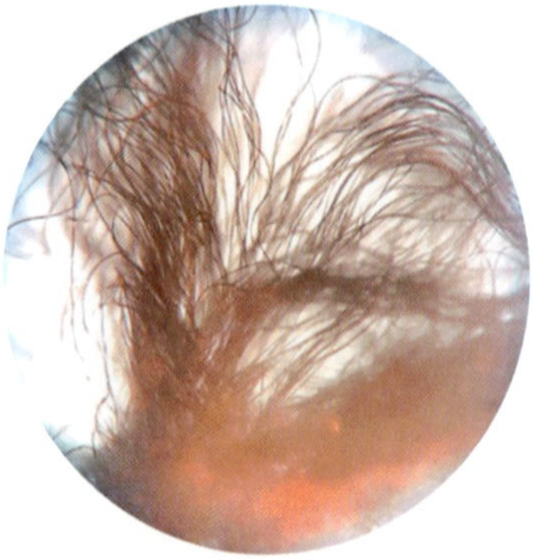

11 Reinigen aus textiltechnologischer Sicht: mikroskopische Aufnahme einer Multifilament Mikrofaser eines typischen Wischmopps, 100% PES, © Walter Lunzer

Gerade dabei helfen künstlerische Methoden in interdisziplinären Arbeitskontexten: um weiße Flecken aufzudecken und neue Fragestellungen und Lösungszugänge zu entdecken.

Die Vermittlung von textilen Kompetenzen eröffnet neben dem Potenzial des Textilen als künstlerischem Ausdrucksmittel die Möglichkeit, vom textilen Standpunkt ausgehend Bereiche der Wissenschaft zu erschließen und künstlerisch forschend zu Entwicklungen beizutragen.

Textilien haben den Vorteil, im doppelten Wortsinn neurologische Verknüpfungen, Vernetzungen und Verstrickungen zu fördern. Sie sind mit allen Sinnen wahrnehmbar und uns Menschen in Form von Kleidung besonders vertraut. Durch den Umgang mit den tendenziell weichen Eigenschaften von Textilien werden sowohl taktile als auch motorische Fähigkeiten gefördert.

Schließlich zählt zu meinen schönsten Erlebnissen in der Lehre, wenn Studierende durch ihre vertiefte Beschäftigung mit dem so vielfältigen textilen Feld zu einem Flow[10] im eigenen Schaffen finden, der zwischen dem persönlich motivierten Enthusiasmus, sich etwas nähen zu können, und dem kritischen Blick auf das eigene Handeln, die Produktionsfelder des Textilen und ihre gesellschaftliche und ökologische Umwelt oszilliert.

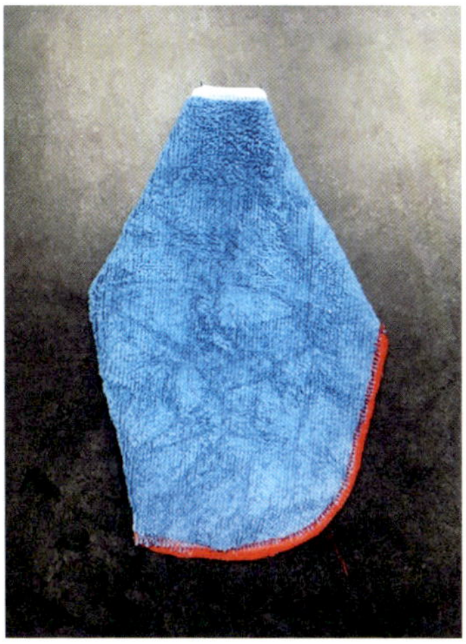

12 Julie Kohn, Walter Lunzer, Mattia Minelli und Magdalena Kernegger, Formstudie und finale Form für Reinigungstücher, die ergonomisch an die Hand angepasst sind, 2020. Durch diese Anpassung wird ein besseres Erreichen von komplexen Flächen, etwa Badezimmerarmaturen, gewährleistet. Zusätzlich wird der textile Materialeinsatz reduziert, das spart Trocknungszeiten – ein wichtiger Aspekt in der unter Zeit- und Kostendruck stehenden Reinigungsindustrie, © Walter Lunzer

---

1 | Thomas Olah, „Ares und das Band der Charis". In: Manfred Wagner (Hrsg.), *Angewandte Kulturwissenschaften.* Wien: Praesens, 2008, 11 ff.

2 | Charlotte Brunel, *T-Shirt.* Wien: Brandstätter, 2003, 203 ff.

3 | Anne Hollander, *Anzug und Eros.* München: dtv, 1997, 12.

4 | Max Weber, *Soziologie, Universalgeschichtliche Analysen, Politik,* (Hrsg. Johannes Winkelmann). Stuttgart: Kröner, 1992, 359.

5 | Anne Hollander, *Anzug und Eros.* München: dtv, 1997, 73.

6 | Ingrid Loschek, *Reclams Mode- und Kostümlexikon.* Stuttgart: Reclam, 1999, 237.

7 | Karin Harrasser, *Körper 2.0. Über die technische Erweiterbarkeit des Menschen.* Bielefeld: transcript, 2013.

8 | Bradley Quinn, *Textile Futures.* Oxford: Berg Verlag, 2010, 83.

9 | Robert Kneißel, *Reinigung im Krankenhaus unter Berücksichtigung der Hygieneaspekte.* Saarbrücken: AV Akademikerverlag, 2018.

10 | Mihaly Csikszentmihalyi. *Flow. Das Geheimnis des Glücks.* Stuttgart: Klett-Cotta, 2005.

WEBEN

Eine Möglichkeit des bildnerischen Gestaltens – ein Rückblick

Eva Lachner

Die Tapisserie und der Gobelin, ausgeführt am Hoch- und Flachwebstuhl, haben in den letzten sechs Jahrzehnten eine überraschende Entwicklung durchlaufen. Anfangs noch Übersetzung malerischer Entwürfe veränderte sich ihr Erscheinungsbild zunehmend und – im Rückblick – mit überzeugender Konsequenz.

Infolge der internationalen Biennalen, wie jenen in Lausanne (ab 1962) oder der Kunstbiennale in São Paulo (1963), an der österreichische Künstler*innen ausschließlich mit Tapisserien vertreten waren, und nationaler bedeutender Ausstellungen wie *Textilkunst aus Österreich 1900–1979*, *Textilkunst 1981* in Linz und Wien oder *Textilkunst* Graz, gewann die „Textile Kunst" immer mehr an Bedeutung. Vor allem Künstler*innen aus dem ehemaligen Ostblock und den USA suchten nach neuen Ausdrucksmöglichkeiten und Formvorstellungen. Im Gegensatz zur traditionellen arbeitsteiligen Vorgehensweise entstanden nun immer mehr Arbeiten, die von ein und derselben Person entworfen und ausgeführt wurden und denen oftmals nur eine Ideenskizze zugrunde lag. So konnte auch im Webprozess der Entwurf noch variiert werden (→ 01). Die geschlossene Bildfläche des zweidimensionalen Wandteppichs wurde nun durch reliefartige Oberflächen und verschieden dicke Materialien verändert. Durch Verspannen, Umwickeln, Verdrehen oder Einziehen von Fäden entstanden neue Texturen. Die starren Verbindungen von Kette und Schuss wurden aus der gesetzmäßigen Waagrecht-senkrecht-Verarbeitung befreit.[1]

1977 wurde mir an der neu eingerichteten Abteilung für Kunstpädagogik in der *Meisterklasse für Textiles Gestalten und Werken* die Möglichkeit geboten, als Assistentin von Prof. Sepp Moosmann Gobelin-, Web- und Knüpftechniken zu lehren. Die eingangs beschriebenen neuen Tendenzen waren für das Arbeiten in diesem Fach die nächsten zwanzig Jahre inspirierend und richtungsweisend.

Einerseits behielt die traditionelle Technik der Gobelinweberei in den unterschiedlichsten und vielfältigsten Formen weiter ihre Gültigkeit; es entstanden großformatige Tapisserien und Teppiche nach sehr persönlichen Entwürfen und mit selbstgefärbtem Material. Andererseits ermöglichte die freie Weberei, ausgeführt auf Handwebrahmen, Querverbindungen zu verschiedenen Knüpf- bzw. Flechttechniken, z. B. Makramee, wobei in kleineren Formaten sehr experimentelle Arbeiten entstanden. Neben den traditionellen Fasern wie Wolle, Baumwolle und Seide – nicht nur fein

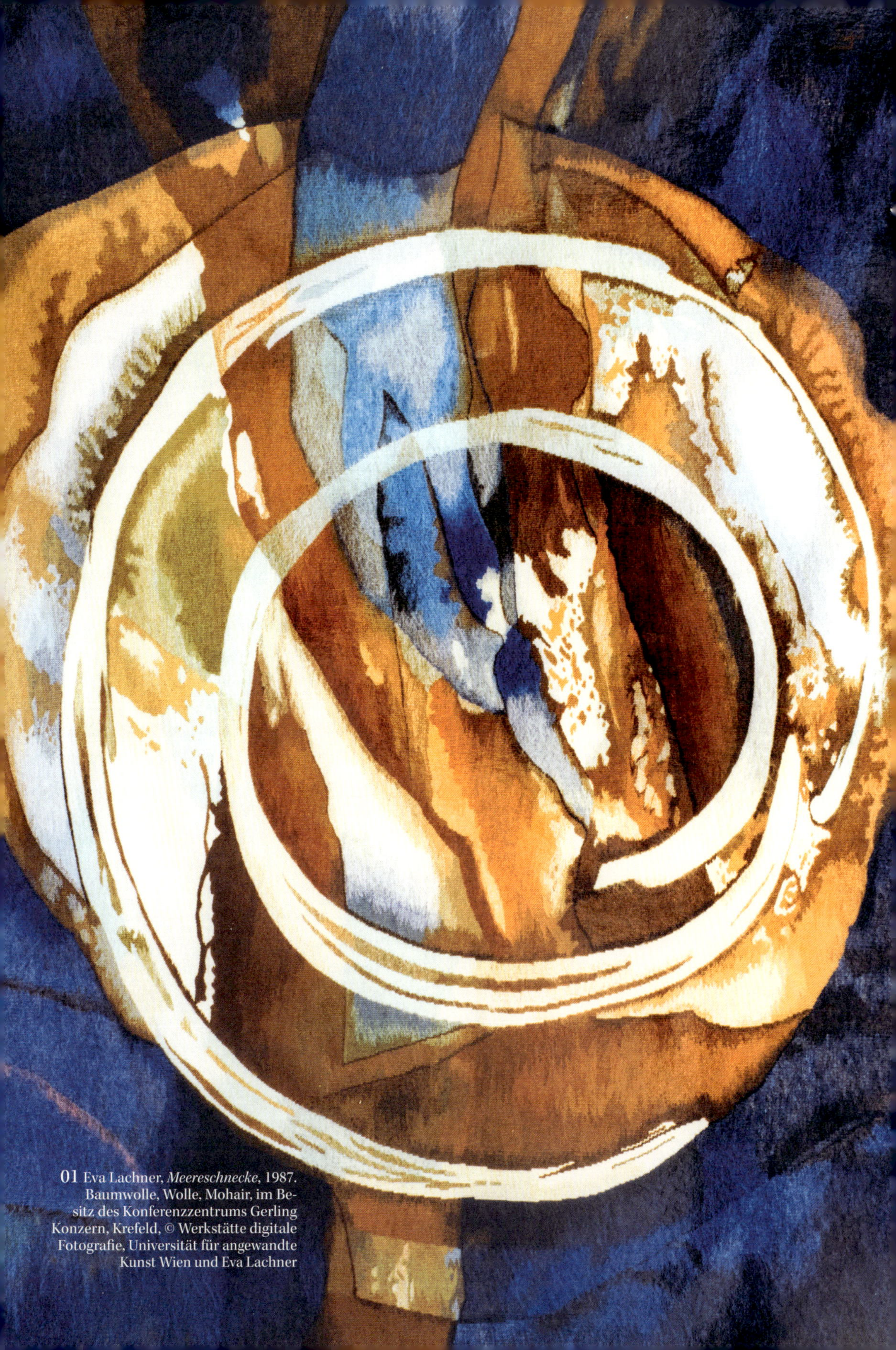

01 Eva Lachner, *Meereschnecke*, 1987. Baumwolle, Wolle, Mohair, im Besitz des Konferenzzentrums Gerling Konzern, Krefeld, © Werkstätte digitale Fotografie, Universität für angewandte Kunst Wien und Eva Lachner

versponnen – wurden nun auch Sisal, Hanf, Jute, Leinen sowie Kordeln, Seile oder Schnüre verarbeitet. Durch Drehen von einzelnen Fäden wie auch mehrerer Fadenpartien konnte die geschlossene Bildfläche durchbrochen werden. Mit verschiedenen textilen Materialien, wie weichen, flauschigen, rauen oder groben, sowie mit nicht textilen Materialien, wie starren, biegsamen, durchsichtigen oder undurchsichtigen, wurden Oberflächen verändert. Die Eigenschaften und Beschaffenheit der Werkstoffe wurden nun als persönliches Ausdrucksmittel eingesetzt.

„Unbegrenzt soll bei kreativer Arbeit die Phantasie sein. Die Technik ist wichtig, aber nur in dem Maße, als mit ihrer Hilfe das ausgeführt werden kann, was als Idee existiert. Sie darf aber nie Hindernis sein. Jedes Material unterliegt einem eigenen Gesetz. Das zu finden, ist eine der Aufgaben, die zu stellen sind. Eine andere ist das jeweilige Material für das auszusuchen, was gestaltet werden möchte.“[2]

Parallel zu Tapisserien, Teppichen und experimentellen Webstücken entstanden auf dem Schaftwebstuhl diverse Webmuster für Kleider- und Möbelstoffe. Diese wurden von Studierenden in Zusammenarbeit mit der *Zentralwerkstätte Textil* auf dafür geeigneten Webgeräten ausgeführt.

Dokumentiert wurde ein Großteil der bei Professor Sepp Moosmann entstandenen Arbeiten in den Katalogen der Abteilung *Übungen und Gestaltungen* (1984), *Textil* (1989) und *Textiles* (1995).

Nach dessen Pensionierung übernahm Barbara Putz-Plecko 1997 die Leitung der *Meisterklasse für Gestaltungslehre/Textil.* An dieser blieb ich weiterhin im Fach *Projektarbeit-Weberei/Traditionelle und experimentelle Webtechniken* als Lehrende tätig.

Relief, Textur und Struktur bildeten jetzt den Schwerpunkt. Die nun projektorientierte Ausbildung ermöglichte einen schrittweisen Aufbau des Gestaltungsprozesses. Dieser wurde in einzelnen Abschnitten über den Erwerb von Basiswissen und in vielfältigen Variationen der Anwendung in Hinblick auf eine freie Entwicklung von Gewebe und Struktur erarbeitet. Die allmähliche Entstehungstechnik der Weberei bewirkte in diesem Zusammenhang Alternativen bewusster Abstufungen und Nuancierungen.

Im experimentellen Umgang mit diversem Material pflanzlicher und tierischer Herkunft sowie Werkstoffen aus dem täglichen Gebrauch wie etwa Gummi, Plastik, Nylon u. a. wurde deren Verwendbarkeit erprobt und verschiedene Lösungen für eine adäquate technische und materielle Realisierung des Projekts konzipiert. Von der Fläche mit Textur zum Relief und zum freiplastischen Objekt ist es nur ein kleiner Schritt. Für all diese Darstellungsformen boten sich die genannten Werkstoffe an. Mit dem gewählten Material, dem Träger der Idee, wurde – wie eingangs bereits betont – die Weberei mit den vielfältigen Knüpf- und Webtechniken verbunden. Den Abschluss bildete die Realisierung des Projekts.

Um in Folge näher auf Gestaltungsvariationen, Formen und Gewebestrukturen einzugehen, möchte ich einzelne Studienarbeiten vorstellen, damit unterschiedliche Sichtweisen, Interpretationen von Material, Textur und Farbe als Beispiele heranziehen und verschiedene Themenstellungen von Körper und Raum aufzeigen. Vor allem Papier, als scheinbar einfach zu bearbeitendes Material in Verbindung mit Leinen und Baumwolle, wurde vorrangig verwendet. Papier ist leicht, variabel, stabil, aber dennoch ohne Gewalt in fast jede beliebige Form zu bringen. Dabei spielt die Wahl der Papierart eine wesentliche Rolle. Die zitierten Texte zu den jeweiligen Arbeiten stammen von den Studierenden selbst.

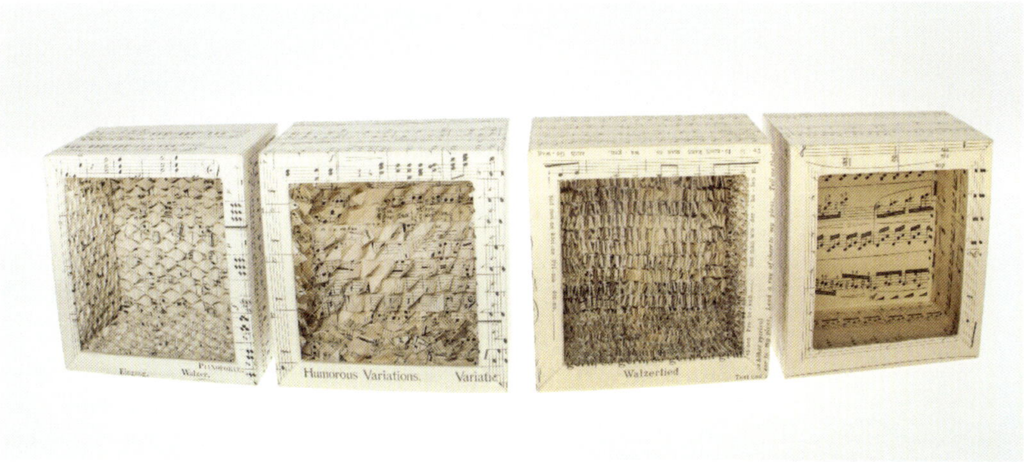

02 Agnes Czifra, *Gewebte Impressionen*, 2012. Kette Leinen, Schuss Leinen, Notenblätter, © Agnes Czifra

Agnes Czifra, *Gewebte Impressionen* (→ 02), verwendet Papier als Übermittler von Gedanken und Botschaften. Notenblätter werden in diversen Falttechniken verändert, zerschnitten und in Verbindung mit der Leinenkette verwebt. Diese verarbeitet sie zu Guckkästen mittels der Buchbindetechnik. „Weiß man Musiknoten zu entschlüsseln, sind sie nicht mehr nur Abdruck auf Papier, sondern entfalten sich bereits bei einem Blick in ein Heft zu einem im Raum erfassbaren Kunstwerk, das in der Vorstellung ein ganzes Orchester zum Klingen bringen kann. *Gewebte Improvisationen* spielt mit dieser Wahrnehmung, dem Übergang von einem Stück Papier in die dritte Dimension, den unterschiedlichen Charakteren von Musikstücken und der Imagination, die sie eröffnen." Die Arbeit wurde bei der 4. Triennale von Szombathely 2012 ausgezeichnete.

Brigitte Zaussinger, *Schleier/Schal* (→ 03): „Der Schleier, gefertigt aus Papierblättern einer Küchenrolle, setzt sich mit der Ambivalenz von Zeigen und Verbergen, Präsenz und Absenz, Lesbarkeit und Unlesbarkeit auseinander. Im Dazwischen, zwischen dem Innen und Außen

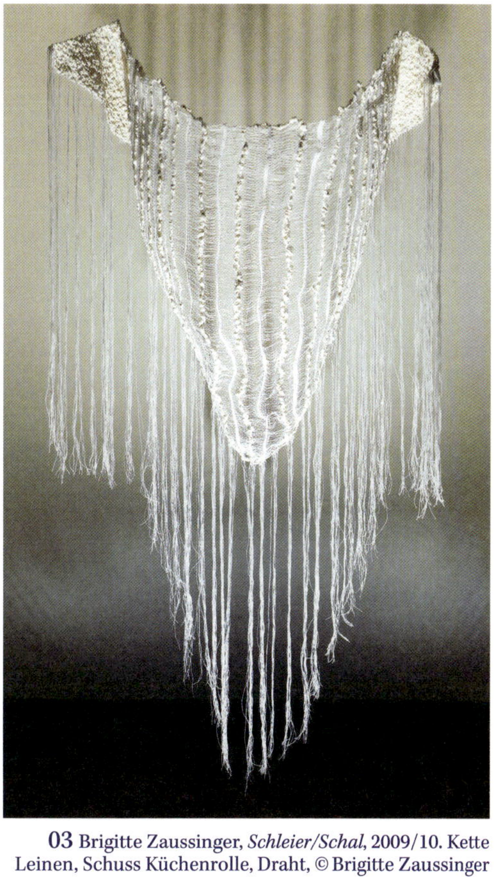

03 Brigitte Zaussinger, *Schleier/Schal*, 2009/10. Kette Leinen, Schuss Küchenrolle, Draht, © Brigitte Zaussinger

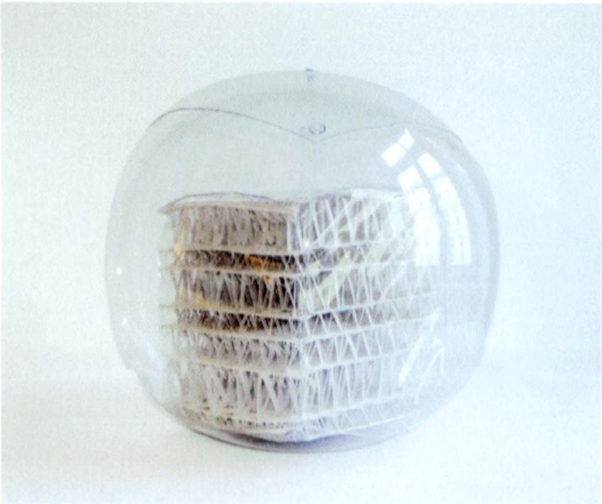

04 Anna Bergmann, *Würfel*, 2012. Kette Baumwolle, Schuss Bristolkarton/Folie, © Anna Bergmann

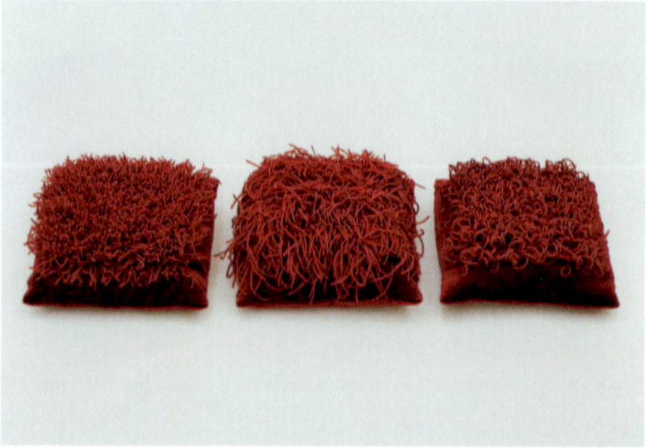

05 Iris Kienesberger, *Gummi und Samt*, 2009. Kette Baumwolle, Schuss Gummiringe, © Iris Kienesberger

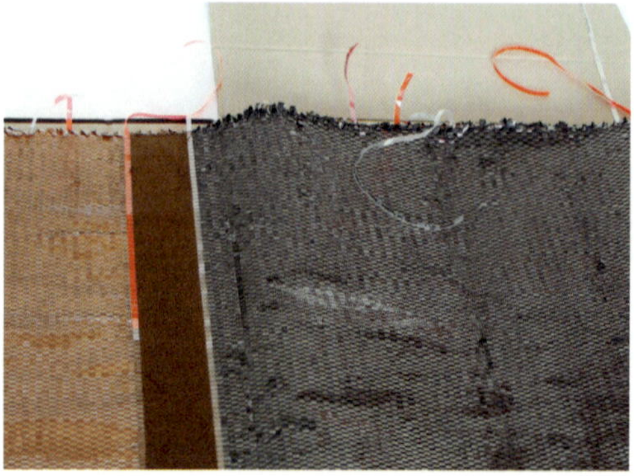

06 Iris Kienesberger, *Hörbuch*, 2012. Kette Polyester, Schuss Audiokassettenbänder, © Iris Kienesberger

oder dem Davor und Dahinter, entsteht ein Raum des Übergangs. Eine Schwelle, die Möglichkeit des Rückzugs bietet und doch nicht ganz verbirgt, aber auch als Reflexionsfläche dienen kann."

Anna Bergmann, *Würfel* (→ 04): „Der Würfel besteht aus acht parallel zueinander geschichteten Webstücken, deren Oberflächen ineinandergreifen. Ausgangspunkt war die Auseinandersetzung mit urbanen (Wohn-) Räumen. Um abstrakte architektonische Strukturen im Textilen zu entwickeln, wurden gefaltete Kartonstreifen im Schuss verwebt. Die gedrehte Faltung ergibt eine Helixstruktur, die auf beiden Seiten verzogene Satteldachformen herausbildet. Es entsteht ein dreidimensionales geometrisches Schlingengewebe; die sich überlagernden Webstücke erzeugen dabei Zwischenräume mit je nach Blickrichtung wechselnden Raumeindrücken."

Iris Kienesberger, *Gummi und Samt* (→ 05): „In einem Materialexperiment entstehen kleine Teppiche mit dem Flor aus Gummibändern. Arrangiert auf tiefroten Samtpölsterchen präsentieren sich die Ergebnisse des experimentellen Prozesses als kleine, elastisch-flauschige Kostbarkeiten und verschieben die Wahrnehmung der Wertigkeit des Gebrauchsgutes Gummi."

Außerdem Ines Kienesberger, *Hörbuch* (→ 06): „Ein leichtes, zartes Gewebe aus alten Bändern von Audiokassetten konserviert emotional wertvolle, aber technisch unbrauchbar gewordene Kindheitserinnerungen in einer neuen Form. Die auf Magnetbändern gespeicherten Inhalte kommen mittels Streichen über das schlangenartige Gewebe mit Hilfe eines Audioabtasters in eine neue Form und werden so wieder hörbar gemacht."

Auch die Tapisserie- und Teppichweberei wurden weitergeführt. Der Teppich – gewebt, geknüpft und plastisch strukturiert – schafft durch Auflegen bzw. Aufhängen eine Beziehung zu unserer Umwelt und spielt in deren Gestaltung eine zentrale Rolle. Die damals (im Diplomstudium) noch größeren Stundenkontingente boten die Möglichkeit, sich auf den meditativen und zeitaufwändigen Vorgang einzulassen, sodass umfangreiche Projekte entstehen konnten. Dazu einige Beispiele:

Manora Auersperg, *Hülle* (→ 07–08): „Aus dem Prozess des Webens geht ein Abbild hervor, welches in der Verdichtung aus Gedanken und Gefühlen zum Bedeutungsträger wird. Das Motiv des Mantelschutzes, das in dem Bewusstsein um die Wirksamkeit des Außenliegenden auf ein Inneres verweist, verleiht dem Gewebe seine Form. In dem Verhältnis von Empfindung und Erscheinung angesiedelt, eröffnet das Objekt in der Installation einen Raum, der zwischen innen und außen vermittelt und darüber Bedingungen von Verbergen und Zeigen verhandelt."

Manuel Wandl, *Im Schweiße deines Angesichts* (→ 10): „Die alte Kunst des Tapisseriewirkens und die moderne Formensprache der Plakatkunst erscheinen in der Arbeit kombiniert. Die Szenerie entstand aus einem Fotozyklus, der die Zubereitung, das gemeinschaftliche Essen und die Nachbereitung eines Drei-Gänge-Menüs für sechs Personen dokumentiert. Das biblische Zitat „Im Schweiße deines Angesichts sollst du dein Brot essen" (Genesis 3,19) verweist auf den Umstand, dass zuerst die harte Arbeit und dann erst die Muße kommt. Es bleibt die bildliche Reduktion auf die Essensszene erhalten, da der Text auf die Vor- und Nachbereitung bereits hindeutet." Die Tapisserie wurde beim *Premio Valcellina 2005* (Region Pordenone) präsentiert.

Hartwig Walcher, *Die Welle* (→ 11–12): „Die Welle ist eine sich räumlich ausbreitende Veränderung." Das Projekt symbolisiert die Bewegung bzw. Entwicklung vom traditionellen flächigen Wandteppich zum raumgreifenden

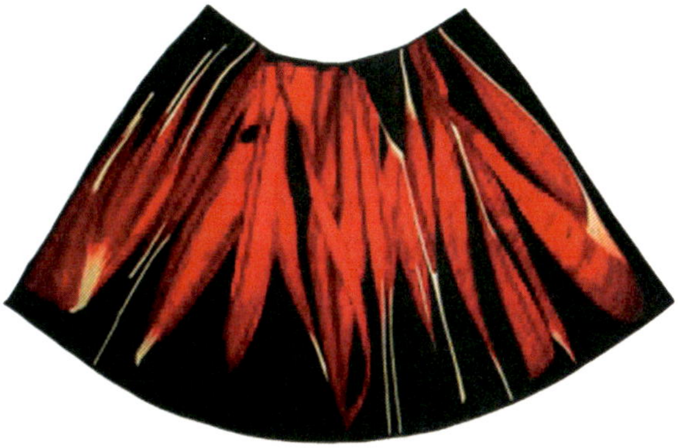

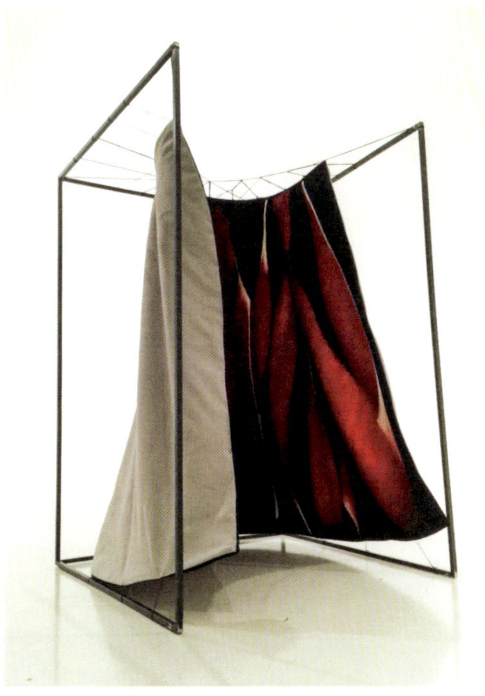

07–08 Manora Auersperg, *Hülle*, 1998/99. Kette Baumwolle, Schuss Wolle, © Manora Auersperg

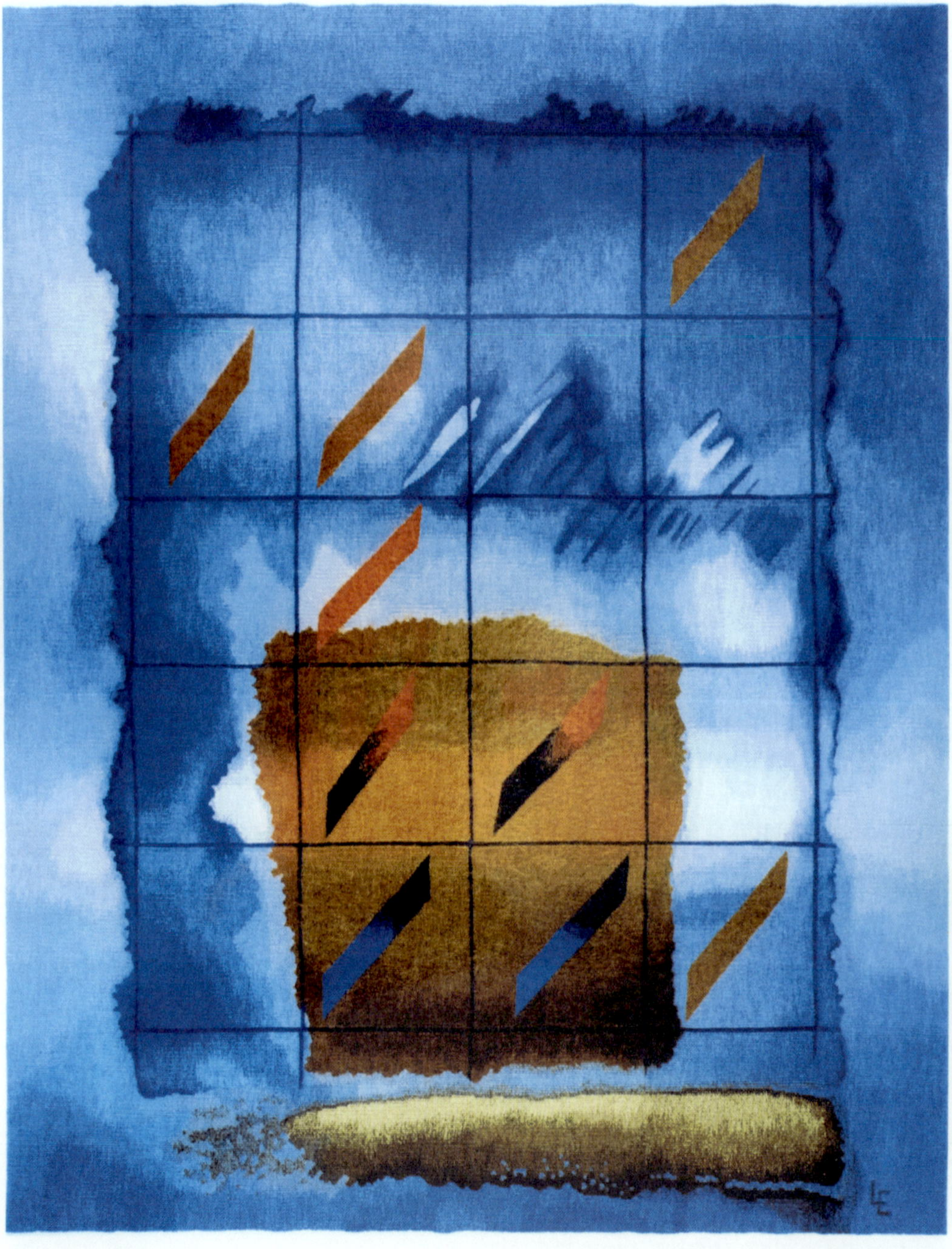

09 Eva Lachner, *Annäherung*, 2000–2003. Wolle, Seide, Mohair, Metallfaden, Baumwolle, im privaten Besitz, © Werkstätte digitale Fotografie, Universität für angewandte Kunst Wien und Eva Lachner

Objekt. Wie bei Wasserwellen handelt es sich um eine durch die Oberfläche gebildete (Struktur-)Welle. Der weiche, geknüpfte Flor verdeutlicht das An- und Abschwellen in der Bewegung beim Darüberstreichen.

Talent, Begabung und Interesse für diesen Fachbereich sind wichtige Arbeitsgrundlagen. Nur dann gelingt es, mit Faszination und Spontanität die Fülle an Gestaltungsmöglichkeiten, die die vorgestellten Projekte zeigen, künstlerisch umzusetzen. Und es gilt „sich selbst zu suchen". Mit dieser Empfehlung Sepp Moosmanns an seine Studierenden und einigen daraus folgenden Gedanken zur Lehre möchte ich schließen: „Nur dort werden sie finden, wonach sie verlangen. Nicht fachliches Können allein als Voraussetzung ist wichtig; das Projekt insgesamt als Einmaliges, Schöpferisches hat festen Bestand. Was also kann Besonderes sein an dem Wunsch zu lehren? Es ist mehr als zu unterweisen, es vertieft sich in einer Hingabe, die weiterzugeben wünscht, was sich dem Lehrenden selbst ergeben hat."[3] In diesem Sinne war Lehren etwas, was ich mit Freude getan habe.

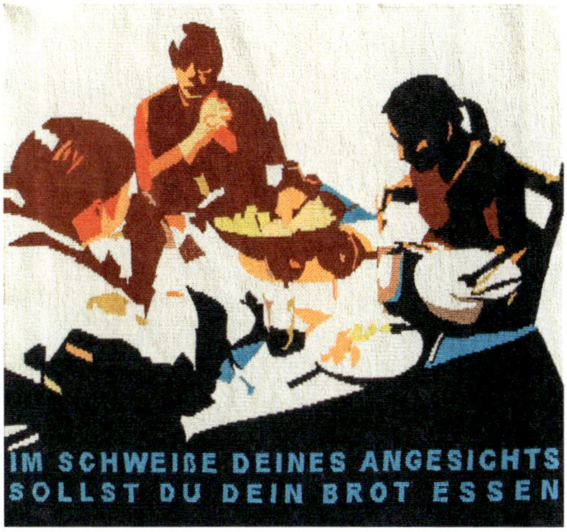

10 Manuel Wandl, *Im Schweiße deines Angesichts*, 2005. Kette und Schuss Baumwolle, © Manuel Wandl

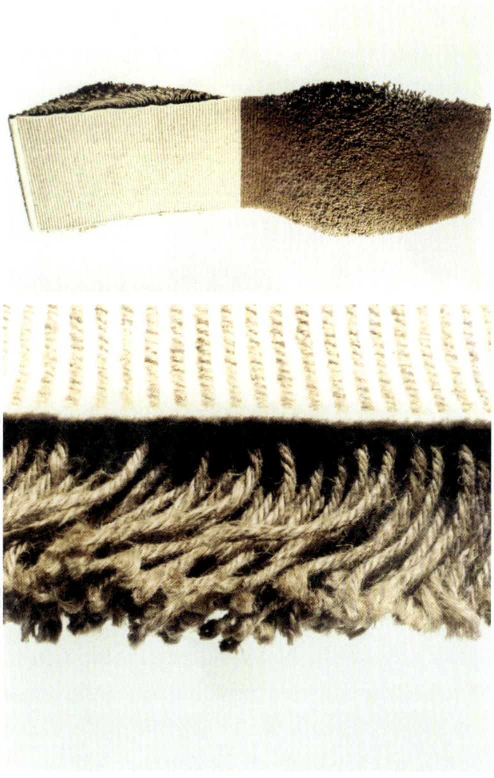

11–12 Hartwig Walcher, *Die Welle*, 1998. Kette Baumwolle, Flor Jute, © Hartwig Walcher

1 | Für eine zusammenfassende Beschreibung der Entwicklung siehe Barbara Mundt, „Textile Objekte". In: *Textilkunst*, 1975, 2, 27.

2 | Sepp Moosmann, *Übungen und Gestaltungen*. Vorwort zum Katalog der *Meisterklasse für Textiles Gestalten und Werken* an der Hochschule für angewandte Kunst in Wien, 1984.

3 | Sepp Moosmann, *Textil*. Vorwort zum Katalog der *Meisterklasse für Textiles Gestalten und Werken* an der Hochschule für angewandte Kunst in Wien, 1989.

DEM TEXTILEN GEHÖRT DIE ZUKUNFT

Manuel Wandl

Der Prozess des Webens ist für den Großteil der Menschen des westlichen Kulturraums kaum noch nachvollziehbar. Die Komplexität der Arbeitsschritte, welche nötig sind, um eine textile Fläche entstehen zu lassen, ist bei bloßer Betrachtung kaum begreifbar. Dabei ist es so ähnlich wie ein Computerprogramm zu schreiben. Wir nutzen zwar Textilien und Programme in unserem Alltag, aber die jeweilige tiefere Auseinandersetzung erfolgt kaum oder gar nicht. Unsere Gesellschaft bzw. die Bildungspolitik versucht dagegenzusteuern. Programmieren als Pflichtfach ab der Volksschule einzuführen findet Verständnis. Hingegen werden textile Fertigkeiten und Techniken in ihrer Bedeutung nicht erkannt und ihr Unterricht zurückgeschraubt. Verständlich. Ist doch heutzutage niemand mehr gezwungen, die eigene Kleidung oder die Haushaltstextilien selbst herzustellen. Auch Socken müssen nicht mehr gestopft werden. Somit scheint die Notwendigkeit, eine textile Fähigkeit zu erlangen, hinfällig. Auch die lange Zeit getrennte schulische Ausbildung – Textil für Frauen und Technik für Männer – ist überholt. Aus der Genderperspektive hat die Aufhebung auch ihre Berechtigung, aber dieser Diskurs wurde stark über eine Wertedebatte geführt, in der das Textile schließlich enorm an Strahlkraft eingebüßt hat. Es galt als unschick, Emanzipation und textile Fertigkeiten miteinander zu vereinen. Allerdings überwindet die junge Generation gerade diese Wertvorstellung und findet Gefallen an dem, was sich durch textile Techniken aussagen und schöpfen lässt.

Aber kommen wir noch einmal zurück zum Computer. Was hat das Textile, genauer gesagt das Weben, mit dem Programmieren zu tun? Beide greifen auf dieselbe Struktur beziehungsweise auf die gleiche Funktion des binären Rechnens zurück. Allein mit 0 und 1 werden „Welten" erschaffen. Bei 1 fließt Strom oder ein Kettfaden ist gehoben, 0 steht für keinen Strom oder keine Ketthebung. Das Resultat der Aneinanderreihung von 0 und 1 ist entweder eine Datei oder ein Gewebe. Die Erkenntnis, Bindungen eines Gewebes in Lochkarten zu speichern, die mechanisch so operieren, wie heutzutage ein elektrischer Transistor, datiert auf das 19. Jahrhundert zurück. Claus Maria Jacquard erfand den berühmten Webstuhl, der komplexere Musterungen ermöglichte als ein gewöhnlicher Webstuhl.[1]

In beiden Fällen, beim Programmieren und beim Weben, müssen zuvor etliche Fragen bzw. Problemfelder ausgelotet und

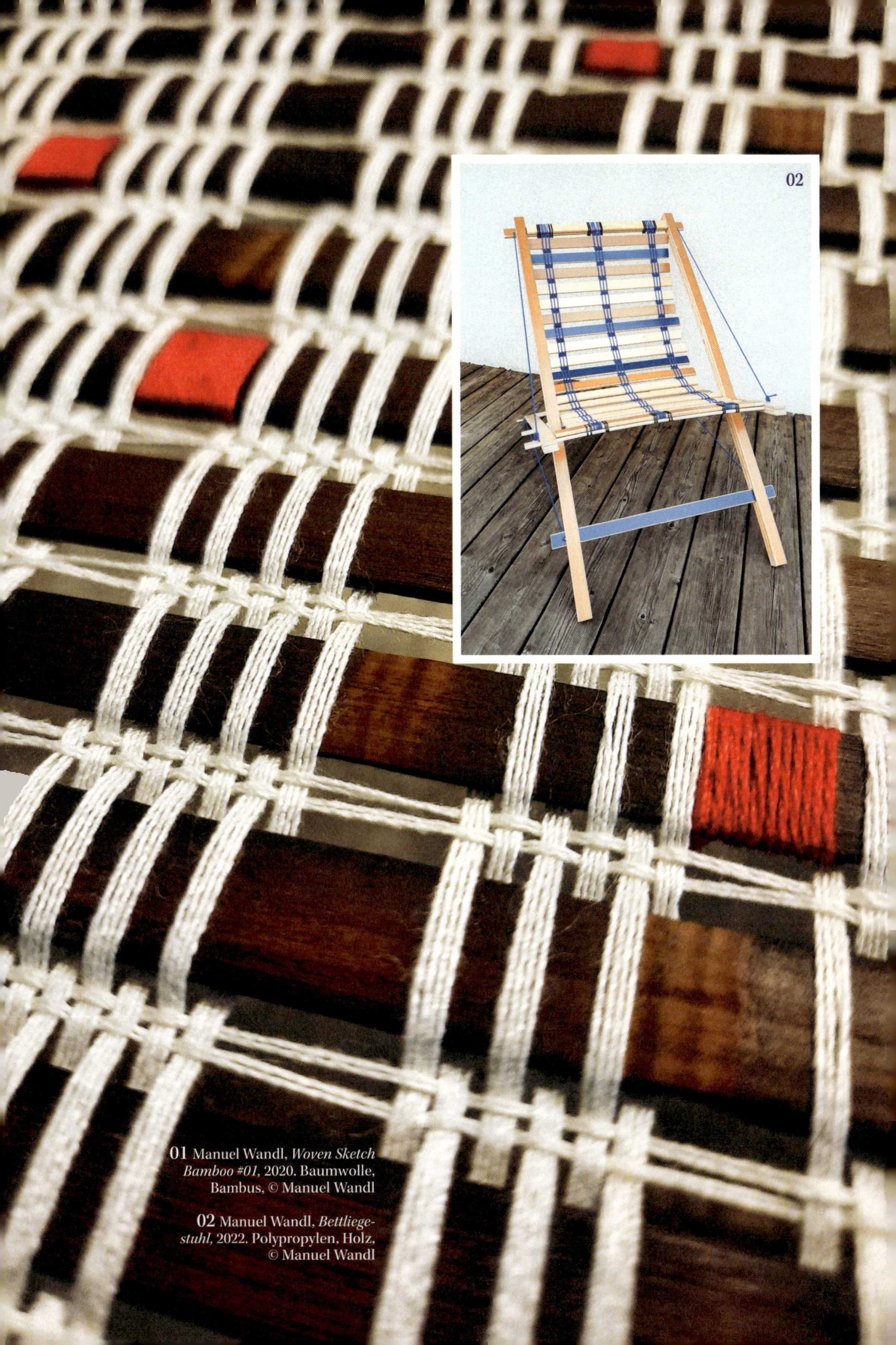

01 Manuel Wandl, *Woven Sketch Bamboo #01*, 2020. Baumwolle, Bambus, © Manuel Wandl

02 Manuel Wandl, *Bettliegestuhl*, 2022. Polypropylen, Holz, © Manuel Wandl

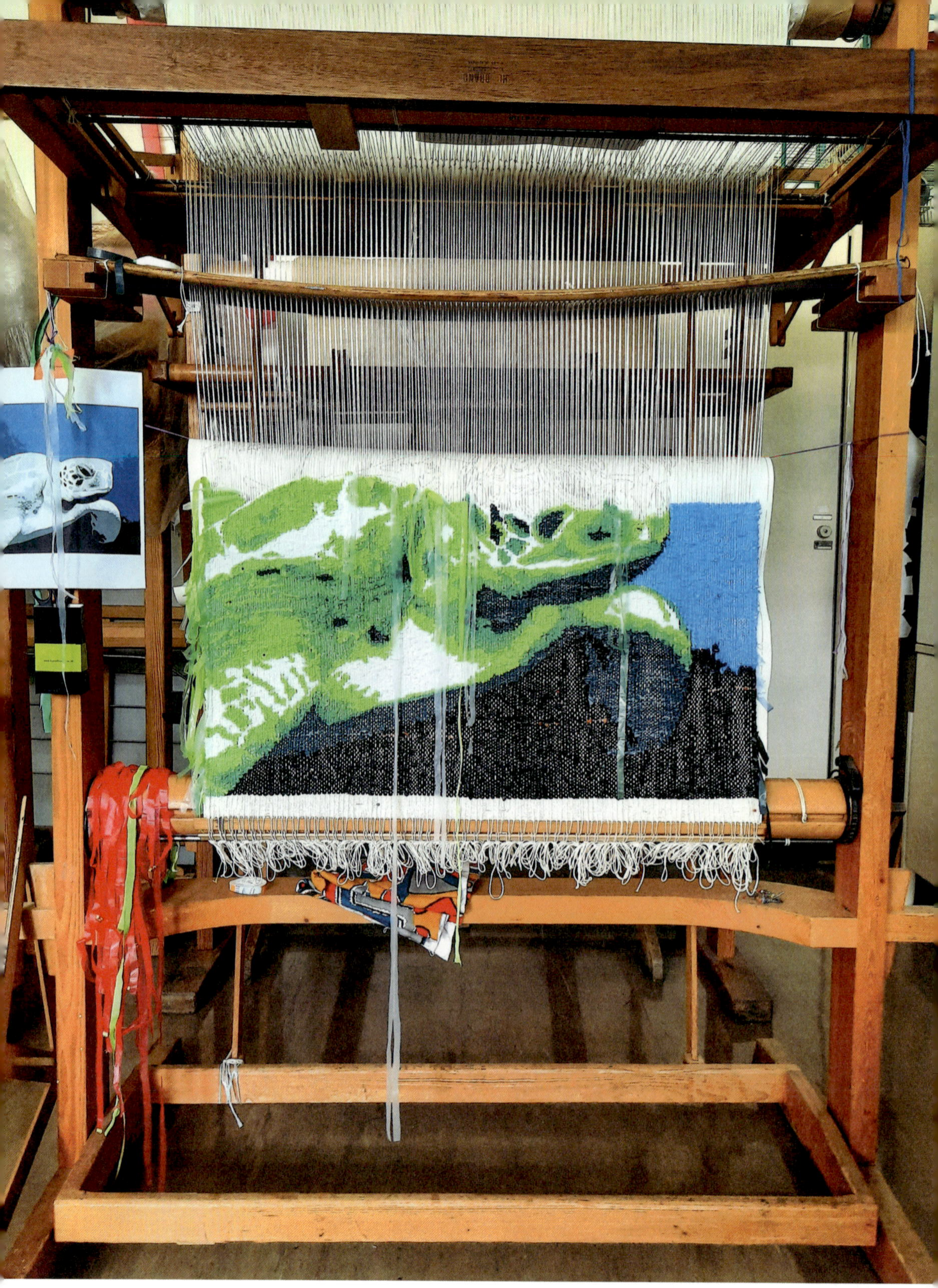

03 Manuel Wandl, *Beauty of the Sea*, work in progress, 2021. Baumwolle, Polypropylen, © Manuel Wandl

mögliche Antworten gefunden werden. Was ist der Zweck? Wie soll das Endergebnis aussehen? Wer soll es nutzen? Was soll es können? … Keine*r würde sich an den Computer setzen und einfach drauflosprogrammieren, ohne zu wissen, was das Programm am Ende tun soll. Genauso verhält es sich auch beim Weben. Diese komplexen Arbeitsschritte müssen jedoch erlernt werden. Und hier hat die Weberei einen enormen Vorteil. Sie bindet die Emotion schon viel früher ein als das Programmieren. Durch das Handwerkliche und Materialisierte ist ein viel engerer Bezug zum Arbeitsprozess und zum Ergebnis gegeben als bei einem virtuellen, nicht angreifbaren Programm. Das Weben schafft einen sinnlichen Bezugspunkt für das Lernen. Schon um als Kleinkind die eigene (Um)Welt wahrzunehmen, werden Gegenstände in den Mund genommen. Später werden sie dann gestreichelt, gedreht, herumgeschmissen, befühlt; und auch noch im Erwachsenenalter spielen Reize eine wesentliche Rolle, um zu lernen. Wir lesen nicht nur Informationen, sondern wollen sie auch hören, vielleicht auch riechen oder schmecken, jedenfalls „begreifen". Und wer soll den Kindern diese Erfahrungen vermitteln? Das Elternhaus allein kann es aus Zeitmangel und mittlerweile auch aufgrund von fehlendem Know-how nicht mehr. Umso bedeutender wird damit die Rolle der Lehrenden und ihrer Erfahrungen, die sie an jüngere Generationen weitergeben.

Persönliche künstlerische Forschung

In meiner eigenen künstlerischen Praxis und Forschung liegt der Fokus zum einen auf dem Ausloten der handwebtechnischen Disziplin der Bildwirkerei anhand von Farb- und Materialmischungen im Bereich des Schusseintrags, zum anderen auf den Kombinationen von

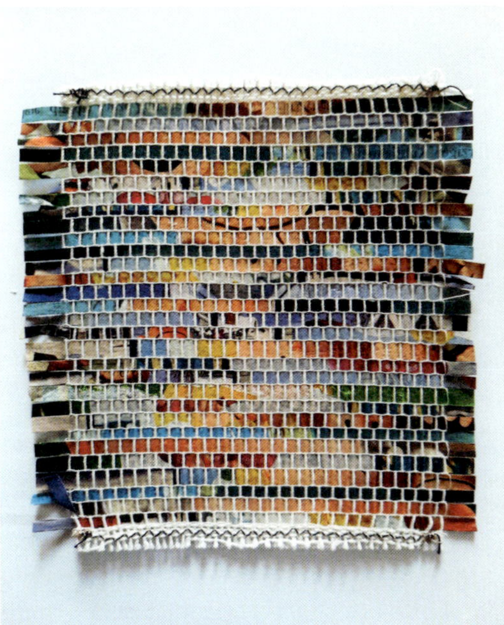

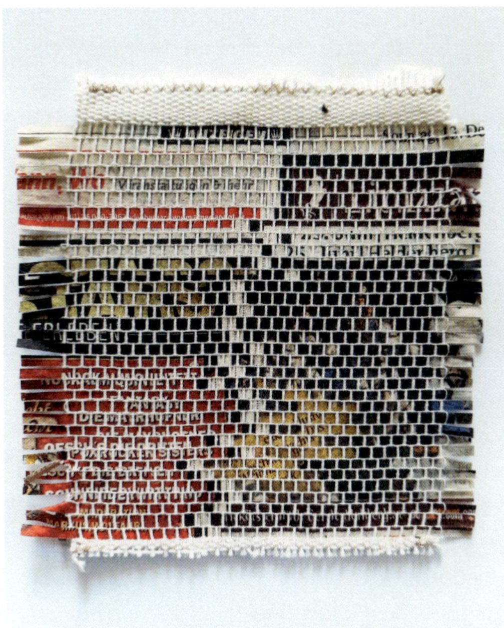

04–05 Manuel Wandl, *woven sketch,* 2017. Baumwolle, Zeitungspapier, © Manuel Wandl

kontrastierenden Materialien auf Basis ihrer Eigenschaften. Diese beiden Aspekte in einer Fläche oder in einem Objekt miteinander zur Wirkung zu bringen und das Artefakt in Hinblick auf seine neu gewonnenen Eigenschaften zu erforschen, ist nicht nur ein künstlerischer Schwerpunkt und ein Erkenntnisgewinn, sondern lässt auch neue Herangehensweisen für die Lehre zu. Dieser fast schon alchemistische Gedanke, Dinge zu entwickeln, zu erproben und neue Forschungsfragen zu entwickeln, bestimmt meine Lehre und soll ein Anreiz für Studierende sein, sich tiefer und zugleich über die Fachgrenzen hinweg mit der alten Technologie der Weberei auseinanderzusetzen.

Einführung in die Welt der Weberei

Um den Studierenden einen ersten Einblick in die Weberei zu ermöglichen und sie erste Erfahrungen sammeln zu lassen, greife ich oft auf die Technik des Gatterkamm-Bandwebens zurück. Bei dieser Art der Weberei werden Zeit-, Material- und Infrastrukturressourcen grundlegend minimiert. Die nötigen Vorarbeiten für Weberei, Materialwahl, Mustermöglichkeiten, Handfertigkeiten und Grundverständnis der Technik bleiben jedoch erhalten. Die erlernten Fähigkeiten können für spätere größere Projekte oder komplexere Aufgabestellungen genutzt werden.

Ein weiteres Argument für das Bandweben ist die begrenzte Möglichkeit der Weberei im schulischen Kontext. Nur wenige Schulstandorte verfügen über ausreichend ausgestattete textile Werkstätten mit webtechnischen Geräten. Durch den Einsatz der Bandwebtechnik erarbeiten sich angehende Lehrende das Wissen, Webtechniken mit geringem infrastrukturellem Aufwand zu vermitteln und Webprojekte auch unter einfachen Bedingungen durchzuführen.

Webprojekte

Textilien, vor allem Bekleidung, sind Teil der visuellen Kommunikation in einer Gesellschaft. An der Bekleidung lassen sich nicht nur Modebewusstsein und sozialer Status erkennen, sondern auch kulturelle Verortung, Religion, Gesinnung und Emotion werden sichtbar. In der Weberei kommen diese Aspekte oft über Musterungen, Materialeinsatz und Strukturen zum Tragen. In der Lehre wird diese Auseinandersetzung in Projekten vertieft – zum Beispiel durch die intensive Auseinandersetzung mit historischen oder kulturellen Entwicklungen in spezifischen Kontexten. Zwei exemplarische Projekte sind *Hallstattfarben – Textile Verbindungen zwischen Forschung und Kunst* und *Entwicklung und Erstellung eines Webstuhls für die Weaving Community Wa/Ghana*, die in Kapitel 3 des vorliegenden Buches ausgeführt sind.

Freie experimentelle Webzugänge

Neben inhaltlich vorgegebenen Seminaren sieht das Textilstudium an der Angewandten die Möglichkeit der individuellen Werkbetreuung vor. Studierende können eigene Projektideen oder Inhalte aus diversen Seminaren verknüpfen und webtechnisch umsetzen. In diesem Setting wird oft auf atypische textile Materialien zurückgegriffen. Von Holz über Metall bis Papier; der Auswahl des Materials sind keine Grenzen gesetzt. Bei diesen Projekten werden tradierte Zugänge zur Weberei hinterfragt, neue Lösungsansätze entwickelt und Techniken neu interpretiert. So entstehen je nach Projekt mögliche innovative Zugänge, gegebenenfalls auch neue Webgeräte, um diverse Ideen umsetzen zu können.

Als Beispiel sei hier eine Arbeit der Studentin Nina Wandruszka angeführt – ein dreidimensionales Gewebe, mit Hilfe von Gatterkämmen

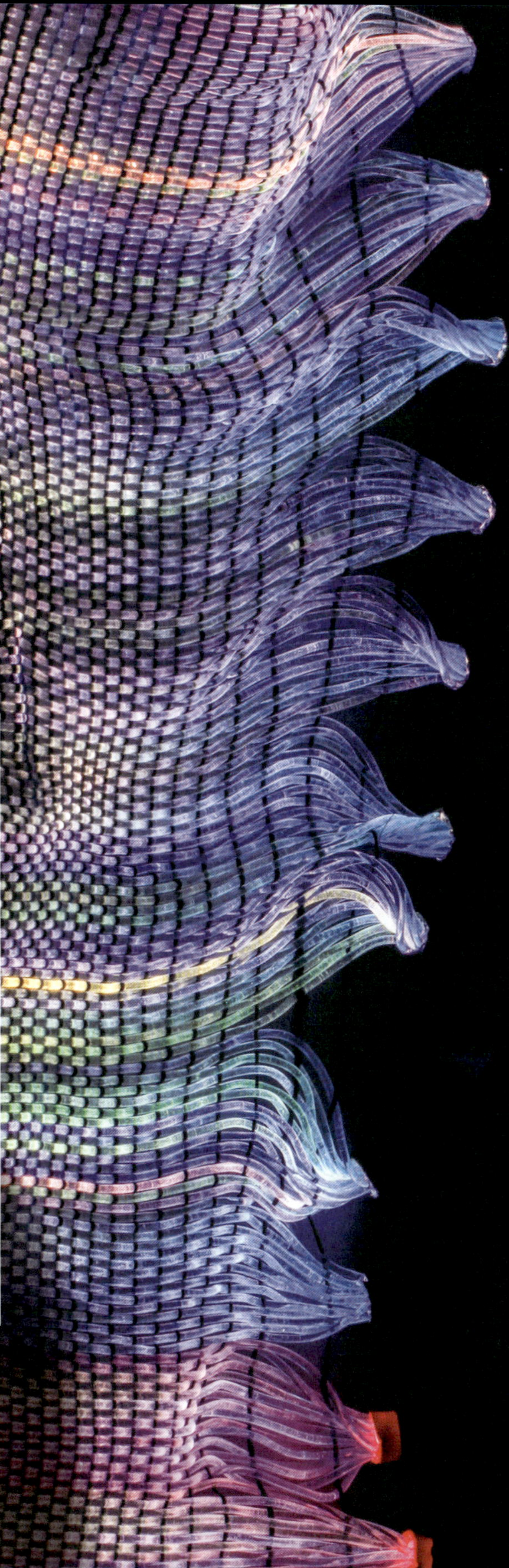

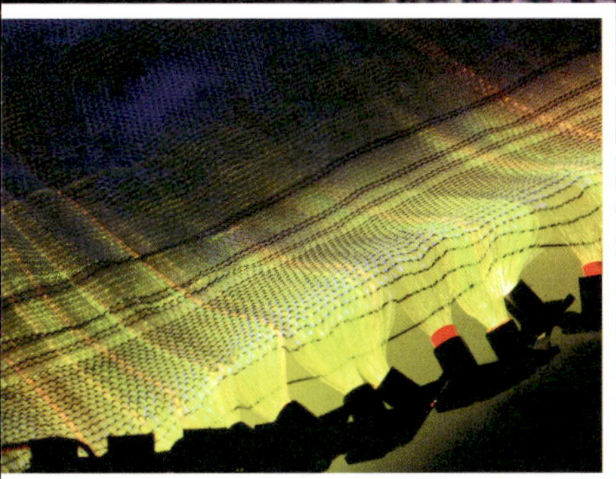

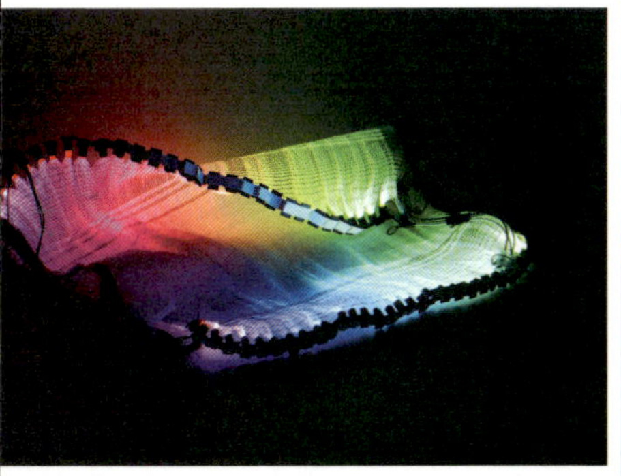

06–08 Selina Doller, *Leuchtgewebe*, 2021. Baumwolle, Elasthan, PLA, LED, Micro Controller, Kabel, © Selina Doller

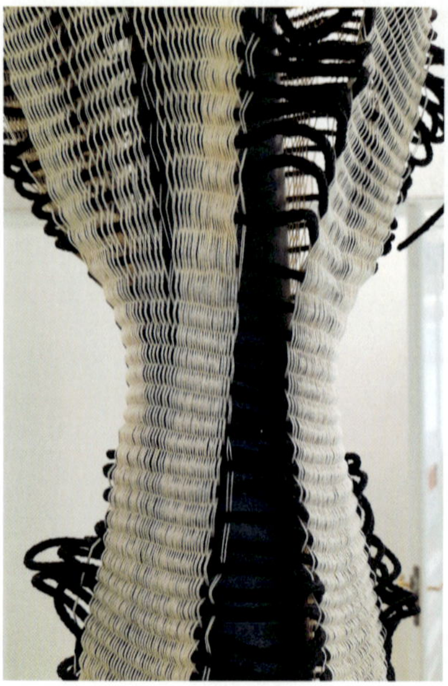

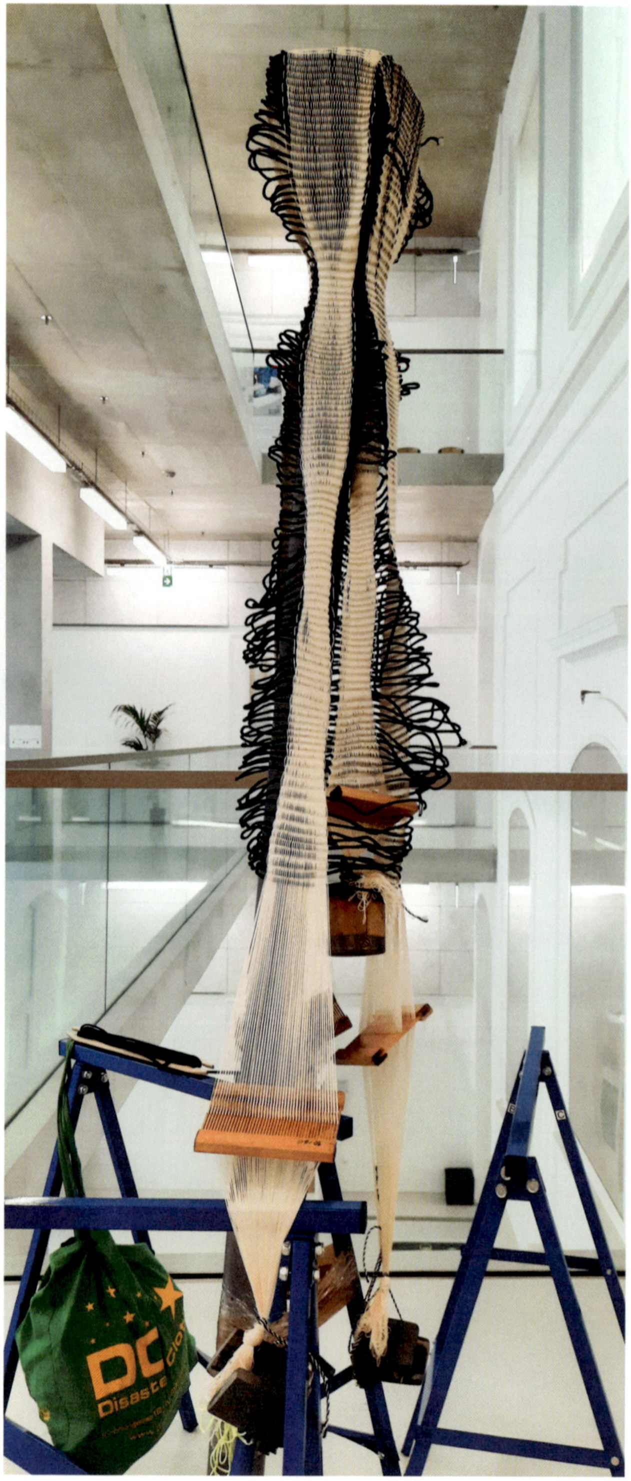

09–10 Nina Wandruszka, *Rocket Loom,* 2021. Baumwolle, Polypropylen, © Manuel Wandl

umgesetzt. Durch die flexible Webtechnik des Bandwebens und eine eigenständige Methodik mit unterstützenden Hilfskonstruktionen wurde die technische Erschließung des Raumes möglich. Einen erheblichen Anteil trägt zum Gelingen solcher Projekte auch die Materialwahl bei. Durch die Spröde und Festigkeit des gewählten Werkstoffs entwickelt sich die Skulptur erst in ihrer räumlichen Dimension. Die Verarbeitung beruht auf einzelnen Materialqualitäten, die mittels Schusseintrag arrhythmisch verbunden werden. Solche experimentellen Formfindungsprozesse erschließen neue Gebiete für die Handweberei.

Ein weiteres Beispiel, das sich vor allem mit Materialeinsatz und Materialeigenschaften auseinandersetzt, ist die künstlerische Arbeit von Selina Doller. Sie entwickelte ein leuchtendes Gewebe, welches die digitale Ansteuerung der Lichtquellen, in diesem Fall LEDs, in unterschiedlichen Farbkombinationen wirken lässt. Das große Gebiet der „Advanced Textiles", funktioneller Textilien, wird so in der Werkstätte lebendig und inspiriert und motiviert weitere Studierende, sich mit aktuellen Themen und Problemstellungen innovativ auseinanderzusetzen.

Ausblick

Obwohl die Weberei eine jahrtausendealte Handwerkskunst ist und viele unterschiedliche Entwicklungen durchlebt und hervorgebracht hat, ist sie nach wie vor eine der innovativsten Kulturtechniken der Menschheit. Hightech-Textilien in vielen Sparten unseres Lebens erleichtern unseren Alltag oder übernehmen Funktionen, die vorher andere Gegenstände innehatten. So wird in der Zukunft der textile bzw. der webtechnische Zugang für Problemlösungen eine wesentliche Rolle spielen – Innovation durch Kenntnis der Tradition. Dieser Einsicht in die Potenziale alter Kulturtechniken muss auch die Lehre entsprechen. Sie muss diese begreifbar machen und gleichzeitig durch einen neuen Blick darauf neue Zugänge und technische Lösungen – Innovation – fördern.

---

1 | Regina Lösel, „Gewebte Informationen – Vergleichende Überlegungen zu textilen und digitalen Medien". In: Gabriele Mentges (Hrsg.), *Kulturanthropologie des Textilen.* Bamberg: Edition Ebersbach, 2005, 376–386.

EXPERIMENTELLE ENTWICKLUNGSMETHODEN, KÜNSTLERISCHE FORSCHUNG

Ute Neuber

Schon mal probiert, viel Raum einzunehmen?

Die Eingangsfrage „Schon mal probiert, viel Raum einzunehmen?" führt als Erstes in mein aktuelles Atelier. Im November 2016 hatte ich den damals gerade neu angemieteten Raum für einen Sonntagsworkshop im Rahmen der *Shapeshifting*-Lehrveranstaltung[1] ausgestattet (→ 01).

Das für diesen Sonntag vorgesehene raumgreifende Projekt *9 m Umfang zwischen Körper und Raum* (→ 02) zählt neben *Kleiderbausatz* und *Tragbare Behausungen TBs* zu meinen speicherartig angelegten künstlerischen Langzeitprojekten. Es wurde initiiert, um in seiner fortlaufenden Entwicklung exemplarisch anhand von Vermittlungs- und Probiertools den Verlauf eines künstlerischen Entwicklungsprozesses sowie projektbegleitende Recherche zugänglich zu machen.

Im noch leeren Atelierraum war es möglich, die Krinoline aus meinem *9-m-Umfang*-Projekt anzulegen und damit ein „Viel-Raum-Einnehmen" auszuprobieren (→ 03).

Immer wieder rege ich an, beim Entwickeln und Herstellen von Kleidung räumliche Wahrnehmung und raumgreifendes Handeln einzubeziehen. Von diesem Vermittlungsanliegen war auch das gesamte *Shapeshifting*-Projekt wesentlich getragen.

Das Projekt begann 2014 mit einer Einladung der Auckland University of Technology/Neuseeland zur Teilnahme an der Veranstaltung *Shapeshifting – A Conference on the Transformative Paradigms in Fashion and Textile Design.* Barbara Putz-Plecko und ich schlugen vor, in unserem Beitrag die Auswirkungen der Schneiderpuppe auf Gestaltungs- und Herstellungsprozesse von Kleidung und daraus resultierende Konsequenzen für unsere Bewegungsfreiheit zu reflektieren und alternative Möglichkeiten der Schnittfindungen vorzustellen.

Welche Konsequenz hätte es also, die Schneiderpuppe bewusst aus dem Fokus zu rücken? Die studentische Projektgruppe der Angewandten ließ die Puppen und die praktische fachspezifische Ausstattung in der Schneiderwerkstatt stehen, um anderswo gemeinsam auf spielerische Weise noch unvertraute Wege und Hilfsmittel zu finden und zu erproben. „Anderswo" bedeutete auch, aktionistisch forschend in verschiedensten Kontexten unerwartet sichtbar und ansprechbar zu werden und aus geteilten Erfahrungen zu lernen.

01 Im Atelier. Krinolinenanprobe, 2016, © Ute Neuber

02 Im Atelier. Die *Shapeshifting*-Gruppe beginnt mit dem Raum und den Objekten zu arbeiten, 2016, © Ute Neuber

03 Im Atelier. Vorbereitete Objekte: Spiegelambulanz, Schuhschachtelarchiv, Transporttasche, Krinoline und passendes Gewand sowie Egg-chair-Halbschale, 2016, © Ute Neuber

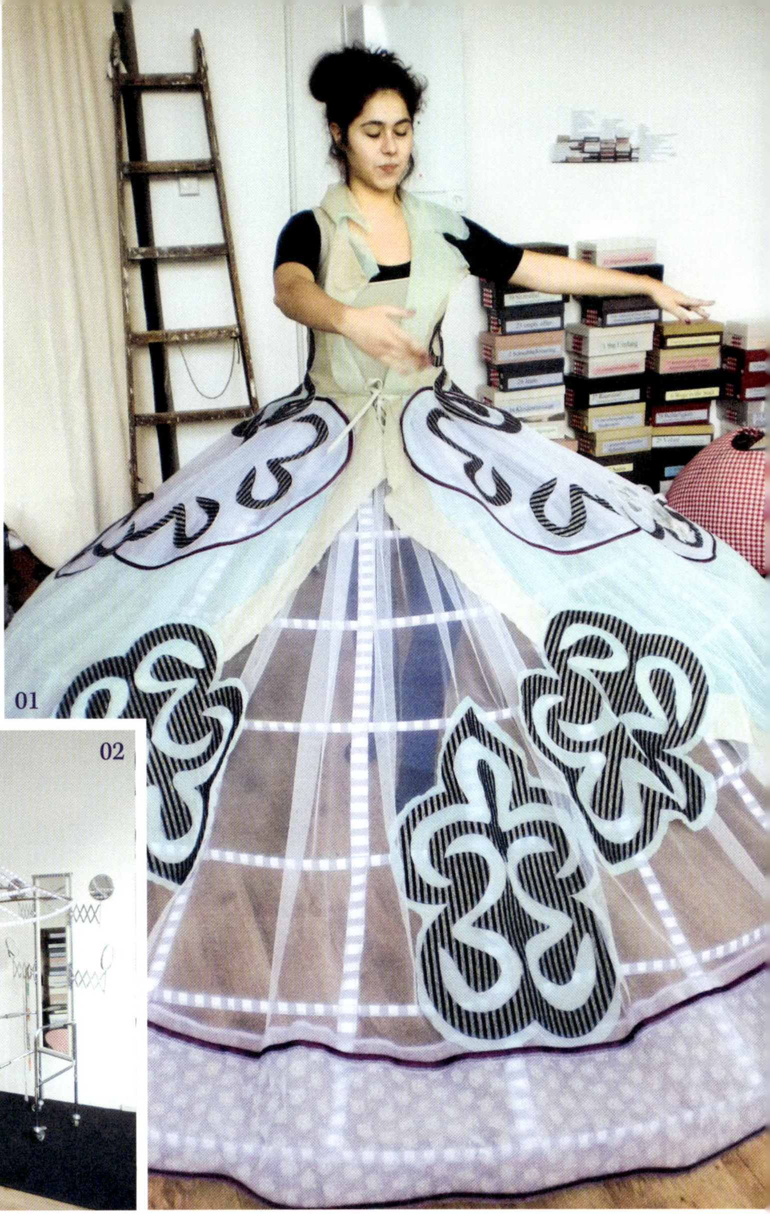

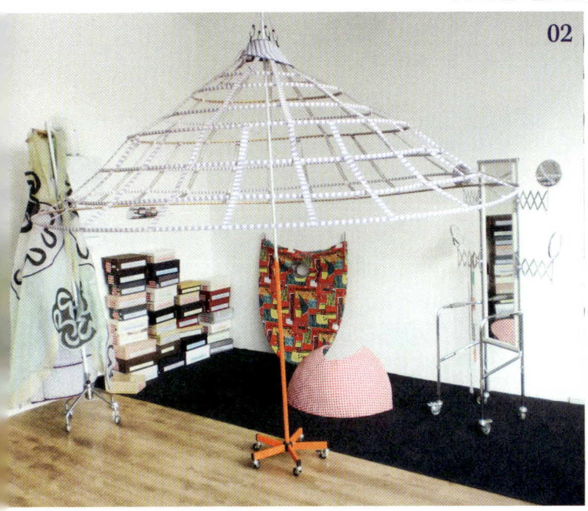

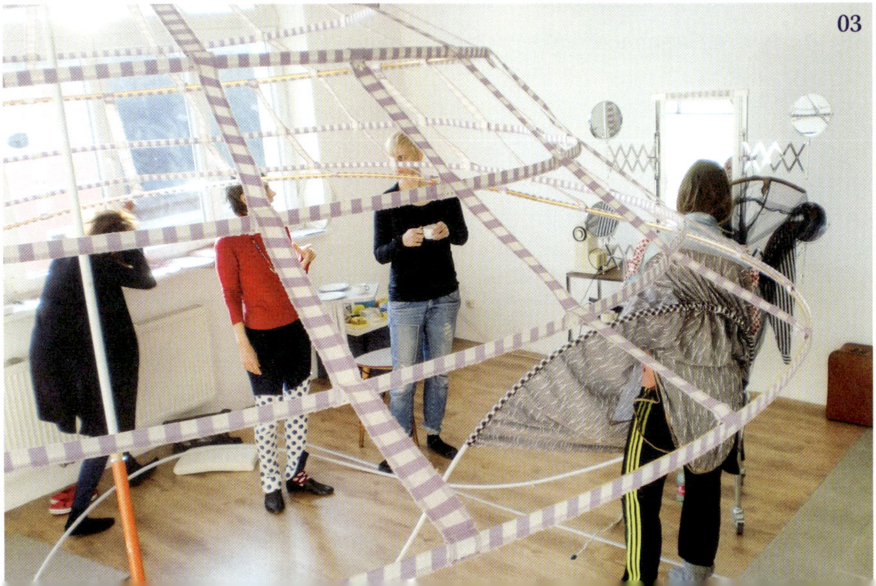

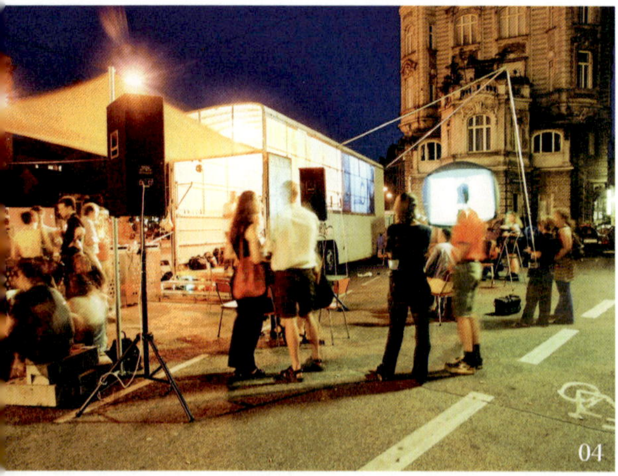

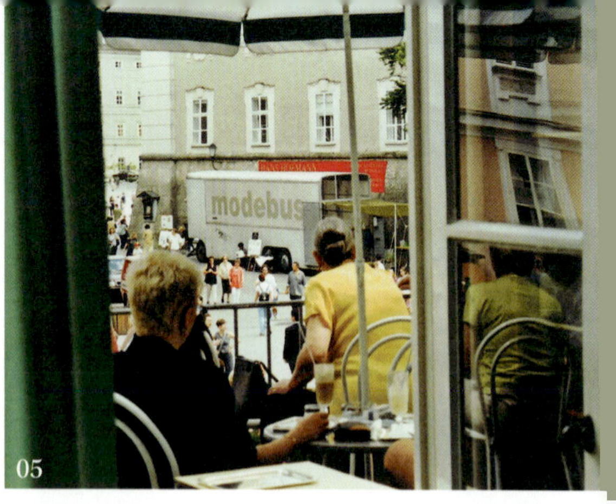

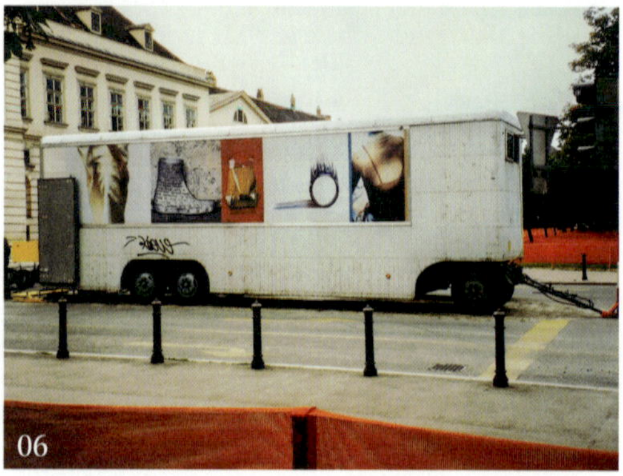

04 >mode visuell< am Magdalenenplatz in Wien, 1999, © Bruno Stubenrauch

05 MODEBUS-Shop am Residenzplatz in Salzburg, Sommerakademie 1999, © MODEBUS

06 >time scan1<, dreitägiger Zapp-Room vor dem Museumsquartier Wien, 1999, © MODEBUS

Diese Art des Raumeinnehmens betrieb auch die von mir 1997 mitgegründete Gruppe MODEBUS. Unsere erste weitreichende Aktion bestand im Organisieren eines überdimensionalen Gefährts. Mit einem mobilen Präsentations- und Vermittlungsraum wollten wir uns als junge Modeschaffende sichtbar machen und verbreiten. Während der Umgestaltung eines Theaterkulissenhängers, der zu unserer Mobilie werden sollte, erfuhren wir viel branchenfremde Unterstützung, was auch zur Erweiterung unserer Sichtbarkeit als Modeschaffende beitrug und uns bestärkte (→ 04–06).

Mein Vertrauen in impulsive gruppendynamische Prozesse hat sich über die gemeinsamen Aktivitäten der MODEBUS-Gruppe entwickelt und prägt bis heute neben anderem meine Lehrtätigkeit an der Angewandten.

So etablierte sich zum Beispiel 2008 unter dem Motto *In geselliger Runde (IngesRu)* im Rahmen meiner Lehrveranstaltung eine Gruppe von Studierenden, die sich in regelmäßigen Zusammenkünften mit dem Charakter und der Wirkweise eines gruppendynamischen Miteinanders in Verbindung mit künstlerischer Gestaltung und Lehre beschäftigte (→ 07).

Dem Format war kein fester Ablaufplan vorgeschrieben. Zeit und Ort fanden sich für jedes Treffen neu und folgten den „Gesetzen der Geselligkeit".

Der Umzug eines Pappmaché-Ballons in geselliger Runde lässt sich mit dem erwähnten Sonntagsworkshop 2016 in meinem Atelier in Verbindung bringen. In diesem Rahmen wurde das seit längerem hier gelagerte Objekt neuerlich aus seinem Koffer gefaltet (→ 08).

Der lebensgroße Ballon sollte einst, nachdem er lange Zeit im Zimmer einer Teilnehmerin der *IngesRu*-Gruppe viel Raum eingenommen hatte, seinen Wohnort wechseln (→ 09). Wir ließen ihn aus dem Fenster ihrer Wohnung im dritten Stock und trugen ihn gemeinsam quer durch die Stadt in eine neugemietete noch leere Wohnung einer anderen Teilnehmerin aus der Runde. Diese Wohnung konnten wir für mehrere Treffen zwischennutzen.

Der Ballon war also mobil geworden und in die Aktionsausstattung der geselligen Runde übergegangen, bis er, nach vielen Einsätzen im Koffer verstaut, bei mir im Atelier hängen blieb.

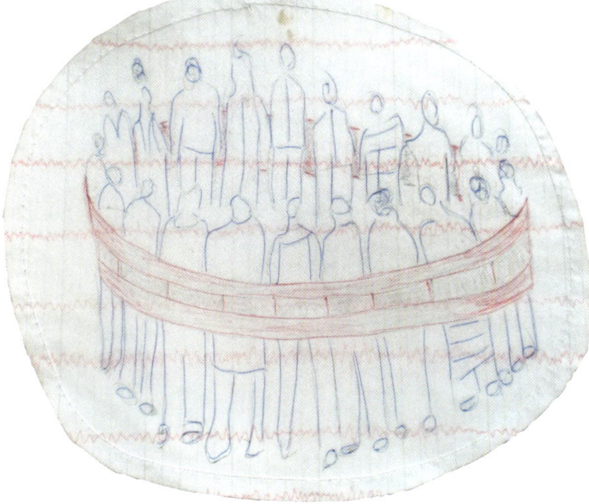

07 Ute Neuber, Gruppendynamisches Stehmöbel, 2008. Zeichnung, © Ute Neuber

Die Anprobe einer *9-m-Umfang*-Krinoline kann dort schon lange nicht mehr wiederholt werden. Die fortlaufenden Langzeitprojekte, zu denen nun auch das *Shapeshifting*-Projekt als Langzeit-Lehrprojekt gehört, haben meinen Arbeitsraum in ein großräumiges Gesamtreservoir verwandelt, das nun als solches zugänglich ist. Die künstlerischen Langzeitprojekte bilden für mich im Zusammenspiel mit meiner künstlerischen Vermittlungstätigkeit eine lebendige Struktur.

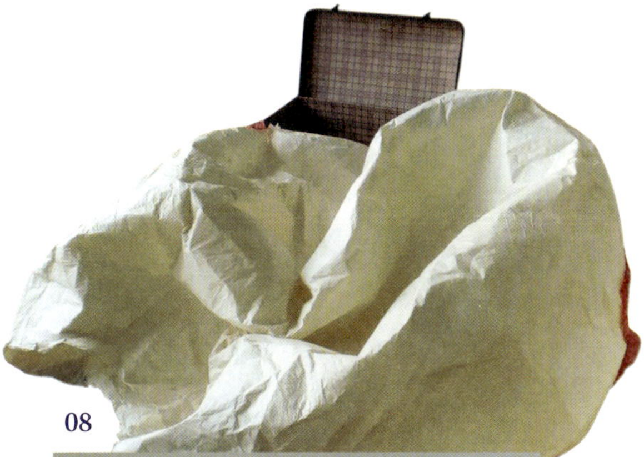

08

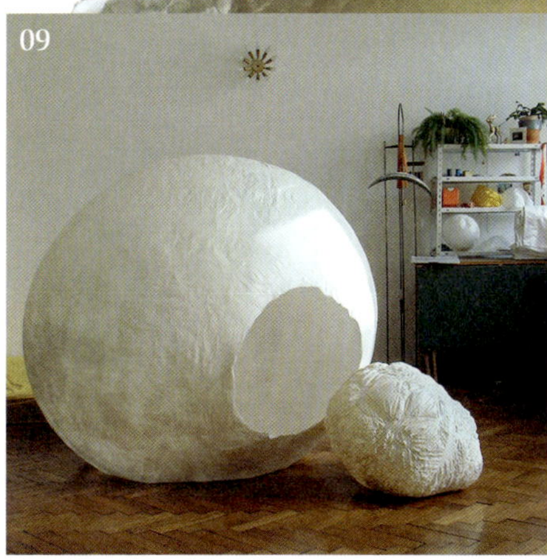

09

Anhand von „Archiv-Anfragen" merke ich, dass aktuelle und ehemalige Studierende diese angesprochene Struktur- oder Reservoirbildung als gemeinsame wahrnehmen. So fragten z. B. erst kürzlich zwei Absolventinnen unabhängig voneinander nach Details zum sogenannten gruppendynamischen Stehmöbel. Dessen Potenzial hatten sie zuvor im Rahmen der Lehrveranstaltung ausgelotet. Nun wollten sie ein Tool dieser Art in ihr eigenes aktuelles Tun als Lehrende einbinden.

Formen wie Inhalte bleiben also weiter im Fluss und ebenso die gesellige, kollaborierende Gemeinschaft.

---

1 | *Shapeshifting* bezeichnet ein mehrjähriges künstlerisches Forschungs- und Lehrprojekt an der Abteilung *Textil*. Nähere inhaltliche Informationen zum Projekt im Beitrag „Shapeshifting" auf Seite 342.

08 Ute Neuber, *Ballonundkoffer*, 2008, © Ute Neuber

09 Stefanie Pichler, *Ballonundinnen*, 2008, © Stefanie Pichler

TEXTIL – AUF DER SUCHE NACH DEM UNENTDECKTEN

Heidi Call

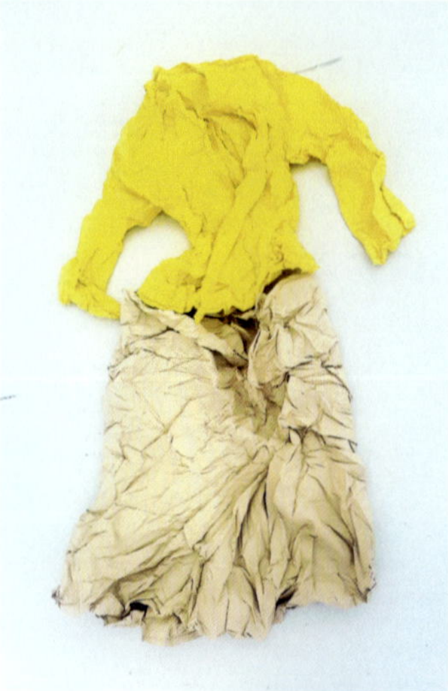

01 Heidi Call, *Bluse und Rock aus dem Einmachglas*, entfaltet, 2019, © Heidi Call

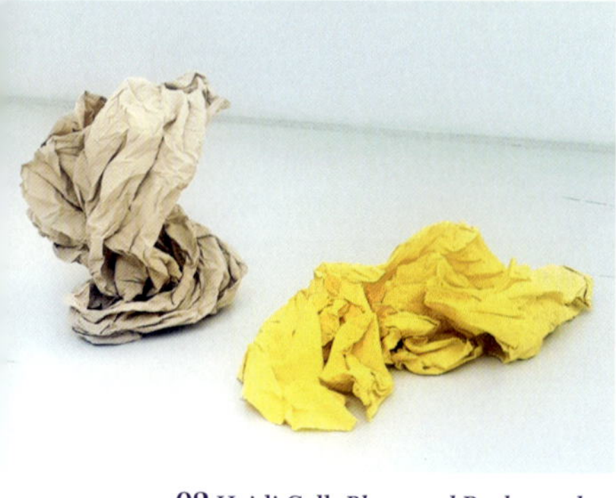

02 Heidi Call, *Bluse und Rock aus dem Einmachglas*, 2019, © Heidi Call

Was ist Textil? Was alles kann Textil? Diese Fragen sind Ausgangspunkt meiner künstlerischen Praxis wie meiner Lehre. Von ihnen geleitet erforsche ich mit Studierenden das Material bzw. den Werkstoff Textil. Wir suchen nach typischen Materialeigenschaften, Verhaltensweisen, begleitet von Fragen nach den technischen Aspekten und Produktionsbedingungen eines Werkstoffs. Wir versuchen die Gesetzmäßigkeiten zu definieren. Wie funktioniert dieses textile Material? Was kann es und was nicht? Was sind seine Besonderheiten? Welche Wirkung ruft es in uns hervor? Welche Zuschreibungen, welchen Wert erfährt es in der Beurteilung durch uns, durch andere?

Ein Material zu erforschen bedeutet, mit diesem zu experimentieren, dadurch Verschiebungen im Materialwert zu erzeugen, die Haptik – warm, kalt, weich, hart, matt, glänzend, schwer, leicht, glatt, dicht – und die Struktur und Textur umzuformulieren, möglicherweise den Kontext zu verändern oder einfach nur vertraute Strategien zu verlassen. Ein Material zu erforschen und dabei die Perspektive zu wechseln, lässt uns unbekannte Strategien und Arbeitsweisen entdecken. Sich zu fragen, wie arbeiten und wie denken Kunststoff- oder Verfahrenstechniker*innen, Designer*innen oder Bildhauer*innen, Kostümbildner*innen oder Wissenschaftler*innen, eröffnet den meisten Studierenden eine unbekannte Welt. Und so erlauben beispielsweise Methoden textiler Prüfverfahren (z. B. werden mit ausgewählten Lösungsmitteln textile Fasern bestimmt) im Designprozess ungewöhnliche Gestaltungsmöglichkeiten.

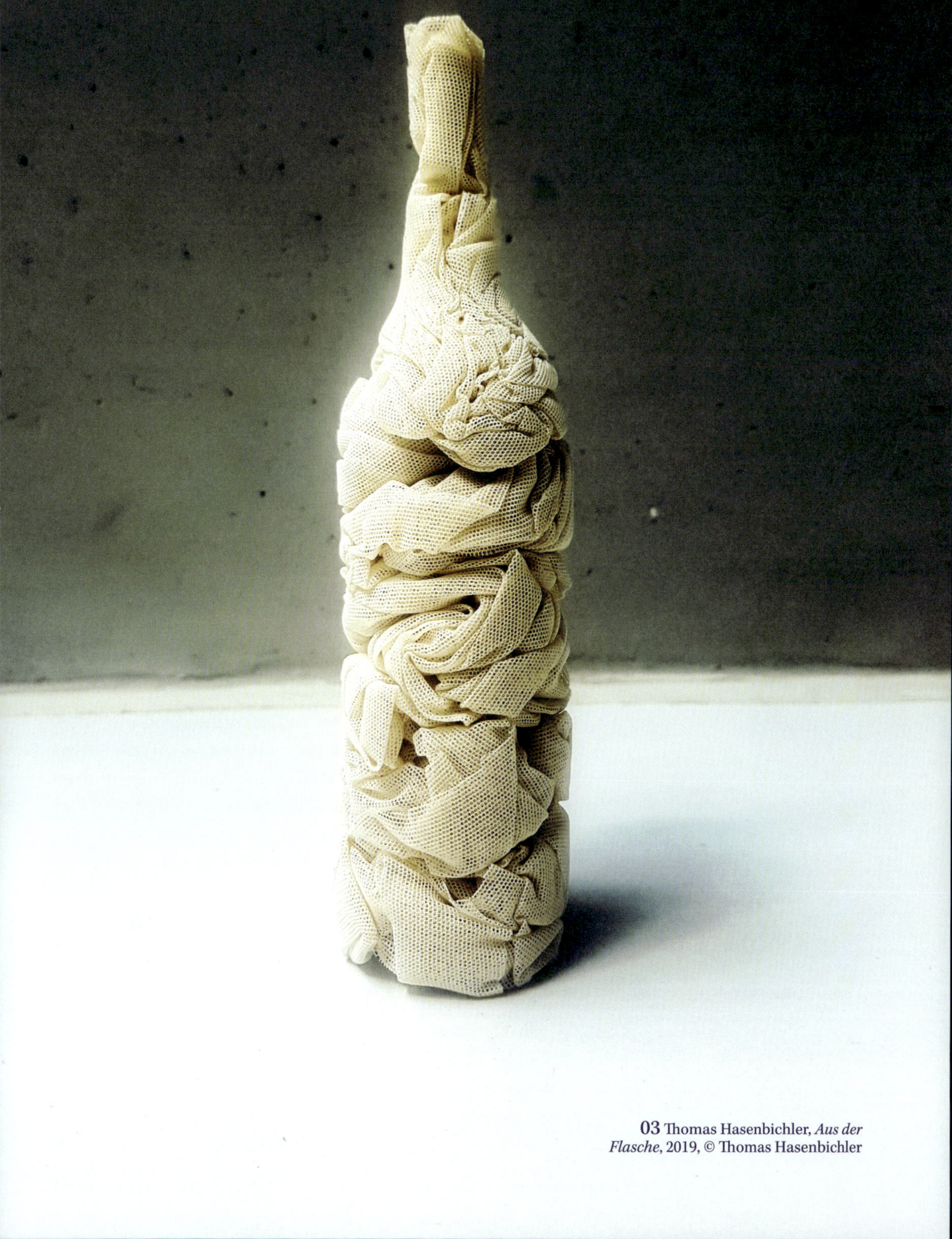

03 Thomas Hasenbichler, *Aus der Flasche*, 2019, © Thomas Hasenbichler

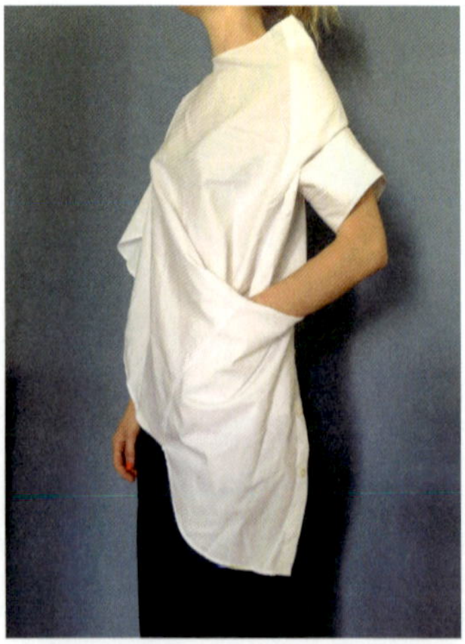

04 Anja Alturban, *ProzessFilm,* 2016, © Heidi Call. Anja Alturban fordert dazu auf, Bekleidung spielerisch zu erforschen. Es gibt nicht Jacke, Hose, Rock oder T-Shirt, sondern Bekleidungsräume, die erkundet werden und ungeachtet ihrer ursprünglichen Bestimmung dem Körper neu zugeordnet, angezogen werden.

05

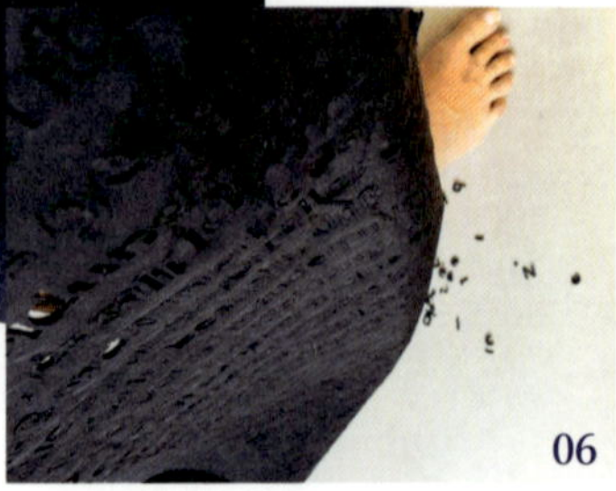

06

05–06 Heidi Call, *Kein Mantel für E. Jelinek*, 2016, © Heidi Call. Der gesamte Text des Aufsatzes von E. Jelinek wurde mittels Laser in den Stoff geschrieben. Mit dem Tragen des Mantels fallen Buchstaben aus der Kleideroberfläche; da, wo er war, liegen verlorene Buchstaben.

Es ist dies eine Materialforschung auf der Suche nach dem unentdeckten oder noch nicht ausgeschöpften Potenzial, dem kreativen Potenzial des Textilen.

In Mode und Kleidung ist das Textile Oberfläche, Schutz, Funktion, Form, Handwerk, Symbol und Emotion, aber nie nur textile Körperhülle. Mit ihm lassen sich Lebenswelten konstruieren und Stereotypen inszenieren. Mode ist Behauptung, Identitätsentwurf, Verführung und gelegentlich auch ein Spiel.

„Schiebe ich die Kleidung zwischen mich und das Nichts, damit ich da bleiben kann, ohne dass man merkt, dass ich da war?"

So beschreibt Elfriede Jelinek im Essay „Mode" ihr Selbstverständnis und ihre Beziehung zu Mode. „Also Kleidung hat für mich auch etwas mit Selbstvergessenheit zu tun, denn, habe ich sie ausgezogen, bleibt von mir nichts in ihr drinnen, keine Spur, außer vielleicht Haaren oder ein leichter Parfümgeruch, wenn ich eins verwendet habe. Auch manchmal Flecken, aber die müssen dann auch bald raus. Die Mode ist ihr Gegenteil: dass einfach nichts da ist, indem möglichst viel da ist. Ohne mich!"[1] (→ 05–06)

Wie wird Mode produziert und wie produziert Mode uns? In diesem Kontext wurden in Zusammenarbeit mit dem ecm-Masterlehrgang für Ausstellungstheorie und Praxis die Wechselwirkung von Mode, Produktion, Design und Bekleidungskultur sowie konventionelle und alternative Produktionsprozesse erforscht. Die digitalen Technologien und Kommunikationsformen haben Produktion wie Vertrieb verändert und ermöglichen alternative Produktionsprozesse sowie neue Formen der Beteiligung. Als Open-source-Konzept stellen Künstler*innen und Designer*innen Entwürfe und Schnitte ins Netz, erlauben es den Nutzer*innen, Anpassungen und Modifikationen vorzunehmen und ermutigen zum kreativen Handeln.

Birgit Wiesinger etwa formuliert alternative Produktionskonzepte für die DIY-Szene. Sie schlägt vor, auf eine Stoffbahn unterschiedliche Kleiderschnitte zu drucken. Das

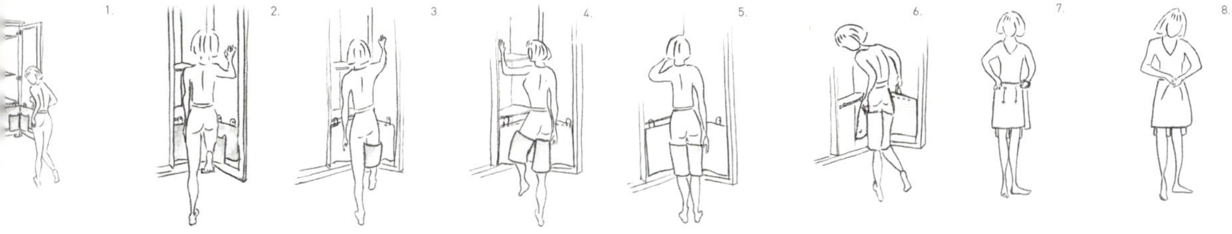

07 Monika Haas, *Dress-you-up*, 2016. Handlungsanleitung zum Be- und Entkleiden bzw. Lagern, © Monika Haas

gewünschte Modell muss nur mehr ausgeschnitten und zusammengenäht werden.

Modedesign als Diskurs über Handlungsmuster und Verhaltensstrukturen hat unseren Umgang mit Kleidung, der Wäschepflege und ihrer Aufbewahrung untersucht. Wie wird Kleidung aufgehängt, verstaut, ausgezogen, abgelegt? Welche Handlungsmuster lassen sich erkennen, ableiten? Wie kann Design darauf reagieren?

Was entsteht, wenn der Akt des Bekleidens anders gedacht wird, zeigt Monika Haas. In *Dress-you-up* hat sie ein Kleidungsstück entwickelt, das unter Zuhilfenahme von an einer Tür angebrachten Haken ausgezogen und aufhängt bzw. wieder angezogen werden kann. In einer grafischen Handlungsanleitung werden die Schritte visualisiert (→ 07).

Das Bügeln und Falten der Wäsche, zur Aufbewahrung in ein Format gezwungen, determiniert eine penible Ordnung und schreibt feine Linien – Falten – in den Stoff ein. Martina Mahdavi faltet mit großer Sorgfalt Schachteln aus Papier, in verschiedenen Farben und Größen (→ 08).

Bei Thomas Hasenbichler kommen der Rock, die Hose, die gesamte Garderobe aus Flaschen. Bei mir sind die Hose, die Bluse, der Rock in Einmachgläser eingelegt. Herausgeholt, verliert sich die äußere Form; die Falten, die jedes Behältnis in die Kleidung einschreibt, die Spuren ihrer Aufbewahrung, die bleiben (→ 01–03).

Ein vergilbtes Leintuch, ein zerrissenes Unterhemd, ein ausgebleichtes T-Shirt, ein Loch, Verschleißränder … Es sind die Spuren des Gebrauchs, die uns interessieren; sie erzählen vom Wesen, der Herkunft, der Nutzung (→ 09–10).

Den Spuren persönlicher Erinnerungen nachzugehen, verlangt nach Kleidung, die genau zu der Person passen, an

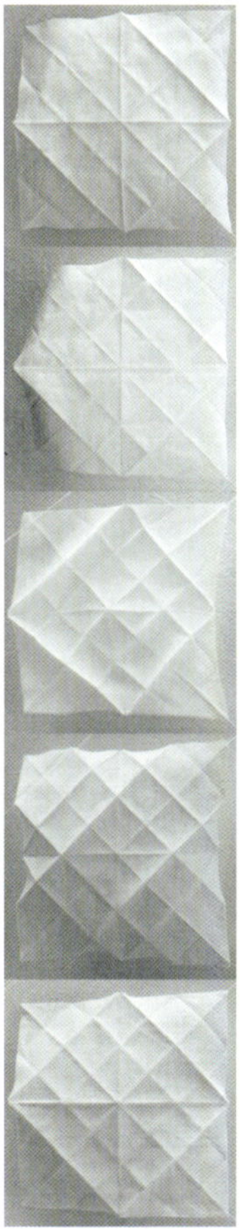

08 Martina Mahdavi, *Faltung 1–5*, 2020, @ Heidi Call. Die Schachteln wurden aus Stoff gefaltet. Wieder geöffnet, zeigen die Faltungen im Stoff eine geometrische Struktur, klare Spuren einer Handlung.

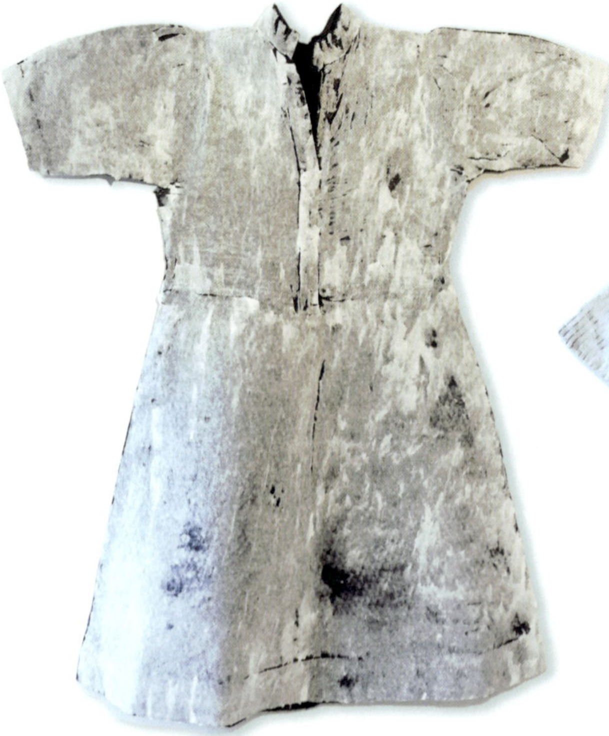

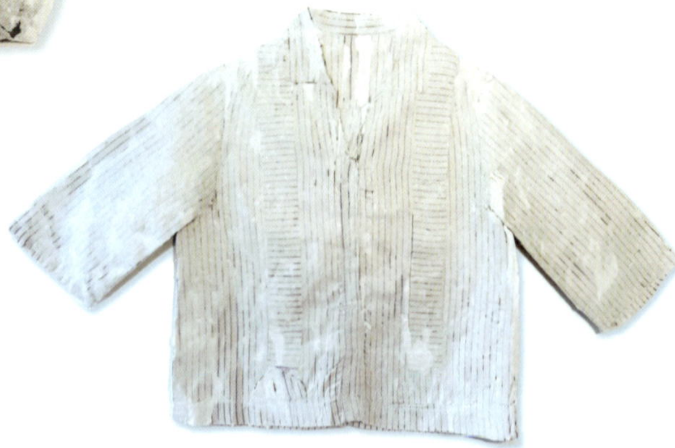

09–10 Heidi Call, *Emma*, Kleid, und *Klara*, Bluse, 2017. Papierbeschichtet, aus der Serie *Erinnerungen*, © Heidi Call

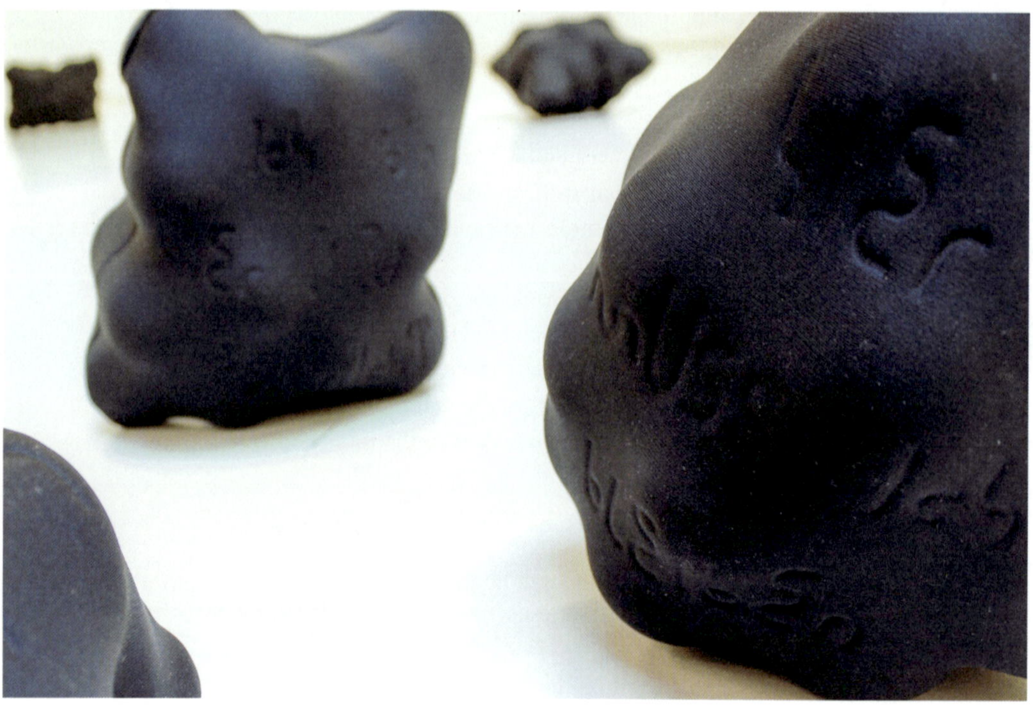

11 Matthias Gabl, *Pölster*, 2021, © Matthias Gabl

die ich mich erinnern möchte. Jedes dieser Kleidungsstücke wird mit Papier beschichtet. In meiner Familie wurde wertvolle Kleidung immer in Papier eingepackt und so aufbewahrt. In einem nächsten Schritt wird das Kleid behutsam gewaschen, vorsichtig Schicht um Schicht das Papier wieder abgelöst. Die Handlung erinnert an Emma. Das „Waschen" ist ein wesentlicher Aspekt dieser Erinnerungsarbeit und verändert sich: Je nachdem, wessen ich gedenke, ist es ein Abwaschen, Reiben, Scheuern, Kratzen, ein Reinwaschen.

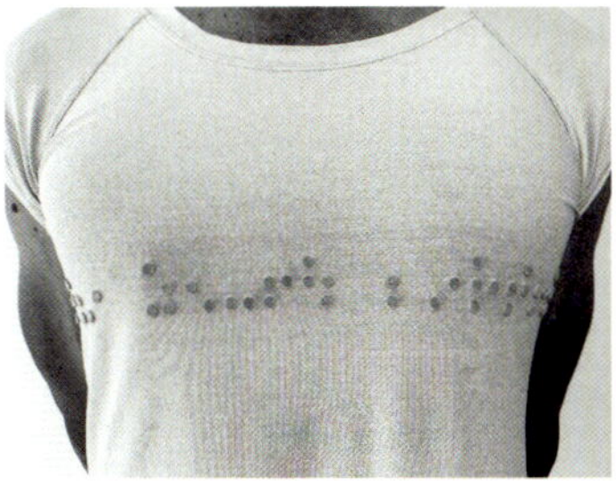

12 Heidi Call, *T-Shirt*, 2019, © Heidi Call. Das Shirt mit einem Text in Brailleschrift, für viele unlesbar, ist ein Gegenentwurf zu den überbordenden Slogan-T-Shirts mit ihren Markenzeichen und Weisheiten.

Auf der Suche nach dem Unentdeckten, einem relativ jungen textilen Ausdrucksmittel, hat sich das thermoplastische Abformen in den Fokus unseres Tuns geschoben. Körperhüllen imitieren, Textilien täuschen, Oberflächen zeichnen feine Linien, Fäden, jede Struktur nach und lassen textile Origami-Faltungen wie aus Papier erscheinen. Die Erforschung des ästhetisch-künstlerischen Potenzials dieser Technik, ihre Möglichkeiten und Grenzen mit Blick auf die eigene künstlerische Arbeit auszuloten, ist uns zum zentralen Anliegen geworden und hat eine Vielfalt an höchst unterschiedlichen Objekten hervorgebracht.

Falten etwa geben dem Stoff Stabilität, sie verstärken ihn – wie sich am Beispiel von Thomas Hasenbichlers Objekt *Gießkanne* nachvollziehen lässt (→ 13).

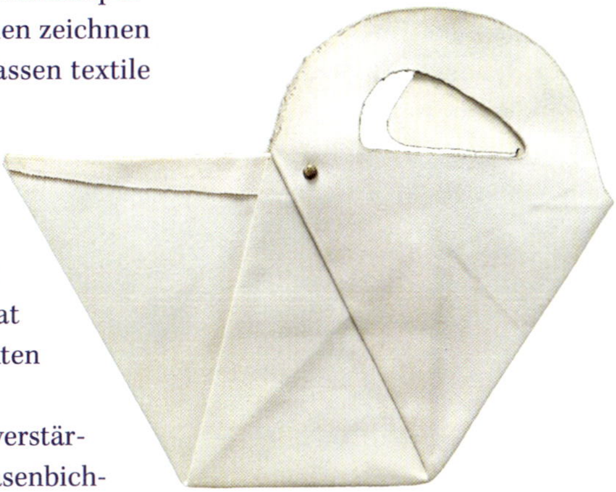

13 Thomas Hasenbichler, *Gießkanne mit der Anmut einer Origamifaltung*, 2019, © Thomas Hasenbichler. Am Eingriff aufgenommen, faltet sich das flache geometrische Stoffteil zu einer Gießkanne, mit einem dichten Füllkörper für das Wasser und einem Ausgussschnabel.

Bis heute lässt uns dieses Leitmotiv, die Suche nach dem Unentdeckten, bisher ungenutze Potenziale des Mediums Textil aufspüren und erschließen. Und sie endet auch nicht mit der Entwicklung der einen oder anderen Werkserie, sondern sie definiert ganz grundsätzlich eine Form der Annäherung und Untersuchung, die sich nachhaltig sowohl in die künstlerische bzw. künstlerisch-wissenschaftliche Praxis als auch in die Lehre einschreibt.

---

1 | Elfriede Jelinek, „Mode". In: *Magazin der Süddeutschen Zeitung*, 24.03.2000.

MUSTERGÜLTIG

Alice Götz

Digitales Textildesign wird an der Abteilung *Textil* seit 1998 gelehrt. Im Studienverlauf entwickeln die Studierenden künstlerisch-textile Praxis und erwerben fundamentale Skills für den Schulunterricht.

Demokratisierung digitaler Arbeitsmittel

Digitale Bildbearbeitungsprogramme sind heute Standard-Tools der Textil-Designer*innen und finden sich auch an allen Schulen.

„Aber nicht nur hat die ‚Verdigitalisierung' der Produktionsschritte aufgrund der damit einhergehenden Demokratisierung der Gestaltungsberufe die Entwicklung eines aufwändigeren, ornamentaleren Stils notwendig gemacht, sondern sie hat ihn auch durch die entstehenden neuen Möglichkeiten der Automatisierung enorm begünstigt. Wiederholung und Spiegelung, die elementarsten Grundprinzipien ornamentaler Gestaltung, sind dank der umfangreichen Vervielfältigungsmöglichkeiten digitaler Bildbearbeitungs- und vor allem Vektorgrafikprogramme viel einfacher, genauer und schneller ausführbar als das auf analogem Weg möglich wäre."[1]

Ornamentale Körper

Seit der vom Architekten Adolf Loos forcierten rhetorischen Groteske „Ornament und Verbrechen" (1908) erlebt das Ornament in seiner Akzeptanz Höhen und Tiefen.

„Was die Menschheit in früheren Jahrtausenden ohne Ornament geschaffen hatte, wurde achtlos verworfen und der Vernichtung preisgegeben. Wir besitzen keine Hobelbänke aus der Karolingerzeit, aber jeder Schmarren, der auch nur das kleinste Ornament aufwies, wurde gesammelt, gereinigt und Prunkpaläste wurden zu seiner Beherbergung gebaut."[2]

Ornament wird zum Paradigma – vorzugsweise im sozialen Kontext:

„In den mannigfach verschlungenen oder geometrisch verzahnten Formen sind auch die ideologischen Verstrickungen von Öffentlichem und Privatem, von Gesellschaft und Individuen eingeschrieben, und der vermeintliche Selbstbezug ornamentaler Formen entpuppt sich bei näherer Betrachtung als semantisch höchst brisantes Thema. Die Verwendungsweisen des Ornaments und seine Ausformungen verweisen aufeinander und bilden eine Art Seismogramm kulturell-existentieller Interessen und deren historischer Verschiebungen."[3]

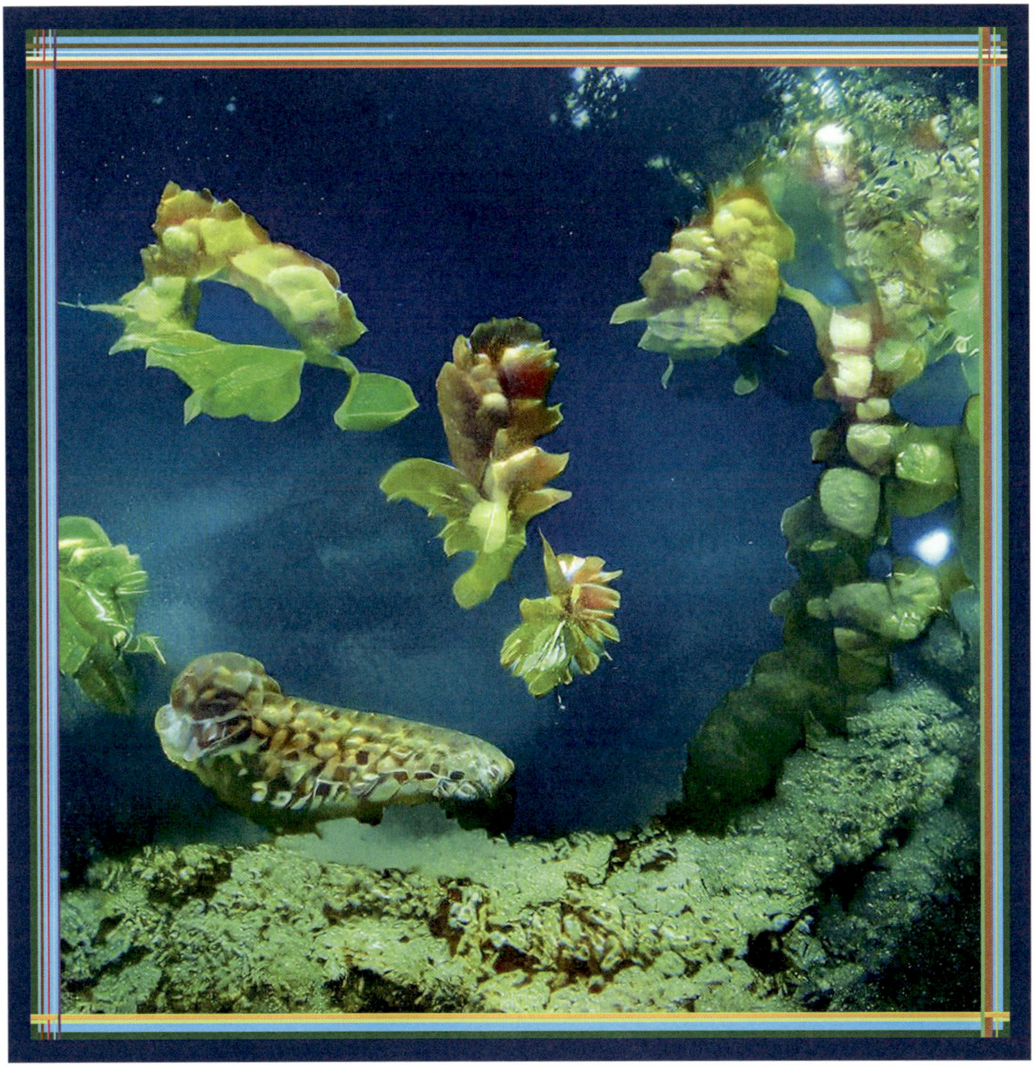

01 Alice Götz, *KI (Künstliche Intelligenz)*, 2022, © Alice Götz

02 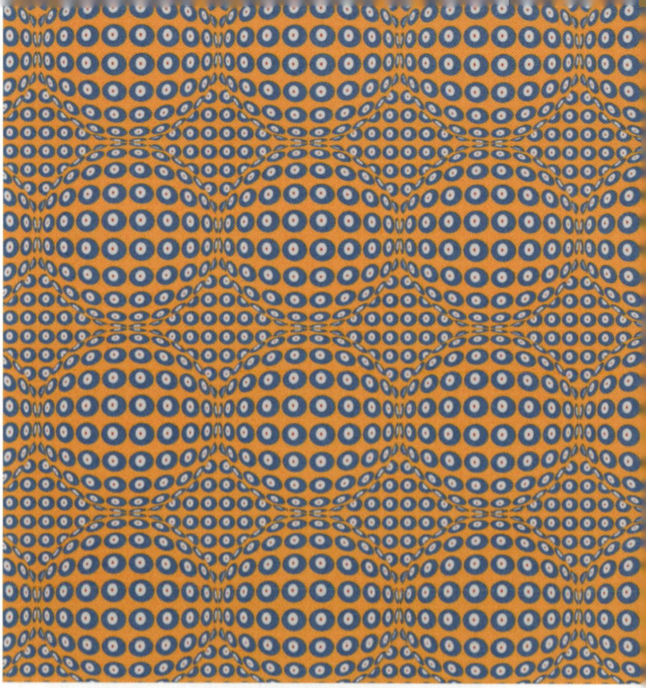

02 Malgorzata Bujnicka, Stoffmuster, 2020, © Alice Götz

03–04 Caterina Egenhofer, Stoffmuster, 2021, © Alice Götz

05 Paula Klein, Stoffmuster, 2022, © Alice Götz

06 Sarah Maier, Stoffmuster, 2020, © Alice Götz

07 David Meran, Stoffmuster, 2012, © Alice Götz

08 Mattia Minelli, Stoffmuster, 2020, © Alice Götz

09–10 Julia Nagl, Stoffmuster, 2022, © Alice Götz

11–12 Monika Haas, Stoffmuster, 2012, © Alice Götz

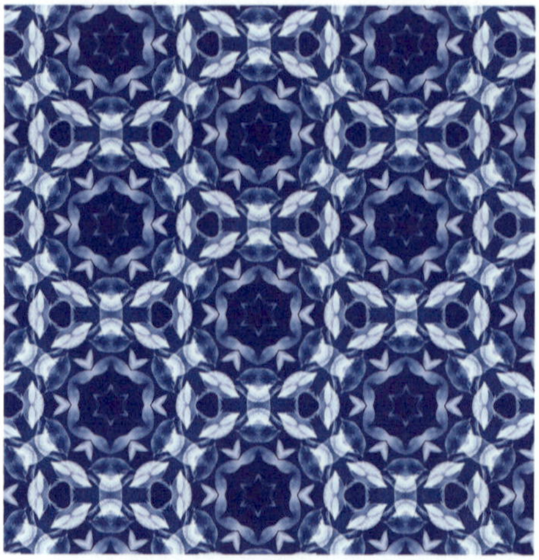
03

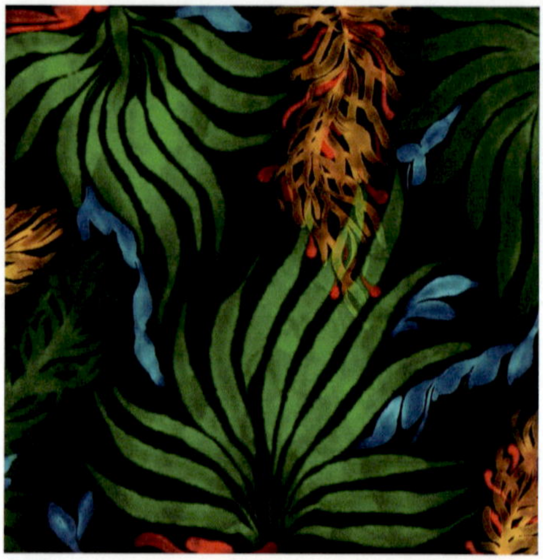
04

05 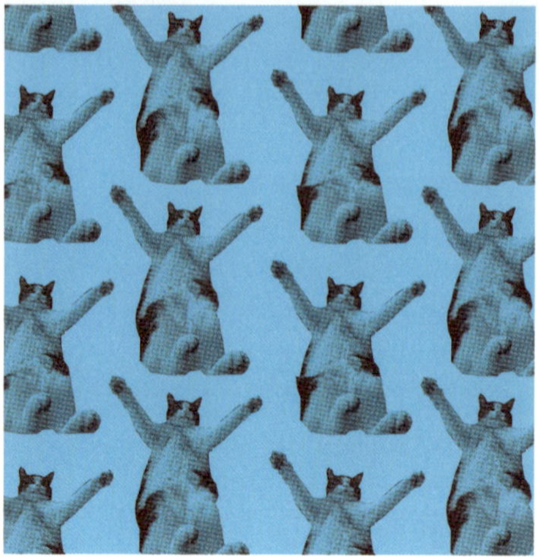

06 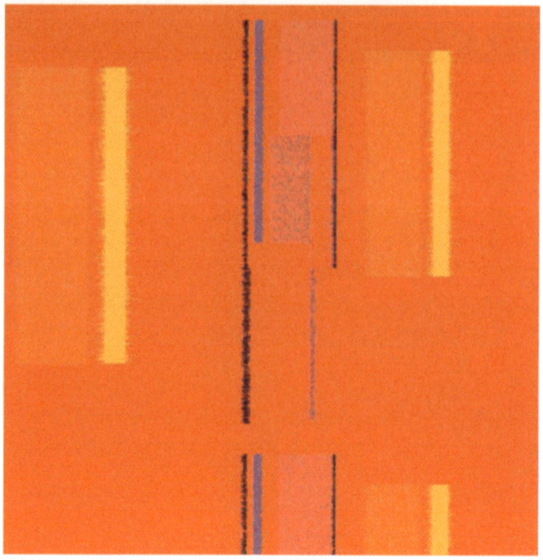

07
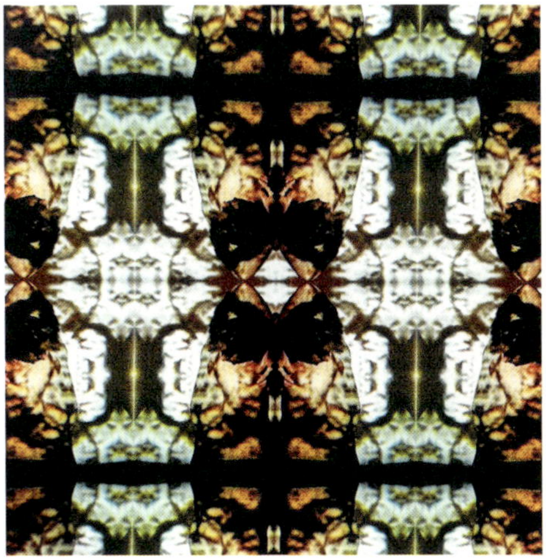

08
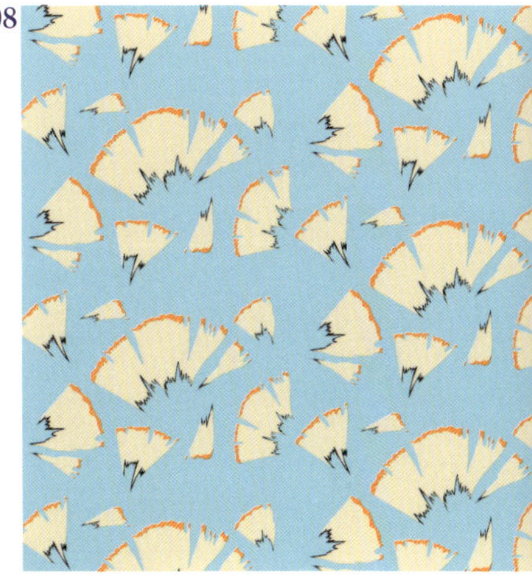

09
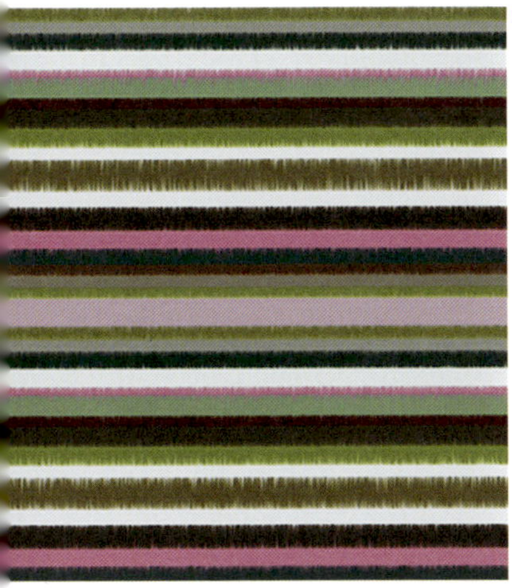

10
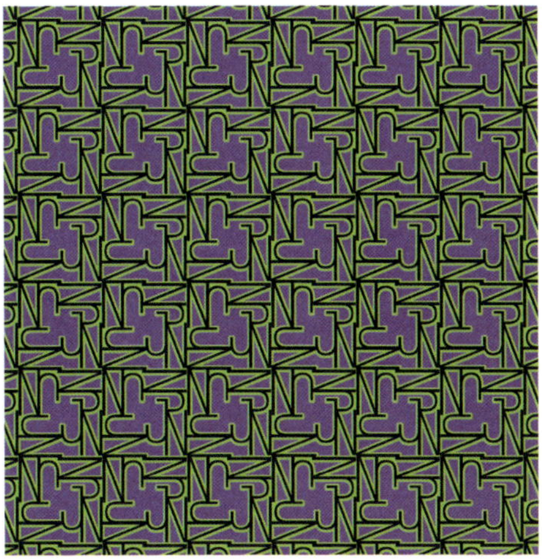

11
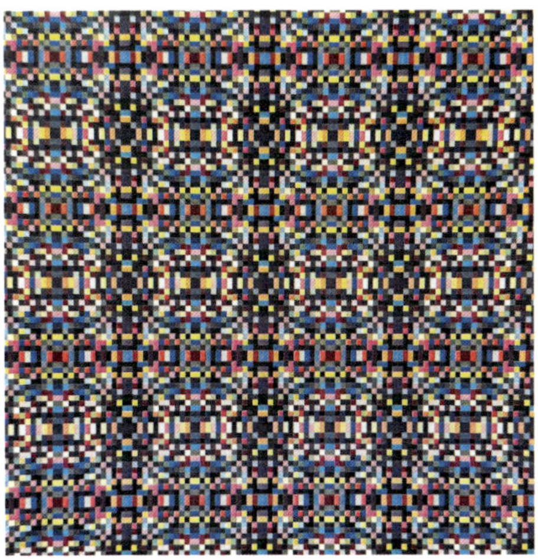

12

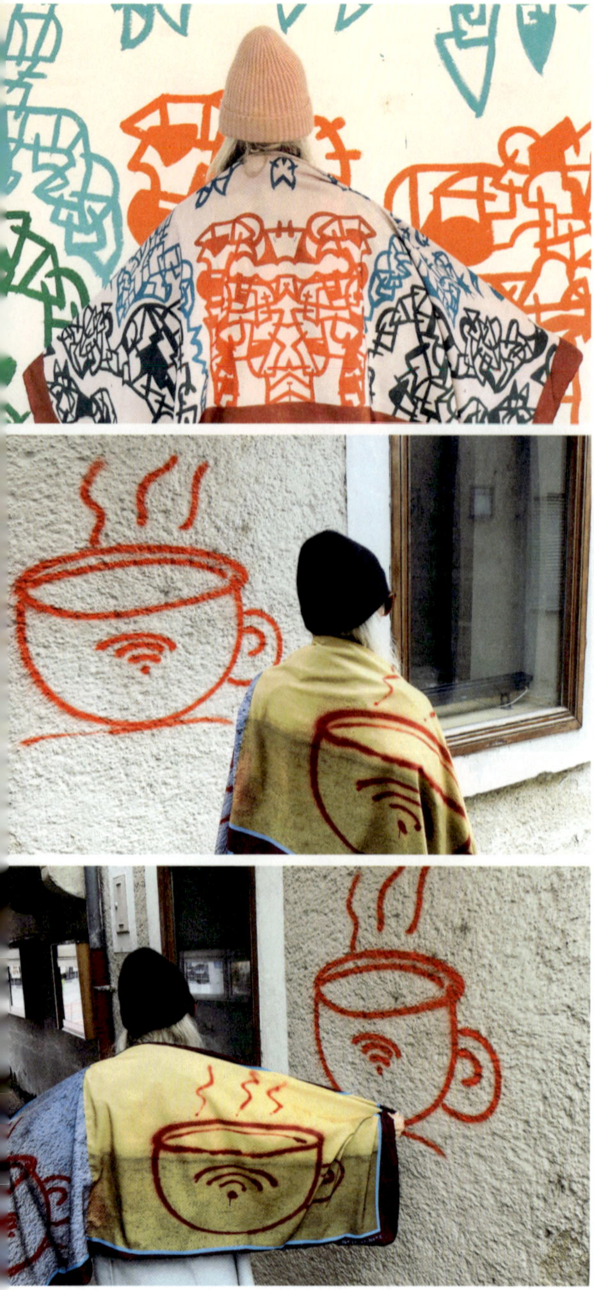

13–15 Alice Götz, *wearable*, 2018, © Alice Götz

Archäologie des Ornamentalen

Die gestalttheoretische Aufarbeitung Ernst H. Gombrichs spannt einen großen Bogen von germanischer Flechtbandornamentik, orientalischer Arabeske, der Rokoko-Rocaille bis zu Art-Deco-Patterns. In dieser Tradition können aktuelle Positionen wie Shirin Neshats feministische Inskriptionen und Gerhard Richters Streifenmuster als zwischen Kunst und Alltag changierend gesehen werden.[4]

Wenden und anwenden

Die Methodik universitärer Ausbildung mit diesem Schwerpunkt folgt dem Prinzip von Segmentation und Kombination. Durch unterschiedliche geometrische Transformationen von „Tilings" werden aus selektierten Bildern „Patterns".

Der klassische Kanon „Repetition" wird durch neuere Erkenntnisse aus dem mathematisch-logischen Spektrum erweitert, zum Beispiel um aperiodische Patterns: „Die bekannteste Menge von aperiodischen Kacheln, konstruiert von Roger Penrose, besteht aus zwei Kacheln. Die „lokale Isometrie" und viele andere überraschende Eigenschaften von aperiodischen Kacheln werden ebenfalls bewiesen."[5]

Die „Ortlosigkeit" eines Einzel-Rapports (Segmentation) wird erst durch bewusste – künstlerische – Setzung aufgehoben (Kombination): „I am not a beginning. I am not an end. I am a link in a chain."[6]

Wearable Walls – Wand und Gewand

Elemente aus dem urbanen Kontext (Street Art) werden durch Digitalisierung und Fragmentierung zur Grundlage neuer Aneignungen, zum Beispiel als „Body-Involvement".

„Unfortunately I will probably never have time to explore the possibilities of this "body-involvement' idea of painting because I frequently acquire new knowledge, new ideas, new theories, new approaches, and inevitably new priorities."[7]

Die Thematisierung der Trennlinie zwischen Subjekt/inneres Ich und Welt findet sich als „Inkorporation" bei Francesco Clemente:

„Clemente chose to concentrate on painting as a model of inner reconciliation and went on to explore a contemplative and symbolic mode of painting that revolved around images of the body as the boundary between inner and outer self."[8]

In meiner künstlerischen Auseinandersetzung versuche ich, Fotografien von „anonymen" Ausdrucksformen durch Transformationsprozesse zu re-materialisieren und aus dem Status des Provisorischen zu archivieren. Dies stellt eine Form von „Inkorporation" dar, wobei der Begriff „Wearable Walls" auf die Dichotomie von weich/hart verweist. „Fotografieren heißt sich das fotografierte Objekt aneignen. Es heißt sich selbst in eine bestimmte Beziehung zur Welt setzen, die wie Erkenntnis – und deshalb wie Macht – anmutet."[9]

Das Unsichtbare sichtbar machen

Walter Benjamins „Optisch Unbewusstes" wird beispielhaft durch digitale Mikroskopie und Weiterverarbeitung zu Ornamenten materialisiert.

„Hier greift die Kamera mit ihren Hilfsmitteln, ihrem Stürzen und Steigen, ihrem Unterbrechen und Isolieren, ihrem Dehnen und Raffen des Ablaufs, ihrem Vergrößern und ihrem Verkleinern ein. Vom Optisch-Unbewussten erfahren wir erst durch sie, wie von dem Triebhaft-Unbewussten durch die Psychoanalyse."[10]

Lernmuster

Im Schulkontext kann zuallererst die Sensibilisierung auf das Thema forciert werden: Keith-Haring-Rapporte überziehen heute Schulmaterialien, T-Shirts etc. und sind Teil visueller Jugendkultur. Für Jugendliche entsteht ein thematischer Bezug zum Thema „ornamentale Gestaltung" verstärkt, durch die digitalen Möglichkeiten. Mittels Pattern/Paint-Apps – mittlerweile auch am Smartphone – ist es zum Beispiel möglich, das Thema gegenwartsbezogen in den Unterricht einzubeziehen.

---

1 | Elisabeth Schlichtner, *Das Ornament in der Bewegtbildgestaltung.* Diplomarbeit. Hagenberg: 2007, 40.

2 | Adolf Loos, „Ornament und Verbrechen". In: Franz Glück (Hrsg.), Adolf Loos – Sämtliche Schriften. Wien/München: Herold, 1962, 279.

3 | Rainer Fuchs, *Ornament. Zum Inhalt des Inhaltslosen.* 2009. www.mariahahnenkamp.at/texte/autorentexte/ornament-zum-inhalt-des-inhaltslosen.html [16.08.2021].

4 | Ernst H. Gombrich, *Ornament und Kunst. Schmucktrieb und Ordnungssinn in der Psychologie des dekorativen Schaffens.* Stuttgart: Klett-Cotta, 1982.

5 | László Fejes Tóth, „Branko Grünbaum, G. C. Shephard, Tilings and patterns". In: *Bulletin of the American Mathematical Society,* 1987, 17/2, 369–372.

6 | Keith Haring, *Keith Haring Journals.* New York: Penguin, 1996, 21.

7 | Ibid., 20.

8 | Vito Schnabel, *Francesco Clemente.* www.vitoschnabel.com/projects/francesco-clemente [16.08.2021].

9 | Susan Sontag, „In Platos Höhle". In: Dies., *Über Fotografie.* München/Wien: Hanser, 1989, 10.

10 | Walter Benjamin, *Das Kunstwerk im Zeitalter seiner technischen Reproduzierbarkeit.* Dritte Fassung. Frankfurt: Suhrkamp, 1980, 500.

PROZESS ALS FORM. TEXTUREN DES HINTERFRAGENS

Katharina Heinrich

Zu meinen eindrücklichsten Erinnerungen an mein Bildhauereistudium an der Akademie der bildenden Künste Wien zählen die Geräusche und Gerüche, die ich beim täglichen Betreten der Bildhauerschule auf dem Weg in mein Atelier wahrnahm. Hinauf in den ersten Stock, den dunklen menschenleeren Gang entlang und vorbei an den geschlossenen Türen der Ateliers der Kolleg*innen begegneten mir ein Hämmern, Schaben, Reiben, Sägen etc. und stechende Düfte von Polyesterharz, Metall, Lack, Holz etc. Es gab nicht viel verbale Kommunikation, umso dominanter traten einem die individuellen sinnlich wahrnehmbaren Arbeitsstile entgegen. Was sich da hinter den Türen entspann, blieb oft lange verborgen. Aber was wir unausgesprochen teilten, war dieser Prozess, das Sich-Herantasten, das Ringen um die Form. Allmählich wurde mir klar, dass es sich um veräußerte Lebenshaltungen handelte, die sich da in ihrer sinnlichen Wahrnehmbarkeit entfalteten. Das war Mitte der Achtziger- bis Anfang der Neunzigerjahre und ich glaube, diese Beobachtungen prägten schließlich meine Auffassung von künstlerischer Arbeit und Lebenshaltung.

Ich richtete den Fokus auf den Arbeitsprozess. In meinen Experimentierphasen, auf der Suche nach der „endgültigen" Form, bemerkte ich, dass bestimmte formale Lösungen, Proportionen, Dimensionen oder Farben stark stimmungsabhängig, also schwankend und für mich nicht zufriedenstellend waren. Ich suchte daher nach einem beweglichen System, das weniger festlegend war und mehr Möglichkeiten offenhielt. Ich suchte nach einer künstlerisch darstellbaren Formel, die diesen Prozess der Formfindung zu beschreiben vermochte. Nicht das Was, die Überzeugung von einem fertigen Produkt, sondern das Wie, die Tätigkeit selbst als Form rückte in den Vordergrund und trieb mich zu unzähligen Experimenten. Nach einigen Semestern des Bildhauereistudiums stieß ich auf das Flechten, dessen stringente Prinzipien der Herstellung ich ihrem traditionellen Kontext enthob und mir als bildhauerische Strategie aneignete. Die Konzentration auf den Arbeitsprozess und sein immanentes Potenzial der Weiterentwicklung und Transformierbarkeit in Kunst wie in andere Lebensbereiche machte ich zu einer signifikanten künstlerischen Position im Kunstbetrieb und zu meiner Lebenshaltung. Das heißt, in der akribisch genauen Beobachtung des künstlerischen Arbeitsprozesses erkannte ich die ihm eingeschriebenen Strukturen des Alltags, meines persönlichen Umfelds, meiner Biografie, also die Wechselseitigkeit zwischen Kunst und Alltag. Ich erkannte

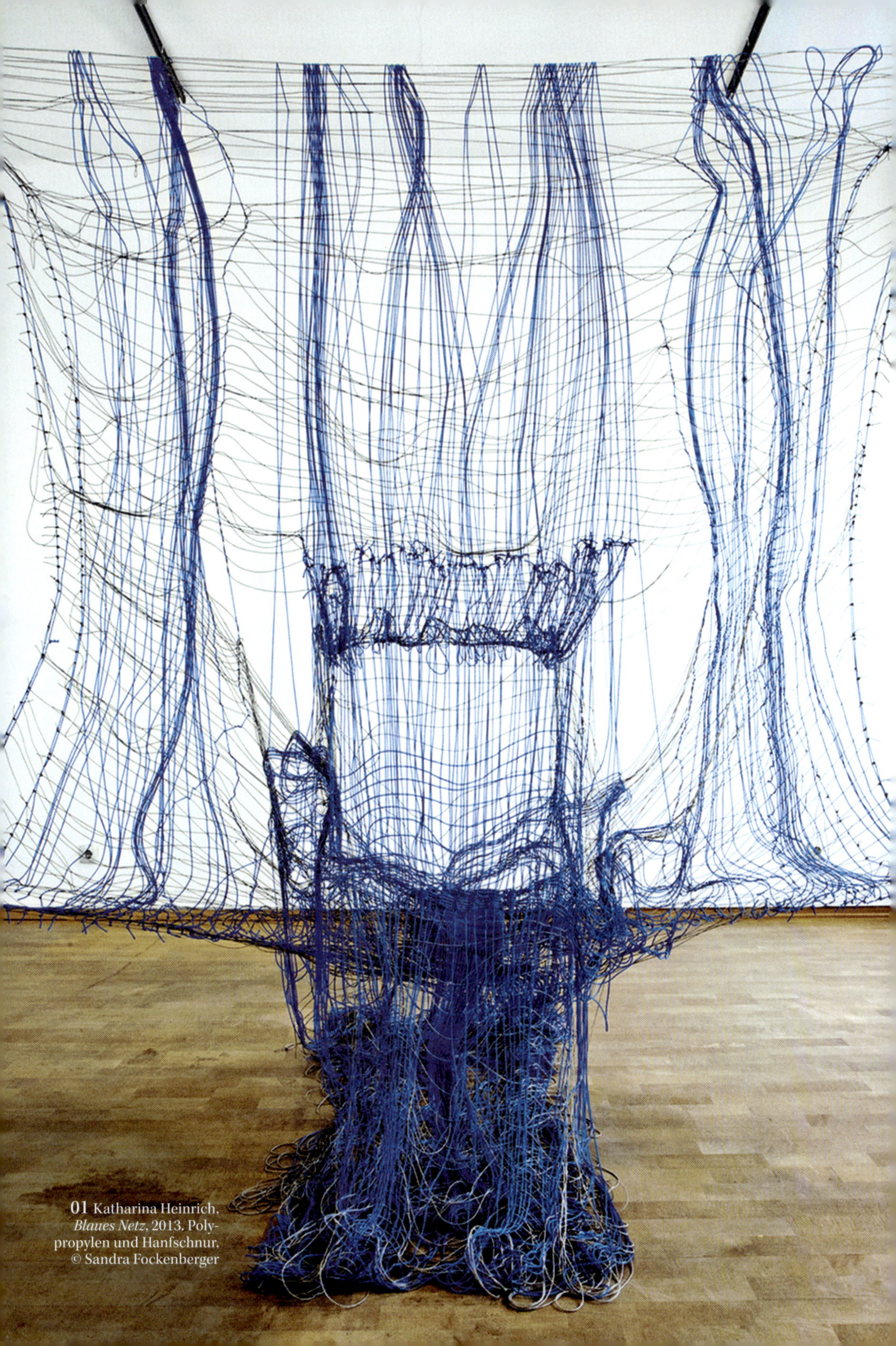

01 Katharina Heinrich, *Blaues Netz*, 2013. Polypropylen und Hanfschnur. © Sandra Fockenberger

in der Textur des Geflechts Kreisläufe, Abläufe, Muster der Natur, des Körpers, des sozialen Lebens, der Kulturgeschichte, die uns als Menschen und Einzelwesen durchdringen, in die wir eingebettet bzw. denen wir auch ausgeliefert sind. Die von mir erzeugten Geflechte, die weich, beweglich, multifunktional und transformierbar sind, verstehe ich als eine veräußerte Form des Umgangs mit dem unerbittlichen Duktus des Menschseins, der Gratwanderung zwischen innen und außen, zwischen Subjekt und Objekt. Als Künstlerin beanspruche ich ein freies Handeln, das ein bewusst gesetztes Handeln ist. Bewusst gesetztes Handeln bedeutet für mich ein reflektiertes Handeln, ein aus freiem Willen gestaltetes Handeln, das kontinuierlich erprobt und – zumindest vorübergehend – zu einer optimalen Form findet. Ich möchte hier noch einmal die Komplexität des künstlerischen Prozesses als die Bearbeitung ineinandergreifender Denk- und Erfahrungsprozesse hervorheben, an denen man mit seiner gesamten Sinneswahrnehmung beteiligt ist. Das Streben nach der vollendeten Form ist ein stetes Feilen, Schleifen, Verfeinern von Begriffen, Fragen, Handlungen. Der künstlerische Prozess formt den Menschen als Ganzes. Nicht nur seine im künstlerischen Werk materialisierte Form wirkt in die Welt hinein, sondern auch des Menschen Denken, Fühlen und Handeln.

Auch als Lehrende an der Abteilung *Textil* der Universität für angewandte Kunst Wien betone ich dieses Prinzip der unmittelbaren Nähe zwischen Kunst und Leben. Es gibt keine Grenze zwischen Kunst und Alltag. Der künstlerische Prozess ist eng mit der menschlichen Existenz verknüpft. Ist dies nicht der Fall, handelt es sich um Zierleisten oder um Schaufensterdekoration. Als Künstlerin sehe ich es als meine Aufgabe, die einzelnen Studierenden in ihrer individuellen Art zu unterstützen und diese zu stärken, damit sie sie als Kunst- und Lebensform entfalten können. Im Seminar gebe ich kein konkretes Thema vor, vielmehr versuche ich in den Studierenden eine Neugier, diesen ureigenen Antrieb, zu wecken, die eigene Form aufzuspüren und stetig weiter daran zu feilen. Ich möchte einen Prozess in Gang setzen, der die Studierenden veranlasst, ihre Fragen mit künstlerischen Mitteln zu stellen. Ich vermittle keine Techniken oder Fertigkeiten; das Ziel sind keine fertigen Produkte, denn als Künstlerin und Lehrende, die Welt mitgestaltet, erschiene mir das als eine Aufforderung zu unhinterfragtem Nachahmen. Wesentliches Anliegen sind mir vielmehr Eigenständigkeit und kritisches Denken. Dieses erfordert ein Hinterfragen und Neuordnen, wie es der schöpferische Moment impliziert: Erkennen, Dekonstruieren, Neuordnen. De-konstruieren als Hinterfragen bedeutet immer auch an Grenzen zu gehen. Grenzen eines Genres, einer Kunstrichtung, einer Technologie oder einer Produktionsform sagen oft viel über das befragte Gebiet aus. Hinterfragen bedeutet das „Entselbstverständlichen" des Selbstverständlichen; es bedeutet, die Dinge ihrer Herkömmlichkeit zu entreißen. Das heißt, den Scharfsinn des Forschens auf das Alltägliche anzuwenden. Wenn, dann ist es das Hinterfragen als Methode, zu der ich hinführen möchte, und zu sich daraus generierenden Texturen.

Ausgehend von meiner persönlichen künstlerischen Erfahrung habe ich eine Arbeitsmethodik entwickelt, die sich auf zwei Säulen stützt: den individuellen künstlerischen Arbeitsprozess, der aus dem bisherigen Arbeitsfeld definiert wird, und den Prozess der Transformation, die freie Übersetzung signifikanter Erkenntniswerte in die künstlerische Sprache in Anwendung beliebiger Medien wie Zeichnung, Fotografie, Performance, Objekt, Sound oder Text. Es ist ein über mehrere Semester andauernder Prozess der Erkenntnis durch geschärfte Wahrnehmung, Reflexion und Übersetzung im Einsatz künstlerischer Medien, immer wieder ein Perspektivenwechsel, der zur Reduktion auf das Wesentliche und allmählich zur Präzision der Form führt. Die bearbeiteten Themen der Studierenden, denen auch die Texturen des Alltags eingeschrieben sind, handeln oftmals von Blockaden, Mustern oder Druck, welche den künstlerischen „flow“ stoppen oder behindern. Gerade Konfliktstoffe werden aufgegriffen, die den kreativen Prozess besonders befeuern. Die Begleitung dieser künstlerischen Prozesse seit nunmehr 14 Jahren zeigt mir deren entwicklungsfördernde Wirkung sowohl auf den einzelnen Menschen als auch auf die Kunst. Rückmeldungen von Studierenden bestätigen: Kontinuität, das beharrliche Verfolgen eines Themas – all das verschafft Sicherheit. Der wertfreie und kreative Umgang mit persönlichen Qualitäten sowie Konflikten bzw. die Möglichkeit der Transformation durch Kunst sind existenzielle Erfahrungen.

Gerade vermeintliche Unzulänglichkeiten zum künstlerischen Thema zu erheben, sie zu erforschen, zu formen und damit auch noch auf positive Resonanz zu stoßen und Erfolg zu haben, stärkt das Selbstvertrauen ganz erheblich. Es macht Mut, das Leben selbst steuern zu können. Sowohl auf der Symbolebene der Kunst als auch im Alltagsleben geht es um das Erkennen von Zusammenhängen und die Überwindung von Grenzen. Die Integration der künstlerischen Form in den Alltag verändert und erweitert den Blick auf sich selbst sowie den eigenen Handlungsspielraum.

Der schöpferische Prozess ist identitätsbildend. Ich erachte ihn als ein Grundrecht des Menschen.

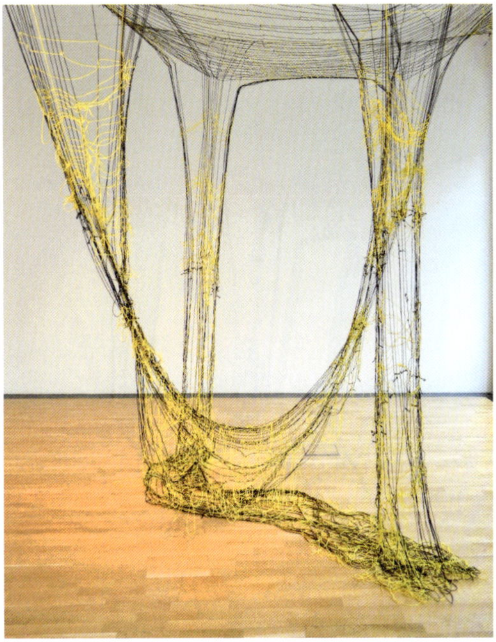

02 Katharina Heinrich, *SchlauchnetzX*, 2011. Kiesler Stiftung Wien, © Katharina Heinrich

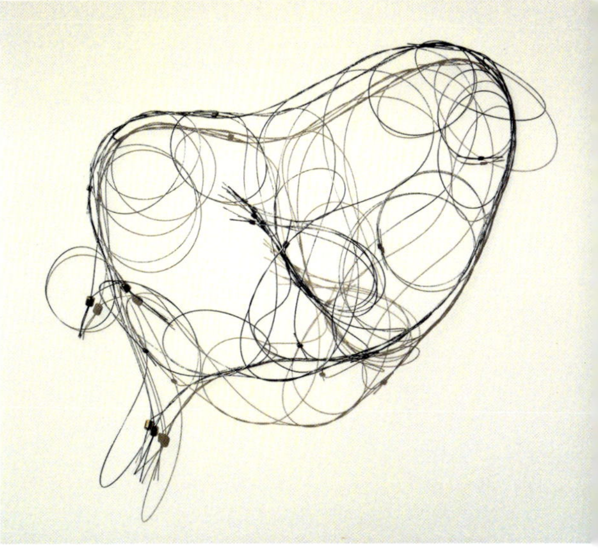

03 Katharina Heinrich, *Skizze*, 2010. Drahtseil, © Katharina Heinrich

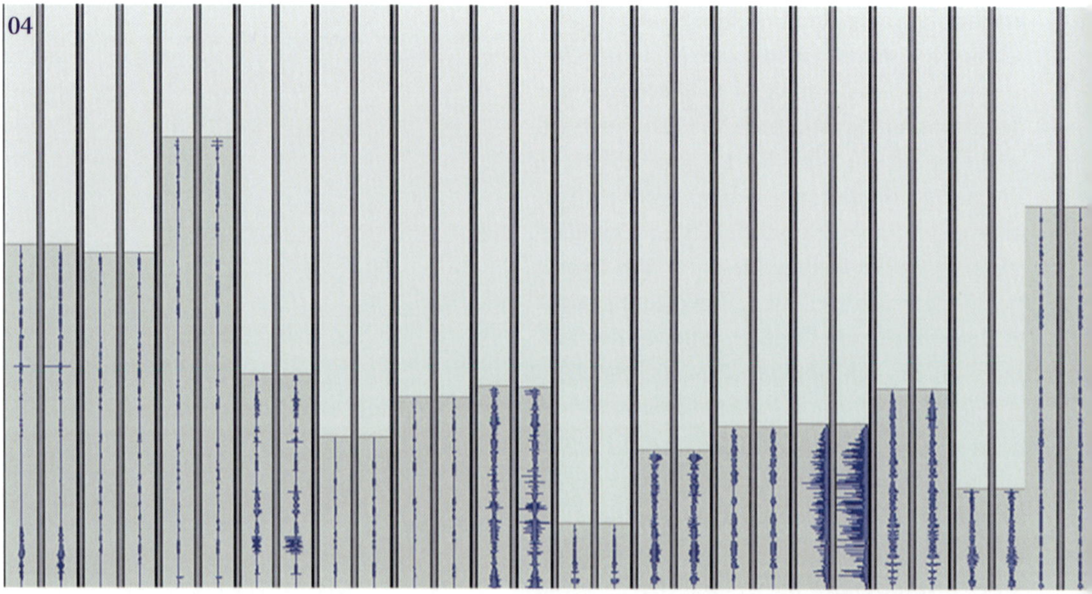

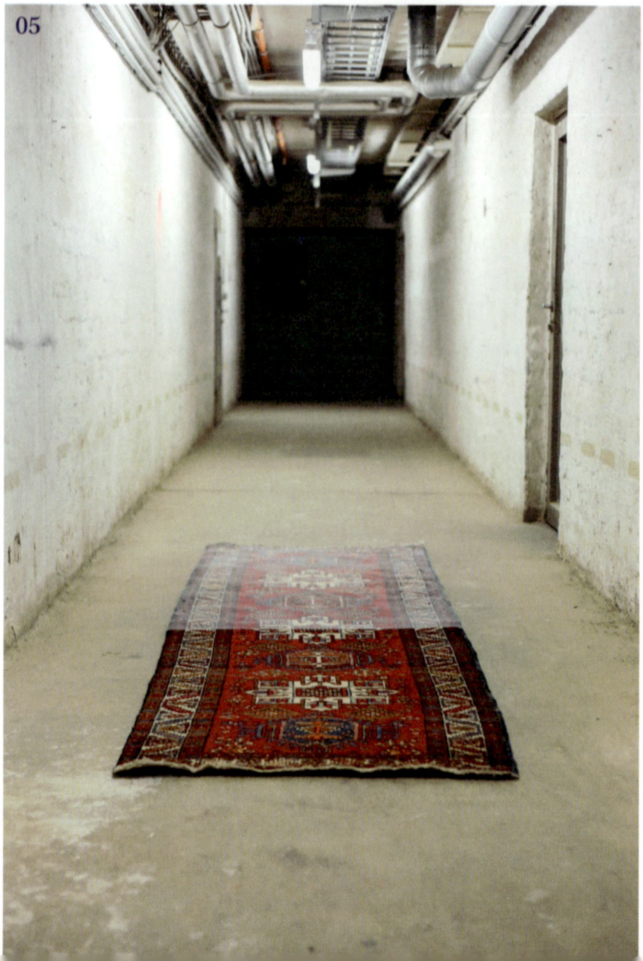

04 Tanja Smioski, *Stimmgrafik*, 2015, © Katharina Heinrich

05 David Meran, *Varnished Carpet*, 2015, © Katharina Heinrich

06 Isis Várkonyi, *KEEP COMPANY*, 2015–2017. Porzellanobjekte, teilweise vergoldet, © Isis Várkonyi

07 Isis Várkonyi, *Orange # 10*, 2016. Objekte, Dokumentationsfotografien, © Isis Várkonyi

08 Isis Várkonyi, *Krokus # 3*, 2016. Fotoarbeit, Videoskizzen, © Isis Várkonyi

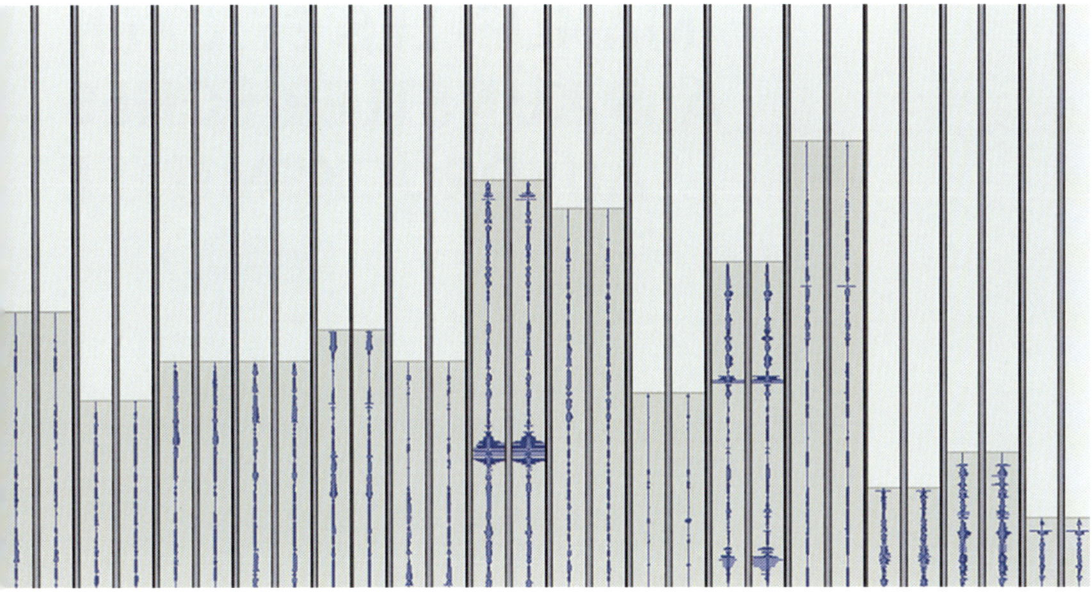

07

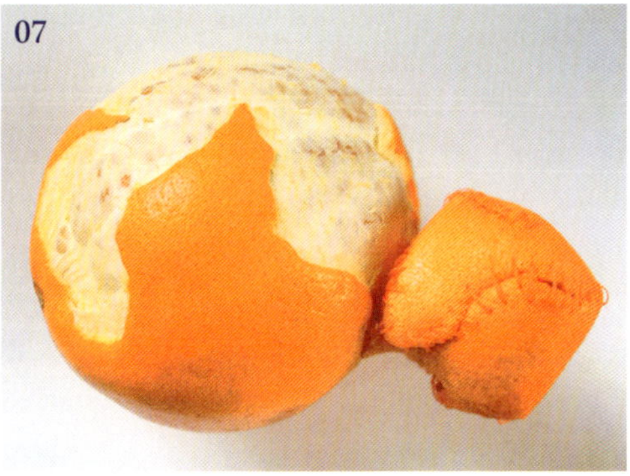

06

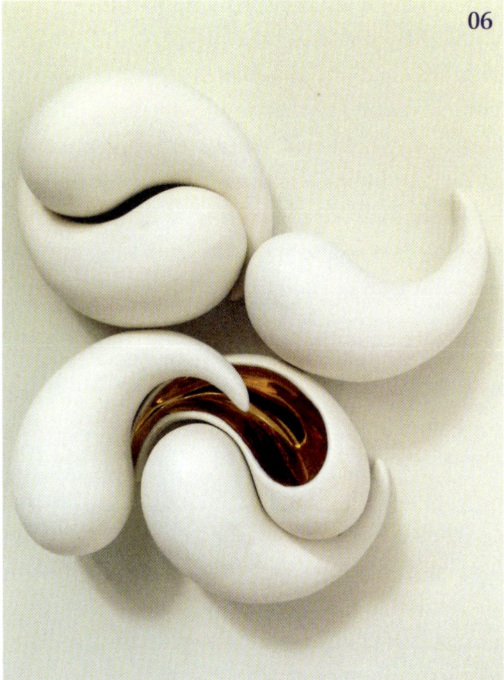

08

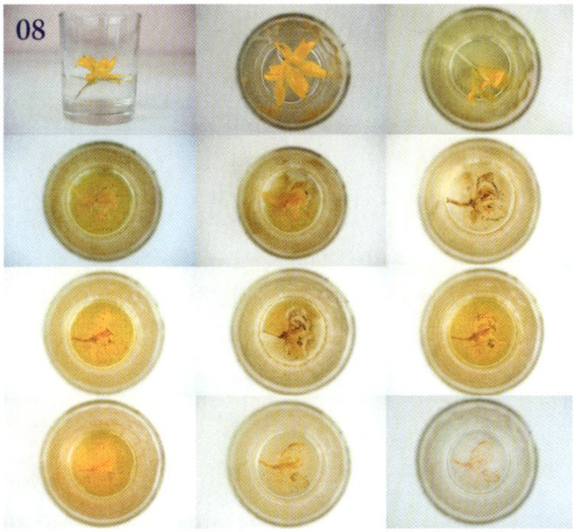

MANUELLES STICKEN ALS KÜNSTLERISCHES AUSDRUCKSMITTEL

Susanne Frantal

Sticken als künstlerisches Ausdrucksmittel meint hier das manuelle Sticken.[1] Sticken steht geschichtlich betrachtet im Kontext des Kunsthandwerklichen, thematisch meist in der Reproduktion von vorgegebenen Motiven. Künstlerische Entwürfe dienten als Stickmustervorlagen, welche in Zeitschriften erschienen und von Dilettant*innen nachgearbeitet wurden.[2] Die Wahl hinsichtlich der Sticktechnik fiel auf eine entsprechende materialgerechte Methode. Obwohl Sticken ursprünglich ein männlich dominiertes Handwerk war (Zunftwesen),[3] wurde es in die Gegenwart als „weibliche Handarbeit" tradiert.

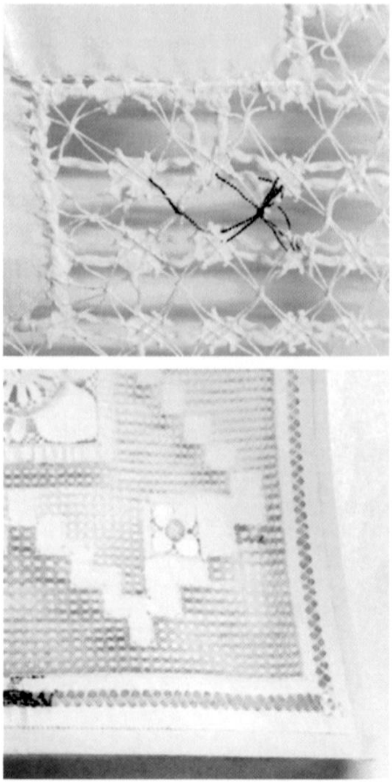

01–02 Susanne Frantal, *Leerstellen V*, punto tagliato, 2020. Spitze, 19. Jh., Silberfaden, Kunststoffleisten, Nutzung vorhandener Nähte (Ausschnitte), © Susanne Frantal

Diese Zuschreibung der manuellen Sticktechnik als reine, ordentliche, sittsame Beschäftigung der Frau ist relevant, um die aktuelle Stickkunst umfassend zu rezipieren. Dadurch wird verständlich, dass hängende Fäden, schlampige oder unvollständige Arbeiten oder nicht materialgerechte Stickerei ein dekonstruktiver Akt sind. Gegenwärtig wird in der Textilkunst mit Nadel und Faden auch performativ durch Plastik gestochen oder es werden Muster auf Metall aufgebracht. Ebenso dienen Wasser und Beton als Stickgrund.[4]

Ein weiteres Vorgehen, um Sticken als künstlerisches Ausdrucksmittel anzuwenden, ist das Austesten der Materialgrenzen. Dazu zählen bereits historische Sticktechniken, welche immer weniger Gewebe als Stickgrund benötigen (woraus sich unterschiedliche Spitzentechniken entwickelten). Bei diesen Sticktechniken werden die Gewebefäden zusammengefasst, ausgezogen oder durchlöchert – aus heutiger Sicht ein performatives Vorgehen. Manche

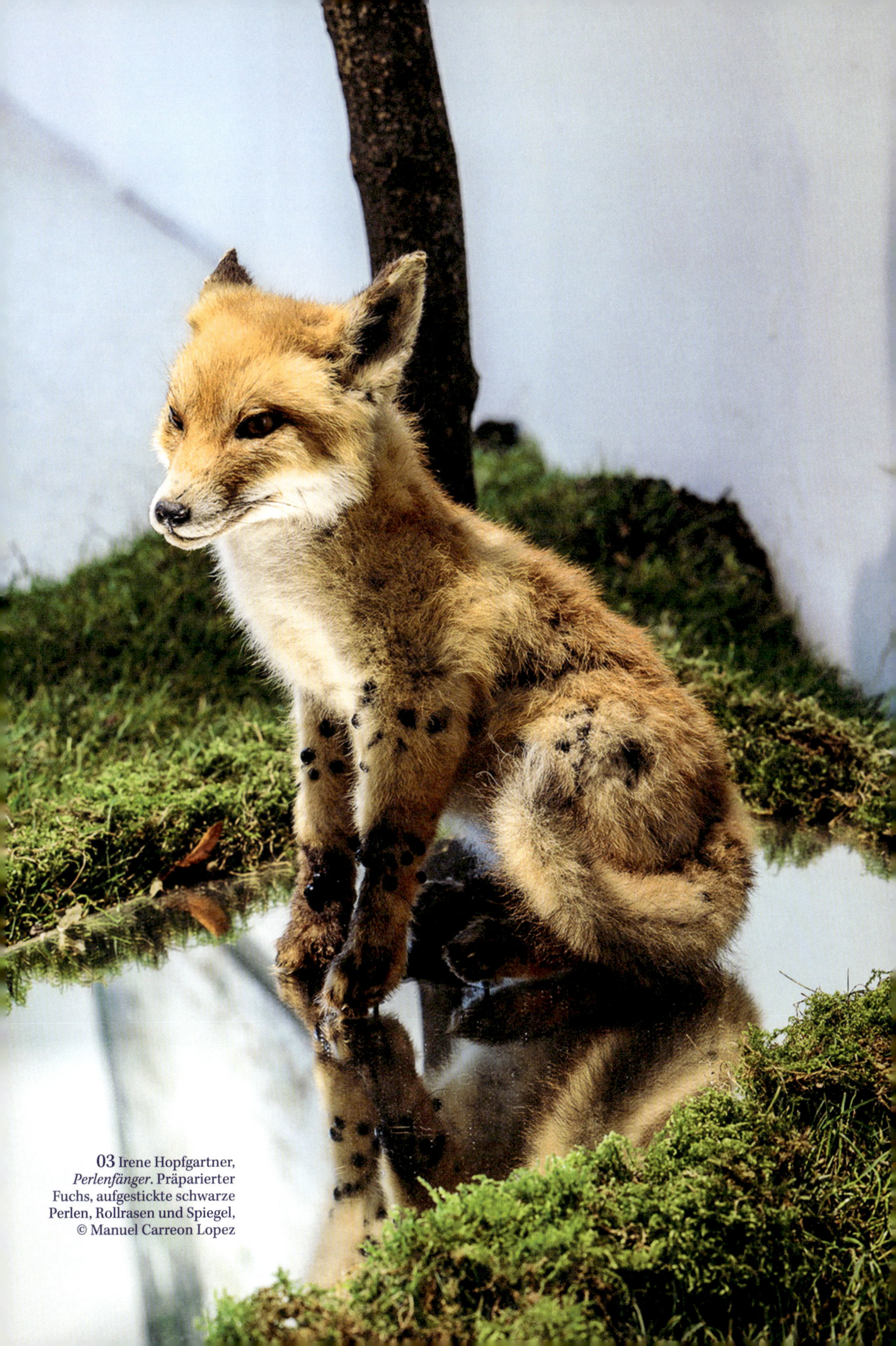

03 Irene Hopfgartner, *Perlenfänger*. Präparierter Fuchs, aufgestickte schwarze Perlen, Rollrasen und Spiegel, © Manuel Carreon Lopez

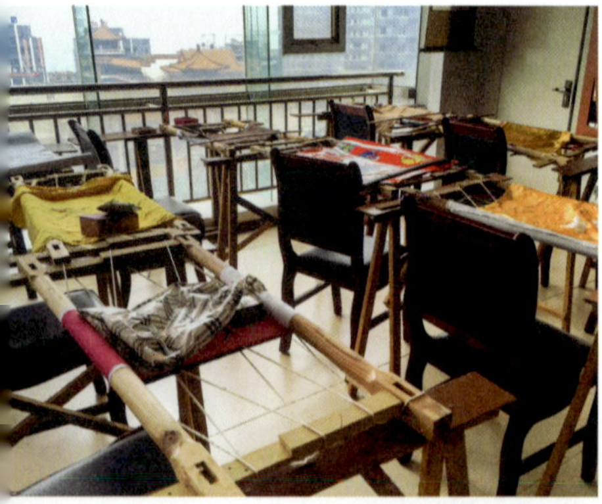

04 Werkstatt der Seidensticker*innen in Chongqing, 2015, © Barbara Putz-Plecko

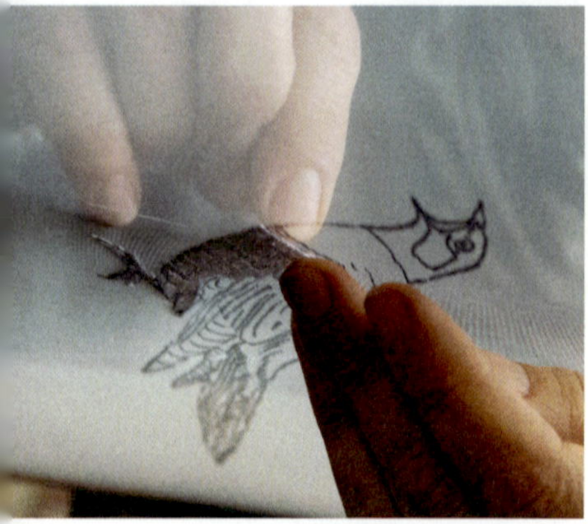

05 Susanne Frantal, *Nachtigall II*, 2016. Doppelseitige chinesische Seidenstickerei auf transparentem Polyestergewebe, © Susanne Frantal

Sticktechniken kommen ganz ohne Gewebe aus. Diese sind unter dem Begriff „Nadelspitzen" bekannt. Technisch gesehen sind die Übergänge zwischen Stickereien und Spitzen fließend.

Eine solche kostbare Spitze in der sogenannten Technik des *punto tagliato* – dem *doppelten Durchbruch* – wurde künstlerisch transformiert. Die Musterbildung dieser Spitze erfolgte durch das Entfernen der Gewebefäden in beiden Richtungen und die Sicherung der verbleibenden Gewebefäden durch Sticktechniken. Die Schadstellen in der ursprünglichen Nadelspitze wurden als künstlerische Intervention mit Silberfäden gesichert und dadurch sichtbar gemacht. Durch das Erzeugen von Spannung – unter Nutzung der vorhanden Nähte – konnte die zweidimensionale Spitze in ein räumliches Objekt verwandelt werden (→ 01–02).

Um die manuellen Sticktechniken als künstlerisches Ausdrucksmittel anzuwenden, eignet sich auch die Kombination von edlem und unedlem Material. Im Rahmen des interkulturellen Lehrveranstaltungsprojekts der Abteilungen *Textil* sowie *Kunst und kommunikative Praxis* mit dem Organhouse in Chongqing (China) unter der Leitung von PRINZpod wählte ich diese Kombination, um mit der Materialgerechtigkeit zu brechen. Gegenstand der künstlerischen Untersuchung waren Fragen nach Gemeinsamkeiten sowie nach Unterschieden beider Kulturen im Zusammenhang sozialer, politischer, ökonomischer und technologischer Veränderungen.

In Chongqing bot sich die Gelegenheit, Kenntnisse der chinesischen Stickkunst in einem offiziellen Stickatelier zu vertiefen. Für die Abschlussausstellung im Organhouse 2015 entstanden *Nachtigall I* und *II* (Letztere verblieb im Organhouse). Diese auf den ersten Blick für die europäische Wahrnehmung „brav" wirkende Stickarbeit wird in China ganz anders gelesen.

Die Nachtigall hat einen geschichtlichen Bezug zu Chongqing und ist, wie in der Seidenstickerei üblich, ein traditionelles Motiv. Die Transparenz des Materials ermöglicht Abbildungen von Schatten und Schichtungen. Einen Vogel einfärbig darzustellen, bricht mit den traditionellen Vorgaben der chinesischen Stickkunst. Schüler*innen des Stickmeisters stellten färbige Seidengarne zur Verfügung, da durch die Sprachbarriere die künstlerische Absicht nicht erklärt werden konnte.

Interessante kulturelle Unterschiede gab es auch in der Handhabung von Nadel und Faden. In Europa wird mit eher kurzem Faden gestickt. Der Stickmeister in Chongqing hingegen machte ausladende Armbewegungen, um den nahezu einen Meter langen Faden ohne Knotenbildung durch den Stickgrund zu führen. Dadurch kommen die Einzelfasern der Seide parallel zu liegen, gemäß dem typischen Erscheinungsbild der chinesischen Seidenstickerei. Die chinesische Seidenstickerei kann auf der Vorder- und Rückseite perfekt ausgeführt werden, wie es für Wandschirme oder Kimonos nötig ist. Die künstlerischen doppelseitigen Seidenstickereien meiner beiden Arbeiten wurden auf transparenten, synthetischen Geweben ausgeführt anstatt auf echter Seide (Bruch mit der Materialgerechtigkeit). Die gestickte Nachtigall sollte als Schattenbild fungieren (→ 05).[5]

Eine weitere künstlerische Arbeit nutzt die Technik des Wiederverwertens – das Zusammensetzen von textilen Geweberesten aus Altkleidung – zur Produktion eines interkulturellen Gewebes. Für *Hedwig 1*[6] wurden dreißig Fehlstellen eines vorgefundenen Textils durch Gewebe aus Asien bzw. China ersetzt sowie mit imitierten, bedruckten Stickmotiven aus Baumwolle und Seide ergänzt. Das Textil weist typische Materialien europäischer Oberbekleidung auf. Kleine schadhafte Stellen werden mit verschiedenen Sticktechniken sowie europäischen und asiatischen Stichformen gerade noch zusammengehalten – fadenscheinig (→ 06–08).

Da ich mich bereits über lange Zeit in die verschiedensten Facetten des Stickens intensiv vertieft hatte, wurde ich schließlich eingeladen, den Studierenden der Abteilung Textil in mehreren Workshops Fertigkeiten und Wissen zu vermitteln. Der Stickworkshop *STICKEN HEUTE?* fand in den Jahren 2015 und 2016 statt (→ 09–11).

Die Studierenden sollten zuerst frei und ohne Vorkenntnisse der Sticktechniken das Material erforschen. Neben den ersten Stickspuren, welche mit unterschiedlichen Stickmaterialien gesetzt wurden, galt es auch, verschiedene Materialqualitäten zu besticken, wie z. B. verschiedene Stoffarten, Plastik

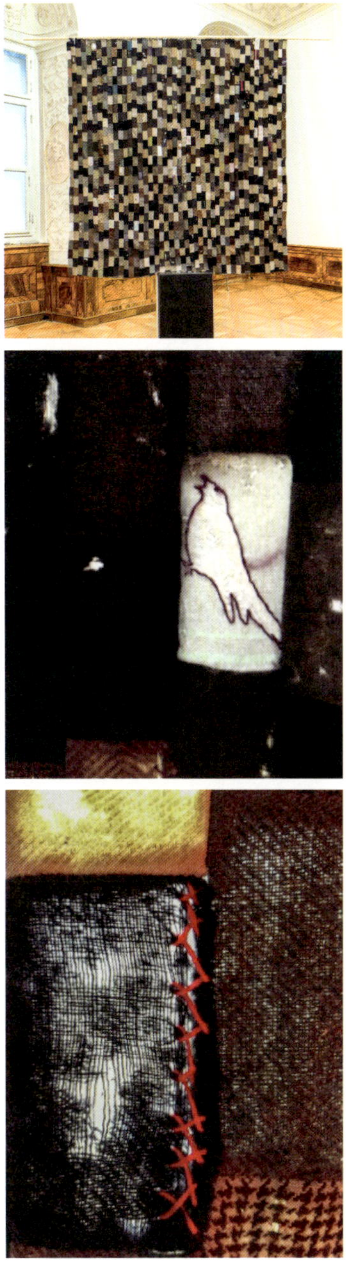

06–08 Susanne Frantal, *Hedwig 1,* 2016. *Fadenscheiniges* Textil, Flickenarbeit/Patchwork, Wollgewebe, vorgefunden, bestickt, © Susanne Frantal

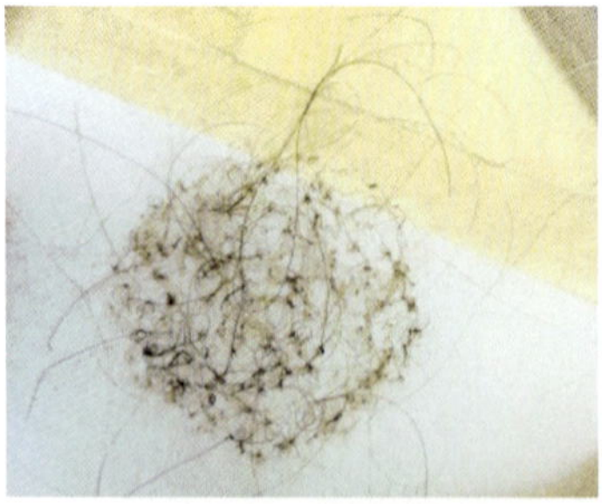

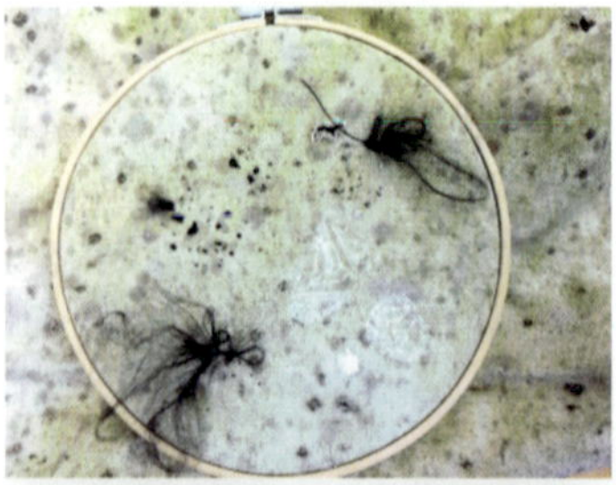

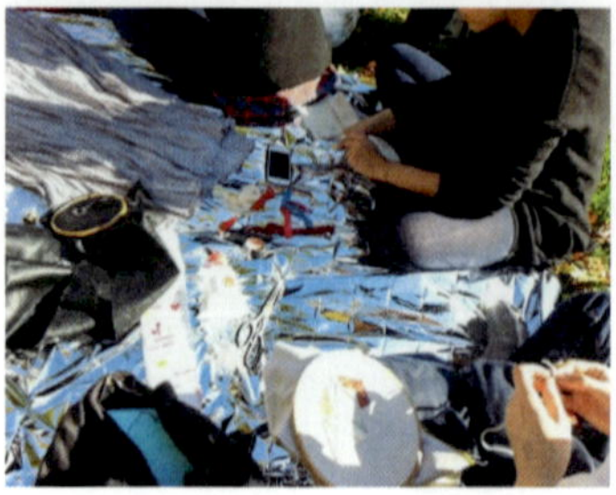

09–11 Stickexperimente sowie Sticken im öffentlichen Raum (Stadtpark Wien), Stickworkshop 2015, © Susanne Frantal

oder Papier. Erst nach diesen ersten Experimenten erfolgte eine Einführung in verschiedene Sticktechniken. Vorgestellt wurden unter anderem die Nadelmalerei, die Linienstickerei, der Kreuzstich sowie die Tapisserie- oder Petit-Point-Stickerei. Diese Sticktechniken sind für verschiedene Anwendungen als künstlerisches Ausdrucksmittel besonders geeignet.

Der Kreuzstich zählt zu den bekanntesten Stickstichen. Durch den Wiederkennungsfaktor und die damit verbundenen Zuschreibungen wie Geduld und Sorgfalt (siehe z. B. Buchstaben-Mustertücher) lassen sich künstlerische Arbeiten ohne viel Vorübung sticktechnisch umsetzen. Ungenauigkeiten oder unvollständig ausgeführte Arbeiten sind meist zugleich eine künstlerische Aussage. Interessante künstlerische Arbeiten mit dem Kreuzstich entstehen auch, wenn dieser auf nichtzählbarem Gewebe – völlig frei – ausgeführt wird.

Ebenso einfach auszuführen und daher im Kunstkontext häufig zu finden sind Stickereien in einfacher Vorstich-, Rückstich- oder Linienstichtechnik.

Eine weitere unkomplizierte Sticktechnik ist der über ein Fadenkreuz geführte Petit Point oder Tapisserie-Stich. Je nach Dichte und Materialqualität ergeben die einzelnen Stickpunkte – wie Pixel – ein feines oder grobes Gesamtbild. Auch mit dieser Technik lassen sich unterschiedliche künstlerische Ansätze ausführen, sei es durch die Motivwahl oder durch die Bearbeitung des Grundmaterials. So manch stickende*r Künstler*in setzt seine*ihre Intervention nur partiell auf das vorgedruckte Motiv. Dies ist eine gelungene Kombination von Tabubruch und Zeitersparnis.

Eine komplexere Sticktechnik, welche sich aber zur Flächenfüllung sehr gut eignet, ist die sogenannte Nadelmalerei. Wie die Bezeichnung impliziert, kann mit der Sticknadel – wie mit dem Pinsel – auch malerisch gearbeitet werden. Um ein ansprechendes Ergebnis zu erzielen, sind Grundkenntnisse nötig. Zumal diese Sticktechnik in der traditionellen Ausführung viel Zeit erfordert, entwickelte ich eine effizientere Methode. Da diese Sticktechnik durch das Abschattieren von Farbtönen und den Farbverlauf innerhalb eines Motives wirkt, wurden die Farbtöne traditionell nacheinander gestickt. Durch das Einfädeln mehrerer einzelner Stickfäden in unterschiedlichen Farbtönungen lässt sich das Abschattieren schneller ausführen.

Neben den Sticktechniken sind die Wahl des Formats des Stickgrundes und die Größe der angewandten Sticktechnik als künstlerisches Ausdrucksmittel relevant. Als Stickverfahren wurde außerdem das beidhändige Sticken am Stickrahmen vermittelt, um großformatiges Arbeiten zu ermöglichen. Als Stickrahmen lassen sich auch vorgefundene Kartons adaptieren, um kostengünstig und rasch zu arbeiten.[7]

Neben dem Basiswissen wurden auch komplexere Stickverfahren wie die *Goldstickerei*, *Weißstickerei* oder die *Perlstickerei* für einzelne Projekte vermittelt. Beim Perlsticken werden Perlen einzeln auf unterschiedlichen Grundstoff – von feinster Seide bis zum dicken Wollfilz – aufgenäht. Perlen – echte Perlen oder Glasperlen – als Verzierungen wurden seit der Antike an besonders edlen Stickereien wie z. B. auf Paramenten (kirchlichen Textilien), weltlichen Ornaten oder kostbaren Kleidungsstücken angebracht. Als Imitation der echten Perlen dienten ab dem 16. Jahrhundert aus Glas hergestellte Hohlperlen, später kamen Perlen aus Kunststoff hinzu.

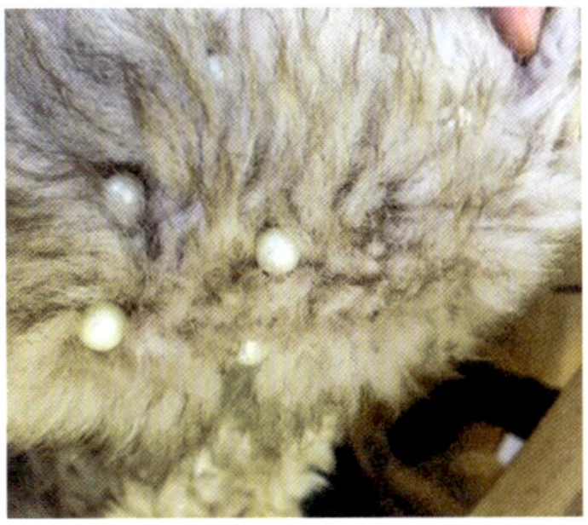

12 Irene Hopfgartner, Detailfoto Vorübung/Stickworkshop, 2016, © Irene Hopfgartner

Diese Perlen wurden im Rahmen des Workshops von Irene Hopfgartner in einen ganz neuen Kontext gesetzt. Bei experimentellen Vorübungen im Stickworkshop stickte sie Perlen aus Kunststoff auf Fell. In dieser Technik entstanden danach die künstlerischen Arbeiten *Perlenfänger*. Das Aufsticken der Perlen auf die Tierpräparate ist besonders schwierig, da nur auf der Oberfläche gearbeitet werden kann. Die Perlen sollen als verstörende Erscheinung wahrgenommen werden, um auf die Verfremdung der Natur durch den Menschen hinzuweisen[8]. Die Darstellung der Füchse entspricht den traditionellen Präsentationsformen in naturhistorischen Museen im 19. Jahrhundert (→ 03, 12–13).

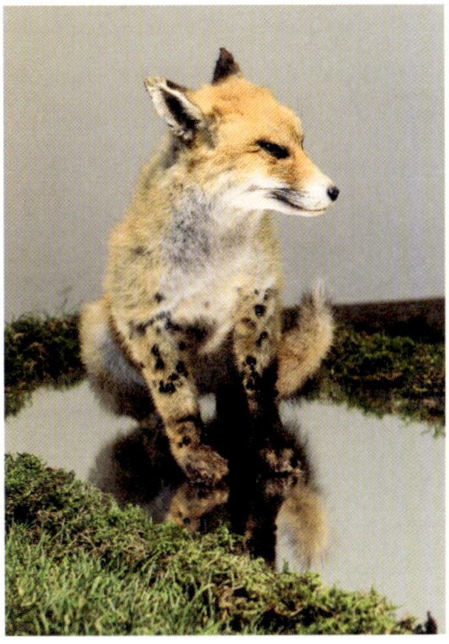

13 Irene Hopfgartner, *Perlenfänger*. Präparierter Fuchs, aufgestickte schwarze Perlen, Rollrasen und Spiegel, © Manuel Carreon Lopez

Neben dem Basiswissen der Sticktechniken wurde die Geschichte der manuellen Stickerei vorgestellt sowie die Stickerei in der Gegenwartskunst. Der Genderkontext – die Zuschreibungen der Stickerei als weibliche Tätigkeit – war ein weiterer Themenbereich. Bei gutem Wetter konnte im öffentlichen Raum gestickt werden. Somit konnte eine ursprünglich verborgene, weiblich-assoziierte, häusliche Tätigkeit als künstlerischer Ansatz sichtbar gemacht werden.

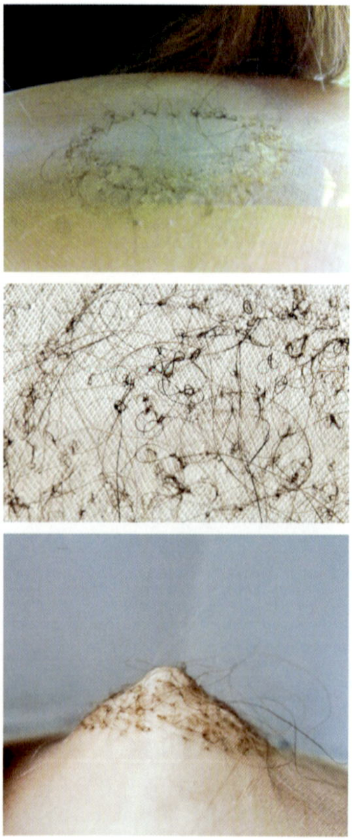

14–16 Amelie Schillhuber, *Raue Brust*, 2012. Details, Haare, Nylonstrumpf, Fimo, © Amelie Schillhuber

Eine im Stickworkshop entstandene Arbeit zu dem Themenbereich Gender und Materialgrenzen ist jene von Amelie Schillhuber: *Raue Brust.* Auf gespanntem Material wurden die eigenen Haare mit dem Knötchenstich eingestickt, um eine interessante und irritierende Haptik zu erzeugen. Die Darstellung einer weiblichen behaarten Brust verhandelt die gesellschaftlich zugeschriebenen Rollenbilder (→ 14–16).

Diese Vielfalt der Anwendungsmethoden erlaubte den Studierenden eine individuelle Umsetzung der Oberflächengestaltung ihres individuellen künstlerischen Projektes. Außerdem eröffnet das Vertraut-Werden mit verschiedenen manuellen Sticktechniken ein weites Feld für neue Anwendungsformen und experimentelle Stickereien in zukünftigen Projekten.

---

1 | Sticktechniken mit Näh- oder Stickmaschinen werden nachfolgend nicht erwähnt, kommen aber auch in künstlerischen Arbeiten vor.

2 | Siehe dazu auch: Susanne Frantal, *Sticken heute? Stickmustervorlagen 1915/2015 für Dilettantinnen und DIY-online-Userinnen.* Diplomarbeit. Wien: Universität für angewandte Kunst Wien, 2016.

3 | Für eine ausführliche Beschreibung zu den Zünften der Sticker siehe auch: Uta-Christiane Bergemann, *Europäische Stickereien von 1250–1650.* Regensburg: Schnell und Steiner, 2010, 50.

4 | Wie z. B. bei Arbeiten von Marian Imre.

5 | Siehe: *Nachtigall,* www.susannefrantal.at/nachtigall [06.05.2024]

6 | Siehe zu diesem Projekt auch die Seiten 208 ff. in diesem Band.

7 | Diese Methode aus der Textilrestauration wurde von mir adaptiert. In eine Weichfaserplatte wird entsprechend der benötigten Fläche ein Loch geschnitten, die ganze Platte wird mit Textil überzogen, um darauf das zu bearbeitende Textil zu fixieren. Dies ermöglicht ein beidhändiges Arbeiten. Dieses Verfahren kann auch kostengünstig auf festen Kartonagen ausgeführt werden. Die klassischen Stickrahmen sind für künstlerisches Arbeiten nicht immer geeignet. Neben den Kosten des Stickrahmens ist es der langwierige Prozess des manuellen Einnähens, welcher einiges an Übung erfordert. Die Arbeitsplatte kann – wie der Stickrahmen – entsprechend positioniert werden, um beidhändig zu arbeiten. Dazu führt eine Hand von unten und eine Hand von oben die Nadel durch das Material.

8 | Irene Hopfgartner zeigte 2023 ihre künstlerische Arbeit *Perlenfänger* (Präparierte Füchse, aufgestickte schwarze Perlen, Rollrasen und Spiegel) auf der Parallel Vienna.

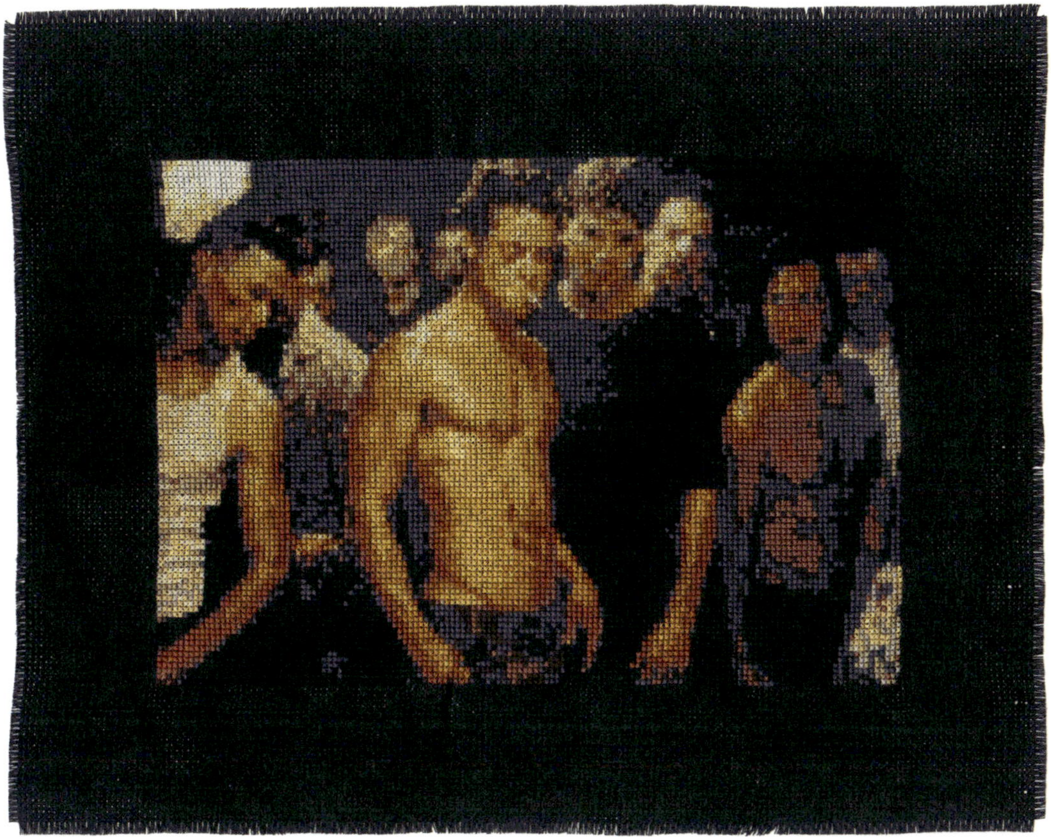

17 Pascale Maxime Ballieul, *My F Club*, 2021. Kreuzstichstickerei, © Lukas Hof

MEINE UNGEPLANTE KOMPETENZ

Oder: Der kläglich gescheiterte Versuch, zukünftigen Lehrer*innen einen vernünftigen Zugang zu Plastik zu vermitteln

P. Michael Schultes

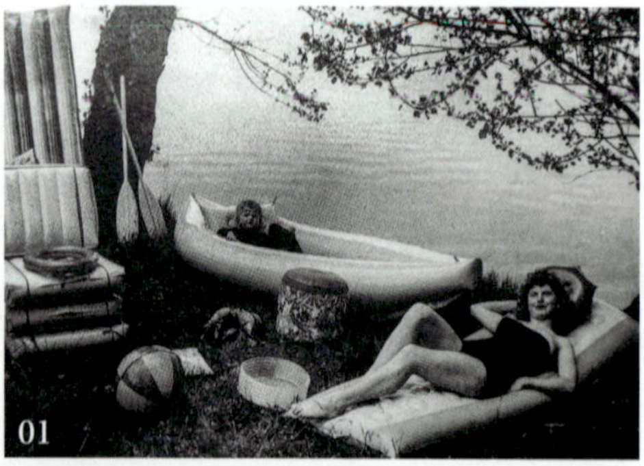

01 Foto Campingartikel, 1953, © Archiv schulteswien

02 experimonde, Monat der freien Bildung, Vortrag in der „Glühbirne" von Helga Kromp-Kolb zu Architektur und Klimawandel, 2016, © experimonde

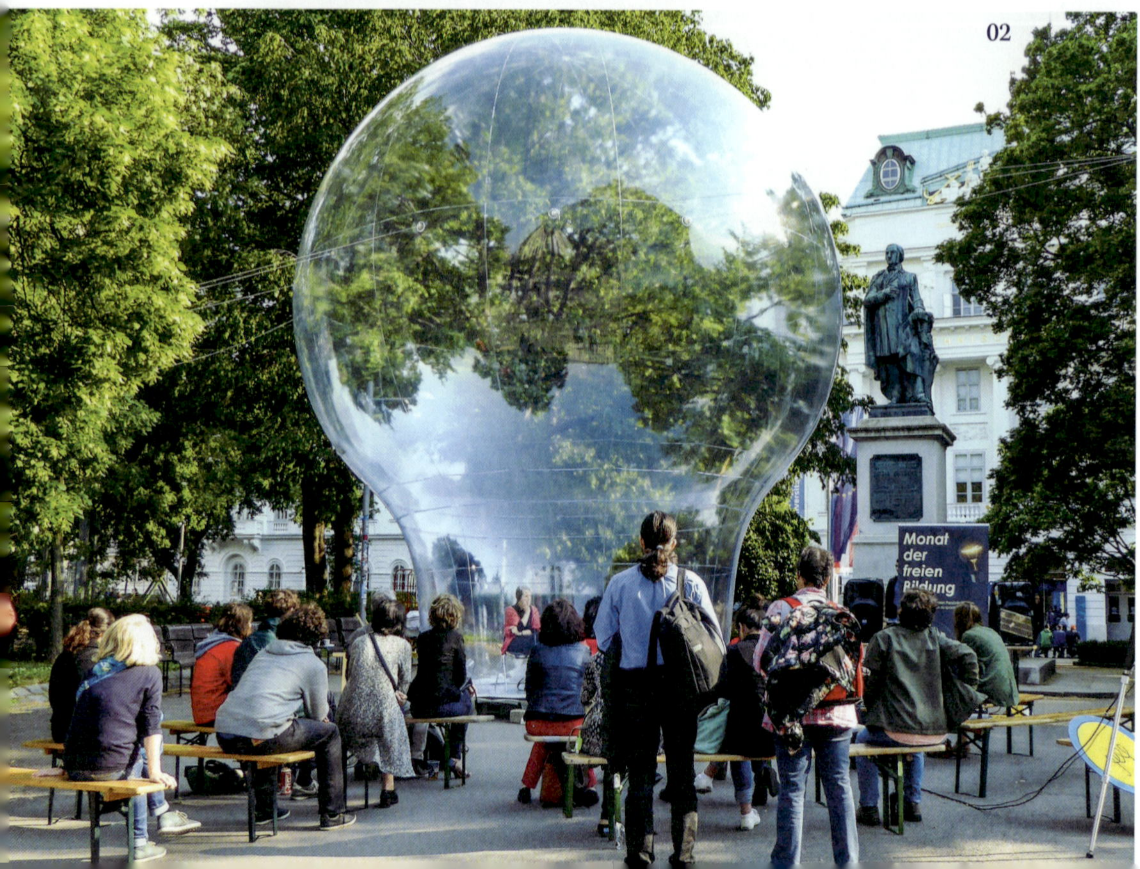

„My main profession is to make artists look good!"[1] (Alexander Heinrici)

Künstler*innen gut aussehen lassen: Das war auch stets meine ehrliche Maxime, wenn es darum ging, luftige Ideen meiner Klient*innen in Gestalt von luftgeformten Objekten zu realisieren.

Damals hätte ich nie im Traum daran gedacht, dass sich aus der Firma, die ursprünglich in Europa die ersten Regenmäntel, Luftmatratzen und Schlauchboote aus PVC-Folien (→ 01) (statt wie bisher aus Gummi) hergestellt hatte und später zwanzig Jahre lang für einen großen Elektronikkonzern eintönige Schutzhüllen produzierte, ein feines Studio für luftgeformte Kunst entwickeln würde.

Der Weg dorthin war allerdings weniger luftweich als vielmehr steinhart. In der intensiven gestalterischen Auseinandersetzung mit der Materialkombination Luft und Membrane war der Lernprozess die größte Herausforderung, aber auch die größte Faszination. Im Rückblick erscheint es mir übrigens interessant, dass die in den späten 1960er-Jahren aus dem Boden schießenden Bubble-Projekte der Österreichischen Architekturavantgarde im Gefolge von Walter Pichler damals wenig Eindruck auf mich machten, obwohl sie genau in die Zeit meines Architekturstudiums an der TU Wien fielen. Ich nehme an, dass der Geruch des Materials, das andere wohlig an den Urlaub in Caorle erinnerte, für mich den schalen Geruch der Arbeit in der Firma meines Vaters verkörperte, in der ich das Geld für mein Studium verdiente. Eigentlich konnte ich Plastik nicht besonders riechen. Auch wenn schon damals schlaumeierische Werbestrategie uns ahnungsvoll weismachen wollte, dass das aufkommend Anrüchige von „Plastik" sich durch die Verwendung des fachlich völlig identen Begriffs „Kunststoff" in Luft auflösen würde.

Was bewegte mich dann eigentlich dazu, diese anrüchige Firma zu übernehmen? Eine unscheinbare Forschungsfrage, die mein ehemaliger Professor für Bauphysik an der TU Wien, Erich Panzhauser, 1979 gestellt hatte: Kann das seit Urzeiten bekannte System von Wintergärten gezielt ausgebaut werden, um infrarote Strahlung mittels „Einhausungen" einzufangen und die gewonnene Energie zu nützen? Der traditionelle Wintergarten besteht aus Glas, aber mich interessierte natürlich reflexartig, ob Membranen aus Textilien oder Folien diese Aufgabe nicht viel intelligenter erfüllen konnten. Das klang damals völlig utopisch, aber die Vorstellung von intelligenten Gebäudehüllen aus Membranen ließ mich nicht mehr los. Die Auseinandersetzung mit diesem Thema prägt noch heute meine Arbeit.

Leben konnte ich von dieser Utopie allerdings nicht. Meine Zukunft war zwar vorgezeichnet, aber die Zeichen waren noch nicht lesbar.

Meine privilegierte Position zu Kunst und Kunststoffen

Auf den Weg zu „Kunst aus Kunststoffen" wurde ich dann Mitte der 1980er-Jahre eher zufällig gelenkt. Zu meinem Glück kamen fast zeitgleich, aber aus völlig verschiedenen Richtungen, Margot Pilz, Tone Fink und Edgar Honetschläger auf mich zu und mit abermals viel

Glück konnte ich ihre Ideen zu ihrer großen Begeisterung realisieren. Im Hinterkopf konnte ich währenddessen alle Erfahrungen für meine Gebäudehüllenidee speichern. Diesen ersten Künstler*innen folgten über die Jahre mehr als hundert andere aus den Bereichen Skulptur und Bühne (→ 03–04).

Das war auch die Zeit der ersten unüberhörbaren Stimmen der Kritik nicht nur an Plastik, sondern auch an Kunststoffen. Die bis dahin weitgehend unkritische Haltung zu diesem wunderbar egalitären und damit sozial tatsächlich unverzichtbaren Materialkomplex hatte ich bereits längst in Frage gestellt.

Meine beiden Problemlösungen setzten und setzen auch heute noch hier an: bei ehrlicher Information und aufgeklärter Wertschätzung.

Erst mit konsequenter und transparenter Information kann aufseiten der Konsument*innen ein vernünftiger Umgang mit Kunststoffen in Gang gesetzt werden. Damit verbunden müssen Kunststoffe auch von ihrem Image als wertloses Wegwerfgut befreit und für die Verbraucher*innen teurer werden. Beides ist Aufgabe der Politik, die sich dieser aber über Jahrzehnte aus Ignoranz, wie ich meine, entzogen hat.

Für mich war aber klar: Kunstwerke und Gebäudehüllen aus Membranen sind zu wertvoll, um achtlos weggeworfen zu werden. Die angeprangerte (angebliche) Unverwüstlichkeit von Kunststoff wird zum klaren Vorteil. Dazu kam Folgendes: Kunstaffine Menschen hatten Verständnis für meine inzwischen selbstsicher vorgetragenen Gebäudehüllenideen und erzählten anderen davon. Ich brauchte keine Werbung mehr zu machen. Ab etwa 1995 hatte schulteswien.com eine internationale Bekanntheit erlangt, die ich – im Alltagsstress gefangen – gar nicht realisierte. 1996 wurde ich zu einem ersten Workshop an die TU Wien, meine Alma Mater, eingeladen. 1997 folgte der erste Lehrauftrag nach meinen Vorstellungen, und seit 2002 wird das damals frisch etablierte Modul „Experimenteller Hochbau" vom Praxisblock „Experimentelle Membrankonstruktionen" geprägt.

Im Jahr 2000 realisierte ich für die Architekturbiennale in Venedig den *FluxSpace 2.0* nach dem Entwurf von Asymptote Architecture (Hani Rashid & Lise Anne Couture) (→ 05).[3]

Seit 1997 hatte Jeff Koons weltweit Produzent*innen für die schwierige Aufgabe gesucht, sein kleines Latexluftballonmodell einer Blume auf eine Höhe von 1,5 Metern zu skalieren und in einer Auflage von 160 Multiples zu produzieren. Im Jahr 2000 fanden wir über Vermittlung der Schweizer Galeristin Susanna Kulli zusammen. Nach zwei Jahren mit vielen schlaflosen Nächten war die Aufgabe erfolgreich abgeschlossen.[4]

Daneben lief das Alltagsgeschäft mit immer neuen Herausforderungen. Es wurde dicht und ich fühlte mich ausgebrannt, denn im Hinterkopf stand ich bereits am Scheideweg. Eigentlich wollte ich mich längst von luftgeformter Kunst verabschieden und meiner Begeisterung für die Erforschung und Entwicklung von intelligenten Gebäudehüllen aus Membranen folgen.

Meine Ambitionen an der Angewandten

Da wurde ich Ende 2002 zu meiner großen Freude eingeladen, Lehramtskandidat*innen des Studiums *Textil – freie und kontextuelle künstlerische Praxis und Materialkultur* an der Universität für angewandte Kunst Wien mein Wissen zu vermitteln.

Meine Aufgabe sah ich vorrangig darin, über den Zugang von selbstgewählten Projektideen ehrliche Information und aufgeklärte Wertschätzung zu erarbeiten – und zwar in einem Maßstab, der auch für zukünftige Aufgaben im Schulunterricht eingehalten werden konnte: Lehrer*innen für *Design und Technik* in der Schule gut aussehen lassen!

Dafür eignen sich luftgeformte Objekte hervorragend. Sie sind im Schulalltag auch aus Müllsäcken und Klebebändern schnell und billig herzustellen. Im Gegensatz zum inzwischen verpönten PVC sind sie außerdem total umweltfreundlich. Die Entwicklung von biobasierten Kunststoffen ist bereits voll im Gange und manifestiert sich als Folienbeutel täglich in jedem Supermarkt.

Rund um Entwurf und Herstellung von luftgeformten Objekten können Geschichten über Kunststoffe erzählt werden, garniert mit der frivolen Tatsache, dass Kunststoffe das Gleiche wie Plastik sind. Oder wie es in der DDR hieß: Plaste. Oder chemisch: Polymere.

Und mit der ebenso frivolen Tatsache, dass Textilien aus Baumwolle in der Herstellung wesentlich tiefgreifendere Probleme schaffen als jede Kunstfaser.[5]

Im Laufe meiner beinahe zwanzig Unterrichtsjahre gab es leider sehr geringen Zuspruch für die Lehrveranstaltung. Ich glaube, das lag ganz einfach an einer fatalen, aber landläufigen Lehrer*innenmeinung: Plastik ist grauslich und sollte überhaupt „verboten werden". Leider wird sich im Schulalltag das Problem ergeben, dass sich die solchermaßen belehrten Kids die berechtigte Frage stellen werden, wie eine Welt ohne Plastik heute funktionieren würde. Wäre es nicht besser, den Kopf aus dem Sand zu ziehen und bereits in der Schule Lösungen für die Zukunft zu erarbeiten? Mit dem Werkunterricht

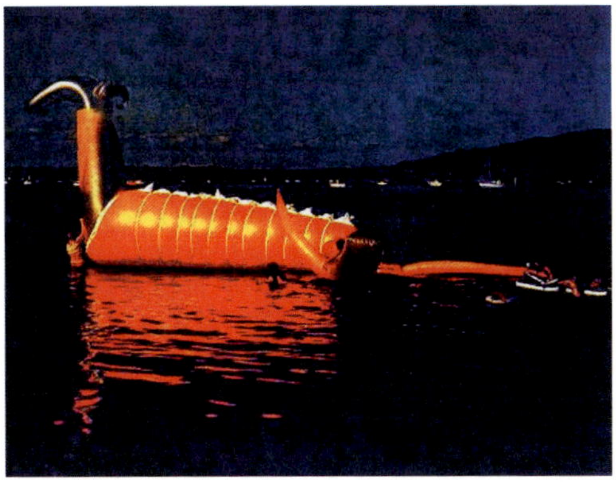

03 Tone Fink, Filmstill aus *Katijubato*, Umsetzung des Objekts: Michael Schultes, 1986, © GeePeeWinter

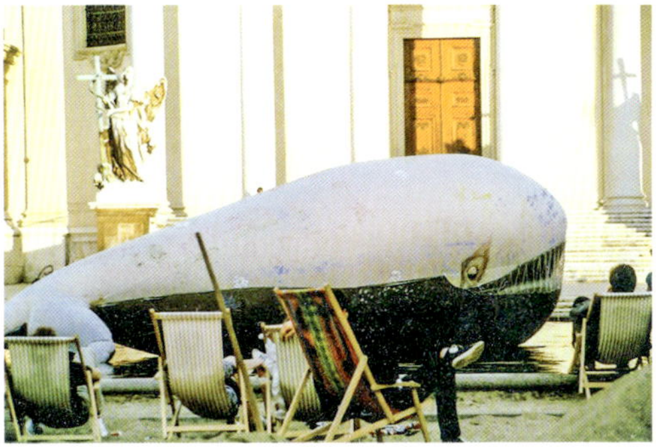

04 Margot Pilz, *Kaorle am Karlsplatz*, Umsetzung des luftgeformten Wal-Objekts: Michael Schultes, 1982, © Margot Pilz[2]

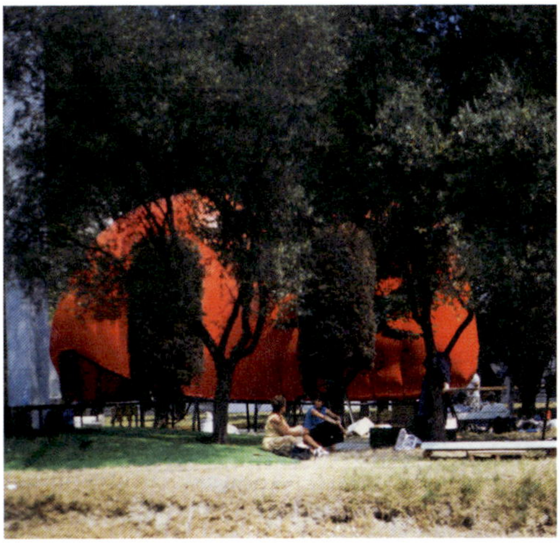

05 Asymptote Architecture, *FluxSpace 2.0*, Biennale Venedig, Umsetzung: Michael Schultes, 2000, © Alexander Wiesauer

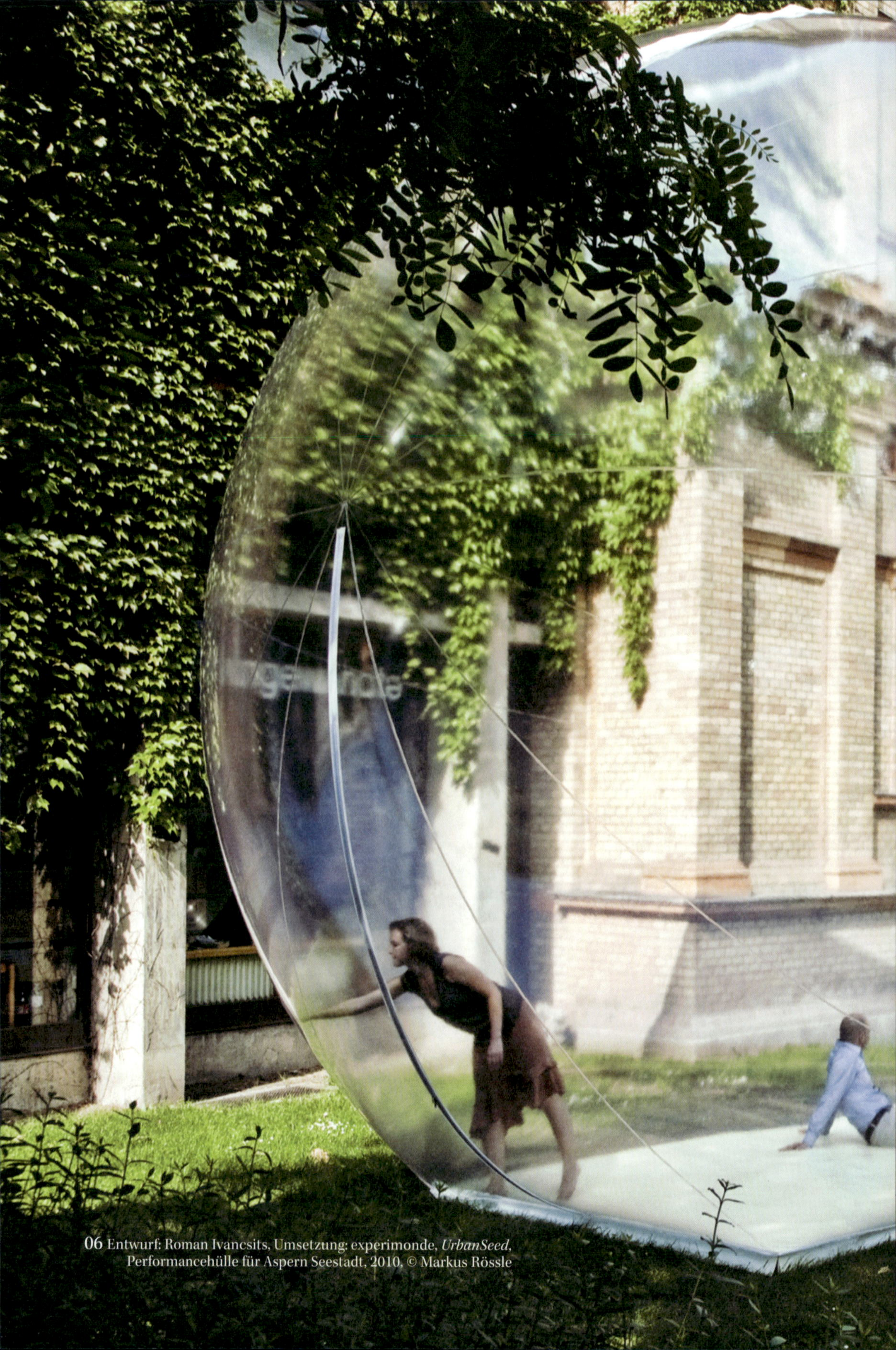

06 Entwurf: Roman Ivancsits, Umsetzung: experimonde, *UrbanSeed*, Performancehülle für Aspern Seestadt, 2010, © Markus Rössle

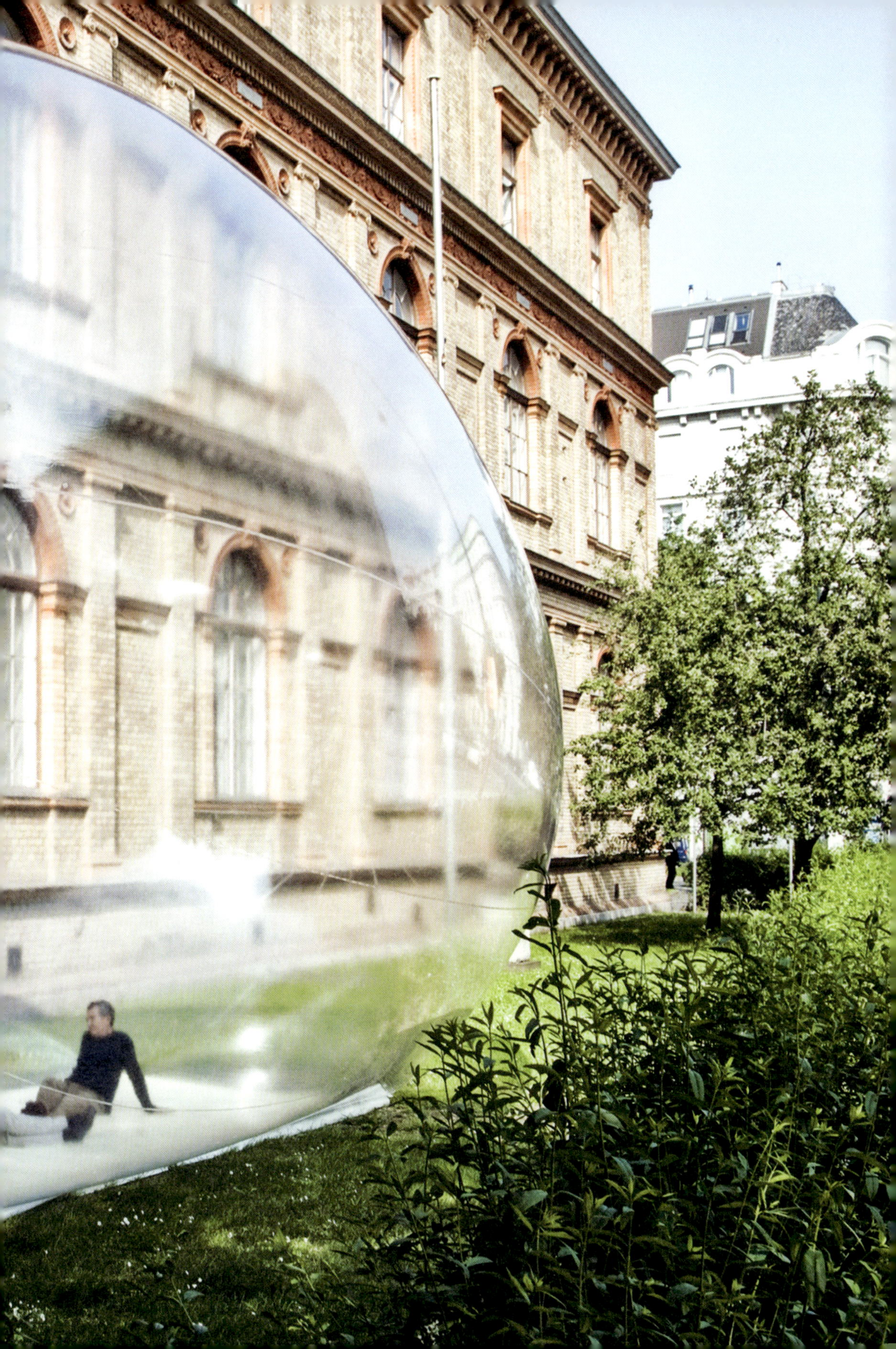

07–09 Michael Schultes und Studierende, *The Giant Cloud*, Carnevale di ragazzi, Vorprogramm der Biennale di Venezia, 2011, © Daniel Aschwanden

10 *The Essence 2010*, Ausstellungsansicht Künstlerhaus Wien. Die künstlerischen Arbeiten von Studierenden der Abteilung *Textil* wurden in und auf Kunststoffkugeln (die in den Maßen den Arbeiten angepasst waren) präsentiert, © Barbara Putz-Plecko

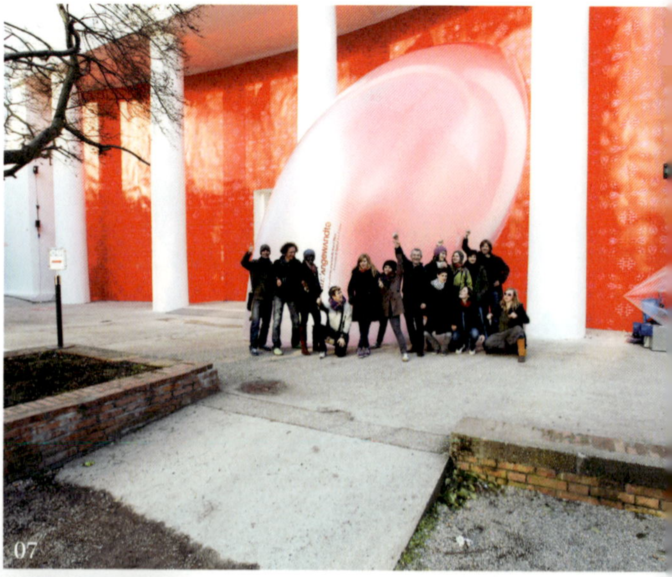

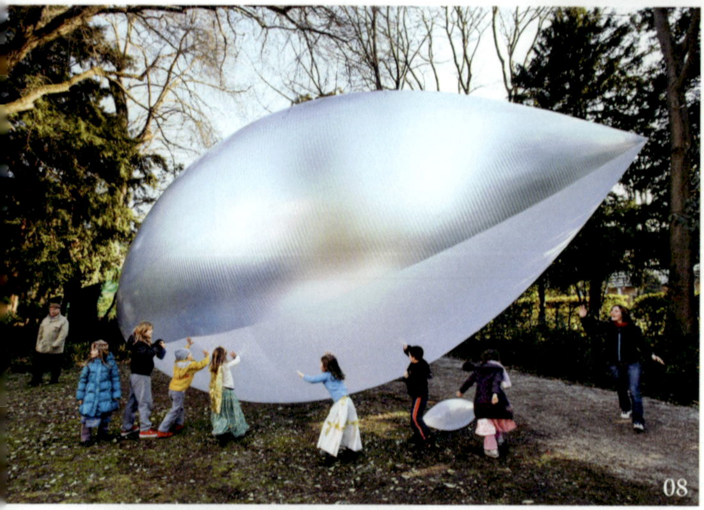

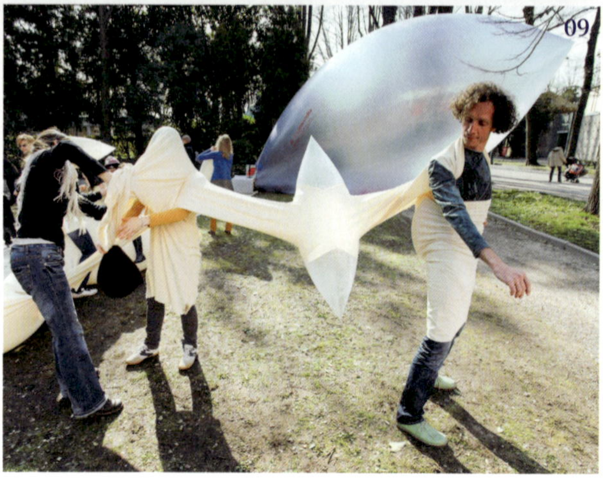

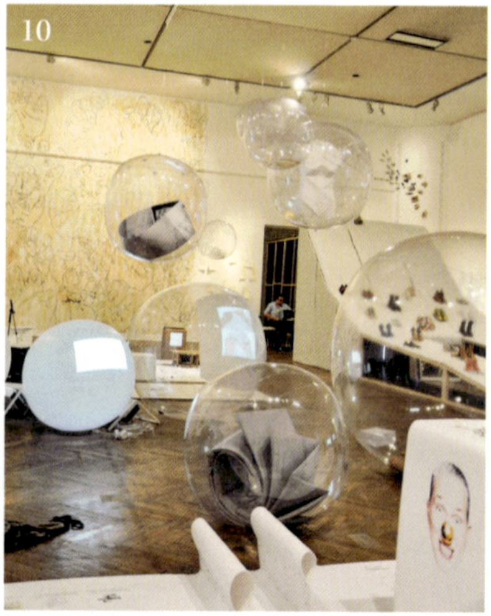

als Drehscheibe könnten unglaublich inspirierende fächerübergreifende Projekte umgesetzt werden.

Daher postuliere ich an dieser Stelle die Forderung, dass Plastik in der Lehrer*innenausbildung aus der Schmuddelecke geholt und gleichwertig wie Holz oder Metall in den Unterricht einbezogen wird.

Vielleicht helfen die folgenden Bilder dreier Projekte, die ich mit ein paar engagierten Kolleg*innen im Zuge meiner Lehrveranstaltung umsetzen konnte (→ 02, 07–10). Meinen Nachfolger*innen wünsche ich für die gleiche Mission, wie ich sie hatte, viel Fantasie, Mut und Geduld![6]

Meine heimliche Lieblingstechnologie

Beinahe hätte ich vergessen zu erwähnen: Membranen lassen sich natürlich hervorragend bedrucken, ganz besonders im Siebdruckverfahren. Das weiß ich seit Mitte der 1960er-Jahre, als mir ein gewisser Alexander Heinrici knapp vor seiner Emigration aus dem damals so öden Wien die Basics dieser wunderbar vielfältigen Kunst in einem Nachmittagsprivatissimum beibrachte.

Na, diese Farben haben vielleicht gestunken und waren voll mit Blei, Cadmium und anderem Gift. Aber die Menschheit hat es nicht dabei bewenden lassen. Heute gibt es hervorragende wasserbasierte Farben und nachweislich umweltfreundliche Beschichtungsmaterialien. Denn es geht doch!

Alle, die für Inspirationen zum Thema Kunststoff im künstlerischen Lehramt empfänglich sind, finden aktualisierte Beiträge unter diesem QR-Code.

---

1 | Alexander Heinrici, *Andy Warhol's Favourite Printer*, Video, 2018. www.youtube.com/watch?v=Dttu-MidrYc [11.04.2024].

2 | Siehe www.margotpilz.at/margot_pilz_kaorle.html [11.04.2024].

3 | Siehe www.bohen.org/project/asymptote-architecture-fluxspace-2.0 [11.04.2024].

4 | Siehe www.parkettart.com/editions/p/koons-jeff-40-41 [11.04.2024].

5 | Siehe www.europarl.europa.eu/topics/de/article/20201208STO93327/umweltauswirkungen-von-textilproduktion-und-abfallen-infografik [11.04.2024].

6 | Nachfolger von Michael Schultes an der Abteilung wurde der Künstler Kristoffer Stefan. Seinen Zugang zu Kunst(stoff) und Lehre beschreibt er im Beitrag *Wir navigieren – als Individuum, als Kollektiv, als Ökosystem* auf S. 142.

WIR NAVIGIEREN: ALS INDIVIDUUM, ALS KOLLEKTIV, ALS ÖKOSYSTEM

Kristoffer Stefan

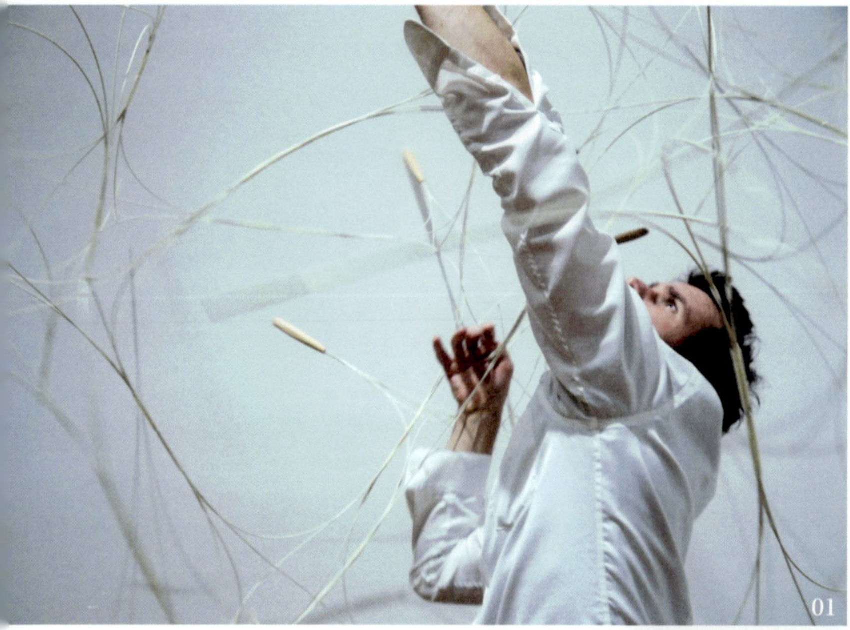

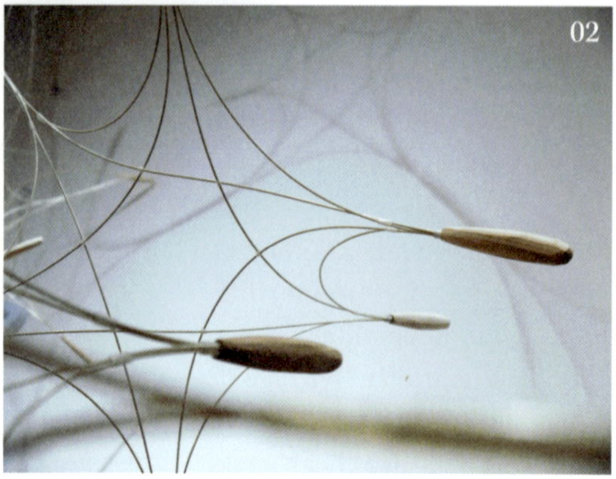

01–03 Kristoffer Stefan, *Griff/Handles*, 2022. Glasfaserverstärkter Kunststoff, Silikon, Holz, © Kristoffer Stefan

Wir sammeln Eindrücke, machen Erfahrungen, erschließen Perspektiven, entwickeln Herangehensweisen, machen Bekanntschaften und erkunden unterschiedliche Bereiche. Wir begründen und ändern unsere Ansichten. Wir lernen, wir forschen, wir agieren. Eingebettet in ein netzwerkartiges Gefüge setzen wir Dynamiken in Gang, deren beständige Wirksamkeit wir nur ansatzweise erfassen. Neue Erfahrungen wirken auf bestehende Linien ein, in Erinnerung Gerufenes wird aktualisiert, etablierte Gewissheiten werden obsolet. Soeben noch kaum Beachtetes wird als zentraler Faktor erkannt – um noch im selben Atemzug von der Vieldeutigkeit ineinandergreifender Wirkungsweisen eingeholt zu werden.

Beim nunmehrigen Versuch, uns in einer sich verändernden Welt zurechtzufinden, erkunden wir uns nicht nur selbst als formgebender Faktor eines komplexen Geschehens – auch unser individuelles Dasein basiert auf der Unübersichtlichkeit eines solch vielschichtigen Gebildes. Nicht nur die weitläufige Wirksamkeit unserer Handlungsweisen ist ein integraler Bestandteil globaler Prozesshaftigkeit – auch unsere Wahrnehmung, unser Verständnis, die Widersprüchlichkeit unserer Werthaltungen sowie das Bestreben, unsere Betrachtungsweisen stetig zu aktualisieren, sind hierfür entscheidend.

Wir folgen unseren Sinnen und entwickeln ein eigenes Gespür. Wir ergründen die Reichweite der eigenen Handhabe, erkennen die eigene Gestaltungsmacht – und entwickeln einen individuellen Sinn für Verantwortlichkeit. Wir schärfen unsere Wesenszüge – und lassen die eigenen Fäden jene anderer kreuzen. Wir führen Gespräche, gehen Kollaborationen ein, erhalten Einblick in andere Welten. Wir sehen mit neuen, sehen mit vielen Augen. Wir erkunden als Netzwerk – und entwickeln ein gemeinsames Sensorium.

Wir bewegen uns in Feldern, welche wir nicht überblicken, agieren gleichsam auf zwischenmenschlicher wie auf persönlicher, auf planetarer wie auf molekularer, auf konzeptueller wie auf stofflicher Ebene. Wir sind Teil von Gesellschaft, Teil von Natur, sind Teil unseres Gegenübers. Wir finden uns zur selben

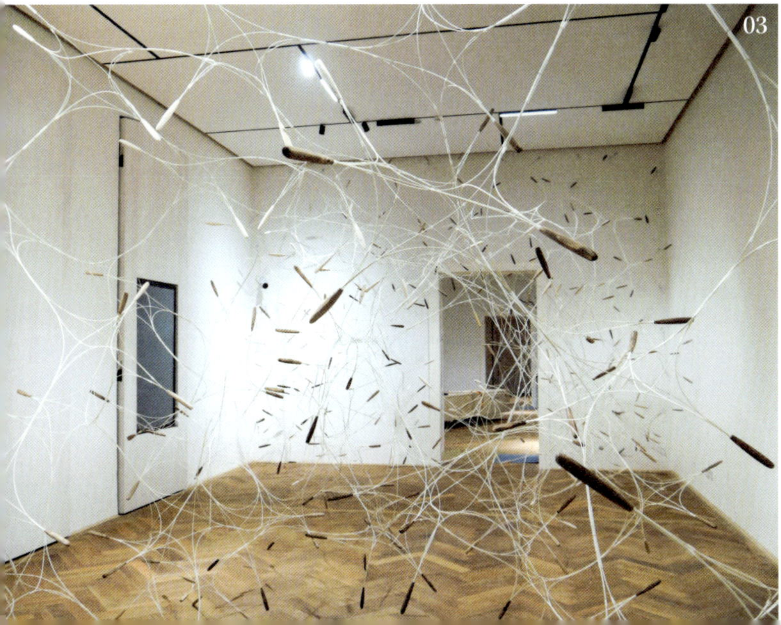

Zeit in unterschiedlichen Rollen wieder – als Lernende, als Lehrende, als Kolleginnen und Kollegen – als Begreifende, als Betroffene, als Gestaltende.

Wir erschließen Unbekanntes; wann immer wir neue Personen kennenlernen, neue Fachbereiche oder Materialitäten studieren, sobald wir uns möglichst unvoreingenommen auf Situationen einlassen, eröffnen sich neue Betrachtungsweisen – spezifische Linsen, durch welche wir neue Einblicke erhalten und vermeintlich Altbekanntes neu zu erfassen vermögen. Jedes Handeln wird Methode, jeder Inhalt wird Infrastruktur, jede Erfahrung wird Teil des eigenen Instrumentariums.

Wir erleben das Aufkommen einer neuen Ära, erschließen neue Wege, entwickeln ein neues Verständnis und forcieren die Etablierung entsprechender Formate – um diese nicht zuletzt mit jenen vorgefundenen Institutionen, Regelwerken und überlieferten Verhaltensweisen in Wechselwirkung treten zu lassen. Wir navigieren – als Individuum, als Kollektiv, als Ökosystem.

Beim Durchschreiten der Rauminstallation im Anthropozän-Raum des neuen Kärnten Museum wird das Wesen der eigenen Teilhabe greifbar (→ 01–03). Besucher*innen finden sich wieder in einem adaptiven Raum, als Teil eines Netzwerks, eines Geflechts aus ineinandergreifenden Wirksträngen. Konfrontiert mit einem Dickicht, einer Vielzahl von Angriffspunkten, kommen sie nicht darum herum, in Kräfteverhältnisse selbst einzugreifen. Eingebettet in dieses veränderliche Umfeld wird die Wechselwirkung mit der eigenen Umgebung sichtbar – und gemeinsames Handeln wird direkt erfahrbar.

*Das Abwesen** ist eine Auseinandersetzung mit nicht sichtbaren Übergangszuständen innerhalb eines Prozesses. Die Interaktion der gegensätzlichen Materialien unterläuft eine kontinuierliche Einschreibung der Transformationsprozesse in Form von Linien. Jede dieser Linien ist Spur einer Mikroperzeption; ihre Gesamtheit formt eine Makroperzeption, welche die vorherigen Zustände beinhaltet. Sie sind das nicht sichtbare Wesen im Wesen selbst.

* Begrifflichkeit von Byung-Chul Han

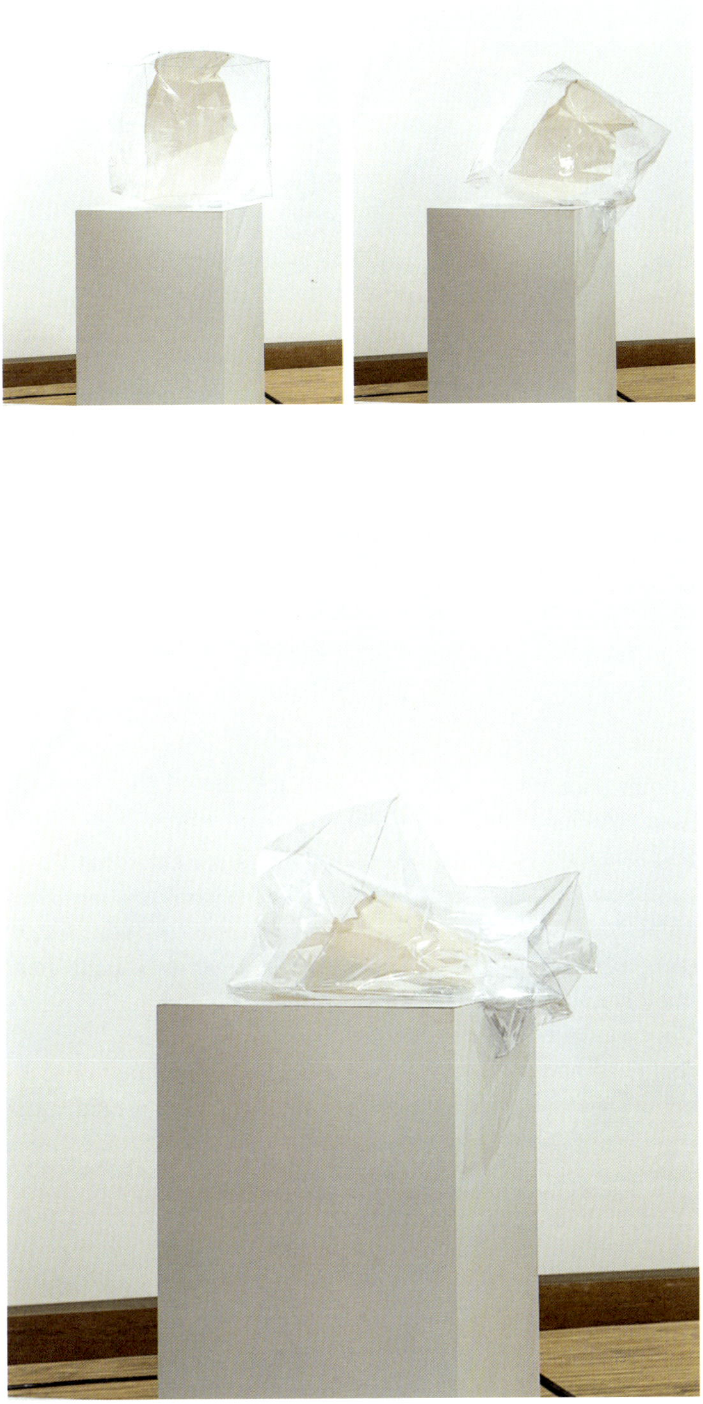

04–06 Sophie Olivia T. Schmidt, *Das Abwesen, 2022*. PVC, Papier, © Sophie Olivia T. Schmidt

designSTRICKtextil

Strickjacken mit Schremser Bezug und andere StrickDinge

Susanne Gobl

Projektleitung: Susanne Gobl

Projekt in Kooperation mit der Stadtgemeinde Schrems

Teilnehmende Studierende: Anna Lena Bankel, Ralf Edelmann, Hanna Hollmann, Bettina Laimer, Mona Quintus

In meinen Lehrveranstaltungen zum Thema Stricken steht neben der Auseinandersetzung mit technologischen Grundlagen – Materialeigenschaften, Stricktechniken und Herstellungsverfahren – das ästhetische Objekt mit Fokus auf der individuellen Lösungssuche in künstlerischer, experimenteller oder zweckorientierter Hinsicht im Vordergrund. In speziellen Seminaren zum künstlerischen Arbeitsprozess ist das Finden einer originären Idee der Themenschwerpunkt.

Zum Beispiel erforderte das Seminar *maschinenSTRICK* von den Studierenden, ihr „StrickDing" über einen assoziativ-forschenden Prozess in Einzelbilder zu zerlegen. Ausgangsobjekte für die textilen Arbeiten waren persönliche, nützliche, wertvolle oder wertlose, verbrauchte, verschlissene, ausgeleierte oder aufgetragene, zerrissene, verbeulte „StrickDinge", deren Eigenschaften und Zuordnungen, Positionierungen, Ergänzungen, Entgrenzungen, Begrenzungen und Verschiebungen auf ihre spezifischen Qualitäten hin untersucht wurden. Diese Fundstücke dienten den Studierenden als Ausgangsmaterialien für ihre künstlerisch-experimentelle Textilarbeit auf Basis des Maschinenstrickens.

Tragbare Strickjacken

Schrems im nördlichen Niederösterreich, seine Geschichte und seine Performanz waren die Schnittstelle für den künstlerischen Forschungsprozess im Kontext von *design*STRICK*textil*. Das Projekt setzte sich mit einer zeitgemäßen, kulturnahen und modernen Interpretation von Strick, Design und Mode als Basis einer zukünftigen Entwicklungs- und Forschungsarbeit in der Region auseinander. Die Studierenden sollten praktische Erfahrungen mit den technischen, gestalterischen, kulturellen, sozialen und wirtschaftlichen Fragen des Modedesigns machen.

Der Ausdruck von regionaler Zugehörigkeit und Identität hat im Bezirk Gmünd große Bedeutung und wird einerseits durch ein Corporate

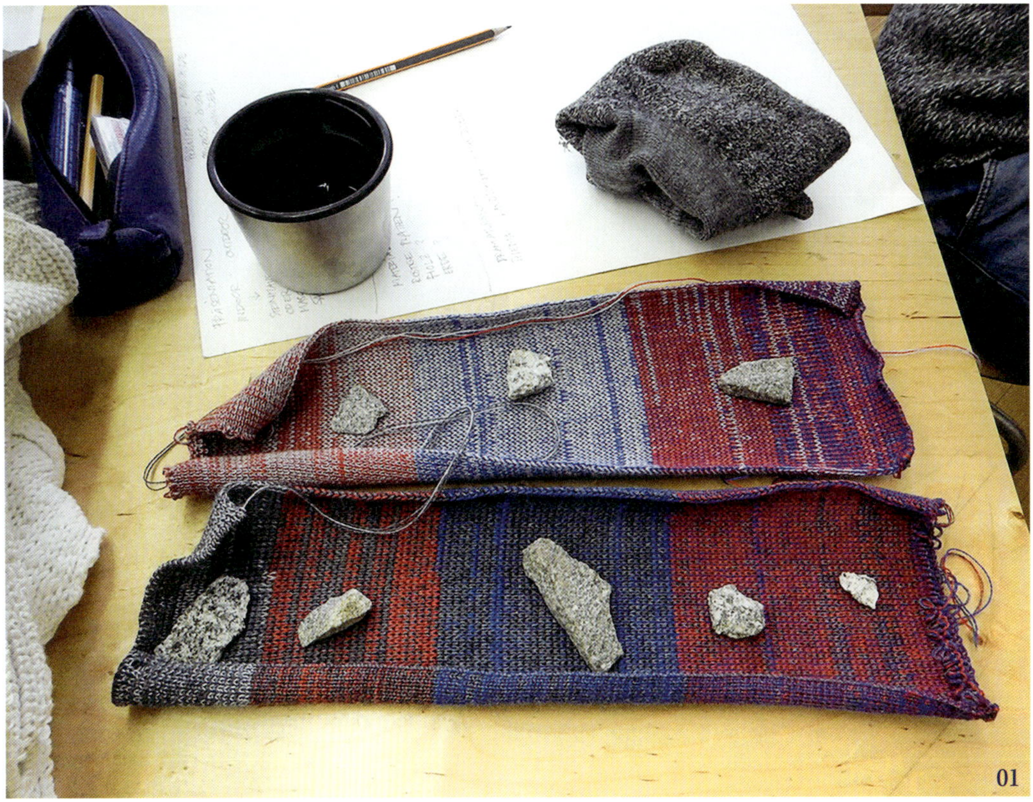

01

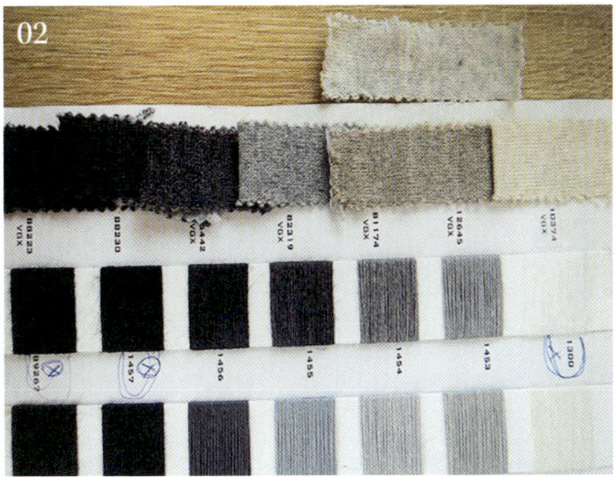

02

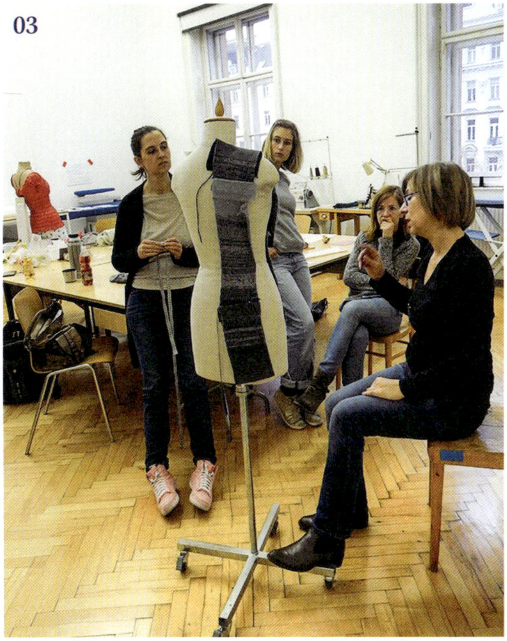

03

01 Festlegung von Materialkonstellationen, 2014, © Susanne Gobl

02 Sichtung und Auswahl von Farb- und Materialspektren, 2014, © Susanne Gobl

03 Diskussion der Strickproben und Modelle, 2014, © Susanne Gobl

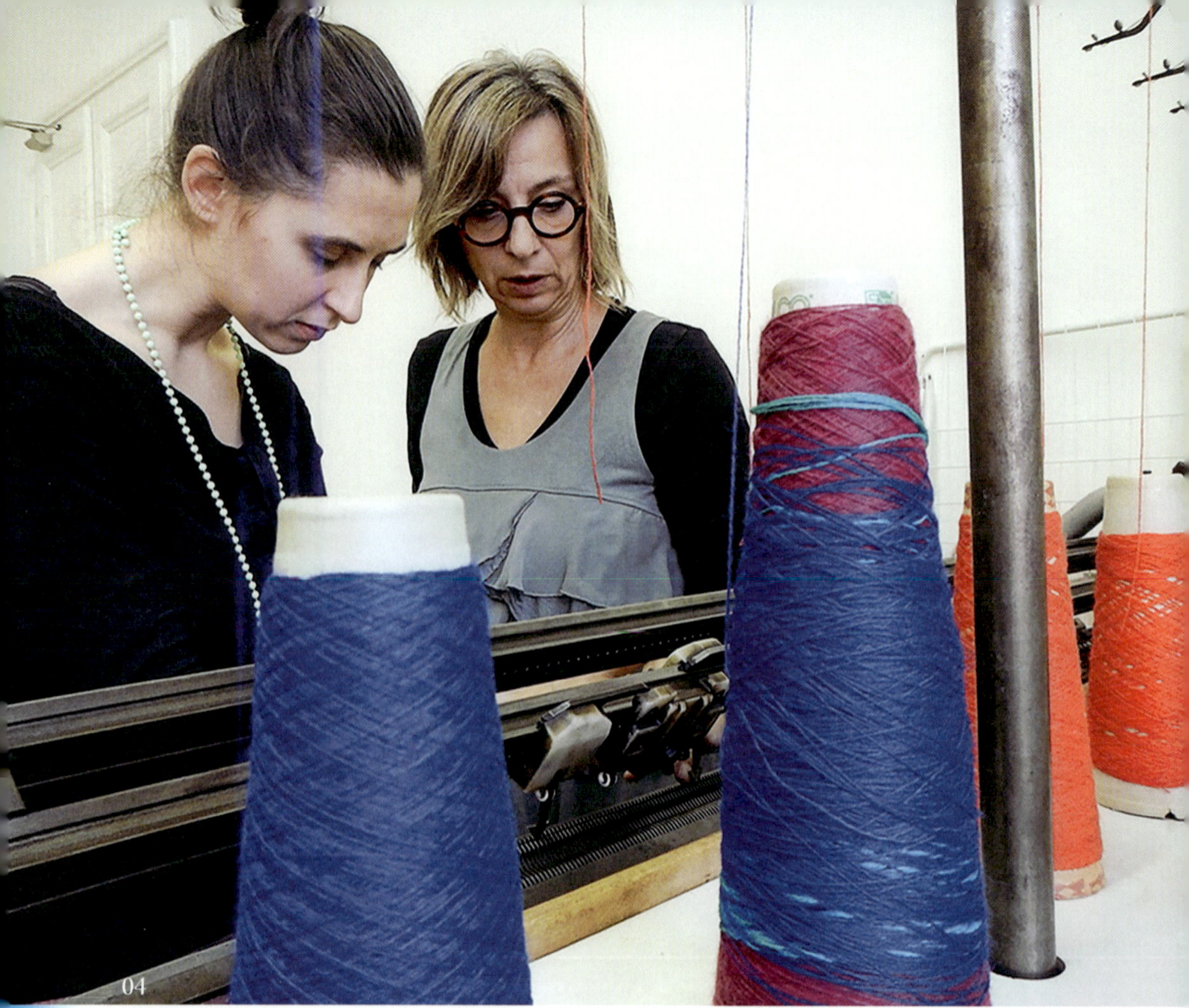

04

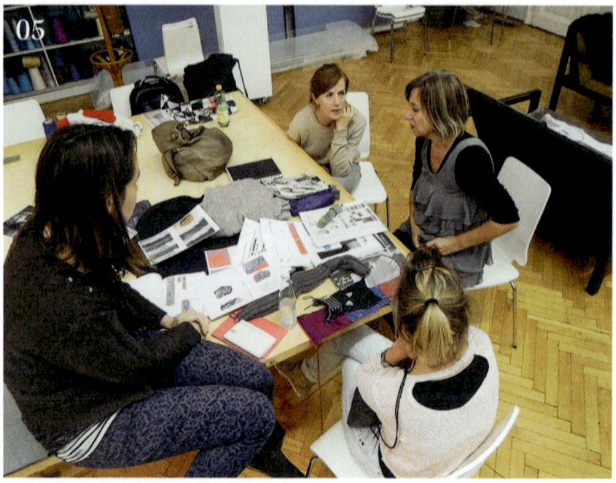

05

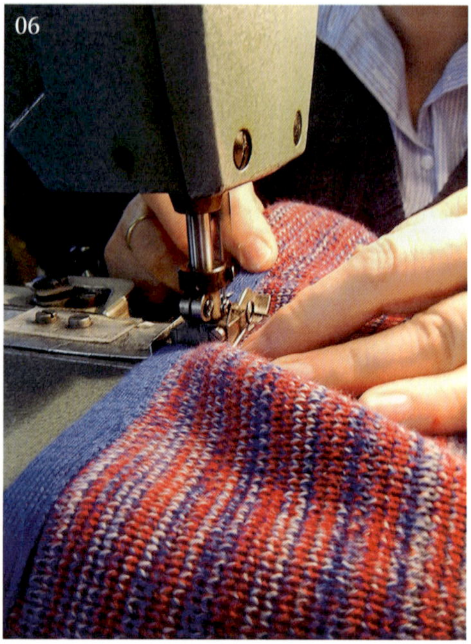

06

04 Endfertigung, 2015, © Susanne Gobl

05 Projektbesprechung im Seminar, 2014, © Susanne Gobl

06 Einer der gefertigten Prototypen, 2015, © Susanne Gobl

Clothing zum Ausdruck gebracht, andererseits schätzen Einheimische und Tourist*innen verschiedene Kleidungsstücke und Accessoires mit Brands wie zum Beispiel *Wald4tel*. Die Stadt Schrems war daran interessiert, die historische und wirtschaftliche Bedeutung von Strickware und Granit (zwei typische Schremser Produkte) in Erinnerung zu rufen und zu beleben. Die Studierenden wurden beauftragt, tragbare Strickjacken zu produzieren, deren regionaler Bezug sich durch die Kommunikation mit den Menschen vor Ort erschließen sollte. Die Herausforderung bestand also darin, ihr künstlerisches Potenzial auf mehreren Ebenen einzusetzen und fremdes Forschungswissen einzubeziehen.

Ihr erster Zugang war die Findung einer Farbpalette, in der die Strickdesigns entwickelt werden sollten, die sich nach dem Stadtwappen richtete und eine Verbindung von Strick und Granit darstellte. Aufgrund von vielfältigen Eindrücken nach einem Besuch im Steinbruch und in der Umgebung entstanden viele wertvolle künstlerische Ideen und Skizzen, die als Grundlage für den Designprozess dienten.

Die Übersetzung in einen Strickstoff bzw. ein Strickmuster war der nächste Schritt der Ausführung. Parallel gab es Versuche, aus den Granitstücken Knöpfe zu erzeugen, die für die Designs notwendig waren. Anschließend wurden die Prototypen in einem Strickbetrieb erzeugt und gefertigt.

Anmerkung

Barbara Putz-Plecko

Mit Projekten wie diesem, mit seinem konkreten regionalen Bezug und seiner Einbettung in ein spezifisches Produktionsfeld mit jeweils speziellen Vorgaben, soll den Studierenden bereits im Rahmen des Studiums ein zugleich seriöser, kritischer und kreativer Umgang mit Verbindlichkeiten und Erwartungen von Auftraggeber*innen, Produzent*innen und Nutzer*innen nahegebracht werden. Diese Projekte sind oft gleichermaßen wertvoll wie anstrengend, da sie meist eine Konfrontation mit diversen Regeln, Konventionen und Zeitvorgaben mit sich bringen und sowohl die Kommunikations- als auch die Konfliktfähigkeit aller Beteiligten in besonderem Maße herausfordern. Trotzdem lohnen sich Aufwand und Einsatz, um Studierende entsprechend auf die Vielseitigkeit und Dynamik möglicher professioneller Bezugsfelder vorzubereiten.

VOM SCHWIERIGEN UNTERFANGEN, EIN TEXTILES GEWEBE ABZULICHTEN

Konrad Strutz

Die Fadenzahl eines Siebes für grafische Drucke beträgt üblicherweise etwa 100, jedenfalls nicht weniger als zehn und selten mehr als 160 Fäden pro Zentimeter. Innerhalb der Maschen dieses Gewebes (ihre Weite ist der Fadenzahl natürlich gegenläufig und befindet sich im Bereich von 430 bis 30 Mikrometer) wird Fotoemulsion gebunden. Durch einfallendes UV-Licht verfestigt sie sich und bleibt; hält aber ein darauf gelegter Film oder ein Objekt an seinen opaken Stellen das Licht ab, kann die Emulsion dort wieder ausgewaschen werden. Dieser Vorgang genügt bereits, um eine textile Schablone herzustellen, die mehr oder weniger dem Sujet auf der Filmvorlage entspricht – invertiert natürlich, das Helle wird dicht und umgekehrt. Dadurch ist sie gerade derart farbdurchlässig, dass im Druck wieder das ursprüngliche Motiv entstehen kann.

Umgekehrt ist es allerdings nicht mehr so einfach. Während die Schablone auf dem textilen Sieb noch fast von allein entsteht, ist das fotografische Abbilden des Gewebes – selbst unter idealen Bedingungen – eine Herausforderung für Technik und Methode. Nicht nur, weil die Zahl der Fäden auf einem Zentimeter mitunter auch weit höher sein kann als vorhin beim Siebdruck und damit der Spagat zwischen dem Gesamteindruck und der Wiedergabe von Details nicht bewältigt werden kann. Vor allem hat man es nun nicht mehr mit einer bloßen Projektion zu tun, die sich bereitwillig an jede Oberfläche anpasst, sondern mit einem Gegenstand mit eigenen Höhen und Tiefen, wie gering diese auch sein mögen. Die Strukturen seiner Topografie können sichtbar sein oder einander verdecken, sie können sich im Lichtschein transluzent verhalten oder ihn reflektieren. Damit wirken sie glänzend und seidig oder auch stumpf und matt; manche Stoffe schlucken nicht nur den Schall, sondern auch das Licht. Ganz zu schweigen von der unlösbaren Frage, um welche Farbe es sich eigentlich handelt, wenn man es mit einem Gewebe zu tun hat. Es ist natürlich dieses Eigenleben, welches das Material besonders ausmacht, und gleichzeitig sind es gerade auch diese Eigenschaften, die seine fotografische Darstellung so anspruchsvoll und ihre Lesbarkeit so schwierig machen.

Wenn man es wirklich ganz genau nimmt, wird es sogar noch schlimmer. Dann sind nämlich keine zwei Blickwinkel auf eine solche gewebte Struktur überhaupt miteinander vergleichbar. Je nachdem, wo sich die Kamera zum Zeitpunkt der Aufnahme gerade befindet, blickt sie vielleicht durch eine Masche direkt hindurch, hat aber auf eine andere, die weiter abseits der Bildmitte liegt, überhaupt keine Sicht mehr und der fotografische Blick muss dort an der Oberfläche hängen bleiben. Will man einem Gewebe mit fotografischen Mitteln völlig gerecht werden, es möglichst gleichmäßig detailliert über die gesamte Bildfläche darstellen, so bleibt einzig die Möglichkeit, seiner Struktur penibelst zu folgen. Die Kamera muss also genau jene Choreografie nachvollziehen, die ein Schiffchen im Webstuhl vollführt hat und Zeile für Zeile dem Faden folgen. Wenn dabei jeweils aus der Bildmitte nur ein minimaler Ausschnitt erfasst wird – in digitalen Aufnahmen bietet sich ein einzelnes Pixel an –, kann später durch Aneinanderreihung all dieser Bildmittelpunkte eine neue, zusammenhängende Fotografie konstruiert werden.

Hat die Fotografie sich erst einmal ein strenges Vorbild am Gewebe genommen, so muss sie unwillkürlich ihre gewohnten Eigenschaften in Frage stellen: Die Eindeutigkeit von Standpunkt und Zeitpunkt innerhalb einer Aufnahme geht verloren, ihre Abbildungen werden vielmehr Abdrücke eines Raumes als Dokumentation einer Situation. Mit dem festgelegten Blickpunkt kommt aber auch jene Perspektive abhanden, die sich so sehr als Grammatik des Bildverstehens etabliert hat. Sie wird abgelöst von einem Aufbau ohne innere Hierarchien zwischen der Bildmitte und den Rändern. Was die Fotografie hier vom Gewebe lernt, ist nichts weniger als die Bedeutung von Gleichzeitigkeit und Vernetzung, wie sie sich in einer von ubiquitären digitalen Sensoren geprägten Welt manifestiert hat. So könnte den Metaphern des Fallens und Schwebens in Hito Steyerls *In Free Fall: A Thought Experiment on Vertical Perspective*[1], die diesen Paradigmenwechsel thematisieren, das Weben als Sinnbild für einen Modus Operandi zur Seite gestellt werden, der Fotografie als Datensammeln und permanentes Scannen versteht.

Auf solche und auf viele weitere Arten werden fotografische Techniken und Methoden neu gedacht und praktiziert, wenn sie in den künstlerischen Prozessen an der Abteilung *Textil – Freie, angewandte und experimentelle künstlerische Gestaltung* zum Einsatz kommen. Sie dienen nicht nur der unmittelbaren Herstellung künstlerischer Arbeiten, sondern auch als Mittel zur Entwicklung von Konzepten, als Experimentierfeld oder zur Erforschung medienübergreifender Zusammenhänge. Die Schnittstellen und Verbindungen mit dem Medium Fotografie sind oft unerwartet und komplex. Sie verlangen eine ständige Adaption etablierter fotografischer Arbeitsabläufe und das laufende Erschließen von Zugängen zu neuen Disziplinen.

1 | Hito Steyerl und Franco Berardi, *Hito Steyerl: The Wretched of the Screen*. Berlin: Sternberg Press, 2012, 23–3.

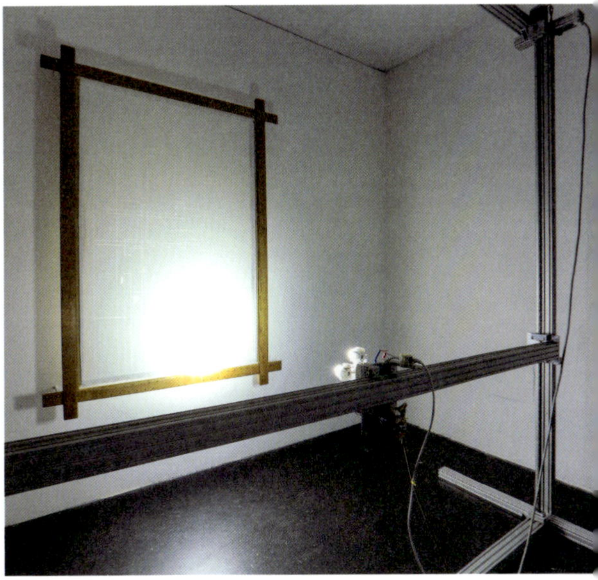

01 Manora Auersperg und Konrad Strutz, *Transcription – Untitled and Orthogonal Projector*, 2017, © Konrad Strutz

STUDIO PRAXISTEST

Paul-Reza Klein, Uli Kühn und Robert Zimmermann

Studio Praxistest ist eine offene Werkstätte mit Schwerpunkt auf neuen Technologien und Fertigungsverfahren für Künstler*innen und Vermittler*innen der Universität für angewandte Kunst Wien. Aufgabe der Werkstätte, die allen Studierenden der Kunstpädagogik zur Verfügung steht, ist angewandte Technologievermittlung im Kontext von Medienkunst und Design. Im Fokus stehen konkrete Lösungen bei technischen Problemstellungen sowie die Vermittlung grundlegender Techniken und Prinzipien der Elektrifizierung, Digitalisierung und Automatisierung.

Die Werkstätte wurde 2008 als studentische Initiative von Paul-Reza Klein, Robert Zimmermann und Ulrich Kühn mit tatkräftiger Unterstützung der Professor*innen Barbara Putz-Plecko und James Skone gegründet. Heute positioniert sich *Studio Praxistest* an der Schnittstelle von experimentellem Soundstudio und Hackerspace. Die Themenfelder Medienkunst und Sound Art, verwoben mit Physical Computing und Rapid Prototyping, eröffnen vielfältige strategische Ansätze zur Verknüpfung der Inhalte von textilem und technischem Werken, wie sie heute im Unterrichtsfach Technik und Design zusammengeführt sind (→ 02–03, 08).

Seit der Gründung hat sich die Wandelbarkeit und permanente Neuverhandlung der Strategien und thematischen Schwerpunkte als eine der größten Stärken des Studios gezeigt. Zwar setzen alle drei Lehrenden verschiedene Schwerpunkte, aber die Themenfelder sind nie nur einem von ihnen zugeordnet, sondern immer das Ergebnis einer kollaborativen Anstrengung. Sie ergeben sich nicht zuletzt aus den Interessen und Bedürfnissen der Studierenden.

Das Studio wurde über die Jahre zu einem wesentlichen Netzwerkknoten innerhalb der Medienkunst der DIY-Szene Wiens und der Universität, und ermöglicht den Studierenden dadurch den Anschluss an außeruniversitäre Initiativen. Über die Jahre ist die Liste an Kooperationspartnern kontinuierlich angewachsen, darunter finden sich u. a.: Radperformance, Sandkasten Syndikat, Bikekitchen, Moozak (Plattform für experimentelle Musik), die Pädagogischen Hochschulen Niederösterreich, Oberösterreich und Wien, die Universität Wien (Prof. Fares Kayali), die Human Computer Interaction Group der technischen Universität Wien, der Berufsverband österreichischer Kunst- und Werkerziehung, die ARGE Werken, das Science Center Netzwerk.

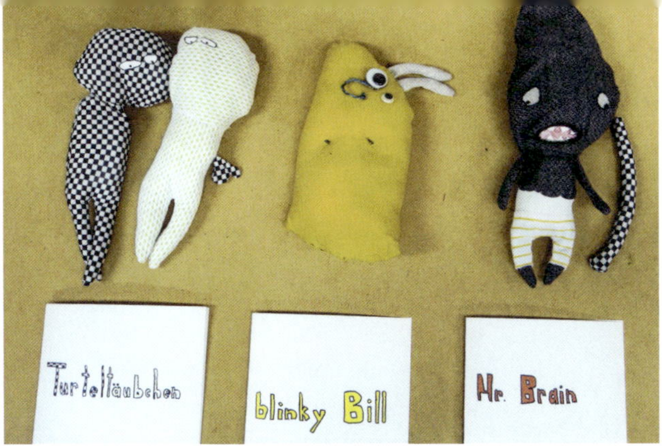

01

01 Rosa Falb, *Rosa Tiere*, 2013. Stoff, 40106 IC-Chip, Elektronik, Sensoren; entstanden in der Lehrveranstaltung Analoge/digitale Schnittstellen, © Uli Kühn

02 Kim Damian Gallasmayer, Conni Feitsinger, Leo Zellweger, Annika Zwillich und Henriette Nordbeck performen mit diversen Soundquellen, Kontaktmikrofonen und Mischpulten im „g.o.l.f. club", 2023, © Barbara Putz-Plecko

03 Utensilien der Performance *Auditives Spinnen* von Nina Wandruszka und Manu Solomon, „g.o.l.f. club", 2023, © Barbara Putz-Plecko. An den Spinngeräten: Kontaktmikrofone (diy-piezo, AKG411L) und ein Gesangmikrofon (sm58); die Signale wurden in diverse Effekte wie Hall, Reverb und Filter eingespeist und mittels Mischpult live abgemischt.

02

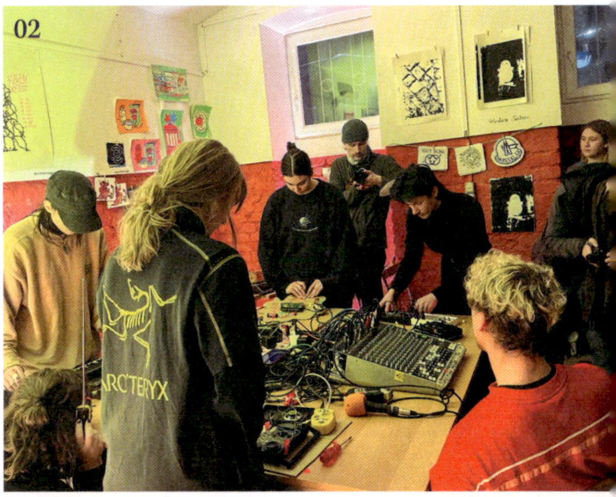

03

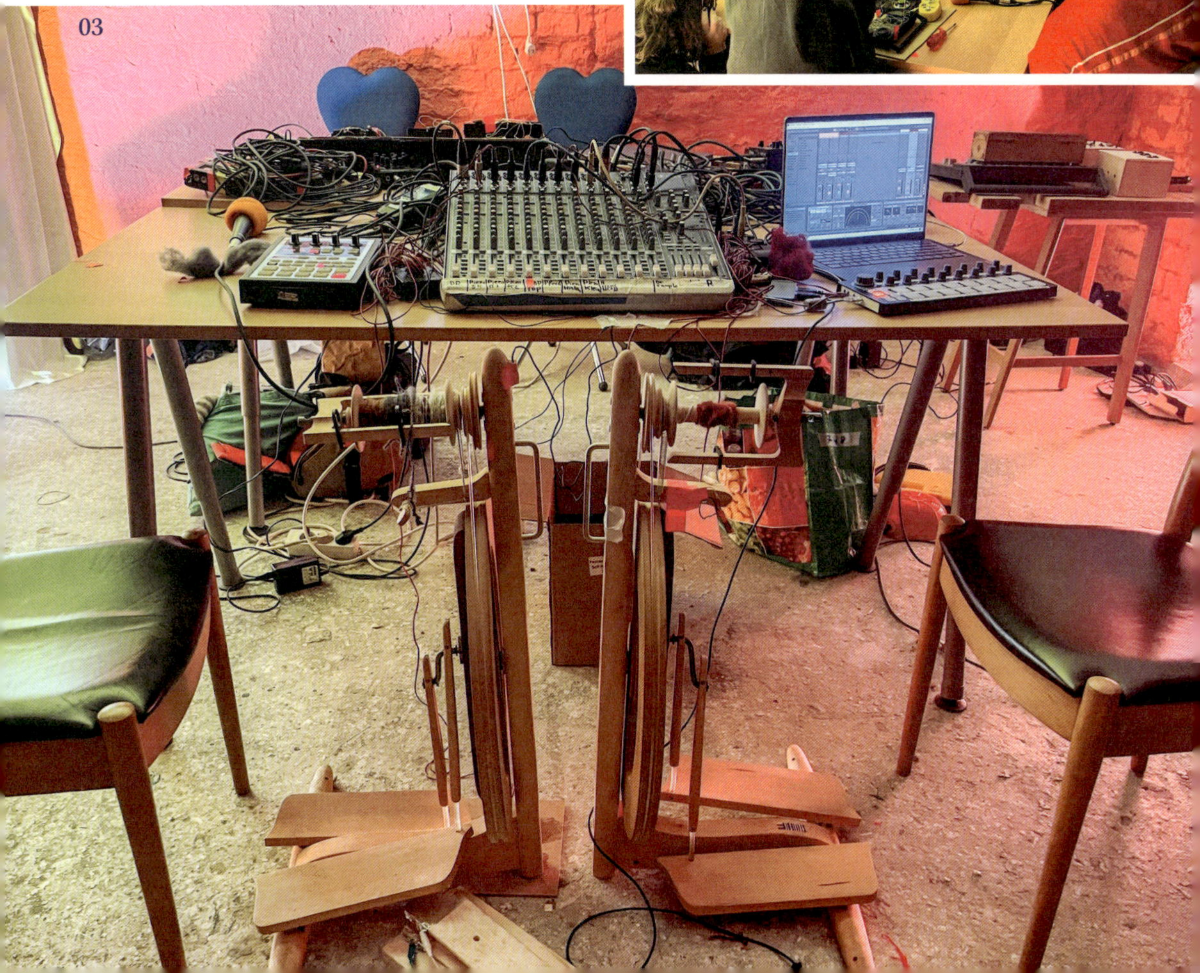

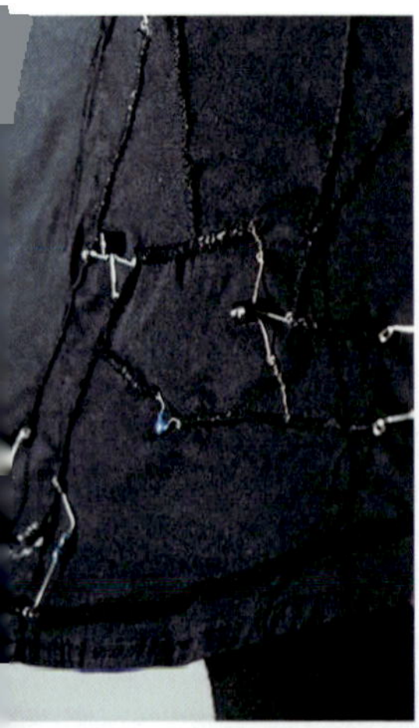

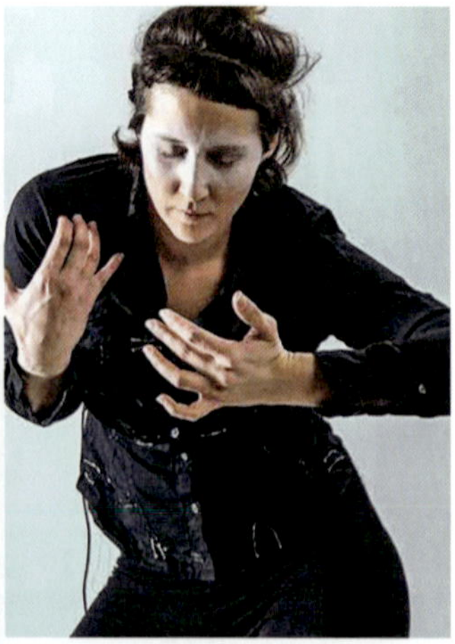

04–05 Liliane Kölb, *Resistant – Textile Body Instrument*, 2020. Performance mit Hemd, bestückt mit elektronischen Applikationen, © Liliane Kölb

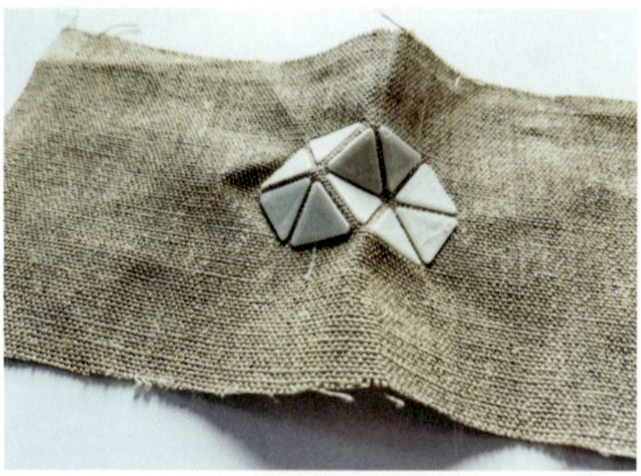

06 Praxistest_Textiler Träger mit elektronischen Applikationen (Dreiecke), 2020, © Robert Zimmermann

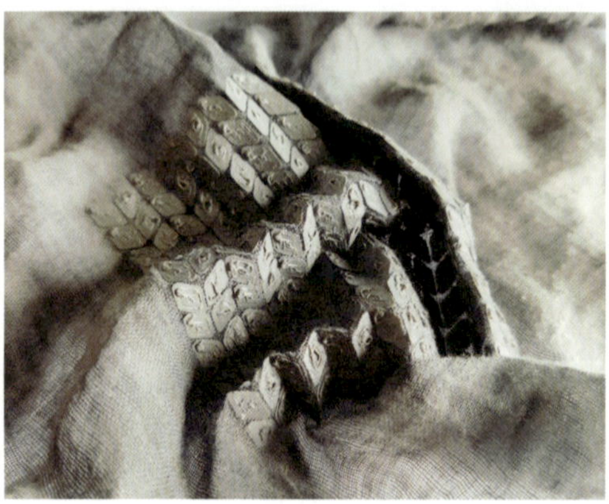

07 Praxistest_Textiler Träger mit elektronischen Applikationen (Trapeze), 2020, © Robert Zimmermann

Die Breite der Betreuungsansätze in der Werkstätte fördert die Entwicklung von Arbeiten, die künstlerische und vermittelnde Strategien spielerisch miteinander verbinden. So etwa können die von Rosa Falb um 2013 als Vermittlungskonzept entwickelten interaktiven Stofftiere leuchten, tönen und sich bewegen, wenn bestimmte textile Teile miteinander verbunden werden (→ 01). Für diese Funktionalitäten wurden sowohl eigene Schaltungen entwickelt als auch – in Circuit-Bending-Manier – kommerziell erhältliche Schaltungen modifiziert. Das in den Stofftieren gegebene Storytelling-Sujet wurde über die interaktiven Elemente erweitert und verstärkt.

Im *Studio Praxistest* ist es selbstverständlich, neben Lötkolben, Mischpulten, Lasercuttern und 3D-Druckern auch Nähmaschinen in die Werkstätte zu integrieren. Es versteht sich in diesem Sinn auch als Ort der niederschwelligen Annäherung an die Produktion von *Smart Textiles*. Erforscht werden dabei sowohl experimentelle Anwendungsszenarien textiler Schaltungen als auch praktische Problemstellungen bei der Verarbeitung leitfähiger Garne. Im Zuge der ersten Gehversuche im Bereich der *Smart Textiles* ergab sich eine fortlaufende Zusammenarbeit mit der Schneiderei und der Weberei der Abteilung *Textil* (→ 06–07).

Liliane Kölbl realisierte in ihrer Arbeit *Resistant – Textile Body Instrument* von 2020 die Integration von Kleidung und experimentellem Musikinstrument. Über die Berührung aufgenähter Kontaktflächen aus leitfähigem Textil wird es mittels Spannung und Entspannung des Körpers möglich, Geräusche und Rhythmen zu erzeugen und zu variieren. Durch ein feines Nuancieren der Muskelspannung entsteht eine direkte klangliche Interpretation der

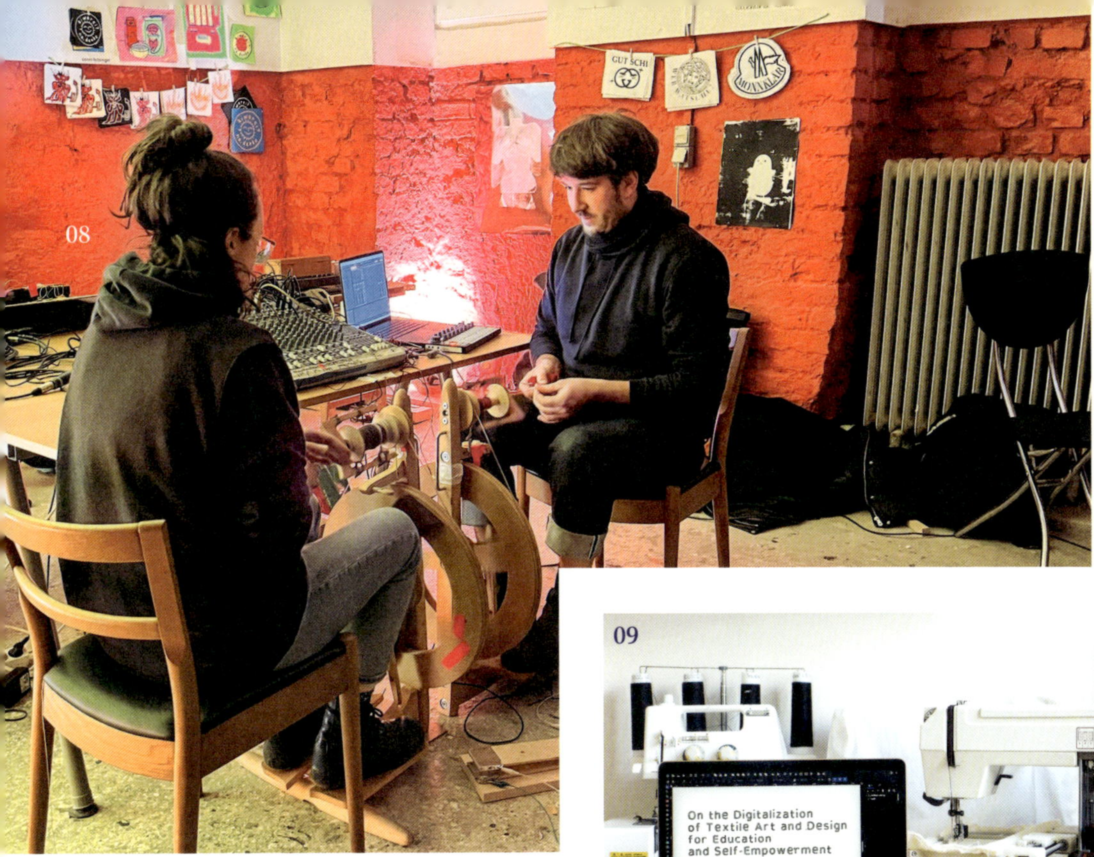

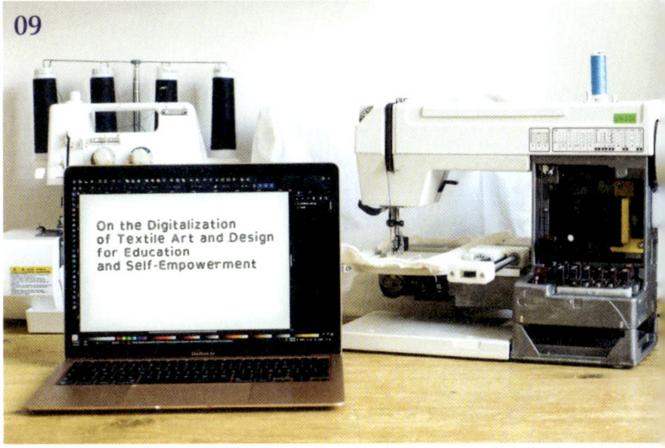

08 Nina Wandruszka und Manu Solomon, *Auditives Spinnen*, 2023. Performance im „g.o.l.f. Klub", © Barbara Putz-Plecko

09 StitchLAB, *Open Source Stickmaschine*, © Paul-Reza Klein

Körperbewegungen (→ 04–05). Über die Applikation elektronischer Bauteile wird der textile Träger zur flexiblen Leiterplatte. Die Schaltung selbst ist eine Weiterentwicklung der Rollz-Topologien des DIY-Synthesizer-Produzenten Peter Blasser. Das Schaltungslayout folgte dabei sowohl ästhetischen Prinzipien als auch den technischen Möglichkeiten der Verarbeitbarkeit auf dem Trägermaterial.

Zur Forschung des Studios gehört nicht nur die bloße praktische und experimentelle Anwendung neuer marktreifer Technologien. Es werden auch Elemente entwickelt, die bisher ungenutzte Möglichkeiten in die Anwendbarkeit überführen. So wurden beispielsweise Platinen für ein Audio-Verstärker-Modul und eine miniaturisierte Luftpumpe entwickelt, welche sich in ihren Gestaltungen und Anwendungsmöglichkeiten besonders für die universitäre und schulische Vermittlung eignet.

Aktuell forscht das Studio intensiv an einer DIY-Stickmaschine: Ausgediente Haushaltsnähmaschinen werden durch den Einsatz von 3D-gedruckter Teile, 3D-Druckerkomponenten und des 3D-Drucker-Betriebssystems „Klipper" in kompakte, kostengünstige und niederschwellige Open-Source-Stickmaschinen verwandelt. Das *Stitch Lab** wurde vom *Studio Praxistest* mit dem Ziel entwickelt, den Einstieg in die Welt der Stickerei für Bildungseinrichtungen und die DIY-Community so einfach und günstig wie möglich zu gestalten. Die ersten funktionalen Prototypen befinden sich bereits in der Erprobung (→ 09).

Aufnahme einer Baumwolle in lockerer Leinwandbindung unter dem Elektronenmikroskop, 2024, © Simona Koch und Farkas Pintér

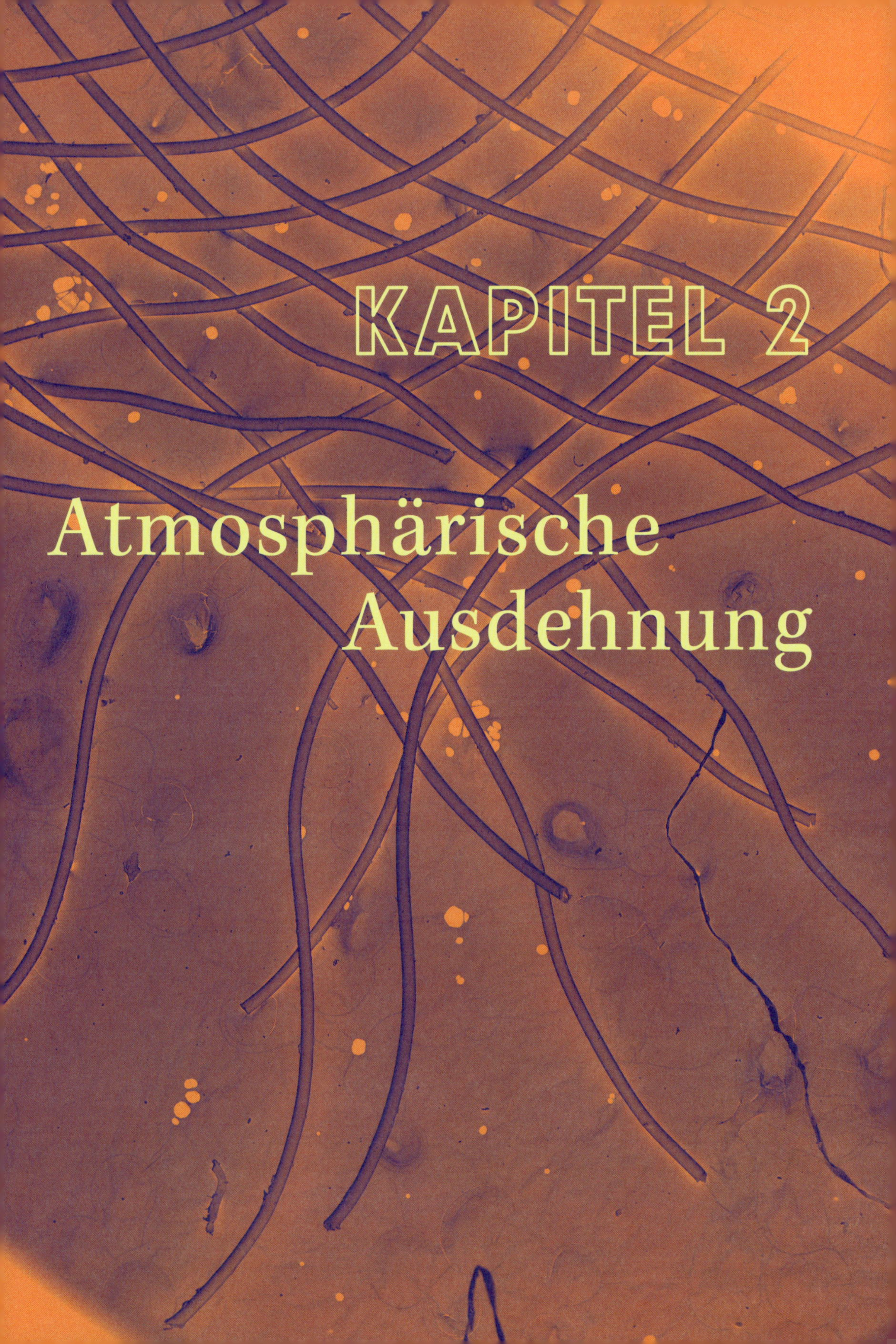

KAPITEL 2

Atmosphärische Ausdehnung

Atmosphärische Ausdehnung

Barbara Putz-Plecko

Künstlerische Prozesse brauchen Freiheit und einen offenen Entwicklungsraum, um wachsen zu können. Deshalb braucht es im Rahmen des Studiums experimentelle Situationen innerhalb und außerhalb der geschützten bzw. bekannten Terrains, um aus verschiedenen Perspektiven sehen und Prozesse, den „Stand der Dinge" wie auch sich selbst möglichst differenziert wahrnehmen, einschätzen, entwickeln bzw. verändern zu können. „Es ist die Kunst, die durch die Erzeugung von Ereignissen und von Singularitäten, die einen nicht-integrativen Gemeinsinn erst ermöglichen, neue, heterogene Ressourcen erschafft. Deshalb stellt sie ein eminent politisches Feld dar. [...] Gerade dadurch wirkt Kunst differenzbildend, dass sie Subjektivierungsprozesse in Verschränkung mit einem jeweiligen Außen in Gang setzt."[1] In diesem Sinne vermittelt das folgende Kapitel exemplarisch Kontaktaufnahmen und Kollaborationen mit diversen Öffentlichkeiten.

1 | Pierangelo Maset, „Zwischen Vermittlungskunst und Maschinengefüge: Ästhetische Bildung der Differenz", 201. In: www.igbk.de/images/projekt_kunstlehren/pierangelo_maset_zwischen_vermittlungskunst_und_maschinengefuege_Auml_sthetische_bildung_der_differenz.pdf [14.11.2024].

TEXTIL:MOBIL

Auf stete Fortsetzung hoffend

Eva Sturm

Projektleitung: Barbara Putz-Plecko (Co-Leitung, nach Aktionsort wechselnd: Lehrende der Abteilung *Textil*; im Besonderen Ute Neuber und Manora Auersperg)

Projekt in Kollaboration mit mittleren und höhere Schulen in allen Bundesländern

Sponsor: HUBER Holding AG Götzis

Beteiligte: Student*innen, Lehrende und Absolvent*innen der Abteilung *Textil*

Vorwort

Barbara Putz-Plecko

Grundlage und Ausgangspunkt des Projektes *textil:mobil* waren Wunsch, Zuversicht und die erfahrungsbasierte Überzeugung von Studierenden und Lehrenden an der Abteilung *Textil*, dass eine lustvolle, experimentelle, reflektierte und (selbst)kritische Auseinandersetzung mit den vielschichtigen Facetten des Textilen einen wertvollen Beitrag für Kinder und Jugendliche im Kontext des Bildungssystems Schule zu leisten vermag. Noch war die hastig vorgenommene Fächerzusammenlegung der technischen und textilen Werkbereiche nicht durchgeführt worden, die wenige Jahre später – problematisch genug, da sie ohne ausreichende vorausgehende Reflexion der erforderlichen Rahmenbedingungen bzw. zukunftsrelevanter Inhalte und Bildungsziele durch die bildungsverantwortlichen Institutionen geschah – die Werkfächer in der Sekundarstufe massiv in Bedrängnis brachte.

Die Vision einer mobilen Werkstatt, betrieben von einer Gruppe wechselnder, eng kollaborierender Akteur*innen, die an österreichischen Schulen über mehrere Tage verschiedene, dem Ort und der Situation angepasste Workshops in offenen Bereichen des Schulhauses fächerübergreifend anbieten und Schüler*innen, Lehrer*innen und gegebenenfalls auch interessierte Personen aus der Verwaltung miteinbeziehen würde, wirkte zuerst utopisch, wurde dann aber doch Schritt für Schritt real. Mit der großzügigen Unterstützung von *Kulturkontakt Austria* und der Firma *Huber*, welche für die gesamte Projektzeit textiles Material zur Verfügung stellte und die Kosten für einen Van übernahm, der zur fahrenden Werkstatt und zu einem Materialdepot ausgebaut werden konnte, ging die Gruppe immer wieder auf Reisen. Der

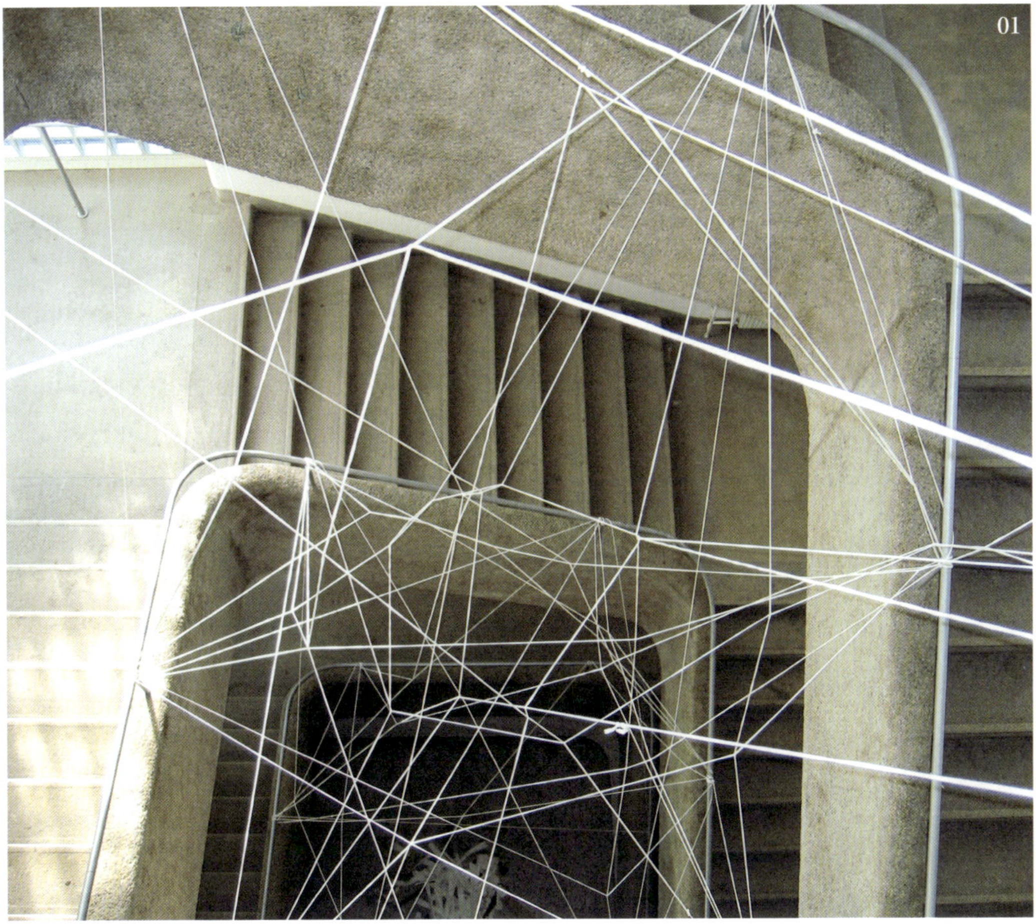

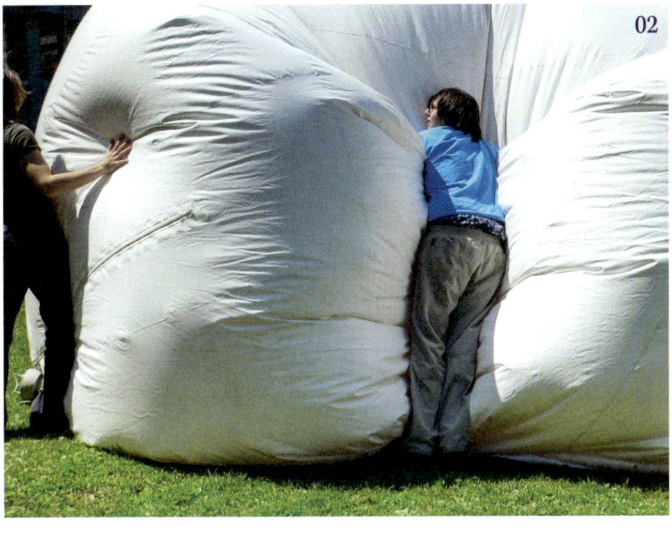

01 Schularchitektur als Spannrahmen, © *textil:mobil*

02 Spielerische Erprobung aufblasbarer Räume. Experimente mit Objekten aus dem *textil:mobil*-Fundus, © *textil:mobil*

zeitliche Entwicklungs- und Durchführungsrahmen des gesamten Projektes erstreckte sich über mehr als zwei Jahre.

Die Freude und Lust aller Beteiligten an mutigen und innovativen Bewegungen im Bildungs- und Begegnungsraum Schule, ihr Erfindungsreichtum im Anwenden ihrer Kenntnisse und Fertigkeiten in neuen, auch spontan erdachten Workshopformaten, und nicht zuletzt ihr Humor im Umgang mit Material und Technik, mit Form und Inhalt – also ein immenser persönlicher Einsatz aller – haben *textil:mobil* zu einem großen Erfolg gemacht. Es war die besondere Fähigkeit dieser aktivistischen Gruppe, quasi spielerisch ein fokussiertes Arbeiten zu fördern, sich zugleich mit Einfühlung und Reflexionsfähigkeit, mit künstlerischer, didaktischer und pädagogischer Kompetenz in das System Schule hineinzubewegen und nicht nur in, sondern auch mit dieser systemischen Dynamik zu arbeiten. Ihr Ziel war, gemeinsam mit allen Beteiligten den realen Raum als potenziellen Raum zu entdecken, in dem Konzentriertheit und Arbeitsfreude, ein neugieriger Forschergeist sowie ungewöhnliche, spannende und gewissermaßen ver-rückte Ideen entstehen, sich entfalten und auch umgesetzt werden können. Nützlich dafür war die positive eigene Erfahrung dieser Generation von Studierenden mit mobilen Lern- und partizipativen Aktionsformen sowie mit selbstgesteuerten künstlerisch-forschenden Lernprozessen.[1]

Der Erfolg war allerdings immer auch – und das soll hier nicht vergessen werden – der Offenheit jener Lehr- und Leitungspersonen zu danken, die das *textil:mobil* an ihre Schule holten und die Aktion vorbereiteten bzw. begleiteten. Ausgerichtet an den Interessen der beteiligten Schüler*innen und Lehrer*innen sowie an den Bedürfnissen und Möglichkeiten der gastgebenden Schulen – kontextbezogen und partizipativ – wurden die konkreten Gestaltungsziele im Rahmen parallel laufender Workshops gemeinsam entwickelt und verhandelt.

Die Freude und Sicherheit der Akteur*innen, einen Entwicklungsraum zu öffnen bzw. zu teilen, den sie selbst als wertvoll erlebten, wirkte motivierend und anregend, wo immer *textil:mobil* Halt machte. Die textile Materialvielfalt, die höchst unterschiedlichen textilen Kulturtechniken und Gestaltungsoptionen, das textile Handlungsfeld als ein dynamisches zwischen Individuum und Gruppe, Körper und Raum, Technik, Ökonomie, Ökologie, Politik, Design, Style, textile Dinge als „Speichermedien" und Ausdruck einer immateriellen Kultur – all das war anziehend: „Textiles" zeigte sich bunt, aktuell, interessant, ambivalent, mit spannenden Perspektiven und komplexen, auch schwierigen Problemstellungen, überraschend, vielseitig, schützend, entspannt, als Statement, pfiffig, „cool" … rückte jedenfalls nahe.

Die Organisation, konzeptuelle Feinarbeit und kontinuierliche Weiterentwicklung des Projektformats auf Basis begleitender Reflexions- und Evaluationsprozesse wurde ebenfalls durch die Gruppe, in der sich auch Absolvent*innen weiter engagierten, geleistet. Ein besonderer Dank gilt dafür Eva Lausegger, wobei mir unbedingt erwähnenswert erscheint, dass es gerade dieser Studierendengeneration besonders gut gelingt, sich auch nach dem Studium in kollaborativen Prozessen weiterhin auszutauschen, zu unterstützen und an einem Erneuerungsprozess des Schulfaches aktiv mitzuwirken.

textil:mobil war sowohl während seiner Laufzeit als auch danach mehrfach im Fokus wissenschaftlicher Reflexion. So etwa hat Eva Sturm 2007 einen Text verfasst, der das Projekt ausführlich als kunstpädagogisches Format kontextualisiert. Der Text enthält wesentliche Aussagen darüber, wie eine kunstpädagogische Praxis von einer künstlerischen Praxis her zu denken wäre und soll deshalb hier nochmals vorgestellt werden. Er hat über die Jahre nichts an Relevanz eingebüßt.

Eva Sturm

Künstlerisch

Das besondere Kennzeichen von *textil:mobil* ist seine künstlerische Herangehensweise an Lernprozesse. Etwas wird aus der eigenen künstlerischen Arbeit heraus entwickelt, das sich mit anderen (hier mit Schüler*innen) machen lässt. Das heißt, es wird nachgedacht, wie sich Fragestellungen und Überlegungen, die in der eigenen Arbeit angelegt sind, in der Bildungsarbeit mit anderen weiterspinnen lassen könnten. Am Anfang stehen also zunächst nicht didaktische, sondern künstlerische Fragen.

Was aber heißt *künstlerisch*?
Till Krause, einer der Erfinder der Galerie für Landschaftskunst in Hamburg und selbst Künstler, erläutert:

> „Es heißt, der Künstler zeigt uns die Dinge so, dass wir sie mit anderen Augen sehen können; er schafft es, dass wir die Dinge in neuen Zusammenhängen erkennen. Wie kommt man dahin? Indem man die Zweckbestimmungen, mit denen wir etwas in unserer Dingwelt normalerweise wahrnehmen, lose werden lässt, so dass man etwas plötzlich neu sehen kann. Methoden, die es mir – oder eben dem Betrachter [oder dem Klientel, mit dem bildungsbezogen gearbeitet wird; ES] – ermöglichen, etwas der Dingwelt zu entrücken, solche Methoden können wir als künstlerische Methoden bezeichnen. Kunstmethoden sind es damit noch nicht. Sie sind künstlerisch in der Herangehensweise."[2]

Dinge mit anderen Augen sehen, Zusammenhänge und Zweckbestimmungen locker werden lassen, Fixiertes denkend und handelnd ein bisschen durcheinanderbringen, herkömmlicherweise Zusammen-Sortiertes anders sortieren – das könnte eine Kunstpädagogik und eine Kunstvermittlung kennzeichnen, die künstlerisch an Lernprozesse herangeht, die sich *kunstbezogen*[3] denkt. Dann geht es nicht in erster Linie darum, ein Klientel zu imaginieren und entsprechend den Vorstellungen, die daraus resultieren, und an vorderster Front mit Pädagogik und Entwicklungspsychologie im Kopf Pläne zu entwickeln, sondern es geht darum, von künstlerischen Fragestellungen aus Richtung derer zu denken, mit denen jemand zusammenarbeiten will. Das kann durchaus überfordernd, unpassend, ungewöhnlich, experimentell aussehen. Es kann überschreiten, ins Rutschen bringen – wie Kunst auch.

Die Bilder, welche das Projekt *textil:mobil* dokumentieren, schlagen entsprechend dieser Vorgangsweise nicht selten einen Ton an, der an künstlerische Arbeiten und Aktionen erinnert. Etwas von der Kunst derer, welche die konkreten Situationen aus der Kunst heraus entwerfen, scheint sich fortzusetzen. Wichtig zu bedenken sei, so Barbara Putz-Plecko, dass es sich um ein Projekt handelt, das in einer künstlerischen Klasse entstanden ist und nicht im (rein) didaktischen Kontext. Die Studierenden arbeiten im Laufe ihres Studiums auch mit anderen so genannten Zielgruppen als mit Schüler*innen zusammen. Sie werden trainiert, keine scharfe Grenze zu ziehen zwischen ihren eigenen künstlerischen Projekten, ihrer zukünftigen Lehrtätigkeit und situationsbezogenem, partizipatorischem Arbeiten. Gleichzeitig

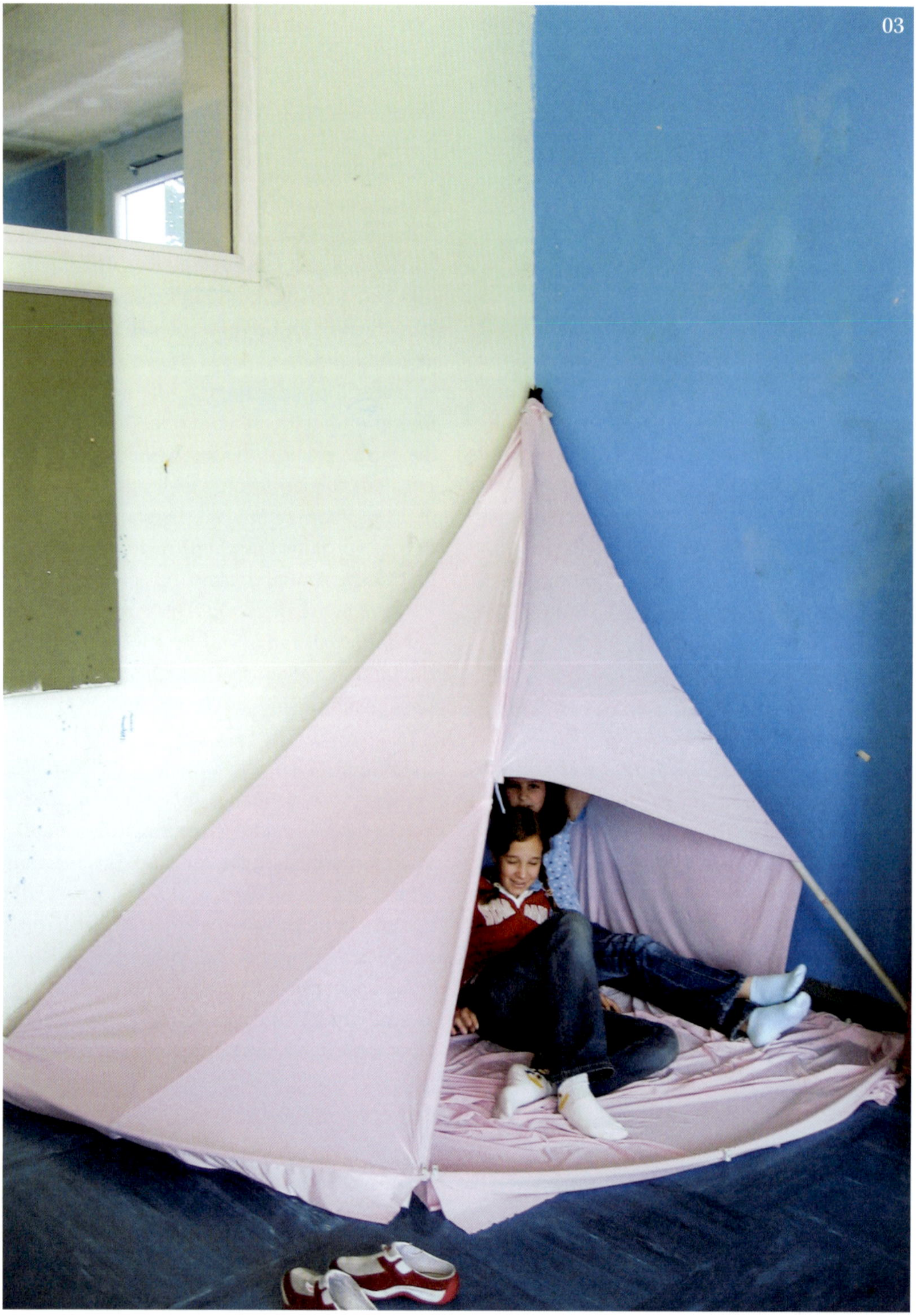

03

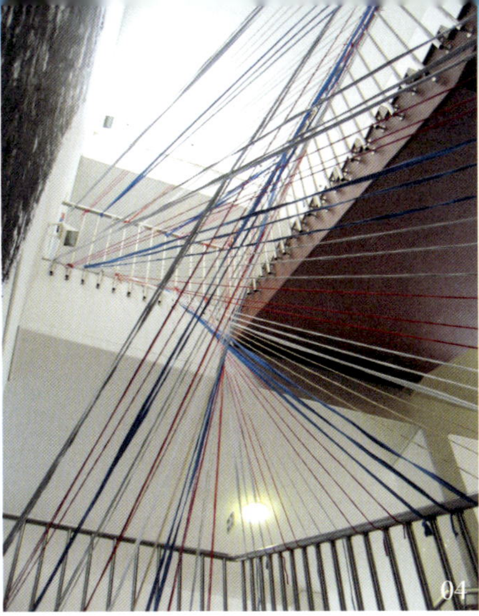

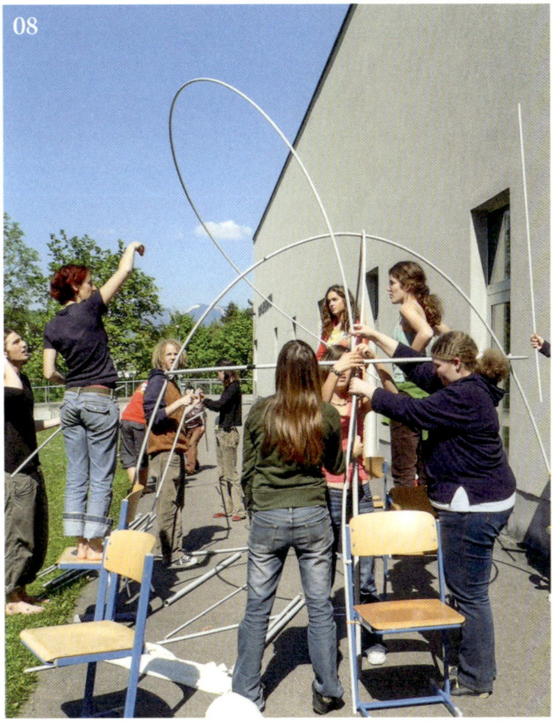

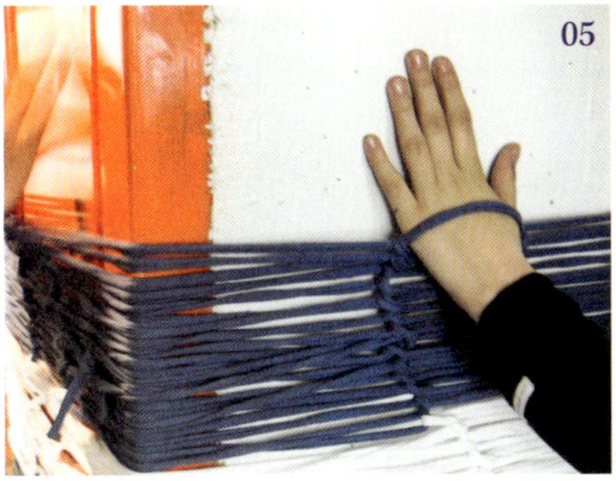

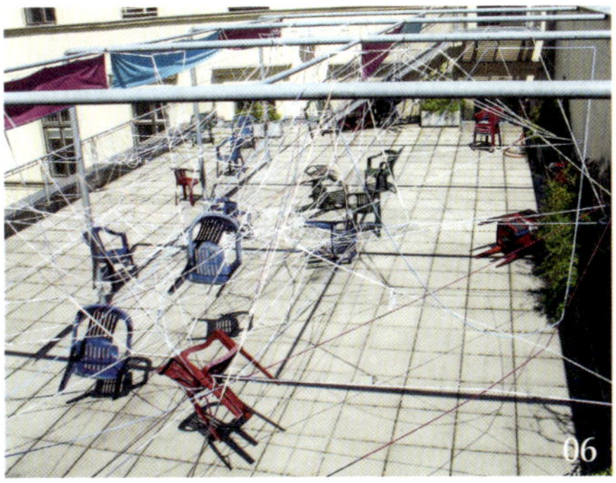

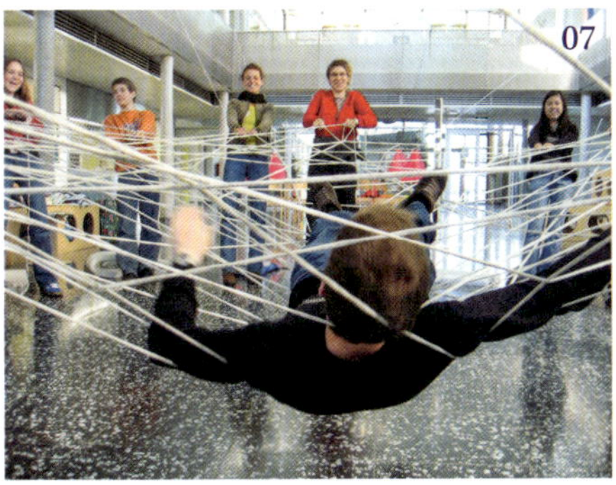

03 Rückzugsort. Thematisierung sozialer Räume im Schulkontext, © *textil:mobil*

04 Verspannungen im Stiegenhaus zwischen verschiedenen Stockwerken, © *textil:mobil*

05 Raumelemente werden mit Fingern eingestrickt und eingenetzt, © *textil:mobil*

06 Installation aus Stühlen und Schnüren (Verspannung) auf einer Terrasse des Schulgebäudes, © *textil:mobil*

07 In spielerischer Form wird die Tragfähigkeit von textilen Vernetzungen und Verspannungen erprobt, © *textil:mobil*

08 Experimente zur Entwicklung von Tunnel- und Überdachungselementen, © *textil:mobil*

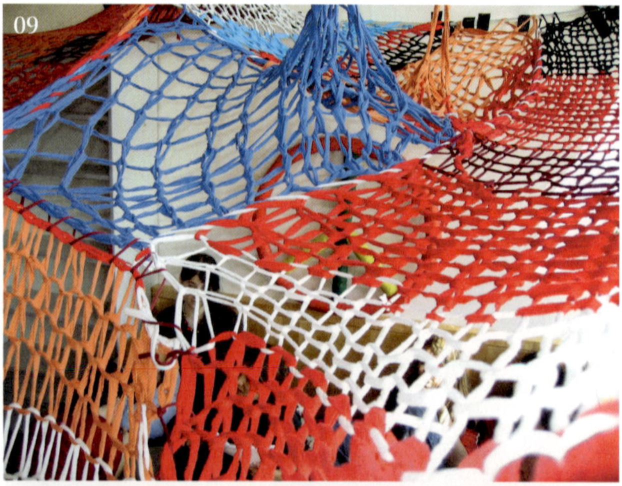

09

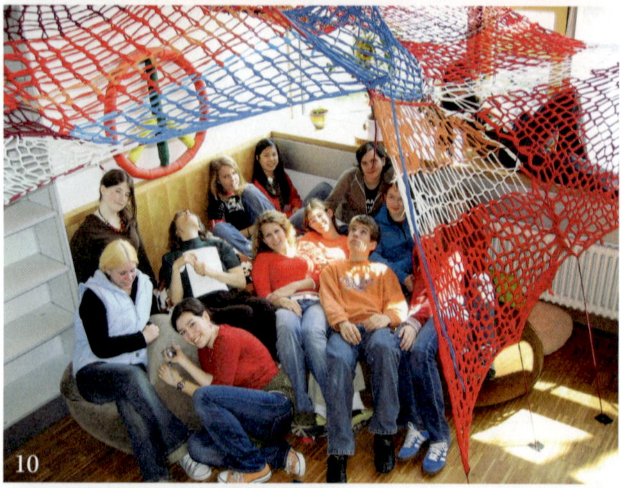

10

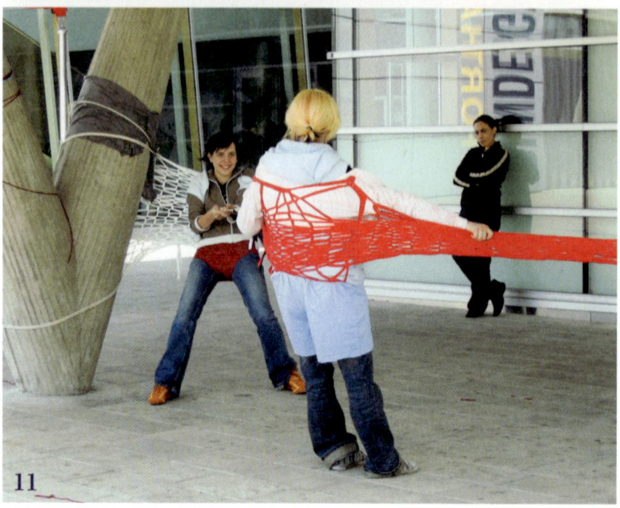

11

09 Vernetzungen, Detail, © *textil:mobil*

10 Erprobung von Netzen als raumgestaltende Elemente. Thematisierung sozialer Räume im Schulkontext, © *textil:mobil*

11 Spielerische Erprobung von Netzen im Pausenhof der Schule, © *textil:mobil*

12 Materialreste aus der Textilproduktion werden spielerisch erprobt, © *textil:mobil*

13 Übungen mit textilen Überdachungselementen im Stiegenhaus der Schule, © *textil:mobil*

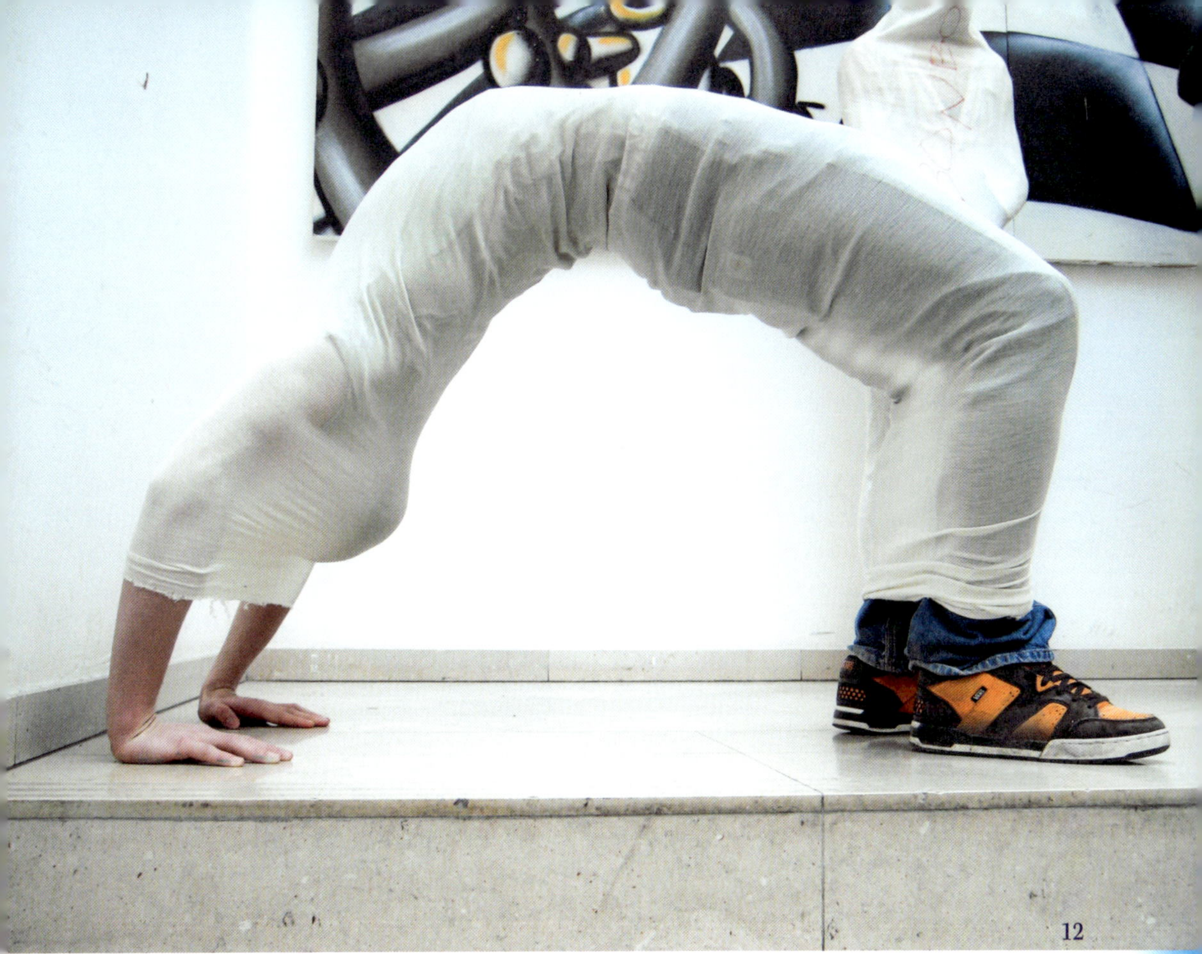

12

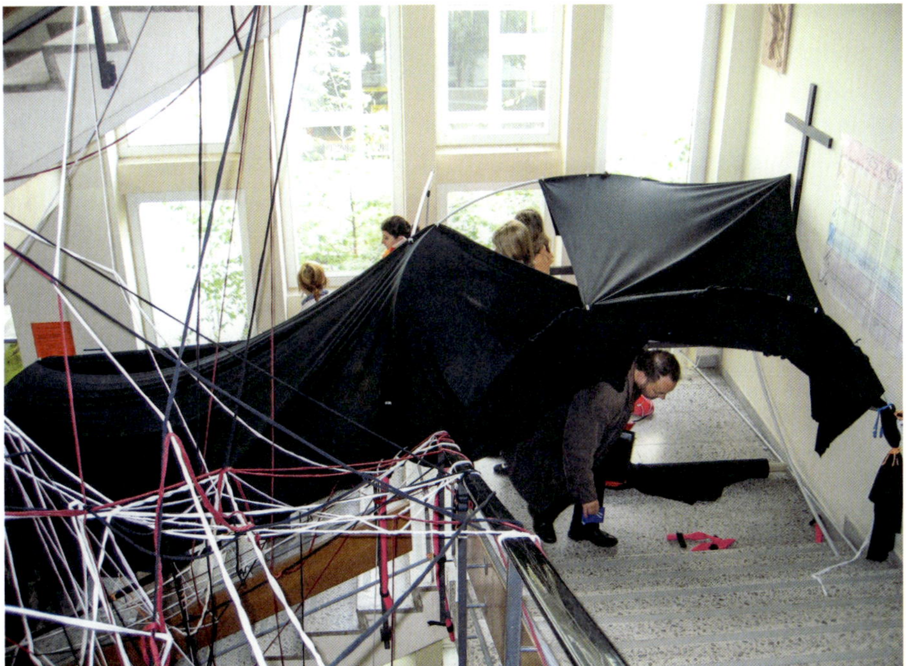

13

lernen sie, dass Kunst und Pädagogik different sind. Und dass sich gerade aus dieser Differenz heraus Neues bilden lässt.

Didaktik und Dekonstruktion

Auch *textil:mobil* operiert natürlich *didaktisch*. Dessen Vorgehen führt aber zu anderen Praxen, als gemeinhin aus der Schule bekannt sind. Denn wenn didaktische bzw. pädagogische Begründungen durch – im weitesten Sinne – „kunsthafte" Entscheidungen ersetzt werden, dann zeitigen sie auch Brüchiges. Das Brüchige wird einkalkuliert, so wie das Unvorhersehbare, das Abweichende. Aber nicht nur das, es wird darauf gebaut, damit gearbeitet.

So kann durchaus von einer *Dekonstruktion* der Ästhetischen Erziehung[4] und deren Anliegen, Lernprozesse im Sinne des machbaren Unterrichtens zu strukturieren, gesprochen werden. Die didaktische Theorieproduktion von Gunter Otto[5] zum Beispiel, dem großen Erfinder und Sprecher der Bewegung der Ästhetischen Erziehung, zeichnet sich bei aller Anerkennung des Wissens darum, dass niemals alles im Kunstunterricht vorher bestimmbar sei, doch wesentlich dadurch aus, Systematiken, Übersichtlichkeiten, Fixierungen zu schaffen, ein gediegenes Handwerkszeug zu entwickeln, das sichern soll, dass in Bildungssituationen, die mit Kunst zu tun haben, nicht planlos, sondern nach wissenschaftlich überprüften Vorgangsweisen gearbeitet wird. Nichts soll schiefgehen, nichts den Verlauf des Geschehens so stören, dass dieses gefährdet sein könnte.

Eine sich dekonstruktiv verstehende Didaktik ist solchen Systematiken, Übersichtlichkeiten und Fixierungen, solchem Ausschluss des Unvorhersehbaren und den wissenschaftlichen Bezugsdisziplinen gegenüber vorsichtig-kritisch eingestellt. Man rechnet damit, an Grenzen zu stoßen, auch an die Grenzen der Sagbarkeit und Darstellbarkeit. Man arbeitet sich an diesen Grenzen ab. *Dekonstruktion*[6] meint nicht Destruktion, sondern Zerlegung und kritische Würdigung, meint Skepsis und die Umsetzung dieser Skepsis in die jeweiligen Darstellungs- und Artikulationsformen, meint auch Skepsis gegenüber Sicherheiten, in denen man sich beruhigt zurücklehnt. Kunst kann in diesem Sinne dekonstruktive Züge haben. Künstlerisches Vorgehen – so wie von Till Krause geschildert – ebenfalls.

So geht es bei *textil:mobil* darum, Zusammenhänge, Material und Vorgaben zu untersuchen und sie immer auch zumindest ein wenig zu dekonstruieren: sie zu zerlegen und kritisch zu würdigen. Es wird gefragt und untersucht, wie reale und soziale Räume gebaut sind, wie die Dinge funktionieren, wie Situationen hergestellt werden können; etwas verschieben, den Zusammenhängen und Sachen Zufügungen verpassen, die unpassend scheinen und gerade dadurch neue Sichtweisen auf Wohlbekanntes ermöglichen. Es wird untersucht, wie Baupläne von Situationen durch die Lektüre derselben mit sichtbar gemacht werden können und wie Modelle geschaffen und Methoden entwickelt werden können, in denen etwas gezeigt wird, das sich sonst verbirgt.

Die Antworten in solcherlei Untersuchungen sind je spezifisch entwickelt, zum Beispiel: lila Mützen auf den Köpfen von Jungen, von diesen zu Denkhauben deklariert; eine riesige weiche, weiße Kugel zwischen Schultreppen gequetscht; seltsame Verknotungen in der Schularchitektur, welche Räume verändern und anders benutzbar machen; an Seilen schwebendes Schulmobilar; Mädchen in eigenartigen Klamotten, die sich auf Plakaten zu einer unsinnig-schönen Werbekampagne formieren und anderes mehr. Es wuchert weiter.

Differenzielles Potenzial und Stoff in Bewegung

„Die künstlerische Kunstvermittlung setzt [...] an einer [...] Problematisierung an, an der Frage, wie Gestaltungen materialer und immaterialer Art hervorgebracht und kommuniziert werden können, die die Kunst als differenzielles Potential weiterentwickeln"[7], schreibt der Kunstpädagoge, Kunsttheoretiker und Künstler Pierangelo Maset. Er spricht von „kunsthafter Kunstvermittlung".

Was aber ist das differenzielle Potenzial von Kunst, das in einer solchen künstlerischen bzw. kunstbezogenen bzw. kunsthaften Bildungsarbeit fortgesetzt werden könnte?

Der Ausgangspunkt von Masets Denken ist die Überzeugung, dass es nicht jeweils einen Ursprung gibt und immer weitere Ausdifferenzierungen dieses jeweils einen, sondern dass es eigentlich nur *Differenz*[8] und Vielheit gibt, also immer weiter sich entfaltende Lebendigkeit – von einem zum nächsten.[9] Kunst lebt diese differentielle Potenz aus und vor. Sie sei darum eine Quelle unerschöpflicher Vielfalt und ein nie endendes Zusammenspiel von Signifikanten, schreibt Jacques Derrida, welches im Grunde von keiner essenzialistischen oder ontologischen Definition jemals in seiner Vielfalt gebändigt oder eingegrenzt werden könne.[10]

Didaktik, Bildungsarbeit, Vermittlung können dieses Potenzial fortsetzen – wie dies zum Beispiel *textil:mobil* tut. Dann gibt es zumindest potenziell unendliche Ausdifferenzierungen, selbst wenn die Ausgangspunkte ähnlich gestrickt waren. Denn in jeder Situation sind andere Bedingungen vorhanden, je andere Menschen mit anderen Geschichten, anderen Problemen, anderen Fragestellungen und Launen, mit anderen Vorlieben und Hintergründen sind beteiligt. Anders gestrickte Leute gehen anders an Sachen heran, andere Räume sind da – sozial und architektonisch, andere Zeiten liegen vor. Es wird potenziell *singulär*[11] und genau darauf wird bei *textil:mobil* auch geachtet: nicht Angleichung, Vereinheitlichung, Normierung, Erfüllung von irgendetwas, sondern Differenz, Heterogenität und Überraschung – bei *textil:mobil* bunt und durchaus verdreht.

Der Prozess des Lehrens ist dann weniger ein Vorgehen nach Vorlagen, nach didaktisch Abgesichertem, nach fixen Curricula und nach aufeinander aufbauenden Stufen-Bau-Plänen mit vorgegeben Zu-Erreichendem, sondern ein gemeinsames sich gegenseitiges Bilden – auf allen Seiten. Es ist ein Miteinander-Aneinander-*Werden*[12] – im Gilles Deleuze'schen Sinn: vorwärts und rückwärts und seitwärts, sprunghaft und gleitend – so wie Bildungsprozesse entgegen allen Planungswünschen nicht planbar sind. Denn niemals weiß man, zu welcher Zeit, bei welchen Anreizen, bei welchen Bildern und Ereignissen sich jemand bilden wird. Bildung sei eine Gabe, schreibt der Erziehungstheoretiker Michael Wimmer, man könne sie nicht mit Zwang herbeiführen. Im Bildungsprozess werde die Gabe selbst gegeben, die Gabe „als das Unmögliche und mit ihr das Selbst-Denken-und-Erkennen-Wollen, der Wille zum Wissen vielleicht"[13]. Wie das – vielleicht – erreicht werden kann, macht *textil:mobil* vor. Oder auch Gilles Deleuze selbst in seiner Lehrtätigkeit.

Beim Lehren gehe es darum, eine Art Gespinst zu schaffen, schreibt er, „eine Art Gewebe"[14]. Ein Kurs sei so etwas wie ein *Stoff in Bewegung*, so etwas wie ein Rock-Konzert, in dem improvisiert wird und in dem jede Menge Wachheit und ein ständiges Aufeinander-Achten gefordert ist. Jeder kann in den Räumen, die bei *textil:mobil* errichtet werden, nach seiner Zeit ticken. Es gibt auch dafür Platz.

Am Ende geht es dabei nicht um Selbstfindung, sondern darum, an Problemen zu arbeiten, die sich selbst gestellt haben, und zwar *in* einem anderen Problem, das zur Verfügung gestellt wurde, an dem sich abgearbeitet wurde, so wie jemand sich an Kunst abarbeiten kann. Handlungsformen entwickeln und austesten: Ein Kleidungsstück mit vielen Öffnungen, das mehrere Leute anziehen können, wird weitergenäht. Am Ende wird jede und jeder selbst die Entscheidungen getroffen haben und dafür verantwortlich gewesen sein. Wer für seine Freundin eine Tasche aus einer Unterhose näht, muss die daran anschließenden möglichen Diskurse selbst führen.

Und auch die Macher*innen von *textil:mobil* befinden sich die ganze Zeit in Bildung. Sie bilden sich gemeinsam mit jenen, mit denen sie arbeiten, an den Fragestellungen und Problemen, die sich zeigen. Wer nicht in Bildung sei, könne nicht bilden, so der Analytiker und Lehrer Hinrich Lühmann.[15]

Arbeiten mit dem, was sich zeigt

Die Vorgangsweise der Mitarbeiter*innen von *textil:mobil* kann mit den Worten von Barbara Putz-Plecko als „Arbeiten mit dem, was sich zeigt," beschrieben werden. Im Vorfeld wurden zwar Module entwickelt, flexible Elemente, Ideen, mögliche Andockstellen wurden fantasiert und das Entworfene an die Möglichkeiten des jeweiligen Ortes angeglichen, mit den vor Ort geäußerten Vorstellungen und den jeweiligen Räumen abgestimmt. Aber dann geschehen die Prozesse doch performativ. Das jeweilige Team von *textil:mobil* kommt an den Schauplatz des Geschehens, packt aus, sieht nach, was geht und was sich in der Situation anbietet. Es wird aufgebaut: Stationen, Maschinen, Material, Anregungen – je nachdem auch, wer mit vom Team ist. Dann wird auf die jeweiligen Situationen zu reagieren versucht und mit dem, was mitgebracht wurde, quergelesen. Was zeigt sich? Was ist aktuell Thema, welche Fragestellungen liegen in der Luft? Was bringen die Schüler*innen mit? Was ist machbar? Was macht Sinn? Pädagogische Situationen, Bildungsunternehmungen werden von Kunst ausgehend zu Forschungen, was Pädagogik alles sein könnte.

Dabei werden Richtungen „‚nach und nach und je und je' von dem Akt hervorgebracht [...], der sie vollzieht"[16]. Die Intention ist, Räume herzustellen, in denen sich etwas bilden kann, mit dem sich arbeiten lässt, und auf das wiederum Antworten entwickelt werden können. Diejenigen, die sich in die Situationen, die sie vorfinden und lesen, hineinbegeben, bauen daran weiter. Sie knüpfen an das Raum-Geflecht, das sich permanent beweglich bildet, an, ziehen an Fäden, flechten bis dato Unbekanntes ein und verändern so vorgegebene Gefüge und Bahnen. Und sie verführen das jeweilige Klientel, mit dem sie arbeiten, dies mit ihnen gemeinsam zu tun. Bewegliche Grundrisse werden errichtet, die mit deren Benutzung weiterwachsen. Ziel ist es, Situationen zu kreieren, in denen etwas entstehen kann, das an vielen kleinen und großen Stellen zu Richtungswechseln im Denken und Handeln führt, und potenziell in Ästhetische Erfahrungen[17] mündet.

An dieser Stelle zeigt sich der Unterschied zwischen einer Haltung, das Klientel „abzuholen, wo es steht", und einer kunstbezogenen

Herangehensweise, in der Andockstellen geschaffen werden, damit sich etwas bilden kann, das nicht restlos planbar war. Selbstredend werden sich zwar auch dann Dinge wiederholen, werden Pfade beschritten werden, die schon begangen wurden. Aber die Aufmerksamkeit ist immer – im Deleuze'schen Sinn – auf die Differenz in der Wiederholung gerichtet. Auf die „nackte", die dynamische, abweichende, rhythmische Wiederholung, nicht auf eine metrische Wiederholung, in der identische Elemente wiederkehren.

Verfilzungen und Chaosmos

Ein zentrales Verführungselement von *textil:mobil* ist der Anreiz des mitgebrachten Materials, dessen Schönheit, Weichheit, Absurdität, Normalität. Es wird in Stoffen gewühlt, Schleifen, Reste werden begutachtet. Jemand wird davon angesprochen oder abgestoßen, es wird überlegt, was das alles mit einem macht, und man macht damit herum. Es wird an Elementen weitergenäht, über Neues nachgedacht, dabei werden Techniken erlernt, es wird mit Nähmaschinen geklappert. Man lernt stricklisln auf Kübeln und häkeln mit den Händen. Es wird mit Kordeln in der Architektur herumgeturnt und Statisches getestet. Material wird gegen den Strich verwendet, verlängert, verkürzt, zu absurden Zusammenstellungen verflochten. Was geht, was hält was aus? Wo hat das Material seine Grenzen? Buben machen Mädchensachen und umgekehrt. Es ist nicht mehr wichtig, wer was macht, denn am Ende werden alle verstrickt gewesen sein in ein Ereignis, das ein großes sortiertes Durcheinander in institutionell streng oder locker Geregeltes brachte – je nachdem. Manchmal trifft *textil:mobil* auf genau den gleichen Geist wie es selbst tickt, dann wieder gibt es Widerstände gegen so viele Verfilzungen, Ballungen von eigenartig Gewebtem und lose werdende Fäden.

Die temporären Verfilzungen, welche *textil:mobil* macht, sind, um es mit Gilles Deleuze zu sagen, ein *Chaosmos*. Da ist nicht Chaos, sondern geordnetes Chaos, Komposition. Gewöhnlich sind es Künstler*innen, die das ermöglichen – vielleicht.[18] Und all dies geschieht mit Material, das in seinen Anwendungen Denken wird. Es wird konzeptionell, gerät in die Nähe existierender künstlerischer Arbeiten von anderen. Diese werden studiert und diskutiert, anhand von Katalogen und anderem Material, das *textil:mobil* mit sich führt.

Rhizomatisch

Gilles Deleuze und Félix Guattari sind es auch, die den Begriff „Rhizom" von der Botanik in die Theorie einschleusten und damit ins Leben. Sie stellen die Metapher des Rhizoms der des Baumes gegenüber.[19] Das Rhizom wuchert – unvorhersehbar und unkontrollierbar. Der Baum hingegen gedeiht von unten nach oben, hat Wurzeln, einen Stamm und verzweigt sich relativ vorhersehbaren Gesetzen entsprechend. Ein Ameisenbau, Pilzgeflechte sind Rhizome. Sie funktionieren nach anderen Gesetzen als der Baum: Jeder Punkt eines Rhizoms kann mit einem anderen verbunden werden; das Rhizom ist Vielheit, nicht Einheit; es kann an jeder Stelle unterbrochen werden und wächst an anderen Stellen weiter; und vor allem: Das Rhizom bildet, indem es sich bildet, Karten. Jede Karte ist einzigartig. Macht Karten!, rufen Deleuze und Guattari. Macht Rhizom, Vielheiten![20]

textil:mobil funktioniert ähnlich wie ein Rhizom. Es werden nicht Bäume von unten nach oben gezüchtet, es wird nicht in erster Linie auf regelmäßiges Wachstum nach vorhersehbaren Gesetzen gesetzt – wiewohl, wie Deleuze/

Guattari schreiben, ein Rhizom Bäume enthalten kann und ein Baum Rhizome. Es verzweigt sich, es setzt sich fort, unterbricht sich und macht Verschiedenes – gleichzeitig und ungleichzeitig. Man setzt auf Ansteckung und macht Karten – je spezifisch in der Situation, in der *textil:mobil* zu Gast ist.

Es ist, als würden Steine ins Wasser geworfen, die zu wellenartigen Fortsetzungen führen. Die einzelnen Steinwürfe überlagern sich und erzeugen Brechungen und Bewegungen. Sie stören, stören sich auch gegenseitig, stellen sich ineinander zur Diskussion und werfen Licht und Schatten aufeinander. Was entsteht, sind tatsächlich ungewöhnliche, zum Teil ver-rückte Räume, Widersprüche und Ungewohntheiten, in denen mitunter der Unsinn gepflegt wird – der Unsinn, der Sinn macht, wie in der Kunst. Denn welchen Sinn macht es zum Beispiel, in aller Ernsthaftigkeit eine Matratze zu sezieren?

Künstlerisch, spielerisch, experimentell – wir werden sehen, was am Ende herausgekommen sein wird und können auf stete Fortsetzung – auf allen möglichen Ebenen, in allen möglichen Kontexten – hoffen.

---

1 | Eine wichtige Rolle spielten in diesem Zusammenhang die Lehrveranstaltungen von Ute Neuber, die seit vielen Jahren als ebensolche gemeinsame (Aus)Handlungs- und Bildungsräume konzipiert sind.

2 | Christine Heil, Fritz Seydel, „Methodisches Handeln in der Kunst? Fragmente eines Gesprächs mit Till Krause". In: *Kunst + Unterricht*, 304/305, 2006, 75 f.

3 | Barbara Putz-Plecko, Hamburg, 2005.

4 | Die kunstpädagogische Bewegung „Ästhetische Erziehung" folgte auf die „Visuelle Kommunikation" (VK) der Siebzigerjahre. Sie war ein Entwurf, in dem das politisch-kritische Potenzial der VK aufgenommen und die von den Vertreter*innen der VK sehr kritisch beäugte Kunst wieder in den Kunstunterricht geholt wurde.

5 | Gunter Otto lehrte bis 1989 an der Universität Hamburg. Zentrales Anliegen war ihm der Subjektbezug aller am Kunstunterricht Beteiligten zu den Themen und Inhalten und eine Verwissenschaftlichung des Faches. Z. B. Gunter Otto, *Kunst als Prozess im Unterricht*. Braunschweig: Westermann, 1969.

6 | Das Wort *Dekonstruktion*, von Jacques Derrida in die Philosophiegeschichte eingeführt, geht zurück auf Heideggers *Destruktion der Geschichte der Ontologie* (Martin Heidegger, *Sein und Zeit*, 1927, §6). Derrida selbst sagt: „Es gibt keine Dekonstruktion. Dekonstruktion hat kein spezifisches Objekt. Sie kann nur Bezug nehmen auf, angewendet werden, beispielsweise auf das irdische Problem, die Kabbalah, das Problem der Nationalität, das Gesetz, die Architektur, die Philosophie, unter anderem. Sie kann nur anwenden." Jacques Derrida, *Als ob ich tot wäre. Ein Interview mit Jacques Derrida*. Wien: Turia + Kant, 2000, 25 f.

7 | Pierangelo Maset, *Ästhetische Bildung der Differenz*. Stuttgart: Radius Verlag, 1995. Der Kunstpädagoge, Kunsttheoretiker und Künstler spricht auch von „kunsthafter Kunstvermittlung". Pierangelo Maset, „Fortsetzung Kunstvermittlung". In: Pierangelo Maset, Rebekka Reuter, Hagen Steffel (Hrsg.). *Corporate Difference. Formate der Kunstvermittlung*. Lüneburg: Edition Hyde, 2006, 11 f., 13.

8 | Jacques Derrida schreibt: „Es gibt nichts, weder in den Elementen noch im System, das irgendwann oder irgendwo einfach anwesend oder abwesend wäre. Es gibt durch und durch nur Differenzen und Spuren von Spuren." „Die *différance* ist das systematische Spiel der Differenzen, der Spuren von Differenzen, der *Verräumlichung*, mittels derer sich die Elemente aufeinander beziehen. Diese Verräumlichung ist die zugleich aktive und passive Herstellung der Intervalle, ohne die die „vollen" Ausdrücke nicht funktionieren würden (das *a* der *différance* weist auf jene Unentschiedenheit in Bezug auf die Aktivität oder Passivität und auf das, was sich noch nicht von diesem Gegensatz her bestimmen und in diesen Gegensatz einordnen lässt)." Jacques Derrida, „Semiologie und Grammatologie. Gespräch mit Julia Kristeva". In: Peter Engelmann (Hrsg.). *Postmoderne und Dekonstruktion*. Stuttgart: Reclam, 1990, 140 f., 151.

9 | Das hat Konsequenzen für die Vorstellung dessen, was ein Subjekt sein könnte. Z. B. gäbe es dann nicht eine einzige Person, die sich in viele „multiple Persönlichkeiten" aufspaltet, und einen wahren „Kern" hat, sondern es gäbe Personen, die sich ständig differenzieren und durch Narrationen und die Möglichkeit „Ich" zu sagen, Selbst-Kontinuität bilden würden. Eva Sturm, *Von Kunst aus. Kunstvermittlung mit Gilles Deleuze*, Habilitationsprojekt.

10 | Peter V. Zima, *Die Dekonstruktion*. Tübingen/Basel: Francke, 1994, 33.

11 | *Singulär* ist das, was mit nichts verglichen werden kann, weil es das Einzige seiner Art ist. Der Begriff des Singulären spielt im differenztheoretischen Denken eine große Rolle. Nach Gilles Deleuze setzt sich jede Person aus Singularitäten zusammen. Marcus Steinweg spricht von „Subjektsingularitäten". Marcus Steinweg, *Subjektsingularitäten*. Berlin: Merve, 2004.

12 | Ein *Werden* „hat kein Subjekt [...], das von ihm unterschieden wäre; und [...] keinen Endzustand [...], weil sein Endzustand seinerseits nur in ein anderes Werden eingeschlossen ist, dessen Subjekt es ist und das mit dem ersten koexistiert und einen Block bildet (die Bergsonsche Idee einer Koexistenz von sehr unterschiedlichen „Dauern", die „der unseren" über- oder unterlegen sind und die

alle miteinander kommunizieren) [...]". *Werden* ist keine Evolution, „jede Abstammung ist imaginär". „Das Werden kommt durch Bündnisse zustande." Gilles Deleuze, Félix Guattari, *Tausend Plateaus. Kapitalismus und Schizophrenie.* Berlin: Merve, 1997, 325.

13 | Michael Wimmer, „Die Gabe der Bildung. Überlegungen zum Verhältnis von Singularität und Gerechtigkeit im Bildungsgedanken". In: Jan Maschelein, Michael Wimmer (Hrsg.), *Alterität, Pluralität, Gerechtigkeit. Randgänge der Pädagogik.* Sankt Augustin: Academia Verlag, 1996, 127 f., 159.

14 | Gilles Deleuze, *Das ABC ... von Gilles Deleuze und Claire Parnet.* Regie von Pierre-André Boutang, 1996. www.langlab.wayne.edu/CStivale/D-G/DASABC-M-Z.html#anchor216483 [20.04.2006].

15 | Z. B. Hinrich Lühmann, „Der Knabe Eros geht zur Schule. Übertragungsliebe in öffentlicher Anstalt". In: *Brief der Psychoanalytischen Assoziation. Die Zeit zum Begreifen.* Brief Nr. 13/1994, 5 f.

16 | Gilles Deleuze, *Henri Bergson zur Einführung.* Hamburg: Junius, 2001, 133.

17 | „Ästhetische Erfahrungen können als Erfahrungen der Diskontinuität, der Differenz zu bisher Erlebtem gelten, in denen wir uns zugleich im Wahrnehmungsakt als Objekt unserer Wahrnehmung gewahr werden." Georg Peez, *Ästhetische Erfahrung – Strukturelemente und Forschungsaufgaben im erwachsenenpädagogischen Kontext.* www.georgpeez.de/texte/kade.htm [07.07.2007].

18 | Gilles Deleuze, Félix Guattari, *Was ist Philosophie?* Frankfurt: Suhrkamp, 1996, 242.

19 | Gilles Deleuze, Félix Guattari, *Tausend Plateaus. Kapitalismus und Schizophrenie.* Berlin: Merve, 1997, 14.

20 | Gilles Deleuze, Félix Guattari, *Rhizom.* Berlin: Merve, 1977, 41.

PRÄSENTIEREN, AUSSTELLEN, VERMITTELN

Barbara Putz-Plecko

Öffentliche Präsentationen der künstlerischen und künstlerisch-wissenschaftlichen Projekte von Studierenden wie Lehrenden machen nicht nur sichtbar, woran bzw. wie im Rahmen von Curriculum, Kunst und Forschung aktuell an der Abteilung gearbeitet wird, sondern fördern und schärfen immer auch die gemeinsame Bearbeitung und Reflexion von methodischen, inhaltlichen, formalen und gestalterischen Aspekten von Vermittlung, bezogen auf den jeweiligen Kontext der Präsentation. Im Sinne des dem Studium eingeschriebenen Anspruchs, möglichst alle Anteile künstlerischer Praxis und ihres gesellschaftlichen Resonanzraumes erfahrbar zu machen und weiterzuentwickeln, ist die Auseinandersetzung mit Raum, Kontext und Öffentlichkeit eine weitere wichtige Ebene des Studienprogramms. Zumal jede künstlerische Arbeit in ihrer jeweiligen Präsentationsform von Neuem gelesen wird (was „junge" Studierende oft zu wenig beachten), ist ein Angebot für Experimente und Übungen im Rahmen unterschiedlicher Vermittlungsformate wichtig.

Einerseits abteilungsintern aufgesetzt, andererseits auf diverse Öffentlichkeiten und unterschiedliche Kontexte ausgerichtet, ergibt sich ein breites Spektrum für Erprobungen:

- von regelmäßigen Präsentationen der Studierendenprojekte im Rahmen von Lehrveranstaltungen und im Plenum der Abteilung zum Semesterabschuss,
- über Ausstellungen in Galerien, Museen oder Off-Spaces (wie u. a. im Künstlerhaus Klagenfurt, in der Galerie Freihausgasse in Villach und Galerie Göttlicher in Stein, im Freiraum im Museumsquartier Wien, in Nebenräumen des Odeon, im Integrationshaus oder in der Universitätsgalerie im Heiligenkreuzer Hof in Wien, im Centrum Sztuki Współczesnej Zamek Ujazdowski in Krakau oder im Museo della Città di Rimini),
- über Beteiligungen an thematischen Ausstellungsschwerpunkten von Sammlungen (wie zum Beispiel am Hallstatt-Projekt des Naturhistorischen Museums Wien),
- an Jahresausstellungen wie *The Essence* (u. a. im 21er-Haus/Belvedere, im Museum für angewandte Kunst, Wien, in der Alten Post, im Künstlerhaus sowie in Ausstellungsräumen der Universität – mehrfach in Zusammenarbeit mit international erfahrenen Kurator*innen wie Daniela Zyman, Başak Şenova, Işın Önol oder Erno Vroonen),
- an Festivals wie dem Angewandte Festival, dem Vorprogramm der Biennale di Venezia,

01

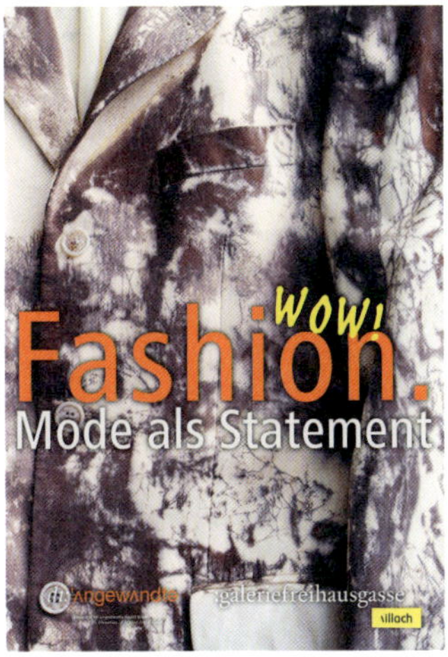

01–02 Einladungskarten zu Ausstellungen in der Galerie Freihausgasse Villach (Grafiken: Peter Putz), 2015, © Barbara Putz-Plecko

03–04 Folder zur Ausstellung *roter faden:textileforce* in der Galerie Freihausgasse Villach (Grafiken: Peter Putz), 2015, © Barbara Putz-Plecko

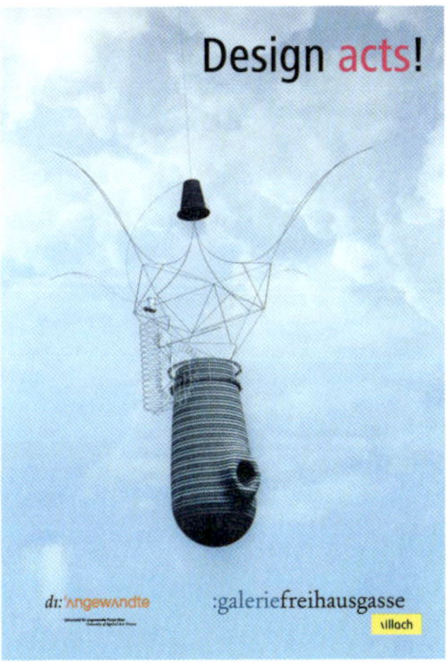

02

03

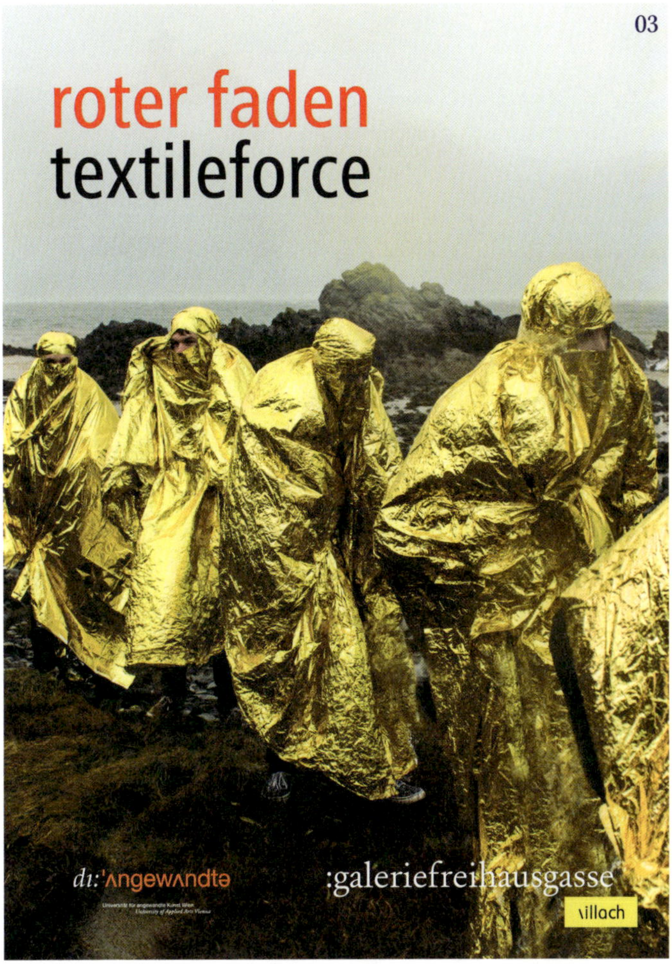

04

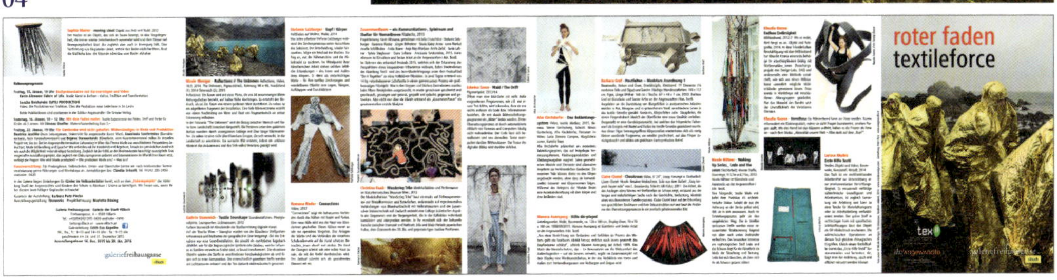

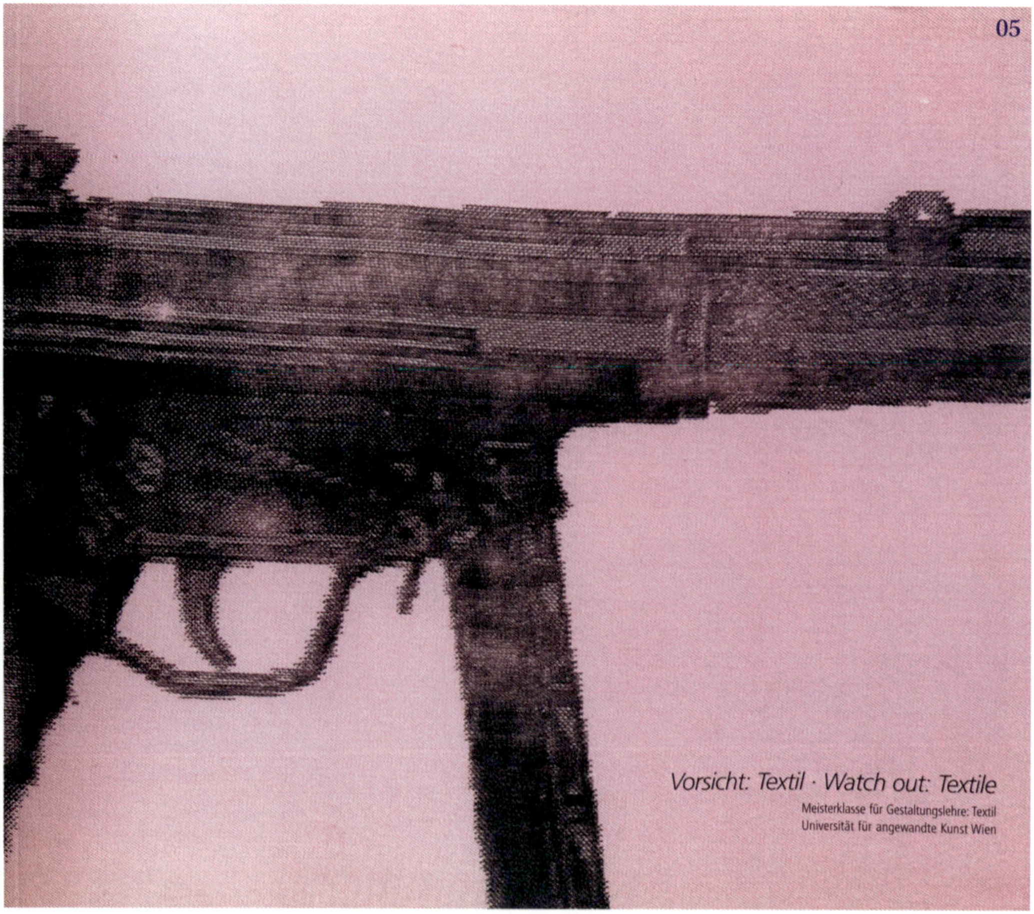

der Bienal de la Habana oder dem Woori Festival der Nubuke Foundation, Accra

- sowie an Messen (wie der *BeSt*, um über das Studium zu informieren, oder an Designmessen – wie zuletzt der *Print Design Challenge* in München),
- zu Präsentationen in Ausstellungsräumen internationaler Universitäten und Partnerinstitutionen (wie u. a. der Aalto University TaiK in Helsinki/Finnland, der Tōkyō Geijutsu Daigaku/Japan, der University of Otago in Dunedin/Neuseeland, dem Art|Sci Center der UCLA/USA, der Margaret Trowell School of Industrial and Fine Arts der Makarere University Kampala/Uganda oder am Organ House in Chongqing/China),
- über Gastvorträge und Präsentationen auf Konferenzen (wie u. a. der Shapeshifting Conference der University of Auckland/Neuseeland, am Teachers College der Columbia University New York, der Universität der Künste Berlin, der Carl von Ossietzky Universität Oldenburg, der University of East London, der *Texere Conference* in Lissabon),
- über die Ausstattung von Bühnenstücken (wie Shakespeares Sommernachtstraum

06

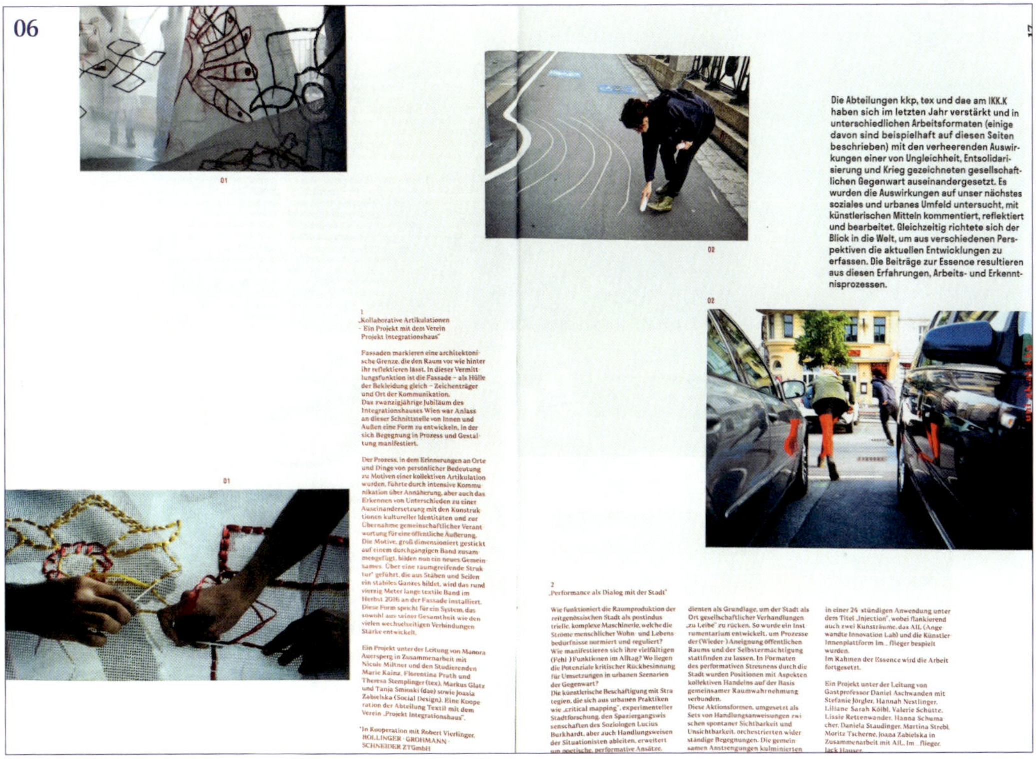

Die Abteilungen kkp, tex und dae am IKK.K haben sich im letzten Jahr verstärkt und in unterschiedlichen Arbeitsformaten (einige davon sind beispielhaft auf diesen Seiten beschrieben) mit den verheerenden Auswirkungen einer von Ungleichheit, Entsolidarisierung und Krieg gezeichneten gesellschaftlichen Gegenwart auseinandergesetzt. Es wurden die Auswirkungen auf unser nächstes soziales und urbanes Umfeld untersucht, mit künstlerischen Mitteln kommentiert, reflektiert und bearbeitet. Gleichzeitig richtete sich der Blick in die Welt, um aus verschiedenen Perspektiven die aktuellen Entwicklungen zu erfassen. Die Beiträge zur Essence resultieren aus diesen Erfahrungen, Arbeits- und Erkenntnisprozessen.

1
„Kollaborative Artikulationen – Ein Projekt mit dem Verein Projekt Integrationshaus"

Fassaden markieren eine architektonische Grenze, die den Raum vor wie hinter ihr reflektieren lässt. In dieser Vermittlungsfunktion ist die Fassade – als Hülle der Bekleidung gleich – Zeichenträger und Ort der Kommunikation.
Das zwanzigjährige Jubiläum des Integrationshauses Wien war Anlass an dieser Schnittstelle von Innen und Außen eine Form zu entwickeln, in der sich Begegnung in Prozess und Gestaltung manifestiert.

Der Prozess, in dem Erinnerungen an Orte und Dinge von persönlicher Bedeutung zu Motiven einer kollektiven Artikulation wurden, führte durch intensive Kommunikation über Annäherung, aber auch das Erkennen von Unterschieden zu einer Auseinandersetzung mit den Konstruktionen kultureller Identitäten und zur Übernahme gemeinschaftlicher Verantwortung für eine öffentliche Äußerung. Die Motive, groß dimensioniert gestickt auf einem durchgängigen Band zusammengefügt, bilden nun ein neues Gemeinsames. Über eine raumgreifende Struktur* geführt, die aus Stäben und Seilen ein stabiles Ganzes bildet, wird das rund vierzig Meter lange textile Band im Herbst 2016 an der Fassade installiert. Diese Form spricht für ein System, das sowohl aus seiner Gesamtheit wie den vielen wechselseitigen Verbindungen Stärke entwickelt.

Ein Projekt unter der Leitung von Manora Auersperg in Zusammenarbeit mit Nicole Miltner und den Studierenden Marie Kainz, Florentina Prath und Theresa Stemplinger (tex), Markus Glatz und Tanja Smioski (dae) sowie Joasia Zabielska (Social Design). Eine Kooperation der Abteilung Textil mit dem Verein „Projekt Integrationshaus".

*In Kooperation mit Robert Vierlinger, BOLLINGER · GROHMANN · SCHNEIDER ZTGmbH

2
„Performance als Dialog mit der Stadt"

Wie funktioniert die Raumproduktion der zeitgenössischen Stadt als postindustrielle, komplexe Maschinerie, welche die Ströme menschlicher Wohn- und Lebensbedürfnisse normiert und reguliert? Wie manifestieren sich ihre vielfältigen (Fehl-)Funktionen im Alltag? Wo liegen die Potenziale kritischer Rückbesinnung für Umsetzungen in urbanen Szenarien der Gegenwart?
Die künstlerische Beschäftigung mit Strategien, die sich aus urbanen Praktiken wie „critical mapping", experimenteller Stadtforschung, den Spaziergangswissenschaften des Soziologen Lucius Burkhardt, aber auch Handlungsweisen der Situationisten ableiten, erweitert um poetische, performative Ansätze, dienten als Grundlage, um der Stadt als Ort gesellschaftlicher Verhandlungen „zu Leibe" zu rücken. So wurde ein Instrumentarium entwickelt, um Prozesse der (Wieder-)Aneignung öffentlichen Raums und der Selbstermächtigung stattfinden zu lassen. In Formaten des performativen Streunens durch die Stadt wurden Positionen mit Aspekten kollektiven Handelns auf der Basis gemeinsamer Raumwahrnehmung verbunden.
Diese Aktionsformen, umgesetzt als Sets von Handlungsanweisungen zwischen spontaner Sichtbarkeit und Unsichtbarkeit, orchestrierten widerständige Begegnungen. Die gemeinsamen Anstrengungen kulminierten in einer 24-stündigen Anwendung unter dem Titel „Injection", wobei flankierend auch zwei Kunsträume, das AIL (Angewandte Innovation Lab) und die KünstlerInnenplattform Im_flieger bespielt wurden.
Im Rahmen der Essence wird die Arbeit fortgesetzt.

Ein Projekt unter der Leitung von Gastprofessor Daniel Aschwanden mit Stefanie Jörgler, Hannah Nestlinger, Liliane Sarah Kölbl, Valerie Schütte, Lissie Rettenwander, Hanna Schumacher, Daniela Staudinger, Martina Strebl, Moritz Tscherne, Joana Zabielska in Zusammenarbeit mit AIL, Im_flieger, Jack Hauser.

07

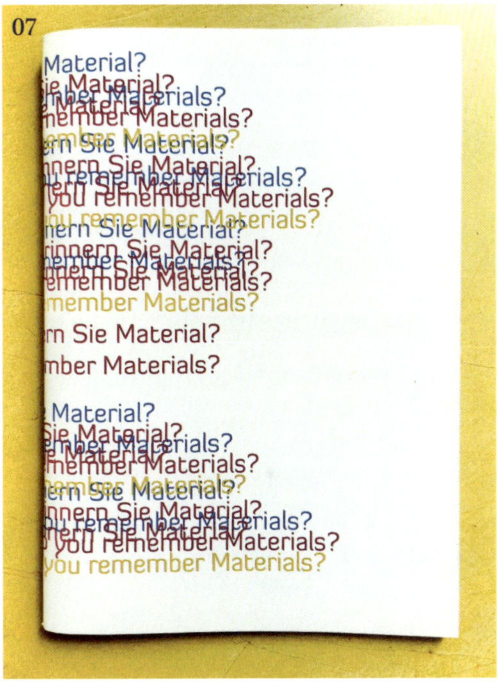

05 Cover des ersten Katalogs der Meisterklasse für Gestaltungslehre Textil (Grafik: Martina Gaigg), 1999, © Barbara Putz-Plecko

06 Doppelseite zum gemeinsamen Auftritt der Abteilungen *TEX*, *DAE* und *KKP* bei *The Essence 2016*, © Barbara Putz-Plecko. Links: *Kollaborative Artikulationen* – Ein Projekt mit dem Verein Integrationshaus in Zusammenarbeit mit geflüchteten Menschen. Rechts: Daniel Aschwanden und Studierende der Abteilung *KKP*, Symposium *Injection – Über das Nicht-Kommunizierbare.*

07 Katalog zur Ausstellung der Abteilungen *TEX*, *DAE* und *KKP Erinnern Sie Material?* im Rahmen des Angewandte Festivals, kuratiert von Işın Önol, 2023, © Barbara Putz-Plecko

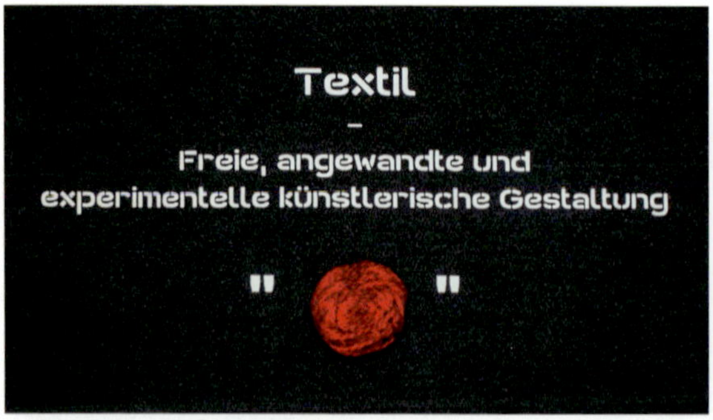
Textil
–
Freie, angewandte und
experimentelle künstlerische Gestaltung
" "

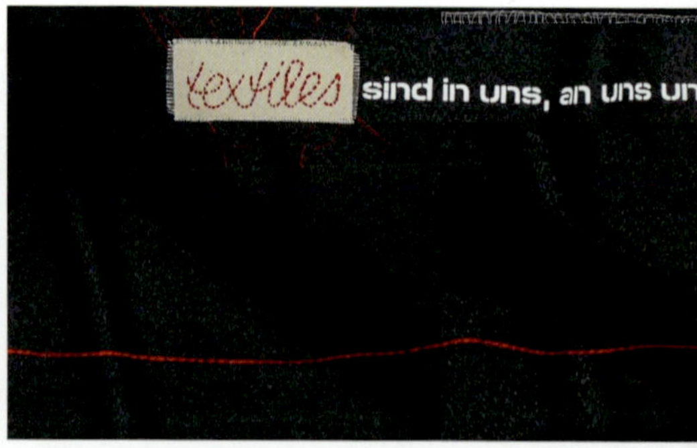
textiles sind in uns, an uns un

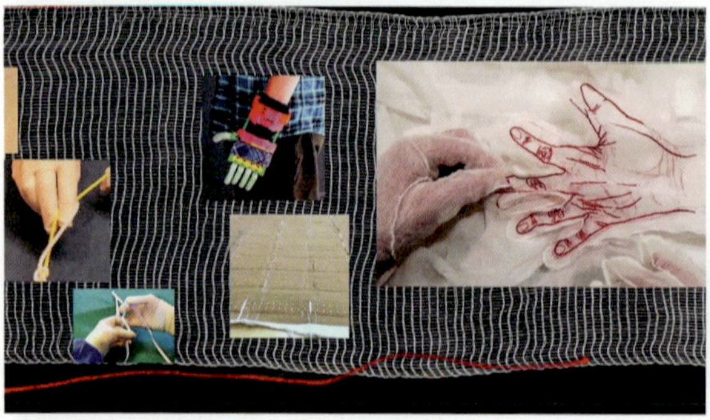

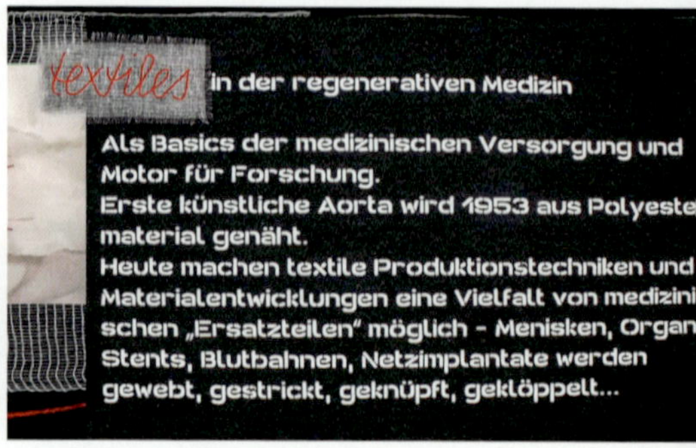
textiles in der regenerativen Medizin
Als Basics der medizinischen Versorgung und
Motor für Forschung.
Erste künstliche Aorta wird 1953 aus Polyeste
material genäht.
Heute machen textile Produktionstechniken und
Materialentwicklungen eine Vielfalt von medizini
schen „Ersatzteilen" möglich – Menisken, Organ
Stents, Blutbahnen, Netzimplantate werden
gewebt, gestrickt, geknüpft, geklöppelt...

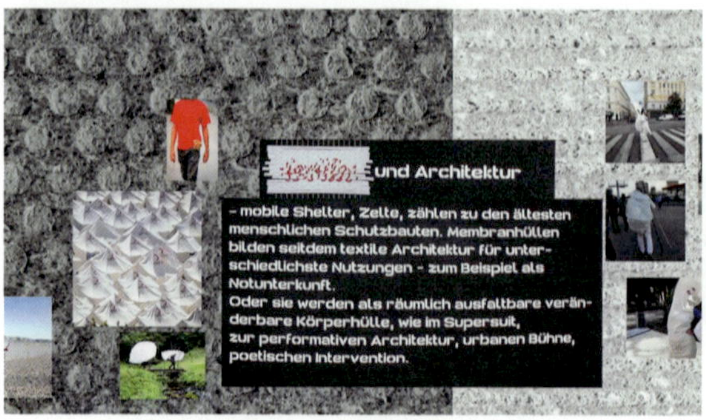
und Architektur
– mobile Shelter, Zelte, zählen zu den ältesten
menschlichen Schutzbauten. Membranhüllen
bilden seitdem textile Architektur für unter-
schiedlichste Nutzungen – zum Beispiel als
Notunterkunft.
Oder sie werden als räumlich ausfaltbare verän-
derbare Körperhülle, wie im Supersuit,
zur performativen Architektur, urbanen Bühne,
poetischen Intervention.

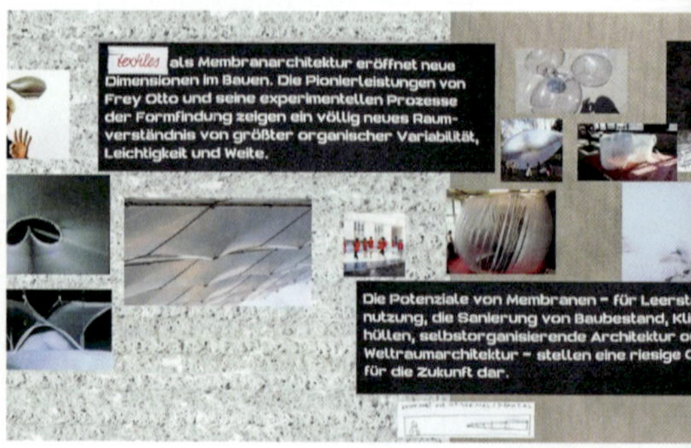
textiles als Membranarchitektur eröffnet neue
Dimensionen im Bauen. Die Pionierleistungen von
Frey Otto und seine experimentellen Prozesse
der Formfindung zeigen ein völlig neues Raum-
verständnis von größter organischer Variabilität,
Leichtigkeit und Weite.
Die Potenziale von Membranen – für Leerst
nutzung, die Sanierung von Baubestand, Kli
hüllen, selbstorganisierende Architektur o
Weltraumarchitektur – stellen eine riesige C
für die Zukunft dar.

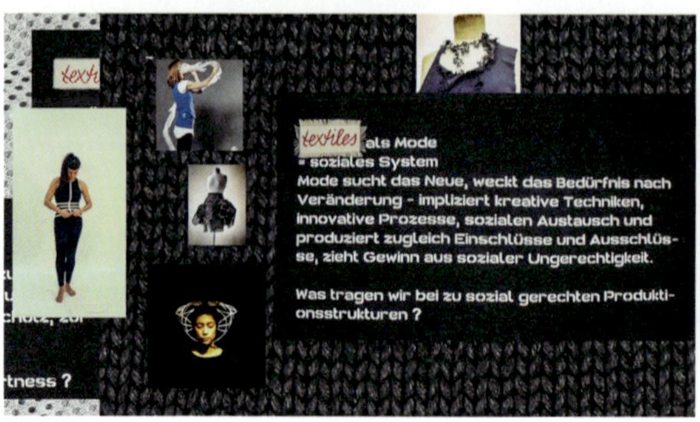
textiles als Mode
= soziales System
Mode sucht das Neue, weckt das Bedürfnis nach
Veränderung – impliziert kreative Techniken,
innovative Prozesse, sozialen Austausch und
produziert zugleich Einschlüsse und Ausschlüs-
se, zieht Gewinn aus sozialer Ungerechtigkeit.
Was tragen wir bei zu sozial gerechten Produkti-
onsstrukturen ?
rtness ?

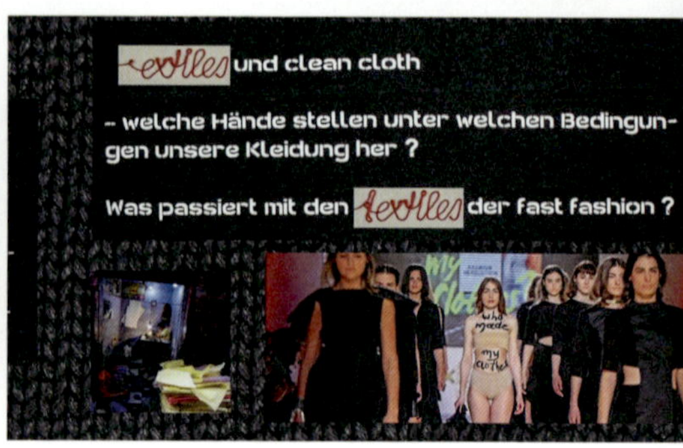
textiles und clean cloth
– welche Hände stellen unter welchen Bedingun-
gen unsere Kleidung her ?
Was passiert mit den textiles der fast fashion ?
who made my clothes

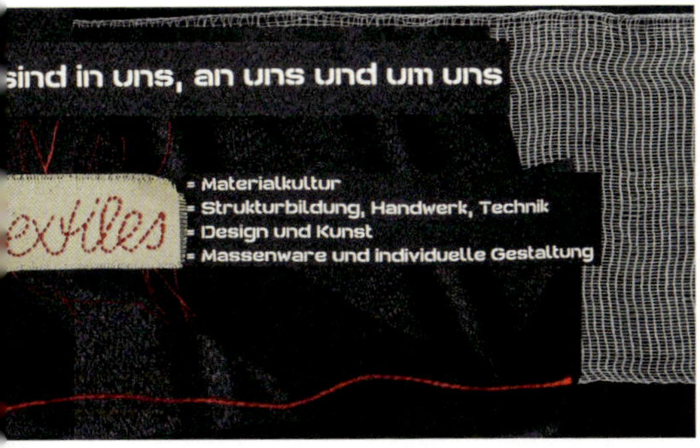

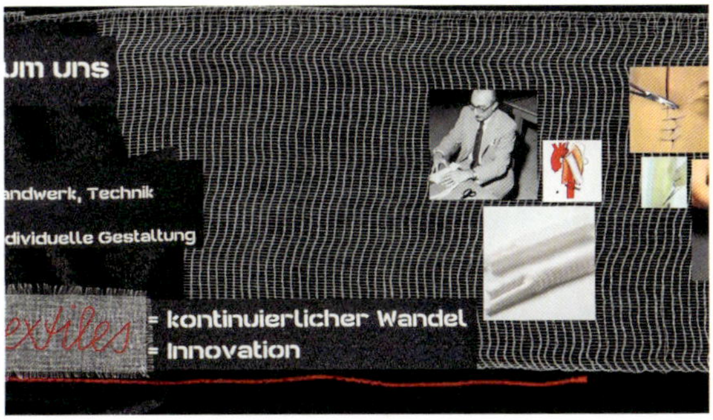

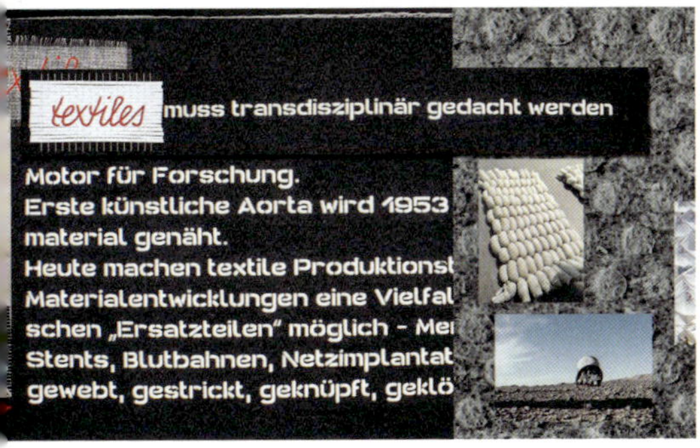

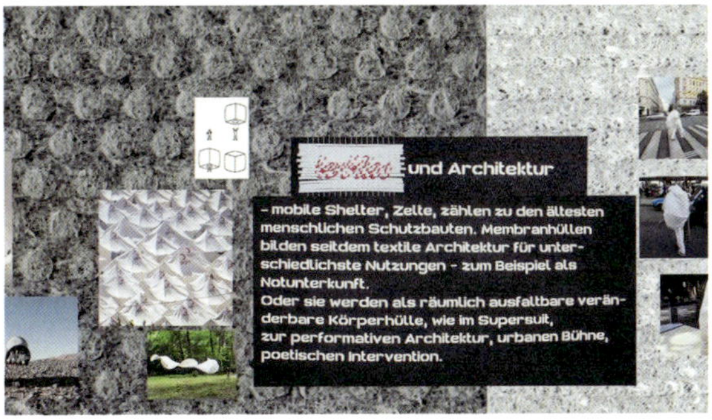

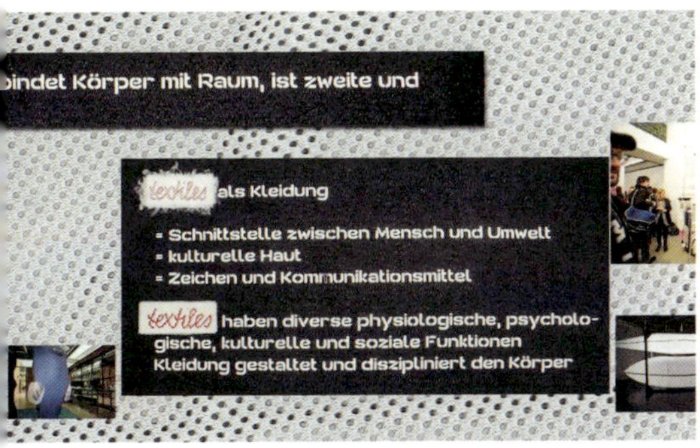

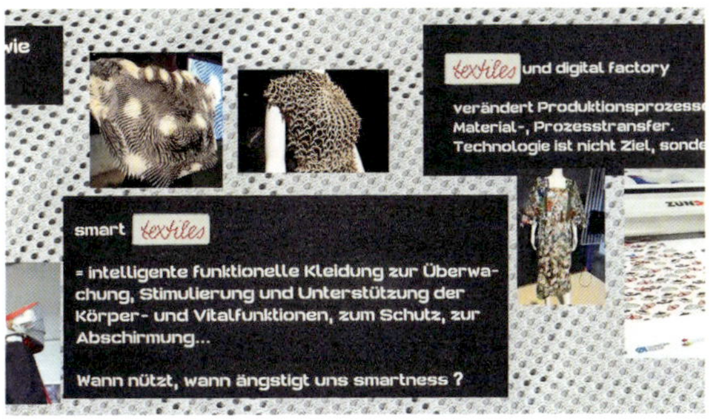

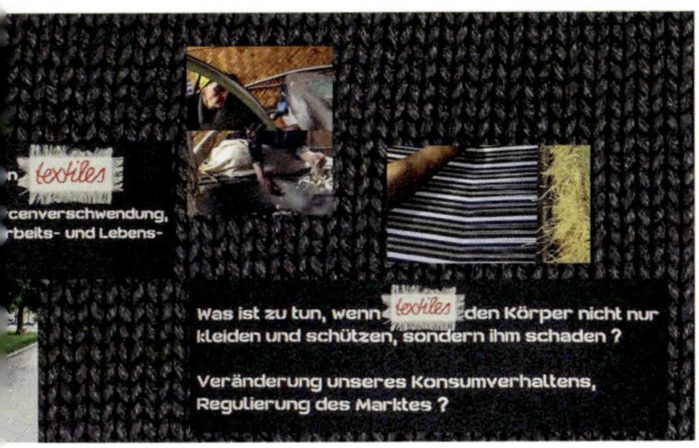

08 Der 03:49 min lange Animationsfilm beleuchtet das weite Feld des Textilen und markiert verschiedene Blickwinkel, aus denen an der Abteilung *Textil* dieses Feld bearbeitet, untersucht und gestaltet wird. Konzept und Materialien: Abteilung *Textil*, Animation: Adnan Popovic, 2017, © Barbara Putz-Plecko. Der Film wurde für *The Essence 2018*, die im *Museum für angewandte Kunst* in Wien stattfand, produziert.

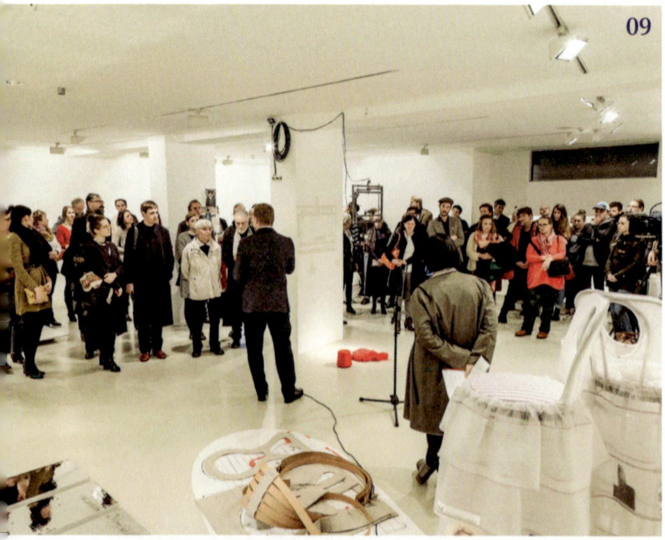

09

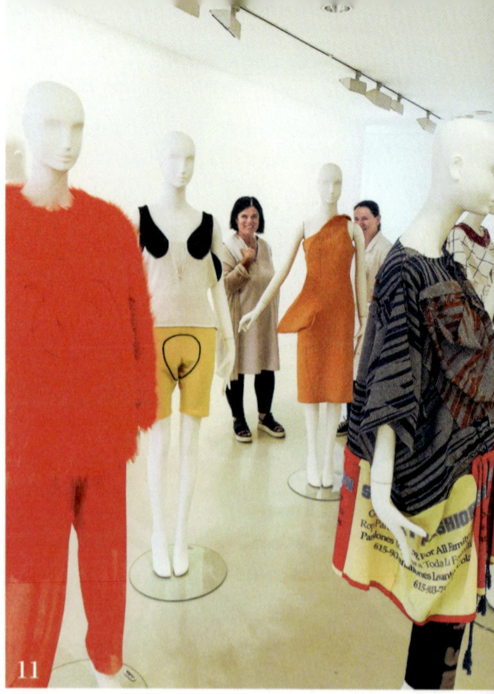

11

09 Ausstellungseröffnung von *roter faden*, Galerie Freihausgasse Villach, 2018, © Joachim Krenn

10 Stefanie Salzburger, *Kopf/Körper*, in der Ausstellung *roter faden,* Galerie Freihausgasse, Villach, 2016, © Joachim Krenn

11 Ausstellungsaufbau und von *Fashion Wow! Mode als Statement*, Galerie Freihausgasse Villach, 2018, © Joachim Krenn

12 Klaudia Kozma, *Endlose Endlosigkeit*, Möbiusband, 2012, © Georg Glaeser

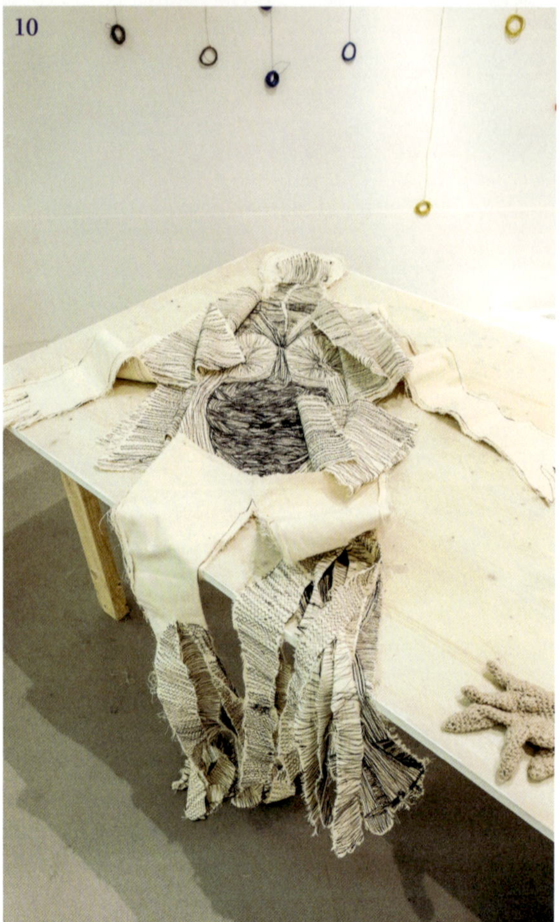

10

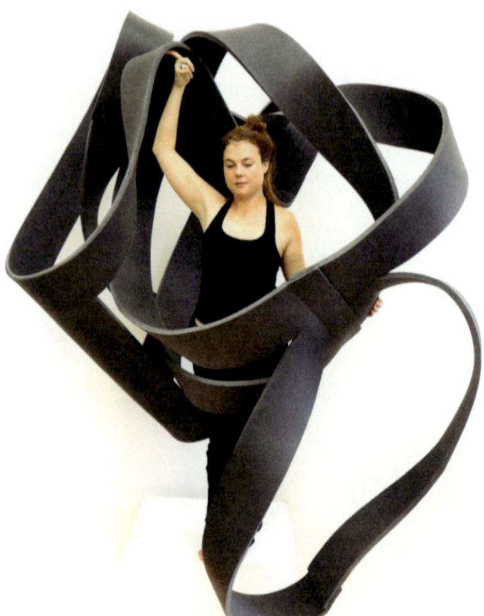

12

auf der Seewiese in Altaussee [Inszenierung Klaus Maria Brandauer] oder der Kooperation mit Tänzer*innen [u. a. im Tanzquartier Wien]),

- bis zu Präsentation und Interaktionen im öffentlichen Raum (wie zum Bespiel im Stadtzentrum von Helsinki, am *Djemaa el-Fna* in Marrakesch oder an diversen Orten und Plätzen Wiens sowie dem regionalen Umfeld).

Die Auswahl dieser unterschiedlichen Präsentationsräume, -formen und -formate ergibt sich stets aus dem Zusammenspiel von spezifischen Interessen von Studierenden und Lehrenden und deren Lehrveranstaltungen sowie aktuellen inhaltlichen Schwerpunkten der Abteilung, mit angebotenen, gesuchten bzw. entdeckten Möglichkeiten, regionalen und internationalen Netzwerken und Kontakten sowie der jeweils für die Realisierung notwendigen (und meist erst mit großem Einsatz zu besichernden) budgetären Unterstützung.

Zu vielen externen Präsentationen wurden Folder, Handouts bzw. kleinere und größere Kataloge erarbeitet, um auch auf der Ebene von Bewerbung, Vermittlung und Publikation Erfahrungen und Einsichten zu ermöglichen. Im Laufe der Jahre wurden analoge Vermittlungsmaterialien mehr und mehr durch Kommunikationselemente im Bereich der sozialen Medien und durch projektbezogene Websites ergänzt.

Die beigestellten Abbildungen zeigen bespielhaft verschiedene Ebenen des öffentlichen Auftritts der Abteilung und der Vermittlung ihrer Projekte.

Der Wandtext zur Ausstellung *Flexible.30 aus 83* im Künstlerhaus Klagenfurt, 2004, lautet:

„Ariadne war es müde, auf Theseus' Wiederkehr aus dem Labyrinth zu warten, auf seinen monotonen Schritt zu lauern und sein Gesicht in all den flüchtigen Schatten wiederzuerkennen. Ariadne hat sich erhängt. An der aus Erinnerung und Wiedererkennung verliebt geflochtenen Schnur dreht sich der Körper nachdenklich um sich selbst. Der Faden ist gerissen, und Theseus kommt nicht wieder. Er rennt und rast, taumelt und tanzt durch Gänge, Tunnel, Keller, Höhlen, Kreuzwege, Abgründe, Blitz und Donner. [...] Der berühmte und so fest gedachte Faden ist zerrissen; Ariadne ist verlassen worden, ehe man es glauben mochte. Und die ganze Geschichte des abendländischen Denkens ist neu zu schreiben."

Aus: Michel Foucault, „Der Ariadnefaden ist gerissen". In: Karlheinz Barck, Peter Gente (Hrsg.), Aisthesis. Leipzig: Reclam, 1993.

DANIEL ASCHWANDEN: POETISCHE INTERVENTIONEN

Barbara Putz-Plecko

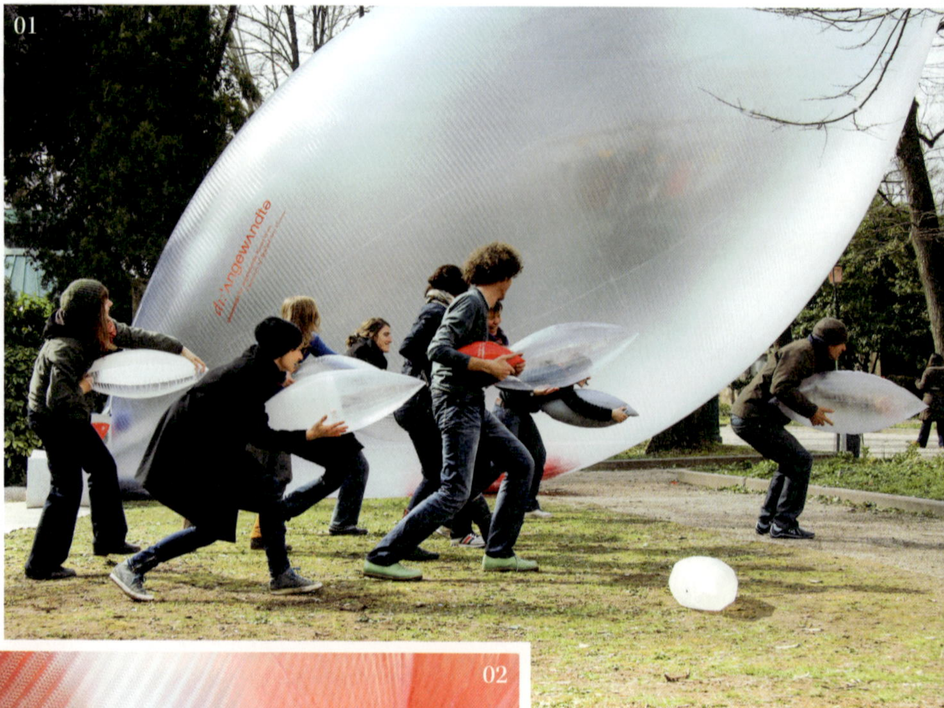

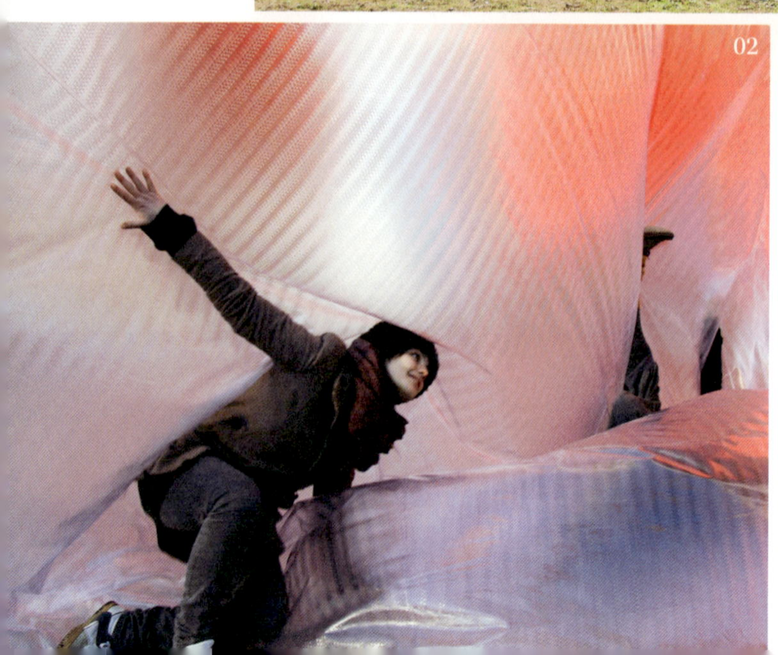

01 Daniel Aschwanden und Student*innen, *Giant Cloud*, 2011. Vorprogramm zur Biennale di Venezia, Aktion mit Inflatables in unterschiedlichen Dimensionen, © Daniel Aschwanden

02 *Giant Cloud*, Venedig, 2011. Erkundungen der Membranlandschaft in unterschiedlichen Füllungsgraden, © Daniel Aschwanden

Als Daniel Aschwanden – Performer, Tänzer, Künstler – 2021 unerwartet verstarb, verloren wir einen geschätzten Künstlerkollegen, verlässlichen Freund und Menschen von besonderer Strahlkraft. Für die Universität war er mehr als zehn Jahre ein ebenso aufmerksamer wie konstruktiv kritischer Partner gewesen, der starke und richtungsweisende Impulse zu setzen vermochte: für innovative Formate an der Schnittstelle von künstlerischen und sozialen Themen und Problemstellungen, für die Etablierung performativer Kunstpraxen und den Aufbau der transversalen Plattform *Angewandte Performance Lab* (*APL*) sowie für transdisziplinäre und transkulturelle Kollaborationen. Seine künstlerische Kraft, neue Räume für sich und andere zu öffnen, seine menschliche Verbindlichkeit, seine Klarheit und Empathie sowie der konsequente persönliche Einsatz, im jeweiligen Kontext die Voraussetzungen für die kollektive Dynamik vielstimmig, wertschätzend, verantwortungsvoll, aktiv und wandelbar zu gestalten, bleibt uns für immer Vorbild.

Die ersten Kontakte zu Daniel Aschwanden knüpfte die Abteilung *Textil* vermittelt durch Peter Michael Schultes. Schnell stellte sich heraus, wie sehr die künstlerische Expertise und Erfahrenheit des Performers den Umgang mit verschiedenen Manifestationen des Textilen bereicherte. Zuerst als externer Experte, dann als Lektor an den Abteilungen *Kunst und kommunikative Praxis* und *Social Design* blieb er der Abteilung *Textil* über viele Jahre verbunden und kooperierte projektbezogen sowohl mit Kolleg*innen wie mit Studierenden.

Eines der Projekte, welches sich über mehrere Jahre in verschiedene Richtungen entwickeln ließ, war die performative Arbeit mit „Inflatables", mit luftgeformten Objekten (siehe dazu den Beitrag *Meine ungeplante Kompetenz* auf Seite 134). Ihr mannigfacher Einsatz in Innen- und Außenräumen, auf dem Land, am Wasser oder in der Luft und die daraus resultierende Interaktion mit völlig unterschiedlichen Öffentlichkeiten in ständig veränderten Kontexten bedurfte jeweils neuer performativer Settings, an deren Entwicklung Daniel Aschwanden oft beteiligt war. Die unterschiedlich großen Objekte, die sich in vielfältiger Weise mit dem Körper in Beziehung setzen lassen und sowohl von außen als auch von innen bewegt werden können, laden zum Experimentieren und zur spielerischen Auseinandersetzung mit Raum- und Körpererfahrung ein. In den öffentlichen Raum gesetzt boten die mit Luft gefüllten Membrane einen einsehbaren und dennoch geschützten Ort an, der ebenso für individuelle wie kollektive Aktionen genutzt werden konnte. Im Innenraum wurden die Objekte – zum Beispiel im Eingangsbereich des Hauptpavillons in den Giardini (Biennale-Gelände Venedig) – zur Projektionsfläche, die von Passanten mittels Arduino-Boards gestaltet wurde, zum wandelbaren Erlebnisraum oder zum handlungsunterstützenden Utensil.

Die *Clouds* gehörten schließlich zum Material- und Objektpool der Abteilung und waren für etliche Jahrgänge von Studierenden geschätzte Requisiten und Kommunikationstools, welche unkompliziert und lustvoll Körper- und Raumerfahrungen und -verhandlungen ermöglichten. Sie kamen im Laufe der Jahre in vielfältiger Weise zum Einsatz – etwa auch im Rahmen des *textil:mobil*-Projekts (siehe dazu das Projekt *textil:mobil* auf Seite 160) – und halfen spielerisch, individuelles und kollektives Handeln zu thematisieren. Wie kann Raum in einem kollektiven Prozess produziert, gestaltet und verändert werden?

Nicht zuletzt zeigt gerade die künstlerische Untersuchung dieser Fragen eine deutliche

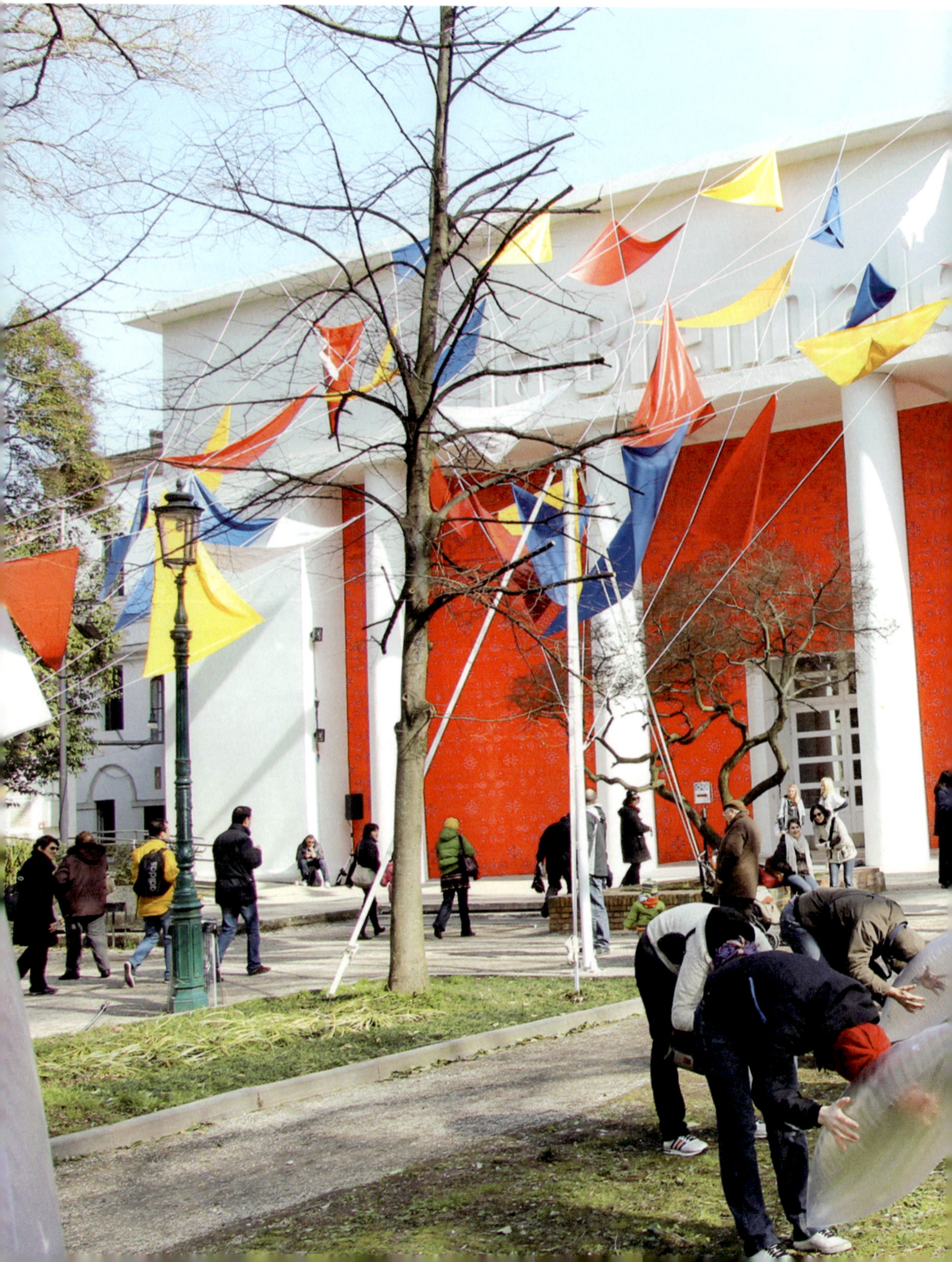

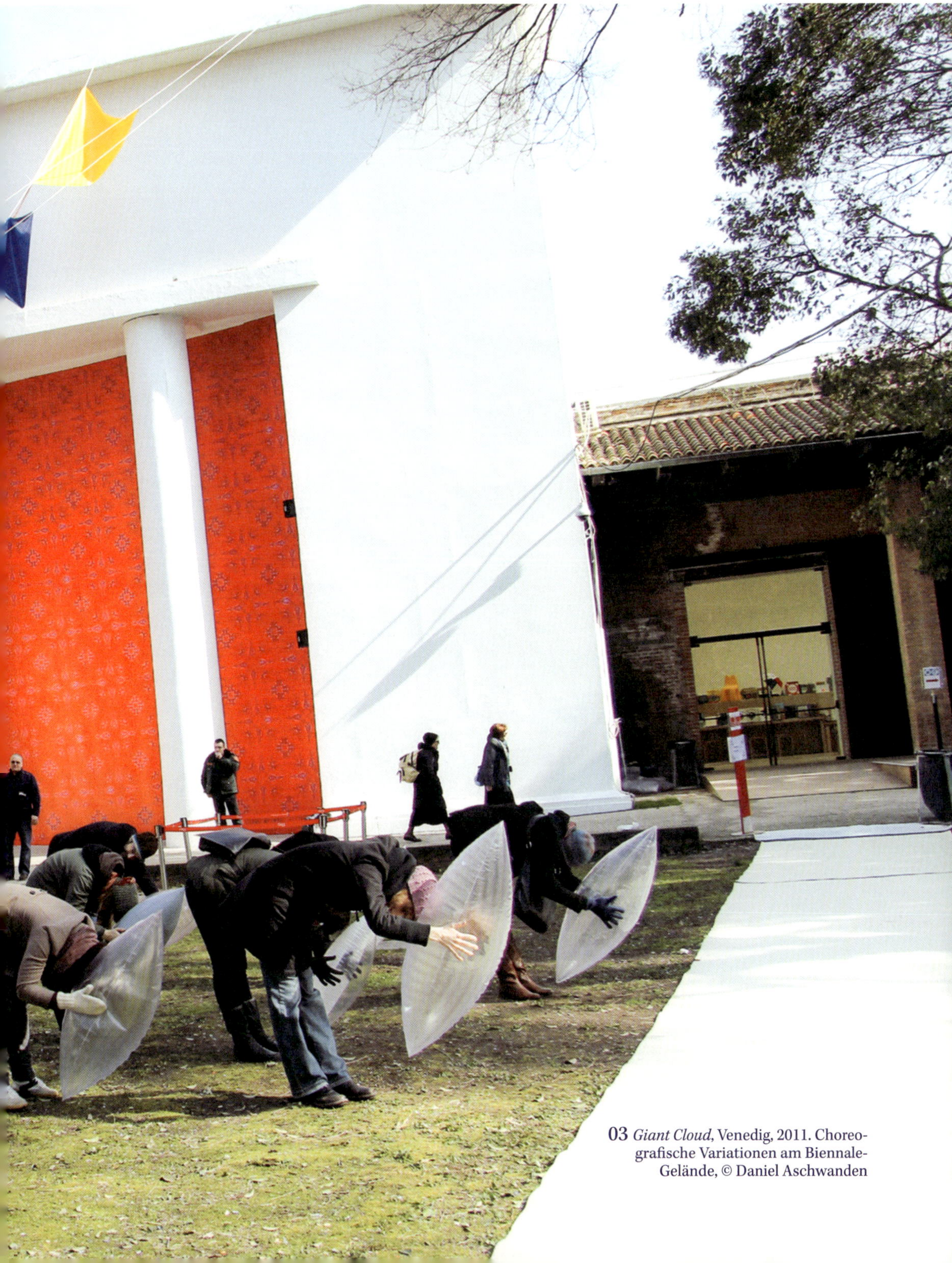

03 *Giant Cloud*, Venedig, 2011. Choreografische Variationen am Biennale-Gelände, © Daniel Aschwanden

„Die Sehnsucht nach dem Glück schreibt sich in
goldenen Zeichen auf leuchtendes Rot
und heftet sich auch an diesen Baum,
der sie trägt wie ewige Früchte,
deren Reife sich immer noch
etwas hinauszögert,
seine Geduld erstreckt sich über Jahre."

(Daniel Aschwanden, 20. Oktober 2017)

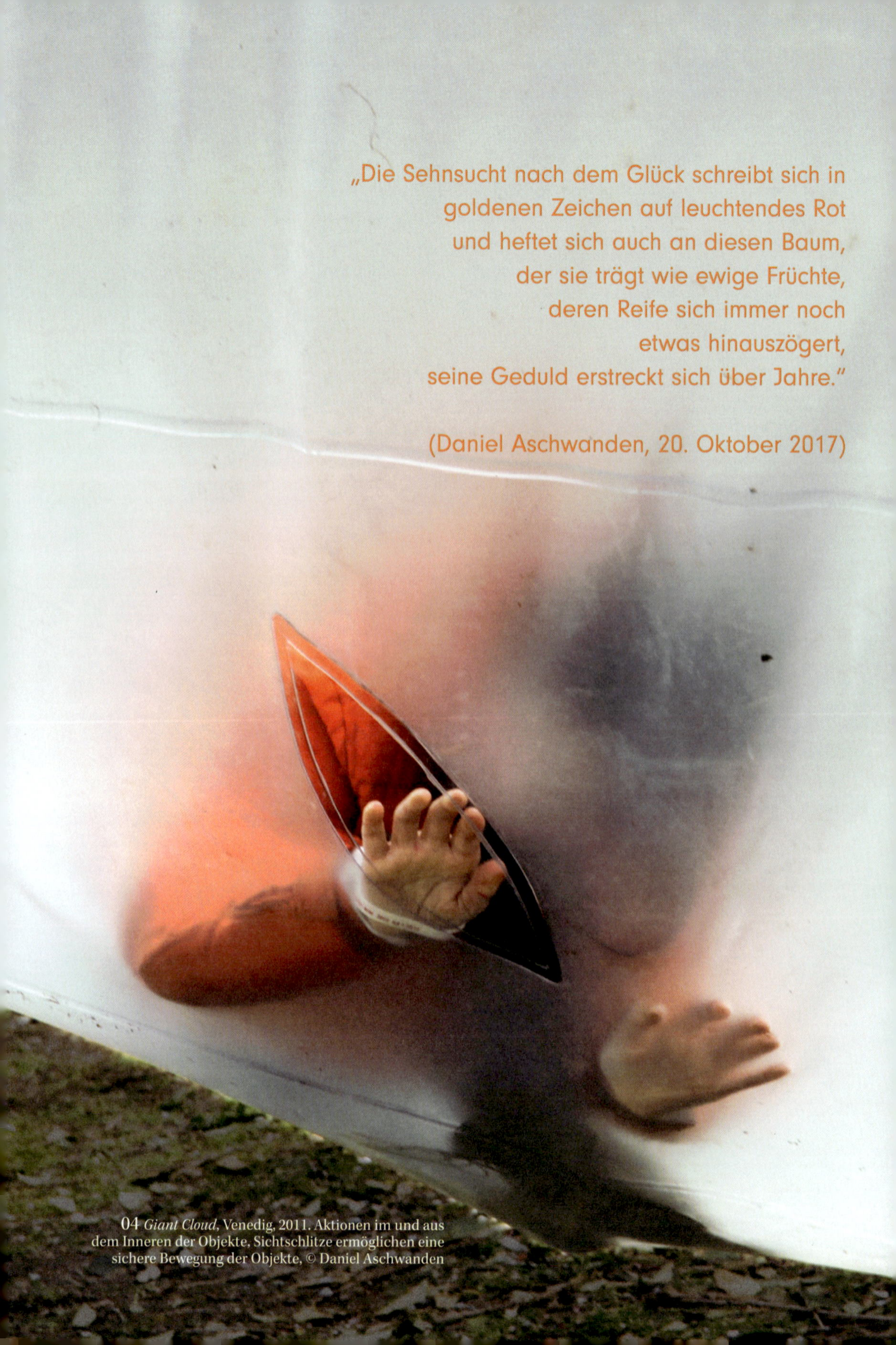

04 *Giant Cloud*, Venedig, 2011. Aktionen im und aus dem Inneren der Objekte. Sichtschlitze ermöglichen eine sichere Bewegung der Objekte, © Daniel Aschwanden

Verbindung zu Daniel Aschwandens eigener künstlerischer Praxis. Diese soll hier beispielhaft anhand des Projektes *Supersuit* (→ 05–09) vorgestellt werden, um Schnittstellen und Bezüge zwischen künstlerischer Praxis und Lehre erkennbar zu machen. Zur Beschreibung des Konzeptes und der Intention von *Supersuit* ziehe ich Texte und Bilder heran, die Daniel Aschwanden mir im Laufe unserer Zusammenarbeit immer wieder zur Verwendung überlassen hat.

Er selbst verstand *Supersuit* als eine poetische Intervention im urbanen Raum – wenn man sie einordnen wollte, zwischen performativer Architektur und räumlicher Performance. Das zentrale Requisit dieser Intervention ist der Prototyp einer tragbaren, raumbildenden Hülle, die interaktiv in Beziehung zum menschlichen Körper, der sie trägt, verändert werden kann. Entwickelt wurde dieses Hybrid aus Kleidungsstück und textilem Paravent in enger Zusammenarbeit mit dem Architekten Michael Wallraff und Manora Auersperg, Künstlerin und Lehrende an der Abteilung *Textil*, sowie mit der Unterstützung beratender Techniker. Um mit dem *Supersuit* im öffentlichen Raum schließlich sicher agieren zu können, bedurfte es außerdem des Austauschs mit Akteur*innen aus den Bereichen Tanz und Performance und einer Vielzahl von Studien, Modellen und räumlichen Experimenten. Das textile Objekt kam in Testläufen in Österreich, Äthiopien und China in diversen urbanen und sozialen Räumen zum Einsatz und brachte in den Aktionen unterschiedliche Potenziale dieser performativen Architektur zur Entfaltung. Daniel Aschwanden, der Performer im weißen Anzug, eingenäht in die für den Transport eingerollte architektonische Hülle, platzierte sich an unterschiedlichen Plätzen und Orten des städtischen Raums, faltete einen Raum auf und kreierte eine urbane Bühne, die er nun der Öffentlichkeit zur Verfügung stellte.

Anders als üblich wurde der Raum hier bezüglich seiner Nutzung nicht vorbestimmt, sondern in der jeweiligen Situation immer wieder neu und spontan erzeugt, wodurch sich die Grenzen zwischen Benutzer*innen und Produzent*innen auflösten und Fragen zu den Grenzen zwischen dem Öffentlichen und dem Privaten, zwischen Individuum und Kollektiv, aus einer ungewöhnlichen Perspektive aufgeworfen wurden: aus jener des spontanen Raumproduzenten, des „On-site-Designers". Was Daniel Aschwanden dabei umtrieb, war die intensive Auseinandersetzung mit dem realen öffentlichen Raum in einer turbokapitalistischen Welt in Zeiten des allgemeinen Rückzugs in digitale Welten und soziale Netzwerke.

Eine inhaltliche Auseinandersetzung nicht allein als intellektuelle Übung zu führen, sondern sich auch sinnlich-körperlich in diese hineinzubegeben, hat ihn als Künstler ausgezeichnet. Diese ganzheitliche Arbeitsweise konnte er Studierenden in gemeinsamen Projekten eindrücklich vermitteln, sodass im methodischen Repertoire vieler Absolvent*innen heute ein performativer Zugang gegeben ist.

Darüber hinaus wird uns aber allen seine menschliche Größe und Wärme, sein weiter intellektueller Horizont, seine kritische Reflektiertheit, seine Klarheit und Unbestechlichkeit sowie seine erstaunliche Fähigkeit zur völligen Fokussierung prägend in Erinnerung bleiben. Denn es waren all diese besonderen Facetten seiner Persönlichkeit, die es schließlich ermöglichten, künstlerische Aktionen in dieser extremen persönlichen Ausgesetztheit zu bewältigen und zu poetischen Ereignissen werden zu lassen.

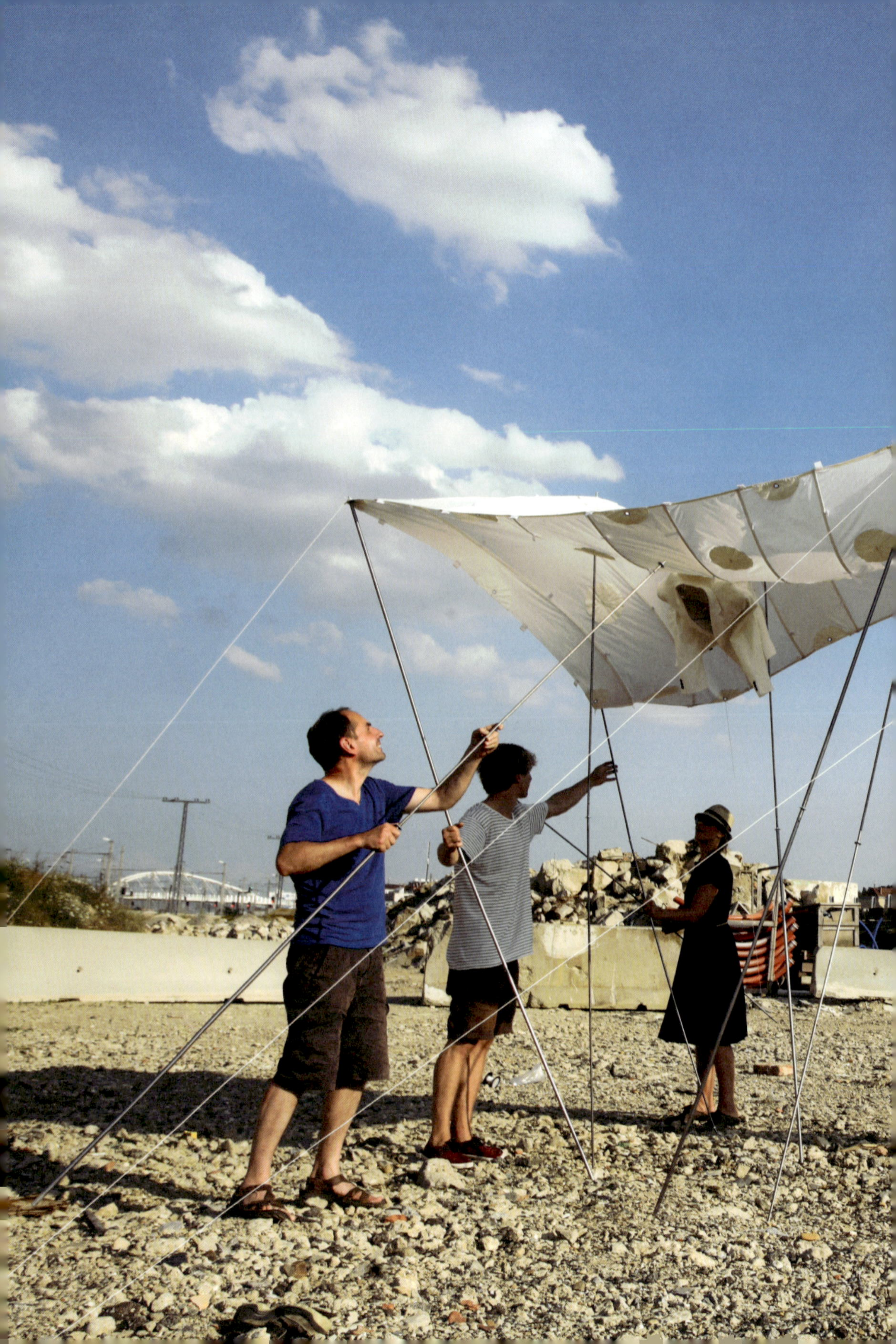

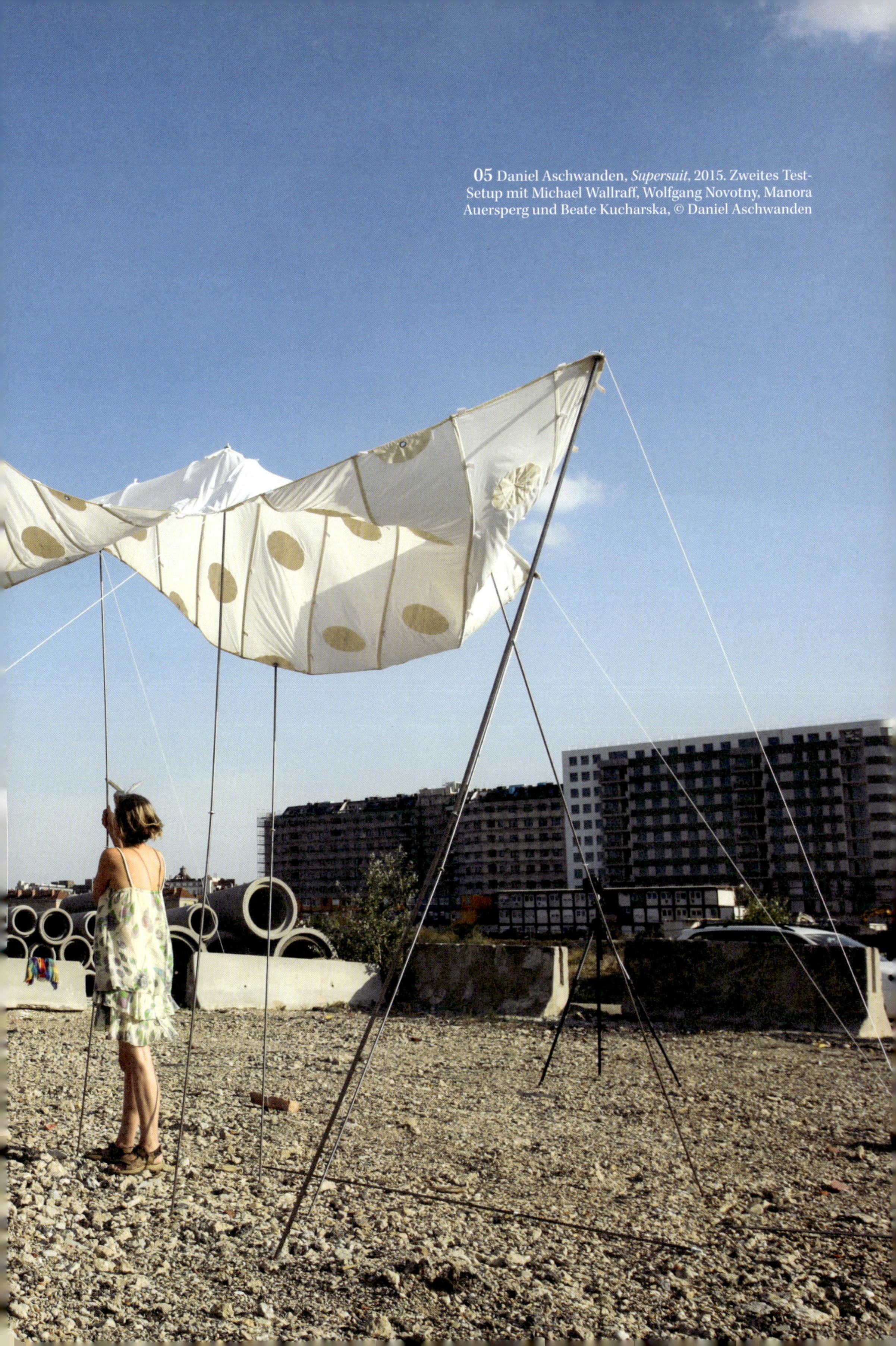

05 Daniel Aschwanden, *Supersuit*, 2015. Zweites Test-Setup mit Michael Wallraff, Wolfgang Novotny, Manora Auersperg und Beate Kucharska, © Daniel Aschwanden

SUPERSUIT

Projekt: Daniel Aschwanden, Michael Wallraff

Textile Konzeption und Produktion: Manora Auersperg, Rosa Falb

Projektion: Conny Zenk

Entwicklung und Beratung: Klaus Stattmann, Bollinger+Grohmann Ingenieure, Arne Hofmann, Robert Vierlinger, Wolfgang Novotny, Beata Kucharska, Anita Kaya, Wolfgang Kapeller-Niederwieser

Beteiligte: Menschen an den diversen öffentlichen Orten

Publikation zum Projekt:

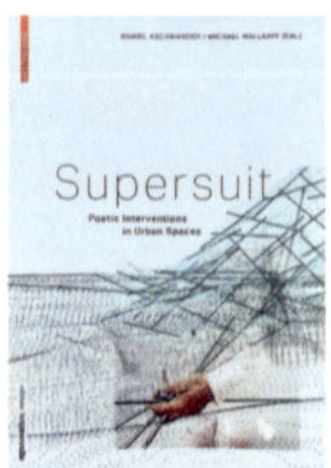

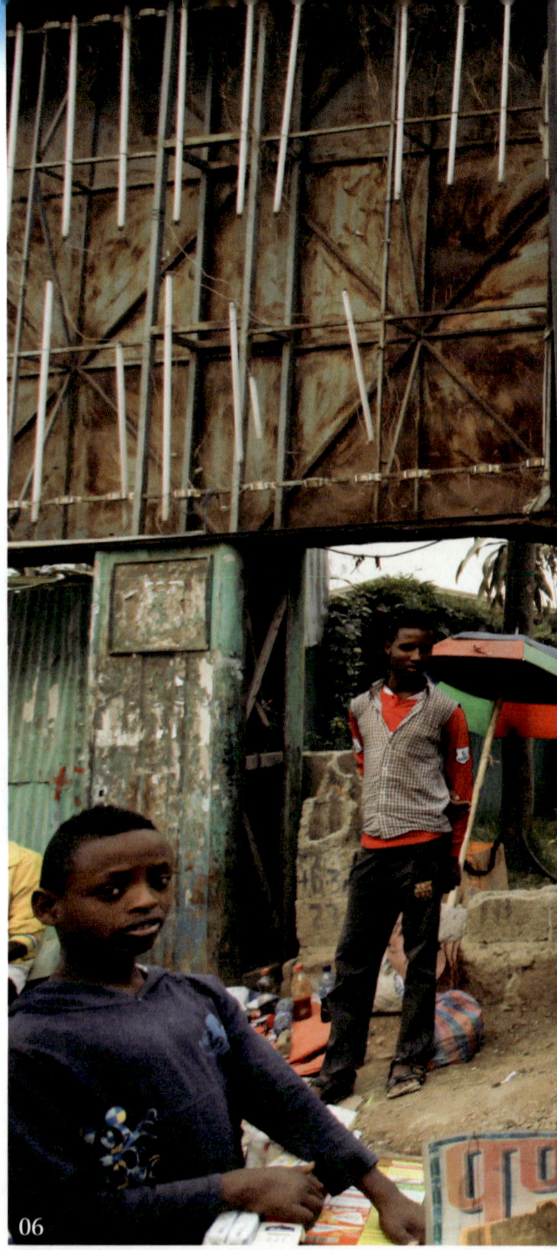

06

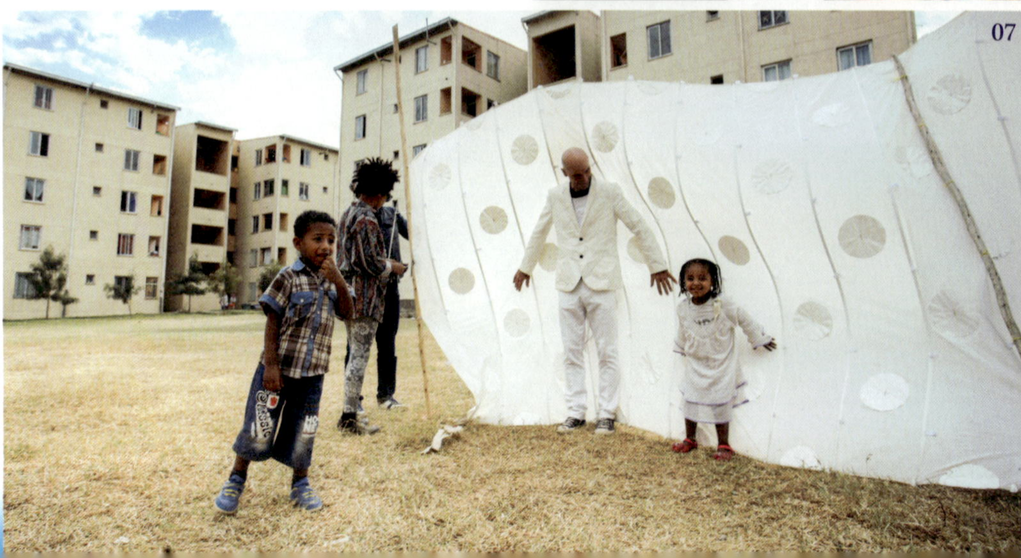

07

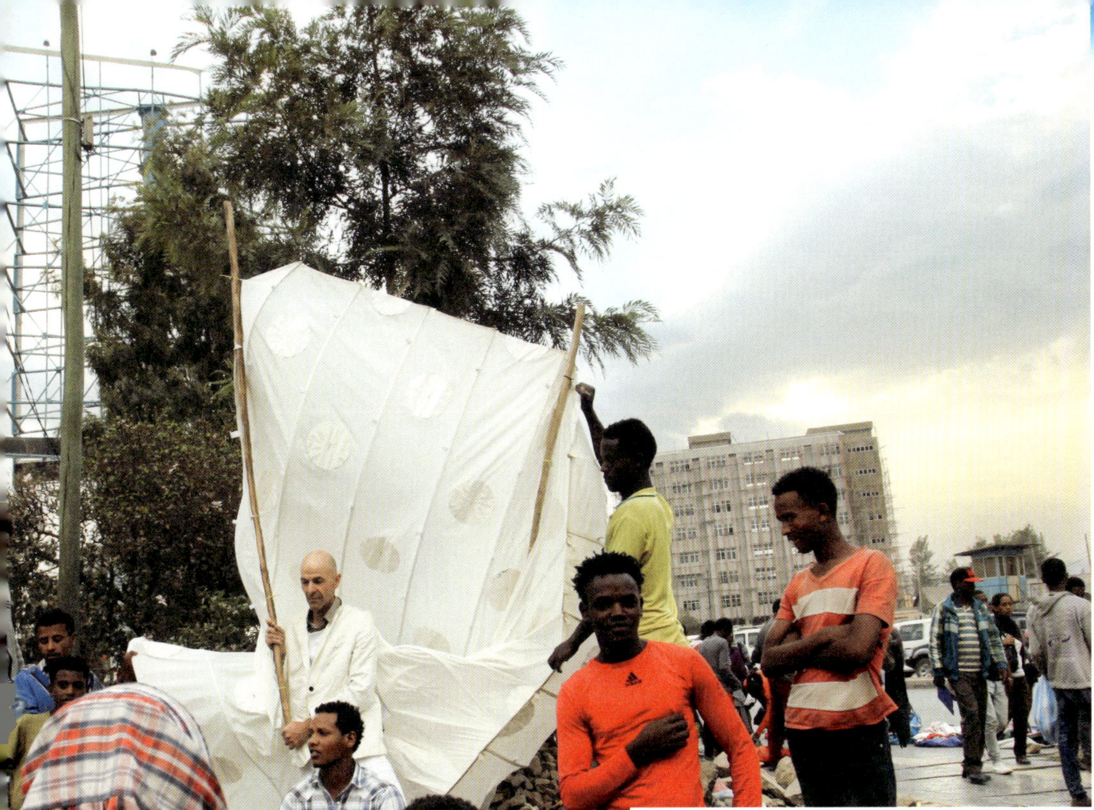

09

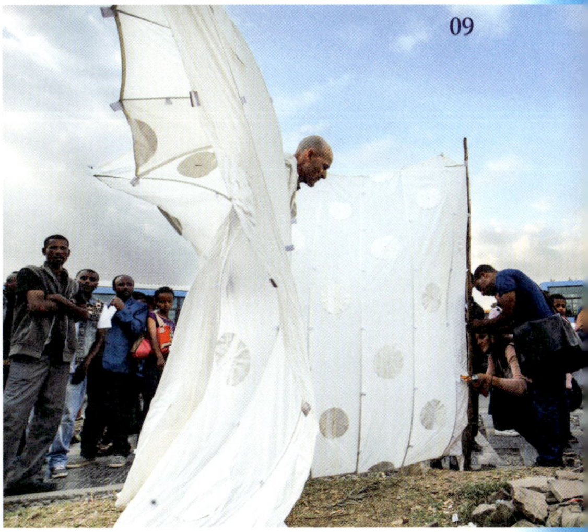

08

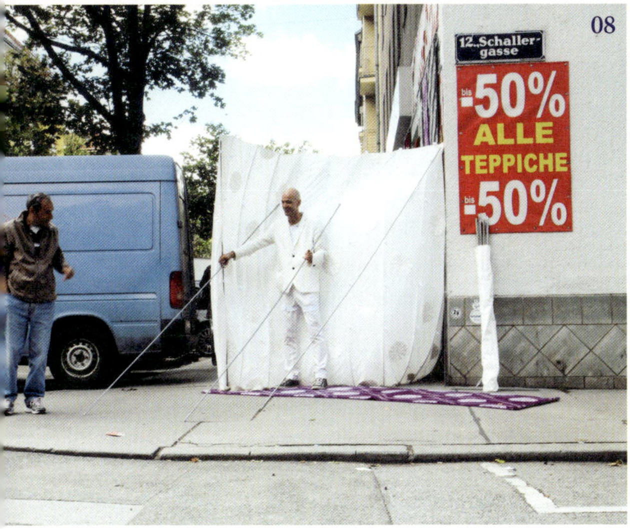

06 Daniel Aschwanden, *Supersuit*, 2015. Performance an einer Straßenkreuzung, Addis Abeba/Äthiopien, © Daniel Aschwanden

07 Daniel Aschwanden, *Supersuit*, 2015. Performance zwischen sozialen Wohnbauten, Addis Abeba/Äthiopien, © Daniel Aschwanden

08 Daniel Aschwanden, *Supersuit*, 2016. Performance an einem Straßeneck, 12. Wiener Gemeindebezirk, © Daniel Aschwanden

09 Daniel Aschwanden, *Supersuit*, 2015. Setup an Busbahnhof, Addis Abeba/Äthiopien, © Daniel Aschwanden

HALLSTATTFARBEN

Textile Verbindungen zwischen Wissenschaft und Kunst

Barbara Putz-Plecko

Projektleitung: Barbara Putz-Plecko

Lehrende: Barbara Graf, Eva Lachner, Ute Neuber, Manuel Wandl

Teilnehmende Studierende: Cornelia Bast, Claire Chatel, Debora Däubl, Anna Dietl, Christina Dörfler, Sandra Herzog, Racheli von Hofacker, Anna Moser, Brigitte Zaussinger

Publikation zum Projekt:

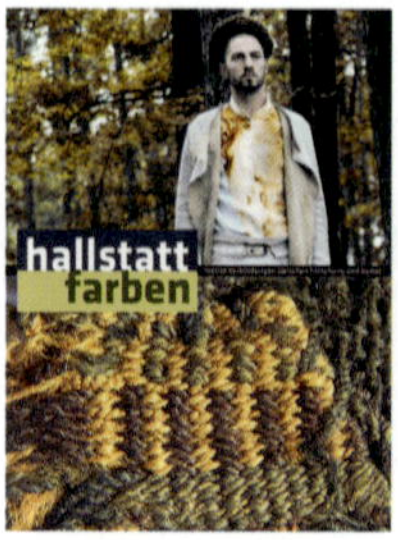

Ein Kooperationsprojekt der Abteilung *Textil* und der Universität für angewandte Kunst Wien (Institut für *Kunst und Technologie* / Abt. *Archäometrie* und Abt. *Textiltechnologie*) mit dem Naturhistorischen Museum Wien, der Universität für Bodenkultur Wien, der Gesellschaft für Textil-Kunst-Forschung, der Blaudruckerei Koó und der Cultural Heritage Agency of the Netherlands im Rahmen des vom FWF geförderten Forschungsprojekts „Färbetechniken der prähistorischen Hallstatt-Textilien: Analysen, Experimente und Inspiration“ (2008–2012).

„Jede Erfahrung der Gewissheit erweist sich als individuelles Phänomen, das gegenüber den kognitiven Handlungen der anderen blind ist.“[1]

„Wir machen uns Bilder der Tatsachen. [...] Das Bild ist demnach ein Modell der Wirklichkeit.“[2]

Hallstatt in Oberösterreich ist bekannt für seine prähistorischen Salzbergwerke. Durch die konservierende Wirkung des Salzes haben sich organische Materialien mehr als 3000 Jahre erhalten. Dazu zählen die ältesten gefärbten Textilien Europas aus der Bronzezeit (ca. 1600–1200 v. Chr.) und der älteren Eisenzeit (Hallstattkultur, 850–350 v. Chr.) (→ 02–03).

„Die prähistorischen Hallstatt-Textilien (sie zählen zu den ältesten der Welt) werden seit etwa 150 Jahren dem Berg buchstäblich abgerungen. Hunderte Meter unter der Oberfläche,

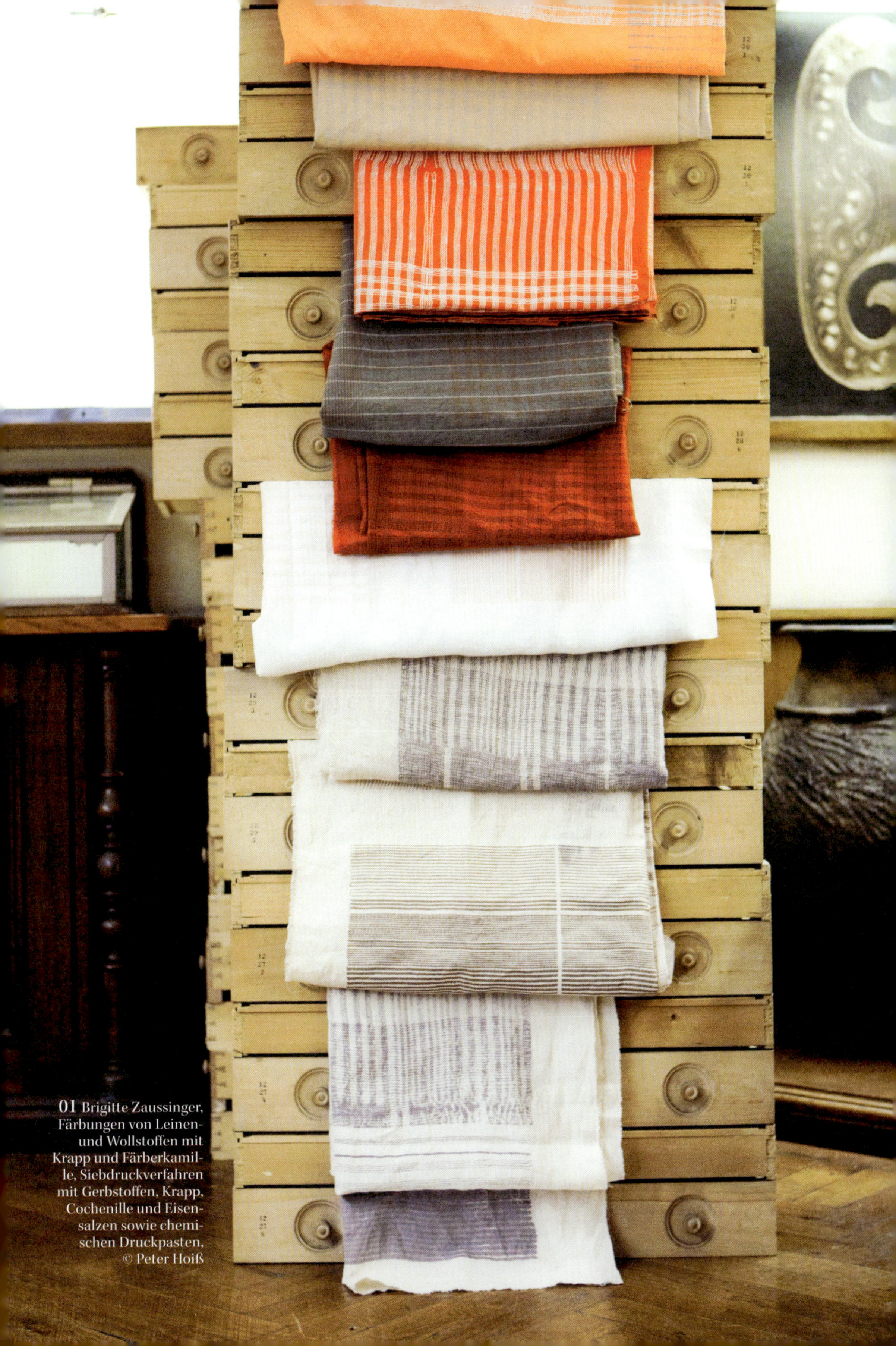

01 Brigitte Zaussinger, Färbungen von Leinen- und Wollstoffen mit Krapp und Färberkamille, Siebdruckverfahren mit Gerbstoffen, Krapp, Cochenille und Eisensalzen sowie chemischen Druckpasten, © Peter Hoiß

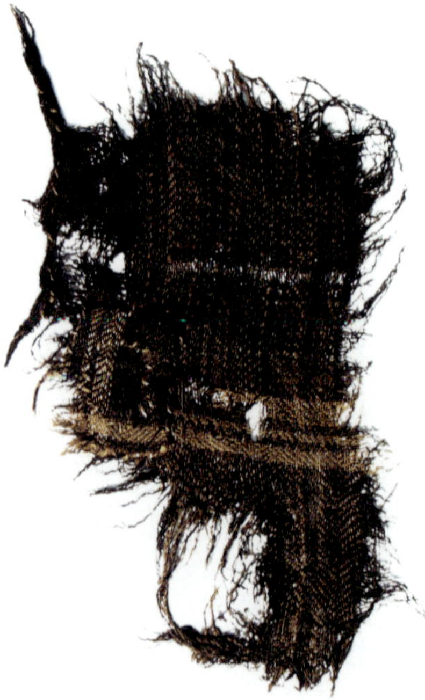

02 Inspiration: eisenzeitliches Textil aus dem Salzbergwerk Hallstatt, Halltex 30, © NHM Wien

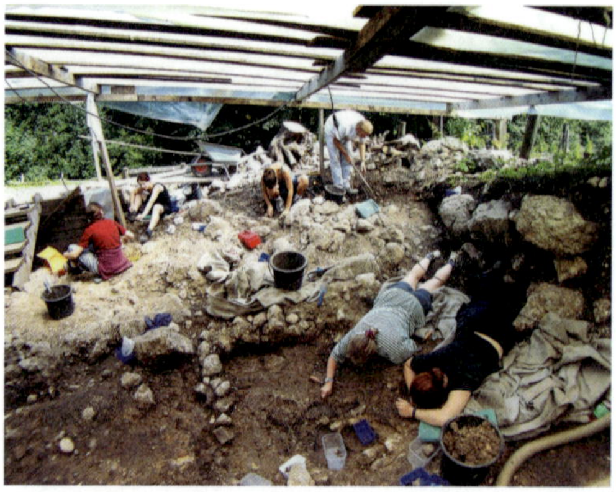

03 Exkursion zu den Grabungen des NHM in Hallstatt, © Projektgruppe *HallstattFarben*

im Gesteinsmassiv fest eingeschlossen, werden diese fragilen Textilfragmente unter schwierigsten Bedingungen vom Grabungsteam des Naturhistorischen Museums Wien geborgen und können der wissenschaftlichen Bearbeitung zugeführt werden. [...] Wenn wir, ganz allgemein, ein Textil betrachten, beeinflussen drei Faktoren vorerst unsere Perzeption: das Muster/das Ornament, das Material/die Struktur und die Farbe.

Gerade die Farbe ist schlussendlich die Komponente, die entscheidet, ob sich das textile Objekt mit unserer aus der Erfahrung genährten Erwartungshaltung deckt und als bedeutsam, original oder ästhetisch anerkannt werden kann. Dieses Wissen um Farbe ist schon seit Jahrtausenden eine wichtige Komponente bei der Kreation von Textilien"[3], führt Peter Bichler, damals Präsident der Gesellschaft zur Förderung der Textil-Kunst-Forschung, einleitend zu den Grundlagen des darauf aufbauenden Forschungsprojektes im Katalog zu Ausstellung und Symposium (*3000 Years of Colour – From Tradition to Art and Innovation*) am Naturhistorischen Museum Wien aus.

„Das Forschungsprojekt zu Färbetechniken der prähistorischen Hallstatttextilien widmete sich komplexen Fragestellungen bei der Analyse der Farbstoffe und der Erforschung der Färbepflanzen und Färbemethoden. [...] In einer beispielgebenden institutionenübergreifenden Zusammenarbeit und durch den hohen Motivationsgrad des ganzen Teams gelang es, unter Einsatz modernster Analysemethoden viele bisher unbeantwortete Fragen zu klären. [...] Forschungen und Experimente zur heutigen Anwendung der Farbstoffe und Färbepflanzen bilden eine Grundlage, dass wir aus uraltem, verschüttetem und wiederentdecktem Wissen lernen können und Nachhaltigkeit und

Umweltschutz stärker in den Mittelpunkt der Textilerzeugung stellen."[4]

Die Abteilung *Textil* hatte in dieser Projektpartnerschaft die Aufgabe übernommen, zu den im Museum archivierten Fundstücken und unter Einbeziehung aktueller Forschungen zu Färbetechniken künstlerisch forschend sowie assoziativ zu arbeiten. Es sollte den wissenschaftlich bearbeiteten Objekten ein künstlerischer Kommentar, eine künstlerische Resonanz im zukünftigen Ausstellungskontext beigestellt werden.

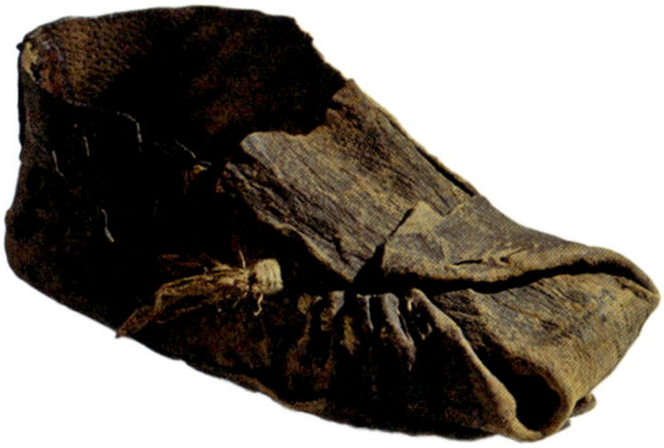

04 Inspiration: eisenzeitlicher Lederschuh aus dem Salzbergwerk in Hallstatt, mit Tragespuren, © NHM Wien

Über ein Jahr entstanden zehn Projekte, von denen fünf hier in Abbildungen vorgestellt werden:

Muster und Farben waren Auslöser und Fährten einer Zeitreise, die Brigitte Zaussinger immer tiefer in die Produktions- und Gestaltungsprozesse der Eisenzeit eintauchen ließen. Zuerst waren da die vielfältigen Karos und Streifenmuster historischer Fundstücke, die die Stoffe geradezu zeitgenössisch erscheinen lassen (→ 02). Dazu kamen eine immer stärkere Faszination durch Farbqualitäten und Nuancierungen sowie ein künstlerisch forschendes Interesse an der diesen aufwendigen Produktionsprozessen eingeschriebenen Wertschöpfung. In arbeitsintensiven Färbe- und Druckexperimenten (mit intensiven, auch olfaktorischen Sensationen), in denen Brigitte Zaussinger historische Produktionstechniken erforschte und diese mit aktuellen Fertigungsmethoden in Verbindung brachte, entstand ein Archiv von feinen, naturgefärbten und siebgedruckten Leinen- und Wollstoffen als materielle Grundlage für eine Kleiderserie (→ 01).

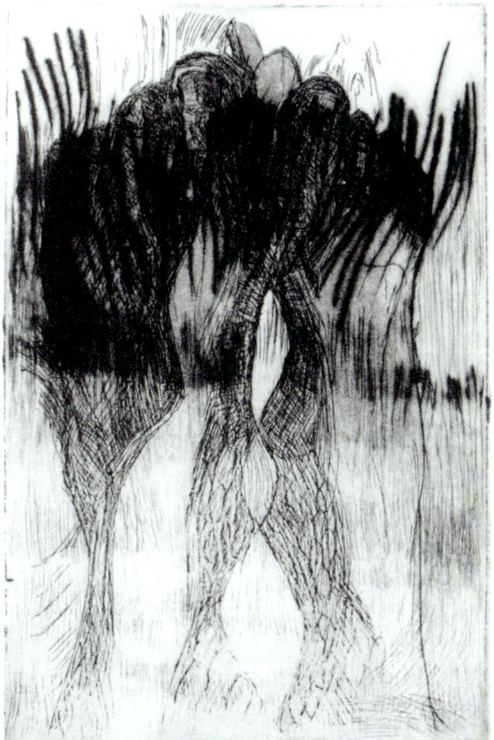

05 Racheli von Hofacker, Radierung aus einer 38-teiligen Serie, © Racheli von Hofacker

Racheli von Hofacker wählte als Bezugsobjekt einen eisenzeitlichen Lederschuh aus dem Salzbergwerk Hallstatt mit Tragespuren im vorderen

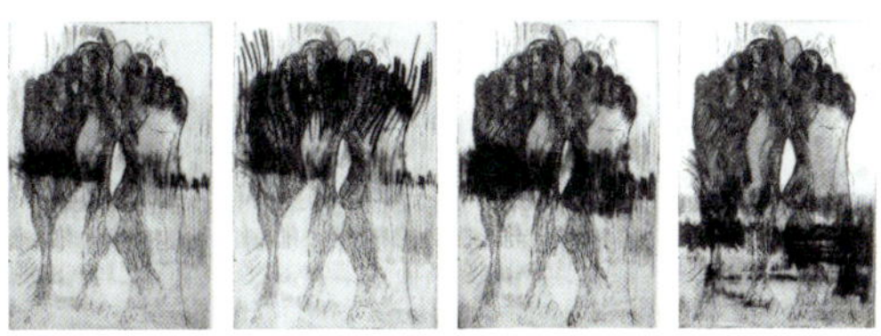

06 Racheli von Hofacker, Sequenz aus einer 38-teiligen Serie, © Racheli von Hofacker

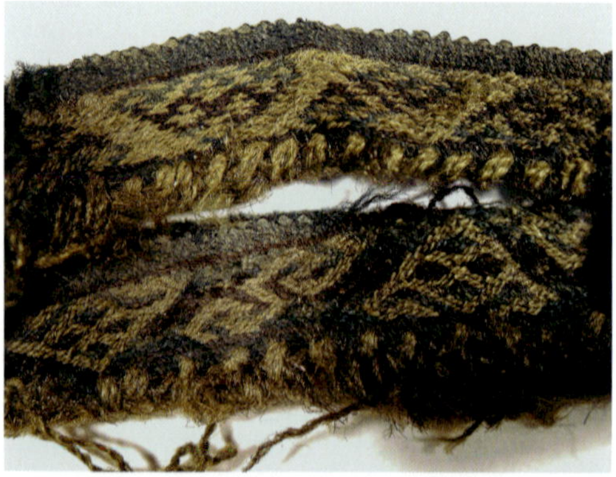

07 Inspiration: eisenzeitliches Brettchengewebe aus dem Salzbergwerk in Hallstatt, Halltex 123, © NHM Wien

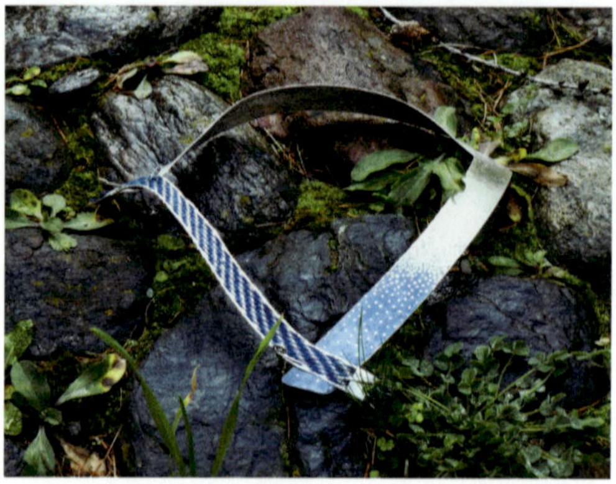

08 Anna Moser, Schmuckobjekt aus Silber und mit Indigo gefärbten Seidengarnen in Brettchenwebtechnik, © Anna Moser

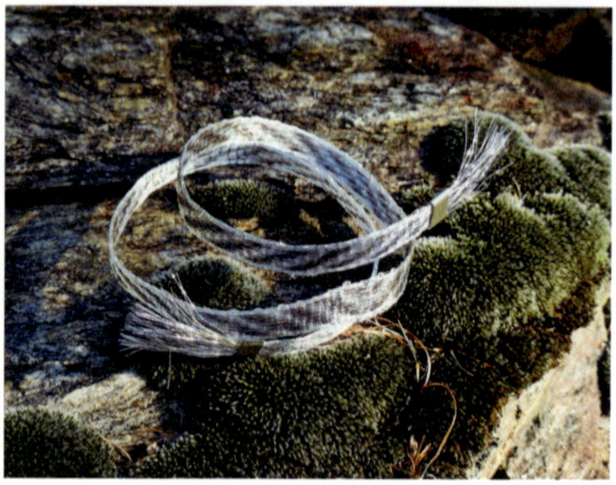

09 Anna Moser, Brettchengewebe aus Silberfäden, © Anna Moser

Sohlenabschnitt. Archäolog*innen gehen davon aus, dass damit im Bergwerk über Leitern und Stiegen gegangen wurde, denn nur selten zeigen diese prähistorischen Schuhe Abnützungen an den Fersen. Racheli von Hofackers Arbeitstagebuch zur Auseinandersetzung mit dem Schuh liest sich als sensible, respektvolle Beziehungsgeschichte, als Hinwendung, mit Staunen erfüllt, nachdenklich und reflexiv, leidenschaftlich und diskret – als emotionales, feinsinniges Objektporträt. Der Überrest dieses Schuhs, dessen Heimat eine Schublade in der Museumssammlung geworden ist, dieses knittrige Leder füllte sich mit neuem Leben, begann Geschichten zu erzählen. So dünn, so kalt ... Warum ein solch zartes Material, wurde er doch bei harter Arbeit getragen? Ausdruck dieser Auseinandersetzung waren schließlich Siebdrucke auf Ziegenleder, hergestellt mit Gerbstoffen und Eisensalzen, sowie eine mit Radier- und Ätzverfahren erzeugte 38-teilige Serie von Drucken, welche den Abnützungsprozess bis zum endgültigen Verschleiß im täglichen Gebrauch nachvollzieht (→ 04–06).

Anna Moser, fasziniert von der hohen handwerklichen Qualität und gestalterischen Vielfalt eisenzeitlicher Brettchengewebe, vertiefte sich mittels anspruchsvoller Materialexperimente in die komplizierten Muster der Bänderfunde, in Schmuckformen aus Gräberfeldern und in die ornamentalen Einschreibungen von Tongefäßen. Die Abwandlung der an sich geläufigen Veränderung natürlicher Farbstoffe durch Metallsalze in eine durch Berührung mit textilen Fasern provozierte Verfärbung von Metallteilen erforderte ein konsequentes wie geduldiges forschendes Herantasten und eine enge Kooperation mit dem Labor der Abteilung Archäometrie der Universität. Die dort in experimentellen Prozessen gelungenen Metallfärbungen bildeten schließlich die Voraussetzung für die Fertigung von Brettchengeweben aus Silberfäden,

Silberdrähten und Seiden sowie von Schmuckteilen wie Fibeln und Halsreifen (→ 07–09).

Claire Chatels Inspirationsquelle war der *Peplos* – ein 2,64 langes und 1,68 breites schlauchartiges Gewand aus der Eisenzeit, ein voluminöses Kleidungsstück, das durch seine Stofffülle Fragen evoziert: Fragen nach dem Objekt als solchem, nach seinem Einsatz am Körper und nach dem Kontext seiner Verwendung. Sinngebende Formierungen wurden erprobt; die Sinnsuche bekam als Konstruktion im Wandel ephemere Sichtbarkeit. Der von Claire Chatel gewebte, dem Fundstück nachgearbeitete blaue Schlauch wurde für sie zur Übergangsform, zum spielerisch-experimentellen Material. Durch seine Führung und Verschiebbarkeit auf formbaren, ummantelten Kabeln erfuhr das blaue Gewebe temporäre Festigung und Interpretation. Immer wieder neu drapiert erzeugte dieses Verhüllungen, gewährte Einblicke und Durchblicke und wurde zu einer Art „Kleidermaske", die sich ständig im Verhältnis zum Körper neu formulierte (→ 10–12).

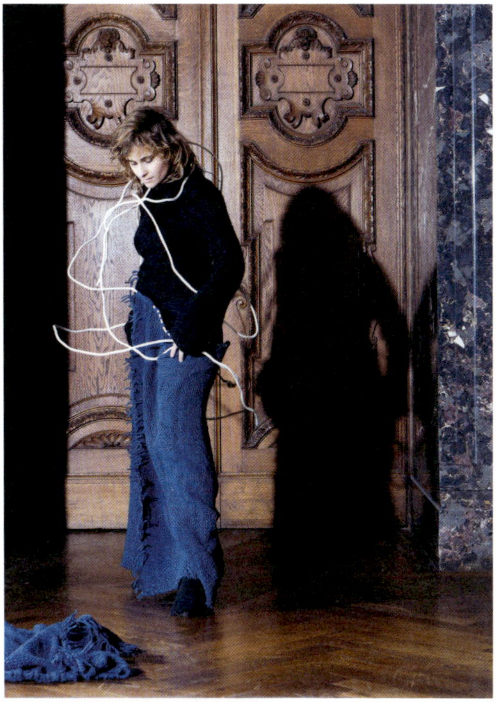

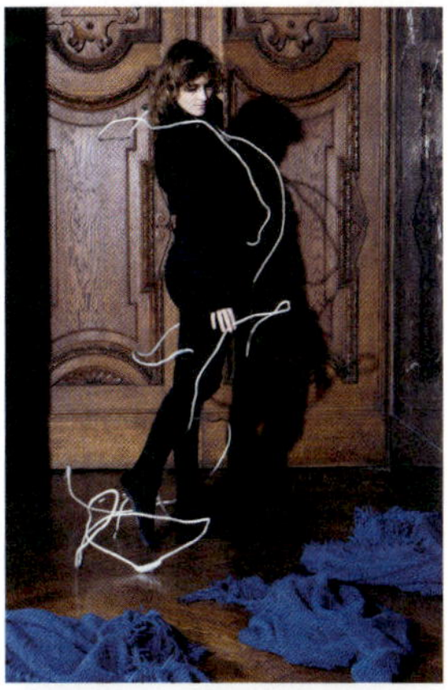

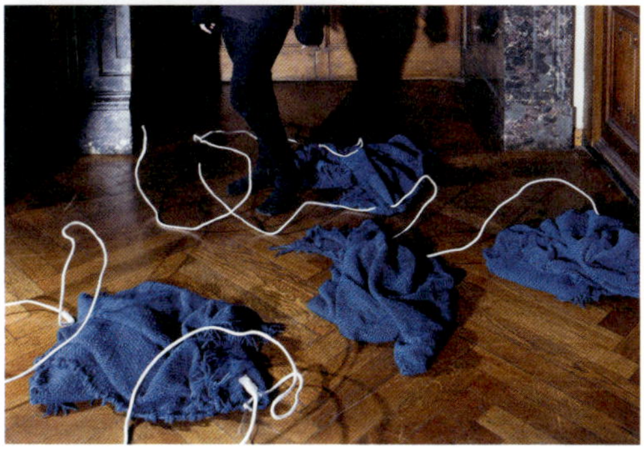

10-12 Claire Chatel, handgewebter Peplos aus mit Indigo gefärbtem Wollgarn. Silhouetten aus umwickeltem Draht, © Peter Hoiß

Christina Dörflers Arbeit nahm insofern eine Sonderposition im Projekt ein, als ihr Beitrag zugleich die Funktion einer wissenschaftlichen und künstlerischen Diplomarbeit erfüllte. Ihr künstlerisches Projekt – die Kollektion *Wandering Tribe* – baute einerseits auf Experimenten und Untersuchungen ihrer wissenschaftlichen Arbeit auf: auf ausführlichen Färbeexperimenten mit Indigo und Korrosionsprozessen – zumal hallstattzeitliche Fundstücke, bei denen Strukturen von Textilien, die in direktem Kontakt mit Metallobjekten im Boden zu liegen kamen und als Rost- und Korrosionshüllen erhalten blieben, Christina Dörflers besonderes Interesse fanden – sowie auf experimentellen Verbindungen von Hallstattmustern mit regionalem Blaudruck, der japanischen Shiboritechnik und dem

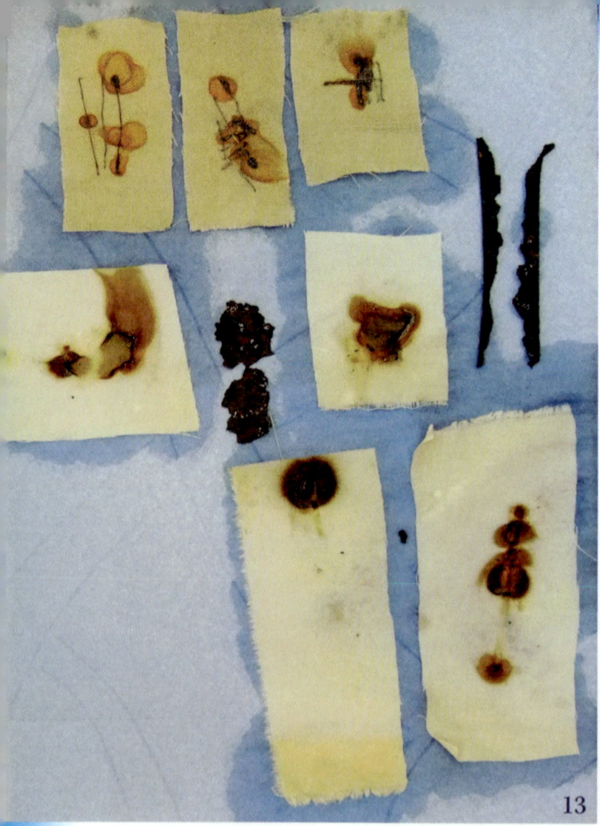

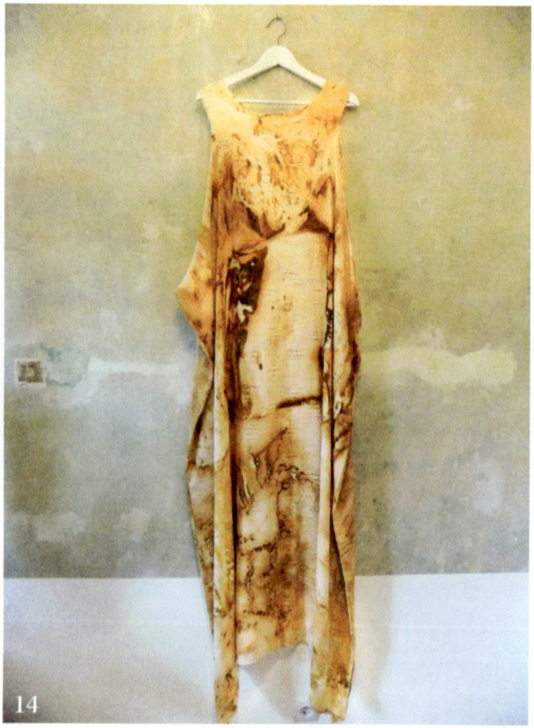

13 Christina Dörfler, Probestück aus Färbeexperimenten, Metallkorrosion in Synthese mit Textil aus der Kooperation mit Bernhard Pichler, © Christina Dörfler

14 Christina Dörfler, Bekleidungsobjekt in Korrosionsmusterung, © Christina Dörfler

15 Christina Dörfler, Korrosionsbekleidungsobjekt aus der Musterkollektion *Wandering Tribe*, © Christina Dörfler

16 Christina Dörfler, Bekleidungsobjekt in Reservetechnik mit Indigo gefärbt aus der Musterkollektion *Wandering Tribe*, © Christina Dörfler

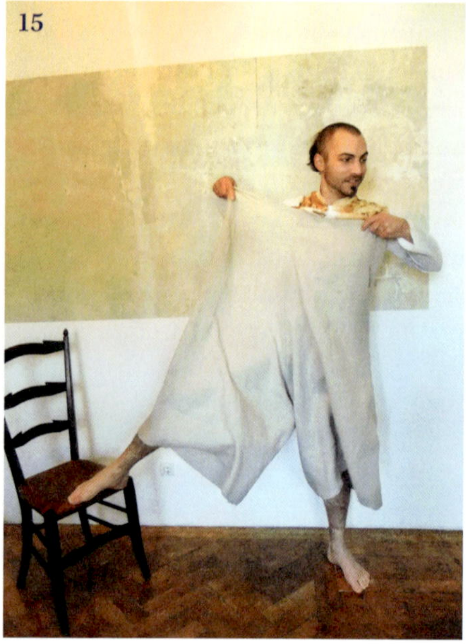

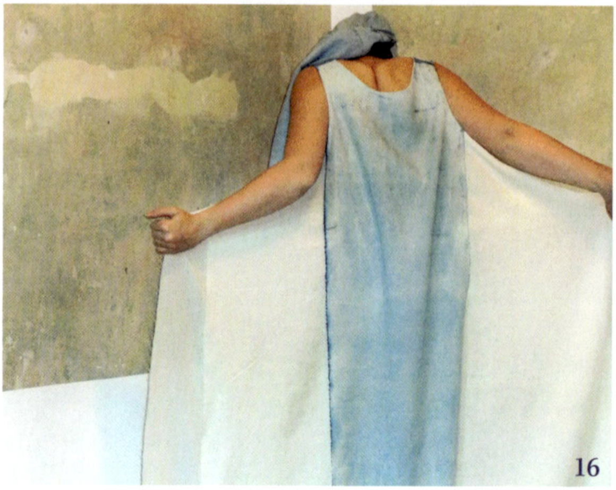

japanischen Boro (der sorgfältigen Verarbeitung von mitunter kleinsten Stoffstücken zu wertvollen Flickwerken). Andererseits bereicherten Recherche und Arbeitserfahrungen mit Künstlerkolleg*innen aus dem Feld der Mode wie Lara Torres, Ma Kew, Fabrics Interseason und Cosmic Wonder das Projekt.

Es entstand eine Collage ästhetischer Elemente aus Gegenwart und Vergangenheit, die in der Kollektion kombiniert und interpretiert wurden. In ihr vermittelten sich dementsprechend kulturelle Transferprozesse von der Eisenzeit und Hallstatt zur japanischen Edo- und Meiji-Periode, zur Reformkleidung des 19. Jahrhunderts bis zu textilen Positionen der Gegenwart.

Bemerkenswert war auch der Aufbau eines Netzwerks, das die Materialqualitäten in der Produktion sichern half. So bezog Christina Dörfler alle in ihrer Kollektion verwendeten Naturmaterialien von kleinen Manufakturen aus verschiedenen Regionen Österreichs und Griechenlands. Der Titel der Kollektion, *Wandering Tribe*, ist in diesem Sinne auch als eine Referenz an die große Gruppe jener zu lesen, die damit zum Erscheinen und zur Qualitätssicherung dieser Kollektion beigetragen haben (→ 13–16).

Offene Wahrnehmungsorgane und ein geschärftes Instrumentarium, Ausdauer und Beweglichkeit im Suchen, die Fähigkeit, sowohl ein leidenschaftliches Interesse als auch die notwendigen weiterführenden Fragen zu entwickeln, Lust und Freude am Spiel und Experiment, ein mutiges und gleichermaßen besonnenes Handeln und ein Reflexionsvermögen, das Einsichten ordnet, Lernprozesse begründet, Wissen hervorbringt und Entwicklung antreibt – all das verbindet Kunst und Wissenschaft. Und dennoch untersuchen, erschließen und konstruieren sie Welt letztendlich in unterschiedlicher Weise.

Das Projekt *HallstattFarben* profitierte von den gerade angeführten Überschneidungen ebenso wie von den diesen verschiedenen Disziplinen eingeschriebenen Eigenheiten und spezifischen Erkenntnisebenen. Die in der Vielfalt von Arbeitsvorgängen hervorgebrachten Ergebnisse vermittelten dahinterliegende disziplinäre Logiken und Werte gleichermaßen, während sie zugleich ein Netz aus Bezügen und Transformationsprozessen sichtbar machten. Die künstlerischen wie wissenschaftlichen Arbeiten erschufen Bilder, Objekte und Kommentare in Resonanz zu den in Hallstatt gefundenen Objekten und den daraus abgeleiteten Wirklichkeiten.

Jeder (historische) Gegenstand war und ist in einen Kontext eingebettet und wird auf verschiedenen Ebenen erfahrbar und lesbar. Der jeweilige Kontext fördert die Bindung loser Teile und stiftet Zusammenhang und damit Sinn. Ausgehend von den unterschiedlichen Ebenen einer solchen Objekterfahrung beziehungsweise Objektanalyse wurden Arbeitsweisen, Verfahren, Formen und Inhalte erarbeitet und weiterentwickelt. In der Begegnung und Verschränkung künstlerischer und wissenschaftlicher Arbeitsweisen entstand schließlich eine Resonanz mit der Hallstatt-Kultur, die diese ganz in die Gegenwart zu holen vermochte.

---

1 | Humberto R. Maturana, Francisco J. Varela, *Der Baum der Erkenntnis. Die biologischen Wurzeln menschlichen Erkennens.* Frankfurt: Fischer, 2009, 20.

2 | Ludwig Wittgenstein, „Logisch-philosophische Abhandlung", 2.1 und 2.12. In: www.wittgensteinproject.org/w/index.php/Logisch-philosophische_Abhandlung [10.05.2024].

3 | Peter Bichler, „Hallstatt-Textilien und Textil-Kunst-Forschung". In: Regina Hofmann-de Kejzer, Anton Kern, Barbara Putz-Plecko (Hrsg.), *hallstattfarben.* Katalog zu Ausstellung und Symposium am NHM. Wien: Verlag NHM, 2012, 10.

4 | Ibid.

ORTE AUSSERHALB IHRER SELBST

#Verortung #Heterotopie #Utopie #Spiegel #ThirdSpace #Chronotopos #Funktionsverschiebung #Fake #Modell #Jacquard #Raumpolitiken #öffentlich #privat

Gangart (Simonetta Ferfoglia und Heinrich Pichler)

01

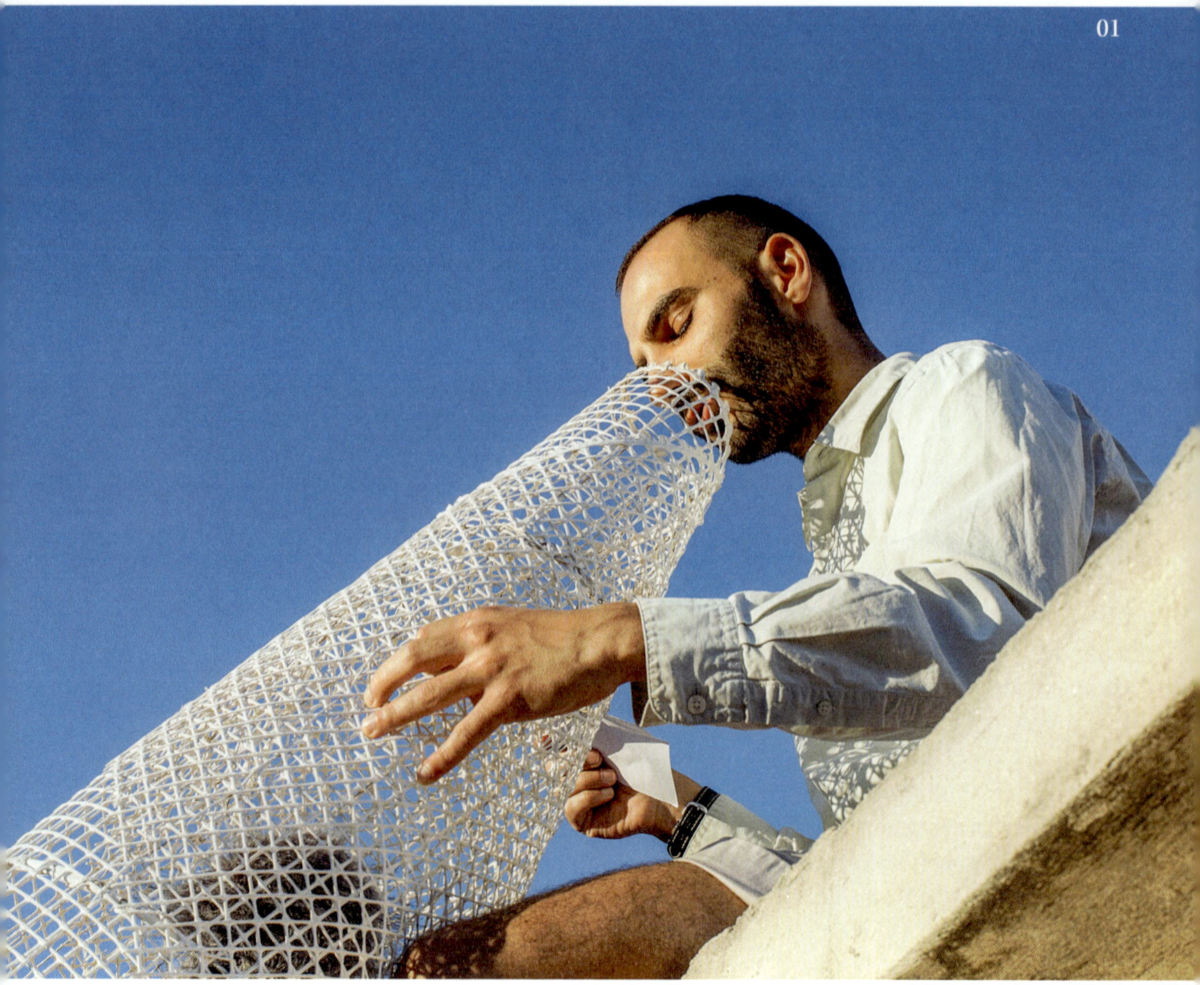

Projektleitung: Simonetta Ferfoglia, Heinrich Pichler (Gangart)

Beteiligte: Sandra Bamminger, Christine Brandl, Anja Braunwieser, Sina Burtscher, Lia Gulua, Jonas Jahns, Christina Kehrer, Tina Krapfenbauer, Kilian Ludwiczek, Karin Rechberger, Sabine Sinzinger, Sarah Steiner, Susanne Wedl, Caroline Weichselbaumer

Im Rahmen ihrer Gastprofessur an den Abteilungen *Kunst und kommunikative Praxis* und *Textil – Freie, angewandte und experimentelle künstlerische Gestaltung* (2014/2015) entwickelte Simonetta Ferfoglia gemeinsam mit Heinrich Pichler (Kunstuniversität Linz, Abteilung *textil.kunst.design*) und in Kooperation mit dem Textilen Zentrum Haslach ein Seminarformat, das sich der Gestaltung von Heterotopien unter Zuhilfenahme von eigens gewebten Jacquard-Stoffen widmete und sich an Studierende beider Universitäten richtete.

In *Des espaces autres*[1] erörtert Michel Foucault, dass sich unsere räumliche Erfahrungswelt zusehends über ein ständiges Generieren von instabilen Beziehungen zwischen Schauplätzen definiert. So sind in jedem Raum immer auch andere Räume eingelagert, die als Schattenareale, Ausweichzonen oder Neuland jene Handlungsfelder ausmachen, welche in unserem Verständnis von künstlerischer Arbeit durch neue Utopien – den „Nicht-Orten bedingungslosen Widerstandes" – angeeignet werden.

„Orte außerhalb ihrer selbst" setzte Räume in Räume. Mit den Strategien und Mitteln der beteiligten Künstler*innen wurden widersprüchliche Zeit- und Raumpolitiken erforscht, indem in

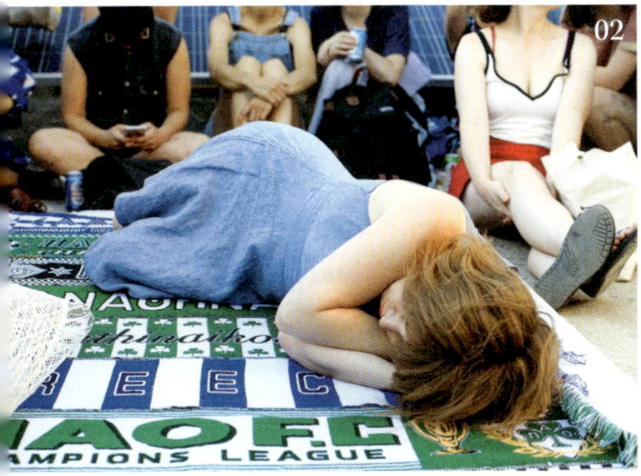

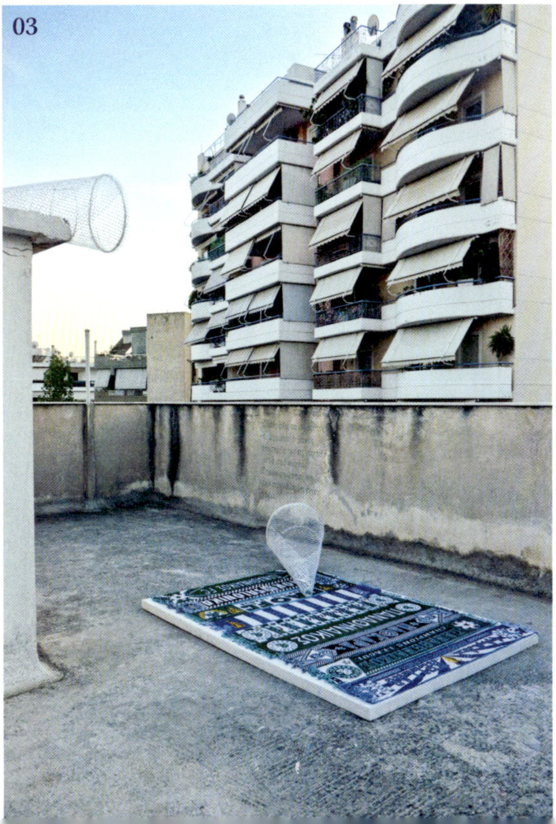

01 Gangart, *Disquietspeaker (Alaa)*, 2018/19. Installation und Performance im Rahmen von „Sleeping with a Vengeance, Dreaming of a Life", kuratiert von Ruth Noack, © Sanne Kabalt

02 Gangart, *Disquietspeaker (Terese)*, 2018/19. Installation und Performance, © Gangart

03 Gangart, *Disquietspeaker*, 2018. Installation und Performance, Yellow Brick, Nea Ionia/Athen, © Gangart

06

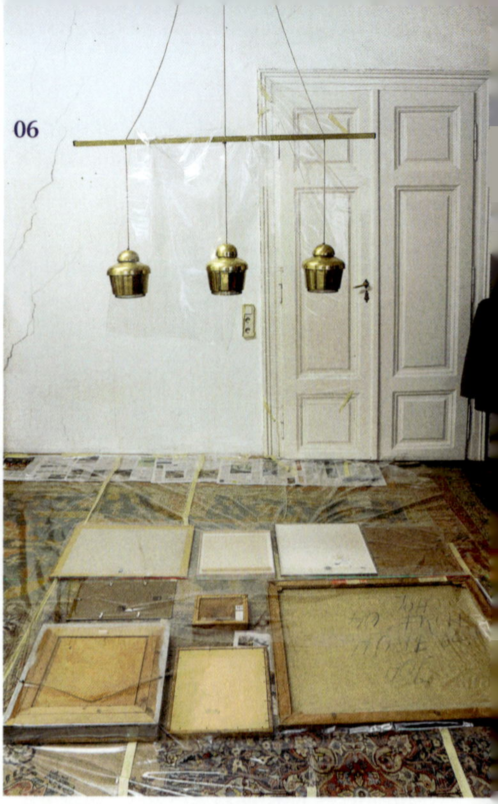

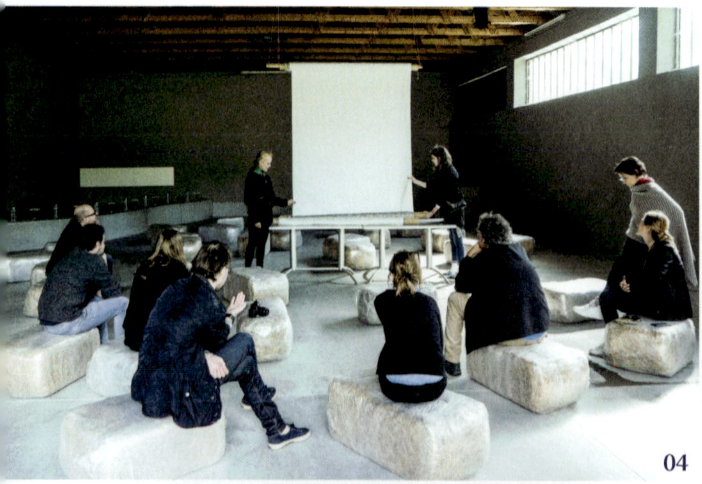

04

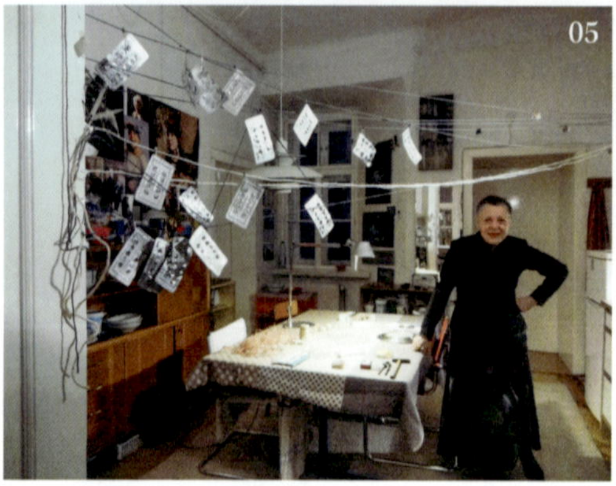

05

04 Seminargruppe, Präsentation und Diskussion der Projektarbeiten in Neufelden, 2015, © Gangart

05 Jonas Jahns, Installation aus gespannten Fäden in diversen Atelier- und Wohnbereichen, 2014. Bezugnahme auf gesellschaftliche Implikationen von Psychiatrie; Anhaftung von Blisterverpackungen durch Erika Ebner, © Jonas Jahns

06 Kilian Ludwiczek, Intervention im selben Raum, 2014. Eine der übervoll mit Bildern und/oder Abbildungen bedeckten Wände wird abgehängt, in gleicher Anordnung face-down auf den Boden gelegt und wie in Vorbereitung zu Ausmalarbeiten mit Plastikfolie abgedeckt, © Kilian Ludwiczek

07 Gesprächsrunde mit Patrick Werkner, Oswald Oberhuber, Wally Salner und der Seminargruppe in der Mode- und Kostümsammlung der Angewandten. Mit im Bild: Lia Gulua, © Gangart (Still aus Video)

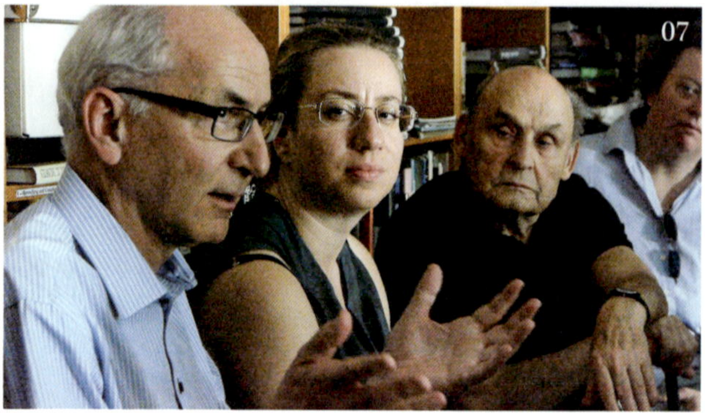

07

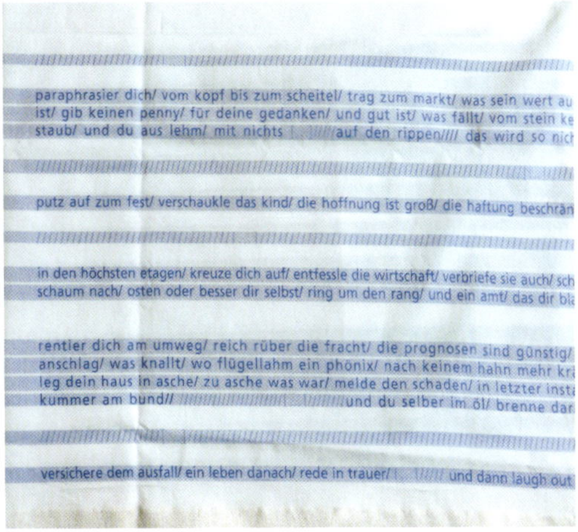

08 Anja Braunwieser, Schal (Detail; Jacquard), 2019, © Anja Braunwieser

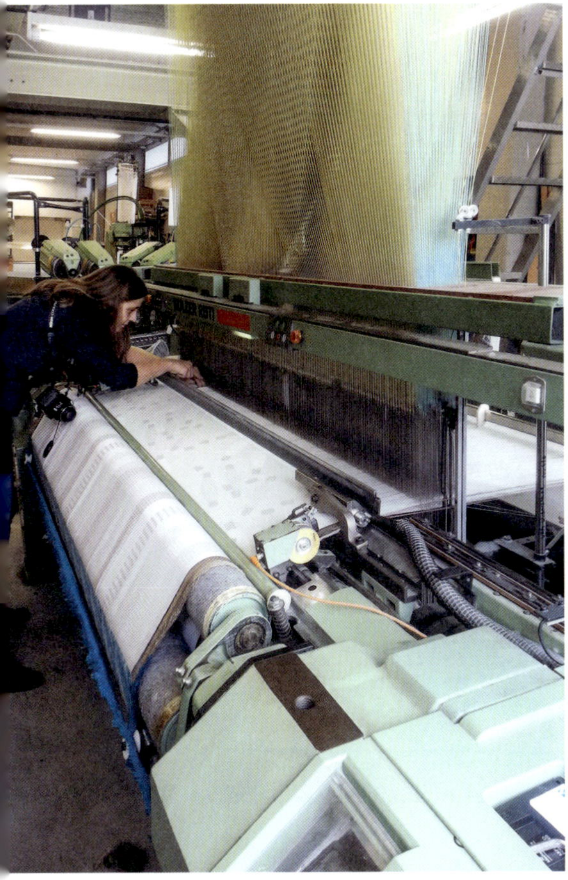

09 Arbeit am Jacquard-Webstuhl in Haslach, 2019, © Gangart

reale Orte interveniert wurde: in die facettenreichen Funktionsbereiche des Textilen Zentrums zwischen Produktion und Repräsentation, in den Stadtraum von Haslach an der Mühl mit seinen historischen und sozioökonomischen Bedingungen oder in das als Textilwerkstatt verräumlichte autobiografische Archiv der Designerin Erika Ebner. Durch den Transfer von Objekten, Werken und Wissen generierten wir – im Foucault'schen Sinne der Heterotopie – *wirksame Räume, die sich in die Ordnung einfügen, indem sie ihr widersprechen*, um sie so im Kontext gesellschaftlichen Wandels zu begreifen.

Gemeinsamer Nenner der visuellen und performativen Arbeit war die Designentwicklung und -umsetzung in einer industriellen textilen Fertigungstechnologie, der Jacquard-Weberei. Ermöglicht durch die bestehende Kooperation zwischen der von Gilbert Bretterbauer geleiteten Textilabteilung der Kunstuniversität Linz und dem Textilen Zentrum Haslach konnten die Künstler*innen (die Studierenden) Entwürfe für Jacquard-Stoffe entwickeln und an den digital gesteuerten Webstühlen umsetzen. Die Ergebnisse waren im Sinne der oben genannten Rekontextualisierung Teil weiterführender Interventionen, Performances und Installationen oder wurden Anknüpfungspunkt für eine vertiefte Auseinandersetzung mit der Weberei. Das Projekt wurde von Künstler*innen- und Kurator*innengesprächen und Besuchen in Produktionsanlagen und Ausstellungshäusern begleitet und an der Angewandten, dem Textilen Zentrum Haslach sowie bei Heim.Art präsentiert.

---

1 | Michel Foucault, „Des espaces autres. Hétérotopies (Conférence au Cercle d'études architecturales, 14 mars 1967)". In: *Architecture, Mouvement, Continuité*, 1984, 5, 46–49. Michel Foucault, *Die Heterotopien/Der utopische Körper*. Zwei Radiovorträge, zweisprachige Ausgabe, Frankfurt: Suhrkamp, 2005.

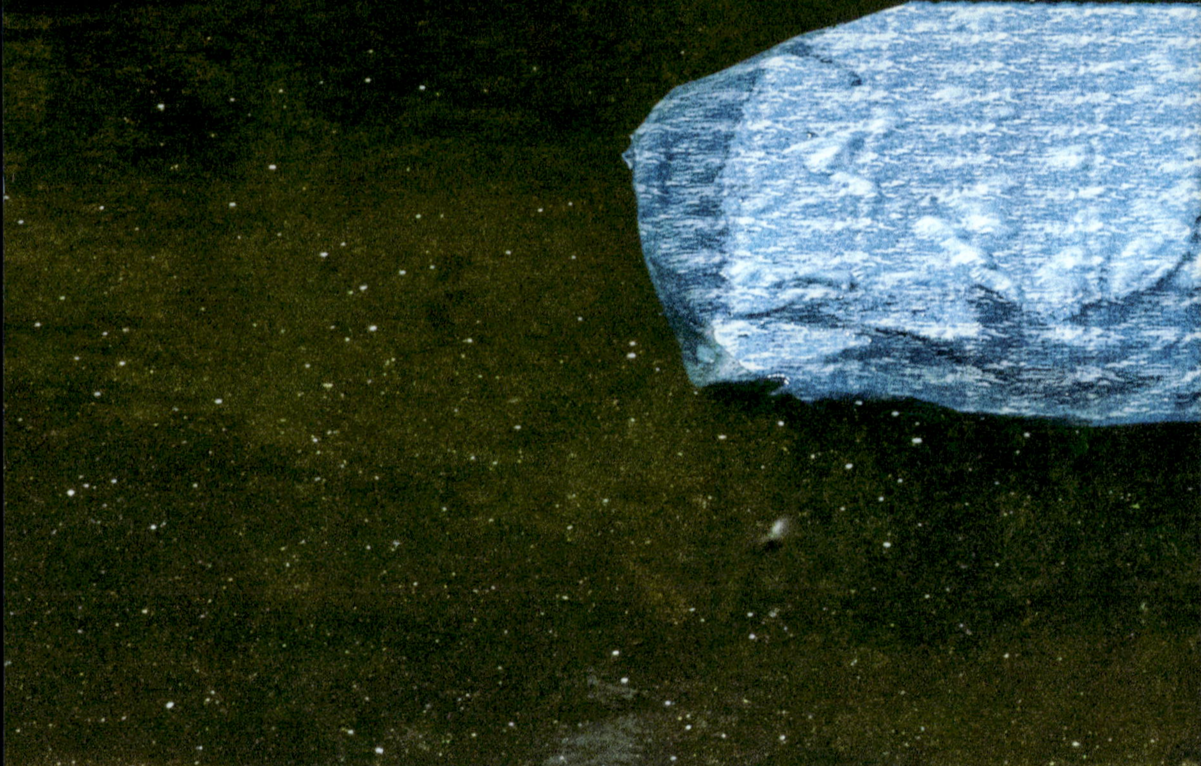

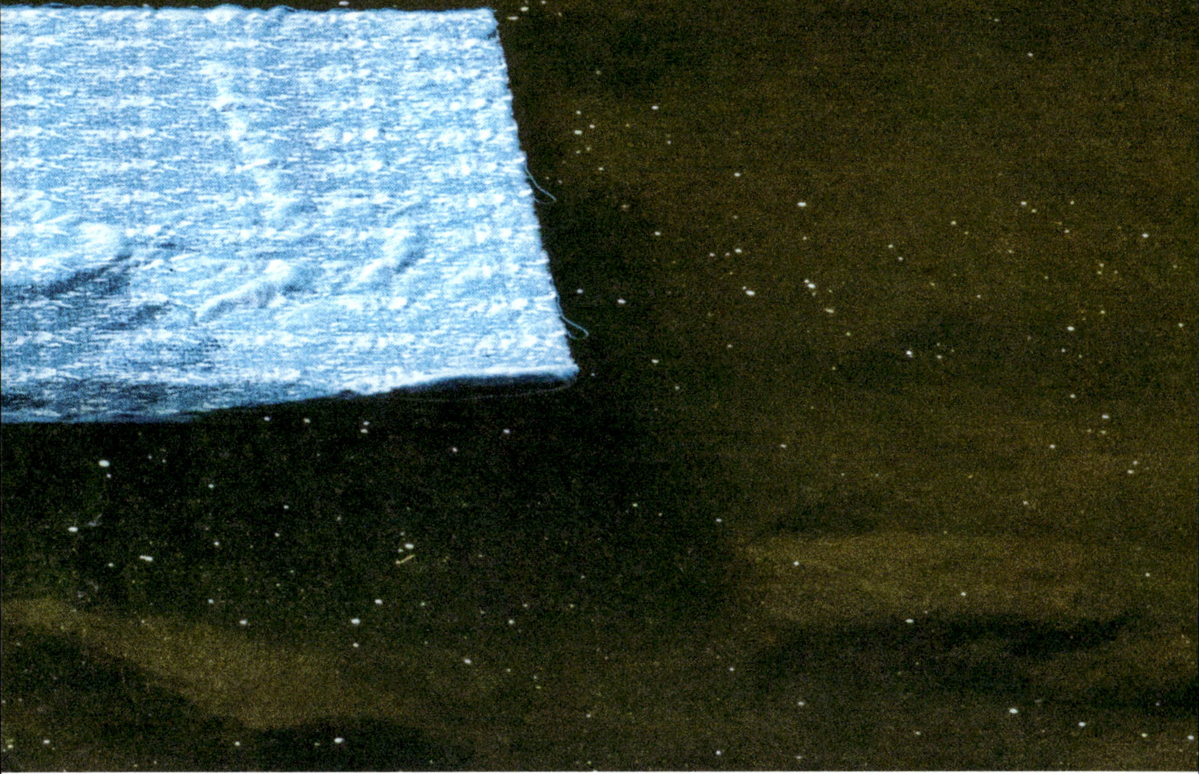

10 Kilian Ludwiczek, Performance mit Jacquardstoff mit dem Rapport einer kristallinen Struktur von Waldviertler Granit, 2019. Nach dem ersten Waschen der frischen Stoffbahn treibt diese im Wasser der Großen Mühl inmitten herausragender Granitblöcke. © Kilian Ludwiczek

WELTEN KREUZEN

SmArt C_Wien–Chongqing
Seestadt Aspern–Karlsplatz

PRINZpod (Brigitte Prinzgau und Wolfgang Podgorschek)

Projektleitung: PRINZpod

Projektpartner*innen: Organ House_ Chongqing, Manora Auersperg, Steppex

Beteiligte: Studierende der Abteilungen *Textil, Digitale Kunst, Fotografie*

Vorwort

Barbara Putz-Plecko

In Zeiten dermaßen beschleunigter Veränderungen, elementarster Umwälzungen und komplexester globaler Verflechtungen und Dynamiken nimmt China als Großmacht eine besondere und mitunter schwierig einzuschätzende Position ein. Chinesische Produkte begleiten unseren Alltag; wir kommen ständig mit ihnen in Berührung, und sie lassen uns im Verschnitt mit Medienberichten und Puzzleteilen von Geschichtswissen, mit Artefakten, Gadgets, Chinarestaurants und Touristengruppen Bilder einer Lebenswelt konstruieren, die nichts anderes sind als ein Spiegel unserer Vorstellungskraft und unserer Vorurteile.

Wenn wir ernst nehmen, was Richard Sennet in seinem Buch *Together. The Rituals, Pleasures and Politics of Cooperation* (2012) über den zukünftigen Stellenwert von Kooperationsfähigkeit schreibt, die er als über unsere Zukunft entscheidend einschätzt, muss es uns ein dringendes Anliegen sein, die Welt in ihren Ausdifferenzierungen kennenzulernen und unsere Bilder von ihr zu prüfen und zu hinterfragen.

Da an den Abteilungen *Kunst und kommunikative Praxis* sowie *Textil – Freie, angewandte und experimentelle künstlerische Gestaltung* zukünftige Lehrpersonen ausgebildet werden, erscheint es mir besonders wichtig, eine differenzierte Wahrnehmung und ein Verständnis für große Zusammenhänge bereits im Rahmen des Studiums herzustellen und in Resonanz zu diversen Sichtweisen und Kommunikationsformen zu gehen.

Als Brigitte Prinzgau nun den Vorschlag machte, im Rahmen ihrer Gastprofessur an den Abteilungen China und im Speziellen Chongqing, eine der größten chinesischen Megacitys, in den Fokus zu nehmen, um Lebensverhältnisse, Rahmenbedingungen, individuelle und kollektive Auslegungen von Lebens- und Arbeitsweisen kennenzulernen und mit unseren Erfahrungen und Weltbezügen in ein Verhältnis zu bringen, verstand ich ihr Angebot sofort als gute Chance im Sinne dieser notwendigen Erweiterung

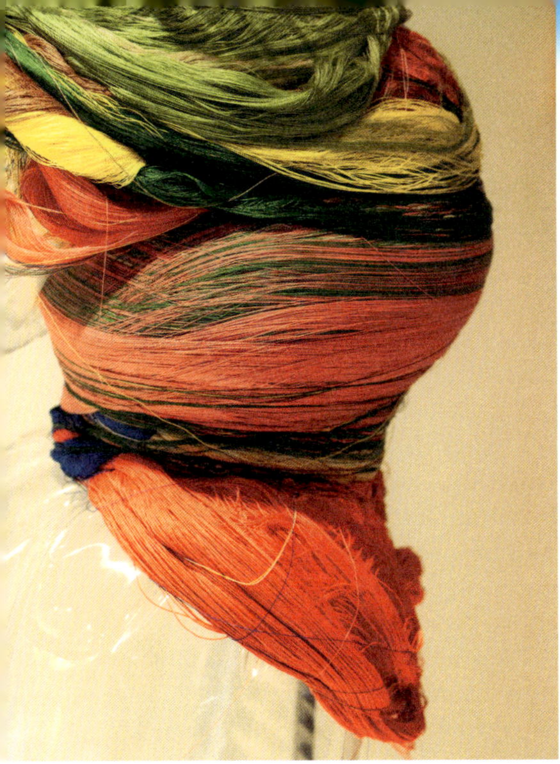

01 PRINZpod, *Rosine im Pi-Kuchen*, 2016. Metallspieß mit Dönermotor, Plastik, Garn, © PRINZpod

unseres Gesichtsfeldes. Die schon bestehenden Kontakte des Künstlerpaares *PRINZpod* (Brigitte Prinzgau, Wolfgang Podgorschek) zum Organ House boten einen ersten Anknüpfungspunkt für das Studienprojekt SmArt C und ermöglichten es, nach einer Vorbereitungsphase und einem Symposium in Wien, das verschiedene Aspekte urbaner Entwicklung in China und die Umsetzung des Konzeptes der *Smart City* thematisierte, mit Studierenden nach China zu reisen und vor Ort künstlerische Projekte und Kollaborationen zu starten.

Diese bauten auf Stadterkundungen auf, bei denen unsere chinesischen Partner*innen und unsere exzellente Dolmetscherin Fagni Wang dankenswerterweise großartige Hilfestellung leisteten. Es erwies sich als sehr wertvolles Back-up, ihre Fragestellungen, Denk- und Arbeitsweisen, Strategien, Ziele sowie Kurz- und Langzeitperspektiven über verschiedene Formen des Kollaborierens besser kennenzulernen.

Letztendlich sind gewisse Fragestellungen hier wie dort relevant: Wie lässt sich eine künstlerische Praxis in komplexen und schwierigen Dynamiken erfolgreich entwickeln und wie lassen sich – über temporäre interventionistische Praxen hinaus – nachhaltige Strukturen der Selbstermächtigung aufbauen? Wenn die Stadt als Raum doch allen gehört, wie kann ein freies Handeln in besetzten Räumen stattfinden? Wie lassen sich Verhandlungs- und Handlungsräume öffnen, um die Syntax der Stadt konstruktiv zu entwickeln bzw. zu verändern?

Susanne Frantal, die damals als Studierende der Abteilung an der Reise teilnahm, geht an anderer Stelle in der vorliegenden Publikationauf ihre Lernerfahrung mit dem sehr bekannten Stickmeister Gao Zhong Wu näher ein.[1] Sie und ihre Kollegin Magdalena Maria Ianchis entschieden sich beide für das Medium Textil, um in Resonanz zu gehen mit dem Moloch Megacity in seinen mannigfaltigen Facetten und den Menschen, die ihre Wege kreuzten und die sie kennenlernen durften. Brigitte Prinzgau und Wolfgang Podgorschek, bei denen ich mich herzlich für dieses und andere große Projekte und ihren immensen Einsatz bedanke, erinnern sich im folgenden Beitrag.

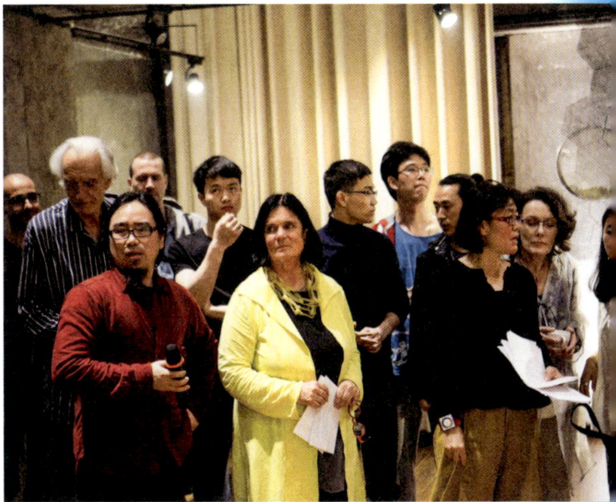

02 Projektgruppe Eröffnung der Ausstellung in Chongqing in Kooperation mit dem Organ House, 2015, © PRINZpod

PRINZpod

SmArt C SHU-STICKEREI

Wir lernten den Shu-Sticker Gao Zhong Wu 2015 in Chongqing im Zuge unseres Projekts SmArt C kennen. Immer wieder sahen wir uns in den Jahrzehnten unseres künstlerischen Schaffens mit den Potenzialen und Herausforderungen des Textilen konfrontiert, mit all den Techniken und Materialitäten, und wir hielten stets Ausschau nach uns noch unbekannten Facetten dieses Mediums. Umso mehr freuten wir uns darüber, Gao Zhong Wu und seine fliegende Nadel kennenlernen zu dürfen. Wir trafen ihn in einem Regierungsgebäude, in dem ihm ein kleiner Raum als Studio zur Verfügung gestellt worden war, um die Tradition der Shu-Stickerei weiterzugeben. Die Shu-Stickerei entwickelte sich in der Provinz Sichuan, die auch namensgebend für diese Technik ist, zu einer florierenden, der Malerei gleichgesetzten Kunstform. Gao Zhong Wu erlernte das Handwerk im Alter von zwölf Jahren, musste es jedoch bald, während der Regierungszeit Maos, zu Gunsten eines kollektiven Vergessens aufgeben. 2006 wurde Shu rehabilitiert und zum immateriellen Kulturerbe erklärt. Kein Tag ist seitdem vergangen, an dem der heute fast neunzigjährige Meister Gao Zhong Wu seine Kunst nicht ausgeübt hat.

Susanne Frantal, eine Teilnehmerin an dem Projekt SmArt C, tauchte 2016, während der Exkursion nach Chongqing, tiefer in die Technik ein und verbrachte viel Zeit mit Gao Zhong Wu. Die Translation der traditionellen Technik in eine moderne Kunstsprache stellte einen maßgeblichen Teil ihres Projektes dar. Es entstand eine Nachtigall auf weißem Organzastoff für den Klang Chongqings und in Wien der architektonische Vergleich auf Grundlage einer Patchworkdecke vor dem Hintergrund europäischer Chinoisserien (→ 03).

Aber auch wir nutzten die Gelegenheit und baten Gao Zhong Wu, eines unserer älteren Werke in Shu umzusetzen. Vor einigen Jahren hatten wir für *Unternehmen Capricorn* ein Symbol entworfen, das alle drei monotheistischen Weltreligionen in sich vereinigt (→ 06). Wir ließen das christliche Kreuz mit dem jüdischen Davidstern und dem islamischen Halbmond verschmelzen und produzierten Nadelkissen, auf die das neue Symbol gestickt war.

Nun besitzen wir, dank Gao Zhong Wu, ein Trauerornat, das mit unserem Emblem in Shu-Stickerei versehen ist. Die Unterschrift des Meisters prangt als Stempeldruck darunter. So fanden die drei Religionen in einer neuen Form zueinander, gleich den hundert flatternden chinesischen Schmetterlingen des Gao Zhong Wu.

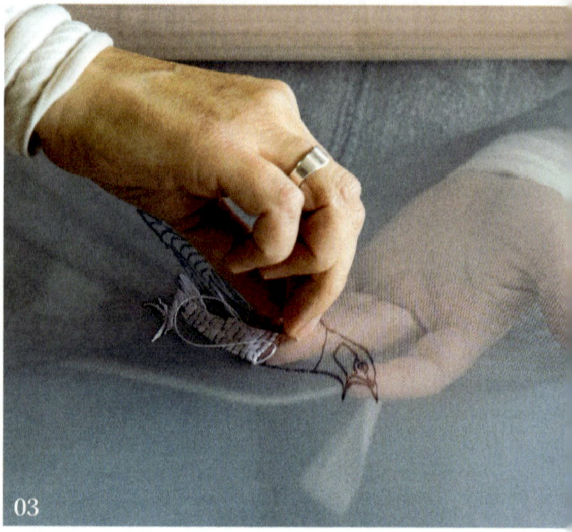

03

Schließlich blieb dies auch nicht die einzige Zusammenarbeit mit Studierenden und Lehrenden der Abteilung *Textil*. Eine Reihe von Projekten entwickelte sich im Umfeld unserer Kooperation im Rahmen des Projektes SmArt C – zum Beispiel die künstlerische Gestaltung der Kirche Tragwein.

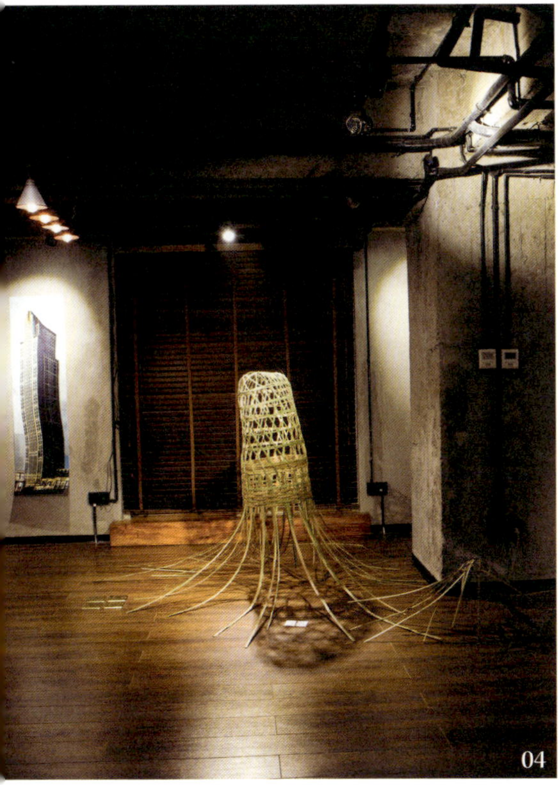

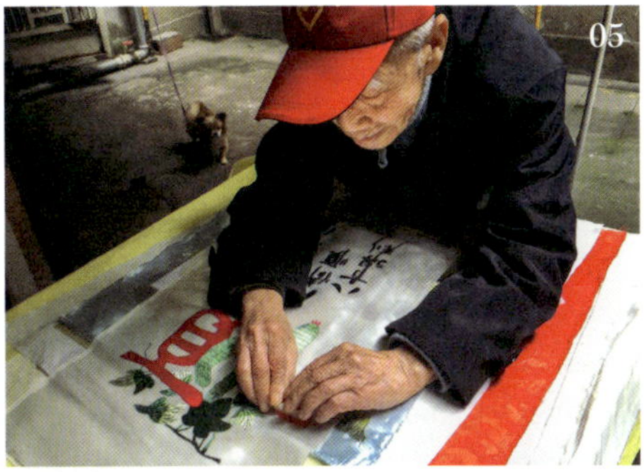

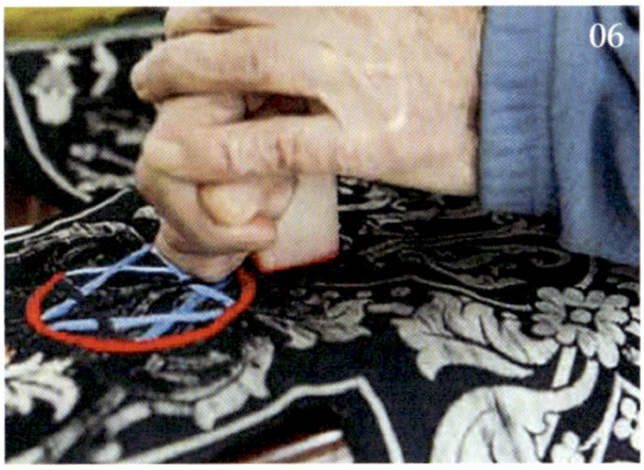

03 Susanne Frantal, *Nachtigall*, 2015. Stickerei auf weißem Organza, © PRINZpod

04 Philip Röttl, *Geflecht*, 2015. Ausstellungsansicht Chongqing, © PRINZpod

05 Staatliche Stickwerkstatt in Chongqing, Meister Gao Zhong Wu, © PRINZpod

06 Gao Zhong Wu beim Sticken des drei Religionen vereinenden Emblems von PRINZpod, 2015, © PRINZpod

07 PRINZpod, *Ärmelschoner*, 2015, © PRINZpod

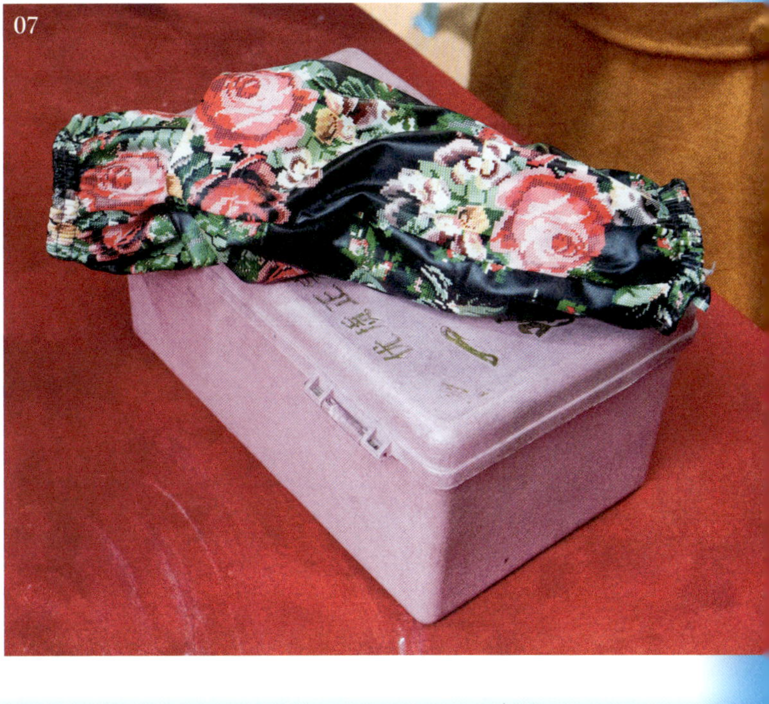

KIRCHE TRAGWEIN

2014 wurden wir gebeten, die Dorfkirche Tragwein in Oberösterreich neu zu gestalten. Dafür musste ein flexibler Raumteiler, der das Hauptschiff der Kirche von einem späteren Anbau trennen sollte, entworfen werden. Dabei war nicht nur die Gestaltung von besonderer Bedeutung, sondern es musste auch ein Material gefunden werden, welches, in der kirchlichen Tradition stehend, gleichzeitig den heutigen Ansprüchen an Nachhaltigkeit und Zweckmäßigkeit genügt. Wir entschlossen uns, auf die Suche nach Paramenten zu gehen, und hatten das Glück, auf ein Konvolut alter, nicht mehr restaurierbarer Ornate, Kaseln, Bursen etc. zu stoßen, aus denen wir schließlich einen riesigen Vorhang fertigen konnten. Wir luden Manora Auersperg, Susanne Frantal und Larisa Lariko ein, mit uns aus jenen Fundstücken diesen Vorhang zu entwickeln. So konnte der fünfteilige, ca. zwölf Meter lange und drei Meter hohe Vorhang an der Angewandten entstehen.

In der Gestaltung hielten wir uns strikt an die liturgischen Farben des Kirchenjahres. Da wir wussten, dass der Raumteiler einer starken Abnutzung unterliegen würde, experimentierten wir mit verschiedenen Techniken und stießen schließlich auf die Wiener Firma Steppex, die uns wichtige Hilfestellungen geben konnte. Als Unterstoff entschieden wir uns für feuerfixierte Wolle und der untere Rand wurde in Leder ausgeführt. Die Ornate und Stolen sind appliziert und vertikal ohne Zwischenfutter gesteppt.

Der Vorhang stellte sich als besonderer Erfolg für die Gemeindemitglieder innerhalb des neuen Inventars der Kirche heraus, fügt sich auf wunderbare Weise in die Architektur ein und verleiht dem Gebäude ein prächtiges Farbenspiel (→ 08–11).

Ein weiteres großes Projekt, das wieder abteilungsübergreifend angelegt war, beschäftigte sich mit der aktuellen Stadtentwicklung Wiens.

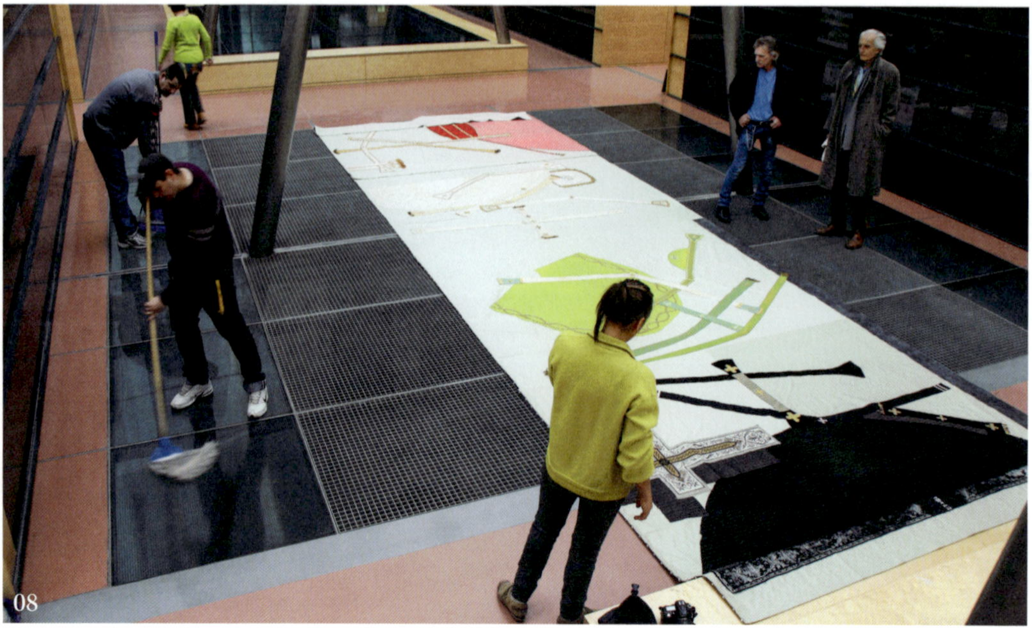

08

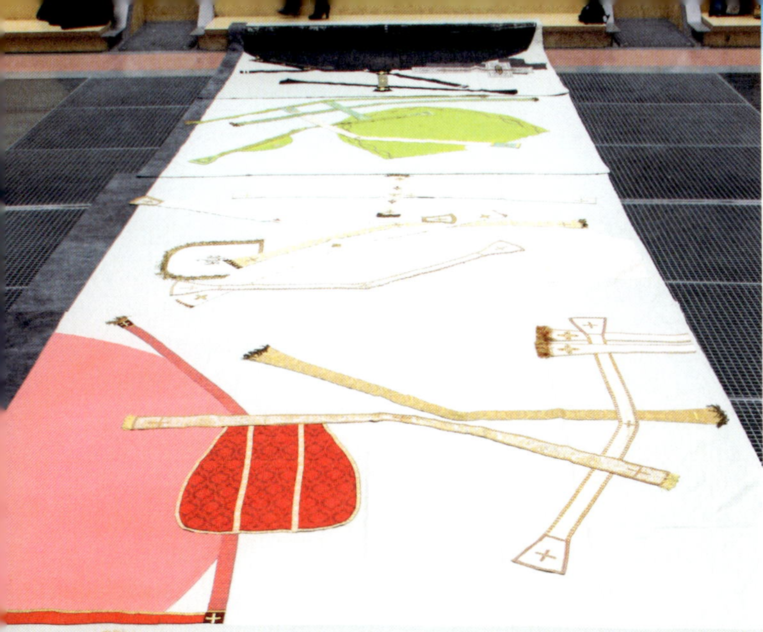

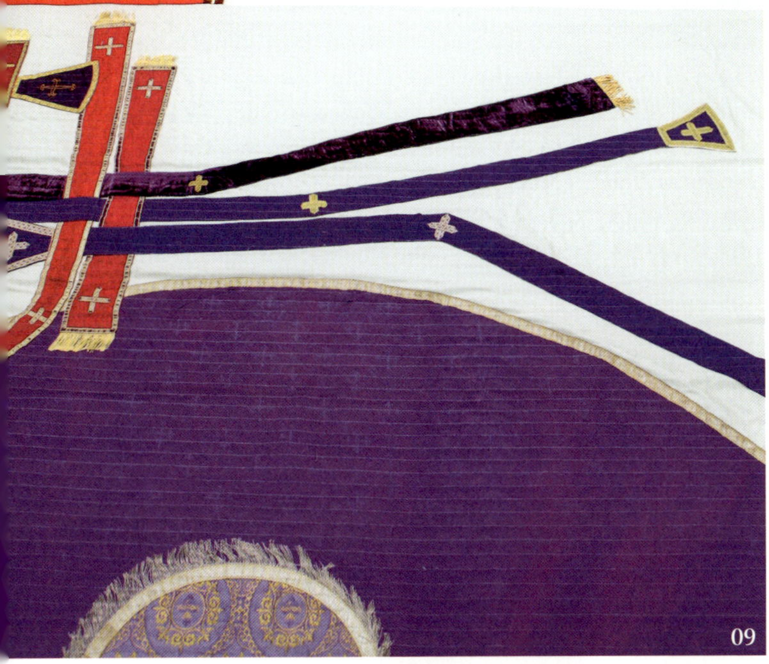

09

10

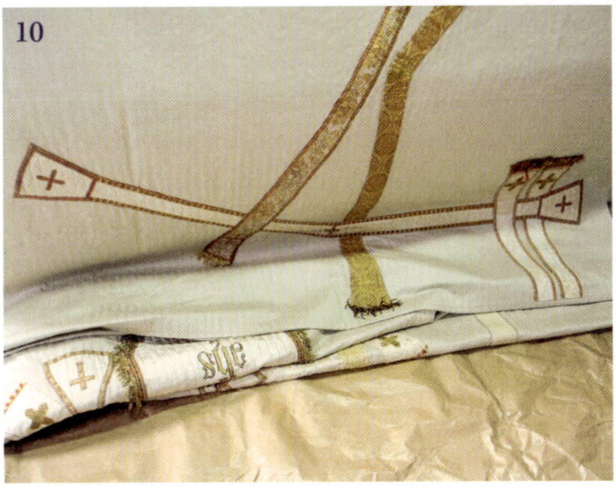

11

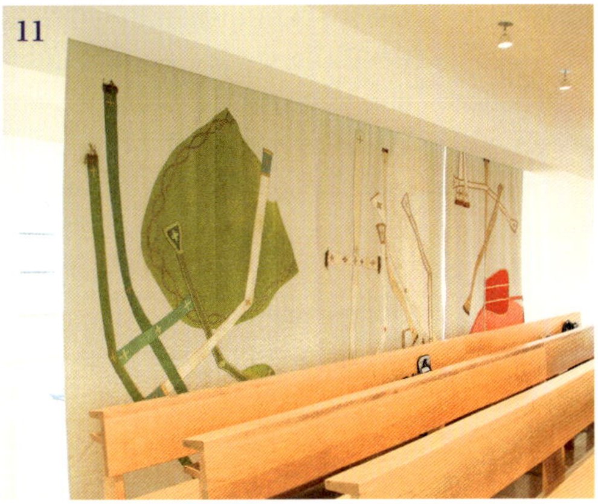

08 Vorbereitung des Vorhangs für die Kirche Tragwein an der Angewandten. Kooperation PRINZpod mit Manora Auersperg, Susanne Frantal, Larisa Lariko und der Firma Steppex, 2015, © PRINZpod

09 Vorhang in Arbeit, Detailansicht, 2015, © PRINZpod

10 Endfertigung des Vorhangs in der Firma Steppex, © PRINZpod

11 Vorhang installiert, Kirche Tragwein, 2015, © PRINZpod

SEESTADT ASPERN VERSUS KARLSPLATZ

Das Entstehen eines neuen Stadtteils ist ein spannender Prozess. Wien realisiert gerade ein solches Projekt, die Seestadt Aspern. Es gilt, neue Wohnmodelle und Wahrzeichen zu entwickeln. Neben Architekt*innen sind Künstler*innen und Soziolog*innen in den Planungsprozess involviert und auch die zukünftigen Bewohner*innen haben ein Mitspracherecht bekommen. Vermarktung und Wirtschaftlichkeit bestimmen dem Zeitgeist entsprechend das Konzept der neuen Stadt, die bald zu einer identitätsstiftenden Heimat werden soll. Einige künstlerische Projekte wurden bereits realisiert, andere Ideen mussten wieder verworfen werden. Für unsere Lehrveranstaltung zu Kunst im öffentlichen Raum schien uns dieses urbane Großprojekt gut geeignet zu sein. Den Anstoß zur gedanklichen Verbindung Aspern – Karlsplatz gab Michael Schultes, selbst Pionier auf dem Gelände Seestadt Aspern. Selbst das heutige Zentrum Karlsplatz war einst Transitraum in der Peripherie. Wird Aspern auch zu einem neuen Zentrum?

Die Studierenden der Lehramtsklassen sowie Interessierte anderer Institute wurden aufgefordert, sich diesem Thema zu stellen. Die Eckpunkte des Projektes wurden in einer Einführung zu Kunst im öffentlichen Raum festgelegt. Wie bei der Planung der Seestadt sollten so viele Ideen und Wünsche der Studierenden wie möglich berücksichtigt und die Lehrveranstaltung anhand dieser gemeinsam konzipiert und erarbeitet werden. Das Projekt erhielt den Titel *Transit für Karl Aspern*, wodurch die so geschaffene Kunstfigur beide Orte zu einer Persönlichkeit vereinte.

Die Arbeiten der Studierenden sollten für den öffentlichen Raum konzipiert und im Rahmen von *The Essence*, der Jahresausstellung der Angewandten, präsentiert werden. Die vernachlässigte Unterführungszone vor dem Künstlerhaus diente als Ausstellungsort. Die grafische Präsentation der einzelnen Arbeiten für diesen Katalog oblag den Studierenden selbst und wurde in der von ihnen gewählten Form in den Katalog aufgenommen. Die vorliegende Zusammenfassung unterschiedlicher Herangehens- und Sichtweisen ist das spannende Finale eines spannenden Projektes.

Die Aufgabenstellung war es, beide Orte künstlerisch zu verbinden, das heißt, gleichsam ein Raster über die zu bearbeitenden Zonen zu legen und einen Konnex zwischen Zentrum und Peripherie herzustellen. In einem *Open Call* baten wir die Studierenden um ihre Vorstellungen und Ideen. Anhand der jeweiligen Schwerpunkte entstanden eine Reihe von Mikrosymposien, die auf die unterschiedlichen Arbeits- und Interessensgebiete der Studierenden eingingen. Für diese Veranstaltungen wurden Künstler*innen und Wissenschafter*innen aus diversen Bereichen (wie etwa Bioart, Kartografie, Robotic, Sound) um Vorträge gebeten. Außerdem standen Exkursionen ins Gelände sowie Besuche von Museen und Labors auf dem Programm. Diese Publikation gestattete es, den künstlerischen Forschungsprozess nachzuvollziehen, und stellt die daraus resultierenden Arbeiten der Studierenden vor. Unsere Vermittlungsarbeit sollte möglichst experimentell, flexibel und offen sein, um spontan auf die Ideen und Konzepte der Studierenden reagieren zu können. So wie eine Seestadt nie aus dem Nichts entstehen kann, kann auch Kunst bzw. künstlerisches Schaffen und Werken nicht allein aus den dunklen grauen Zonen des Unbewussten wachsen.

Vier Projekte sollen hier stellvertretend vorgestellt werden, um die künstlerischen Zugänge anschaulich zu machen:

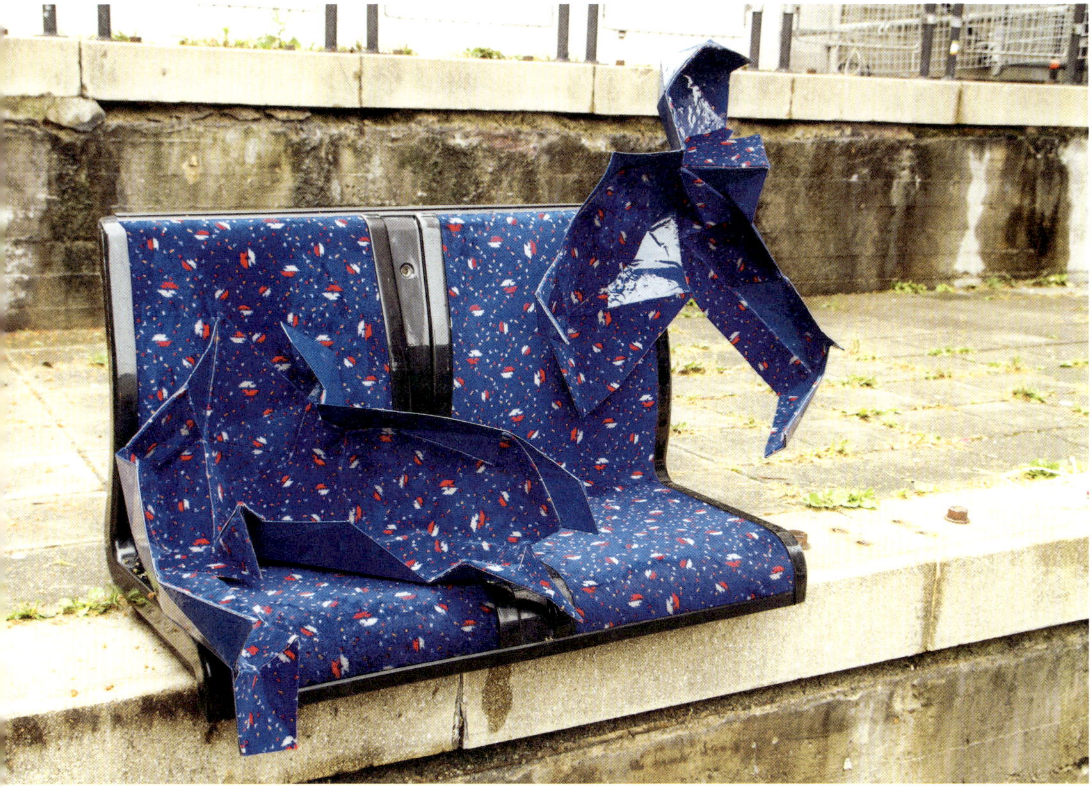

12 Linnéa Jänen, *Man kann nicht nicht kommunizieren*, 2013. Installation, © PRINZpod

Linnéa Jänen

MAN KANN NICHT NICHT KOMMUNIZIEREN

Die Arbeit Linnéa Jänens gab dem körperlichen Ausdruck der Pendler*innen und Reisenden in der U-Bahn eine Kontur. Dabei manipulierte sie die hiesigen U-Bahn-Sitze unter Berücksichtigung von Kriterien des Social Design. Um die Sitzpositionen schnell und einfach festhalten zu können, arbeitete sie mit Hilfe der Triangulationstechnik, eines Verfahrens, das auf Foto- und Computeranimation basiert. Die Oberfläche des Körpers wurde auf die zwei häufigsten Bewegungen/Positionen reduziert, diese wurden erfasst und dreidimensional dargestellt. In einer Zeit non-verbaler Kommunikation war der Nachreisende somit aufgefordert, die Haltung seines Vorgängers*seiner Vorgängerin einzunehmen. Dies kam einer stillen Übereinkunft gleich, den komplexen, körperlichen Charakterausdruck eines*einer Fremden zu übernehmen und öffentlich weiterzutragen. Inwieweit eine solche Bestuhlung auf der Strecke Karlsplatz – Seestadt die individuellen Körperhaltungen und folglich die Psyche der Reisenden dauerhaft beeinflussen würde, konnte aufgrund der Kürze des Projektes nicht festgestellt werden (→ 12).

Thomas Reibenegger, Georg Feierfeil

WIND.STILL

Die Archivare Georg Feierfeil und Thomas Reibenegger verbrachten viel Zeit auf dem Gelände der Seestadt. Mit ihrer Installation gelang es ihnen, die natürlichen Gegebenheiten der Peripherie – die Motorik und Klänge ihrer Flora – hör-, sicht- und fühlbar zu machen. Nach der intensiven Erforschung der meteorologischen und biologischen Verhältnisse entschieden sich die Archivare, diese Verhältnisse auf das Zentrum Karlsplatz zu übertragen. Die gesammelten floralen Fundstücke wurden hier unter Glashauben gesteckt, mit einer Tonaufnahme ihrer natürlichen Umgebung beschallt und wie gemeine Exponate präsentiert. Vor dem Künstlerhaus tanzten Halme statt im Wind in den Schwingungen der Verstärkerboxen. Die erhoffte Bestäubung blieb jedoch aus (→ 13).

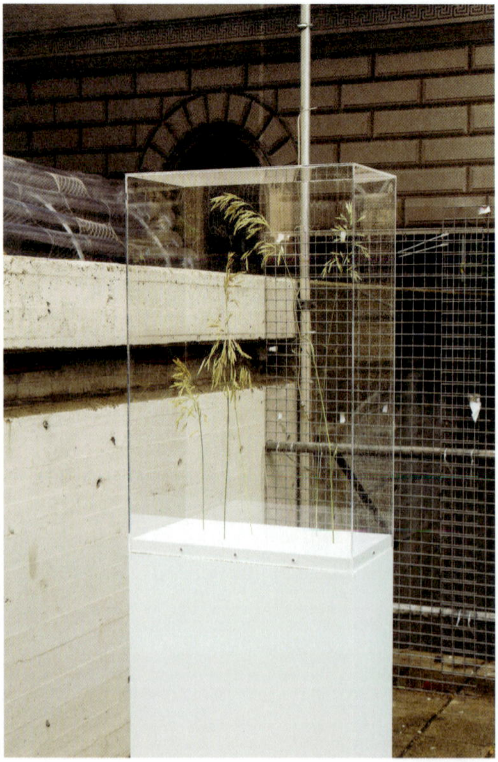

13 Georg Feierfeil und Thomas Reibenegger, *Wind.Still*, 2013. Installation, © PRINZpod

Sandra Bamminger

INVISIBLE GROWTUNNEL

Der Growtunnel ist eine raffinierte Konstruktion aus flexiblen, pneumatischen Pflanzenhäusern, die überall errichtet und bepflanzt werden können. Rautenförmige Fischernetze halten pneumatische Elemente am Boden und bieten somit in Form eines aufblasbaren, mobilen Gewächshauses verschiedensten Kletterpflanzen Halt und Flexibilität. Die „Pforte" gewährt Menschen am Karlsplatz Einlass und wirft sie in Aspern in einem verborgenen Durchschlupf wieder aus – ein Transit, der Stadt und Land vernetzt und Brücken schlägt (→ 14).

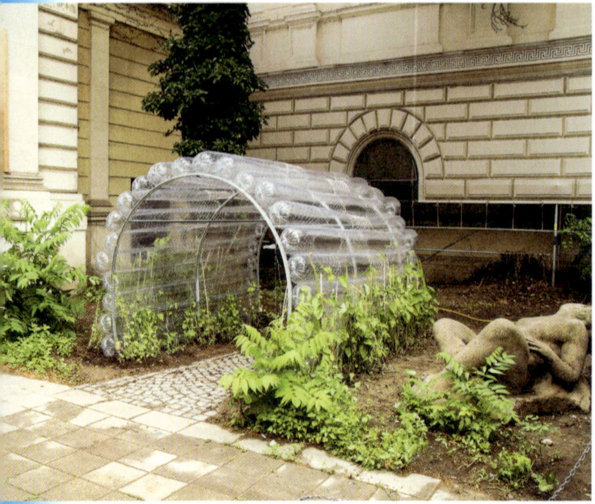

14 Sandra Bamminger, *Invisible Growtunnel*, 2013. Installation, © PRINZpod

Afra Kirchdorfer

KUGEL AUS KARTONS

Afra Kirchdorfer entwickelte ihre eigene geodätische Kuppel als alternative Behausung, die in Zentrum und Peripherie, nomadisch wie sesshaft genutzt werden kann. In Bezugnahme auf *vernacular architecture* konstruierte sie mit den einfachsten Mitteln einen Wohnraum für die Mittellosen. Die Basis ihres architektonischen Experiments bildeten Bananenkisten, die sie geschickt in die bestehende Architektur des Karlsplatzes einfügte. Damit verwies sie auf die monetären Missstände beim Wohnen, welche einen immer größer werdenden Teil unserer Gesellschaft betreffen (→ 15).

1 | Susanne Frantal, *Manuelles Sticken als künstlerisches Ausdrucksmittel*, Seite 126.

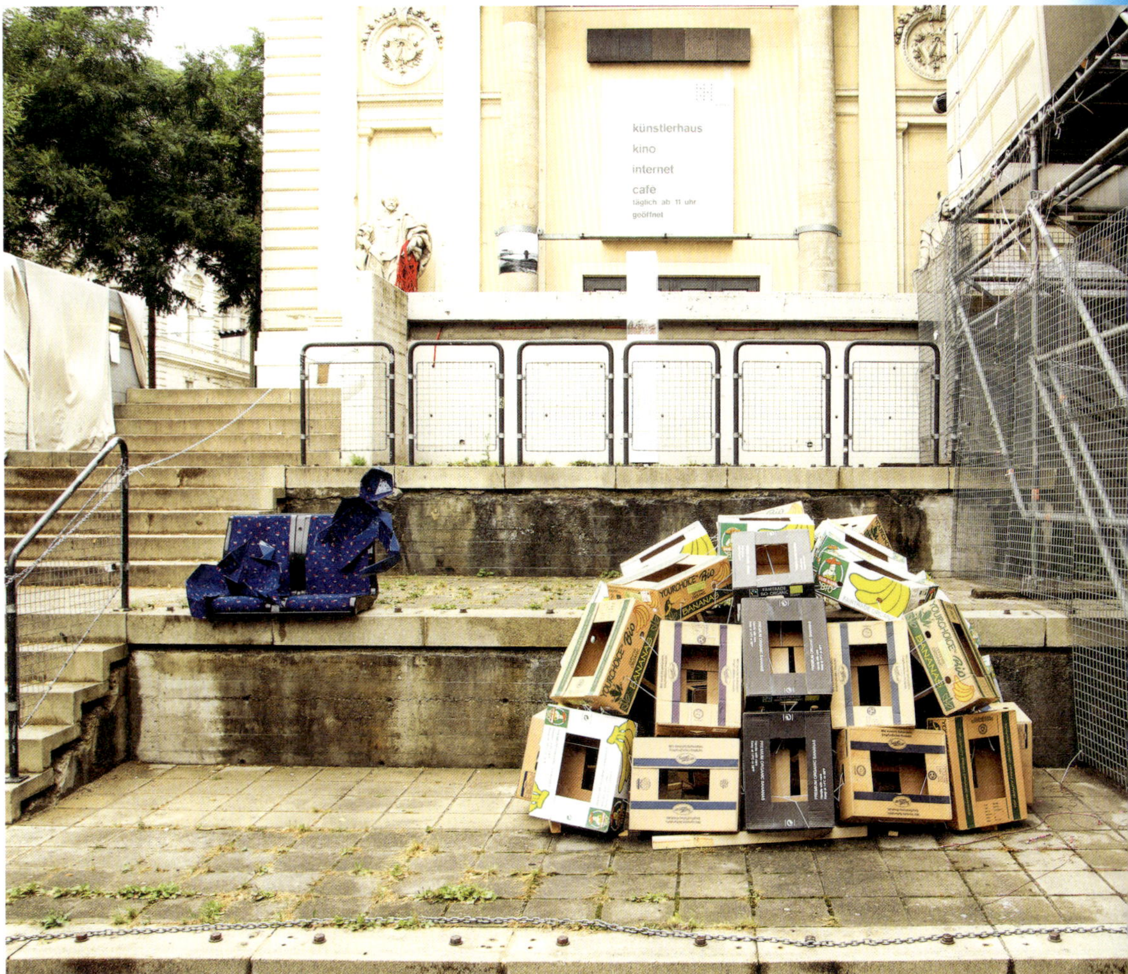

15 Afra Kirchdorfer, *Kugel aus Kartons*, 2013. Installation, © PRINZpod

INTERWEAVING KÖRPER/RAUM

Manora Auersperg und Barbara Putz-Plecko

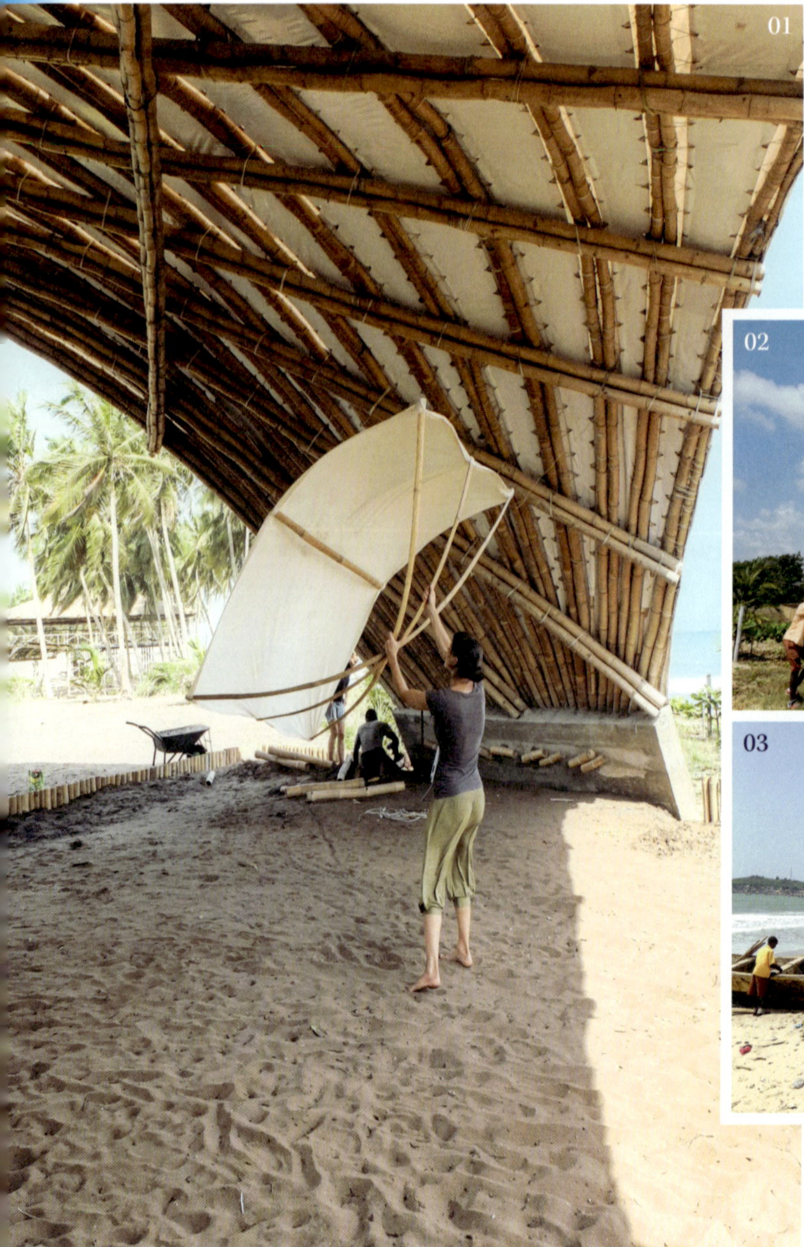

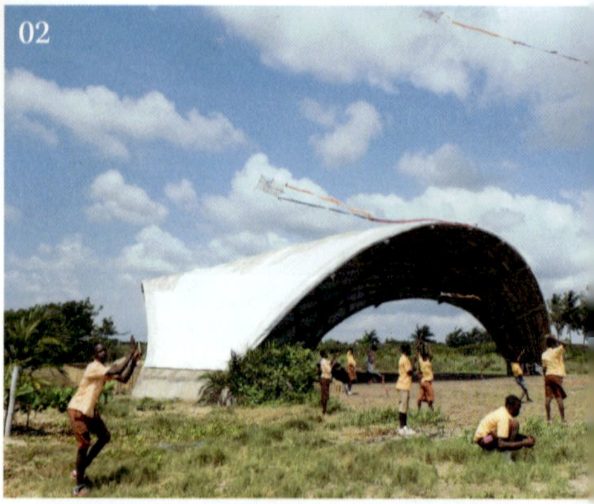

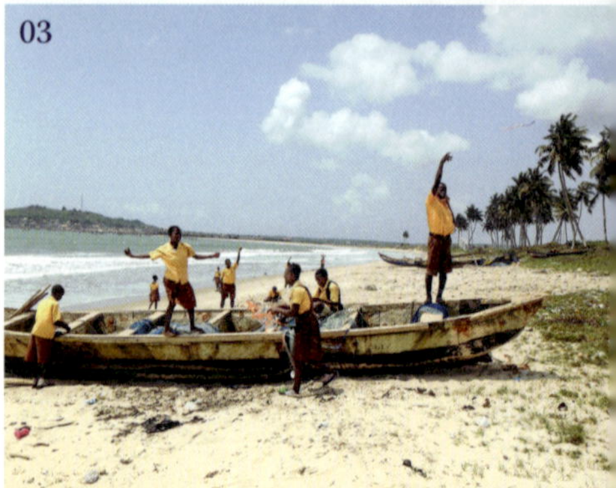

01 Probestücke für witterungsbezogenen Einsatz, © Manora Auersperg

02 *Staging Apam*, Drachenworkshop mit Dorfkindern am Projektgelände, © Manora Auersperg

03 *Staging Apam*, Drachenworkshop mit Dorfkindern am Projektgelände, © Barbara Putz-Plecko

Ein kollaboratives Projekt mit [Applied] Foreign Affairs Lab, IoA, Baerbel Mueller

Projektleitung: Manora Auersperg in Kooperation mit Christoph Kaltenbrunner und Barbara Putz-Plecko

Beteiligte: Student*innen der Abteilung *Textil*, Bewohner*innen des lokalen Umfelds, Schüler*innen der Primarschule von Abrekum

Die Entwicklung transdisziplinärer und transkultureller Praxisformen ist seit vielen Jahren ein zentrales Anliegen der Abteilung *Textil* und ein expliziter Schwerpunkt der gesamten Universität. Im Fokus dieses kollaborativen Projekts stand das gemeinsame Interesse an den vielfältigen Wechselwirkungen von Körper, Materialität und Raum unter Bezugnahme auf konkrete kontextuelle Gegebenheiten. Das Setzen von Grenzen, die Definition von innen und außen sowie die Konstruktionen von Öffentlichkeit und Privatheit wurden zu Inhalten, die durch gemeinschaftliches Handeln in eine Dimension haptischer Erfahrbarkeit geführt wurden.

Um diverse Parameter in einen produktiven Zusammenhang zu bringen, diente *Interweaving* als Modell und Programm. Spezifische Bedingungen des Ortes und dessen räumliche Qualitäten bildeten dabei das Bezugssystem, in dem durch Interventionen sowohl Eigenschaften und Potenziale von Material wie die Bedingtheiten und Bedürfnisse agierender Körper spielerisch befragt wurden. Durch die Einbeziehung und Verknüpfung unterschiedlicher Zugänge und disziplinärer Blickwinkel wurden Möglichkeiten textiler Techniken experimentell ausgelotet und interdisziplinär weiterentwickelt.

Die Kooperation mit dem *[Applied] Foreign Affairs Lab*[1] in Verbindung mit einem konkreten Bauvorhaben an der südwestafrikanischen Atlantikküste führte zur intensiven Recherche textiler Produktionsformen und alltagskultureller Gepflogenheiten an der Küste Ghanas, mit dem Ziel, die Errichtung eines offenen Bühnen- und Proberaums für die ghanaische Performer-Community und das Haduwa Arts & Culture Institute unter den gegebenen klimatischen Bedingungen (besonderen Wind-, Sonnen- und Feuchtigkeitsbelastungen durch die Küstenlage) mit textilen Lösungen zu unterstützen.

Schließlich wurde in mehreren Workshops in Wien und vor Ort eine funktionale Struktur für das Projekt *Staging Apam* entwickelt: bewegliche Raumelemente, in denen die Erfahrungen aus verschiedenen Perspektiven zusammengeführt werden und in die sich in kollaborativen Prozessen verschiedene Kulturen einschreiben konnten.

Parallel zur Errichtung des offenen, für alle zugänglichen Bauwerks wurde in mehreren und sehr unterschiedlich ausgerichteten Aktionen Kontakt mit diversen den Standort umgebenden Communitys aufgenommen, um nach und nach einen gemeinsamen Handlungsraum zu etablieren – etwa mit Kindern aus dem räumlichen Umfeld und der nächstgelegenen Schule, mit Frauen und Fischern aus den umliegenden Dörfern, die am angrenzenden Strand den täglichen Fischfang verarbeiten, und mit einzelnen Stakeholdern und Interessierten aus den dörflichen Gemeinschaften.

Der kollaborative Prozess beschränkte sich aber nicht allein auf das Bauprojekt in Ghana. Erfahrungen, Praxisformen und Ergebnisse wurden in unterschiedlichen Formaten und Kontexten vorgestellt und weiterentwickelt.

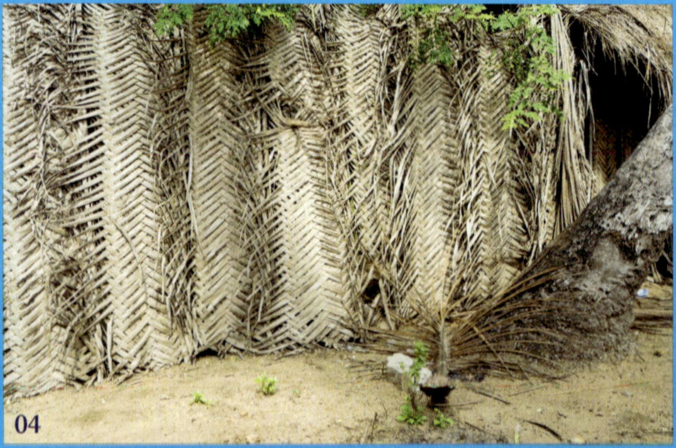

04

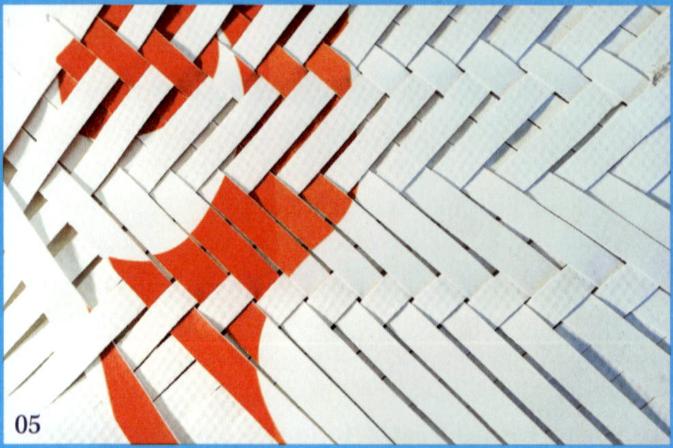

05

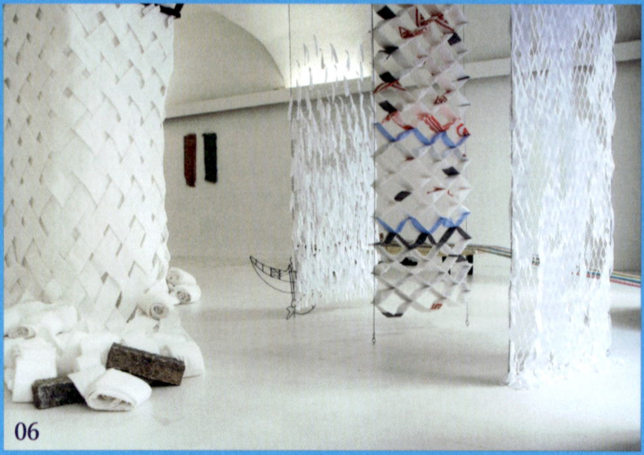

06

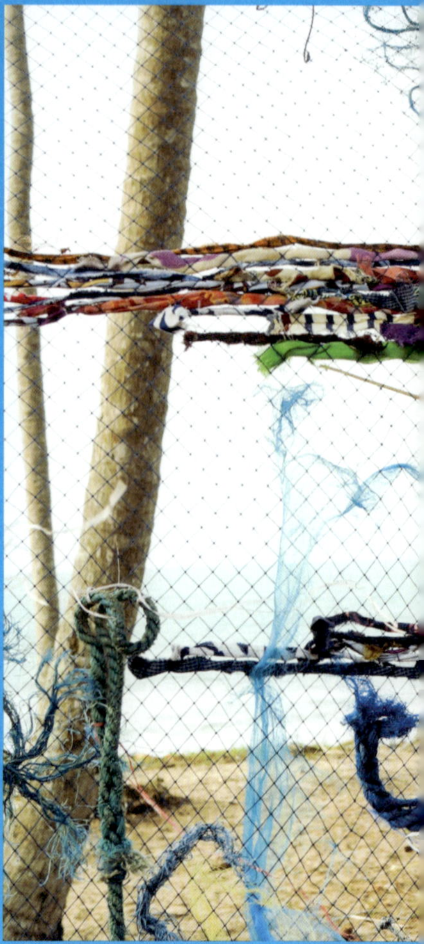

04 Flechtwerke aus Palmenblättern, © Manora Auersperg

05 Anlehnung an Palmflechtwerke, © Manora Auersperg

06 Installation Galerie Göttlicher, Krems/Donau, © Manora Auersperg

07 Verdichtung von Wassersäckchen, © Manora Auersperg

08 Freie Flechtübungen auf Draht, © Manora Auersperg

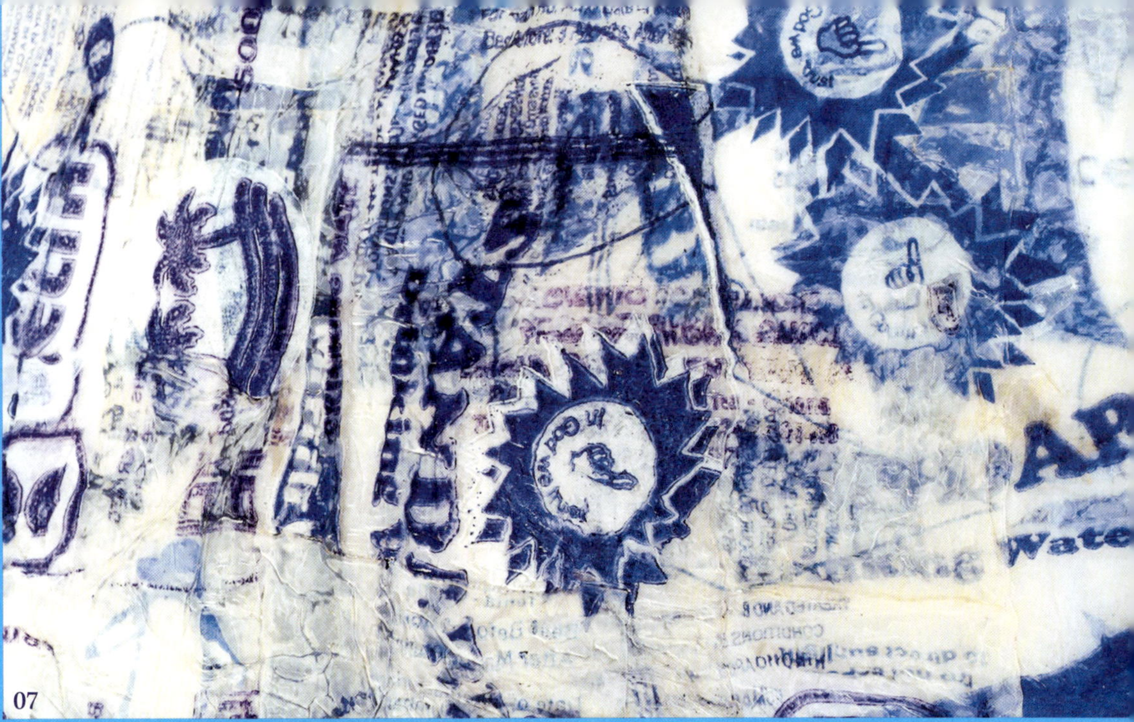

07

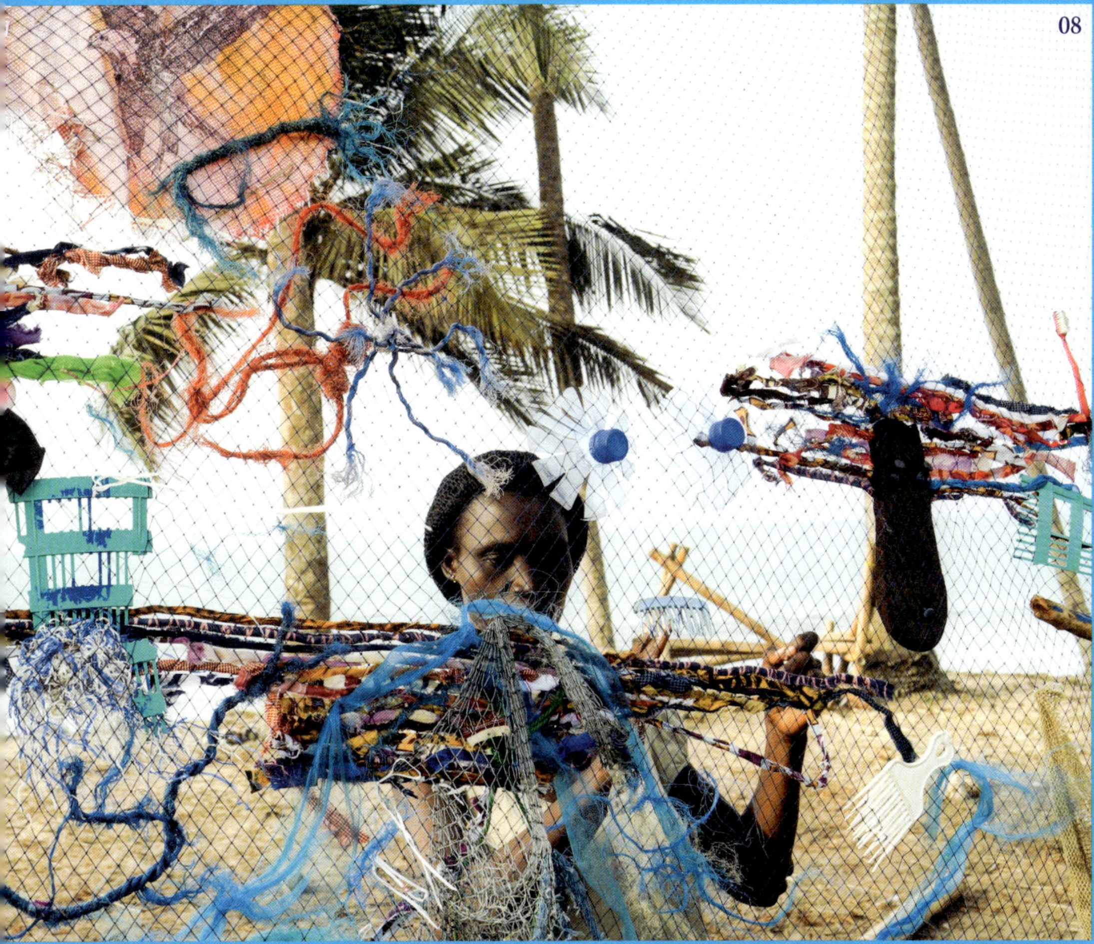

08

In der Galerie Göttlicher manifestierte sich diese Arbeitsweise zum Beispiel in der Untersuchung des architektonischen Raumes in Hinblick auf Erfahrungsqualitäten und gemeinsame Handlungsoptionen. Im gemeinsamen Agieren wurde der Ort als sozialer Raum befragt, wurden alternative Formen des Besetzens und Bewohnens erprobt. Aus Strategien der Ordnung entwickelte sich die Konzentration auf Handlungs- und Wirkungszusammenhänge, auf Tätigkeiten und Ereignisse. Interventionen in der architektonischen Struktur und die aktive Auseinandersetzung mit Material dienten der gedanklichen Wegfindung, die im gestalterischen Prozess nach und nach Form annahm.

Schließlich gab die Ausstellung *Interweaving* Einblick in einen Handlungsraum, in dem ein Geflecht aus Interventionen und materiellen Äußerungen das Zusammenwirken von Körper, Materialität und Raum vermittelte und Potenziale gemeinschaftlichen Forschens und Handelns befragt wurden. Die gezeigten Arbeiten setzen inhaltlich und formal direkt an den zwei Bezugsorten Apam (Ghana) und Galerie Göttlicher (Krems, Österreich) an. Die Präsentation unternahm den Versuch, nach dem Modell des *Interweaving* Inhalte, örtliche Bezugnahme und individuelle Interessen durch ein dialogisches Arbeiten miteinander zu verbinden und zu verdichten. Kontextuelle und dialogische Arbeitsweisen sind seit diesen wertvollen Projekterfahrungen ein wichtiger und gleichzeitig methodisch und inhaltlich kontinuierlich reflektierter Teil des Lehrangebots.

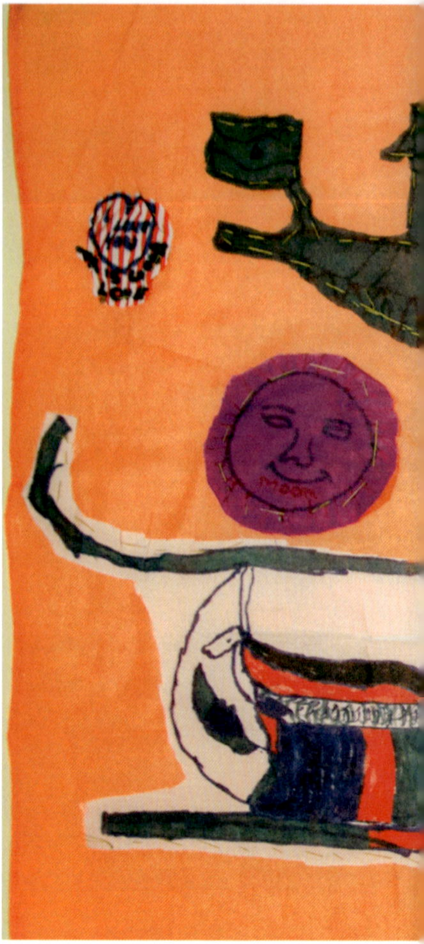

1 | *[Applied] Foreign Affairs* ist ein transdisziplinäres Labor unter der Leitung von Baerbel Mueller, das räumliche, infrastrukturelle, ökologische und kulturelle Phänomene im ländlichen und städtischen Afrika südlich der Sahara und im Nahen Osten untersucht. Jedes Projekt des [a]FA Labs konzentriert sich auf eine bestimmte Frage oder spezifische Aufgabe und entwickelt im Rahmen von Exkursionen und Arbeitsaufenthalten in vielfältigen Rechercheprozessen und Untersuchungen ländlicher und städtischer Wachstumsmuster Kartierungen, städtische Prototypen, imaginäre (Kunst-)Räume und relationale physische Interventionen. Eine Reihe von Vorträgen und Gesprächen führt die Studierenden in die räumliche Vielfalt und kulturelle Lebendigkeit des aktuellen Zustands des jeweiligen Projektkontexts ein, gefolgt von Workshops, die sich mit dem Status und Potenzial einer bestimmten Region befassen. In der Regel handelt es sich um längerfristige Kooperationen mit unterschiedlichen Auftraggebern – vor allem NGOs, Kulturinstitutionen, Künstler*innenkollektiven und universitären Partner*innen.

09

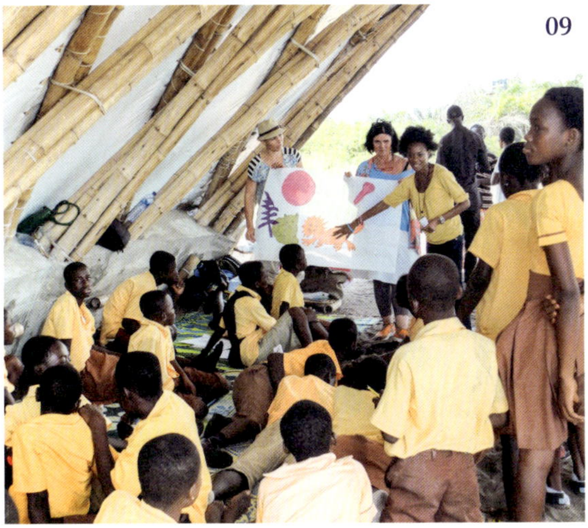

09 Flaggenworkshop mit Schüler*innen aus Abrekum, © Manora Auersperg

10–11 Flaggen von Schüler*innen der Primarschule von Abrekum aus einem Workshop im Rahmen von *Staging Apam*, 2014, © Barbara Putz-Plecko

10

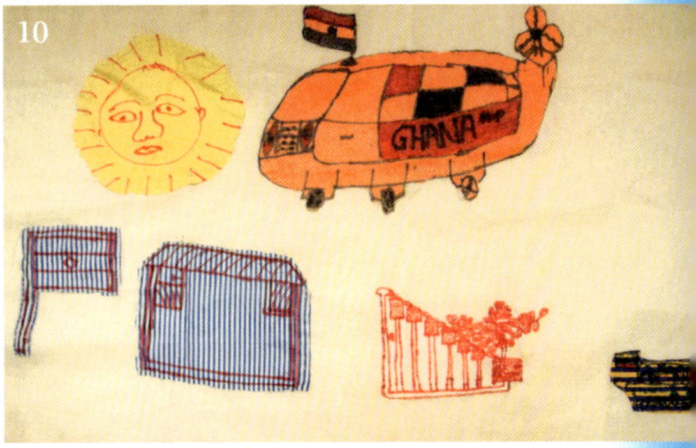

11

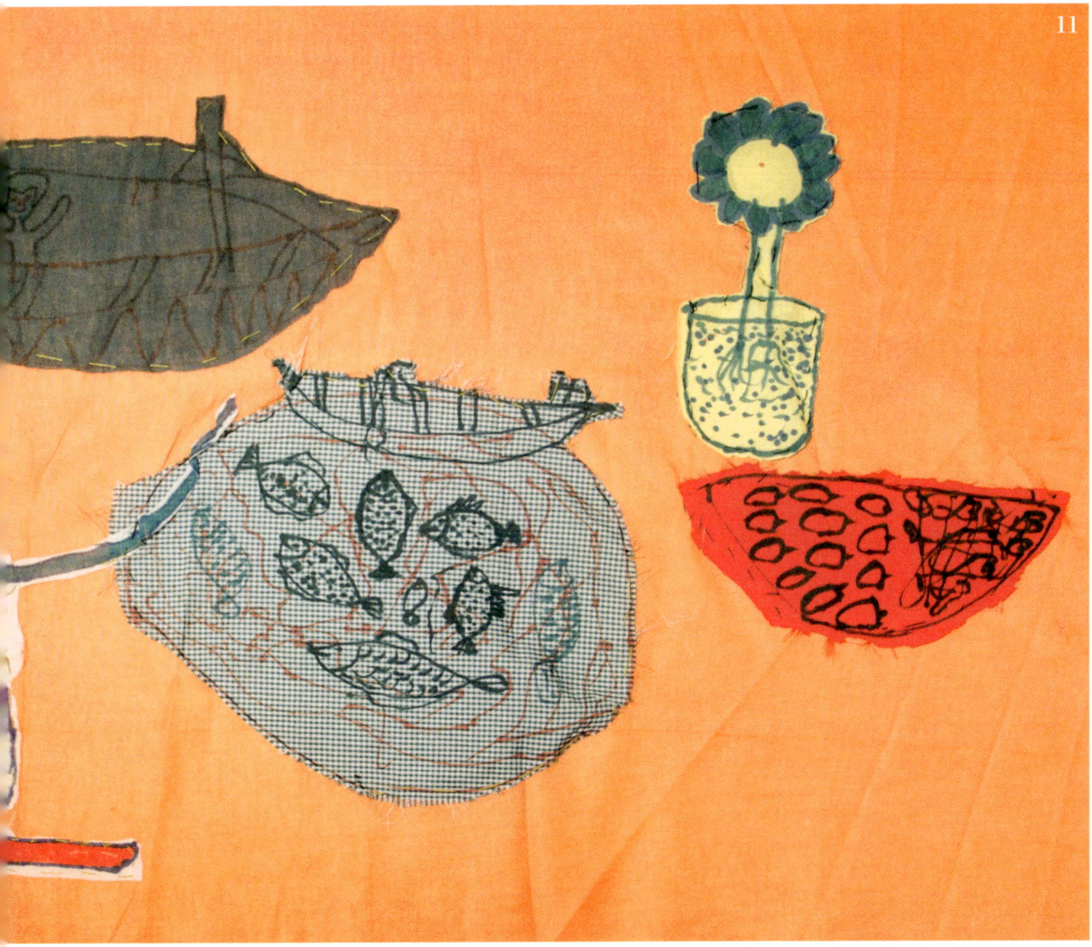

TRANSFASHIONAL

Dobrila Denegri

Gesamtprojektleitung: Dobrila Denegri

Projektleitung Angewandte: Barbara Putz-Plecko

Kooperationspartner: Universität für angewandte Kunst Wien, London College of Fashion, University of the Arts London, Akademie der Bildenden Künste Warschau, Swedish School of Textiles, University of Borås, Fashion Studies der University of Bologna

Beteiligte: Manora Auersperg, Linnea Bågander, Naomi Bailey Cooper, Sonja Bäumel, Anna-Sophie Berger, Martin Bergström, Christina Dörfler-Raab, Lisa Edi, Naomi Filmer, Barbara Graf, Shan He, Milena Heussler, Afra Kirchdorfer, Saina Koohnavard, Kate Langrish Smith, Ulrik Martin Larsen, Maximilian Mauracher, Janusz Noniewicz & Dominika Wirkowska, Minna Palmqvist, Robert Pludra, Ana Rajčević, Jasmin Schaitl, Anna Schwarz, Konrad Strutz, Lara Torres, Aliki van der Kruijs, sowie Student*innen der Abteilungen Mode und Produktdesign der Akademie der Bildenden Künste Warschau und des Campus Rimini der Universität Bologna

Beteiligte an den Diskussionsveranstaltungen: Leah Armstrong, Hussein Chalayan, Shaun Cole, Frances Corner, Naomi Filmer, Beatrice Jaschke, Ulrik Martin Larsen, Galina Mihaleva, Ute Neuber, Susanne Neuburger, Lucy Orta, Robert Pludra, Barbara Putz-Plecko, Marcin Różyc, Simona Segre Reinach, José Teunissen, Monica Titton, Clemens Thornquist, Lara Torres

Kataloge zur Ausstellung:

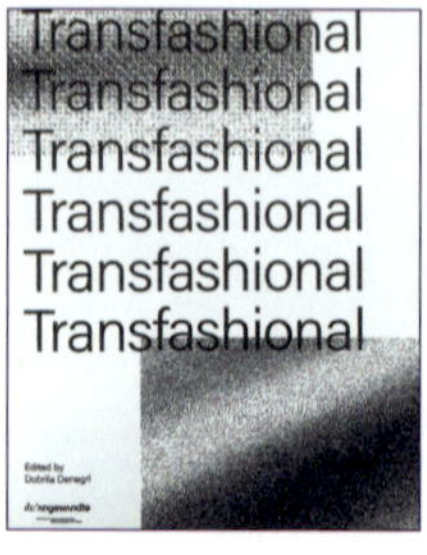

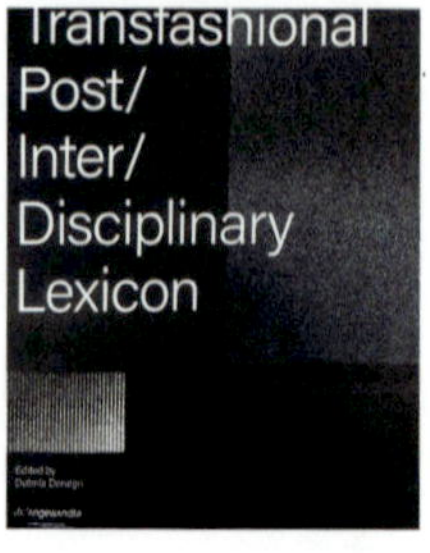

Anfangs war *Transfashional* nur ein Begriff – ein erfundener Begriff. Ein flottierender Signifikant im Sinne von Claude Lévi-Strauss, in sich bedeutungsleer und dadurch bereit, jede mögliche Bedeutung

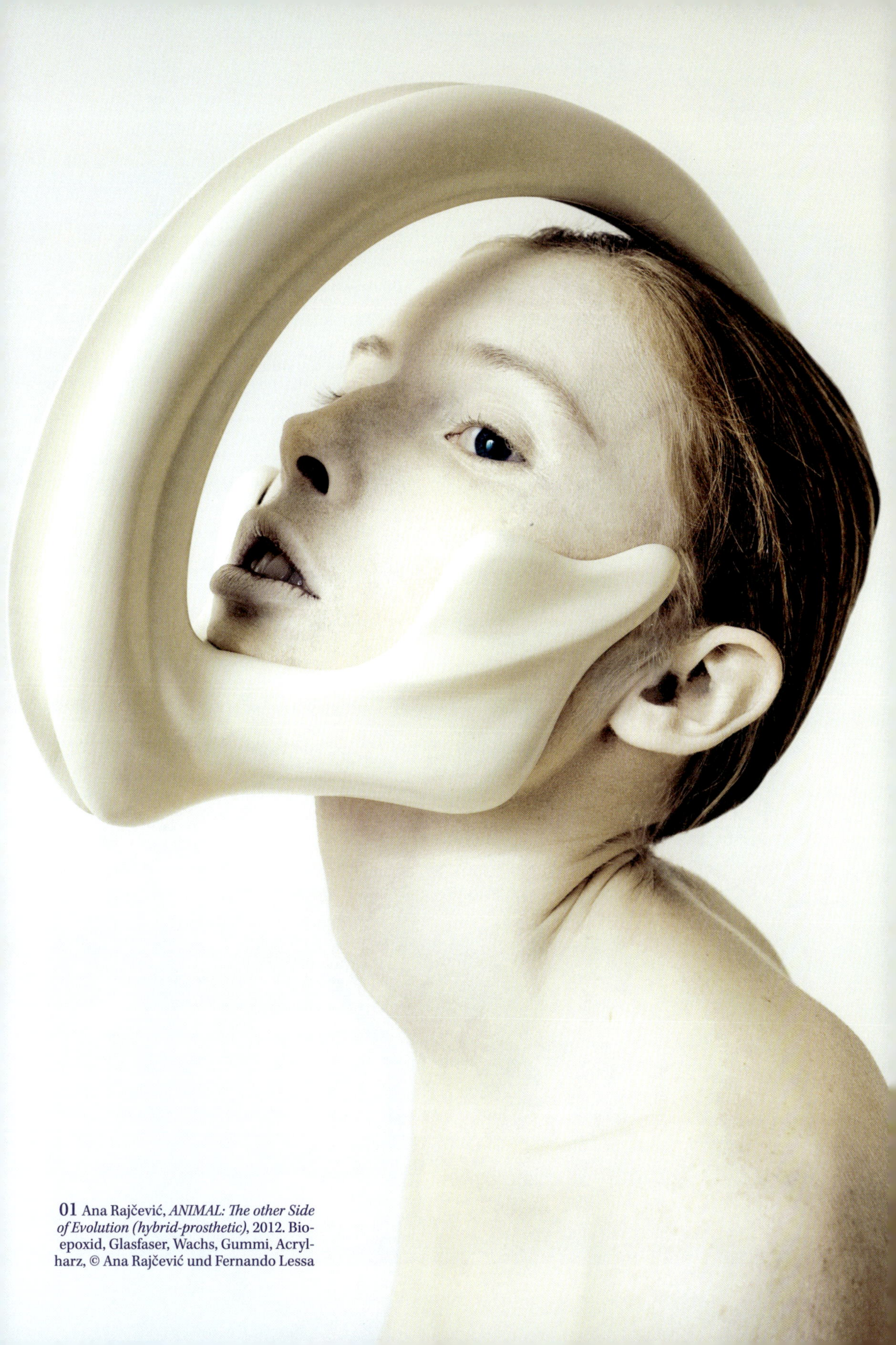

01 Ana Rajčević, *ANIMAL: The other Side of Evolution (hybrid-prosthetic)*, 2012. Bioepoxid, Glasfaser, Wachs, Gummi, Acrylharz, © Ana Rajčević und Fernando Lessa

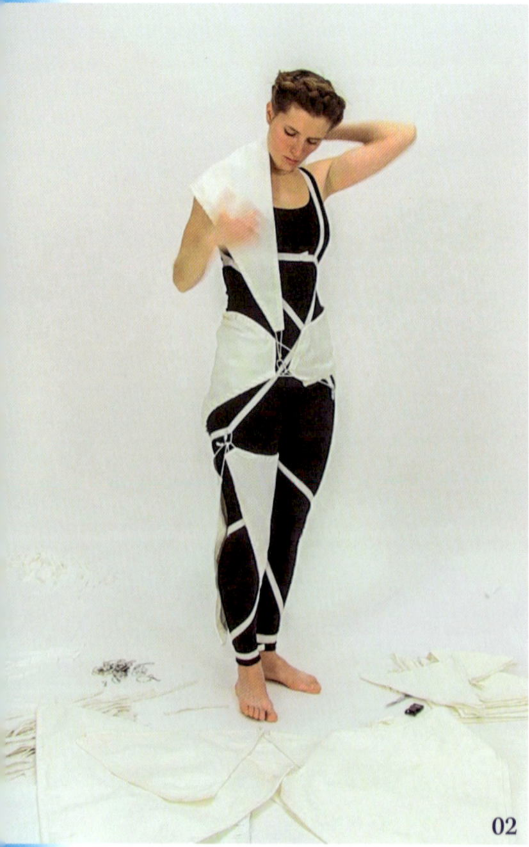

02

02 Afra Kirchdorfer, *Modular Clothing System,* 2016. Videostill, © Afra Kirchdorfer

03 Christina Dörfler und Jasmin Schaitl, *Excuse my Dust Series – Extended,* 2016/17. Installationsansicht, Transfashional, Ujazdowski Castle Centre for Contemporary Art, Warschau, © Bartosz Górka

04 Christina Dörfler und Jasmin Schaitl, *Transfashional.* One-on-One-Performance, MuseumsQuarier Wien, © Markus Dörfler

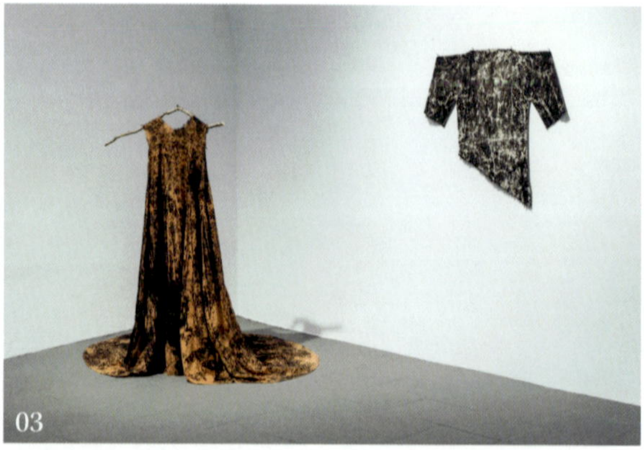

03

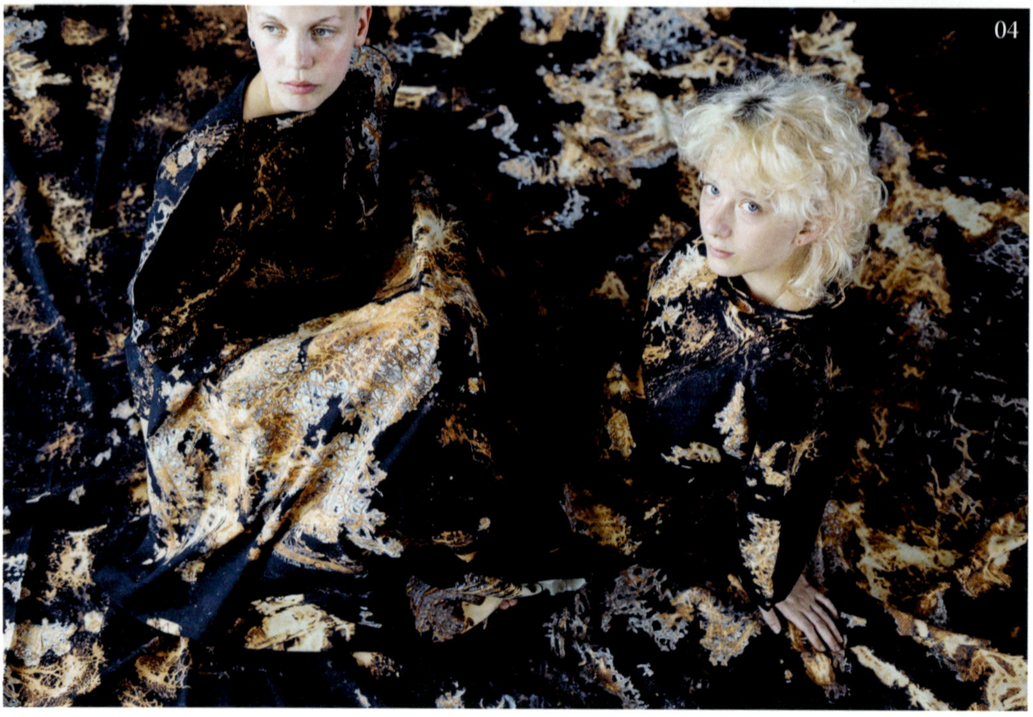

04

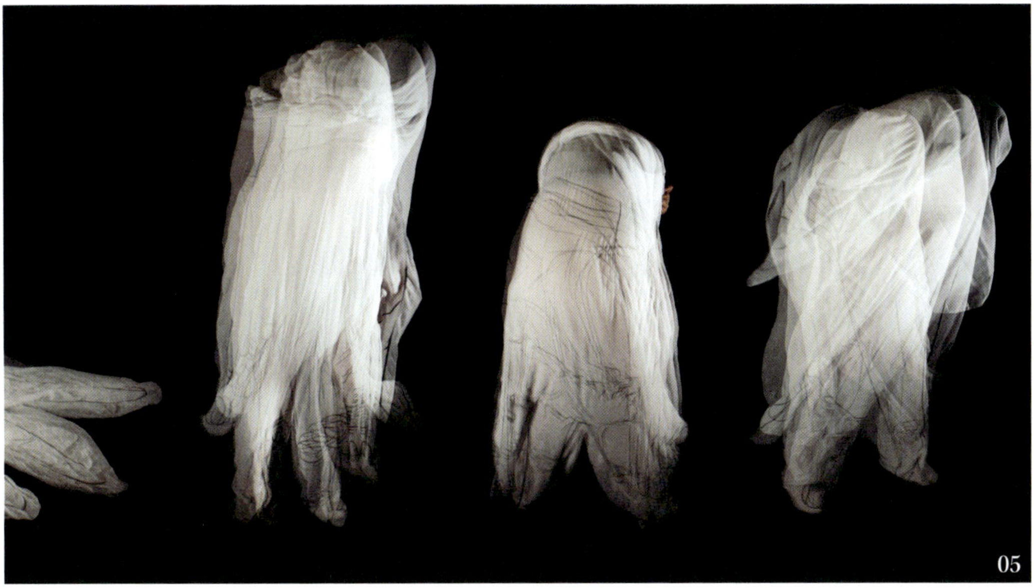

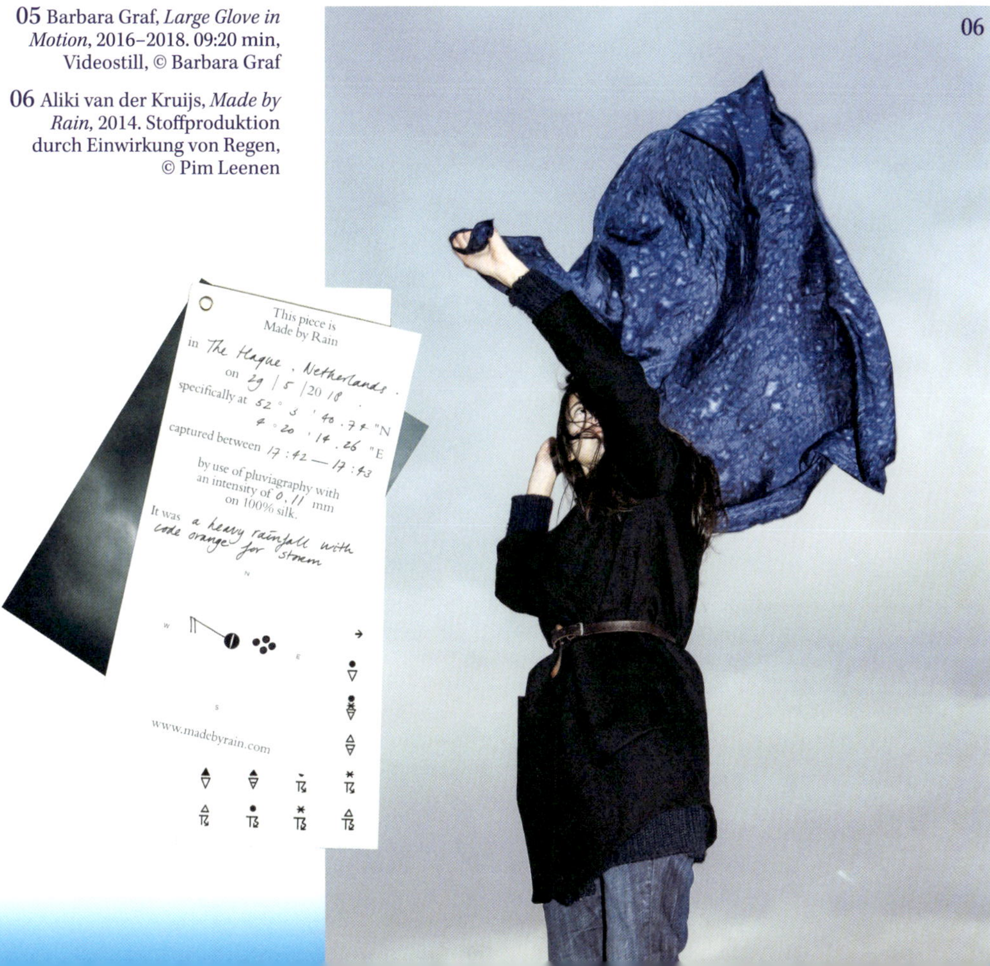

05 Barbara Graf, *Large Glove in Motion*, 2016–2018. 09:20 min, Videostill, © Barbara Graf

06 Aliki van der Kruijs, *Made by Rain*, 2014. Stoffproduktion durch Einwirkung von Regen, © Pim Leenen

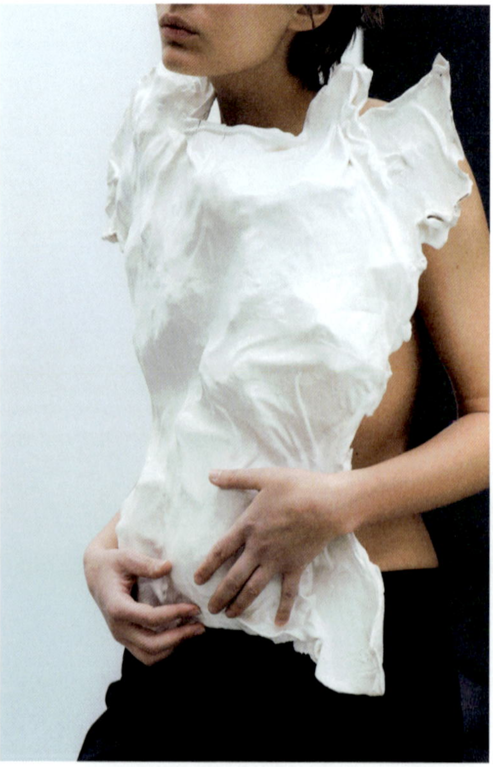

07 Anna Schwarz und Lisa Edi, *Perception of Cloths*, 2016. Fashion Anna Schwarz, Collection Ready-to-Carry, © Anna Schwarz und Lisa Edi

zu erlangen. Den Begriff hatte ich gewählt, weil er das Präfix *trans*, welches „über hinaus", „jenseits von", „durch etwas" bedeutet, mit dem Wort *fashion* (Mode) verbindet. Dabei betont *fashion*, zu einem Adjektiv transformiert, einmal mehr die Anspielung auf etwas Relationales, etwas Prozessuales, „Im-Zustand-des-Werdens-Befindliches". Als ein Begriff ohne fixierte Bedeutung erwies sich *Transfashional* als idealer Titel für ein forschungsorientiertes, prozessuales Ausstellungsprojekt mit offenem Ausgang. In kuratorischer Hinsicht war *Transfashional* die Entscheidung, eine Ausstellung über etwas zu machen, von dem nicht ganz klar war, was es ist. Sie *Transfashional* zu nennen bedeutete die Ausstellungsinhalte im Schnittfeld verschiedener disziplinärer Kategorien zu verorten, wo Mode und modebezogene Praktiken mit Kunst, Design, Architektur oder darstellenden Künsten aufeinandertreffen.

Umgesetzt wurde *Transfashional* als eine Ausstellung *in progress*, die zwischen 2016 und 2020 in zwei aufeinanderfolgenden Versionen realisiert und von vielfältigen Diskursen und Workshops begleitet sowie in zwei Katalogen, herausgegeben von der Angewandten, dokumentiert und reflektiert wurde.

Der Untertitel des ersten Katalogs lautete *Experimental Fashion in the Context of Contemporary Art*. Die Ausstellung formulierte, was *Transfashional* bedeuten könnte, während der zweite Katalog mit dem Untertitel *Post/Inter/Disciplinary Lexicon* Hauptaugenmerk auf die spezifische Terminologie zur Definition und Beschreibung modebezogener Praktiken legte.

Die erste Version der Ausstellung wurde als Kooperation der drei Universitäten – der Universität für angewandte Kunst Wien, dem London College of Fashion der University of the Arts London und der Akademie der Bildenden

Künste Warschau realisiert. Durch diese Partnerschaft wurde die zweite Version von *Transfashional* initiiert und um neue Partnerschaften mit der Swedish School of Textiles der University of Borås und den Fashion Studies der University of Bologna erweitert. In beiden Versionen wurde der Rahmen bewusst offengehalten, sodass sich die Gruppe der Teilnehmenden kontinuierlich verändern und erweitern konnte.

Beim Versuch zu rahmen, was *Transfashional* mit der Zeit werden würde, kam mir ein Kommentar der bekannten Anthropologin Sandra Niessen zu Hilfe, die den Begriff des Gemeinguts (commons) auf das Projekt bezog. Gemeingüter sind nach dem Soziologen und Autor von *Think Like a Commoner* David Bollier und weiteren Studien als soziale Prozesse zu verstehen, die alternative Produktions- und Organisationswege materieller und immaterieller Güter beschreiten und das Teilen der Güter praktizieren. Nach Sandra Niessen ist es die innere Dynamik von *Transfashional* als kuratorisches Projekt und offene Forschungsplattform, die viel mit dem Begriff „Gemeingut" („commons") gemeinsam hat. Es entstanden durch *Transfashional* neue Produktionen, es wurden neue Bedeutungen formuliert sowie neue Ideen generiert und Wissen gebündelt, vor allem aber handelte es sich bei *Transfashional* um eine gemeinsame Reise, die bei den Teilnehmer*innen ein Gemeinschaftsgefühl erzeugte. Wobei diese Reise nicht hätte stattfinden können ohne Vertrauen und Unterstützung von Barbara Putz-Plecko und Martin Meisel, dem früheren Direktor des Österreichischen Kulturinstituts Warschau. Für mich als Kuratorin waren ihr Vertrauen und ihre offene Haltung wesentlich. Denn so konnte ich forschen und mich mit den vielfältigen kreativen Praktiken ebenso vertraut machen wie mit einem auf Prozessualität und Veränderbarkeit beruhenden Ausstellungsformat experimentieren, welches unvorhersehbare Ergebnisse hervorbringen würde.

Wie erwähnt, startete das Projekt unter einem Begriff, der seine Bedeutung erst im Realisierungsprozess finden würde. Ausgehend von dieser Prämisse hätte uns der Weg in jede Richtung führen können. Aber als ich mit Studiobesuchen in Wien begann, Studierende und Absolvent*innen der Abteilung *Textil* traf, spürte ich erstmals, wohin das alles führen würde. Ausgangspunkt in meiner Mind-map wurde die Zentralisierung des Körpers im Prozess des Schaffens durch Tragen von Kleidung. Ute Neubers Arbeit impliziert dieses Momentum, und auch die performativen Projekte *A.Part* von Manora Auersperg oder *Modular Clothing System* von Afra Kirchdorfer. Dabei war der Schaffensprozess durch die ritualisierte wie rituelle Handlung ein Thema, das ich während des ganzen Projekts weiterverfolgte. Für die zweite Version lud ich hierfür Designer*innen aus der Abteilung Modedesign der Swedish School of Textile ein, die analoge Interessen und Ansätze verfolgten.

Auf ähnliche Weise wurden einige meiner ersten gedanklichen Notizen, die während der frühen Begegnungen und Atelierbesuche in Wien entstanden waren, zu Leitlinien für die nachfolgenden Projektphasen. So etwa war es sehr inspirierend auf Christina Dörfler-Raabs Arbeiten zu treffen, da diese Begegnung Gedanken über den Prozess von Co-Creation und damit auch über Chance und Unkontrollierbarkeit anregte. Durch sehr unterschiedliche Verfahren ließen mich Christina und ebenso Lara Torres und Aliki van der Kruijs darüber nachdenken, was es bedeutet etwas zu schaffen, das in der heutigen Zeit der schnellen und genauen Reproduzierbarkeit von fast allem nicht mehr reproduziert werden kann. Ich verstand dies als eine Suche

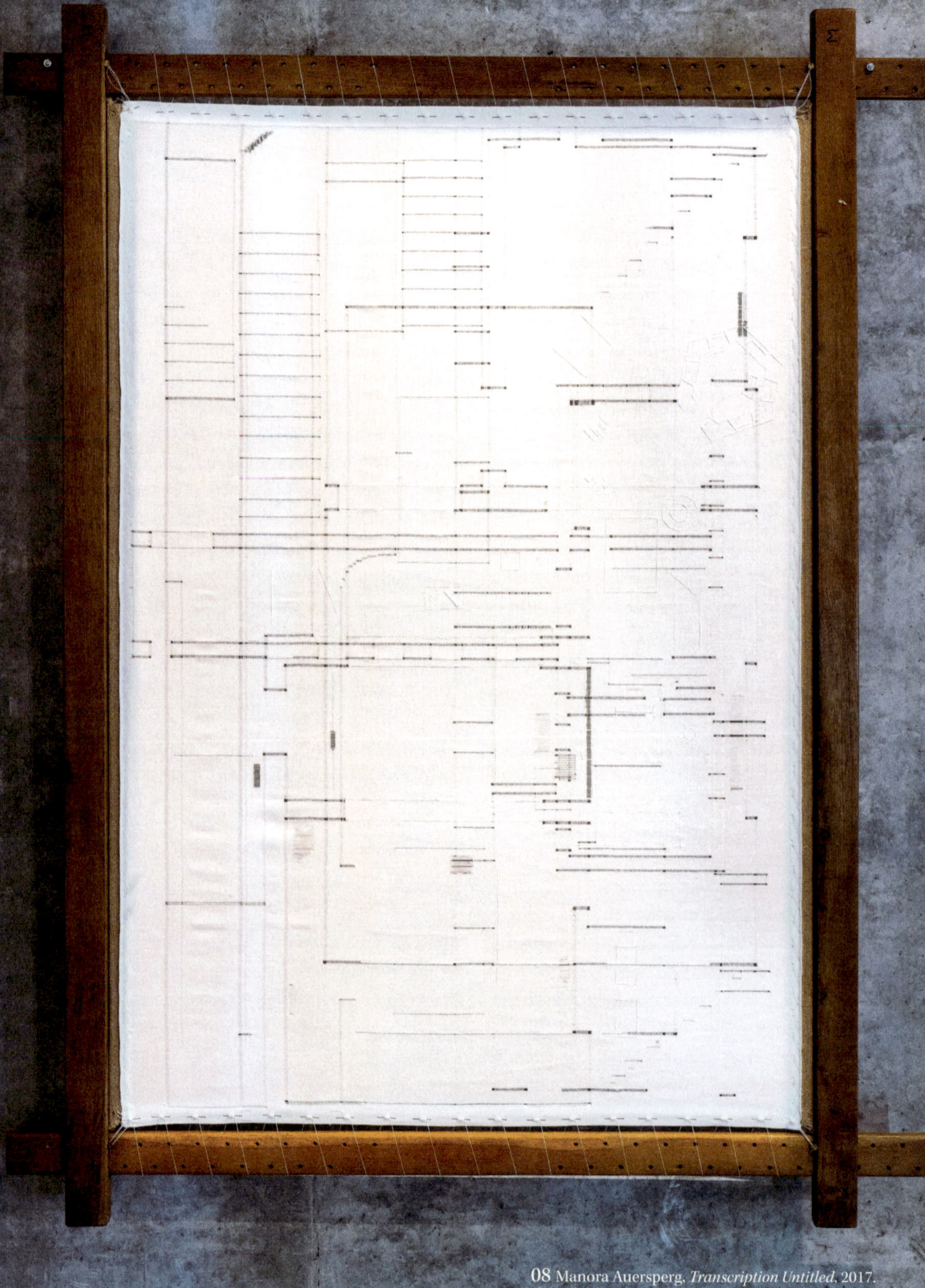

08 Manora Auersperg, *Transcription Untitled*, 2017. Holzstickrahmen, Leinen, Weißstickerei/gezeichnete Fadenarbeit, © Michelangelo Miskulin

nach Werten, die in diesen Zeiten großer ökologischer und wirtschaftlicher Dringlichkeit hervorgehoben und priorisiert werden sollten.

Und auch wenn das Projekt durch die anfängliche Kooperation mit der Abteilung *Textil* initiiert worden war, so war es Barbara Putz-Pleckos Geste der Offenheit, die es mir ermöglichte, mit Alumni, Studierenden und Lehrenden auch anderer Abteilungen der Angewandten in Kontakt zu treten: mit den Abteilungen *Mode* (Hussein Chalayan, Monica Titton, Anna-Sophie Berger, Anna Schwarz), *Theorie und Geschichte des Designs* (Leah Armstrong), *Grafik Design* (Maximilian Mauracher), *Angewandte Fotografie und zeitbasierte Medien* (Lisa Edi) und dem Masterlehrgang *ecm – education, curating, managing* (Beatrice Jaschke). Barbara Putz-Pleckos Geste der Offenheit reichte über die universitären Grenzen hinaus: Mit Galina Mihaleva von der School of Art, Design and Media der Nanyang Technological University, Singapur und Sonja Bäumel von der Gerrit Rietveld Academy, Amsterdam konnte der Teilnehmer*innenkreis von *Transfashional* nochmals ausgeweitet werden.

Nun, wo ich meine Gedanken und Erinnerungen zu diesem für mich wirklich einzigartigen und aufregenden Projekt Revue passieren lasse, möchte ich zurückgehen und nochmals ansehen, was ich im ersten Proposal schrieb. Ich finde folgenden Absatz: „Als Ausstellungsformat soll *Transfashional* auch eine ansprechende visuelle Reise durch visionäre Welten sein. Das Projekt ist bestrebt, einige der innovativsten künstlerischen Positionen in Erscheinung zu bringen, die konventionelle Bedeutungen von Mode zugunsten kreativer Prozesse hinter sich lassen, deren Ergebnisse sehr viel weiter ausgreifen, als allein Kleidungsstücke hervorzubringen. In bestimmten Fällen können diese Ergebnisse als hybride Objekte definiert werden, die sich entwickeln und um den Körper kreisen, in anderen Fällen handelt es sich einfach um Visualisierungen, Konzepte und Prozesse, die den Begriff der Mode in verschiedene Richtungen lenken, wie etwa in die von Kunst, Design, Architektur, Performances und anderen Formen, die aus dem Zusammentreffen der Disziplinen entstehen." Heute erweisen sich diese ersten Gedanken als Antizipation von etwas real Gewordenem, Erfahrenem, lebendig Gewordenem. Ohne das Engagement und die Unterstützung seitens der Angewandten, von Freund*innen und Kollaborateur*innen, mit denen wir dieses Set „imaginärer Welten" errichteten, hätte das Projekt nicht durchgeführt werden können.

EINMAL SCHRUNS–WIEN UND ZURÜCK

Multisensorische Lesarten und Transformationen einer Montafoner Tracht

Wilbirg Reiter-Heinisch

„Material betrachte ich nicht unter dem Aspekt seiner schönen Essenz. [...] Ich möchte durch die Arbeit an einem Objekt etwas über dessen Potential erfahren und nicht etwas Vorausgeplantes realisieren. [...] Das Objekt selbst kann während der Arbeit den jeweils nächsten Schritt bestimmen oder neu bestimmen, oder den nächsten Schritt zusammen mit irgendeiner vagen Idee."
(Eva Hesse)

Projektleitung: Wibirg Reiter-Heinisch

Kooperationspartner:
Montafoner Heimatmuseum Schruns

Beteiligte: Miriam Zwinger, Selina Doller, Jakob Brandstätter

Neue Formen der Vermittlung

Es ist ein weiter Weg von Vorarlberg nach Wien. Deshalb war ich anfangs skeptisch, als ich eine Anfrage von Elisabeth Walch aus dem Montafoner Heimatmuseum in Schruns bekam, ob wir uns in meiner Lehrveranstaltung *Material.Kollision.Manipulation* mit der Montafoner Tracht beschäftigen wollten: Es gäbe historische Trachtenteile zu verändern und auch theoretisches Textmaterial, wir hätten völlige Freiheit in unserer Herangehensweise und unseren Transformationsexperimenten. Diese Aufgabenstellung versprach ein erfolgversprechendes Lernsetting von experimenteller Praxis, theoretischer Auseinandersetzung und gestalterischem Handeln. Eine vielfältige und kritische Auseinandersetzung mit dem Thema Tracht sollte auf diese Art und Weise sehr anschaulich möglich sein.

Gruppenfindung

Meine erste Frage galt den Interessen der Studierenden. Würden sie sich auf ein solches Projekt einlassen? Sie wollten und hatten Freude daran, eine künstlerische Projektarbeit nicht nur zu konzipieren und herzustellen, sondern auch in einem neuen Umfeld zu präsentieren. Wir ließen uns gemeinsam auf einen Prozess ein, dessen Ausgang ungewiss war, der uns aber faszinierte. Ein Glücksfall dabei war das Bedürfnis der Studierenden, diese Arbeit in Kooperation durchzuführen. Dieser Gruppenprozess bewährte sich durch die Intensität der Auseinandersetzung und auch in Bezug auf das nötige Durchhaltevermögen. Wir erlebten einen gemeinsamen Gestaltungsvorgang. Dass eine Studierende aus Vorarlberg stammte, erwies sich darüber hinaus für das Verständnis der Montafoner Tracht hilfreich (→ 01).

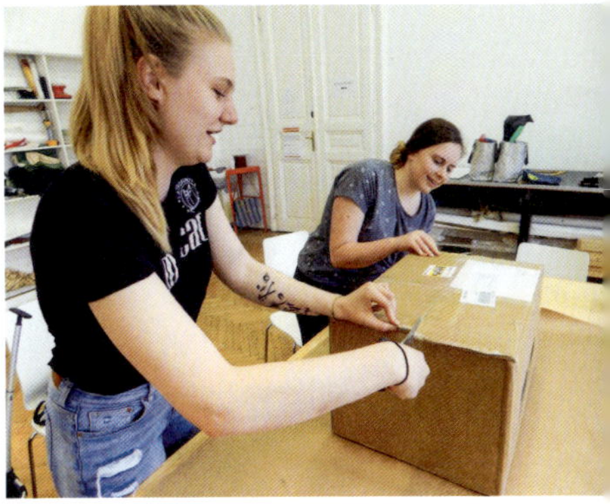

01 Ein Paket aus Vorarlberg, © Wilbirg Reiter-Heinisch

Experimentieren mit dem Realobjekt

Der erste Handlungsimpuls der Studierenden war, in die Tracht zu schlüpfen und sich so dem Thema lustvoll und körperlich anzunähern (→ 02).

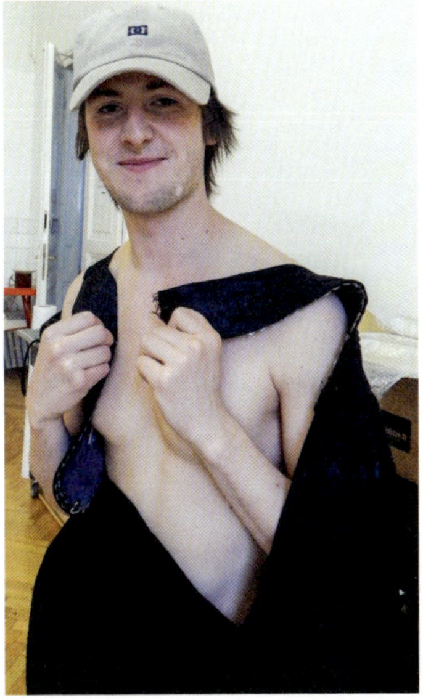

02 Erste Anproben, spielerisches Untersuchen, © Wilbirg Reiter-Heinisch

Recherche

Wir tasteten uns aber auch theoretisch an die „Idee der Tracht" (Bernhard Tschofen[1]) heran, recherchierten und lasen vielfältiges Textmaterial, das sich unter anderem mit den geschlechterbezeichnenden Eigenschaften der Montafoner Tracht beschäftigt. Welche Bedeutung ist dem Material eingeschrieben und wie wirkt eine Bedeutungsänderung auf uns zurück? In einer Mindmap wurden diese gesammelten Ideen und Themen visualisiert, um Gemeinsamkeiten erkennen zu können.

Materialuntersuchung

Es folgte eine genaue Analyse und Untersuchung der Eigenschaften der drei Trachtenstücke. Wir betasteten das Gewebe, fühlten das enorme Gewicht und die Kratzigkeit des Wollstoffes, näherten uns taktil und olfaktorisch.

Dabei waren wir von der ästhetischen Qualität der Stücke beeindruckt und begeistert. Gleichzeitig regten sie unsere

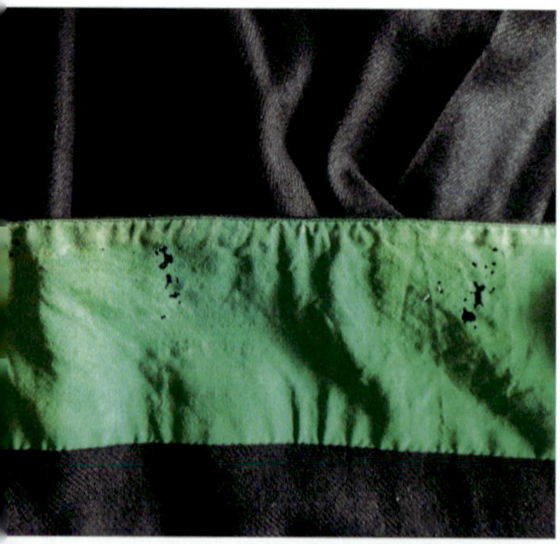

03 Materialdetail, Nutzspuren, © Wilbirg Reiter-Heinisch

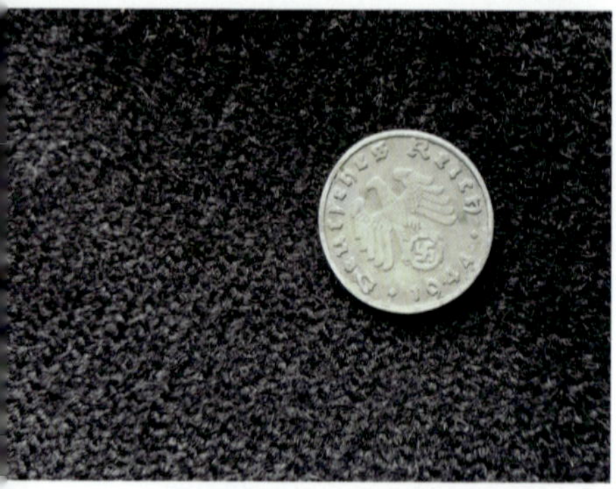

04 Der in der Tasche gefundene Reichspfennig, © Wilbirg Reiter-Heinisch

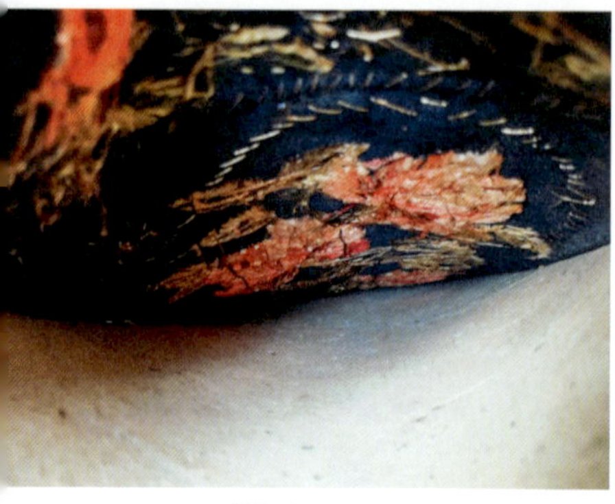

05 Blick in den Stecker zwischen Karton und bestickter Rückseite, © Wilbirg Reiter-Heinisch

Phantasie an: Wer diese Tracht wohl getragen hatte, wie alt sie war, wer sie hergestellt hatte ... Einen sehr intensiven Moment erlebten wir bei der Untersuchung der Tasche, denn wir fanden darin einen Reichspfennig von 1944, von dem das Museum noch nichts wusste (→ 04).

Analyse

Unsere Untersuchungen konzentrierten sich vorerst auf die Trachtenteile, die erkennbare Gebrauchspuren zeigten; diese wurden dokumentiert und fotografisch festgehalten (→ 03). Sie mündeten in das erste Konzept „mapping the traces". Wir versuchten in die Gewebe einzudringen und das zu dokumentieren, was üblicherweise im Museum nicht im Zentrum steht: die Gebrauchsspuren des Lebens, die sich in die Textilien eingeschrieben haben. Dafür kehrten wir das Innerste nach außen, untersuchten die Rückseiten und Zwischenräume, die Flecken und Unregelmäßigkeiten, die Ausbesserungsarbeiten. Bezug nehmen diese Motive auf das Format der Trachtenpostkarten mit deren idealisierten Landschaften, künstlichen Horizontlinien und Trachtenmädchen. Hinter dieser künstlichen Trachtenfassade sollte die Ästhetik der Tracht in den verbliebenen Spuren, Materialqualitäten und Details festgehalten werden.

Ornamentik und handwerkliche Verfahrensweisen

Die gestickte ornamentale Linienführung des Steckers beschäftigte uns aus mehreren Gründen. Aus der visuellen Analyse und dem taktilen Nachvollziehen entstanden unterschiedliche Assoziationen und das Bedürfnis, diese in einen neuen Zusammenhang zu bringen (→ 05). Der Stecker bedeckt zwar üblicherweise das Dekolleté, lenkt aber gleichzeitig den Blick darauf. Diese keusche/unkeusche Ambivalenz wurde thematisiert und auf der Innenseite des Jäckchens sichtbar gemacht. Die Fortsetzung der Stickerei nimmt Bezug auf die Form einer Gebärmutter, verweist auf die Einschreibung der Weiblichkeit in die Montafoner Tracht (→ 06). Sie wurde nur von Frauen getragen, die Männer trugen Alltagskleidung.

Beziehungsstatus

Von Anfang an war klar, dass die Studierenden sich mit den Geschlechterzuschreibungen der Juppe[2] beschäftigen wollten. Was erzählt uns die Juppe darüber? Der Innensaum als eher unauffälliges Element zeigte erst in der Bewegung, dass die Trägerin Witwe war. Diese Art der Kommunikation wurde mit „heutigen" Formen des Beziehungsstatus in sozialen Netzwerken erweitert: Single, es ist kompliziert, frisch getrennt ... Um die Flüchtigkeit dieser Beziehungen darzustellen, wurde die Schrift mit Schneiderkreide geschrieben, einem Material aus Ton, das üblicherweise für vorläufige Markierungen in der Schneiderei verwendet wird (→ 07–08).

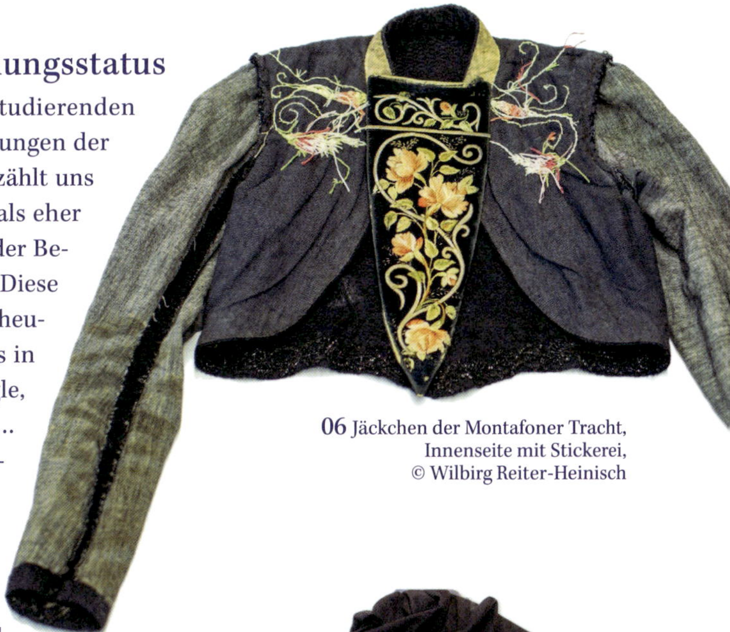

06 Jäckchen der Montafoner Tracht, Innenseite mit Stickerei, © Wilbirg Reiter-Heinisch

Präsentation

Wichtig war, die Trachtenteile in ihrer Dreidimensionalität zu präsentieren, an Haken hängend, freischwebend sollten sie auslüften und abhängen wie ein Stück Fleisch oder Haut. Bei der Langen Nacht der Museen konnten die Ergebnisse im Heimatmuseum Schruns gezeigt werden, und sie sorgten dabei für intensive Diskussionen. Sie werden in die ständige Sammlung des Museums aufgenommen. Ich möchte mich für die gute Zusammenarbeit und Unterstützung durch das Heimatmuseum Schruns, die Kuratorin Elisabeth Walch und den Direktor Michael Kaspar sehr herzlich bedanken.

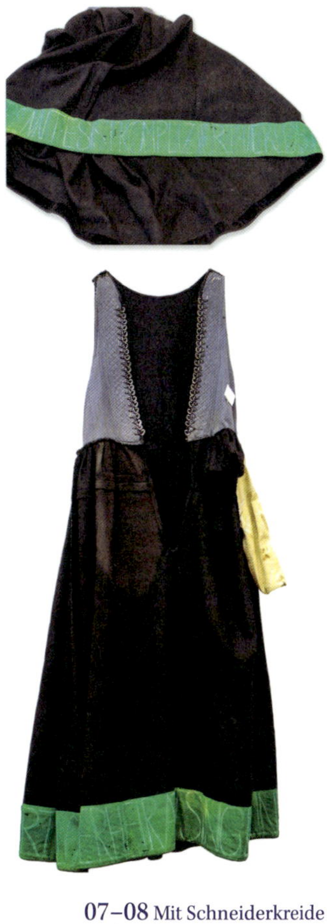

07–08 Mit Schneiderkreide bearbeiteter Innensaum, © Wilbirg Reiter-Heinisch

---

1 | Bernhard Tschofen ist ein in Vorarlberg geborener Kulturwissenschaftler und Ethnologe. Er lehrt und forscht an der Universität Zürich u. a. zu regionaler Ethnografie, Kulturanalyse des Alltags, zu Wissenskulturen und Museumswissenschaft.

2 | Juppe ist die Bezeichnung für eine in Vorarlberg typische traditionelle Frauentracht, die in mehreren Varianten getragen wird. 2021 wurde die Bregenzerwälder Juppe von der UNESCO in die Liste des immateriellen Kulturerbes aufgenommen.

THREADS OF LIFE

Textiles in Medizin und Kunst

Barbara Putz-Plecko

Projektleitung: Barbara Putz-Plecko mit Monika Ankele, Barbara Graf, Katrin Pilz, Monika Pietrak-Franger, Katharina Sabernig, Georg Vasold

Ein kollaboratives, interdisziplinäres Projekt mit der Universität für angewandte Kunst Wien, der Medizinischen Universität Wien, der Universität Wien, dem Ludwig Boltzmann Institute for Digital History und der Akademie der Wissenschaften (Arbeitsgruppe zur Geschichte der Medizin und Medical/Health Humanities). Es umfasst die gemeinsame Erarbeitung und Realisierung einer Ausstellung (2023), eines Symposiums (2023) und zweier Publikationen (2023 und 2025).

Projektkoordination und -architektur: Alexandra Graupner und Elisabeth Falkensteiner (*AIL*) mit Team, Frank Müller, finnworks

Beteiligte: Sonja Bäumel, Pascale Ballieul, Camille Borchert, Ida F. Frantal, Raja Golz, Barbara Graf, Ruth Anderwald + Leonhard Grond, Elizabeth McGlynn, Ute Neuber, Katharina Sabernig, Hannah Schwab, Yuliia Strykovska, Leo Ruben E. Zellweger

Katalog zur Ausstellung:

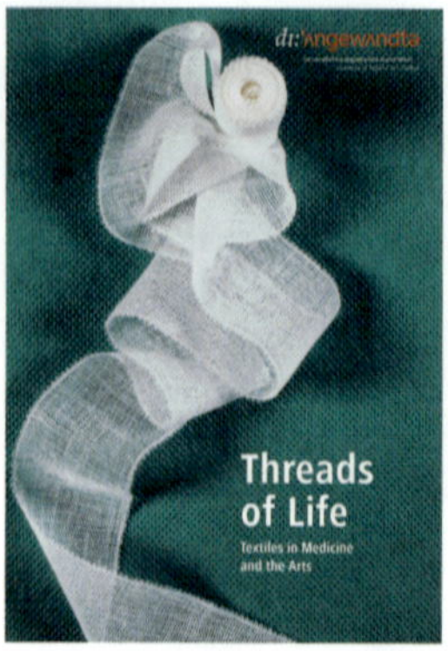

Motiv: © Barbara Graf

Die Öffnung von Wissenssystemen zueinander ist eine wesentliche Voraussetzung dafür, komplexe Herausforderungen unserer Zeit aus verschiedenen Perspektiven wahrnehmen und reflektieren zu können, um gemeinsam handlungsfähig zu sein. Dazu braucht es Foren, die diesen Austausch ermöglichen und diverse Denkräume und Praxisformen zueinander in Beziehung setzen. Durch einen gemeinsamen Diskussionsprozess über Potenziale der Medical/Health Humanities in einer Arbeitsgruppe zur Geschichte der Medizin und Medical Humanities an der Österreichischen Akademie der Wissenschaften fanden Kolleg*innen aus

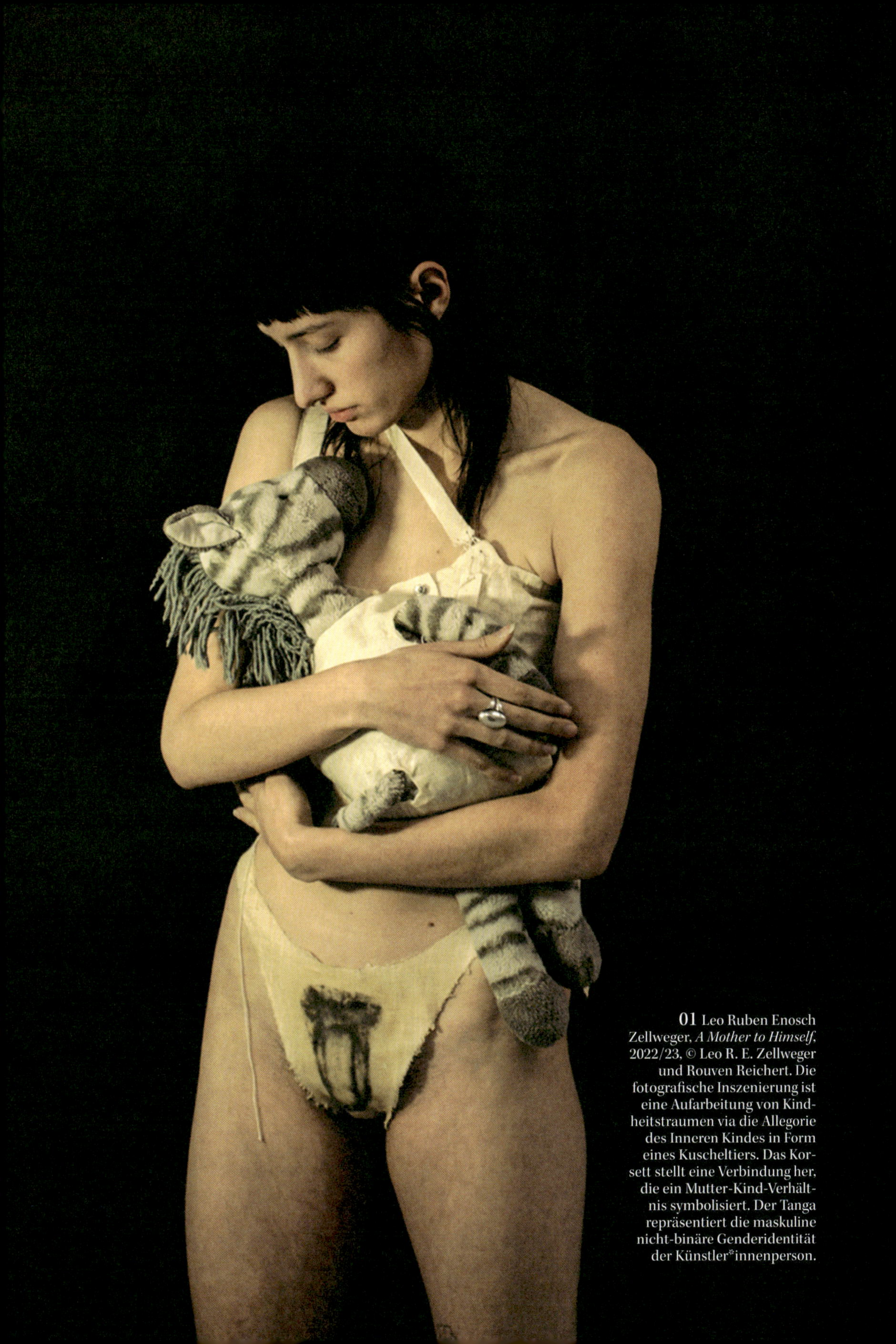

01 Leo Ruben Enosch Zellweger, *A Mother to Himself*, 2022/23, © Leo R. E. Zellweger und Rouven Reichert. Die fotografische Inszenierung ist eine Aufarbeitung von Kindheitstraumen via die Allegorie des Inneren Kindes in Form eines Kuscheltiers. Das Korsett stellt eine Verbindung her, die ein Mutter-Kind-Verhältnis symbolisiert. Der Tanga repräsentiert die maskuline nicht-binäre Genderidentität der Künstler*innenperson.

unterschiedlichen Wissenschafts- und Kunstbereichen zusammen, um diese Auseinandersetzung zu vertiefen und die vielfältigen Perspektiven an Beispielen des Textilen in Kunst und Medizin im Rahmen einer Ausstellung und eines Symposiums miteinander zu verknüpfen.

Obwohl Textilien in der Medizin seit jeher unverzichtbar sind, wurde ihre Rolle in diesem Kontext bislang nur unzureichend erforscht. Vom chirurgischen Faden über Wundauflagen, Tücher, Binden und Schutzkleidung bis hin zum Krankenhausbett sind sie aus der Heilpraxis nicht wegzudenken. Die Beziehung zwischen den Textilien in der Kunst, der Medizin und dem Wohlbefinden ist jedoch noch viel weitreichender. Sie umfasst unter anderem die Anwendung von Techniken wie Stricken, Häkeln, Weben oder Flechten bei der Entwicklung von Transplantaten oder chirurgischen Netzen. Der Einsatz von Textilien ist allerdings auch ambivalent. In psychiatrischen Einrichtungen fanden sie zur Ruhigstellung der Patient*innen Verwendung, doch nutzten diese die Textilien auch zur Gestaltung ihrer Umgebung oder kreierten daraus Körperhüllen als Überlebensstrategie. Textilien können auch gesundheitsschädigend wirken: Abgesehen vom Zufügen schädlicher Substanzen werden sie in der Mode seit Jahrhunderten verwendet, um den Körper nach Schönheitsidealen zu (ver-)formen und zu disziplinieren. Die visuelle Kunst und die künstlerische Forschung reflektieren diese diffizilen Beziehungen in vielfältiger Weise. Künstler*innen verwenden Textilien, um die Verletzlichkeit des menschlichen Körpers, seinen fortschreitenden Verfall und den drohenden Tod zu verdeutlichen, aber auch um zu zeigen, wie komplex zwischenmenschliche Beziehungen sind. Sie lenken die Aufmerksamkeit auf die (Selbst-)Pflege, das Verständnis der menschlichen Anatomie, die Wahrnehmung der eigenen Körperlichkeit und auf die Art und Weise, wie Textilien zu existenziellen Verkörperungen werden können. Über die metaphorischen „Threads of Life" hinaus verbindet das Vernähen das Handwerk der Chirurgie mit jenem der Schneiderei.[1]

Die Ausstellung im *AIL* (*Angewandte Interdisciplinary Lab*) in der Otto Wagner Postsparkasse setzte historische Objekte und zeitgenössische künstlerische Positionen dialogisch und in einer produktiven Spannung zueinander und machte dadurch vielfältige, uns auch nicht immer geläufige Beziehungen zwischen Textilien, Medizin und Kunst sichtbar (→ 01–06). Sie umfasste sechs Abschnitte:

ABSCHNITT 1

Künstlerische Forschung und Medizin

Körperwissen, Körperwahrnehmung, Körpererfahrung. In diesem Teil der Ausstellung wurde der menschliche Körper in seiner Anatomie, aber auch der erfahrende und wahrnehmende Körper durch Methoden der künstlerischen Forschung untersucht und durch das textile Medium vermittelt. Innere körperliche Strukturen, Körperempfindungen und Bewegungserfahrungen, die der direkten Sichtbarkeit entzogen sind, wurden durch künstlerische Transformationen erfahrbar gemacht. Auf verschiedene Weisen gingen die vorgestellten Projekte unter die Haut und boten Möglichkeiten an, den Körper zu denken und zu imaginieren.

ABSCHNITT 2

Verbinden und Behandeln

Verletzung, Sichtbarmachung, Schutz. Der textile Verband bezeugt die Verletzung und Verletzlichkeit eines Körpers. Mit seiner weichen

Textur, die den Körper berührt, steht er im Kontrast zu dem schmerzhaften Erleben, das die Wunde verursacht. Indem er die Wunde überdeckt, macht er sie zugleich sichtbar. Er signalisiert Schutz und verspricht Heilung. Durch Konzepte wie Antisepsis und Asepsis entwickelte sich der Verband ab der Mitte des 19. Jahrhunderts zu einem Heilmittel in der Chirurgie. Ein neuer Industriezweig entstand: die Verbandstofffabrik. Dieser Teil der Ausstellung verschränkte historische Objekte, die diese Entwicklung aufzeigten, mit künstlerischen Arbeiten, die sich inhaltlich wie im Material darauf bezogen.

ABSCHNITT 3

Nähen, Flicken, Stricken

Textile Kulturtechniken im Kontext medizinischer Anwendung. Stricken und andere textile Techniken wie Häkeln oder Weben sind der Durchführung von chirurgischen Eingriffen und anatomischen Präparationen näher, als man gemeinhin annimmt. Der Begriff „Chirurgie" geht auf das griechische Wort *kheirourgia* (χειϱουϱγία) zurück. Es leitet sich von *kheir* (χείϱ) „Hand" und *ergon* (εϱγον) „Arbeit" ab und meint ursprünglich jede manuelle Arbeit im Sinne der Ausübung eines Handwerks oder einer Kunst. Die Instrumente unserer modernen Chirurgie bestehen nicht nur aus Skalpellen, sondern auch aus Pinzetten, Nadeln und Nähten. Gestrickte chirurgische Maschen werden zum Beispiel bei den sogenannten Stentgrafts, kardiovaskulären Gefäßprothesen, eingesetzt. Auch in diesem Teil der Ausstellung wurden künstlerische und medizinische Varianten und Anwendungen dieser Kulturtechniken zueinander in Beziehung gesetzt.

ABSCHNITT 4

Halt im Textilen

Taumel, Krisen, Ausnahmesituationen. Wenn die Welt aus den Fugen gerät und zu taumeln beginnt, kann das Textile Halt und Selbstvergewisserung geben und eine nahezu magische Kraft ausüben, wie das etwa Andachtsbilder oder die textilen Aneignungsstrategien aus psychiatrischen Einrichtungen nahelegen. Wie die hier vorgestellten künstlerischen Arbeiten thematisierten die Ausstellungsstücke in ihrer textilen Auseinandersetzung die Verortung in einer Welt, die aus dem Gleichgewicht gerät und keinen Halt mehr bietet.

ABSCHNITT 5

Körper formen

Unterdrückung, Schutz, Befreiung. Textilien formen den Körper und seine Teile. Sie können beides sein: ein schützender Panzer oder ein erstickender Kokon. Sie werden aber auch zu Orten bzw. Objekten der Befreiung: sei es durch bewegte Hüllen, durch Irritation und Auflösung von fixierten (Gender-)Identitäten, sei es durch performative Selbstinszenierungen. Textilien können sowohl Isolation als auch zwischenmenschlichen Austausch verkörpern.

ABSCHNITT 6

Pflegen

Körper, Räume, Grenzen. In den sterilen und kahlen Räumen des Krankenhauses bildet das Textile einen Kontrast, der den harten Raum weicher erscheinen lässt. Es schafft eine Barriere zwischen den Körpern der Behandelnden und Behandelten, aber auch zwischen den Körpern und dem sie umgebenden Raum. Denn wo Körper aufeinandertreffen, ist auch eine potenzielle Gefahr, ist doch jeder Körper Träger einer Vielzahl von Mikroorganismen. In den

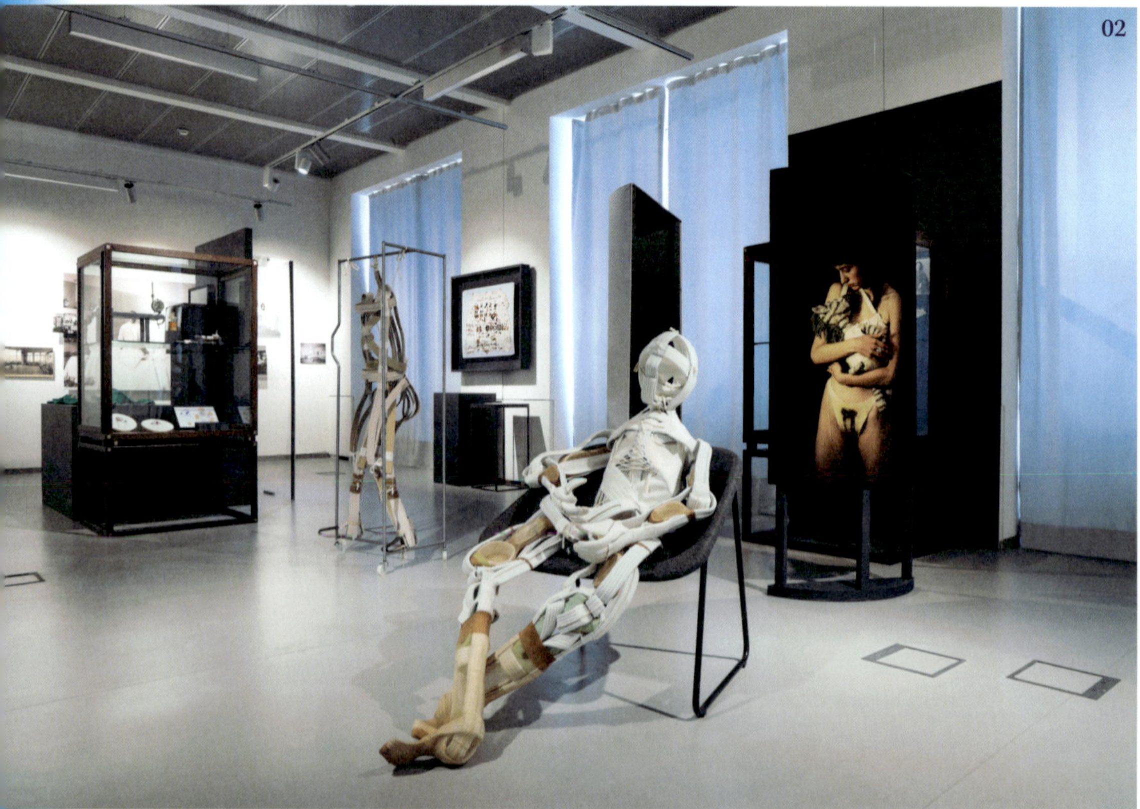

02

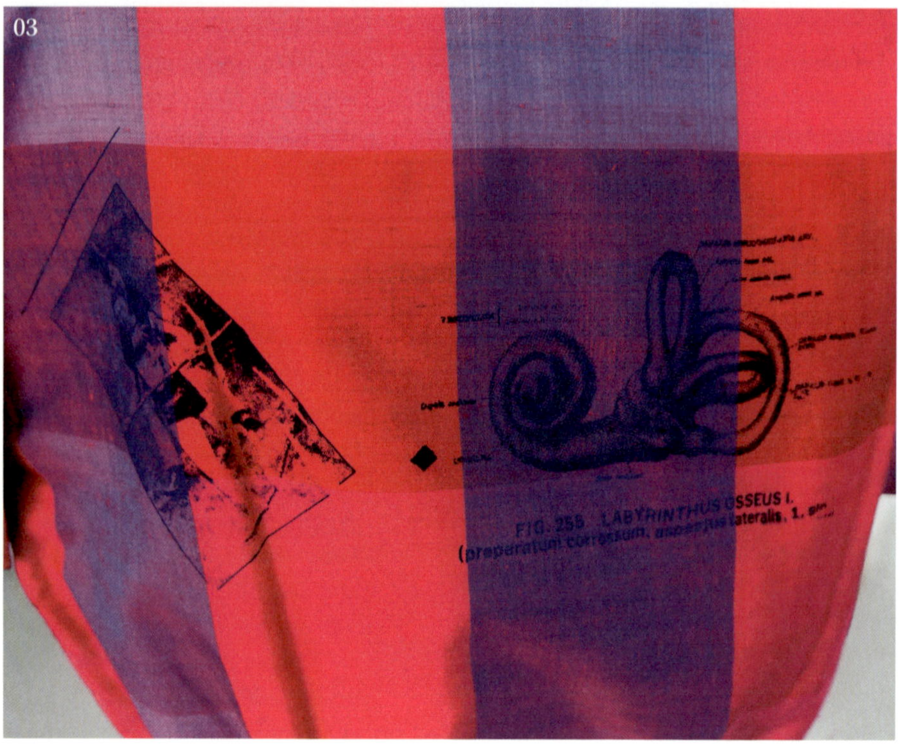

03

04

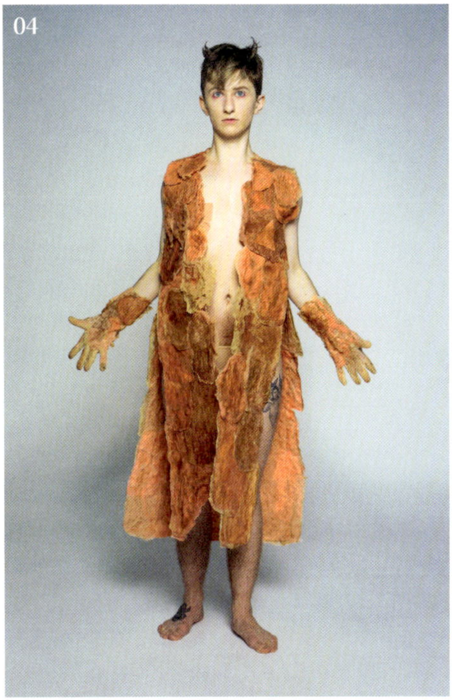

02 Ausstellungsansicht, Mitte/Vordergrund: Ute Neuber, *Von-Kopf-bis-Fuß-Strukturen*, 2020/23, rechts: Leo Ruben Enosch Zellweger, *A Mother to Himself*, 2022/23, © Barbara Graf

03 Ruth Anderwald und Leonhard Grond, *Dizzy Dress*, 2023. Kleid aus Seide mit Siebdruck, Ton (Detailansicht), © Anderwald + Grond

04 Pascale Maxime Ballieul, *Making Kin with My Fictional Queer Ancestors: Being It Being They Being The Thing Being Frankenstein Being The Monster, or "Oh, Jesus Christ, Lucifer is a Faggot!"*, 2020, © Pascale M. Ballieul

05 Ausstellungsansicht, links: Dreiecksverband nach Professor Esmarch, Tuch aus Baumwollstoff mit Anleitung zum Anlegen verschiedener Verbände (ab 1869), darüber und davor: Barbara Graf, *Faltlinien 8 – Fußbandage 1* (Mapping), 2016–2018, Vitrine: diverse historische Objekte, dem Verbinden und der Wundversorgung zugeordnet, rechts im Hintergrund oben: Yuliia Strykovska, *Fotografische Annäherung an eine im Krieg verlorene Arbeit*, 2016–2023, rechts im Hintergrund unten: Hannah Schwab, *Pflegen*, 2023, © Barbara Graf

05

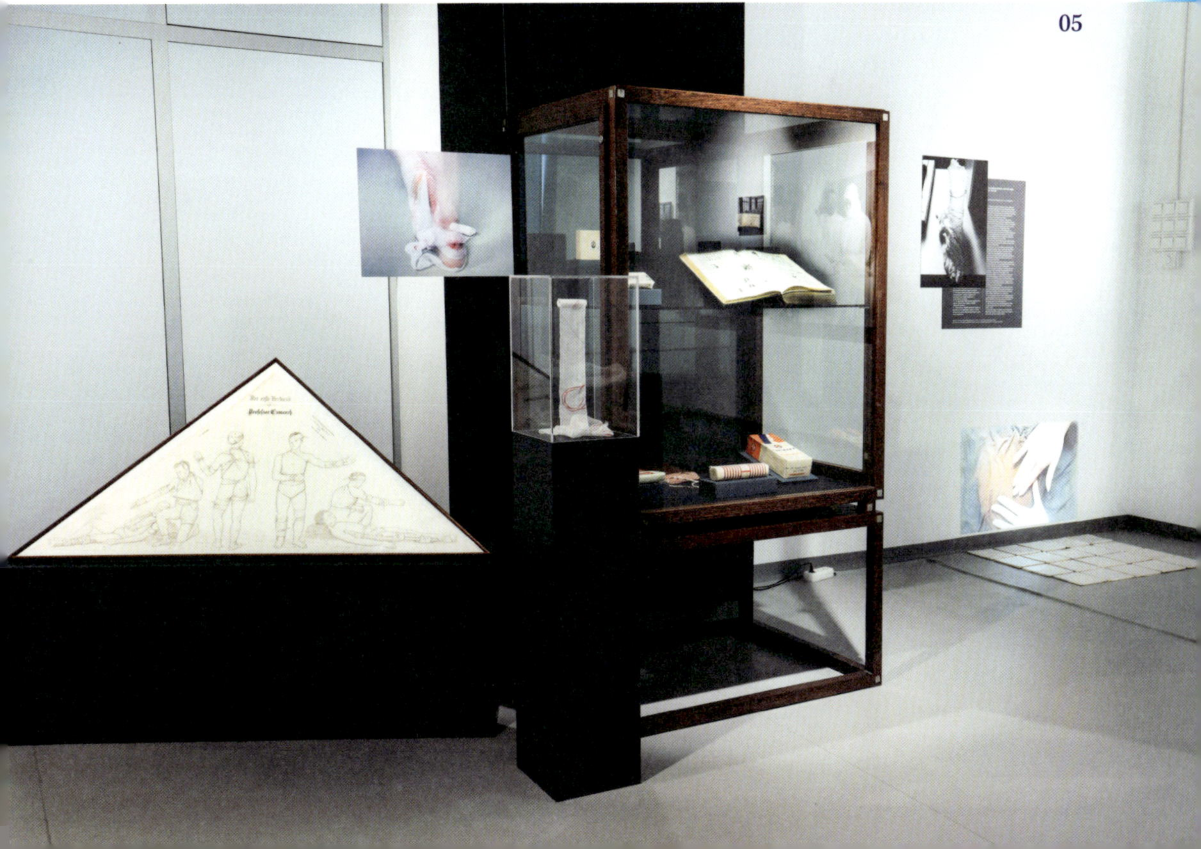

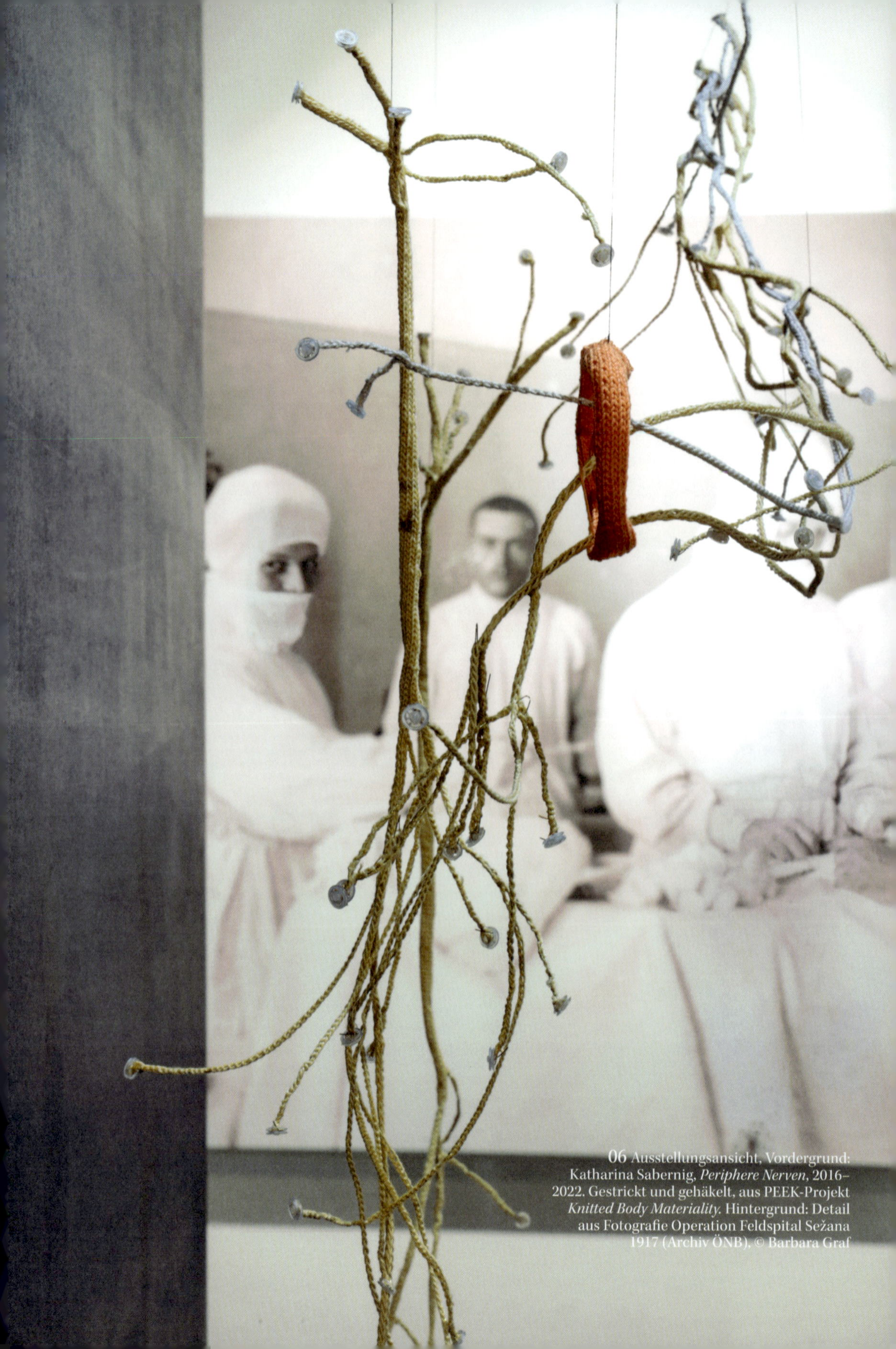

06 Ausstellungsansicht, Vordergrund: Katharina Sabernig, *Periphere Nerven*, 2016–2022. Gestrickt und gehäkelt, aus PEEK-Projekt *Knitted Body Materiality.* Hintergrund: Detail aus Fotografie Operation Feldspital Sežana 1917 (Archiv ÖNB), © Barbara Graf

gezeigten historischen Aufnahmen vermittelten die vielen weißen Mäntel, Kopfbedeckungen, Verbände, Leintücher und Betten Reinheit und Hygiene, Pflege und Schutz, machten aber in ihrer Stofffülle gleichermaßen die Infektionsgefahr evident.

Die Ausstellung wurde von einem internationalen Symposium begleitet.

Die in den Abschnitten 5 und 6 vorgestellten Projekte von Leo Ruben E. Zellweger (→ 01), damals Studierende*r im ersten Studienjahr, Hannah Schwab und Pascale Ballieul, inzwischen Absolvent*innen der Textilabteilung (→ 06), zeigen über den thematischen Bezug hinaus einmal mehr, wie die möglichst konzentrierte Entwicklung einer eigenen künstlerischen Praxis im Rahmen des Studiums den Studierenden ermöglicht, die Potenziale künstlerischer Selbst- und Weltwahrnehmung zu entdecken und für sich zu erschließen. Dass Arbeiten von Studierenden – sowohl in der Tiefe der Auseinandersetzung als auch in der Qualität der Umsetzung – selbstverständlich in solchen Präsentationsformaten bestehen, zeigt, wie gut sie diesen Entwicklungsrahmen und -raum für sich und als Form der Professionalisierung zu nutzen vermögen.

Künstlerische Praxisformen als (unter)suchende Bewegungen verstehen und entfalten zu können, bietet schließlich auch eine wesentliche Grundlage für jede künstlerisch pädagogische Tätigkeit.

In diesem Sinne bilden Kooperationsprojekte wie das hier vorgestellte Projekt *Threads of Life*, eingebunden in das Programm der Abteilung und damit in das Studienprogramm, eine wichtige Voraussetzung für den Aufbau sowohl einer inter- und transdisziplinären Kooperationskompetenz als auch der Fähigkeit, Inhalte aus einer multidisziplinären Perspektive entsprechend zu präsentieren und damit angemessen zu vermitteln.

---

1 | Die Textabschnitte zur Einführung in die Ausstellung entsprechen weitgehend den Katalogtexten im Booklet, das zur Ausstellung erschienen ist und vom Kurator*innenkollektiv in Absprache mit den Künstler*innen verfasst wurde.

GE_WANDEN

Manora Auersperg

Festival der Regionen 2019

Projektleitung: Manora Auersperg

Beteiligte: Julia Herzog, Dieter Lang, Ariana McManus, Wolfgang Miksits, Tanja Smioski, Martina Winkel

Auf einer Reise entlang der Donau verband das Projekt *Ge_wanden* Institutionen, Menschen und ihre Geschichten in Momenten gemeinschaftlichen Handelns. Die Projektgruppe zog im Rahmen eines Festivals[1] mit Fahrrädern und einer modularen metallenen Struktur in Begleitung von zwei Eseln von Mauthausen aus donauabwärts bis nach Grein, um an mehreren Plätzen haltzumachen und leichtgängig „Anknüpfungsmöglichkeiten" für Menschen zu schaffen, die ihr auf dem Weg begegneten.[2]

Die Bewegung des *Windens* zieht sich als Leitmotiv durch alle Ebenen des Projekts. Die etymologische Verwandtschaft des gestischen *Windens* mit *Gewand* und *Wand* lässt sich auf den Herstellungsprozess des Webens zurückführen, durch den sich die jeweilige Hülle manifestiert; sowohl Kleidung als auch Architektur sind angelegt uns zu wärmen.[3]

Bezugnehmend auf den Festivaltitel *Soziale Wärme* vollzieht das Projekt performativ eine Suchbewegung, die sich im öffentlichen Raum entwickelt und sich dessen sozialen Strukturen und Qualitäten zuwendet.[4] Vermittelnd kommt in diesem Prozess das modulare System zum Einsatz, das über Materialität, Handlungs- und Strukturangebot zur Begegnung einlädt: Mit jedem Halt formieren sich die 15 Webrahmen in einem Antwortverhältnis zu Mensch und Umgebung und machen die Gleichzeitigkeit von Vergemeinschaftung und Exklusion sowohl erfahrbar wie – durch die Beweglichkeit der Struktur – auch verhandelbar.[5]

Jede*r ist eingeladen, partizipativ dekonstruierte und teils eigens mitgebrachte Kleidung in die Struktur einzuweben und zu knüpfen, in einem Verhältnis der Interdependenz „Spielregeln" zu erproben und in der Verflechtung von kognitiven und sozialen Fähigkeiten miteinander zu kooperieren. Der kollektive Prozess manifestiert sich in den temporären textilen

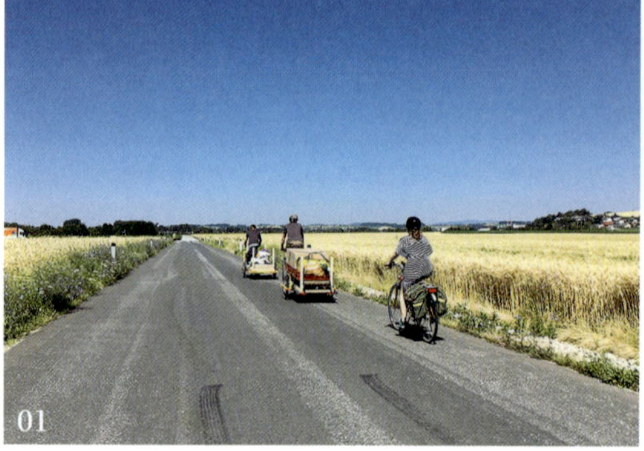

01

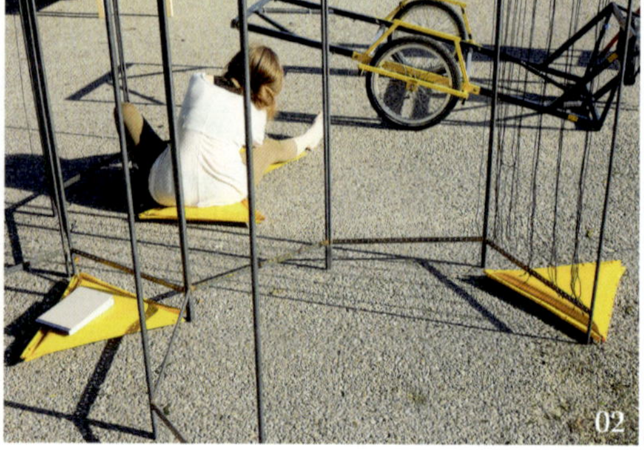

02

Räumen, die sich jederzeit und für alle öffnen lassen und unsere soziale Verwobenheit widerspiegeln, während sich beiläufig Gespräche entwickeln und Geschichten Platz nehmen.[6]

Über die gesamte Reise hinweg wurden die Phasen gemeinsamen Webens durch ein schriftliches Protokollieren begleitet. Die „Projektschreiberin“ Julia Herzog dokumentierte in Text- und Zeichenfragmenten, was sich sprachlich ereignete. Über das Verschriftlichen verortete sie sich an der Schnittstelle aller Handlungen und nahm darüber „im Kontakt nach außen“ wie auch „in sich selbst“ die Dynamik des permanenten Wechsels „zwischen sozialen und architektonischen Raumgefügen“[7] wahr. Indes entwickelten sich gemeinsame Tätigkeit und sprachliche Mitteilung gleichwertig und verbanden sich über das Gewebe.

Der finale Moment des Projekts übersetzte den Prozess vom öffentlichen Raum auf die Theaterbühne. Im Stadttheater Grein trennten wir die Textilien aus der metallenen Struktur, während im Dialog von Martina Winkel und Julia Herzog der sprachliche Niederschlag vorgetragen wurde. Text- und Materialgewebe verbanden sich gleichwertig und wurden dabei aus ihrem jeweiligen Prozessrahmen gelöst.

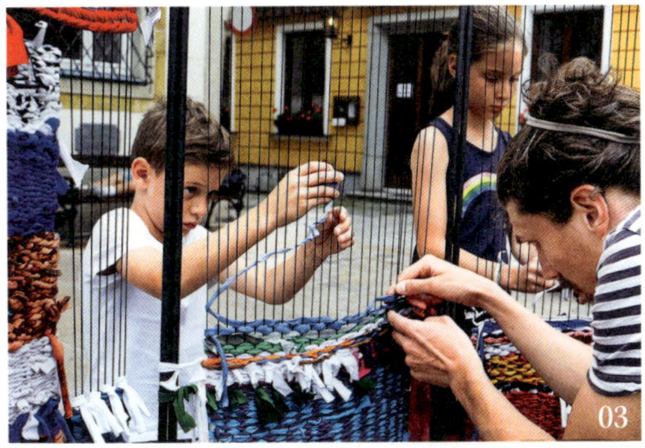
03

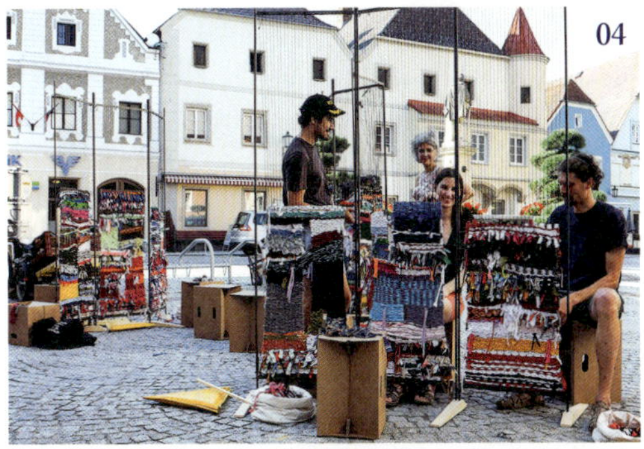
04

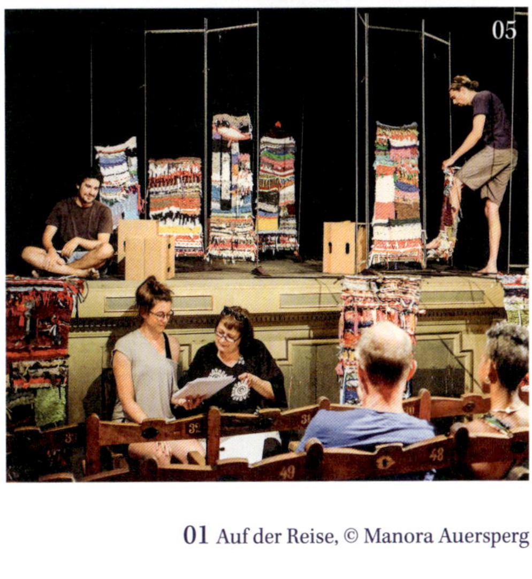
05

---

1 | *Festival der Regionen 2019 – Soziale Wärme in der Region Perg-Strudengau.*

2 | Manora Auersperg, „Working In_Between: Approaching the Unknown“. In: Ruth Mateus-Berr, Richard Jochum (Hrsg.), *Teaching Artistic Research: Conversations Across Cultures*. Berlin: De Gruyter, 2020, 73–84; Übersetzung der Fußnote ins Deutsche von Julia Herzog.

3 | Ibid.

4 | Interviews zu den Projekten, die im Rahmen des Festivals stattfanden, sind nachzuhören bzw. zu sehen unter: www.dorftv.at/video/32749 [13.02.2024], www.fro.at/ge_wanden [13.02.2024].

5 | Manora Auersperg, „Working In_Between: Approaching the Unknown“.

6 | Ibid.

7 | Julia Herzog in einer E-Mail an Manora Auersperg, 02.07.2021.

01 Auf der Reise, © Manora Auersperg

02 Rahmenstruktur im Aufbau, © Manora Auersperg

03 Finales Weben in Grein, © Manora Auersperg

04 Weben in Grein, © Manora Auersperg

05 Lösen des Materials, Stadttheater Grein, © Manora Auersperg

FAÇADE

Ein Festgewand für das Integrationshaus

Manora Auersperg

Ein kollaboratives Projekt mit dem Integrationshaus Wien sowie Nicole Miltner, Christoph Kaltenbrunner, Bollinger+ Grohmann, Schneider Ingenieure (2015–2017)

Projektleitung: Manora Auersperg, Nicole Miltner

Beteiligte: Student*innen der Abteilung *Textil* und Menschen aus dem Integrationshaus

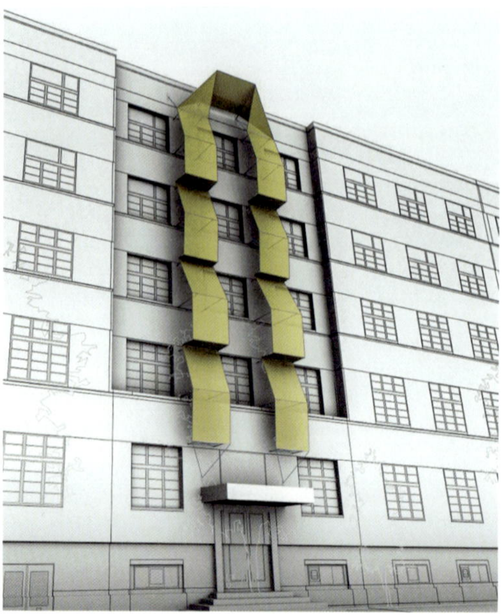

01 Technische Zeichnung, © Manora Auersperg

Hinsichtlich ihrer Vermittlungsfunktion ist eine Fassade, die als eine architektonische Grenze auf den Raum vor und hinter ihr verweist, Zeichenträger und Ort der Kommunikation. Das zwanzigjährige Bestehen des Integrationshauses Wien[1] war Anlass, an dieser Schnittstelle von innen und außen ein „Festgewand" zu entwickeln, das im Prozess seiner Herstellung Begegnung ermöglichen und diese in der Gestaltung sichtbar machen würde. Das Projekt führte Menschen aus unterschiedlichen Institutionen, Kulturen und Sprachen zusammen und vermochte durch sensibel abgestimmte Formen der Zusammenarbeit den Rahmen für eine offene und spontane Kommunikation unter den Beteiligten zu schaffen.

Für die Konzeption von Prozess und Zielsetzung waren sowohl die vorgefundenen Bedingungen als auch die Interessen und Bedürfnisse der Studierenden relevant. So wurden die Geschichte des Ortes, die institutionelle Struktur sowie die Situation von Menschen, die durch die Institution Betreuung fanden, in Erfahrung gebracht, während innerhalb der Projektgruppe die individuellen Erfahrungshintergründe sowie Frage- und Problemstellungen in einem kontinuierlichen Reflexionsprozess eingebracht wurden. Diese Form des gemeinsamen Arbeitens „bot Raum für einen vertrauensvollen, authentischen und sehr persönlichen Austausch"[2], beschreibt eine Studentin diese erste Prozessphase. „Durch das Gehört-Werden jedes Einzelnen entstand in der Gruppe der für das Projekt benötigte elastische Rahmen."[3] Schließlich wurde Elastizität auch als signifikante Qualität erkannt, die sich in der Situation der Institution abbildete und in Folge zum Leitbild sowohl für die Prozessmodellierung wie für den strukturellen Entwurf[4] wurde.

Ein textiles Band, das sich mit einer Länge von vierzig Metern in einer Nähe-Distanz-Bewegung wie eine Schärpe um die Fassade legen würde, sollte als Fassadendehnung und Kommunikationsmedium zum Einsatz kommen. Die Gestaltung der textilen Bespannung wurde in mehreren Workshops gemeinsam mit Bewohner*innen, Schüler*innen und Betreuer*innen aus dem Integrationshaus entwickelt. Das Sammeln von Erinnerungen an Orte und Dinge von persönlicher Bedeutung und das Bemühen, diese in Motiven zu fassen, eröffnete einen Prozess, der Sprachbarrieren überbrücken und das nötige Vertrauen herstellen konnte, um eine fruchtbare Begegnung zu ermöglichen. Die gegenseitige Annäherung als auch das Feststellen von Unterschieden führten zu einer Auseinandersetzung mit kultureller Identität und schließlich zur Übernahme gemeinschaftlicher Verantwortung. In einer weiteren Serie von Workshops wurden die Motive von den bisher Beteiligten und interessierten Gästen groß dimensioniert auf ein licht- und luftdurchlässiges Trägermaterial gestickt und zu einem durchgängigen Band zusammengefügt.

Schließlich sollte das rund vierzig Meter lange textile Band, über eine raumgreifende Struktur aus Stäben und Seilen geführt, an der Fassade des Integrationshauses installiert werden. Aus den komplexen Anforderungen bezüglich der technischen Konstruktion resultierte eine intensive Zusammenarbeit mit Kollegen – mit Bollinger+Grohmann, mit Schneider Ingenieure und mit Christoph Kaltenbrunner (Leiter der Abteilung *DAE* an der Angewandten), der uns als erfahrener Architekt in den komplexen Planungsprozessen hinsichtlich Statik, technischer Detaillösungen, Materialfragen und bürokratischer Hürden unterstützte.

„Nicht zuletzt durch die breiten Anforderungsbereiche, die interne und externe Kooperationen veranlassten," waren in dem Projekt immer mehr Menschen involviert, bemerkte der Student Markus Glatz rückblickend[5] und

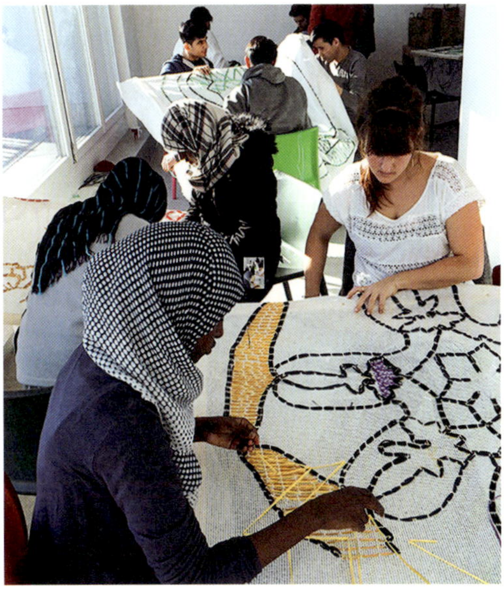

02 Gemeinsames Sticken im Integrationshaus, © Manora Auersperg

resümierte: „Ich habe es schön gefunden, dass das Projekt nach und nach Kreise gezogen hat und wie das Projekt in der Kommunikation nach außen bei anderen anklingt und auch im Integrationshaus Bewegung entstand."[6]

---

1 | Das Integrationshaus ist ein auf nationaler wie internationaler Ebene anerkanntes Kompetenzzentrum für die Aufnahme und Integration von Asylsuchenden, Flüchtlingen und Migrant*innen. Das Integrationshaus bietet Schutz und Sicherheit und hilft, eine Zukunftsperspektive zu finden. www.integrationshaus.at [13.02.2024]

2 | Aus dem Resümee von Tanja Smioski, Studentin an den Abteilungen *TEX* und *DAE*, 2016.

3 | Ibid.

4 | Die raumgreifende Struktur würde ein stabiles, in sich geschlossenes Ganzes bilden und darüber ein System zur Darstellung bringen, das fähig ist, sich anzupassen und dabei dennoch seine Ganzheit und letztlich seine Fähigkeit zu wechselseitigen Verbindungen beizubehalten.

5 | Die Komplexität der architektonischen und sicherheitstechnischen Anforderungen überstieg letztlich ein vernünftiges Finanzierungsmaß und wurde in dieser Form nicht realisiert.

6 | Aus dem Resümee von Markus Glatz, Student an den Abteilungen *KKP* und *DAE*, 2016.

Aufnahme synthetischer Fäden unter dem Elektronenmikroskop, 2024, © Simona Koch und Farkas Pintér

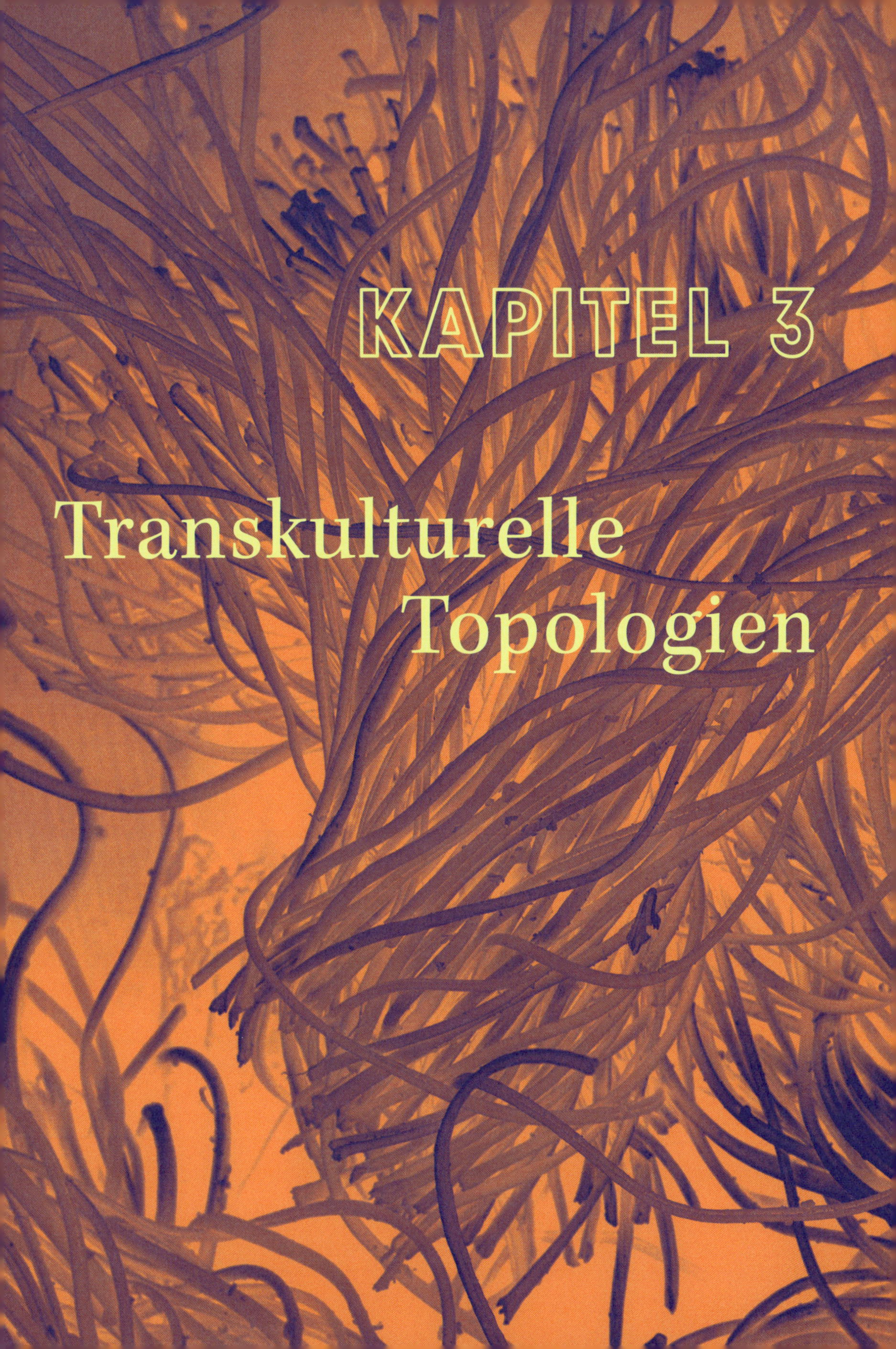

KAPITEL 3

Transkulturelle Topologien

Transkulturelle Topologien

Barbara Putz-Plecko

Textilien sind taktile Formen der Kommunikation[1]. Durch ihre Strapazierfähigkeit, Anpassungsfähigkeit und Formbarkeit sind sie Objekte, die uns mitunter über lange Zeit begleiten und Generationen überleben, Grenzen überschreiten und Kulturen verbinden. Sie sind geschichtliche Speicher und stille Zeugen: gleichermaßen Objekte des Wohlstands wie des Mangels, zeremonieller Anlässe wie des alltäglichen Gebrauchs, Symbole der Macht wie des Widerstands, der Trauer wie der Freude. „Textiles allow us to dwell in a place of ambiguity, in the tension that exists between high culture and low, between the hegemonic and the counterhegemonic, between the institutionalized and the radically political. They are inherently ‚grounded' in racialized, gendered systems of labour, and it is this baggage that makes them a fertile medium for subversion and a potent tool for protest."[2] Die folgenden Projekte thematisieren die „Speicherfunktion" von Textilien aus transkultureller Perspektive.

1 | Julia Bryan Wilson, *Fray_Art and Textile Politics.* Chicago: University of Chicago Press, 2017.

2 | Diego Chocano, „Bearing Witness". In: *Unravel: The Power and Politics of Textiles in Art,* Stedelijk Museum Amsterdam_Prestel, 2024, 139.

NORD_SÜD_OST_WEST

Barbara Putz-Plecko

Die Welt im Großen und Ganzen in den Blick zu nehmen und dabei angesichts enormer gesellschaftlicher Herausforderungen – ob der Komplexität der Krisen, Kriege, der Ungleichheit der Lebensbedingungen und Ausbeutung von Ressourcen, ökonomischer Diktate, weltanschaulicher Konflikte und ökologischer Desaster – nicht mutlos zu werden, sich nicht geängstigt abzuwenden und im Nächsten und Vertrauten abzuschotten, sondern offen, verantwortungsbewusst, reflektiert und empathisch mit anderen Menschen, diversen Realitäten und Wissensformen in Austausch bzw. Resonanz zu treten, vermag einen Schatz an gleichermaßen persönlich bedeutsamen wie bildungsrelevanten Erfahrungen und Erkenntnissen zu öffnen.

Die Universität ist deshalb seit vielen Jahren Initiatorin und aktive Partnerin einer Vielzahl an Kooperationen, Projekten und weltweiten Netzwerken, wobei verschiedene Abteilungen unterschiedliche Schwerpunkte setzen. So werden Partnerschaften in Afrika seit mehr als fünfzehn Jahren vor allem in Projektkooperationen des *[Applied] Foreign Affairs Lab* (am Institut für Architektur) sowie der Abteilungen *Textil* und *Kunst und kommunikative Praxis* aufgebaut und weiterentwickelt. Der wechselseitige Wissenstransfer erzeugt Synergien auf unterschiedlichen Ebenen und eröffnet neue Handlungsoptionen durch den gemeinsam erweiterten Horizont für die Bearbeitung diverser Themen und Problemstellungen. Durch die Langfristigkeit in der Zusammenarbeit entstehen nachhaltige, vertrauensvolle Konstellationen im Sinne von *critical friends*, welche ermöglichen, Denk- und Handlungsmuster sowie Machtdynamiken anzusprechen und gemeinsam zu reflektieren. Dabei liegt die Betonung auf dem gemeinsamen Interesse aller Beteiligten, unterschiedliche Wahrnehmungs- und Interpretationsweisen bzw. daraus resultierende Rückschlüsse einander erkennbar zu machen und offen anzusprechen, Gelerntes, Konventionen, Annahmen, Vorurteile, aber auch Wissenskulturen und soziale Praxen miteinander zu diskutieren und zu reflektieren, um – trotz möglicher Differenzen im Zugang – ein Miteinander-Denken und die gemeinsame Handlungsfähigkeit zu stärken.

Für Studierende ist, nicht zuletzt in Hinblick auf eine spätere Lehrtätigkeit, wichtig, diese Projekte, die sich jeweils an einer spezifischen Problemstellung und einem immer neu zu definierenden Projektrahmen ausrichten, in allen Aspekten mitvollziehen zu können. Sie lernen,

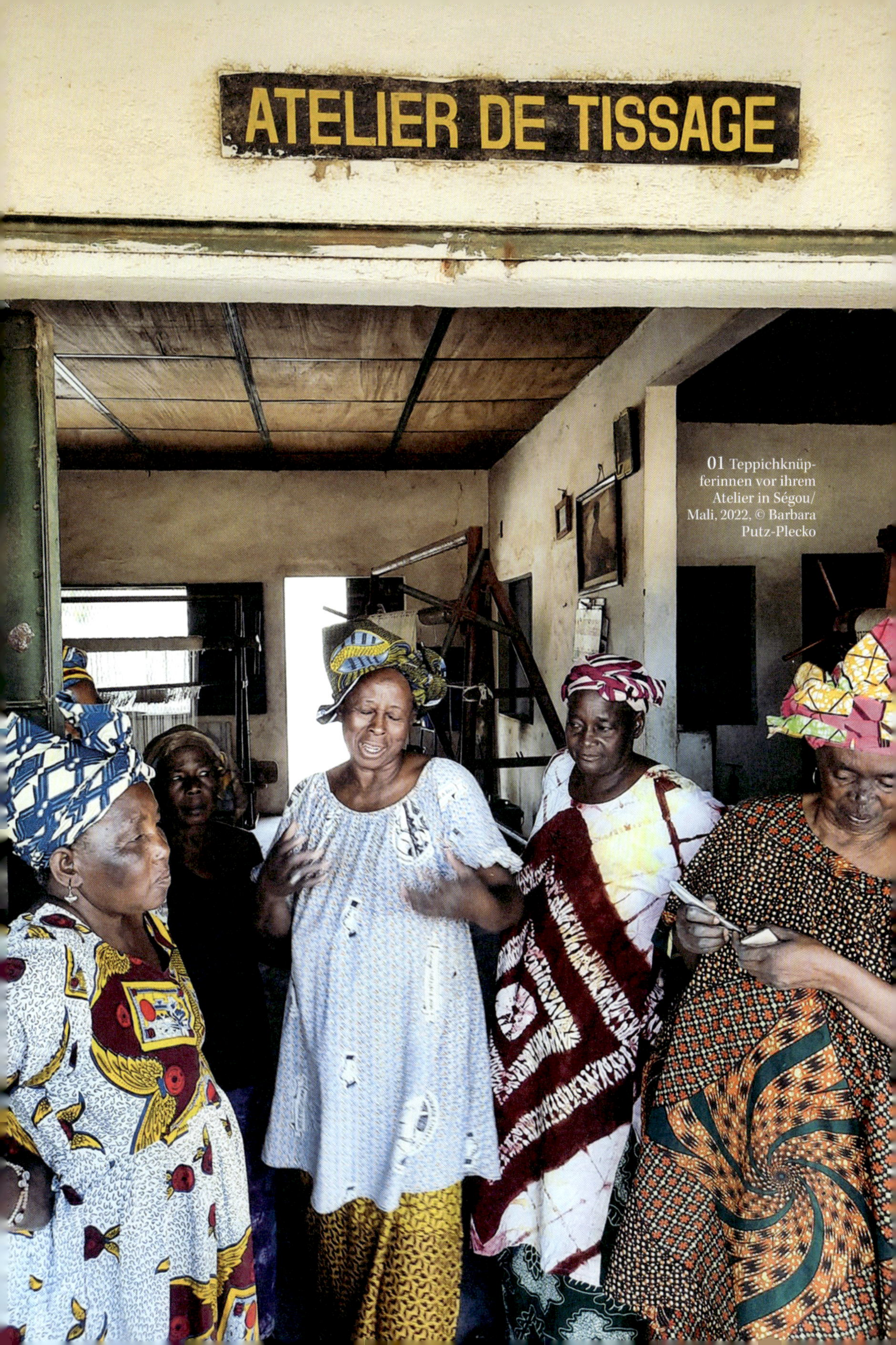

01 Teppichknüpferinnen vor ihrem Atelier in Ségou/Mali, 2022, © Barbara Putz-Plecko

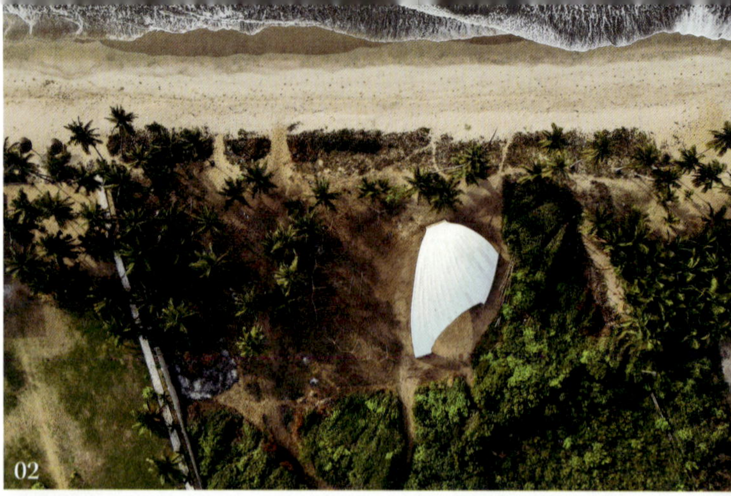

02

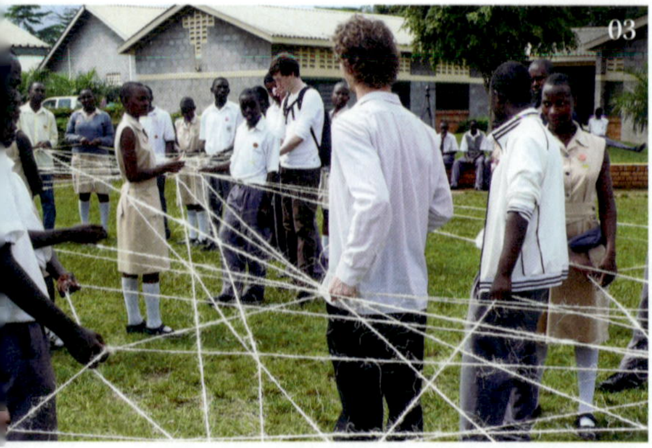

03

02 *Haduwa Apata_Stage Apam*, Draufsicht, Areal und Baukörper, Konzeption und Realisierung: [a]FA Lab, Leitung Baerbel Mueller, © [a]FA Lab, Marcella Brunner

03 Spielerische Kontaktaufnahme mit Schüler*innen der Senior School Kakiri, Ugandan Austrian Transfer Project (UGATRA 07/08), 2008, © Barbara Putz-Plecko

04 Nubuke Center for Textiles and Clay, Wa, Barbara Putz-Plecko und Kofi Setordji mit einem Webstück von Naah Winifred Kankyema nach dem Entwurf von Kofi Setordji, 2018, © Karin Altmann

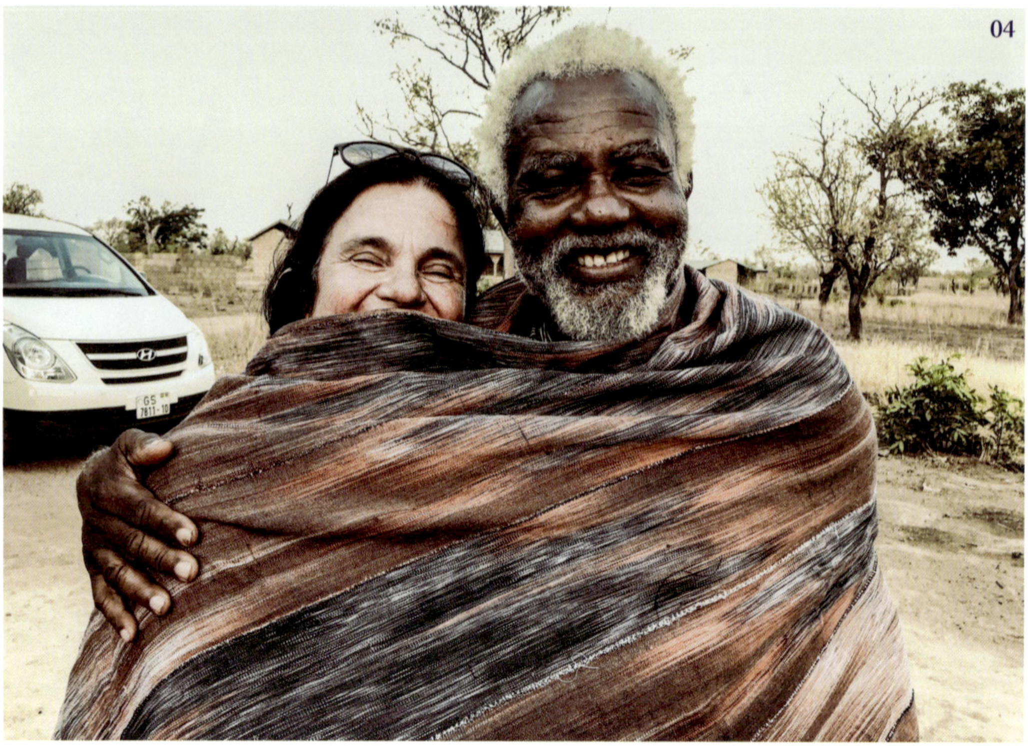

04

sich in der Begegnung mit Menschen mit sehr unterschiedlichen Biografien, Erfahrungen, mit unterschiedlichem Wissen und unter unbekannten Lebensbedingungen zu orientieren. Und sie lernen, im Projektverlauf anhand der gegebenen Problemstellungen diverse Zugänge zu Themen, Arbeit und Leben ansatzweise zu verstehen sowie ihre Ideen, Fertigkeiten und ihr Wissen zu verknüpfen, um schließlich gemeinsam die jeweilige Projektetappe zu gestalten.

Das erste gemeinsame Projekt der Abteilungen *Textil* und *Kunst und kommunikative Praxis* in Afrika fand auf Initiative einer aus Uganda stammenden Studentin in Kampala in Kooperation mit der Margaret Trowell School of Industrial and Fine Arts der Makarere University und Primarschulen im Umfeld statt und wurde im Jahr darauf an Allgemeinbildenden Höheren Schulen in Kärnten und Wien, unterstützt von KulturKontakt Austria, weitergeführt (→ 03). Allein die Vorbereitungszeit dafür betrug mehr als ein Jahr. Im Zentrum standen einerseits die spielerisch-gestaltende Erkundung und Bearbeitung von Identitätskonstruktionen und damit verknüpfter Stereotype aus der Perspektive des globalen Nordens wie Südens sowie andererseits das Potenzial textiler Kulturtechniken und ortsspezifischer Materialien für innovative Anwendungen und die Konzeption einer regionalen Material- und Techniksammlung für Designer*innen (2009–2012). 2021 wurden die Kontakte zu Kolleg*innen in Uganda wieder aufgefrischt. Aktuell ist die Abteilung *Textil* Partnerin der Nkumba University im Rahmen eines Forschungsprojekts, das durch das vom OEAD organisierte *Africa UniNet* finanziert wird und innovative Nutzungsmöglichkeiten von Luffa aegyptiaca (einer in südlichen Regionen weit verbreiteten Kürbisform) im Design untersucht.

Motiviert durch die Projekterfahrungen in Uganda und unterstützt durch private Förderer, die ihr Riad im Zentrum von Marrakesch zur Verfügung stellten, ergab sich in der Folge die Zusammenarbeit mit einer Gruppe von marokkanischen Meisterstickerinnen. Diese Frauen hatten sich nach ihrer Ausbildung unter größtem Risiko aus dem ortsüblichen Produktionssystem hinausbewegt, selbständig gemacht und eine gemeinschaftlich organisierte Arbeits- und Lerngemeinschaft gebildet. Ihr gemeinsamer Arbeits- und Wohnraum war ein kleines Werkstättengebäude in der inneren Stadt. Nachdem man uns miteinander bekanntgemacht hatte, bildeten wir für eineinhalb Jahre einen erweiterten Kreis ihres „Lernzirkels“ und folgten mit Freude und gegenseitigem Interesse ihrer Devise, dass Wissen, Fertigkeiten und Sprachenvielfalt wichtige Werte darstellten und im gegenseitigen Austausch gepflegt werden müssten. Auf einem fortlaufend und abwechselnd bestickten großen Tuch, das zwischen unseren Welten hin- und herwanderte, tauschten wir uns in Form von Stickprozessen aus: über regelkonformes und freies Handeln, über Freuden und Sorgen im Alltag und über beidseitige Träume und Wunschvorstellungen.

Schließlich folgte auf Einladung des [a]FA Labs das erste Projekt in Ghana, *Interweaving_Staging APAM* (→ Seite 216), in dessen Rahmen Sonnen- und Windschutzelemente für das Areal der offenen „Stage“ entwickelt und gleichzeitig Workshops mit verschiedenen Communitys durchgeführt wurden, um den nach außen hin offenen Raum als verfügbaren Ort für diverse Nutzungen einzuführen (→ 02). Diese Arbeit sollte sich für die Abteilung *Textil* als insofern besonders folgenreich und nachhaltig erweisen, als sich dadurch der Kontakt zu Kofi Setordji und Odile Tevie, den Gründer*innen der Nubuke Foundation Accra, ergab, mit denen bis

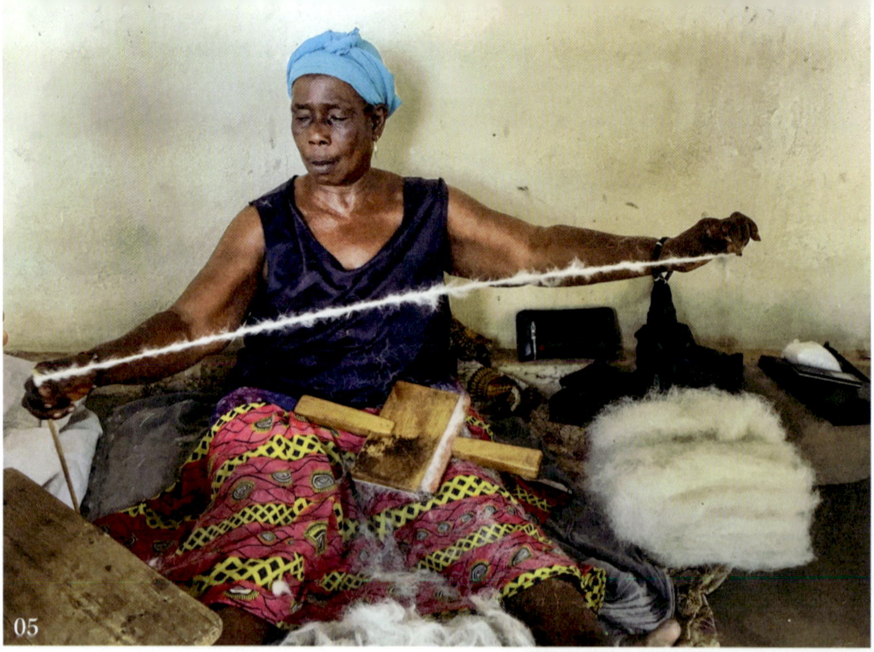
05

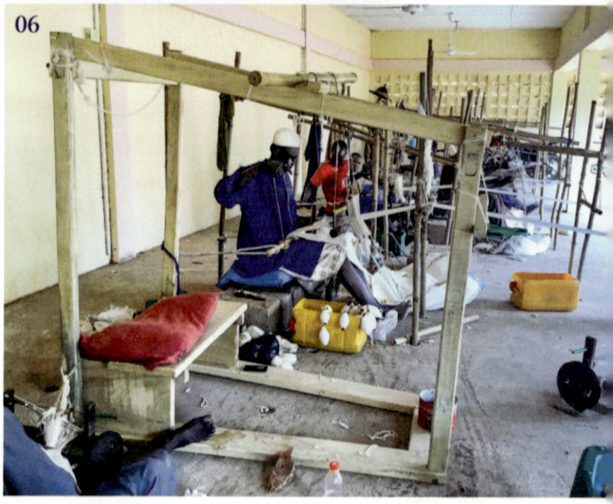
06

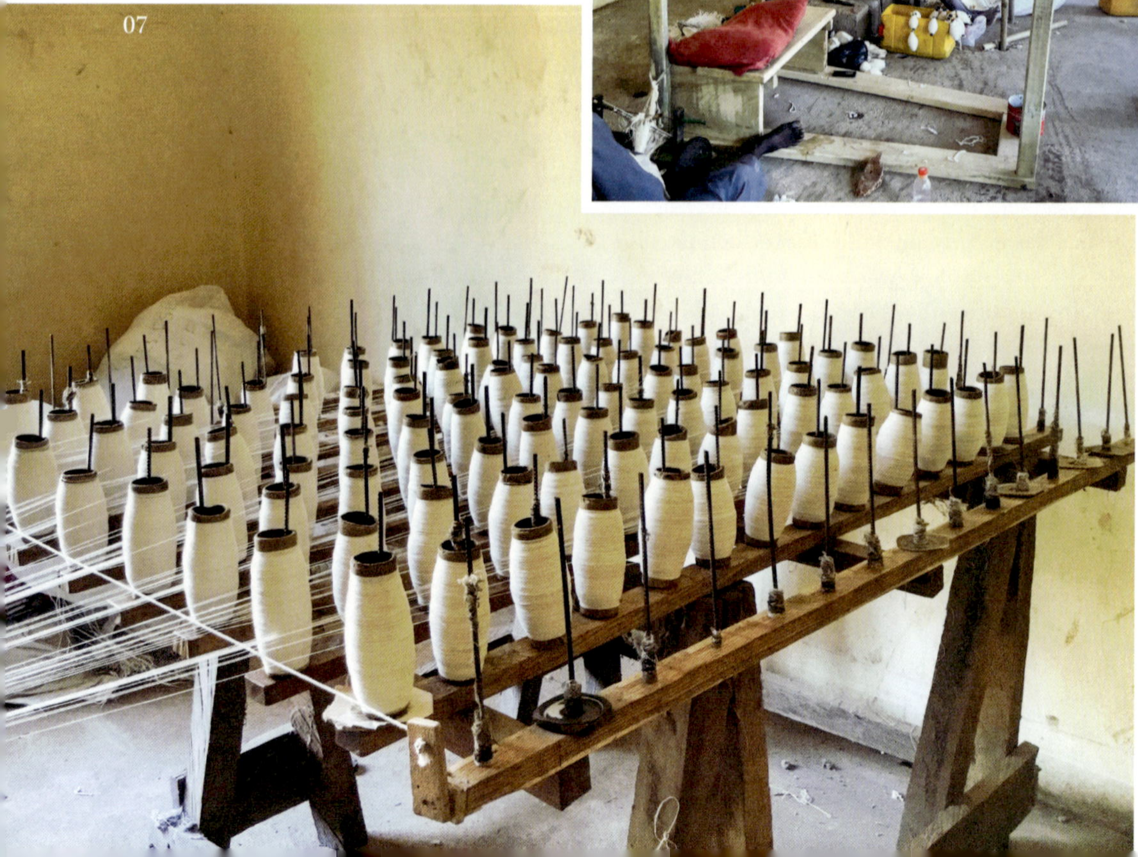
07

05 Arbeiterin in der städtischen Textilwerkstatt, Ségou/Mali, 2019. Spinnen von Hand bekam 2019 eine neue Wichtigkeit, nachdem die letzte Garne produzierende Fabrik, damals in chinesischem Besitz, geschlossen wurde. © Barbara Putz-Plecko

06 Weber in der städtischen Textilwerkstatt, Ségou/Mali, 2019. Eingeschränkte Produktion auf Grund akuten Mangels an Rohmaterial. © Barbara Putz-Plecko

07 Spulenanordnung, Weberei, städtische Textilwerkstatt, Ségou/Mali, 2019, © Barbara Putz-Plecko

08 Schüler der School of the Deaf (Gehörlosenschule) in Wa, 2018 an einem der Webstühle im Unterrichtsraum. Die Nubuke Foundation kooperiert mit dieser Schule in Hinblick auf eine Verbesserung der Arbeitsbedingungen und Curriculum. © Barbara Putz-Plecko

09 Weberinnengemeinschaft, Region Wa, 2018. Die Frauen erwirtschaften mit ihrer täglichen Webarbeit einen relevanten Beitrag zum Familieneinkommen. Die Arbeit findet meist im Freien statt. © Barbara Putz-Plecko

10 Recycling, Sichtung von Restbeständen alter europäischer Webstühle, um sie wieder tauglich für den Gebrauch zu machen. Nubuke Center for Textiles and Clay, Wa, 2018, © Barbara Putz-Plecko

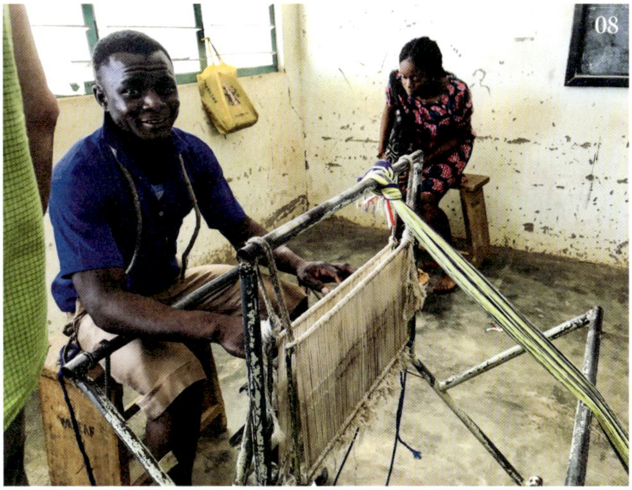

08

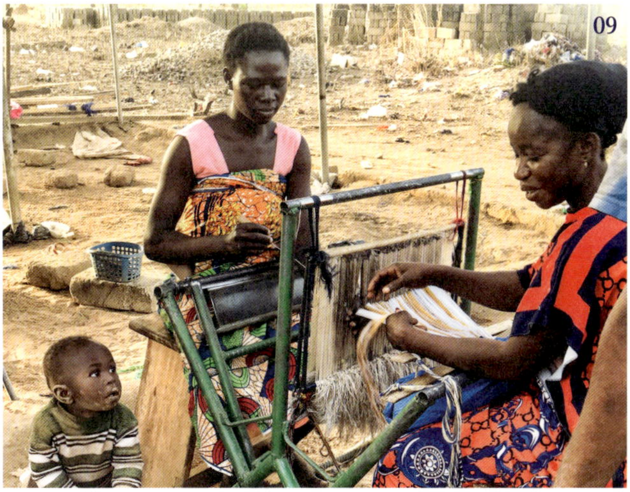

09

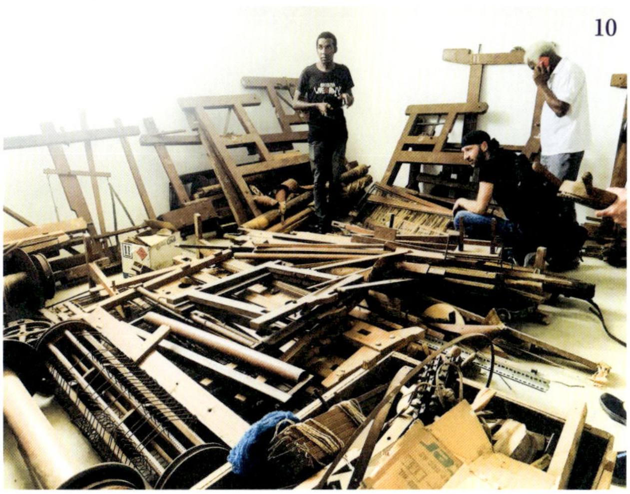

10

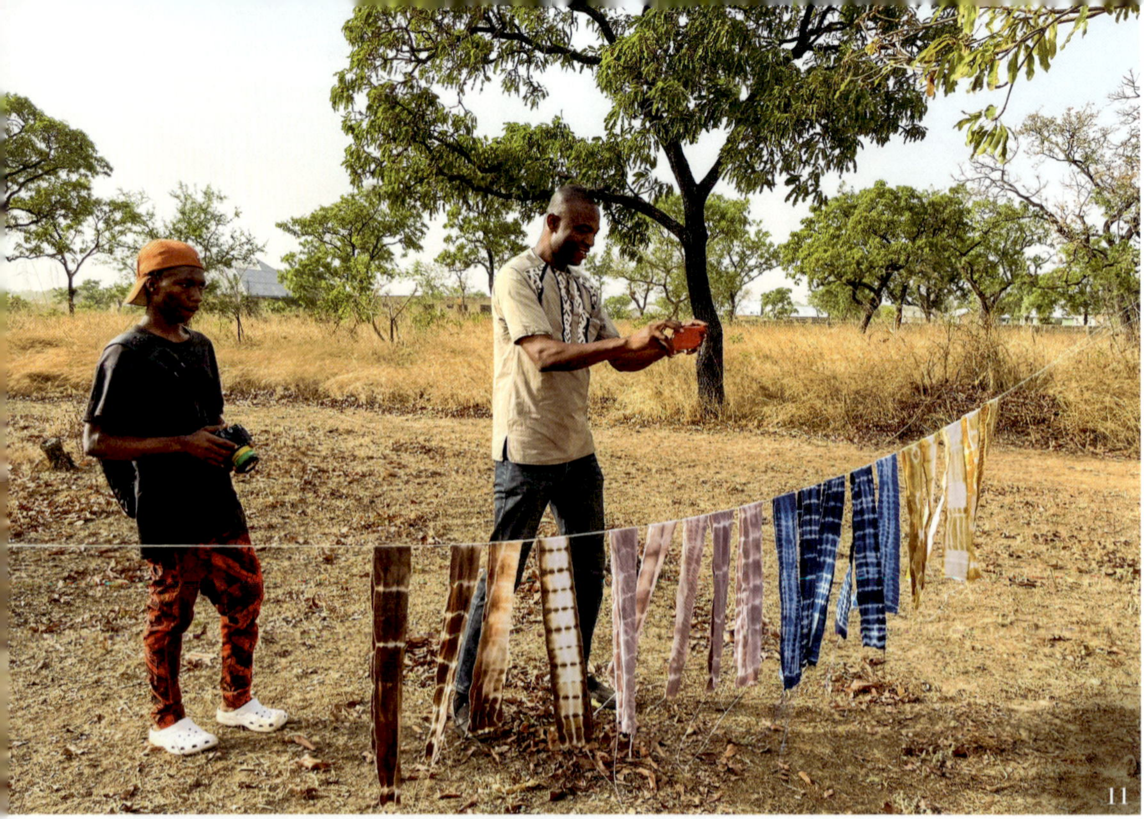

11

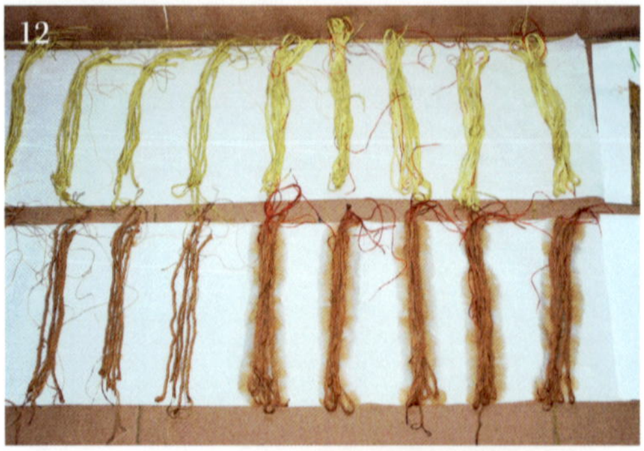

12

11 Färbeworkshop von Karin Altmann mit Pflanzen aus dem lokalen Umfeld und Indigo in Kooperation mit Weberinnen der Region, Nubuke Center for Textiles and Clay, Wa, 2023, © Barbara Putz-Plecko

12–14 Systematische Färbeexperimente mit Pflanzen aus dem lokalen Umfeld und Dokumentation als Grundlage für ein Register von Färbepflanzen und Farbvarianten, 2018, © Barbara Putz-Plecko

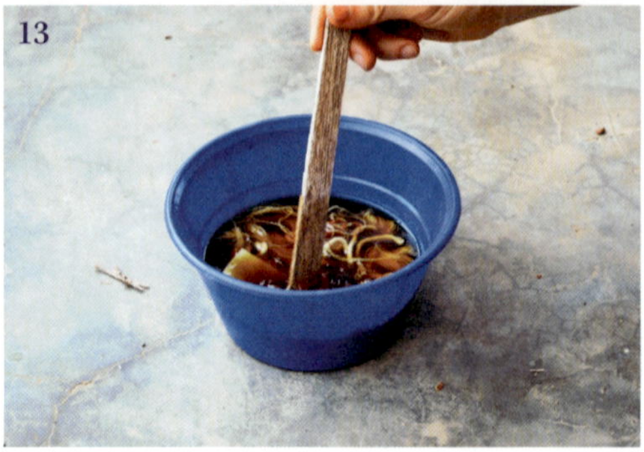

13

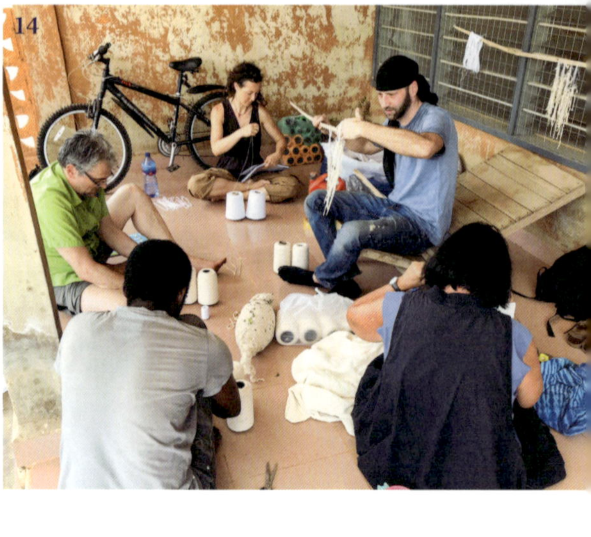

14

heute eine gute Zusammenarbeit und Freundschaft besteht.

Kofi Setordji, selbst Maler, Bildhauer und Designer, war zur Zeit unseres *Interweaving*-Projekts gerade intensiv damit beschäftigt, mit Weber*innen der Volta Region und Northern Region neue Textildesigns auf Basis der reichen und historisch bedeutsamen regionalen Textilkultur – im Besonderen des *kente* – zu erarbeiten (→ 04). Um dem massiven Schwinden dieser besonderen Handwerkskunst mit ihren abstrakten Musterformen, historischen Codierungen und Symbolen entgegenzuwirken, begann die Nubuke Foundation sowohl in Accra als auch in einem eigens errichteten Nubuke Center for Textiles and Clay, Wa (Northern Region) Festivals, Workshops, Ausstellungen, Recidencys und Vernetzungstreffen mit Weber*innen und Stakeholdern zu organisieren und ein Zentrum für Materialkultur, für technische und künstlerische Praxisformen sowie für Fortbildung und Forschung im Sinne eines *Living Archive* aufzubauen (→ 08–10). Für dieses Projekt suchten sie unsere Unterstützung in Hinblick auf künstlerische, textile, vermittlungs- und forschungsbezogene Expertise und setzten damit einen ersten Schritt in einer seit mehr als zehn Jahren bestehenden, sehr lebendigen und facettenreichen Zusammenarbeit. Technische Verbesserungen an den Webstühlen zur Erleichterung der Produktion in Werkstätten und Heimarbeit, die Entwicklung eines lokal günstig zu produzierenden und den Arbeitsbedingungen angepassten Webstuhls (*Wa Loom*), der neue Gewebevarianten ermöglicht, der Aufbau eines Registers lokaler Färbepflanzen und ihrer Anwendung, das Anlegen eines Schaugartens für die Kultivierung von Färbepflanzen wie Indigo, die Wiederbelebung von Färbeprozessen mit natürlichen, lokal verfügbaren Farbstoffen als Alternative zur Abhängigkeit von importierten, oft aggressiven Industriefarbstoffen und schließlich die experimentelle Entwicklung neuer Anwendungsmöglichkeiten lokal produzierter Stoffe im Bereich von Mode und Interior waren Entwicklungsschritte, die folgten.

Das 2019 gemeinsam aufgesetzte Memorandum fasst das Ziel der langfristigen Kooperation wie folgt zusammen:

a. to share artistic experience, practical and theoretical knowledge in 1) weaving and dyeing traditions and current forms of practices, 2) their historical, cultural and technical foundations, 3) the conditions, climate and context in which the craft is practiced,

b. to create a trans-cultural learning community in close collaboration with practitioners and local communities,

c. to develop a knowledge base of textile material culture for the benefit of future activities and agendas of the new Nubuke Center for Textiles and Clay, Wa,

d. to stimulate contemporary art practices and trans-disciplinary practice-based research scenarios,

e. to collate and disseminate indigenous knowledge and skills to foster their transformation into contemporary and future use (for example, by creating a local physical archive, a digital archive, a website; preparing didactic materials) and to bolster the weaving culture as a part of the regional heritage that provides a means of subsistence,

f. to foster skills, knowledge and creative, artistic and technical ingenuity as the basis of excellent craftsmanship and innovation,

g. to stimulate field research in collaboration with regional cultural organisations (for example the Centre of National Culture),

h. to encourage openness towards the new being a precondition for the development of visions for the future – a future both individual and collective.[1]

Das jährlich im Frühling stattfindende *Woori Festival* bringt regionale und internationale Akteur*innen, Produzent*innen, Stakeholder und Menschen aus dem lokalen Umfeld zusammen, um einen breiten Austausch von Erfahrung und Wissen zu ermöglichen sowie das allgemeine Interesse an der Zukunft dieser Webkulturen und die Wertschätzung ihrer regionalen Besonderheiten zu stärken. Die Weber*innen suchen, um weiterhin mit ihrer Arbeit zum Fortkommen ihrer Familien beitragen zu können, nach Möglichkeiten, experimentelle Entwicklungen „riskieren" zu dürfen, um die Palette ihrer Webstücke in Struktur, Muster, Dimension und Farbgebung zu erweitern. Das Centre for Textiles and Clay der Nubuke Foundation versucht dafür Unterstützung auf verschiedenen Ebenen und in verschiedenen Formaten bereitzustellen. Durch die internationalen Kontakte der Foundation baut sich zum Beispiel gerade ein *Peer-Learning*-Netzwerk auf, wodurch auftretende Fragen und Problemstellungen direkt und unkompliziert zwischen Personen über Mobiltelefon, Textnachrichten und Fotos bearbeitet werden können. Damit ist es auch für uns über die regelmäßigen Arbeitsaufenthalte hinaus möglich, die räumliche Distanz zu überbrücken und miteinander Kontakt zu halten, um die laufenden Projekte gemeinsam weiterzuentwickeln (→ 15–17, 28–29).

Angestoßen durch die *documenta 14* (2017) (→ 27) und die in Kassel und Athen vorgestellten Beiträge des Künstlers Aboubakar Fofana, erweiterte sich das Feld transkultureller Kooperationen auch auf Mali. Im selben Jahr hatten wir mit Kofi Setordji Färbeproben in Wa durchgeführt und – zum besseren Verständnis westafrikanischer Färbepraktiken mittels Pflanzen und Schlamm – mit dem aus der Region um Bamako stammenden jungen Färber Ladji Barry zusammengearbeitet (→ 11–14). Die künstlerische Arbeit von Aboubakar Fofana ließ sich auf den ersten Blick mit diesen Experimenten verknüpfen und öffnete im näheren Kontakt neue Türen zu einer vertieften und ganzheitlichen Auseinandersetzung mit den Prozessen textiler Produktion auf Basis eines animistischen, sozialen und künstlerischen Denkens und postkolonialen Diskurses.

Zudem gewährte gerade diese Kooperation durch ein tieferes Eintauchen in die täglichen Hürden im Produktionsprozess auch wesentliche Einblicke in die aktuellen Folgen kolonialer Machtdynamiken und die Ausbeutung afrikanischer Materialressourcen heute.

Mit dem Ertrag aus seiner international mit großem Interesse rezipierten künstlerischen Arbeit konnte Aboubakar Fofana vor einigen Jahren Land in der Savanne westlich der Hauptstadt kaufen, das er inzwischen – nach Brunnenbau, intensiven Bodenverbesserungsmaßnahmen und in Zusammenarbeit mit Bewohner*innen umliegender Dörfer – mit Indigo und ausgewählten Obst- und Gemüsepflanzen bewirtschaftet. Die Farm ist diesbezüglich auch ein experimentelles Lernfeld, an dem sich als Ergebnis der gemeinsamen Anstrengung zeigt, was ein scheinbar wenig fruchtbarer Boden doch herzugeben vermag, wenn die Abholzung gestoppt und der Verlust des Ertrags aus dem Brennholz durch Gemüse- und Obstproduktion aufgewogen werden kann.

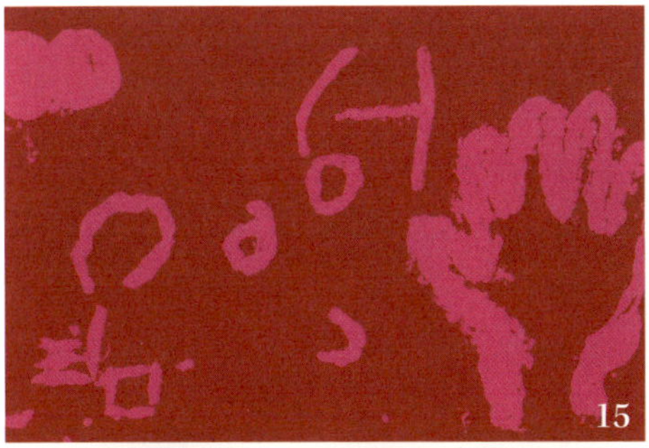

15

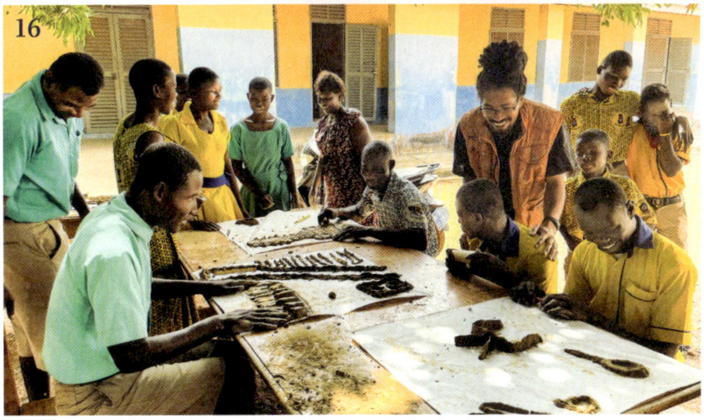

16

15 Postkarte aus einer Serie von Grafiken, welche auf Basis von Tonreliefs in einem dialogischen Arbeitsprozess mit Schüler*innen der Methodist School of the Blind in Wa entstanden sind, 2023, © Barbara Putz-Plecko

16 Arbeit an den Tonreliefs, 2023. Dialogischer Prozess. Die blinden Schüler*innen zeichnen Elemente, die ihre freie Erzählung begleiten. Die Zeichnung wird von sehenden Partner*innen mit Ton erhöht, dadurch tastbar und von den Schüler*innen nach und nach erweitert. © Barbara Putz-Plecko

17 Woori_Festival, Nubuke Centre Wa, Medientransfer, 2024. Die Grafiken (auf Basis der Tonreliefs) – in Wien auf eine große Stoffbahn gedruckt – werden nun von Schüler*innen der Wa School of the Deaf überstickt, um für die blinden Schüler*innen ihre Grafik wieder tastbar zu machen. © Barbara Putz-Plecko

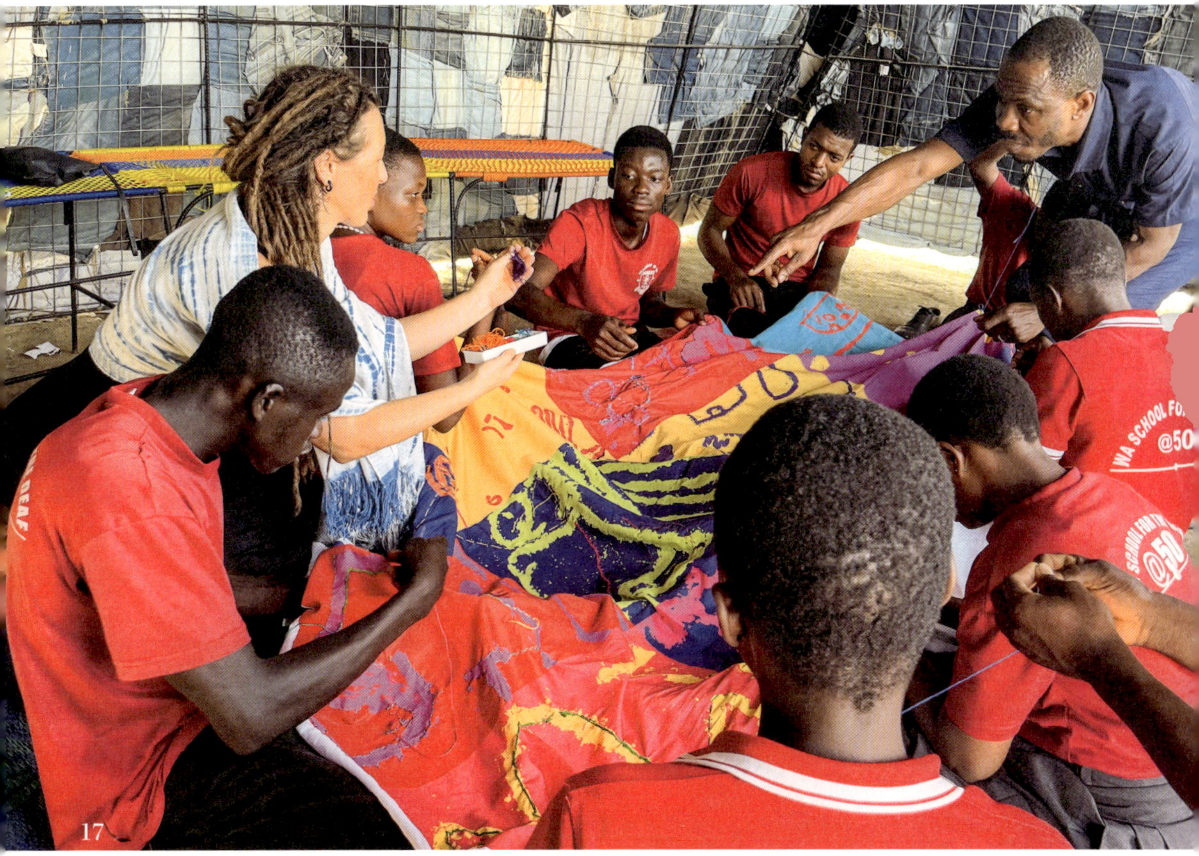

17

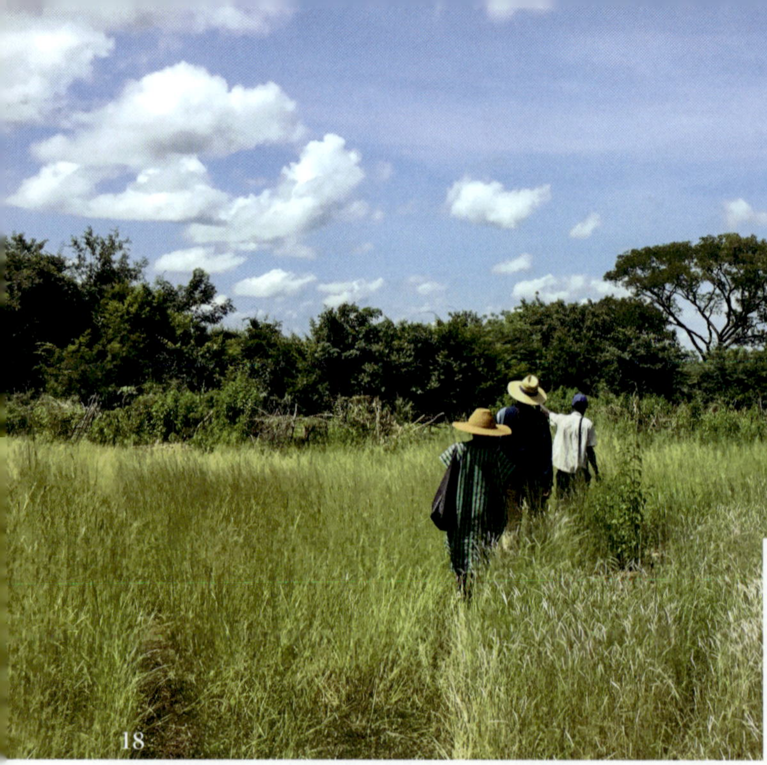
18

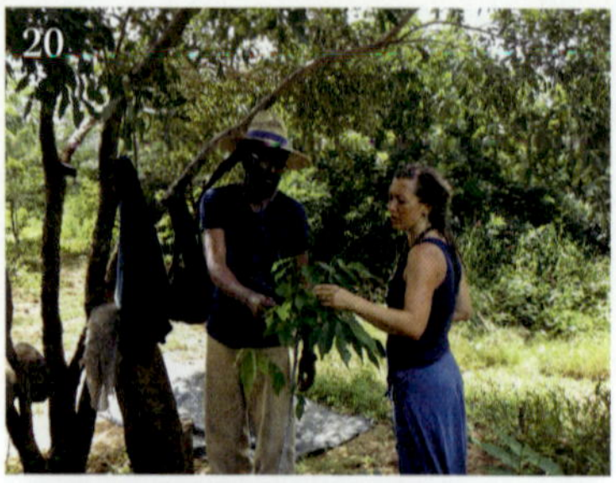
20

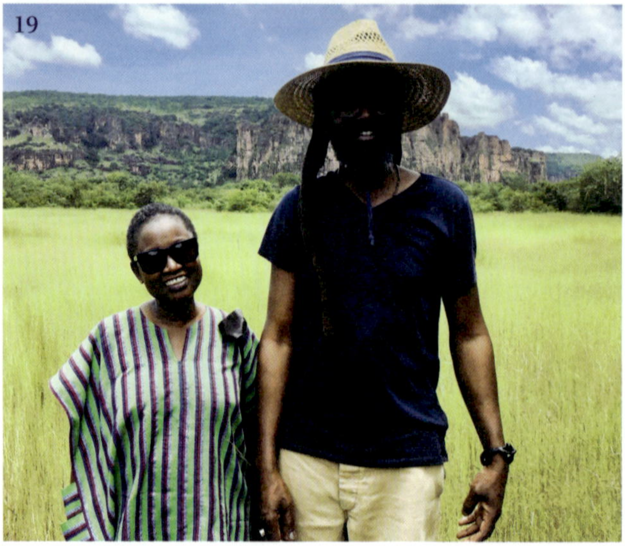
19

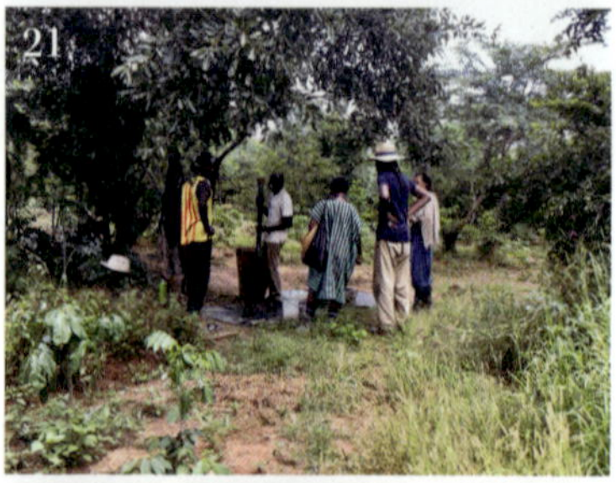
21

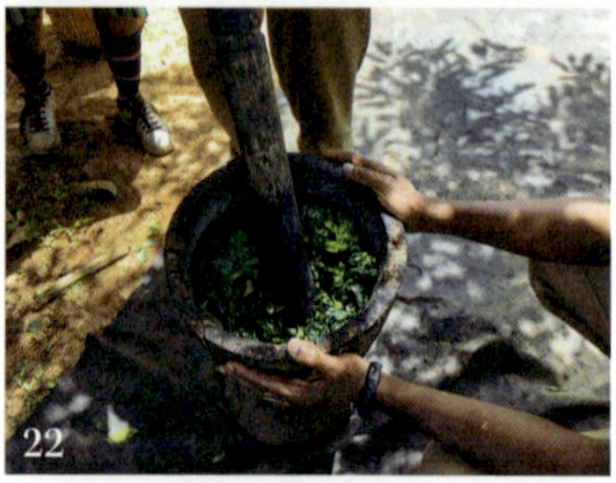
22

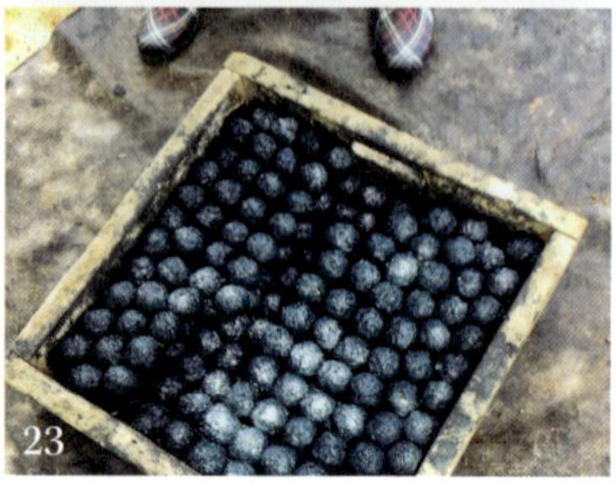
23

18–23 Gemeinsamer Besuch mit Odile Tevie (Nubuke Foundation, Ghana) auf der Indigofarm von Aboubakar Fofana in Mali. Gemeinsame Begehung des Farmlandes, Verarbeitung der Indigoblätter zu getrocknetem Farbstoff, 2021, © Barbara Putz-Plecko

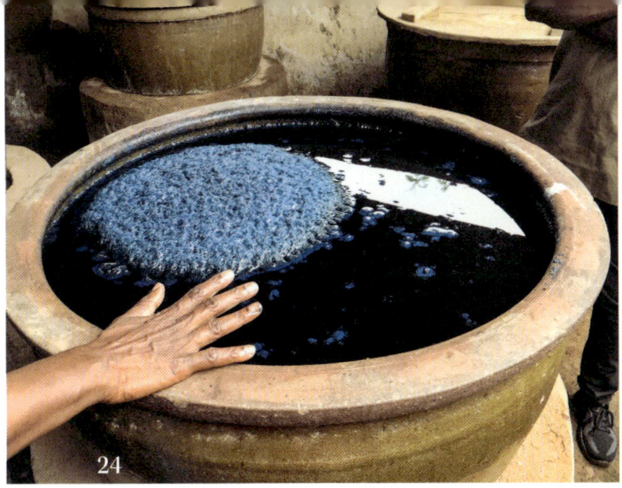

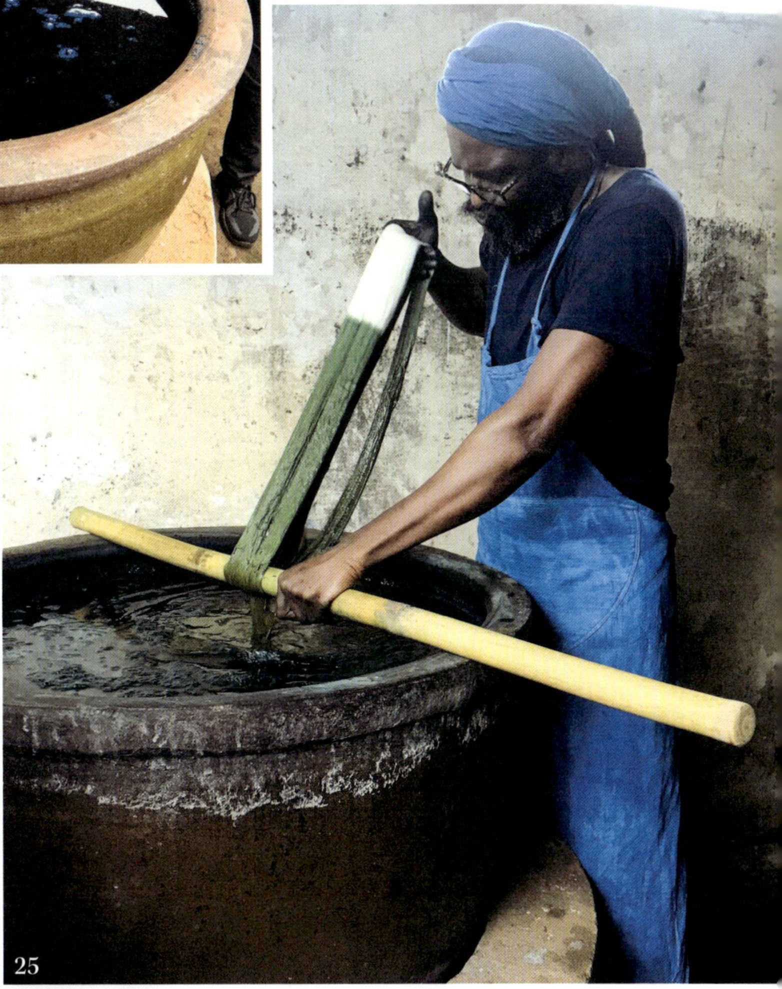

24 Aboubakar Fofana, Färbeatelier, fermentierte Indigoküppe mit „Färberblüte“, 2019, © Barbara Putz-Plecko

25 Aboubakar Fofana, Färbevorgang, Ziehen des Materials durch die Indigoküppe, 2019, © Barbara Putz-Plecko

26 Aboubakar Fofana, Indigo gefärbte Wolle in einer der zwölf Blaunuancen, mit denen der Künstler arbeitet, 2019, © Barbara Putz-Plecko

27 Aboubakar Fofana, *Fundi* (Aufstand), Installationsansicht (Detail), documenta 14, 2017, © Barbara Putz-Plecko

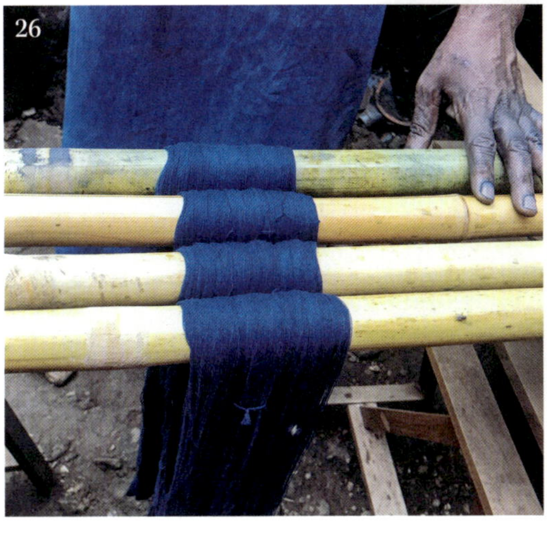

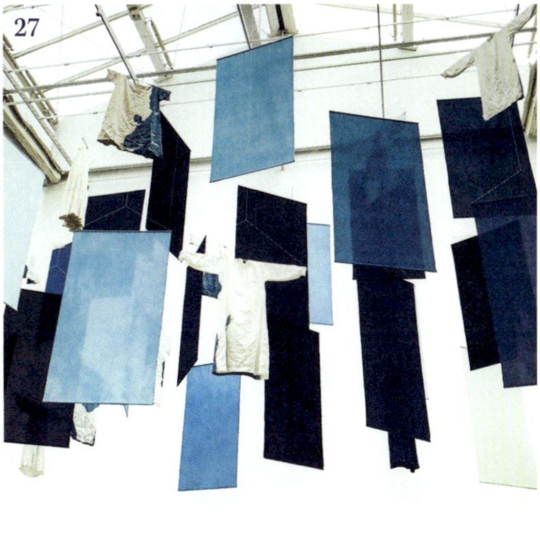

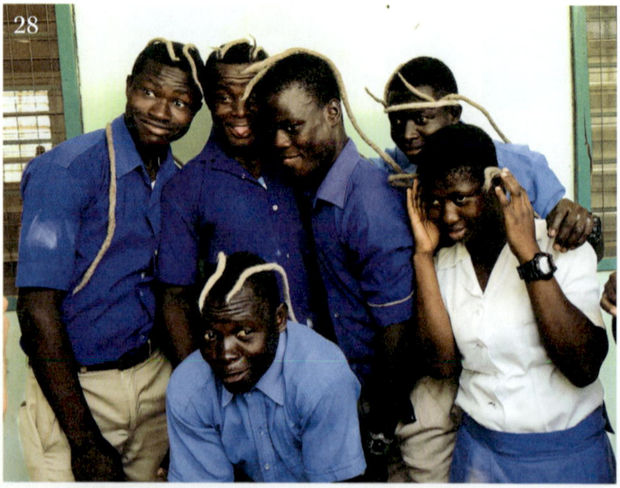

28–29 Filzworkshop in der *Wa School of the Deaf*, 2018. Die jährlich angebotenen Workshops der Blinden- und der Gehörlosenschule in Wa veranlassten Nubuke, ein kreativpädagogisches Curriculum für die Jugendlichen dieser Schulen zu erarbeiten. © Barbara Putz-Plecko

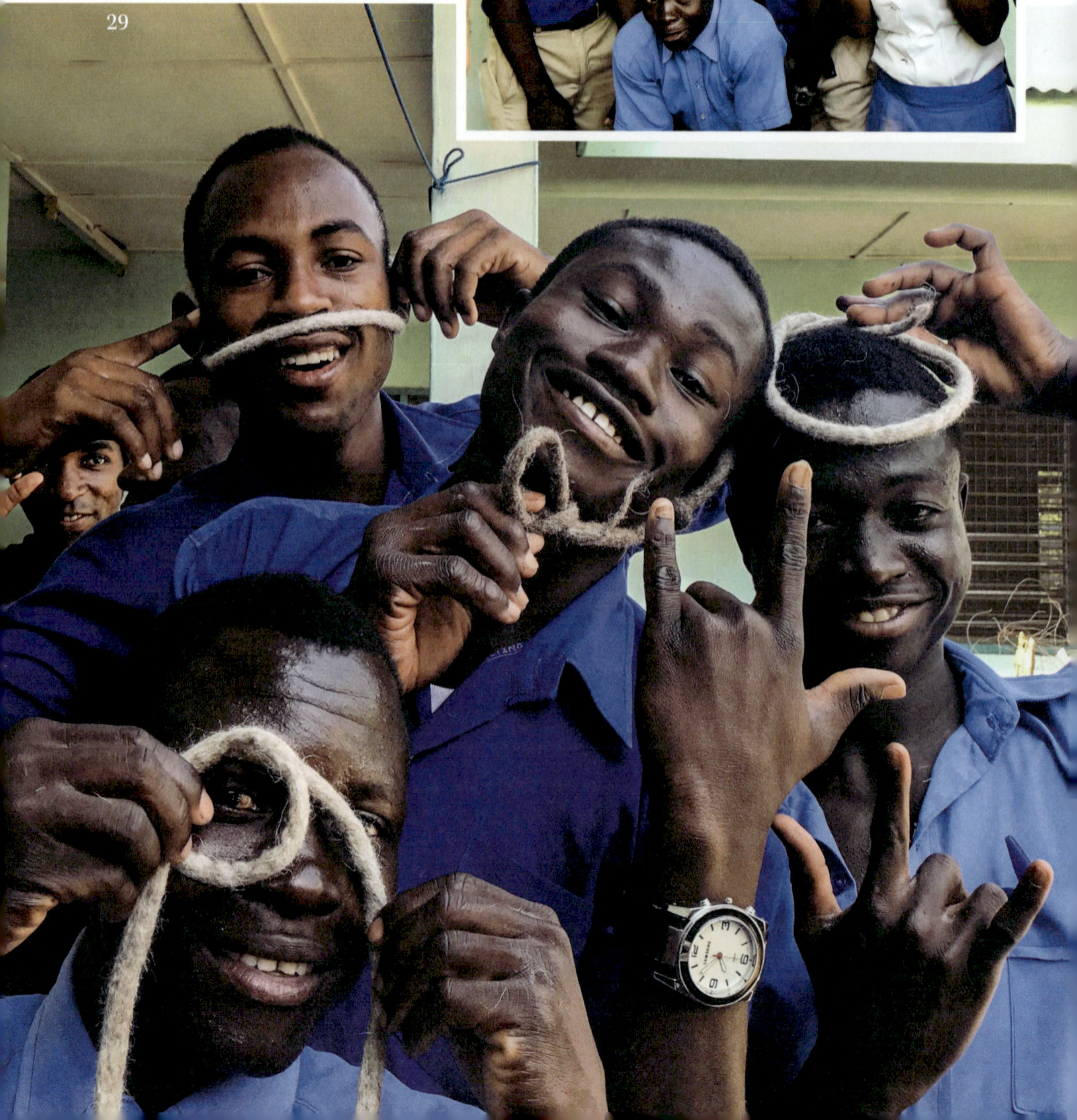

Vor allem die Indigopflanzungen bilden die Basis für Fofanas künstlerische Arbeit. Die Blätter der Pflanzen werden nach der Ernte zerkleinert, getrocknet und in fermentierenden Küpen zum Färben von meist von Hand gesponnenen und gewebten Textilien aufbereitet – ein langwieriger Prozess, der äußerste Sorgfalt verlangt, aber den Arbeiten des Künstlers durch ihre ausgezeichnete materielle Qualität und den meisterhaften Einsatz von feinsten farblichen Nuancierungen eine besondere Tiefe verleiht (→ 18–27).

Im Rahmen seiner Gastprofessur an der Abteilung *Kunst und kommunikative Praxis* gab er Studierenden und Lehrenden Einblick in vor allem drei Ebenen seiner künstlerischen Praxis: (1) in die konkreten handwerklich-technischen Aspekte seiner Färbe- und Fertigungstechniken und deren Einbettung in die Kulturgeschichte Westafrikas, (2) in die konzeptionellen, spirituellen und politischen Dimensionen seiner künstlerischen Praxis sowie (3) in den Produktionskreislauf als einem kollektiven und transdisziplinären Prozess.[2] Wesentlich dabei war, letztendlich das Geflecht an Bezügen zwischen diesen Ebenen zu erkennen und damit ein besseres Verständnis für die Ganzheitlichkeit und die gesellschaftliche Relevanz dieser künstlerischen Praxis entwickeln zu können.

Eine weitere Dimension unserer Zusammenarbeit ergab sich 2019 durch die Beauftragung des Künstlers vonseiten der damaligen Kulturministerin Malis, als Experte Entwicklungsperspektiven für die textilen Kulturen der Region gemeinsam mit den jeweiligen Communitys vor Ort zu erarbeiten (→ 05–07). Der Besuch der Textilwerkstätten von Ségou im Rahmen unseres jährlichen Arbeitsaufenthalts führte zur Kooperation mit einer Kooperative von Teppichknüpferinnen (→ 01). Ähnlich dem Projekt mit den marokkanischen Stickerinnen wird seitdem an Teppichen gearbeitet, die sich von üblichen Musterformen lösen. Gegenwärtig wird von der Beobachtung des Nachthimmels ausgegangen, wofür neue Nuancierungstechniken entwickelt werden. Die äußeren Umstände des Projekts, der Mangel an verfügbarem Material durch den forcierten Export von Rohmaterial bzw. den Aufkauf und die folgende Schließung der letzten Garnproduktion durch chinesische Investoren erschwerten zuletzt die Umsetzung der gemeinsamen Vorhaben. Das gemeinsame Interesse wird sich angesichts dieser Hindernisse aber nicht geschlagen geben. Es werden sich Wege finden lassen, um die begonnene Arbeit fortzusetzen, zumal wir uns alle mit Vertrauen und unserer Verantwortung bewusst aufeinander eingelassen haben.

---

1 | Zitiert aus dem Originaldokument. *Memorandum of Understanding zwischen der Universität für angewandte Kunst Wien und der Nubuke Foundation Accra, Ghana*, 2019, 1–2.

2 | Siehe dazu auch: *ART x Talks: Aboubakar Fofana on Usable Past & Re-invention*, www.youtube.com/watch?v=NSv3CbHKMi8&list=PLE2DhQc9DDuRfQxUZBjD6-uNt-m7UNAAOU&index=1 [18.06.2024].

DER WA LOOM

Webstuhldesign in Resonanz mit veränderten Bedingungen – Ghana 2020

Manuel Wandl

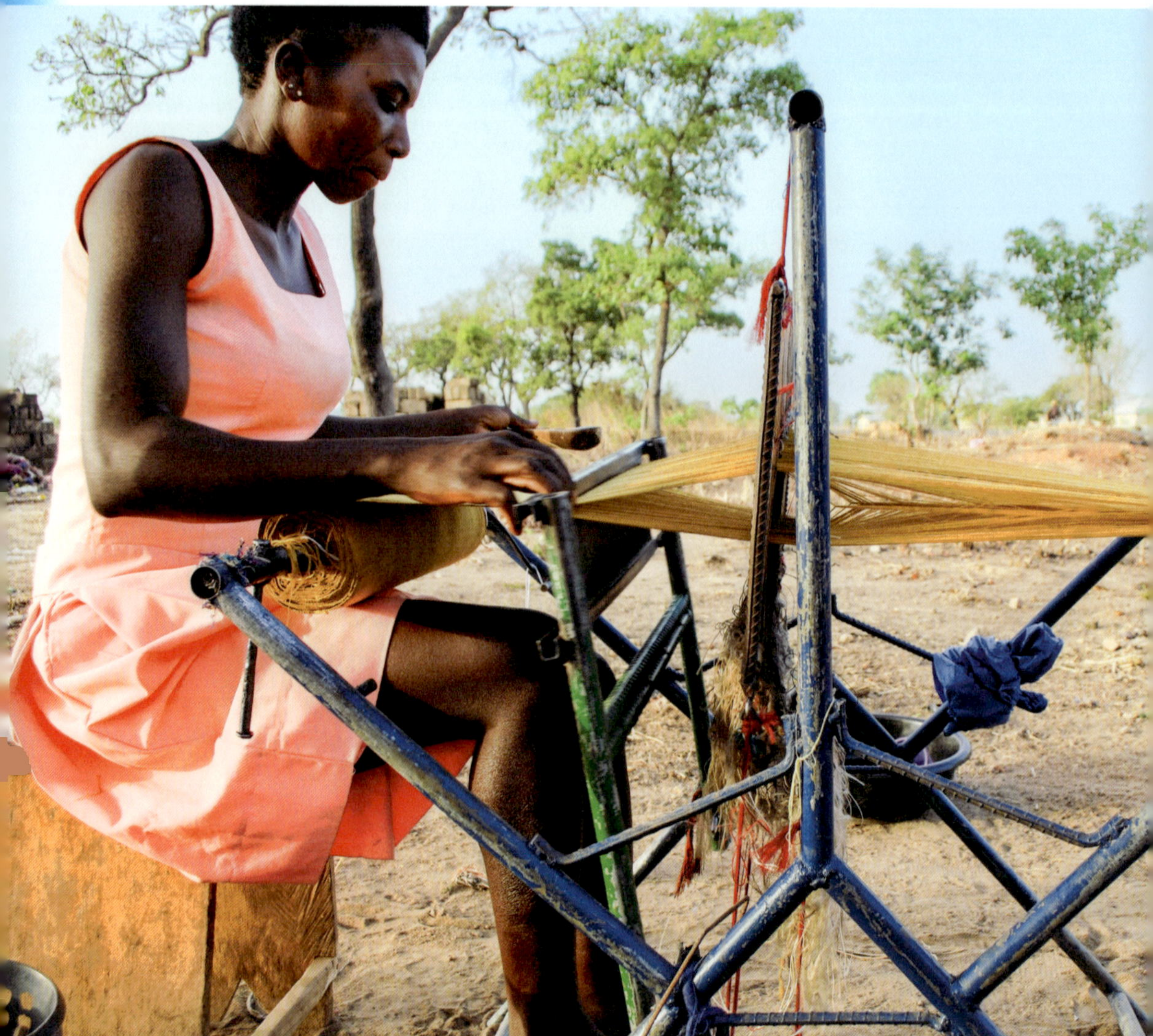

01 Derzeit gebräuchlicher Webstuhl in der Region um Wa (Northern Region). Die Weberinnen arbeiten häufig im Freien und nützen Steine zum Spannen der Kettfäden. © Manuel Wandl

Ein kollaboratives Projekt mit der Nubuke Foundation, Ghana

Projektleitung Ghana: Kofi Setordji

Planung und Konstruktionsentwicklung: Christoph Kaltenbrunner, Manuel Wandl

Beteiligte: Bilal Issahaku Saaba, Hafiz Jussif, Jalilv Abdul Rahaman

Gute Seele: Mr. Thompson

Katalog zum Projekt:

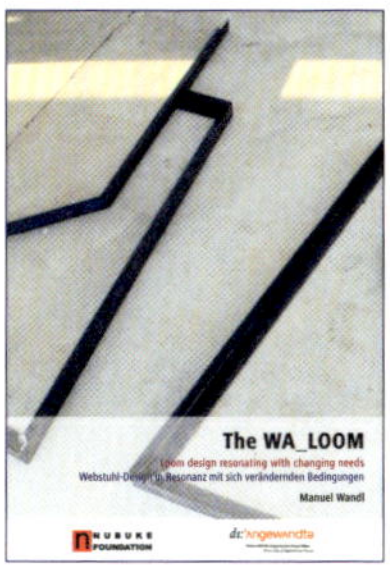

Im Februar 2020 wurde im Rahmen der Kooperation der Universität für angewandte Kunst Wien (mit den Abteilungen *Textil – Freie, angewandte und experimentelle künstlerische Gestaltung* und *Design, Architektur und Environment für Kunstpädagogik*) und der Nubuke Foundation Ghana ein an die aktuellen Bedürfnisse der Weberinnen angepasstes Webgerät entwickelt. Die Projektidee kam vom bildenden Künstler und Mitbegründer der Nubuke Foundation Kofi Setordji, der damit für die im nördlichen Ghana angesiedelten Weberinnen eine Verbesserung ihrer Arbeitsbedingungen und eine standardisierte Qualität der Gewebeumsetzung erreichen wollte. Christoph Kaltenbrunner, Leiter der Abteilung *DAE* und Designer, übernahm gemeinsam mit mir die Projektentwicklung seitens der Angewandten. Die Feldforschung vor Ort, die Planung und Umsetzung erfolgten mit der Hilfe dort ansässiger Expert*innen und Handwerker*innen. Zunächst wurden zwei Prototypen umgesetzt. Die spätere Implementierung des Webgeräts in diversen Betrieben und Schulen übernahm Kofi Setordji. Die Weiterentwicklung und die Auslotung von Möglichkeiten für die webtechnische Umsetzung in der praktischen Anwendung betreue ich per digitaler Kommunikation von Österreich aus.

Traditionelle Gewebe

Charakteristisch für westafrikanische Gewebe ist ihre schmale Webbreite. Von Togo bis Algerien und von der Elfenbeinküste bis nach Nigeria haben Stämme und Volksgruppen ihre eigenen Musterungen und Erscheinungsbilder von Geweben entwickelt. Ghana liegt in dieser Region im Zentrum. So stoßen unterschiedliche Einflüsse der Kulturen, Techniken, Ornamente und Materialien aufeinander. Die schmalen Gewebestreifen werden durch Zusammenfügen zu großen Stoffflächen vernäht. Die Nähte sind stets einfach gehalten und treten nicht wesentlich hervor. Durch einfache händische Schlingstiche oder maschinelle Zickzackstiche werden die Gewebestreifen miteinander verbunden. Das Augenmerk der Bänder liegt auf den Musterungen. Diese werden vor allem durch einen färbigen Ketteinzug erzielt. Weiters kommen Musterschusstechniken zum Einsatz, die partiell geometrische Ornamente oder figurale Elemente einbringen und so einen Rhythmus erzeugen, der sich erst durch die Zusammenstellung des Gesamten ergibt. Die Gestaltung bzw. die Planung dieser Muster entsteht durch den Webprozess, die Farbkombination der Kettfäden muss im Vorfeld bestimmt werden. Diese haben in manchen Regionen eine kulturrelevante Bedeutung. So ist die Kombination aus

02 Einziehen der Kettfäden an einem derzeit gebräuchlichen Webstuhl durch zwei Weberinnen, © Manuel Wandl

03 Traditioneller westafrikanischer Kente-Webstuhl, © Manuel Wandl

04 Herkömmlicher Webstuhl mit dem für die Region typischen Streifengewebe, © Manuel Wandl

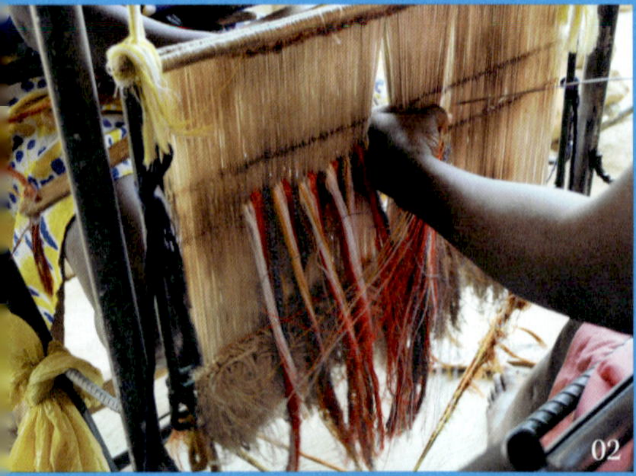
02

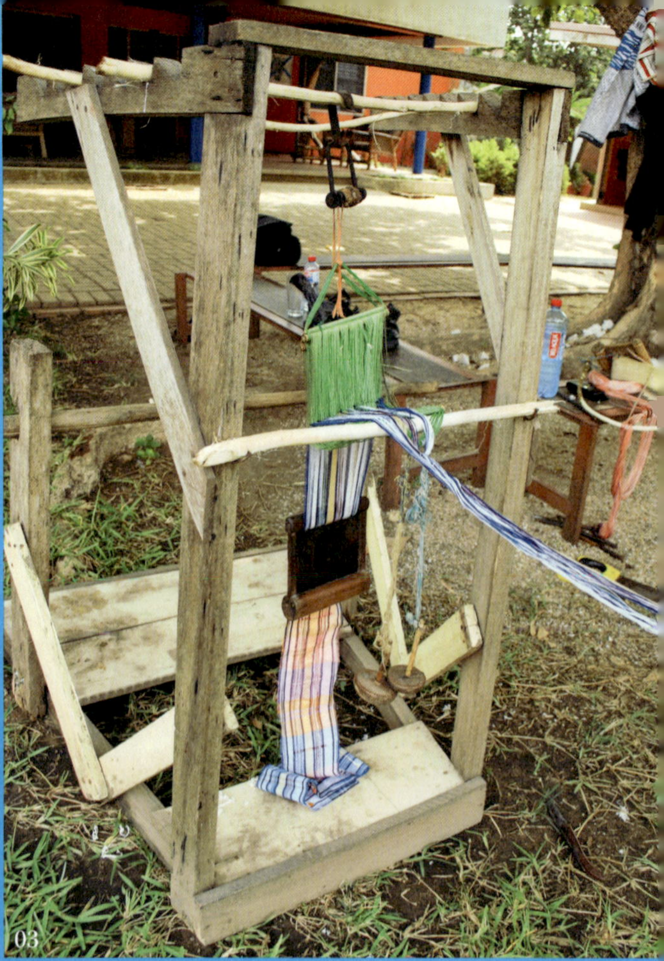
03

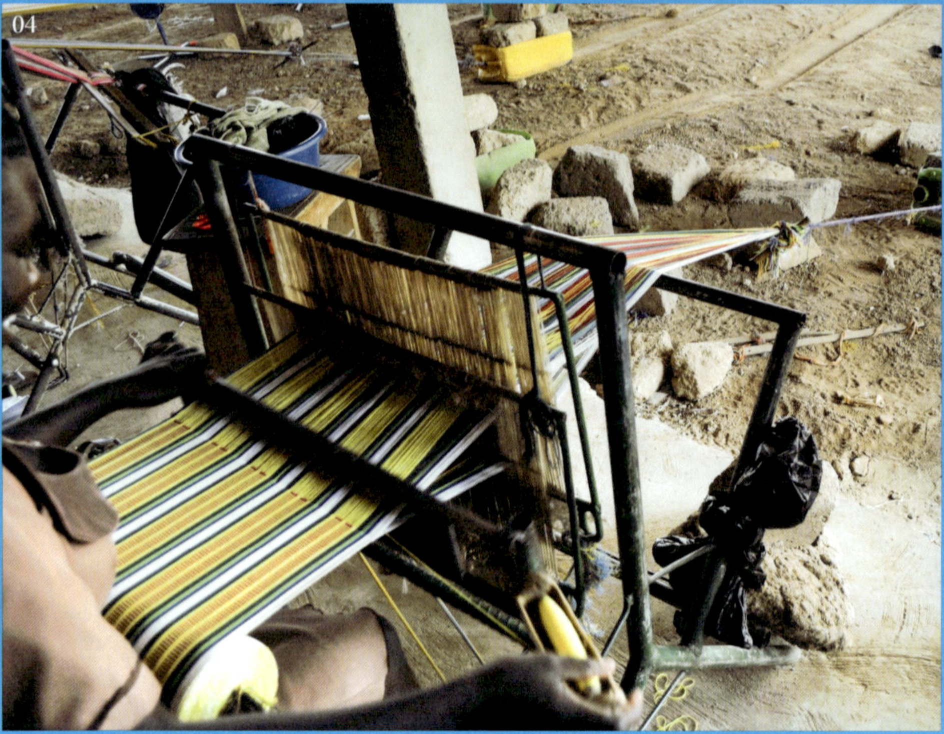
04

Rot, Gelb und Grün auch bekannt als die Farbe des Reggaes, also die Markierung einer höher gestellten Persönlichkeit und der Hinweis auf eine königliche Herkunft.

Unterschiede der Gewebe

In Westafrika ist es in diversen Volksstämmen Usus, aus langen schmalen Gewebebahnen breite Stoffe zusammenzunähen. Die Mossi in Burkina Faso beispielsweise weben lange Bahnen mit indigogefärbten und naturbelassenen Baumwollgarnen. Die Fulani in Mali wiederum haben sich auf Wolle spezialisiert. Sie mustern ihre Gewebebahnen mit Broschierschüssen, um geometrische Ornamente einzubringen. Die Ornamentsprache der Fulani ist vom Islam und dem arabischen Raum geprägt, während die Mossi auf eine reduzierte Streifenmusterung und auf Abbindetechniken zurückgreifen. Durch Handel und kulturellen Austausch haben sich ihre jeweiligen Techniken und Musterungen weiterentwickelt. Die Tradition blieb jedoch in den einzelnen Regionen erhalten. Die Ashanti-Weber aus Ghana sind ein Bindeglied zwischen den beiden anderen genannten Volksstämmen. Sie haben die Technik der Fulani und das Material der Mossi übernommen, um für sich eigenständige Textilien herzustellen, wobei die klimatischen Gegebenheiten großen Einfluss auf das verwendete Material haben. Da der Stamm der Ashanti kaum auf nennenswerte Rohmaterialien zurückgreifen konnte, musste er Baumwolle und Seide importieren. Auch mit anderen Textilien aus den umliegenden Nachbarstämmen wurde gehandelt.

Für den alltäglichen Gebrauch werden einfach gemusterte Gewebebahnen in Längs- und Querstreifen produziert. Auch einfärbige Stoffe oder Farbmischungen aus Kett- und Schussmaterial kommen vor. Für feierliche Anlässe oder höhergestellte Personen wird auf besseres Material und komplexere Musterungen zurückgegriffen. Bei den Ashanti und Ewe wird das Grundgewebe in Baumwolle in einfacher Leinwandbindung und der Musterschuss aus Seide erstellt. Jedes Muster hat eine bestimmte Bedeutung und jede Erscheinungsform einen eigenen Namen. Die Musterungen in Seide werden als *babadua* und jene in Baumwolle als *bankuo* bezeichnet.

Um die Herkunft diverser westafrikanischer Gewebe bestimmen zu können, können die unterschiedlichen Motive analysiert werden. Die Ashanti haben reduzierte, abstraktere Musterungen, die Ewe bringen vermehrt Symbole und Piktogramme ein.

Heute wird für die kommerzielle Herstellung auf Kunstfasern und günstigere Baumwolle zurückgegriffen, um im global agierenden Textilhandel konkurrenzfähig zu bleiben. Industriell gefertigte Produkte, die die alten Muster nachahmen, erreichen aber weder in ihrer Form noch in der Darstellung die Qualität des handgewebten und musterungsreichen Gewebestreifens.

Alltagsgewebe in der Region um Wa

Im Norden Ghanas in der Region Wa sind die Gewebe breiter und die Schussmusterungen entfallen gänzlich. Die Gewebemusterung ist nur durch die Kettfarben definiert. Die Kettdichte wird dementsprechend hoch gewählt, um den Farbflächen oder einfachen grafischen Elementen, wie Streifen, Streifenversatz oder Kleinkaros, ein zusammenhängendes Bild zu geben. Eine Fadendichte von 8, 16 oder 24 Fäden pro Zentimeter, abhängig von der Garnstärke, ist Standard. Um die Farbenpracht zu unterstützen und das Erscheinungsbild im Alltagsgebrauch lange aufrechterhalten zu können, wird auf Polyestergarne zurückgegriffen.

Durch die hohe Kettdichte und das künstliche Material sind die Gewebebahnen sehr sperrig und wenig luftdurchlässig. Diese Textileigenschaften sind in der westafrikanischen Klimazone für den*die Träger*in unvorteilhaft. Die Gewebe werden hauptsächlich als Bekleidungsstoffe verwendet, wobei die Qualität jedoch eigentlich an Interior-Textilien oder Bezugsstoffe erinnert. Die Bekleidung hat somit eine eher objekthafte bis statuenähnliche Erscheinungsform.

Traditioneller Webstuhl

Die traditionellen Webgeräte funktionieren nach dem Prinzip des Ober- und Unterfaches. Durch Tritte, die direkt mit den Schäften verbunden sind, wird ein Schaft angehoben, während sich der zweite senkt. Im hierbei entstehenden Fach wird mithilfe eines Webschiffchens der Schussfaden eingetragen. Der Anschlag, das Heranschieben des Schussfadens an die Webware, erfolgt durch einen hängenden Riet, auch Kamm genannt. Dieser wird aus holzigen Gräserstreifen erstellt; davon leitet sich auch die Bezeichnung „Riet" für den Kamm ab. Unterschiedliche Kettfadendichten sind die Folge. Die Schäfte bestehen aus zwei parallel liegenden Holzstäben, an denen die Litzen fix verbunden sind. Die Litzen sind zwei in sich verhängte Zwirne, in denen im Zwischenraum der Schlingen der Kettfaden durchgezogen wird. Diese zwei Schlingen erzeugen bei Zug und Gegenzug einen starken Anpressdruck auf die Kettfäden. Das Gewebe wird auf einen Warenbaum aufgerollt, der sich auf Höhe der unteren Brust der webenden Person befindet. Durch dieses Aufrollen der Ware wird zugleich nicht nur das Volumen auf dem Warenbaum größer, sondern auch der Winkel im Webgerät verändert sich. Dies hat zur Folge, dass die Position des Riets und der Schäfte im Laufe des Webprozesses ebenfalls verändert werden müssen. Somit erfordern die Aufhängungen beider, der Schäfte und des Riets, sowohl in der Tiefe als auch in der Höhe eine flexible Positionierung im Webgestell. Die Kettspannung wird über ein Gewicht erzeugt, das sich auf dem sogenannten Schlitten befindet und an das die Kette angebunden ist. Dieser Schlitten ist je nach Kettlänge in einiger Entfernung hinter dem Webgerät platziert. Über einen Streichbaum gegenüber dem Warenbaum und hinter den Schäften wird die Kette geführt, um eine planare Websituation zu erzielen. Auch der Winkel vom Anknüpfungspunkt der Kette hin zum Gewebe kann dadurch besser reguliert werden. Zwei Kreuzstäbe, die sich hinter dem Streichbaum befinden, dienen nicht nur zur Ordnung der Kettfäden, sondern auch als Regulativ der Spannung.

Webstuhl in Wa

In der Region Wa gibt es noch eine weitere Form der Gewebeherstellung, die nach Angaben des Projektleiters Kofi Setordji von niederländischen Missionaren implementiert wurde, um mit diesem Webgerät eine Erwerbstätigkeit für Frauen zu ermöglichen. Auf diesem Webstuhl, einer einfachen und reduzierten Form eines *Jack Loom*, werden breitere (bis 40 cm breite) Gewebe hergestellt. Die Form der Kettverarbeitung ist die gleiche wie beim Ashanti-Webstuhl. Die Bedienung der Schäfte über Tritte ist ebenfalls ähnlich, die Lade für den Schussanschlag wird jedoch kippend ausgeführt.

Herstellung und Umgang mit dem Webstuhl

Der Fokus unseres Projektes lag und liegt ebenfalls auf der Nutzbarkeit für weibliche

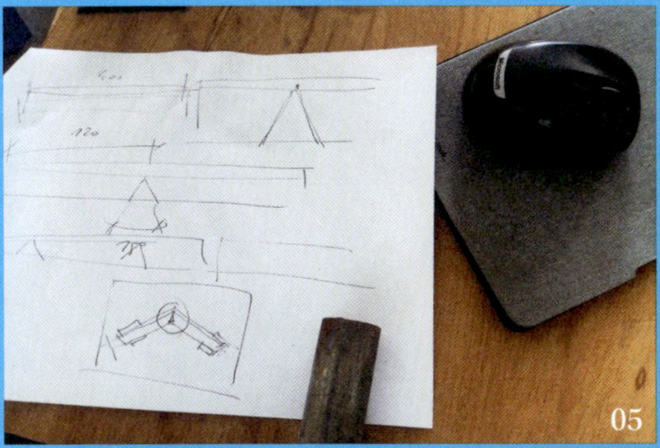

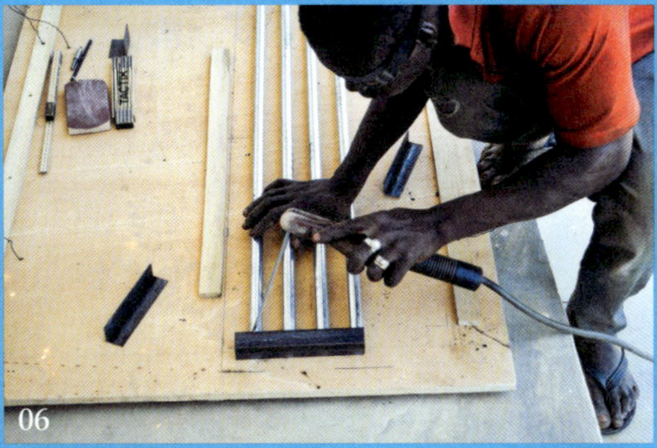

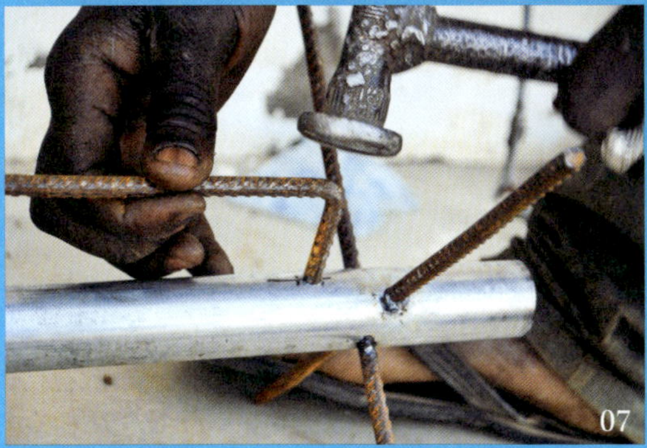

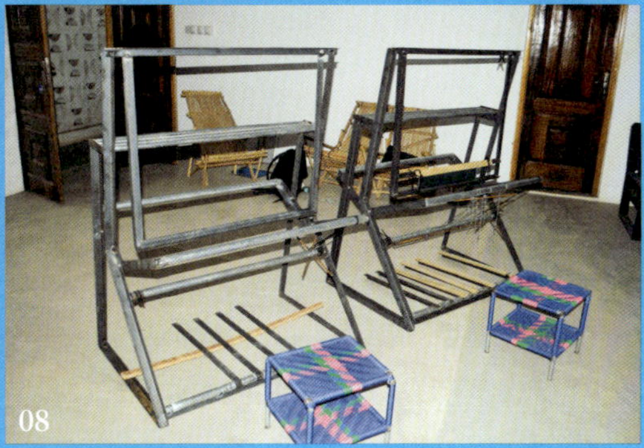

05 Konstruktionsskizzen für den neuen Webstuhl (*Wa Loom*), 2020, © Manuel Wandl

06 Herstellung der Schaftaufhängung für den *Wa Loom*, 2020, © Manuel Wandl

07 Fertigung des Warenbaums – einer Stange, auf die das fertige Gewebe aufgerollt wird, 2020, © Manuel Wandl

08 *Wa Looms* – Prototyp (rechts) und erste Replikation (links), 2020, © Manuel Wandl

09 Der erste *Wa Loom* (Prototyp), Produktionsort: Nubuke Foundation, Nubuke Center for Textiles and Clay, Wa, 2020, © Manuel Wandl

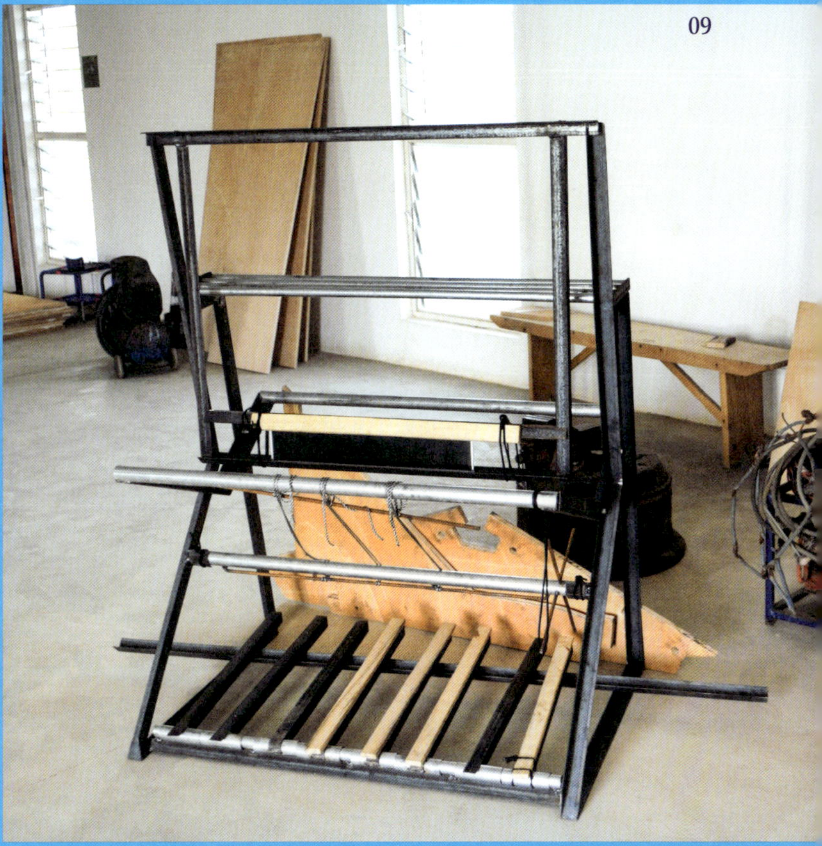

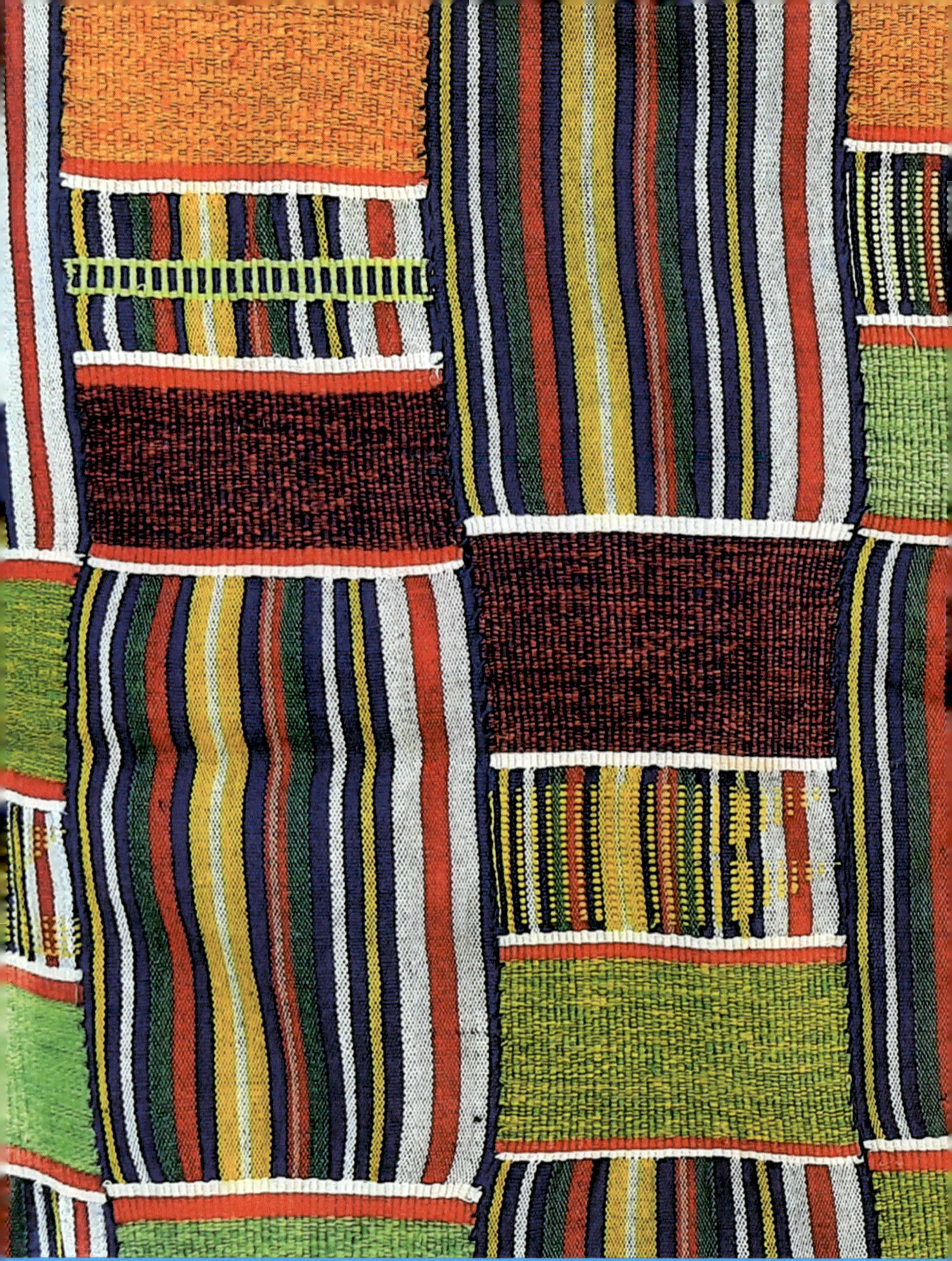

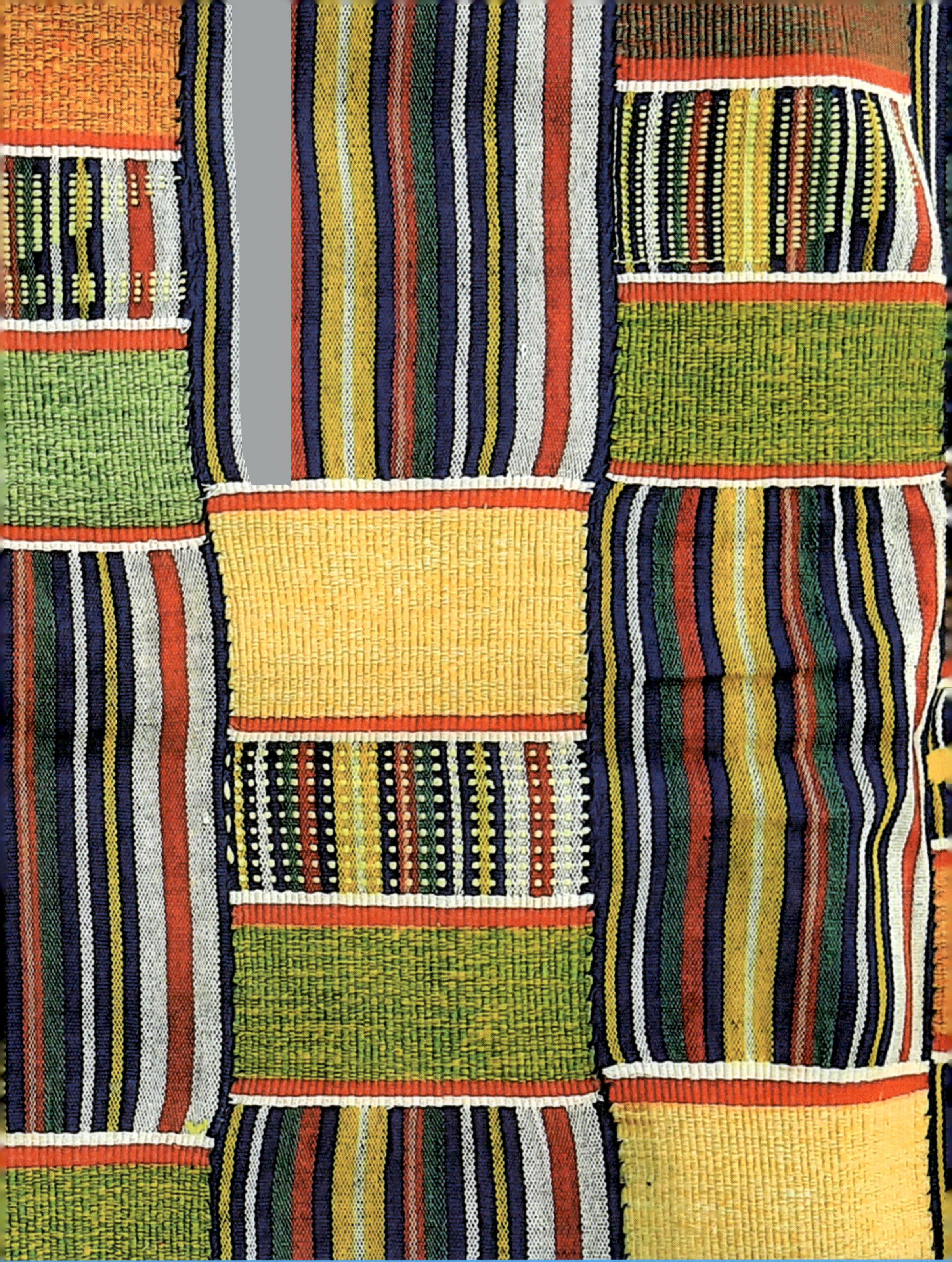

10 Traditioneller ghanaischer Kente (schmales Bandgewebe, flächig vernäht). © Manuel Wandl

Weberinnen in dieser Region. Diese Frauen machen eine dreijährige Ausbildung bei Meisterweberinnen und anschließend ein halbjähriges Praktikum bei den Ausbilderinnen. Danach besteht die Möglichkeit, sich selbstständig zu machen. Die Kosten für einen eigenen Webstuhl belaufen sich auf 200 Cedi für das Grundgestell, 200 Cedi für das Riet und weitere Investitionen in Schäfte und Material. Das Durchschnittseinkommen im Monat beträgt ca. 830 Cedi.

Die Frauen arbeiten alle auf baugleichen Webgeräten. Diese Webgeräte wurden und werden von einheimischen metallverarbeitenden Betrieben hergestellt und bei Mängeln repariert oder durch einfache Konstruktionen verbessert. Die Bauart der Webgeräte ist für den Arbeitsprozess des Webvorgangs allerdings nicht vollständig durchdacht und erzeugt Probleme. Durch die Verarbeitung, insbesondere durch Schweißarbeiten und Metallanschlüsse, sind Brüche quasi vorprogrammiert. Da es sich bei der gegenwärtigen Konstruktion um Rohrverbindungen handelt, die nicht ineinandergefügt, sondern bloß aufgesetzt sind, ist die Stabilität der Winkel und Anschlussstellen eher gering. Die Schweißnähte sind unsauber und teilweise nur durch Auffüllen vorhanden. Bei den Anschlussstücken für den Warenbaum sind somit durch die Zugspannung der Kettfäden Brüche der Schweißnaht häufig. Diese werden durch einzelne Verstrebungen, oft mit Bewährungseisen, repariert und verstärkt. Die meisten Webgeräte sind jedoch schon bei der Produktion in den Werkstätten mangelhaft ausgeführt, da sie in sich verzogen sind. So sind Warenbaum und Streichbaum nicht parallel und bilden keine planare Fläche, was dazu führt, dass beim Weben die Spannung der Kette leidet und die Gewebebahnen unterschiedliche Strukturen an den Rändern vorweisen. Die Weberinnen können die Unregelmäßigkeiten nur durch arbeitstechnischen Mehraufwand ausgleichen, indem sie die Kette nach dem Anknüpfen immer wieder auf Spannung überprüfen. Dies führt zu einer zeitlichen Mehrbelastung, die von der Produktionszeit abgezogen wird. Die Webgeräte sind teilweise für eine sechsschäftige Bindungsmusterung vorgesehen, werden aber, möglicherweise aus Unwissenheit in Bezug auf ihre Bedienung, nicht so verwendet. Vielmehr werden leinwandbindige Gewebe mit hoher Kettdichte erzeugt, die ihre Musterungen nur durch Farbeinzüge der Kette erhalten. Die Bedienung der Webstühle ist auf eine schnelle Produktion ausgelegt; das Tagespensum einer Weberin liegt teilweise bei 14 Metern und mehr. Da die Kette nicht auf einen Warenbaum aufgerollt werden muss, entfällt dieser in Europa übliche Arbeitsschritt. Das Weben findet im Freien statt, daher werden die Webgeräte nach Vollendung der Arbeit und bei Schlechtwetter in Schuppen gelagert.

Materialrecherche für den Konstruktionsbau

Welche Materialien können für den Bau eines Webgerätes eingesetzt werden? Da sich die Region im Norden Ghanas befindet und somit in die südlichen Ausläufer der Sahelzone fällt, ist der Bestand an brauchbaren Konstruktionshölzern sehr gering. Holz zum Bau von Möbeln und Geräten muss importiert werden, da die Holzqualität vor Ort nicht ausreicht. Somit scheiden regionale bzw. leicht zugängliche Materialien für den Bau eines Webstuhls aus. Da Stahl für diverse Gegenstände und das Bauwesen vorhanden ist und dieser auch vor Ort zu Produkten verarbeitet wird, kann auf dieses Material zurückgegriffen werden. Stahlhalbzeuge wie Röhren, Winkeleisen und Bewährungseisen stehen in industriellen Normen zur Verfügung. Zudem haben die metallverarbeitenden Betriebe bereits Erfahrung mit der Erstellung von Webgeräten. Die Werkstätten sind mit Schweißgeräten und Winkelschleifern ausgestattet. Auch Handwerkzeuge sind vorhanden, jedoch mangelt es an diversen Hilfsgeräten wie Schraubzwingen oder Zangen und an Schutzausrüstung wie Handschuhen oder Schweißerbrillen. Die alltägliche Verarbeitung und Herstellung der Produkte findet auf dem Sandboden statt, was auf Kosten von Genauigkeit und Sauberkeit geht. Planare Rahmenkonstruktionen sind deshalb schwer möglich.

Anforderungen an das Webgerät

Unser Webstuhl sollte in Bedienung und Handhabung dem schon vorhandenen gleichen, um den Umgewöhnungsprozess zu erleichtern. Die Stabilität und die Anwendungsmöglichkeiten mussten erhöht und die Qualität der Gewebe von Beginn bis Ende des Webprozesses gesichert werden. Zudem sollten die Produktionskosten der gängigen Webgeräte möglichst wenig überschritten und die Konstruktion der Bauteile auf das Wesentlichste reduziert werden. Erforderlich war außerdem die Möglichkeit, breitere Gewebe zu produzieren und bindungstechnische Variationen umsetzen zu können. Schließlich war ein besonders wesentlicher Punkt die Verbesserung der gesundheitlichen Arbeitsbedingungen. Die Position der webenden Person zum Webgerät sollte angenehm sein und die körperliche Belastung möglichst gering halten. Eine individuelle Adaptierung, gemäß den Bedürfnissen der einzelnen Weberin, soll durch nächste Entwicklungsschritte möglich werden.

Konstruktionsplan

Nach Analyse der vor Ort verwendeten Webstühle und historischer europäischer Handwebstühle entstanden erste Skizzen von möglichen Konstruktionen und Anwendungsmöglichkeiten. Die Auswahl von Winkel und Rundeisen nahmen Einfluss auf mögliche Erscheinungsbilder. Diverse Bauteile und Konstruktionen wurden besprochen, mit Arbeitsschritten aus dem Webprozess hinterfragt und in Hinblick auf ihre Machbarkeit reflektiert. Die Form der Rahmenkonstruktion wurde immer wieder auf die Position der Webenden zum Gerät unter Berücksichtigung etablierter Systeme und Arbeitsprozesse verändert.

Die endgültige Version wurde unter Berücksichtigung dieser Gesichtspunkte und nach einer Endbesprechung mit den Verantwortlichen festgelegt. Schraubverbindungen in der Querrichtung wurden aufgrund der möglichen späteren Adaptierung für breitere und mehrschäftige Webbreiten und für einen einfacheren Transport gewählt. Fixteile wie Außenrahmen, Webrahmen und Schaftschnürungsaufhängung (Harnisch) wurden fix verschweißt, um die Qualität des Gerätes zu gewährleisten.

Herstellung von Bauschablonen

Nach der Reinzeichnung mit einem CAD-Programm wurden Schablonen für die Einzelteile erstellt. Diese bestehen aus zwei einfachen Vorlagen, welche die Winkel und Maßvorgaben beinhalten. Diese Schablonen wurden ebenfalls mit einem CAD-Programm angefertigt, mit Maßen versehen, anschließend auf Sperrholzplatten übertragen und schließlich ausgeschnitten. Die Vorlagen wurden auf eine einfache und kompakte Art ausgeführt und beinhalten Einkerbungen für mögliche Schnitte, Aussparungen für Schweißarbeiten und Halterungen für Zwingen. Die Herstellung der Schablonen wurden händisch durchgeführt, da einzelne elektrische Werkzeuge vor Ort nicht zur Verfügung stehen.

Erstellung des Prototyps

Der Bau des Webstuhls in Originalgröße diente nicht nur der Herstellung, sondern auch dazu, mögliche Probleme bei der nachfolgenden Serienproduktion zu identifizieren und zu optimieren. Dabei mussten einige Verarbeitungsschritte überdacht und weitere Vorlagen erstellt werden. Winkel und Maßangaben wurden auf den Schablonen notiert. Einzelne Schweißverbindungen wurden mit den Handwerker*innen direkt besprochen; so wurde ihr Know-how einbezogen. Da die Metallverarbeiter*innen dieses Produkt noch nicht kannten, wurden ihnen gewisse Arbeitsschritte genauer erklärt und wiederholt. Gleichzeitig wurde ihre Wahrnehmung für Genauigkeit geschult und ihnen der Gebrauch von Maß- und Messwerkzeugen nähergebracht. Die Zusammenstellung der einzelnen Komponenten funktionierte ohne größere Probleme und die entstandenen Schablonen stehen nun für die Umsetzung weiterer Webstühle zur Verfügung.

Die Rahmenkonstruktion wurde mit dem Webtisch und der Harnischeinheit verschraubt. Für die lokale Webgemeinschaft war eine verschweißte Einheit vorgesehen, um mehr Stabilität zu erreichen. Für den Transport zu anderen Weber*innen in Westafrika und zu Schulungszwecken wird jedoch eine verschraubte Variante bevorzugt.

Ausblick

Im August 2020 standen bereits acht Webstühle zur Verfügung. Diese werden seither von webkundigen Personen benutzt und deren Erfahrungen mit dem Gerät fließen in eine weitere Überarbeitung ein. Im Auge behalten wird nicht nur die möglichst leichte Bedienung, sondern auch die Verbesserung der Arbeitsbedingungen in gesundheitlicher Hinsicht. Zudem wird überlegt, ob die jetzige Ausstattung mit vier Schäften für eine gute betriebliche Auslastung reicht oder ob doch ein 8-Schaft-System in der Produktion angedacht wird.

Parallel zur Bedienung entsteht ein Handbuch, in welchem es um Musterungsmöglichkeiten mit den vier bzw. acht Schäften und um eine genauere und etablierte Bezeichnung der jeweiligen Webaspekte und Begrifflichkeiten geht. Dieses Booklet soll mit einfachen Grafiken und englischem Fachvokabular Weber*innen zu einer möglichen internationalen Kooperation anregen und sie dabei unterstützen.

In weiterer Folge sind Workshops in Schulen und Betriebsstätten geplant, um den *Wa Loom* bestmöglich zu erklären und bekannt zu machen. Dabei steht die Schulung von Technik und Materialeinsatz im Vordergrund. Ein wesentlicher erweiternder Aspekt ist die Vermittlung von regionalen und biologischen Farbstoffen, um auch für dieses Fachgebiet Interesse aufzubauen und der Abhängigkeit von chemischen Industriefarbstoffen eine nachhaltige Alternative entgegenzusetzen.

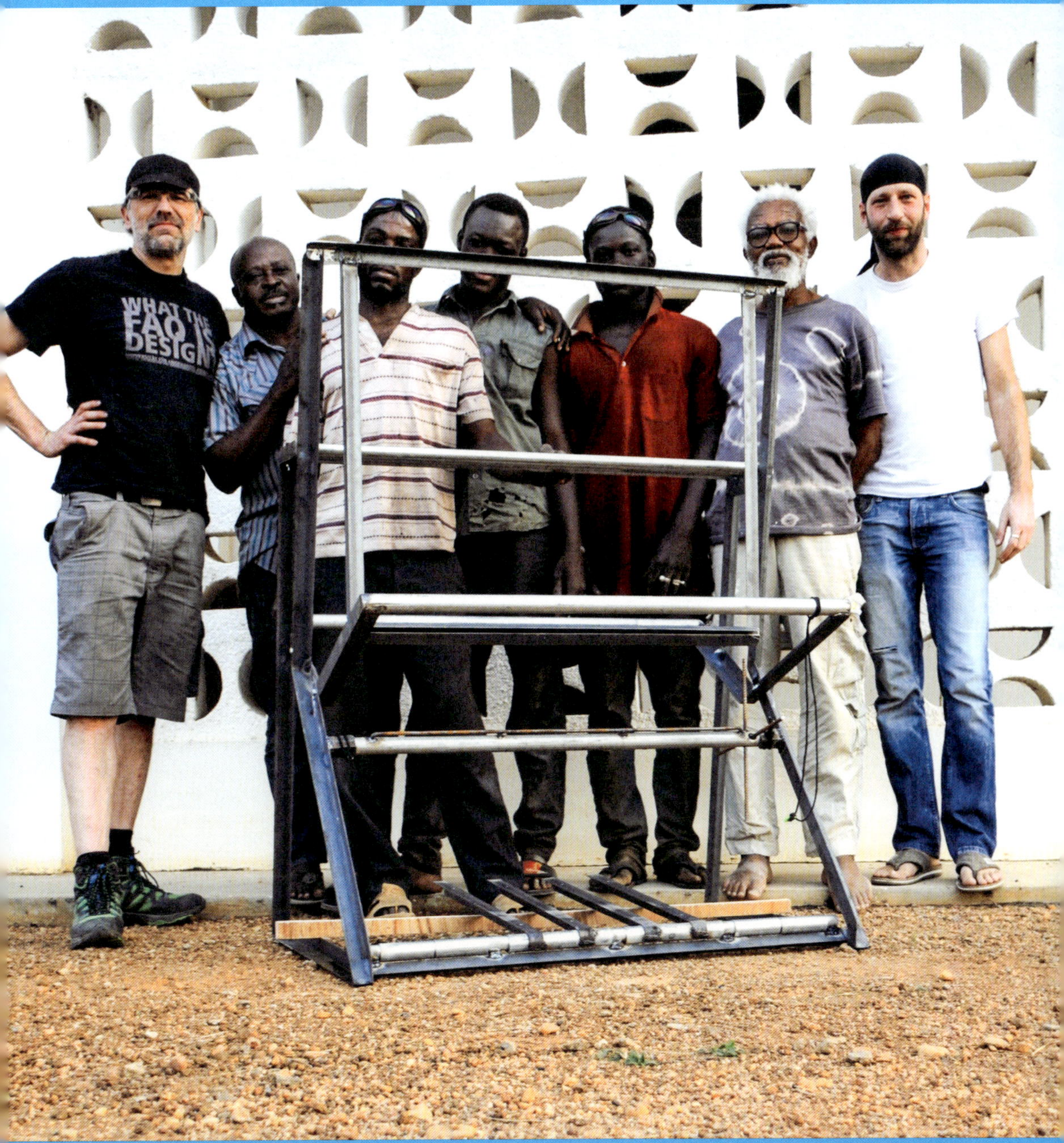

11 Das *Wa-Loom*-Team, von links: Christoph Kaltenbrunner, Mr. Thompson, Bilal Issahaku Saaba, Jalilv Abdul Rahaman, Hafiz Jussif, Kofi Setordji und Manuel Wandl, 2020, © Manuel Wandl

IKAT – WIE PERLEN AUS DEM OZEAN

Barbara Putz-Plecko

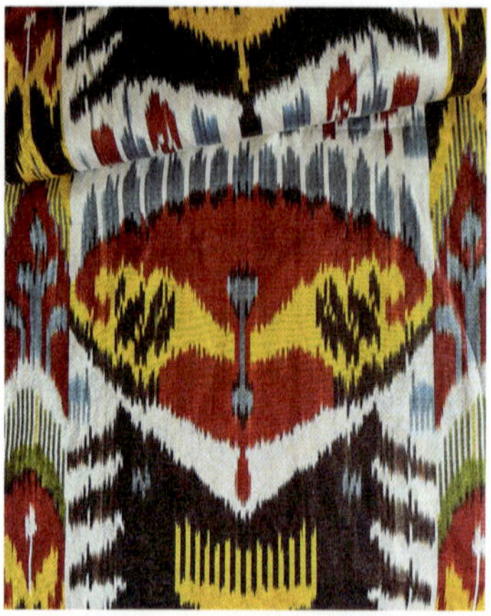

01 Ikat aus dem Ferghanatal, 2014, © Barbara Putz-Plecko

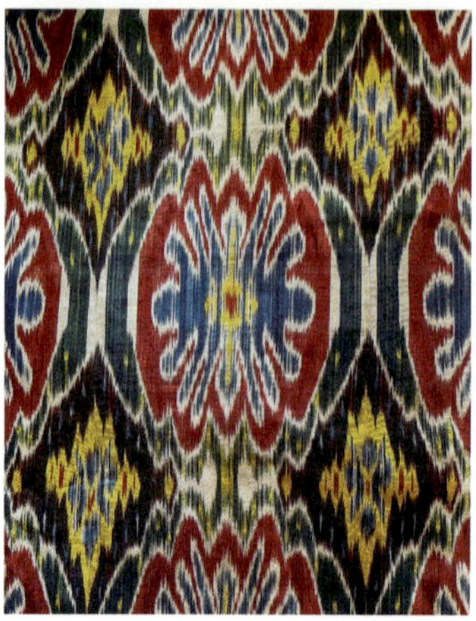

02 Ikat (Decke) aus dem Ferghanatal, 2014, © Barbara Putz-Plecko

Projektleitung: Eva Lachner, Barbara Putz-Plecko

Unterstützende Expert*innen: Beatrix Ikonomu, Regina Hofmann-de Keijzer, Barbara Pönighaus-Matuella, Edith Oberhumer, Ute Huber-Leirer, Josef Schauer-Schmidinger, Gesellschaft zur Förderung der Textilkunst, Lilli Brunialti, Ursula Meyer, Evelyn Rainer, Firma Viehböck, Peter Putz, Shawn Bryan

Beteiligte: Anja Ray Alturban, Victoria Dirisamer, Julia Döpke, Susanne Frantal, Viktoria Gitzl, Minika Haas, Simone Hintermayer-Scholz, Teresa Holzer, Amelie Schillhuber, Valentina Wolf

Katalog zum Projekt:

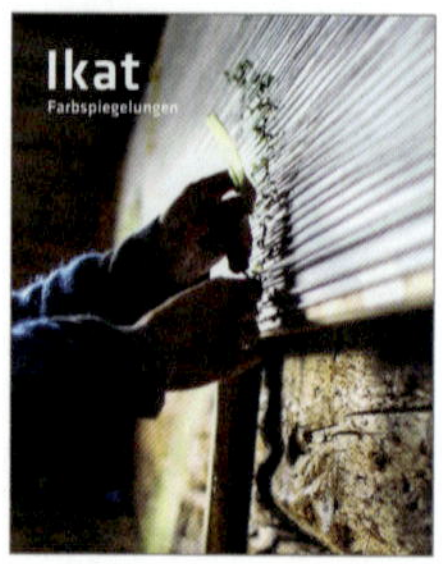

Ikatstoffe sind geschichtenreiche Gewebe, deren Prächtigkeit, Facettenreichtum und hohe kunsthandwerkliche Qualität nicht nur Textilkundige begeistern. Stücke aus verschiedenen Kulturen sind sowohl im Farbenspiel wie in

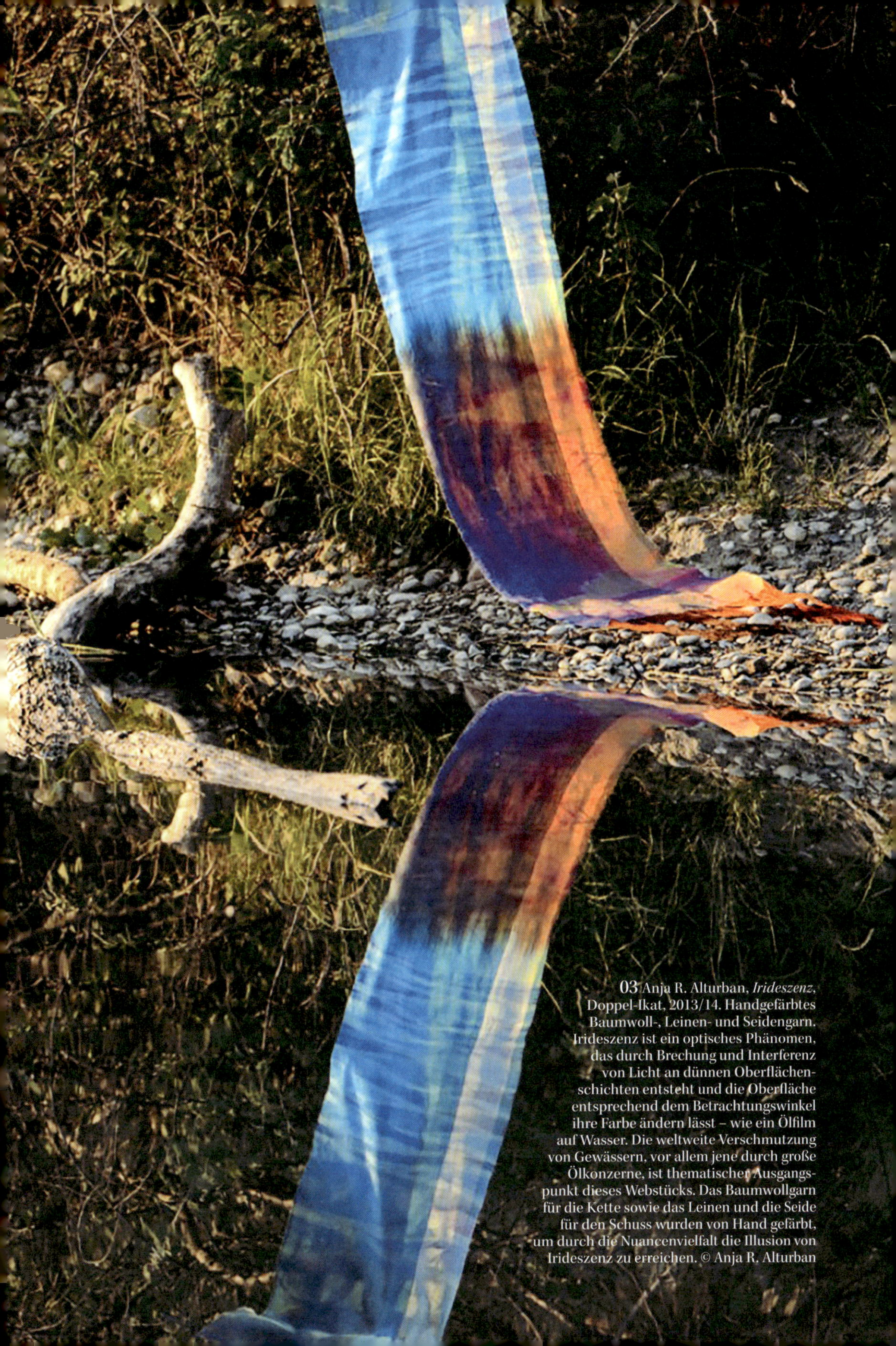

03 Anja R. Alturban, *Irideszenz*, Doppel-Ikat, 2013/14. Handgefärbtes Baumwoll-, Leinen- und Seidengarn. Irideszenz ist ein optisches Phänomen, das durch Brechung und Interferenz von Licht an dünnen Oberflächenschichten entsteht und die Oberfläche entsprechend dem Betrachtungswinkel ihre Farbe ändern lässt – wie ein Ölfilm auf Wasser. Die weltweite Verschmutzung von Gewässern, vor allem jene durch große Ölkonzerne, ist thematischer Ausgangspunkt dieses Webstücks. Das Baumwollgarn für die Kette sowie das Leinen und die Seide für den Schuss wurden von Hand gefärbt, um durch die Nuancenvielfalt die Illusion von Irideszenz zu erreichen. © Anja R. Alturban

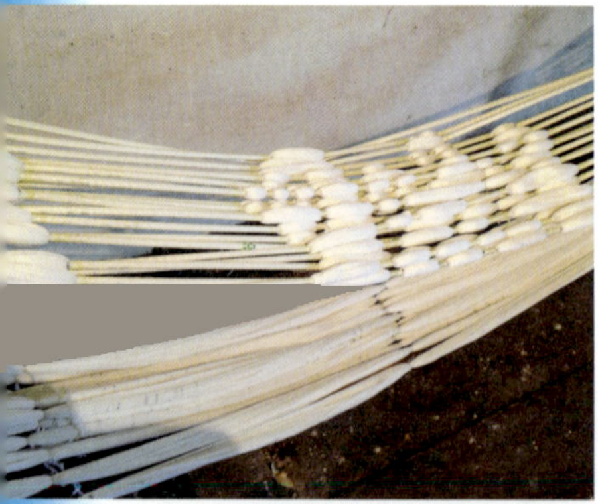

04 Abgebundene Schussfäden vor der ersten Färbung, 2014, © Barbara Putz-Plecko

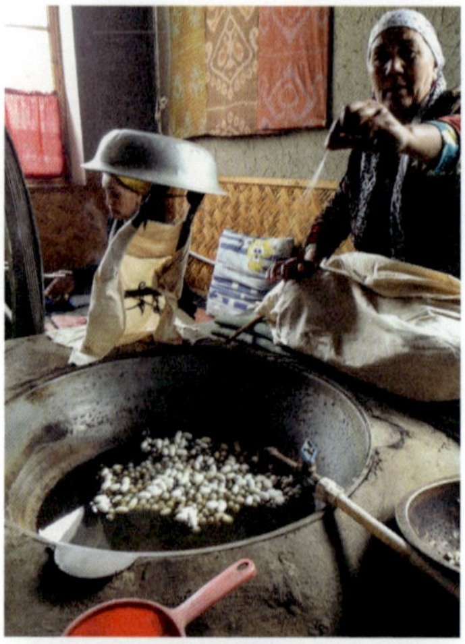

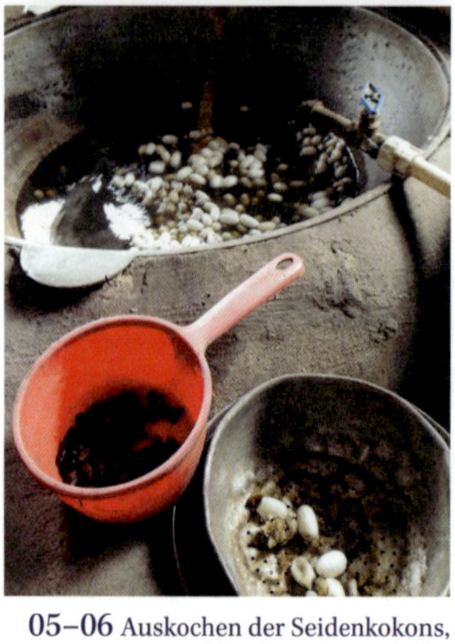

05–06 Auskochen der Seidenkokons, 2014, © Barbara Putz-Plecko

der Musterung Dokumente textiler Meisterschaft; sie sind Kostbarkeiten einer blühenden und wunderbar verfeinerten Materialkultur (→ 01–02), welchen im Zeitalter von Massenproduktion (gewissermaßen außerhalb der Regeln dieser Kapitalwelt) die Aura des Außergewöhnlichen und Wertvollen anhaftet. Und dennoch scheint ihr Verschwinden unaufhaltbar fortzuschreiten. Edith Oberhumer, Textilrestauratorin im MAK – Museum für angewandte Kunst in Wien, schreibt im Katalog über ein großes Ikatprojekt an der Abteilung *Textil*:

„Reservemusterungen zählen zu den aufwändigsten Techniken unter den reichhaltigen Möglichkeiten, Textilien mit farbigem Dekor zu versehen. Den unterschiedlichen und vielfältigen Verfahren ist gemeinsam, dass vor dem Färbeprozess partiell Zonen isoliert werden – sei es etwa durch Nähen, Abbinden, Falten, das Aufbringen von Wachs oder Druckpaste. Die Farbstoffe können an diesen Stellen nicht von den Fasern aufgenommen werden und es entsteht ein (im einfachsten Fall zweifärbiges) Muster. Während bei Techniken wie Plangi, Batik, Tritik oder auch dem europäischen Blaudruck Stoffe verwendet werden, tritt Ikat als Sonderform hervor: Nur hier werden die Kett- und/oder Schussfäden *vor* dem Weben mustermäßig gefärbt. Das korrekte Erscheinen des gewünschten Dekors im fertigen Gewebe erfordert außerordentlich exaktes Arbeiten – sowohl beim Abbinden als auch beim Einrichten des Webstuhles. Den besonderen Charme der Ikatgewebe macht ihr charakteristisches unscharfes Erscheinungsbild aus. Farbflächen sind nicht klar abgegrenzt, sondern fließen durch weiche, unregelmäßige Konturen ineinander über. Diese eigenwillige Ästhetik ist herstellungstechnisch bedingt: Zum einen dringt der Farbstoff je nach Festigkeit der Reserve bis zu einem gewissen Grad in die abgebundenen Fäden ein, zum anderen kommt es beim späteren Webprozess zu geringfügigen Verschiebungen. […]

Trotz der weltweiten Verbreitung und den großen Unterschieden in Material, Design und Nutzung ist die Herstellung von Ikat grundsätzlich in allen Kulturkreisen gleich: Die Fäden werden gespannt, gebündelt und mit wasserunlöslichen Materialien wie etwa Baumwollfäden, Bastfasern oder

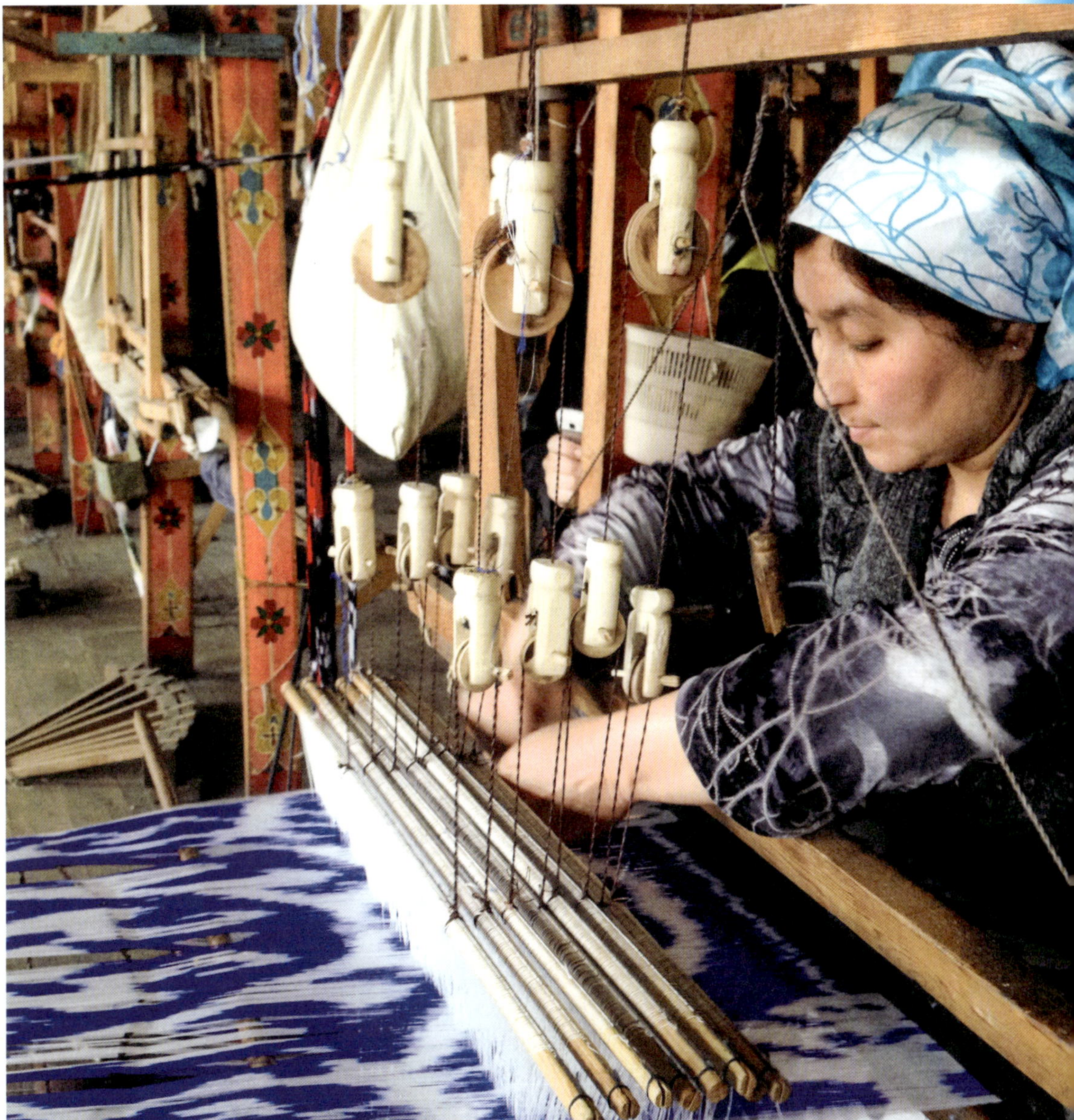

07 Weberin in einer Manufaktur im Ferghanatal, 2014, © Barbara Putz-Plecko

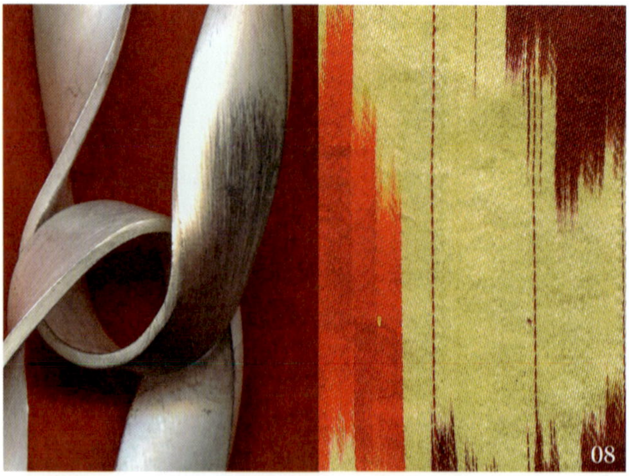

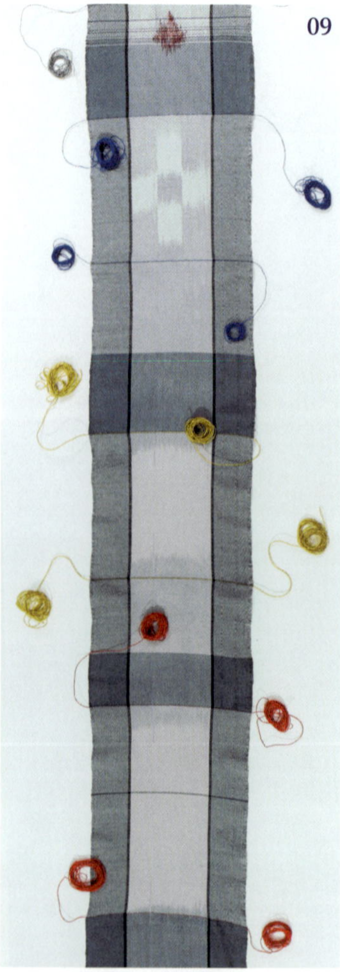

08 Färbe- und Webexperimente an der Abteilung, 2013, © Barbara Putz-Plecko

09 Amelie Schillhuber, *Der rechte Winkel*, 2013/14. Kett-Ikat, Baumwolle, Kabeldraht, © Amelie Schillhuber. Die Arbeit orientierte sich an der Aussage von Piet Mondrian, der rechte Winkel sei die einzige konstante Verwandtschaft zur reinen Realität und wechselnde Proportionen repräsentierten durch ihre Bewegung das Leben[2].

10 Kamchiq-Passstraße, Eingang zum Ferghanatal, 2014, © Barbara Putz-Plecko

11 Gruppenfoto Samarkand, 2014, © Barbara Putz-Plecko

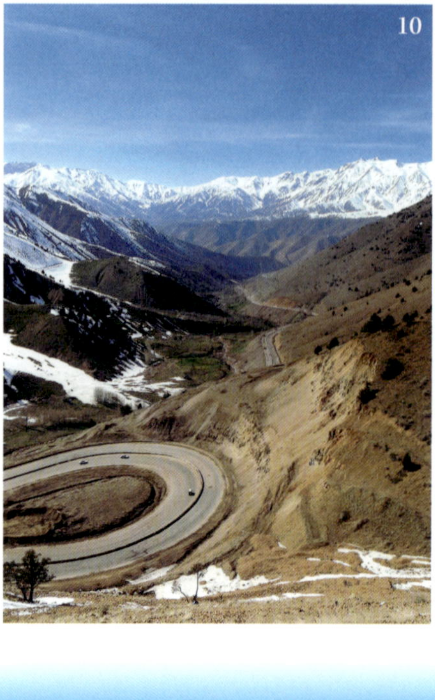

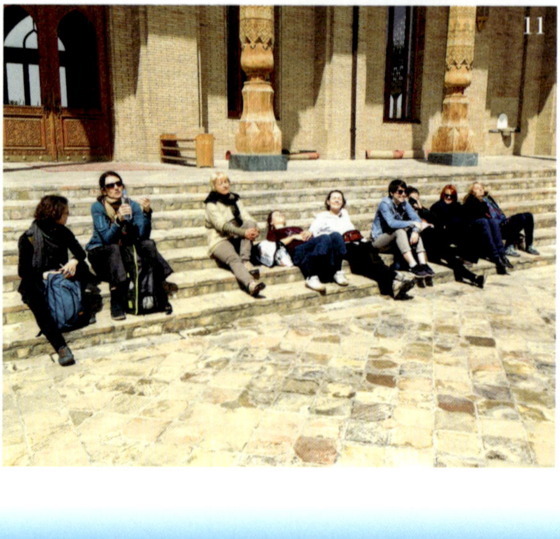

Plastikbändern dem Dekor entsprechend fest umwickelt. Auf diesen Vorgang verweist auch die im Westen gebräuchliche Bezeichnung *Ikat*, die auf das malaiische Wort *mengikat* für wickeln/binden zurückzuführen ist (→ 04–06). [...]

Frühe Zentren wie Indien oder China haben durch Handel und Migration zur Verbreitung der Ikattechnik in Südostasien, im Mittleren Osten, in den östlichen Mittelmeerländern sowie in West- und Ostafrika beigetragen. Durch Handelsbeziehungen zwischen dem Osmanischen Reich und Italien gelangte die Technik im 17. Jahrhundert schließlich nach Europa. Ikatgewebe wurden im 18. Jahrhundert rasch zu einem begehrten Luxusartikel an den europäischen Höfen. Um die große Nachfrage zu stillen, adaptierten findige französische Textilproduzenten die Herstellungsmethode. Anstelle des aufwändigen Abbindens und mehrmaligen Färbens gelang es, durch das Bedrucken oder Bemalen der Kettfäden eine ökonomische und flexible Imitation zu schaffen. War die Ikattechnik in der Textilproduktion Europas im 20. Jahrhundert fast verschwunden, so wächst seit den 1970er-Jahren wieder das Interesse daran. Kunstschaffende wenden sich vermehrt dieser komplexen Methode zu und tragen dazu bei, das Wissen um ein uraltes Verfahren der Gewebemusterung zu bewahren."[1]

Dieses Projekt, in dem sich Lehrende und Studierende mit Expert*innen aus Österreich und Usbekistan mit dem Ikat auf verschiedenen Ebenen intensiv auseinandersetzten, vermittelt sehr gut sowohl die faszinierende und inspirierende Kraft wie auch das technische und künstlerische Potenzial dieser gleichermaßen alten und dennoch aufregend frischen Kulturtechnik. Eingeführt und begleitet von zwei in der Weberei und in Färbetechniken sehr erfahrenen Künstlerinnen und Lehrenden, Eva Lachner und Beatrix Ikonomu, erforschten Studierende über einen Zeitraum von mehr als zwei Jahren die technischen Grundlagen des Ikat hinsichtlich ihrer künstlerischen Anwendungs-, Interpretations- und Transformationspotenziale und entwickelten individuelle Stücke, in denen sie die historische Technik in ihr Alltagsleben und ihre künstlerische Sprache übersetzten (→ 03, 09, 12–14).

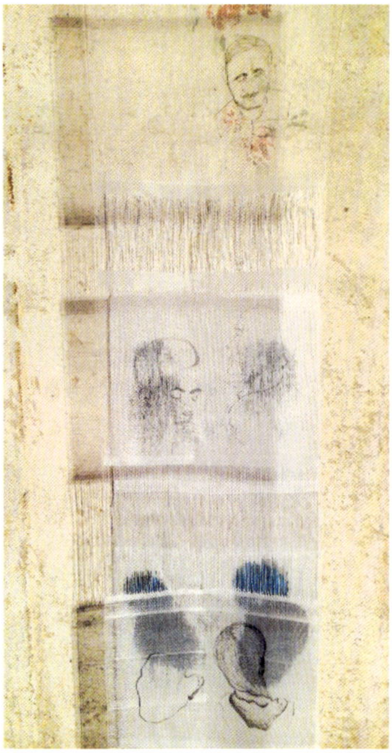

12 Viktoria Gitzl, *Interaction*, 2013/14. Kett-Ikat in Drucktechnik, © Barbara Putz-Plecko. Transparente Gewebe aus feiner Baumwollkette und dünnem Nylonschuss; Skizzen von Beobachtungen im Alltag, aufgetragen mittels Siebdruck.

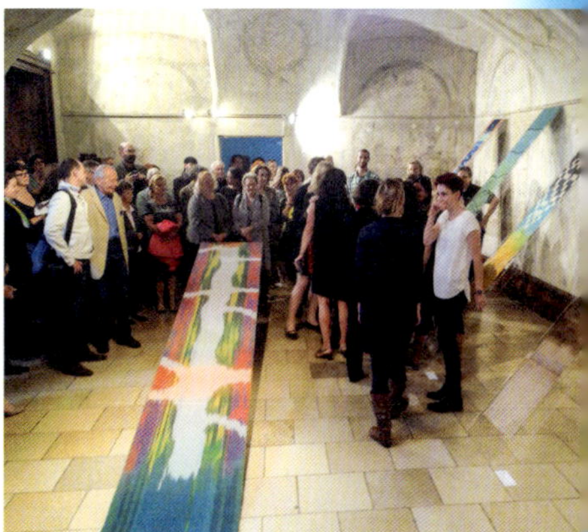

13 Ausstellungsansicht Heiligenkreuzerhof, Wien, 2014, © Barbara Putz-Plecko. Im Vordergrund: Simone Hintermayer-Scholz, *Wegbegleiter*, 2013/14. Kett-Ikat, Leinen. An der Seitenwand rechts, von hinten: Teresa Holzer, *Wolkenwasserpflanzen/Algenteppich*, Monika Haas, *Die Mündung*, Victoria Dirisamer, *px* und Valentina Wolf, *Kolon*, alle 2013/14, © Barbara Putz-Plecko

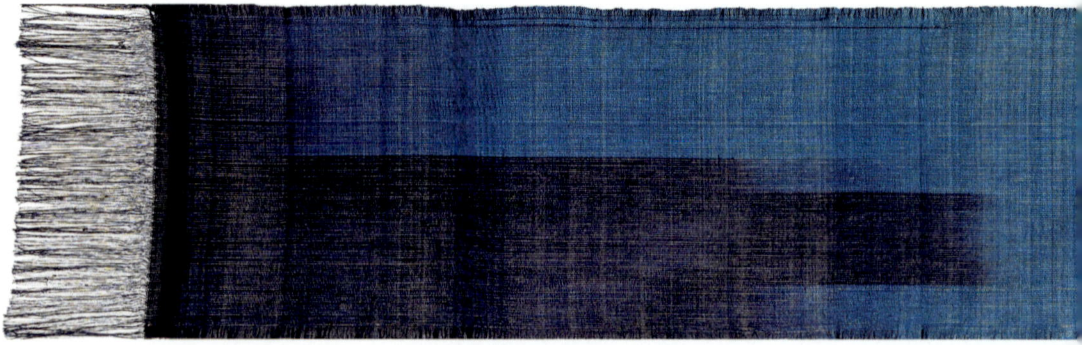

14 Monika Haas, *Die Mündung*, 2013/14. Kett-Ikat, Baumwolle, Seide, © Barbara Putz-Plecko. Inspirationsquelle: Fotografie einer Flussmündung, www.nasa.gov/catalog

Ein solches zeitintensives und ausdauerndes Vorgehen, das sowohl auf Recherchen als auch technischen Übungen und Experimenten aufbaut, als auch einem intensiven Entwurf- und Gestaltungsprozess von mehr als einem Jahr Raum gibt, ist in der Struktur universitärer Curricula nicht selbstverständlich unterzubringen. Jedoch überzeugen gerade diese in ihren Strukturen großzügig angelegten Studienprojekte durch den selbstgewählten fokussierten Einsatz aller Beteiligten, ihre Begeisterung und den nachhaltigen Wissens- und Erfahrungszuwachs. Der entsprechend weite Rahmen ermöglicht sowohl Vertiefung als auch Verdichtung, innovative Zugänge und transformative Prozesse, die schließlich von allen Beteiligten als besonders wertvolle Erfahrung im Rahmen des Studiums geschätzt werden, zumal derartig aufwändige und komplexe Prozesse eben doch ein neues und essenzielles Verständnis der Weberei ermöglichen. Nicht nur die Qualität der künstlerischen Ergebnisse spricht für sich, sondern auch der explizite und implizite Erkenntniszuwachs in Hinblick auf Kulturtechniken sowie kulturwissenschaftliche und künstlerische Problemstellungen und Perspektiven.

Den Einstieg in den kulturellen Hintergrund dieses Projektes unterstützte dankenswerterweise das Textilarchiv des Weltmuseums. Eine Vertiefung erleichterten Kontakte zur Gesellschaft zur Förderung der Textil-Kunst-Forschung mit Blick auf Ikatvarianten in Zentral-, Ostasien und Japan und zu Archiven und Sammlungen mit ebensolchen Schwerpunkten. Den Höhepunkt bildete schließlich eine in den gemeinsamen Arbeitsprozess eingebettete gemeinsame Exkursion nach Usbekistan – nach Taschkent, Samarkand, Buchara, Shachrisabz und in das nahegelegene Ferghanatal,

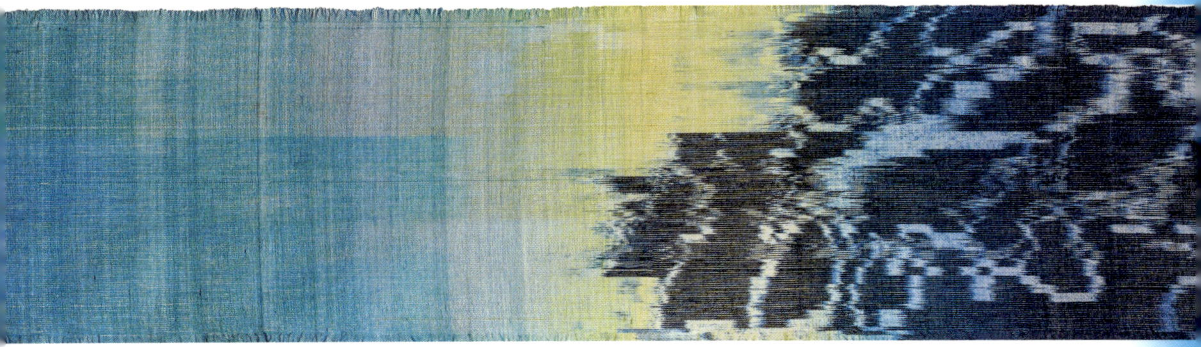

das Zentrum der zentralasiatischen Ikat- und Seidenweberei (→ 10–11).

Die vielfältigen Begegnungen mit Weber*innen vor Ort und der Einblick in verschiedene Sammlungsbestände bot der Gruppe die Möglichkeit, Prozesse und Ergebnisse ihrer eigenen künstlerischen Forschung zu den in Manufakturen eingesetzten Produktionstechniken im Kontext ihres gesellschaftlichen Umfeldes, maßgeblicher Bedingtheiten sowie regionaler ästhetischer Prägungen in Beziehung zu setzen. Die Erfahrungen, Einsichten und Begegnungen waren gleichermaßen vielschichtig wie eindrücklich und nachhaltig inspirierend. Allerdings machten sie auch dramatisch deutlich, wie viel und was alles getan werden müsste, um die letzten Horte einer einstmals so reichen Ikatproduktion an der Seidenstraße, die „wie Perlen aus dem Ozean" den alten Handelsweg säumten, vor dem absehbaren Verschwinden zu bewahren.

Die künstlerischen Ergebnisse dieses Projektes wurden seit 2014 in mehreren Ausstellungen gezeigt und sind dokumentarisch erfasst. Die hier beigestellten Abbildungen zeigen beispielhaft die Vielfalt der individuellen Zugänge und Interpretationen der besonderen Kulturtechnik.

---

1 | Auszüge aus Edith Oberhumer, „Perfekt unperfekt. Ein Überblick zu Technik und Geschichte von Ikat". In: *Ikat. Farbspiegelungen.* Projektkatalog, Abteilung *Textil*, Eigenverlag Universität für angewandte Kunst Wien, 2014.

2 | Piet Mondrian, *Plastic Art and Pure Plastic Art, 1937, and other essays, 1941–1943.* Wittenborn, New York 1945.

TEPPICH ALS KOLLEKTIVE SPIELERISCHE MATRIX

Flying Carpet

Projektleitung: Tatia Skhirtladze, Barbara Graf

Projekt in Kollaboration mit Aserbaijan National Carpet Museum in Baku

Zeitraum: 2015/16 und 2018

Beteiligte: Brigitte Zaussinger, Laura Lang, Matthias Schoiswohl, Valentina Wolf, Anka Nidzgorska, Afra Kirchdorfer, Eve Scherl

Cadavre Exquis ist eine im Surrealismus entwickelte spielerische Methode, die den Zufall bei der Entstehung von Texten und Bildern bzw. künstlerischen Arbeiten als Werkzeug verwendet. So entstand auch der vorliegende Bildbeitrag. Die kollektive Arbeit von Anka Nidzgorska, Afra Kirchdorfer, Laura Lang, Valentina Wolf und Tatia Skhirtladze ist ein Zufallswerk aus traditionellen Symboliken in Kaukasus-Teppichen, sinnlichen Erinnerungen und subjektiven Übersetzungen. Die durch dieses spezielle Verfahren entstandene flächige Gestaltung kann betrachtet, ausgemalt oder ausgerissen, aber auch als Poster an die Wand gehängt oder als Knüpfvorlage verwendet werden. So setzt sich das Spiel fort, wird weitergedacht und transformiert sich mit jeder gestalterischen Zufügung oder jedem Eingriff.

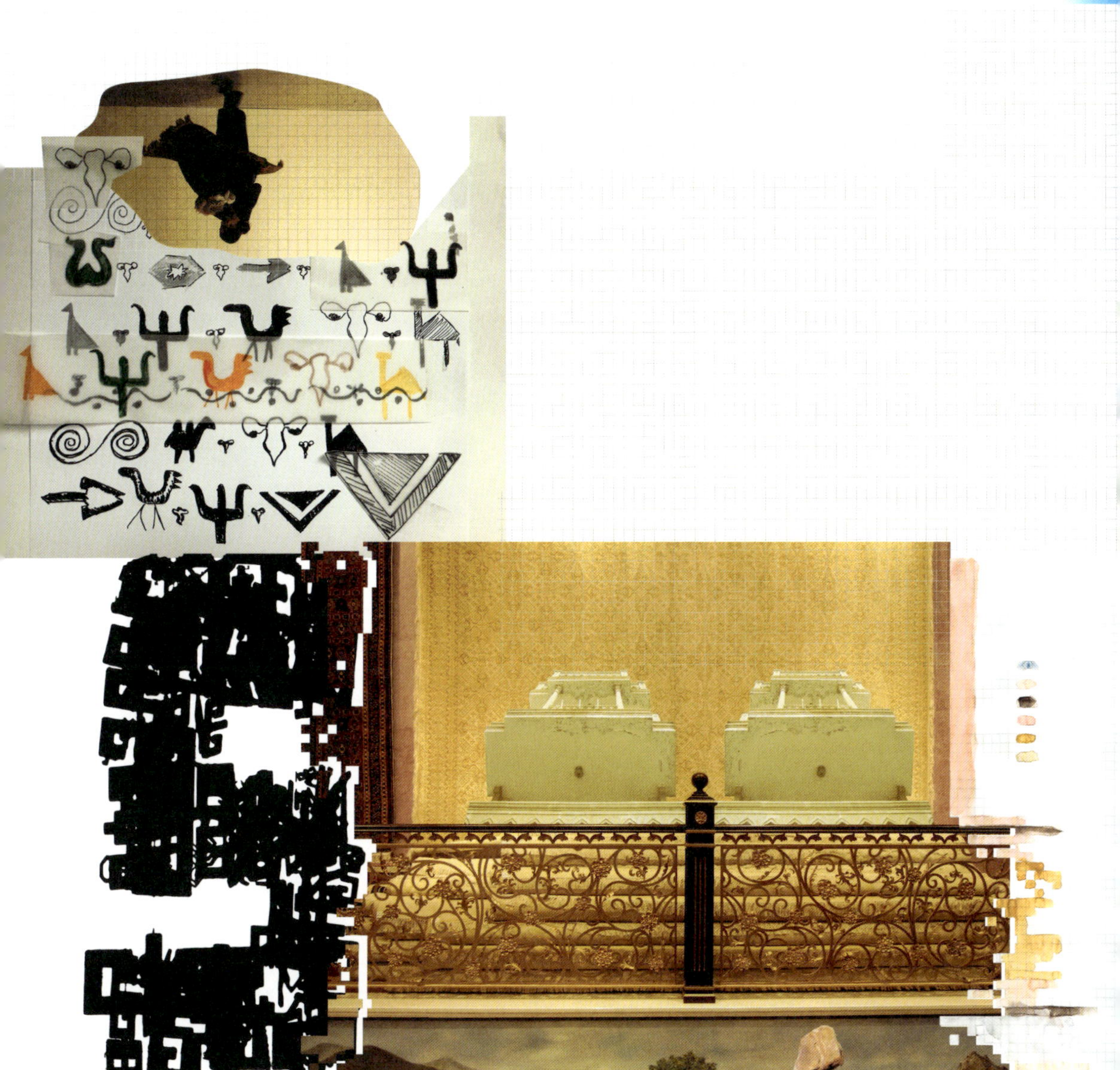

01 *Teppich als kollektive spielerische Matrix*, 2021, © Team *Flying Carpet*

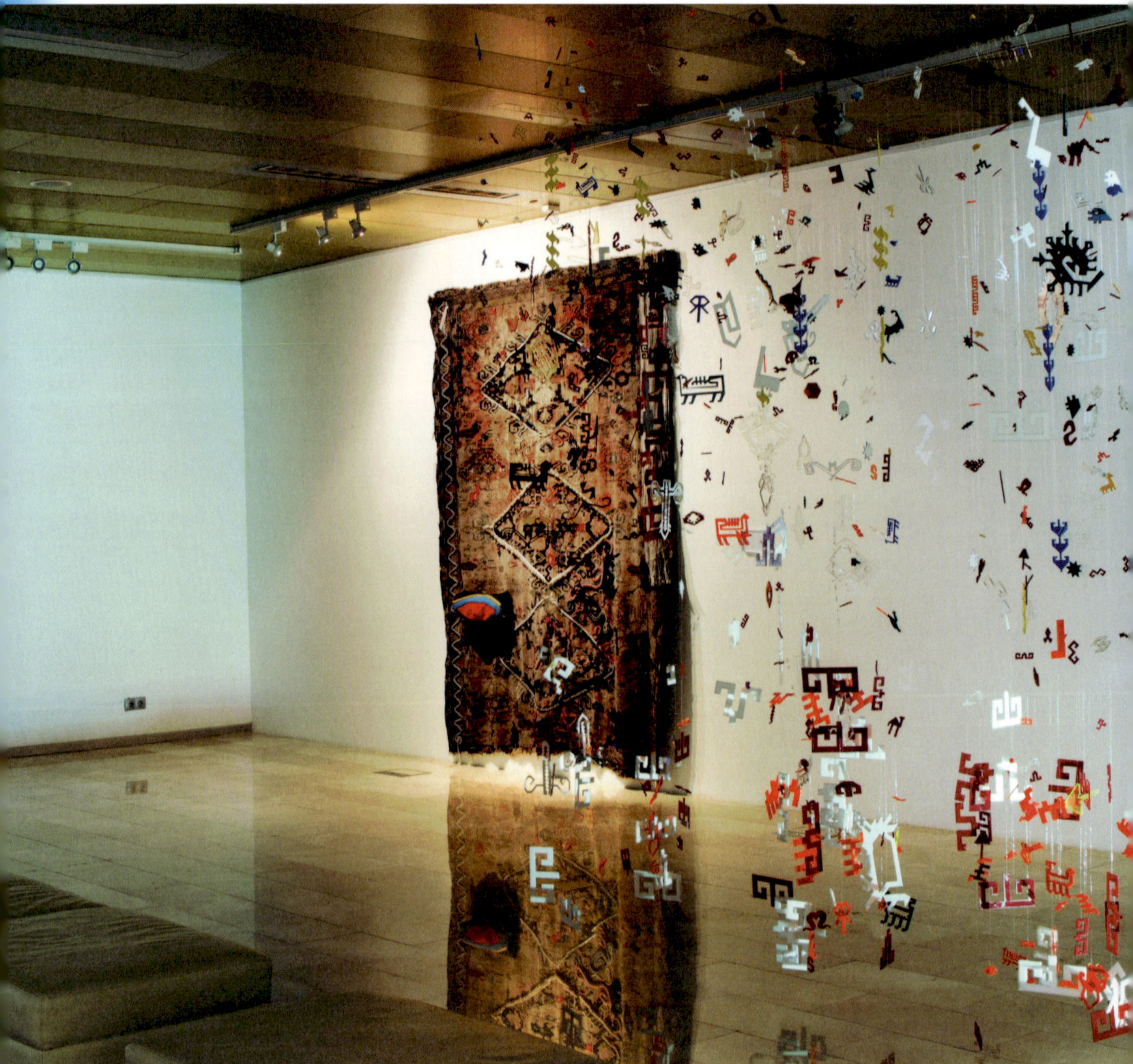

02 *Flying Carpet*, 2017. Ausstellungsansicht, Aserbaijan National Carpet Museum in Baku, © Team *Flying Carpet*

Ausgangspunkt für den vorliegenden Beitrag waren die zwei Projekte *On Carpets* und *Flying Carpet*, welche in der Abteilung *Textil – Freie, angewandte und experimentelle künstlerische Gestaltung* am Institut für Kunstwissenschaften, Kunstpädagogik und Kunstvermittlung in den Jahren 2015/16 und 2018 durchgeführt wurden.

Die Projektgruppe, bestehend aus Brigitte Zaussinger, Laura Lang, Matthias Schoiswohl, Valentina Wolf sowie Anka Nidzgorska, Afra Kirchdorfer und Eve Scherl, haben sich mit der Unterstützung von Künstler*innen, Kurator*innen, Expert*innen, Sammler*innen, Händler*innen, Restaurator*innen und Liebhaber*innen sowie den Projektleiter*innen Tatia Skhirtladze und Barbara Graf dem Thema Teppich angenähert und sich mit Handwerk, Produktion und kulturellen Bedeutungen vertraut gemacht. Der geknüpfte Orientteppich besteht jedoch nicht nur aus Knoten, sondern ist selbst ein Knotenpunkt, der entfernte Orte verbindet, soziale und kulturelle Denkmuster verkörpert und neue Gedanken aufzunehmen vermag. Werden einzelne Motive herausgegriffen oder Strukturen zerlegt und mit neuen Elementen vermischt, entstehen neue Bedeutungszusammenhänge.

Im Rahmen des Projekts wurden Studien- und Arbeitsreisen nach Aserbaidschan unternommen, eine Kooperation mit Studierenden der Kunstakademie Baku und dem staatlichen Teppichmuseum eingegangen, künstlerische Arbeiten entwickelt und Ausstellungen in Wien und in Baku realisiert.

Entstanden ist ein biografisches Gewebe, durchwachsen von transkulturellen Erfahrungen, von Kontrolle und Freispiel, von Disziplin und Fluss als Erkenntnisprozess über das Objekt Teppich als zeitloses Kommunikationsmedium, eingebettet in Archaik und Moderne, Gesellschaft und Politik, Wissenschaft und Kunst.

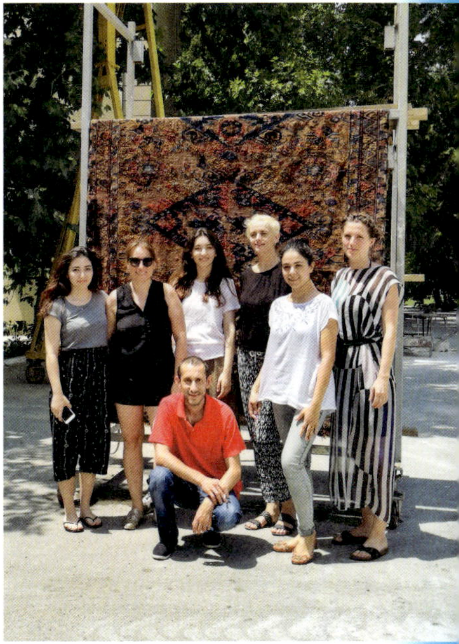

03 Team *Flying Carpet* in Baku, 2017, © Team *Flying Carpet*

ornaMental structures. figure and ground

Danica Dakić

Projektleitung: Danica Dakić

Beteiligte: Agnes Achola, Filiz Bayazit, Claire Chatel, Eva Maria Haslauer, Sandra Herzog, Dragan Jeremić, Stefanie Jörgler, Nina Kugler, Dora Kuthy, László Lukács, Peter Hois, Gerda Prantl, Anna-Pia Rauch, Julia Maria Rohn, Nina Schuiki, Johanna Schwediauer, Irena Sladoje, Jakob Steiner, Elena Waclawiczek, Maria Walcher, Jana Richenbachová, Brigitte Zaussinger, Antonia Zippermayr

Kooperationspartner*innen und Unterstützer*innen in Sarajewo: Jusuf Hadzifejzović (CK Charlama), Asja Mandić (Universität Sarajevo), Ibrahim Spahić (Sarajevo Winter Festival), Ars Aevi, SCCA, Collegium Artisticum, Privredni Grad Skenderija, Österreichische Botschaft Sarajevo

Katalog zum Projekt:

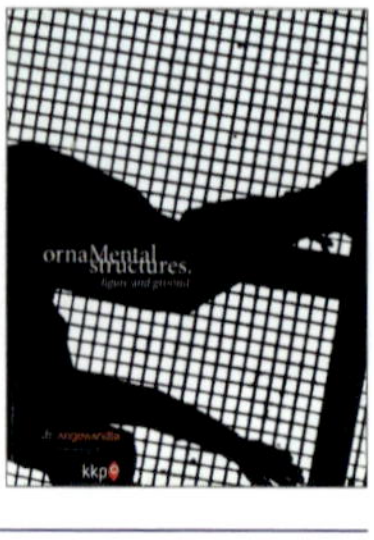

Vorwort

Barbara Putz-Plecko

Die ambitionierte Projektidee für *ornaMental structures* entwickelte die Installations- und Videokünstlerin Danica Dakić als thematische Grundlage ihrer Gastprofessur an den Abteilungen *Kunst und kommunikative Praxis* und *Textil.* Im Fokus stand die künstlerische Untersuchung ornamentaler Strukturen – ihre Konstruktion und Einschreibung in historische und symbolische Ordnungen, ihre kontextuellen Bedingtheiten, ihre Wandelbarkeit, individuelle Auslegung, Umdeutung sowie Neufassung. Die Entscheidung über Medien und Arbeitsweisen lag ebenso bei den Studierenden wie die individuelle inhaltliche Schwerpunktsetzung im künstlerisch forschenden Prozess. Einen spezifischen Feinschliff erhielten die künstlerischen Arbeiten durch Bezugnahme auf Ort und Kontext ihrer Präsentation im Charmala Center for Cultural Activities in Sarajevo und durch die vielschichtige Auseinandersetzung mit kooperierenden bosnischen Künstler*innen und Kulturschaffenden.

Während ein herausragendes Merkmal des Werks von Danica Dakić in ihrer besonderen Fähigkeit liegt, brisante Themen wie Migration, Nationalismus, Identität, gesellschaftliche

Normen und damit verbundene Ein- und Ausschlüsse künstlerisch äußerst feingesponnen und abseits jeglicher belehrender Verkürzungen gleichermaßen poetisch und vielschichtig wie scharfsinnig und präzise zu bearbeiten, so versteht sie es auch, als Lehrende Studierende bestmöglich darin zu begleiten, sich komplexen Themen- und Problemstellungen mit fassbaren Fragen zu nähern, um künstlerisch eine Resonanz aufbauen zu können.

ornaMental structures. figure and ground

Danica Dakić

Das Motiv, das ich für das dreisemestrige künstlerische Projekt mit Studierenden auswählte, ist für Wien so prägend wie in der Kunstgeschichte umstritten – das Ornament. Bezeichnend für die Brisanz des Themas ist Adolf Loos' berühmtes Verdikt gegen das Ornament als „Verbrechen". Doch die Trennung zwischen Funktion und Schmuck, die in diesem Urteil vollzogen wird, ist selbst zu befragen. In unterschiedlichsten Epochen, Kulturkreisen und Genres lassen sich ornamentale Strukturen als Chiffren kultureller Formationen erkunden. Ornamentales durchzieht alle Formen menschlichen Gestaltens und strukturiert unsere Wahrnehmung; in seiner Dynamik zwischen Variation und Wiederholung, Eigenheit und Stereotyp ist es Träger kultureller Muster und Medium ihrer individuellen Aneignung.

Im Mittelpunkt des Projekts stand die eigene künstlerische Arbeit, in der die Studierenden anhand ornamentaler Strukturen in unterschiedlichen Formen und Medien ihr individuelles Heute erforschten. Ihre Erkundungen galten dem Verhältnis von Sichtbarkeit und Unsichtbarkeit, von Oberflächen und Hintergründen, von Einzelnem und Masse, von ökonomischen Rationalitäten und seelisch-körperlicher Erfahrbarkeit, von persönlicher Biografie und politischer Geschichte. Die individuellen und kulturell geprägten Sichtweisen flossen ebenso in die Arbeit ein wie sie durch eine große kollektive Kreativität infolge des intensiven Miteinanders befördert wurden.

Ort der Erkundungen war das Charlama Depot in der unterirdischen Shoppingmall Centar Skenderija im Zentrum von Sarajevo, wo wir das Verhältnis von Figur und Grund untersuchen konnten. Bei den Räumen handelte es sich um temporär leerstehende Geschäfte einer ehemals mondänen Einkaufspassage, die durch raumbezogene künstlerische Projekte als „Kunsträume" der Öffentlichkeit wieder zugänglich gemacht werden. Für eine Woche wurde dieser Ort nun von den Student*innen und den Gastkünstler*innen aus Sarajevo bespielt, befragt, inszeniert, verwandelt: Ob sie auf die sichtbar kommerziellen Funktionen oder den Freizeitcharakter des Ortes anspielten, auf Dimensionen von Mode oder auf die von Krieg und aktueller wirtschaftlicher Rezession hinterlassene Leere in der Einkaufspassage, ob sie autobiografische Momente oder politische Zusammenhänge aufgriffen – immer fand in der künstlerischen Arbeit eine intensive Auseinandersetzung mit dem Vorgefundenen statt. Statt eines „Verbrechens" konnte im Ornamentalen ein Potenzial der Dechiffrierung von erlebter Wirklichkeit entdeckt werden. Im Rahmen der Ausstellung fand eine Podiumsdiskussion mit der Kunsthistorikerin und Professorin Asja Mandić (Universität Sarajevo) statt, zu der auch Studierende und Kulturschaffende aus Sarajevo eingeladen waren.

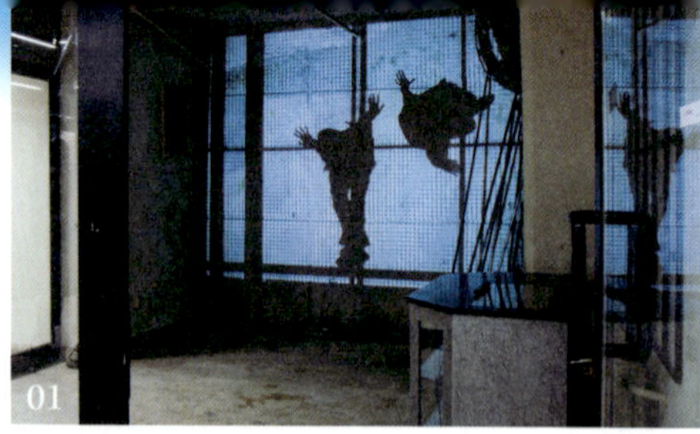

01

01 Anna-Pia Rauch, *Improvisation*, 2011. Video, © Anna-Pia Rauch

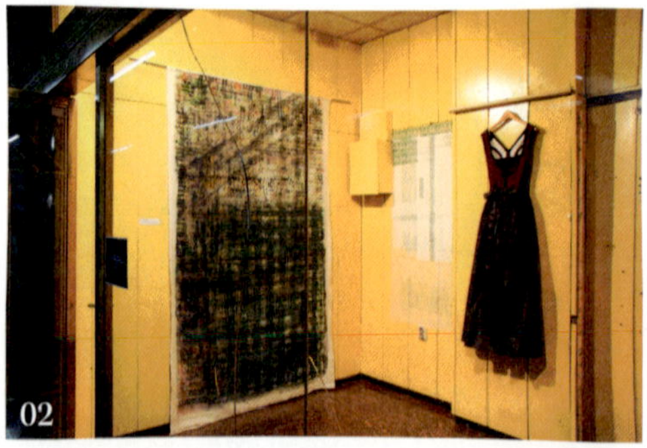

02

02 Sandra Herzog, *TALMAL – In tiefen Tälern*, 2011. Installation, bedrucktes Molino, bedruckte Seidenpapiere, Pinzgauer Sonntagstracht, © Julia M. Rohn und Peter Hoiss

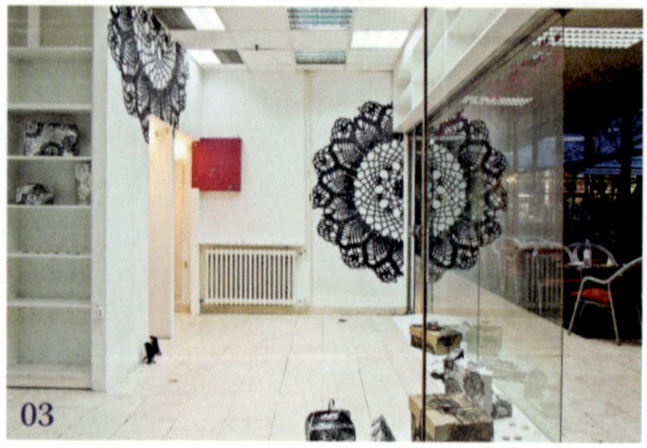

03

03 László Lukács, *We love Oma*, 2011. Installation, Textilien, Holz, Pappe, Buttons, Tapete, Farbe, Siebdruck, © Julia M. Rohn und Peter Hoiss

04 Antonia Zippermayr, *Times New Roman*, 2011. Elf bestickte Herrentaschentücher, © Julia M. Rohn und Peter Hoiss

05 Eva Maria Haslauer, *Vita*, 2011. Video, 02:40 h, © Julia M. Rohn und Peter Hoiss

06 Claire Chatel, *Choukroun*, 2017. Video 06:24 min, © Julia M. Rohn und Peter Hoiss

07 Nina Kugler, *Übersetzungsstück in drei Sprachen*, 2011. Audioinstallation, Text 15:00 min, © Julia M. Rohn und Peter Hoiss

08 Agnes Achola, *Untitled*, 2011. Installation, Stempel, bedruckter Stoff, © Julia M. Rohn und Peter Hoiss

04

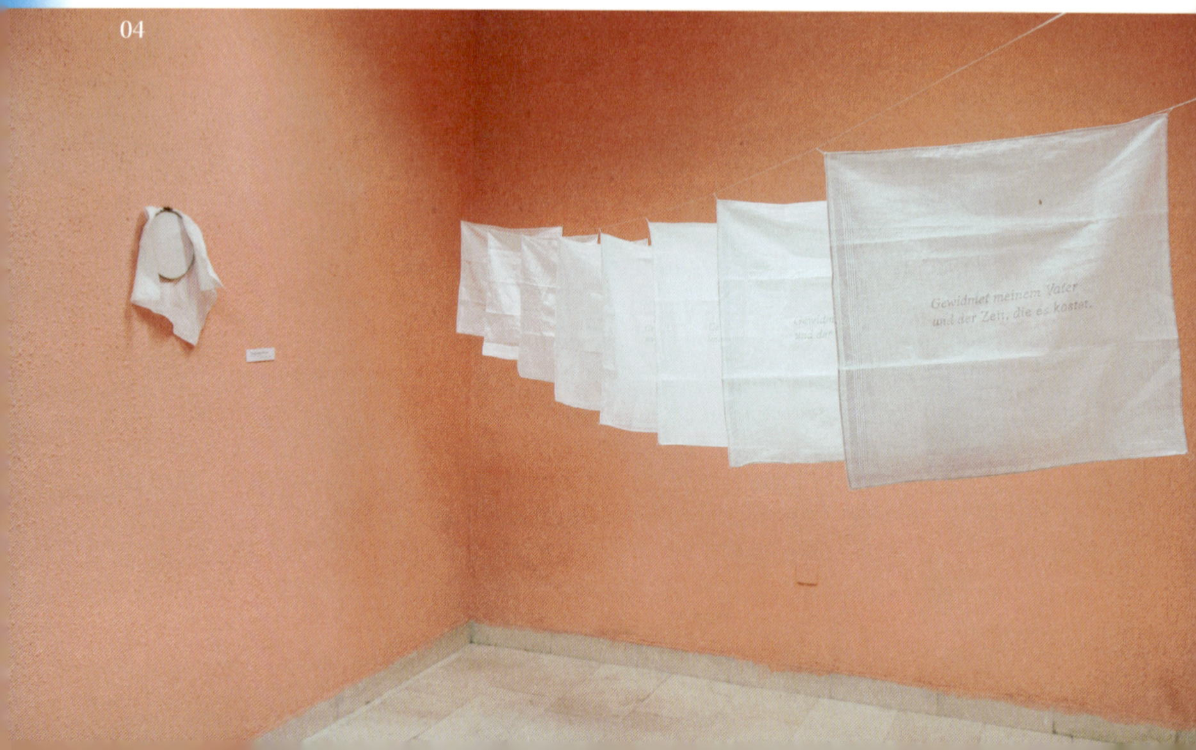

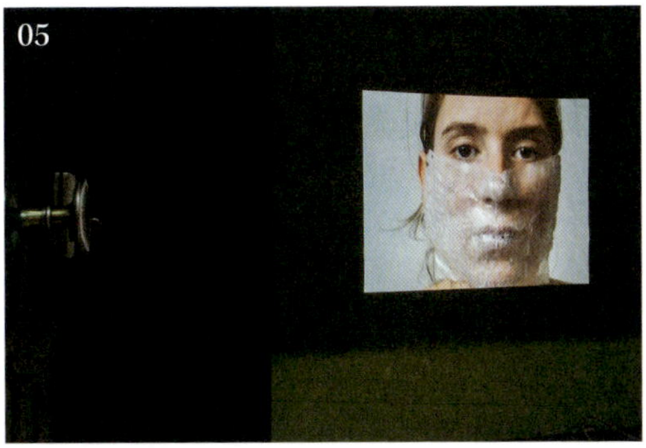
05

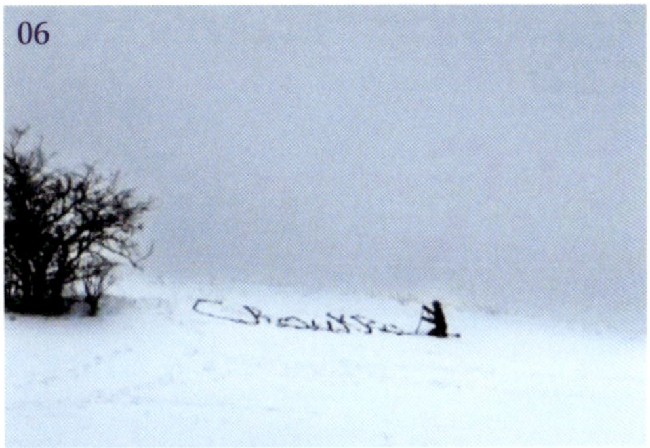
06

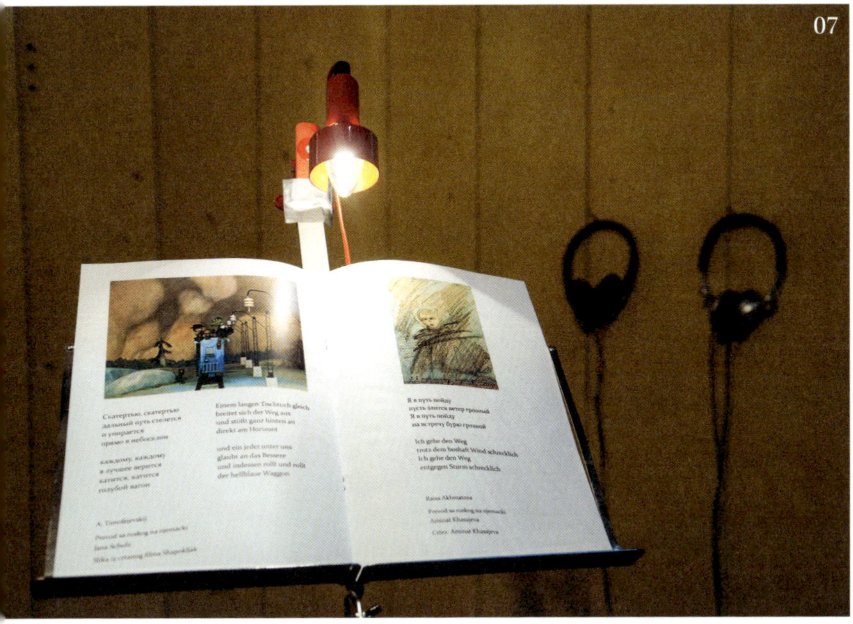
07

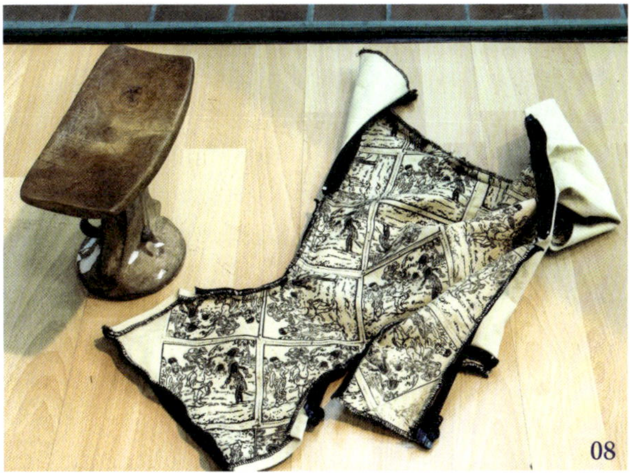
08

Reflexionen zum Projekt[1]

Asja Mandić

ornaMental structures. figure and ground ist ein künstlerisches Projekt im öffentlichen Raum, situiert in einem sehr speziellen Kontext – in Sarajevo, das geprägt ist durch radikale Veränderungen in Politik und Gesellschaft: die Nachkriegskrise, den Übergang zu marktwirtschaftlichen Strukturen sowie einen generellen ökonomischen Niedergang. Das Projekt [...] präsentiert unterschiedliche künstlerische Praktiken, die die Identität einer räumlichen Situation erkunden, anpassen oder in Frage stellen. [...]

ornaMental structures verweist auf zwei Lesarten von Struktur als etwas Konstruiertem, Organisiertem, Angeordnetem: Die eine bezieht sich auf das Verständnis von ornamentaler Struktur als konstruiertes Dekorationssystem oder sich wiederholendes Muster. In einer anderen Lesart geht es um das System von mentalen oder kognitiven Strukturen, die unser tägliches Leben bestimmen. Der Begriff „Ornament" wird meist mit angewandter Kunst und Architektur in Zusammenhang gebracht und war Gegenstand unterschiedlicher moderner und postmoderner Debatten: Von dem berühmten Diktum Adolf Loos', [...] über seine Zeitgenossen Theodor W. Adorno oder Ernst Bloch, der – konträr dazu – den Tod des Ornaments in der Kunst und Architektur als einen synthetisch hergestellten Mangel an Vorstellungskraft definierte, bis hin zur postmodernen Theorie und Praxis, die die Abschaffung des Ornaments in der Moderne in Frage stellte. Einer der wesentlichsten Denkansätze dazu stammt von Robert Venturi. [...] Nach Venturi hat das Ornament eine rhetorische, hybride und kontextbezogene Funktion – und es ist ein Aspekt, der bedeutsam ist, um die Ausstellung *ornaMental structures* zu verstehen.

Jede Kultur hat ihr Repertoire an ornamentalen Motiven entwickelt. Diese Motive fungieren als Repräsentation der Vergangenheit, von Tradition, Gedächtnis und Identität. Wie ornamentale Strukturen in der Kleidung, in Stickereien oder Teppichen gestaltet, rekonstruiert und über die Generationen weitergegeben werden, ist Ausdruck von individueller und kollektiver Erinnerung und Identität.

Mit ihrer Arbeit *TALMAL – In tiefen Tälern* erkundet Sandra Herzog die Komplexität von ornamentalen Strukturen innerhalb ihrer Tradition und unternimmt den Versuch, die Migration von Elementen aus anderen Kulturen zu dekodieren, die Teil ihres Familienerbes geworden sind (→ 02).

László Lukács (*We love Oma*) verwandelt ein Motiv aus der Spitze seiner Großmutter in eine an den Ort angepasste Installation und hinterlässt auf diese Weise eine Spur seines Familienerbes in dem verlassenen Geschäft (→ 03).

Antonia Zippermayr (*Times New Roman*) wendet eine ähnliche Methode der Erforschung ihrer eigenen Identität im Verhältnis zu ihrer Familientradition an, indem sie den Text und die Schrifttype aufgreift, die ihr Vater für die Widmungen seiner Bücher an Familienmitglieder verwendete. In nahezu ritueller Wiederholung bewahrt sie diese in Stickereien auf Männertaschentüchern (→ 04).

Diese Arbeiten dokumentieren und dechiffrieren in ihrer materiellen Evidenz Traditionen und Identitäten als ein kulturelles und familiäres Erbe, das bewahrt werden soll in einer globalisierten Welt, die droht, diese Werte auszulöschen. Pierre Nora stellte fest, dass das moderne Gedächtnis archivarisch funktioniert: Es heftet sich an die Materialität der Spuren.

So kann die Bewahrung jener sichtbaren Indizien von Erinnerung eine wichtige Rolle für die zukünftigen Konstruktionen und Rekonstruktionen von Geschichte, Gedächtnis und Identität spielen. Innerhalb des spezifischen urbanen und räumlichen Kontextes problematisieren die Arbeiten darüber hinaus kontingente wie fragmentarische Konzeptionen von Identitätsstiftung, wie sie heute durch eine Gesellschaft des Hyperkonsumismus und des transnationalen Kapitalismus geprägt werden: Diese privaten und kollektiven Erinnerungen und Identitäten sind nun im öffentlichen Raum platziert, eben in den kommerziellen Stätten des *Centar Skenderija*, und damit jenen besonderen Formen des Sozialen unterworfen, die durch Konsum und Tausch von Waren und Dienstleistungen gekennzeichnet sind. Dies wirft die Frage auf, inwieweit die Identität von Künstler*innen bereits durch das Herrschaftssystem des westlichen kapitalistischen Kunstmarkts strukturiert ist und wie sie sich selbst in Bezug darauf wahrnehmen und präsentieren, um den kompetitiven institutionellen bzw. marktspezifischen Kräften zu begegnen.

In dem Video *Vita* liest Eva Maria Haslauer ihr Curriculum Vitae vor – unter einer Maske, verschleiert, so, dass ihre Identität durch Sprache, durch Worte repräsentiert wird. Damit reflektiert die Künstlerin das heutige System des institutionellen Austauschs von Informationen (zwischen Galerien, Museen, dem Kunstmarkt und der Kritik) und das Zirkulieren von Dokumentationen der Künstler*innen im Internet, in denen das Curriculum Vitae die übliche Darstellung ihrer Identitäten und künstlerischen Qualitäten bildet (→ 05).

Claire Chatel (*Choukroun*) (→ 06) und Nina Kugler arbeiten ebenfalls mit Worten, mit Sprache. Sie erkunden das Funktionieren von sprachlichen Strukturen bzw. das Verständnis von ornamentalen Strukturen als etwas funktional Demonstrativem, Kommunikativem, Rhetorischem. In ihrer Arbeit *Übersetzungsstück in drei Sprachen* (→ 07) hinterfragt Nina Kugler allerding dieses Verständnis, indem sie die Schwierigkeiten der Übersetzung von einer Sprache in die andere bis hin zur Dekonstruktion der sprachlichen Strukturen reflektiert, die schließlich Missverständnisse verursachen. [...]

Andere beteiligte Künstler*innen problematisieren wiederum die Beobachtung, dass unsere mentalen Strukturen durch eine Reihe kultureller, sozialer, rassistischer und genderbezogener Vorurteile geprägt werden. Unbewusst werden diese Vorurteile wirksam, beispielsweise in der Wahrnehmung von Andersheit, wie sie in den Arbeiten von Agnes Achola (*Untitled*) (→ 08) oder Julia Maria Rohn (*Columbus Taking Possession of the New World*) (→ 09–10) reflektiert werden, die sich in Beziehung zu einem postkolonialen Diskurs lesen lassen. Es ist interessant, dass Achola Druckstempel verwendet, um Stoffe zu kreieren, die als Markierungen von Differenz fungieren, als Codes der sozialen Distinktion in Bezug auf sozialen Status, Klasse und Geschlecht. [...]

In einem der verlassenen Läden stellt Maria Walcher (*I Pack My Bag*) zwei Nähmaschinen auf und interagiert mit Passant*innen, indem sie diese auffordert, die Kleidungsstücke anzuprobieren, die Geschichte jedes dieser Teile und die Spuren vorheriger Besitzer*innen aus verschiedenen sozialen und kulturellen Kontexten zu erkunden sowie schließlich eigene Kleidungsstücke zu hinterlassen, um auf diese Weise die Trennung zwischen „uns und jenen" zu überwinden. Mit ihrer Arbeit berührt sie psychologische, soziale und kulturelle Implikationen von Kleidungsstücken im Konsumprozess (→ 11–14). [...]

09

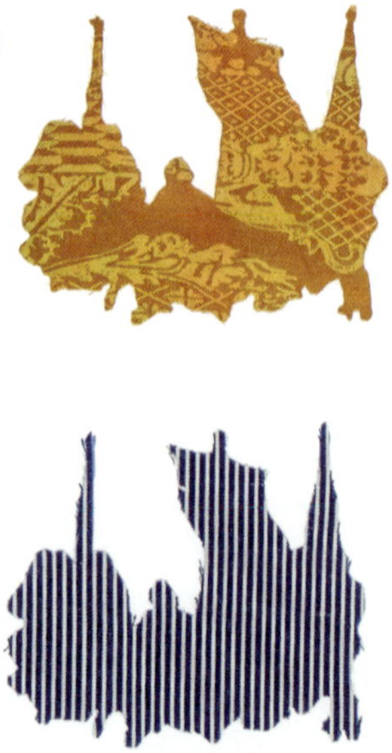

10

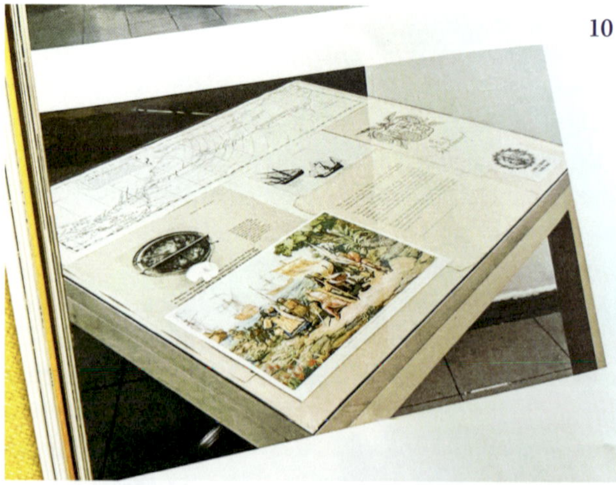

09–10 Julia M. Rohn, *Columbus Taking Possession of the New World*, 2011. Installation, Stoff auf Papier, Schautisch mit Dokumenten, © Barbara Putz-Plecko

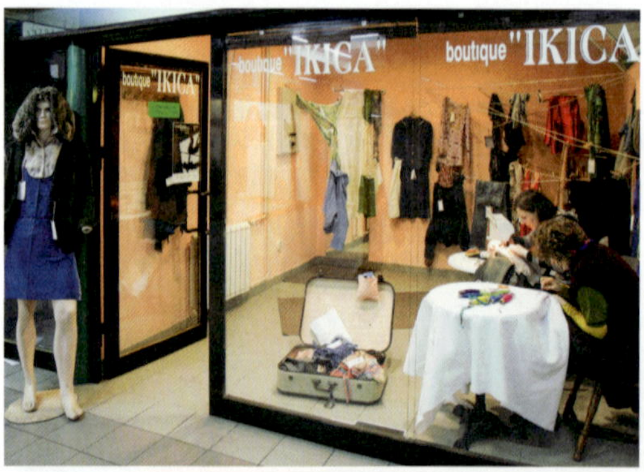

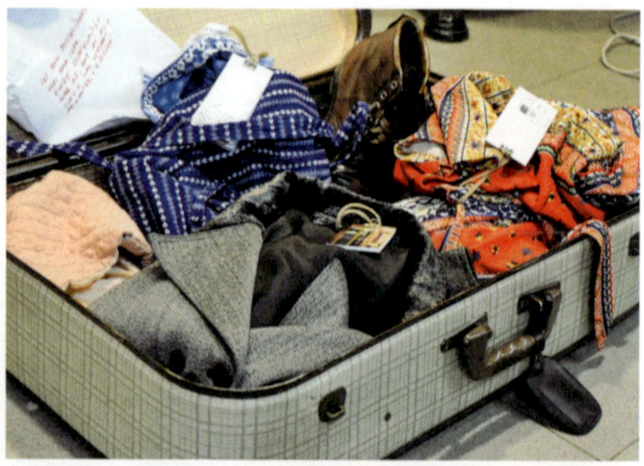

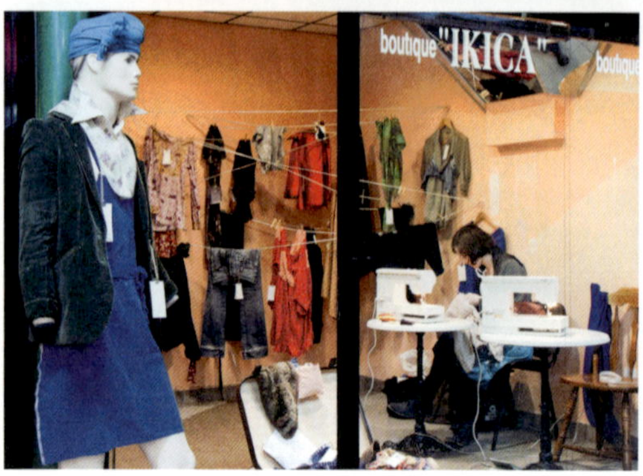

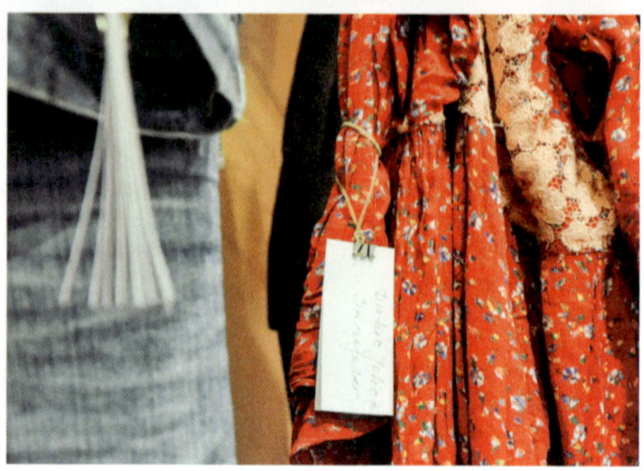

11–14 Maria Walcher, *I Pack My Bag*, 2011. Arbeit in situ, diverse getragene Textilien und Nähutensilien, © Julia M. Rohn und Peter Hoiss

Danica Dakić hat hier ein sehr komplexes, hybrides und offenes Kunstprojekt konzipiert, das ihren Studierenden völlige Freiheit lässt zur Erkundung des Begriffs „Ornament", des Funktionierens von mentalen Strukturen und Spiel, der Wechselwirkung zwischen Figur und Grund. Ihre kuratorische Agenda (und Agenda als Lehrende; Anm. d. Hrsg.) hat nichts Verordnendes; vielmehr ist die Ausstellung das Produkt eines dialogischen Prozesses, des Austauschs zwischen ihr, den Studierenden, dem Charmala Center for Cultural Activities, seinen Künstler*innen und dem Publikum im Kontext dieses besonderen Standortes. Das Projekt greift den speziellen sozialen Raum auf und reichert ihn mit neuer Bedeutung an. Es eröffnet den Dialog über sozioökonomische Prozesse im Sarajevo der Nachkriegszeit und erkundet den Platz von Kunst in unserer heutigen Gesellschaft.

---

1 | Asja Mandić, „Reflexionen zum Projekt". Die hier zitierten Textteile wurden aus dem gleichnamigen Text von Asja Mandić in folgender Publikation übernommen: Barbara Putz-Plecko, *ornaMental structures. figure and ground.* Katalog zur Ausstellung. Abteilung *Kunst und kommunikative Praxis*, Eigenverlag Universität für angewandte Kunst Wien, 2011, 12–15.

Die Auswahl der Textpassagen und damit auch die der hier angeführten Reflexionen zu einzelnen künstlerischen Arbeiten wurde von der Herausgeberin vorgenommen.

Aufnahme eines Seidengespinsts unter dem Elektronenmikroskop, 2024, © Simona Koch und Farkas Pintér

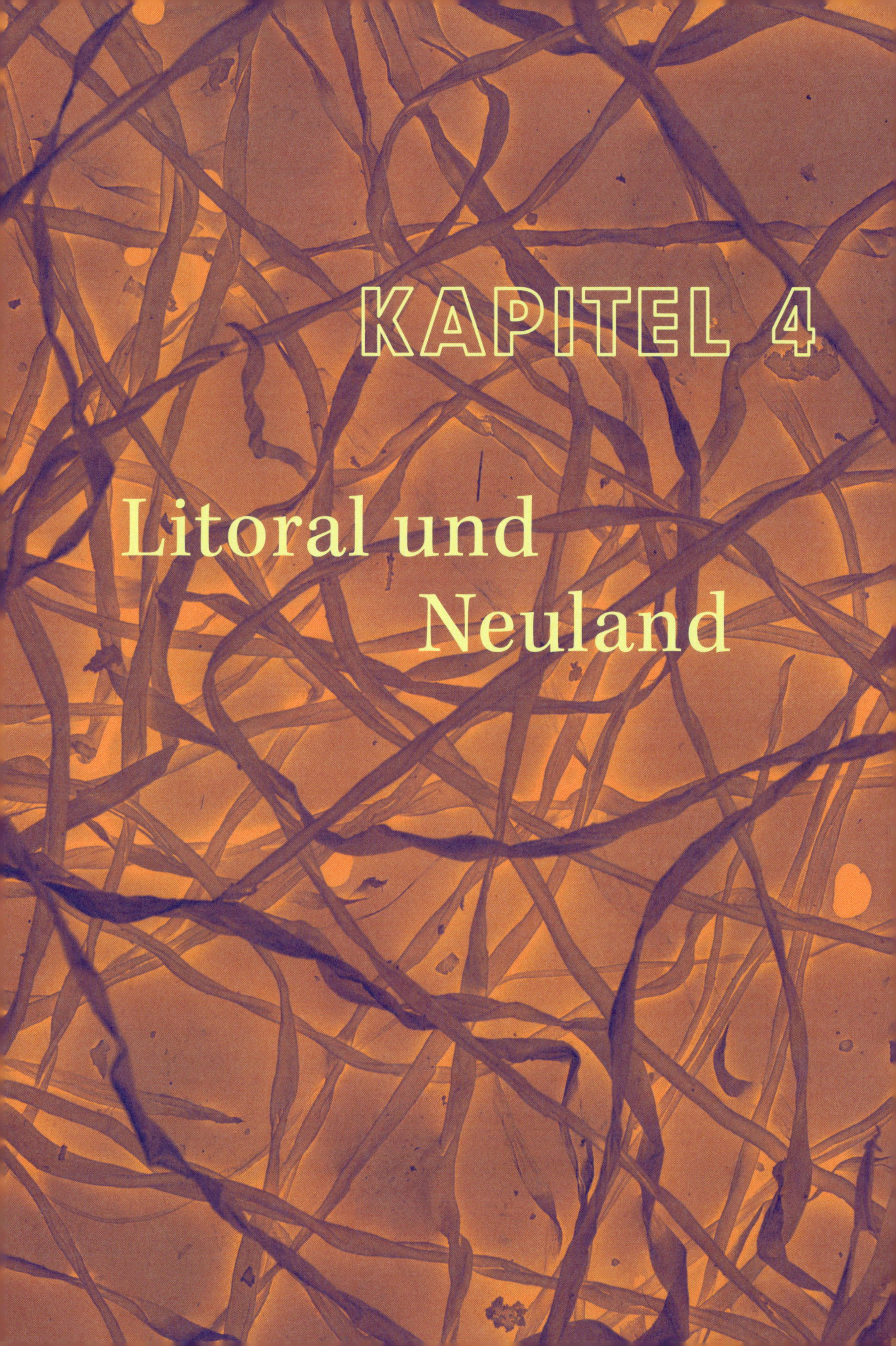

KAPITEL 4

Litoral und Neuland

Litoral und Neuland

Barbara Putz-Plecko

Der aktuelle textilwissenschaftliche Diskurs bündelt multiperspektivische Ansätze und wurzelt vor allem in den *Fashion and Textile Studies*, einer „aus den Kunst- und Kulturwissenschaften, Literaturwissenschaften, aus Geschichte, Soziologie und Design entwickelten neuen Forschungslandschaft mit innovativen theoretischen Ansätzen und Methoden zu Kleidung, Mode und Textilem."[1] Die Praxen und Forschungen an der Abteilung *Textil*, die im folgenden Kapitel beispielhaft vorgestellt werden, sind in der Regel transdisziplinär ausgerichtet und verschränken künstlerische Arbeitsweisen und Forschungsfragen mit kultur- bzw.

geisteswissenschaftlichen, technischen und naturwissenschaftlichen Perspektiven und Methoden. Die institutionelle Rahmung der Forschungsarbeiten ist unterschiedlich – je nachdem, ob es sich um eine künstlerische PHD-Arbeit, eine wissenschaftliche Dissertation oder ein gefördertes Forschungsprojekt handelt. Themen, Methoden und Inhalte sind breit gestreut, tragen aber alle wertvoll zur aktuellen Profilbildung der Abteilung bei.

1 | Elke Gaugele, „Fashion & Textile Studies", [dt.:] „Mode- & textilwissenschaftliche Studien – kulturwissenschaftliche und künstlerische Studien zu Moden und Textilien". In: *FKW // Zeitschrift für Geschlechterforschung und visuelle Kultur*, Heft 52, 2011, Marburg: Jonas Verlag, 17.

DARSTELLUNGEN DES UNSICHTBAREN: KÖRPERERKUNDUNGEN

Barbara Graf

Das künstlerische Forschungsprojekt *Stitches and Sutures*[1] handelt von Erkundungen von Körperempfindungen und deren visueller Darstellbarkeit. Entlang des Übergangs einer physischen Empfindung in eine Wahrnehmung entwickelt sich die Frage: Auf welche Referenzen wird zugegriffen, um Phänomene zu visualisieren, die sich eigentlich der Darstellbarkeit entziehen? Gleichsam einer unsichtbaren Nahtstelle bildet sich ein Gewebe, in dem sich Erfahrungen und gespeicherte Bilder mit gegenwärtig Erlebtem verknüpfen. So verweist auch der Titel des PhD-Projekts[2] auf diesen Prozess eines verknüpfenden Nähens als eine mehr oder weniger feste Verbindung.

Im Fokus der Untersuchung stehen selbst erlebte Parästhesien, ausgelöst von der chronischen Erkrankung der Multiplen Sklerose (MS). Die damit einhergehenden Nervenschädigungen lösen Missempfindungen aus, die unangenehm oder belastend, aber auch irritierend sein können und oft einen „textilen" Charakter haben. Sie umfassen zum Beispiel Kribbeln, Brennen, Stechen, watteartige Erweiterungen und hüllenartige Empfindungen. Die Abweichung von der „normalen" Körperempfindung ist Gegenstand der Untersuchung und ich stelle mir die Frage, welches individuelle und kulturelle Alphabet mir zur Verfügung steht, das Unsichtbare zu visualisieren. Die langjährige Arbeit mit Textil, Zeichnung und die Beschäftigung mit dem Körper bilden eine wesentliche Ressource für die Verkörperungen gelebter Erfahrungen.

Das Auf-Zeichnen der Qualitäten und Intensitäten von Körperempfindungen mündet in ein vermittelndes Format, eine introspektive Exploration und in die Übertragung mit dem Bleistift auf ein Blatt Papier, die auch eine Wiederaneignung des fremd gewordenen Körpers und gleichzeitig eine befreiende Externalisierung bedeutet. Den physischen Phänomenen wird außerhalb des Körpers Raum gegeben, um der emotionalen Seite Ausdruck zu verleihen, sie als visuelle Manifestation fast wörtlich in die eigene Hand zu nehmen und so in der Wahrnehmung auch verändern zu können. Über den psychischen Verarbeitungsprozess hinaus stellt das Projekt grundlegende Fragen der Darstellbarkeit und Vermittlung von subjektiven Phänomenen. Dabei wird auf bekannte Bilder und Ereignisse zurückgegriffen, die als erinnerte Erfahrungen schon – wenn auch flexibel und offen – in einer verbalen oder visuellen Sprache geformt sind. So verbindet sich etwa die Empfindung, der Fuß wäre sockenartig eingehüllt, mit der Erfahrung, Socken zu tragen.

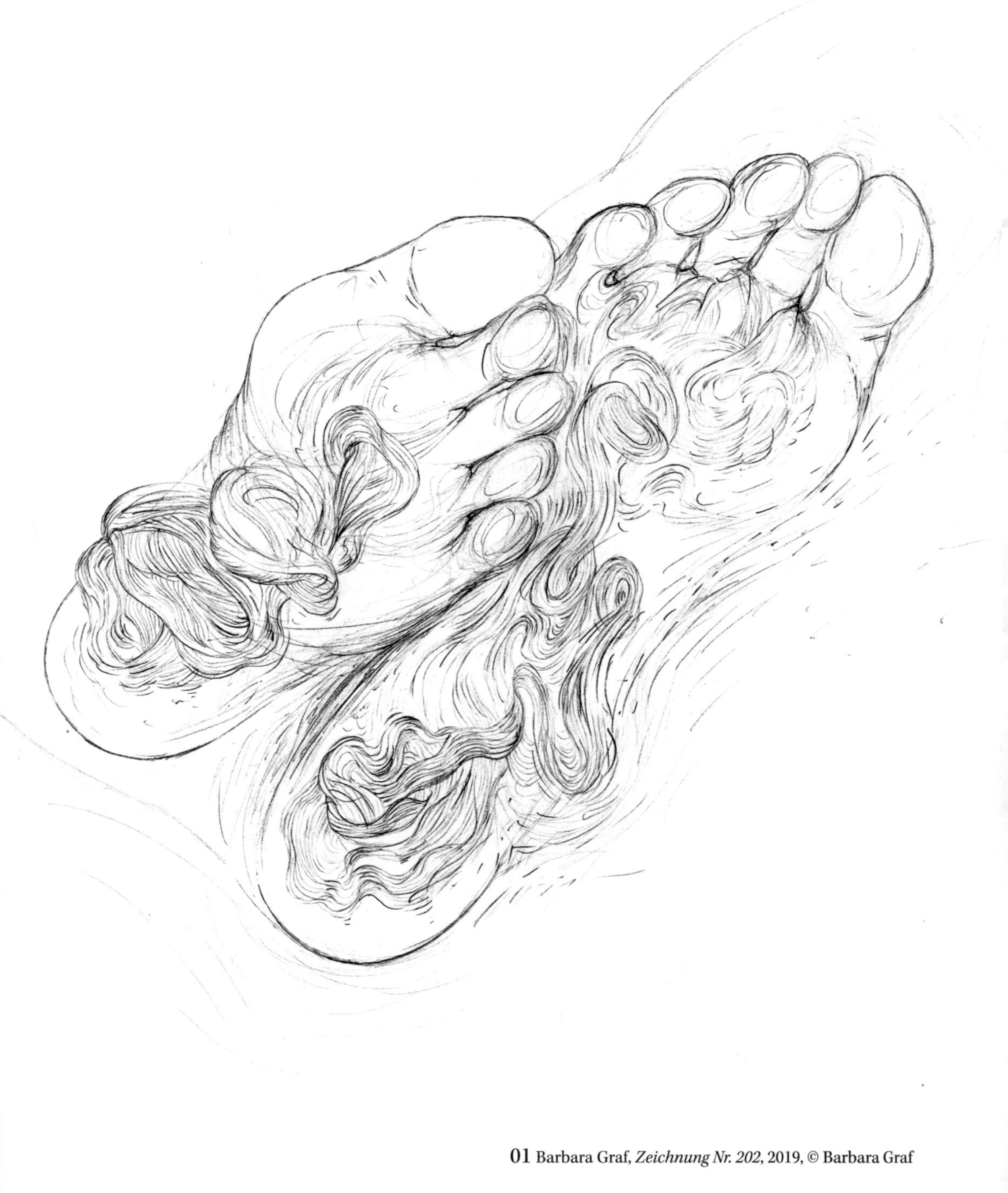

01 Barbara Graf, *Zeichnung Nr. 202*, 2019, © Barbara Graf

Bisweilen ist die Empfindung, eine Socke oder einen Handschuh (→ 02–03) zu tragen, durch die von der Erkrankung hervorgerufenen Missempfindungen so täuschend echt, dass die Hand überprüfend die Körperstelle betastet, um eine nicht existierende Hülle abzustreifen. Diese Gefühle von Körpererweiterungen lösen die Frage aus, ob es sich um empfundene Fremdkörper handelt oder sie als eigenes – wenn auch störendes – Gewebe wahrgenommen werden. Solche Phänomene können über den die Empfindung auslösenden vermeintlichen Gegenstand dargestellt werden, der als Stimulus jedoch nicht die Empfindungen selbst verkörpert. Anders formt es sich bei den Darstellungen der Intensitätsskalen (→ 04) von eins bis fünf, bei denen Empfindungen nicht an einer spezifischen Körperstelle gezeigt werden, sondern ausschließlich durch vom Körper isolierte Bleistiftstrukturen. Dabei verändern sich mikrophänomenologische Strukturen nicht nur in ihrer Dichte und Dunkelheit bei zunehmender Intensität, sondern die Qualität transformiert sich durch die Quantität.

Bei einer anderen Zeichnung verbindet sich die Empfindung einer nebligen Schicht um die Hand mit der wolkigen Hand Jupiters im Gemälde von Correggio[3] und einer eigenen Arbeit, der skulpturalen Handschachtel[4] (→ 05–07).

Oder die Beschäftigung mit den seltsamen Körpersensationen formuliert sich in einer vorhangähnlichen medizinischen Gaze, deren textile Struktur durch Verschieben der Fäden einen Fuß von unten darstellt (→ 08). In einer Art Überidentifikation mit dem beeinträchtigten Körperteil überlagert und vermischt sich in der fotografischen Inszenierung textiles Gewebe mit körperlichem. Und in einem weiteren Teil des Projektes begegnet die Biomembran eines sogenannten „Scobys“[5] (→ 09) dem eigenen Körper in einer Irritation von Ähnlichkeit und Differenz – ein lebendiges Gewebe und fremd zugleich.

Sind es in den ersten Projektabschnitten vor allem Bleistiftzeichnungen (→ 01), Referenzbilder oder die Biomembranen, welche die faserigen oder hüllenartigen Empfindungen visualisieren, verwende ich im Empfindungsmustertuch[6] (→ 10–13) das textile Medium selbst, um diese seltsamen „textilen“ Empfindungen zu verkörpern. In eine medizinische Gaze sind die Strukturen körperlicher Empfindungen eingebracht, wie etwa gestickte und verknotete Fäden, gefaltete und abgebundene Gewebe, gefilzte Wolle, gebündelte Fasern und Fransen, die sich in einer Art visueller Taktilität manifestieren.

Das Projekt wurde in einem herausfordernden Spannungsfeld explorativer künstlerischer Tätigkeit und theoretischer Auseinandersetzungen entwickelt. Dazu sei vor allem die Beschäftigung mit der Phänomenologie von Maurice Merleau-Ponty[7] erwähnt, aber auch neuere Forschung, wie zum Beispiel Havi Carel[8] die Phänomenologie in den *Medical Humanities* anwendet.

Der Projekttitel *Stitches and Sutures* ist metaphorisch, konzeptionell, methodisch, psychoanalytisch und materiell zu verstehen und verweist auf den Lacan'schen Begriff der „Naht“ („suture“), welche durch Steppunkte („points de capiton“) vernäht wird. Jacques Lacan verbindet Sigmund Freuds Prinzip der „Nachträglichkeit“ mit dem von Ferdinand de Saussure konzipierten semiotischen System. Lacan bezieht sich dabei auf das bekannte Wellendiagramm von de Saussure, bei dem das Verhältnis des Signifikanten und Signifikaten durch gestrichelte vertikale Linien dargestellt wird – als wären es Stiche durch eine Matratze – und die wellenartige amorphe Masse strukturiert. Das Lacan'sche Vernähen kann als Produktion von Bedeutung verstanden werden und ich verwende

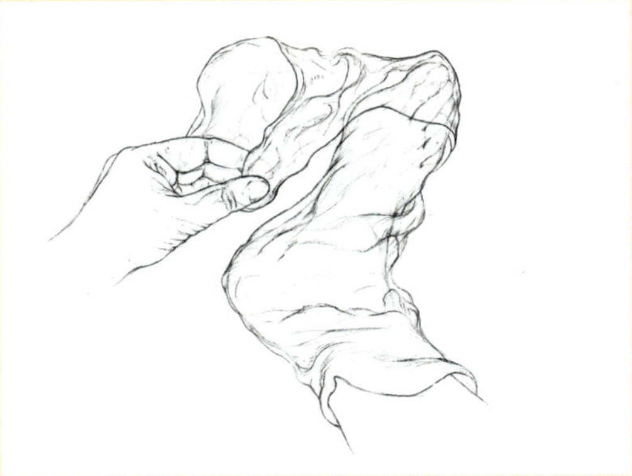

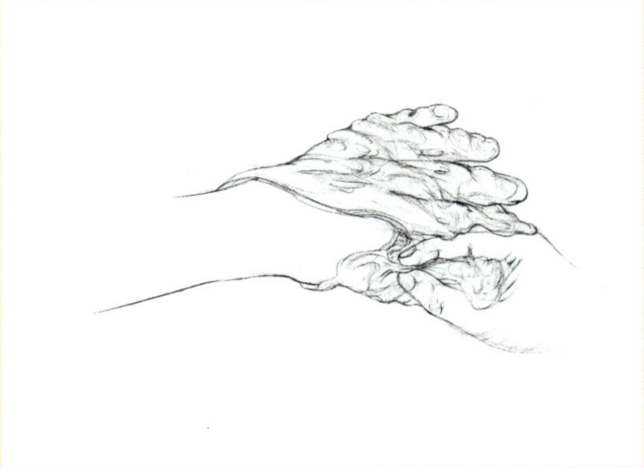

02–03 Barbara Graf, *Zeichnung Nr. 193*, 2018 und *Zeichnung Nr. 218*, 2019, © Barbara Graf

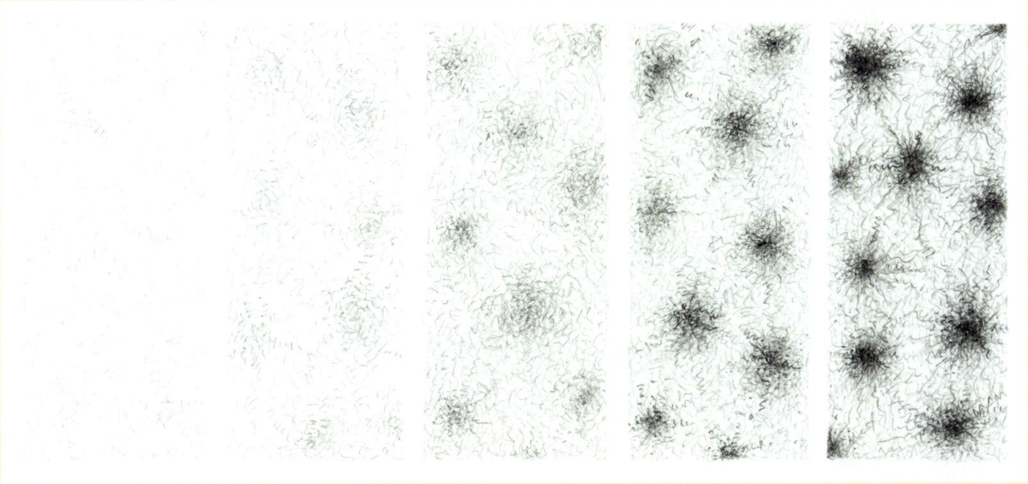

04 Barbara Graf, *Zeichnung Nr. 231*, 2019, © Barbara Graf

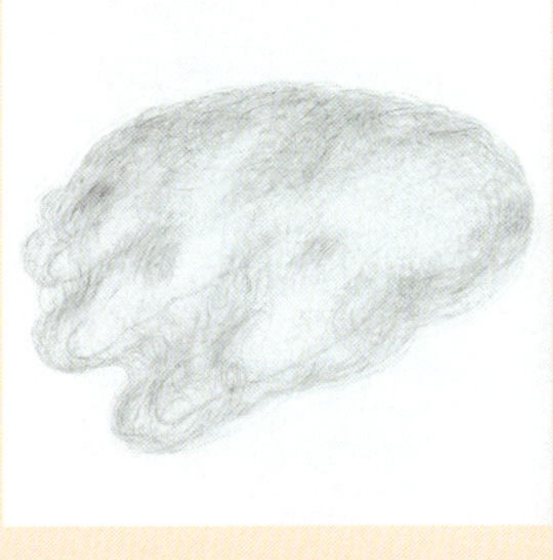

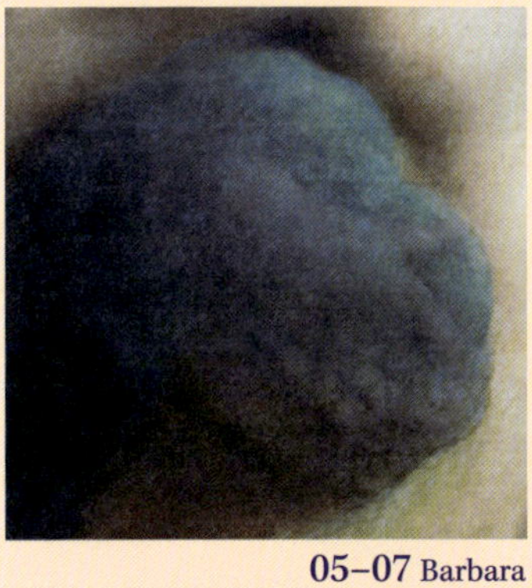

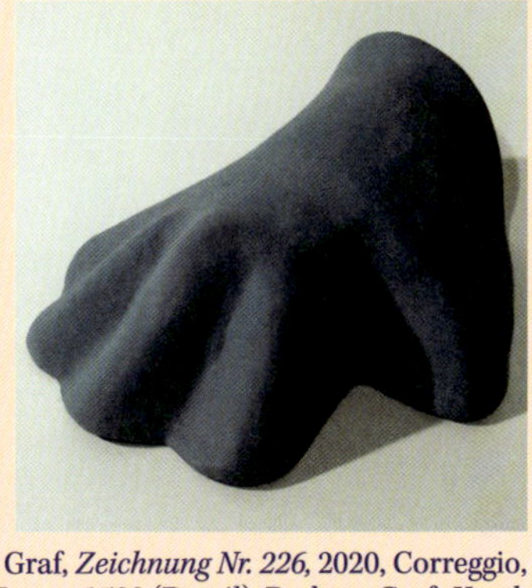

05–07 Barbara Graf, *Zeichnung Nr. 226*, 2020, Correggio, *Jupiter und Io*, um 1530 (Detail), Barbara Graf, *Handschachtel 9*, 2005, © Barbara Graf

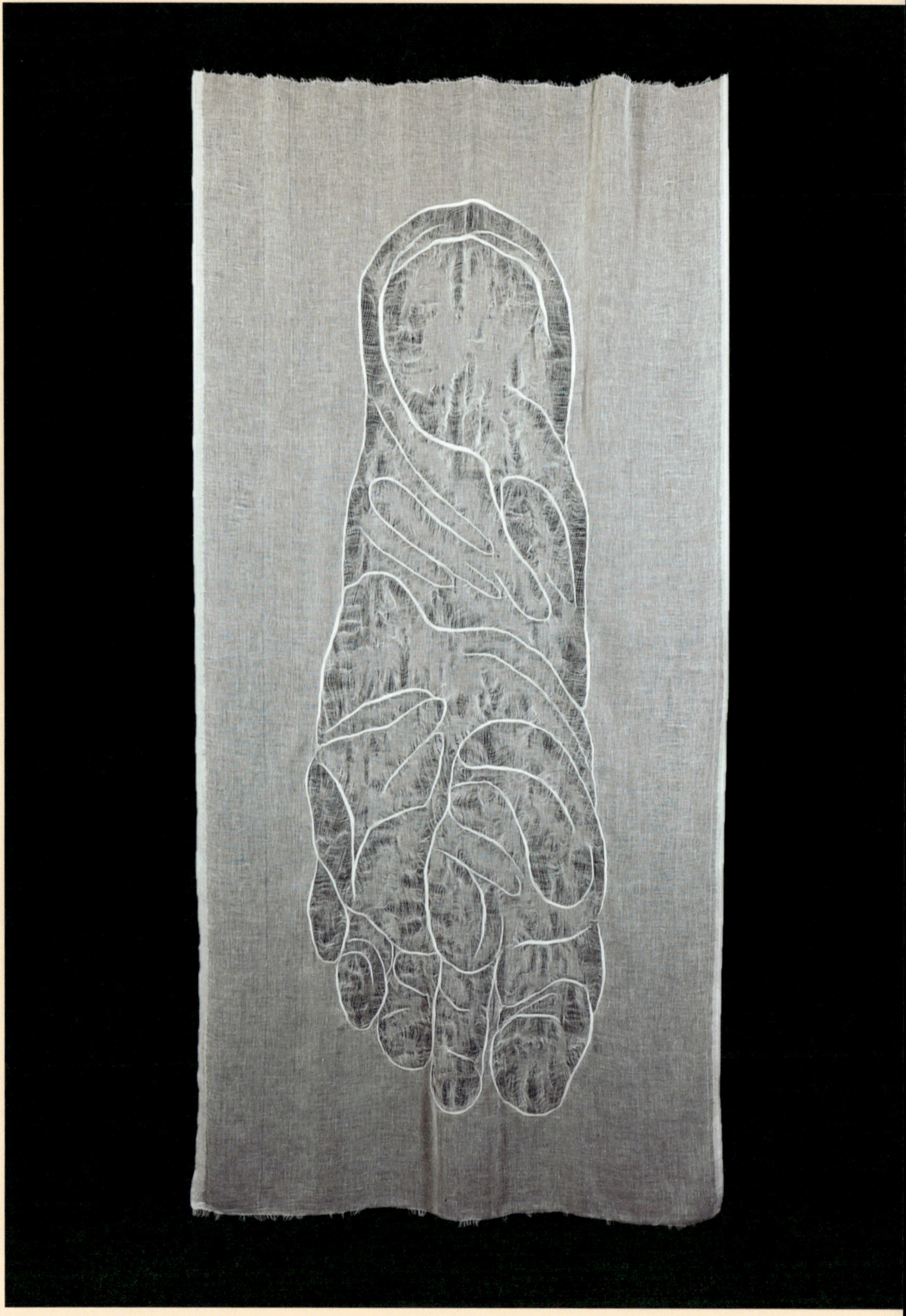

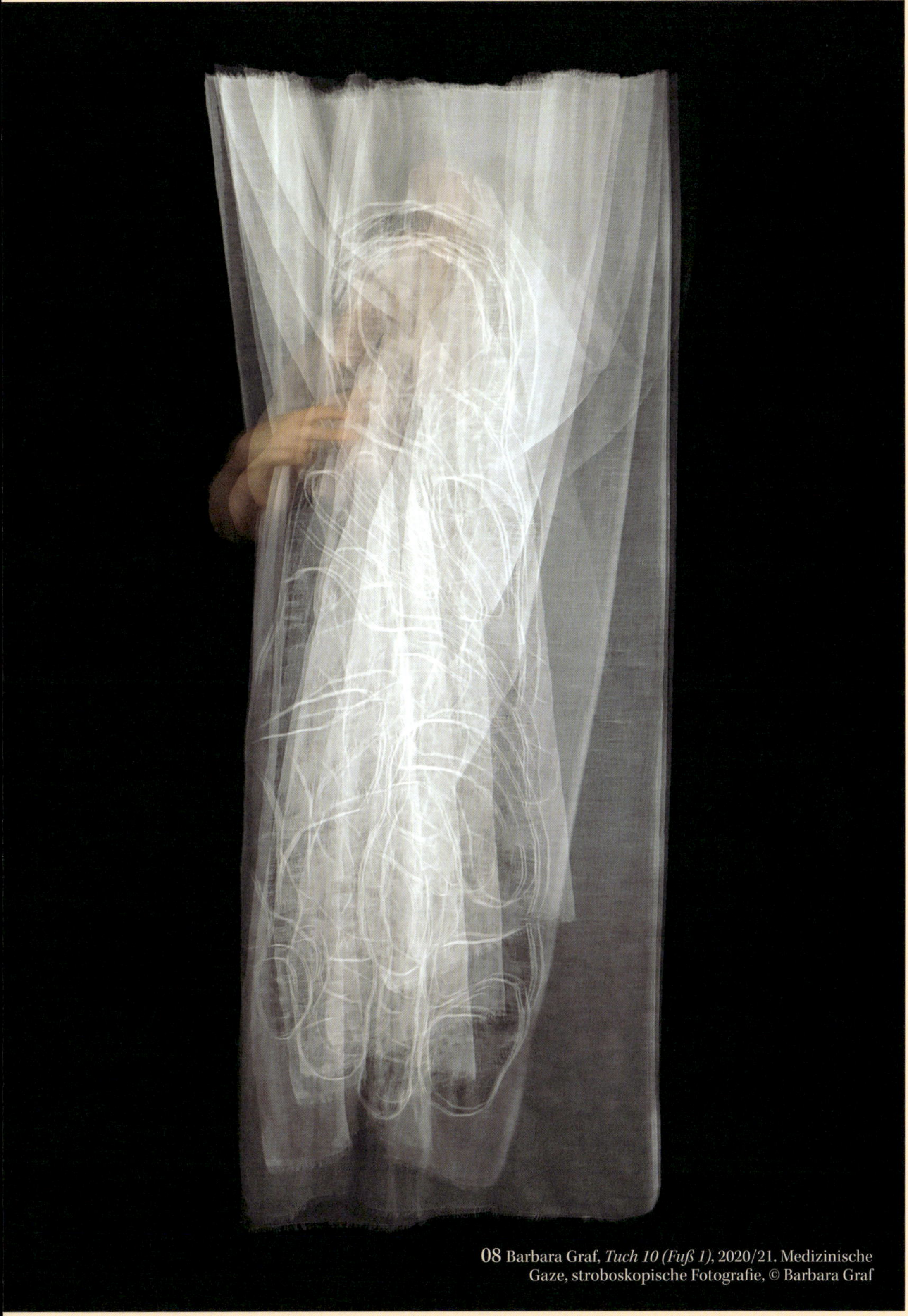

08 Barbara Graf, *Tuch 10 (Fuß 1)*, 2020/21. Medizinische Gaze, stroboskopische Fotografie, © Barbara Graf

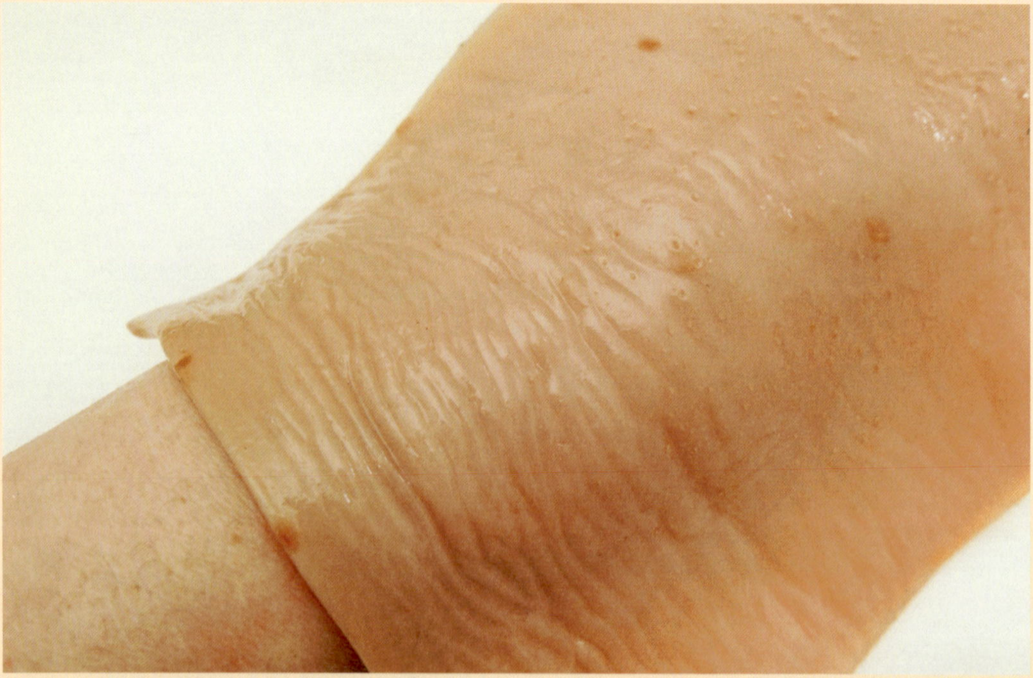

09 Barbara Graf, *Scoby*, 2020, © Barbara Graf

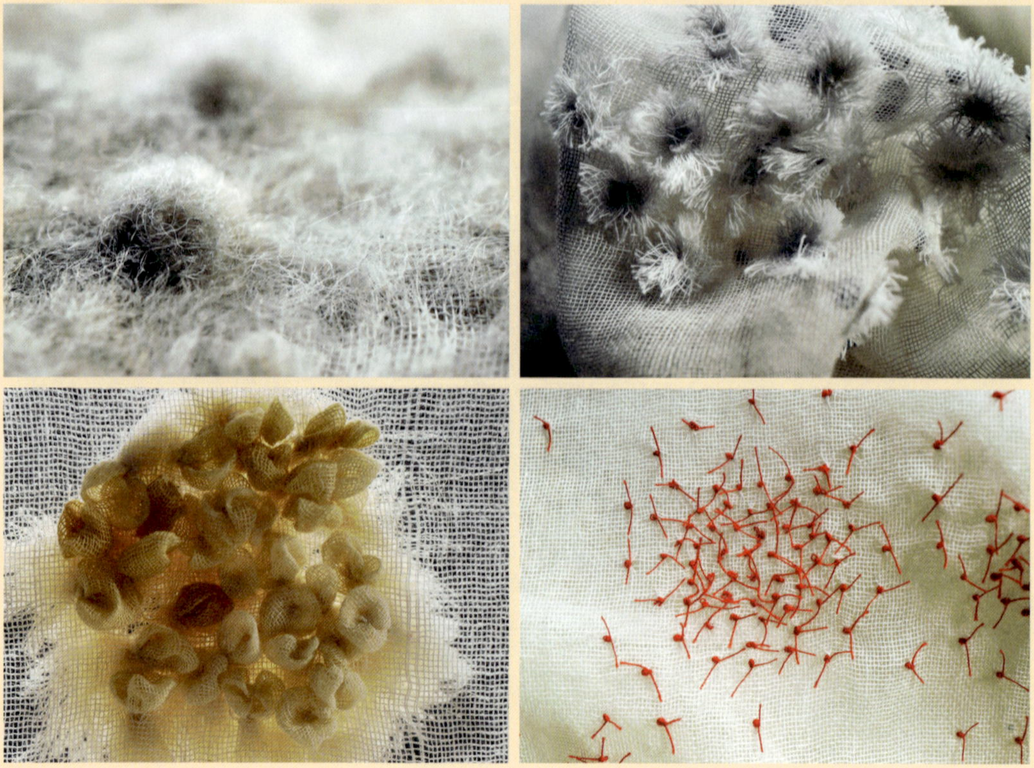

10–13 Barbara Graf, *Empfindungsmustertuch* (Details), 2021/22. Medizinische Gaze, Fäden und Fasern, © Barbara Graf

die Naht und das Vernähen als konzeptuelle Methode und Werkzeug für den künstlerischen Prozess des Projektes.

Spuren von gespeicherten Erinnerungen, bewussten und unbewussten Ereignissen, verbinden sich mit gegenwärtig Erlebtem und künstlerischen Erfahrungen und geben physischen Empfindungen eine visuelle Sprache. Durch die Verschränkung einer analytisch-reflektierenden Herangehensweise mit intuitiven materiellen und sinnlichen Erkundungen bringt das Projekt Erkenntnisse hervor, die im Bereich der *Medical Humanities* relevant sind, Körperwahrnehmungen verändern und die Möglichkeiten des Zeichnens und des künstlerischen Ausdrucks erweitern. Basierend auf zahlreichen Rückmeldungen sowohl von Personen, die an MS erkrankt sind, als auch von Expert*innen aus dem medizinischen Bereich, hat das Projekt das Potenzial – nach ausführlicherer Evaluierung auf seine Anwendbarkeit und Weiterentwicklung – ein Kommunikationsmittel im klinischen Kontext zu werden.[9]

Das Projekt umfasst Reflexionen zur Formulierbarkeit des subjektiv Erlebten, zur Herausforderung, gleichzeitig das Objekt der Beobachtung wie auch die Beobachtende zu sein, zur Untrennbarkeit von physischen und psychischen Wahrnehmungen und mündet in das *Phänomenologische Archiv der Körperempfindungen*, das sich nun öffnet für Vertiefungen sowie für freie künstlerische Verkörperungen und Fabulationen.

---

1 | *Stitches and Sutures*, PhD-Projekt Artistic Research, 2018–2024, Universität für angewandte Kunst Wien, Zentrum Fokus Forschung, Supervisorin Barbara Putz-Plecko.

2 | Die „Suture“ („Naht“) ist ein Begriff, der von Jacques Lacan im *Seminar XI* als Pseudoidentifikation oder als Verbindung zwischen dem Imaginären und dem Symbolischen eingeführt wurde. Jacques Lacan, *Conférence du Mercredi 11 Mars 1964*, www.ecole-lacanienne.net/wp-content/uploads/2016/04/1964.03.11.pdf [01.02.2024], 228–230. Die Tätigkeit der Herstellung einer Naht kann mit Lacans Begriffen der „Stepppunkte“ oder des „Polsterstichs“ („point de capiton“) umschrieben werden, die in ihrer Prozesshaftigkeit der vernähenden Stiche eine mehr oder weniger feste Verbindung bilden. Jacques Lacan, *Séminaire du Mercredi 6 Juin 1956* (später publiziert als *Seminar III, Kapitel XXI: Die Stepppunkte*), www.ecole-lacanienne.net/wp-content/uploads/2016/04/1956.06.06.pdf [01.02.2024].

3 | Antonio Allegri, gen. Correggio, *Jupiter und Io*, um 1530, 162 × 73,5 cm, Leinwand, Kunsthistorisches Museum Wien (KHM).

4 | Diese Skulptur wurde zwölf Jahre vor der Diagnose der MS hergestellt. Sie bekommt retroaktiv eine neue Bedeutung und verbindet sich nun mit der hüllenartigen Empfindung und dem Taubheitsgefühl.

5 | Scoby steht für „symbiotic culture of bacteria and yeast“, eine von Bakterien und Hefen gebildete Biomembran.

6 | In der textilen Tradition bezeichnet das Mustertuch („Sampler“) ein Tuch mit einer Sammlung gestickter Beispiele von Motiven und Stichen. Es dient als Lern- und Lehrformat, kann aber auch als Bildtafel oder Archiv verstanden werden.

7 | Maurice Merleau-Ponty, *Phénoménologie de la perception (Phänomenologie der Wahrnehmung)*, Paris: Gallimard, 1945.

8 | Havi Carel, *Phenomenology of Illness*, Oxford: Oxford University Press, 2016.

9 | Nach eigenen Recherchen und wie mir auch Mediziner*innen bestätigten, existieren bislang kaum derartige Visualisierungen der von MS verursachten Parästhesien. Vergleichbar wäre jedoch das Projekt *Dolografie* von Sabine Affolter und Katja Rüfenacht, das als visuelle Kommunikationshilfe in der Schmerztherapie eingesetzt wird, www.dolografie.com [04.02.2024].

A WORLD OF BLUE – DIALOGUES IN INDIGO

Arts-based Research on the Potentials of Natural Indigo Dyeing

Karin Altmann

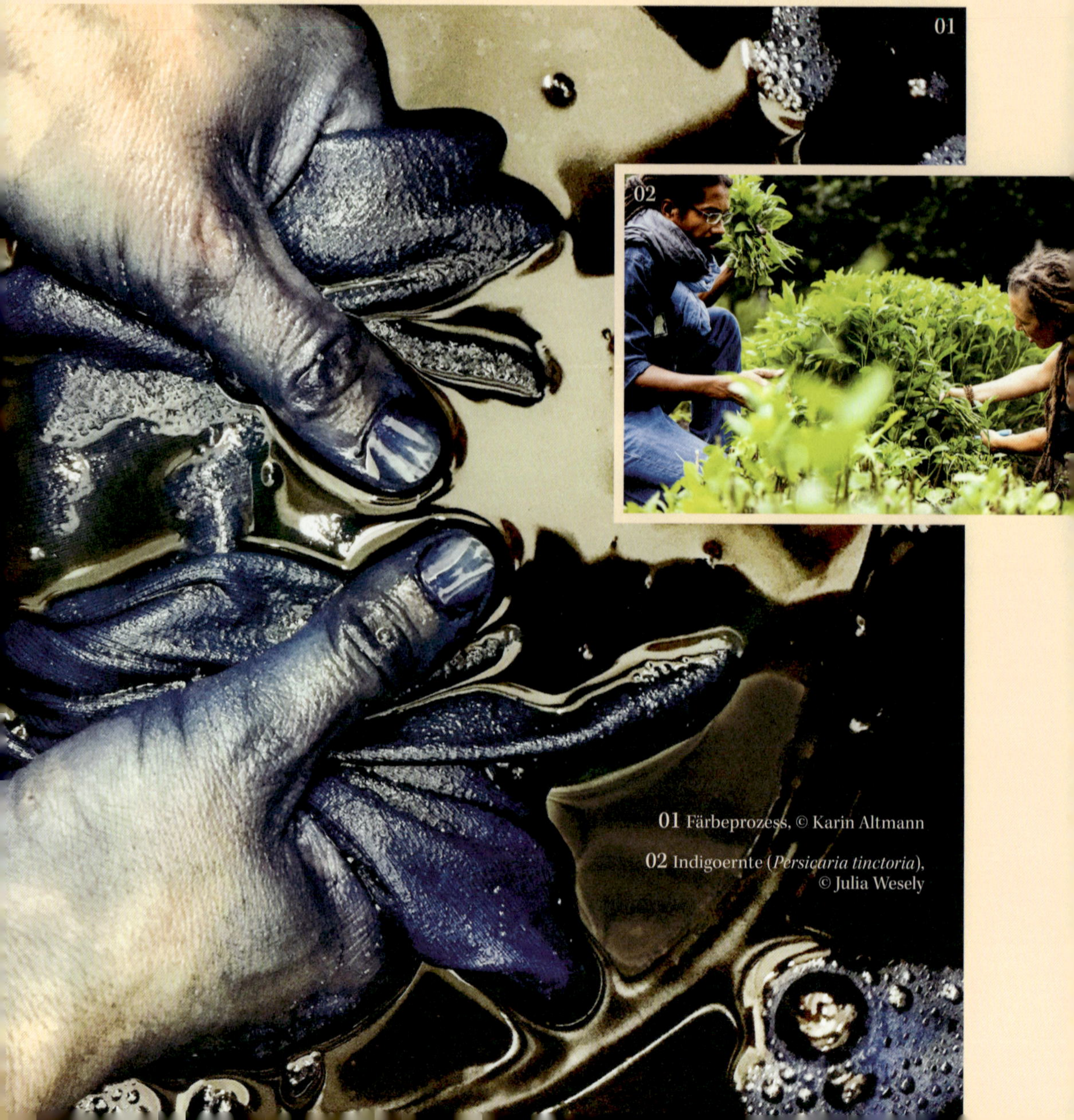

01 Färbeprozess, © Karin Altmann

02 Indigoernte (*Persicaria tinctoria*), © Julia Wesely

Künstlerisches Forschungsprojekt: INTRA Angewandte Programme for Inter- and Transdisziplinary Projects in Art and Research, www.indigo.uni-ak.ac.at

Projektleitung: Karin Altmann

Zeitraum: 2021/22

Beteiligte: Aboubakar Fofana, Tristan Toé

Indigo ist der einzige natürliche Farbstoff, der auf textilen Materialien ein beständiges Blau erzielen kann. Die Indigoextraktion und Indigoküpenfärberei, die bereits vor über 6000 Jahren Verwendung fanden,[1] gehören zu den frühesten kulturellen, biotechnologischen Fertigkeiten.[2] Der Indigofarbstoff wird aus den Blättern einer Vielzahl von Pflanzen – weltweit gibt es über 800 Arten – gewonnen. In Europa bildete der Färberwaid (*Isatis tinctoria*) die Hauptquelle für den blauen Farbstoff, bis der Indigofarbstoff der tropischen Pflanze *Indigofera tinctoria* die europäischen Märkte erreichte. In der ersten Hälfte des 17. Jahrhunderts musste der in Europa kultivierte Färberwaid stark mit dem von der ostindischen Handelsgesellschaft importierten Indigo konkurrieren. Gründe dafür waren die geringere Indigokonzentration im Waid, die zunehmende Indigoproduktion in Indien, die Nachfrage im industrialisierten Europa sowie die ansteigenden Exporte aus Indien und Europas transatlantischen Kolonien, die Indigo mit einer komplexen Geschichte von Sklaverei und Ausbeutung verbinden. In einigen Teilen Europas wurden zunächst Verbote erlassen, welche Einfuhr und Verwendung des importierten Indigos verhindern sollten. Deutschland und Frankreich drohten sogar mit der Todesstrafe. Neben den protektionistischen Einfuhrbestimmungen wurde Indigoblau als Farbe des Teufels deklariert[3] und dennoch ließ sich der Aufstieg nicht verhindern. Ende des 17. Jahrhunderts wurde der Färberwaid fast gänzlich vom importierten Indigo verdrängt.[4] Bis Ende des 19. Jahrhunderts war Naturindigo die einzige Quelle für das Blaufärben. 1883 hingegen gelang Adolf von Baeyer die vollsynthetische Herstellung von Indigo und seit dem Beginn der kommerziellen Produktion der BASF im Jahr 1897 erfüllt der synthetische Indigo in Verbindung mit Reduktionsmitteln wie Natriumdithionit zunehmend die Anforderungen einer immer schneller werdenden Produktion; ungeachtet der damit verbundenen ökologischen und ökonomischen Probleme. Bereits 1914 waren weltweit nur mehr vier Prozent der gesamten Indigoproduktion pflanzlichen Ursprungs,[5] mit abnehmender Tendenz. Die Übertragung von Blau auf Textil basiert heutzutage auf dem industriellen Einsatz synthetischer Verbindungen fossiler Brennstoffe und beinhaltet umweltgefährdende chemische Prozesse.[6]

Mit der Herstellung des natürlichen Indigoblaus verbindet sich ein zeitaufwendiger und arbeitsintensiver Prozess, denn Indigo kommt in den Pflanzen nicht als direkt verwendbarer Farbstoff vor. Die chemische Vorstufe von Indigo in Pflanzen ist Indikan,[7] ein Glykosid, das hauptsächlich in den Vakuolen der Blätter konzentriert ist.[8] Durch Enzyme wird Indikan in zwei Teile aufgespalten: Glukose und Indoxyl.[9] Aus dem gelben Indoxyl wird durch Oxidation mit Luftsauerstoff der blaue Indigofarbstoff gewonnen. Im Gegensatz zu den meisten Farbstoffen ist der Indigofarbstoff nicht wasserlöslich; das Färben erfordert einen sogenannten Verknüpfungsvorgang.[10] Dabei sind zwei chemische Prozesse ausschlaggebend: eine Reduktion, durch die der unlösliche Farbstoff unter Zusatz eines Reduktionsmittels im stark alkalischen,

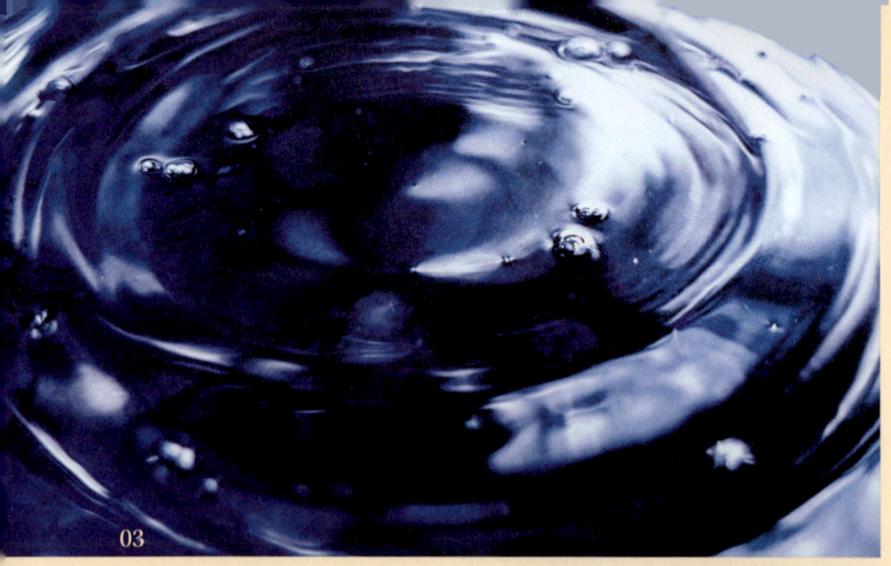

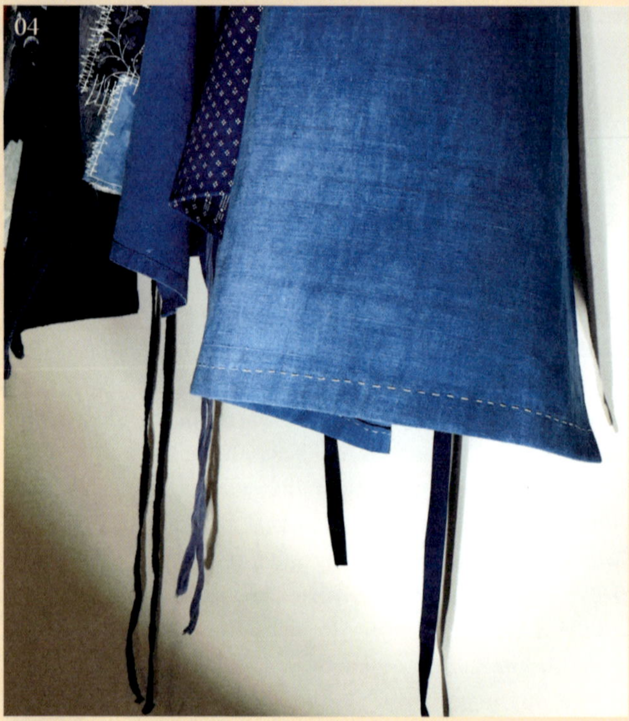

03 Indigoküpe, 2021, © Julia Wesely

04 Karin Altmann, *Fiata Studies II*, Angewandte Festival 2022. Indigogefärbte Arbeitsschürzen der Österreichischen Indigo-Community (mit Beiträgen von Karin Altmann, Anita Bauer, Christina Dörfler, Joseph Koó, Miriam Schwack-Koó, Maria Steiner, Maria Wagner, Karl Wagner und Janina Wegscheider), © Karin Altmann

05 Get-together der österreichischen Indigo-Community, © Julia Wesely

06 Karin Altmann, *The Origin of Blue II*, Angewandte Festival 2022. 1000 Indigokugeln, händisch geformt, © Karin Altmann

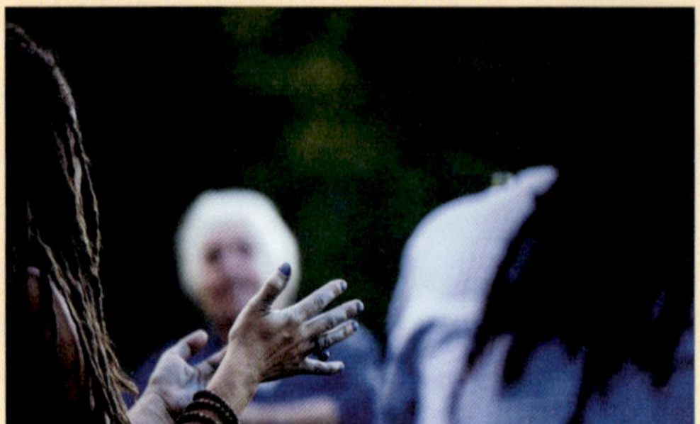

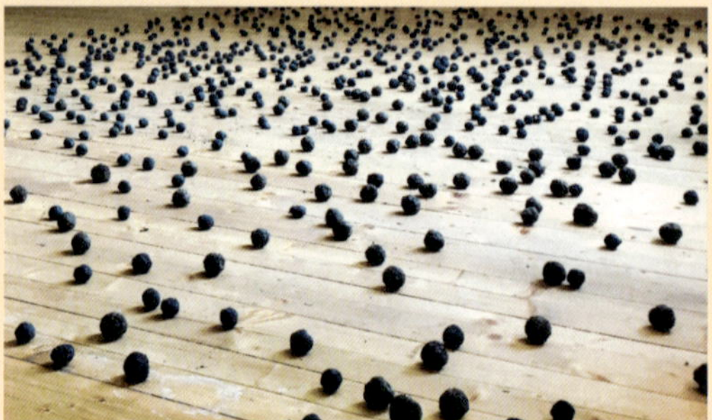

sauerstoffreduzierten Wasser in eine lösliche, gelbliche Substanz (Leuko-Indigo) überführt wird, und eine anschließende Oxidation an der Luft, bei welcher der gelöste Indigo wieder in seine blaue Form übergeht und sich an die Fasern bindet. Wenn Textilien aus der Indigoküpe entnommen werden und mit dem Sauerstoff aus der Luft in Berührung kommen, verfärben sie sich von Gelb über Grün nach Blau; ein Vorgang, der oft als das „Blaue Wunder" bezeichnet wurde. Mit jedem Eintauchen kann die Farbe von dem, was der in Mali und Frankreich lebende Künstler Aboubakar Fofana als zartes „Blue of Nothingness" bezeichnet, bis zu einem tiefen, dunklen Schwarzblau aufgebaut werden.[11]

Doch Indigo ist mehr als nur eine Farbe, es ist eine Substanz, eine Metapher für das Leben und die Verbundenheit aller Dinge, ein konzeptueller Raum mit historischen, sozialen, politischen, philosophischen, spirituellen und künstlerischen Aspekten. Lange Zeit war Indigo ein weit gehandelter Rohstoff, mit dem Menschen und Ressourcen aus der ganzen Welt verbunden waren. Sein unverwechselbares Blau hat seit jeher Künstler*innen und Kunsthandwerker*innen fasziniert und inspiriert und gleichzeitig zu entsetzlichen Ausbeutungen von Mensch und Umwelt geführt. Indigogefärbte Textilien sind nach wie vor ein globales Handelsgut, die indigoblaue Jeans vielleicht das meistgetragene Kleidungsstück weltweit.

Angesichts des vielfältigen Einsatzes von Indigo und des wachsenden Bewusstseins für ökologische Verantwortung – einschließlich des Bedürfnisses, sowohl die Gesundheit von Mensch und Umwelt als auch die Rückverfolgbarkeit von Produktionsprozessen sicherzustellen – untersuchte das Forschungsprojekt, wie das Färben mit Naturindigo sowie Praxen, die bereits verloren gegangen oder im sukzessiven Schwinden begriffen sind, nachhaltig und gesellschaftsrelevant in die Zukunft transferiert werden können. Ziel des Forschungsprojektes war es, neue Wege für das Färben mit Naturindigo, dessen Anbau und gemeinschaftliche Agrarpraktiken für das 21. Jahrhundert aufzuzeigen, wobei die gewonnenen Erkenntnisse nicht nur innerhalb der mitteleuropäischen Indigo-Community geteilt wurden, sondern auch in das von Aboubakar Fofana initiierte IBIKASO Indigo- und Landwirtschaftsprojekt in Mali einflossen.

Der eigene Indigoanbau[12] in Kooperation mit dem in Mali aufgewachsenen Biobauern Tristan Toé, der seit 2011 im österreichischen Waldviertel biologischen und vorwiegend händischen Gemüseanbau betreibt, stellte eine Alternative zu konventionellen Anbausystemen dar und bot nicht nur die Gelegenheit, Indigo in einem gesunden, intakten und von einer biologischen Vielfalt geprägten Umfeld anzubauen, sondern auch das Potenzial von biologisch gewachsenem Indigo zu erforschen und gemeinsam mit dem Wissen über die Möglichkeiten der Sanierung und Bewahrung von Ökosystemen und dem Erhalt der Artenvielfalt nach Mali und in weitere Länder des globalen Südens zurückzutragen. Die kollaborative Praxis mit Aboubakar Fofana, der selbst multidisziplinär arbeitet und für seine jahrelangen Bemühungen, westafrikanische Textil- und Indigofärbetechniken zu bewahren und zu revitalisieren, bekannt ist, ermöglichte es, Indigo in seinem historischen, philosophischen, sozialen und politischen Kontext zu ergründen, Möglichkeitsräume der Wissensproduktion und des Aufbrechens festgeschriebener Wissensstrukturen zu erschließen und das Bewusstsein für folgende Fragestellungen zu schaffen: Wie können textile Prozesse und künstlerische Dialoge genutzt werden, um einen Raum für kulturelle, soziale und ökologische Verantwortung zu schaffen? Was leistet künstlerische Forschung in der Gesellschaft? Und welche Ansätze für gesellschaftlichen Wandel sind möglich? Kann uns die Vergangenheit ein nützlicher Wegweiser für die Zukunft sein? Welche Auswirkungen haben globale Herausforderungen wie Klimawandel, Erschöpfung natürlicher Ressourcen, Misswirtschaft, Armut, demografischer Wandel und Migration auf die eigene künstlerische Forschung? Was bedeutet es heute, als Künstler*in postkolonial zu agieren und dem mächtigen Paradigma des Eurozentrismus entgegenzutreten?

Mit den Mitteln der künstlerischen Forschung wurde eine transversale Wissensassemblage erstellt, die über die gesellschaftliche und ökologische Relevanz und Wirkung nachhaltiger Praxis sowie die Bedeutung eines achtsamen Respekts vor dem lebendigen Material, unserer Umwelt und der Gesellschaft nachdenkt. Einerseits ging es darum, die Beziehung zur Erde und zu den Zyklen der Natur (wieder) aufzubauen und eine von Respekt und Wertschätzung getragene Nutzung der Erde der gängigen maximalen Ressourcenausbeutung entgegenzusetzen – was wir als wesentliche Voraussetzung für ökologischen und ökonomischen Wandel erachten. Andererseits ging es auch darum, soziale Dimensionen zu berücksichtigen und Denk- und Handelsräume zu öffnen, die von Neugier, Interesse und Solidarität getragene Begegnungen und Kollaborationen mit Menschen ermöglichen.

„Dieses Geschwisterpaar ‚Kunst und Wissenschaft' ist die einzige Instanz, die imstande ist, den verwucherten Urwald unserer Zeitumstände in ein rätselhaftes Labyrinth aufzulösen. Chaotische Unübersichtlichkeit wird in eine Landschaft verwandelt, die nicht vorgibt vorpaketierte Lösungen anzubieten, aber Perspektive und Möglichkeiten zeigt."[13]

---

1 | Zu den ältesten Funden zählt ein mit Indigo gefärbtes Baumwollfragment, welches von der Nordküste Perus stammt. Jeffrey C. Splitstoser, Tom D. Dillehay, Jan Wouters, Ana Claro, „Early pre-Hispanic use of indigo blue in Peru". In: *Science Advances*, 2016. www.doi.org/10.1126/sciadv.1501623 [08.02.2024].

2 | Regina Hofmann, „Färbepflanzen und Färbedrogen". In: *Restauratorenblätter*, 1992, 39–63.

3 | Catherine Legrand, *Indigo – The Colour That Changed the World*. London: Thames & Hudson, 2012.

4 | Ghulam A. Nadri, *The Political Economy of Indigo in India, 1580–1930: A Global Perspective*. Leiden/Boston: Brill Academic, 2016.

5 | D. Cardon, P. C. M. Jansen, *Plant Resources of Tropical Africa 3, Dyes and Tannins*. Wageningen: Backhuys/CTA, 2005.

6 | Tammy M. Hsu, Ditte H. Welner, Zachary N. Russ, Bernardo Cervantes, Ramya L. Prathuri, Paul D. Adams, John E. Dueber, „Employing a Biochemical Protecting Group for a Sustainable Indigo Dyeing Strategy". In: *Nature Chemical Biology*, 2018, 14, 256–261. www.doi.org/10.1038/NCHEMBIO.2552 [08.02.2024].

7 | Im Färberwaid ist Isatan B die Vorstufe, Indikan ist hier nur als Nebenkomponente vorhanden.

8 | Jenny Balfour-Paul, *Indigo. Egyptian Mummies to Blue Jeans*. London: The British Museum Publication, 1998.

9 | Martinus W. Beijerinck, „On Indigo-fermentation". In: *KNAW, Proceedings*, 1899–1900, 495–512. www.dwc.knaw.nl/DL/publications/PU00014501.pdf [08.02.2024].

10 | Helmut Schweppe, *Handbuch der Naturfarbstoffe – Vorkommen, Verwendung, Nachweis*. Hamburg: Nikol Verlagsgesellschaft, 1993.

11 | Aboubakar Fofana, *Art X Talks: Aboubakar Fofana on Usable Pasts & Re-invention*, 2018. www.youtube.com/watch?v=NSv3CbHKMi8&t=1s, [19.02.2024].

12 | Neben *Indigofera arrecta*, *Indigofera suffructicosa* und *Isatis tinctoria* wurde vor allem *Persicaria tinctoria* (Färberknöterich) angebaut, der sich für die klimatischen Bedingungen im Waldviertel gut eignet. Erste Anbauversuche von *Persicaria tinctoria* in Mitteleuropa gab es bereits im 19. Jahrhundert, doch waren diese eher ephemerer Natur, siehe Jaroslav Dušek, *Anleitung zur Kultur des Färbeknöterichs in Mitteleuropa und zur hierländischen Indigobereitung*. Prag, 1872.

13 | Rudolf Scholten, *Die Politik und die Kunst*, Manuskript des Vortrags von Rudolf Scholten am 7. November 2014 im aut (architektur und Tirol), www.aut.cc/magazin/aut-feuilleton/rudolf-scholten-die-politik-und-die-kunst [19.02.2024].

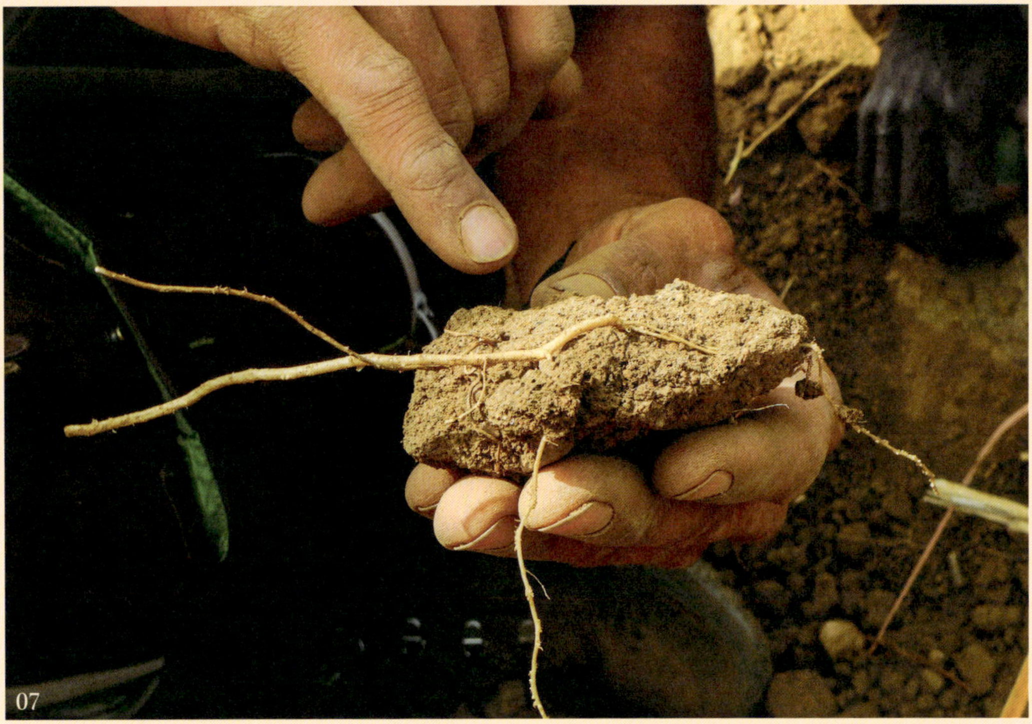

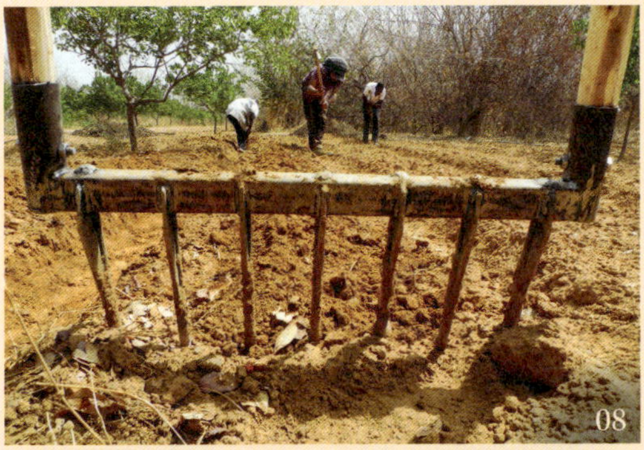

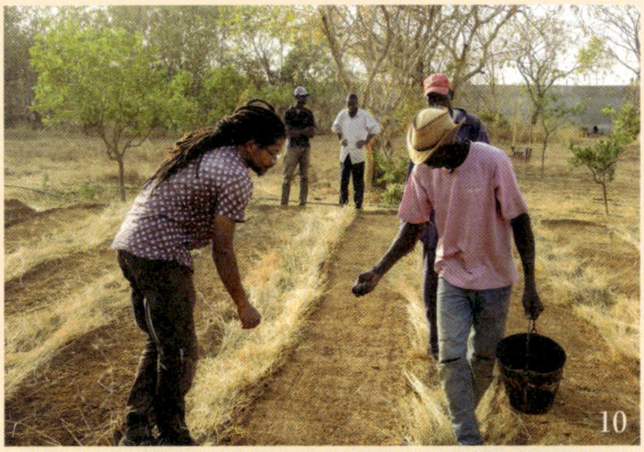

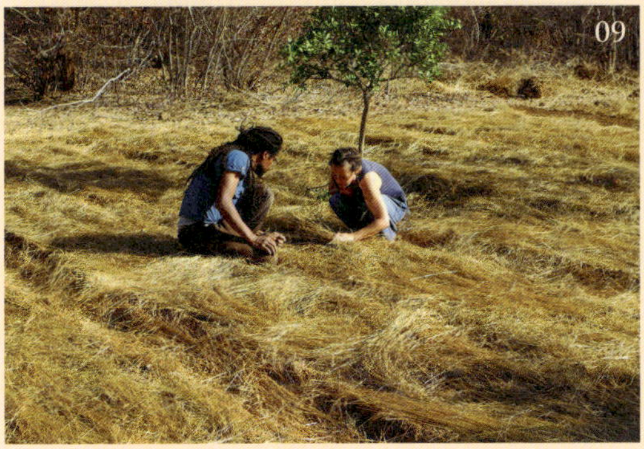

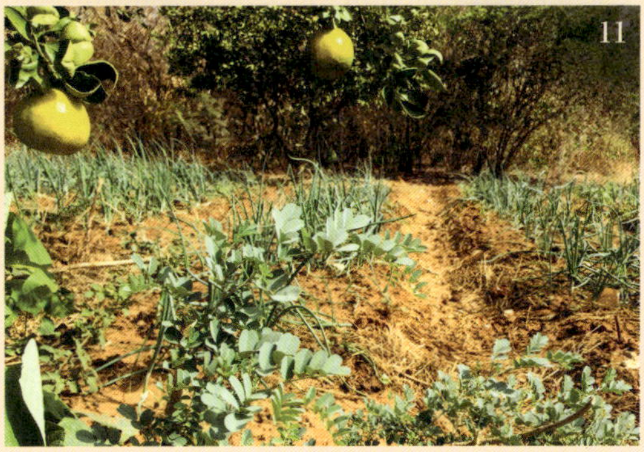

07–10 *The Living Soil Journey – Acupuncture for Fertile Soils,* Siby (Mali) 2021, © Karin Altmann

11 *The Living Soil Journey,* Mali 2022, © Karin Altmann

FABRIC OF LIFE

Textile Arts in Bhutan – Culture, Tradition and Transformation

Karin Altmann

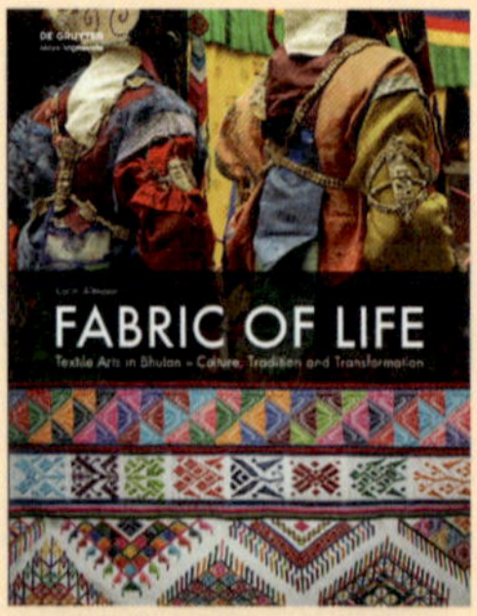

Karin Altmann, *Fabric of Live. Textile Arts in Bhutan – Culture, Tradition and Transformation.* Dissertation publiziert in der Reihe Edition Angewandte, Verlag De Gruyter, 2015.

Textilien begleiten uns Menschen ein ganzes Leben lang – sprichwörtlich von den Windeln bis zum Leichentuch. Sie haben physiologische wie psychologische Funktionen inne, dienen als nonverbales Kommunikationsmittel und sind Ausdruck unserer Identität, unserer Sehnsüchte, Träume und Visionen. In diesem Sinne werden Textilien nicht bloß als aus Textilfasern gefertigte Stücke Stoff betrachtet, sondern als Dokumente, die einen Einblick in das Leben jener Menschen gewähren, die sie herstellen und verwenden.

Bhutan, das letzte buddhistische Königreich im Himalaya, konnte durch seine abgeschiedene Gebirgslage, seine bewusste Politik im Umgang mit außen und die Grundprinzipien des Buddhismus bis heute eine beachtenswerte Textilkunst und ganz besondere Kulturtechniken bewahren. Tief eingebettet in die Kultur und Geschichte des Landes, vereinen sich in dieser Textilkunst sowohl jahrhundertealtes Wissen als auch individuelle Kreativität. Die Textilien erzählen Geschichten über die Vergangenheit und die Gegenwart einer ganzen Nation, die lange Zeit hinter hermetisch verschlossenen Grenzen ungestört eine Kunst von metaphysischer Rückverbindung und tiefer Spiritualität etablieren konnte. In der Tat ist der Buddhismus in Bhutan eine solch einflussreiche und alles durchdringende Kraft, dass er auf alle Lebensbereiche einwirkt und von diesen nicht zu trennen ist. Der Buddhismus manifestiert sich in den Einstellungen und

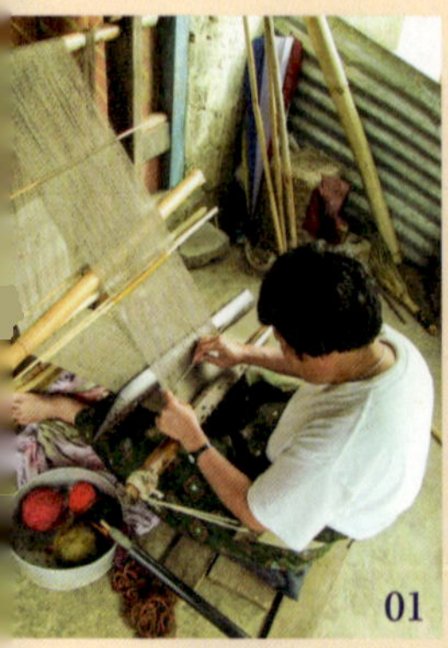

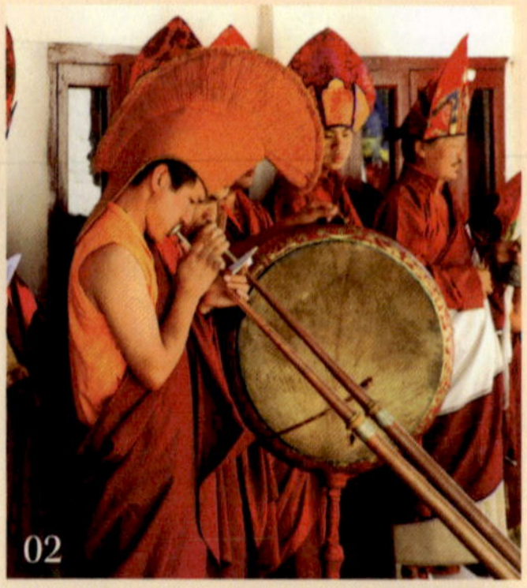

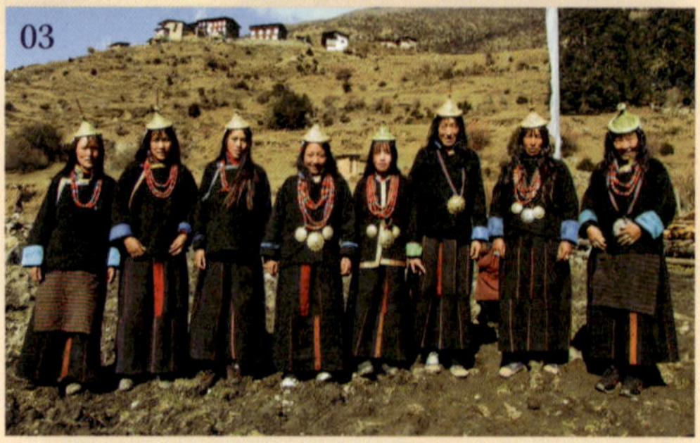

01 Weberin aus Radi im entlegenen Osten Bhutans bei der Herstellung eines Wildseidenstoffes auf einem Rückengurtwebstuhl, 2006, © Karin Altmann

02 Mönche der Drukpa-Kagyu-Schule. Neben der Durchführung von Ritualen sind bhutanische Mönche für sakrale Näh-, Stick- und Applikationsarbeiten zuständig. 2006, © Karin Altmann

03 Frauen aus Laya im nördlichen Hochland Bhutans in ihrer spezifischen Tracht aus Schafwolle und Yakhaar, 2006, © Karin Altmann

04 Maskentänzer (Due Nagpo/schwarzer Dämon) eines sakralen Tanzes (Tanz des Totengerichts) in Trongsa (Zentralbhutan), 2006, © Karin Altmann

täglichen Handlungen der Menschen ebenso wie in sakralen Ritualen oder künstlerischen Ausdrucksformen. Diese Verschmelzung von Kunst und Spiritualität wird besonders in der Textilkunst Bhutans deutlich. In Anlehnung an den Sanskrit-Begriff „Tantra" (Gewebe, Zusammenhang, Kontinuum), der sich auf das „Gewebe" des Universums bezieht und auf eine mit allem verwobene Existenz aller fühlenden Wesen verweist, präsentieren sich diese prächtigen textilen Welten mit allen Aspekten des Lebens verwoben.

Bhutans Textilien sind Kleidung und Alltagsobjekt, sie sind Steuer, Währung und Handelsware, sie markieren als Geschenke wichtige Ereignisse im Laufe eines Lebens und bezeugen als Zeichen von Prestige und Wohlstand den sozialen Status einer Person. Sie sind ein Sinnbild der nationalen Identität ebenso wie ein Beleg der regionalen Vielfalt des Landes. Sie sind Ausdruck religiöser Devotion, dienen der Markierung und Ausschmückung sakraler Orte und sind integraler Bestandteil bei der Durchführung von buddhistischen und präbuddhistischen Ritualen sowie bei sakralen Festen und Tänzen, welche die buddhistische Mythologie zum Leben erwecken und die symbiotische Beziehung zwischen Kunst und Spiritualität sichtbar machen. Bhutans Textilien sind Produkte eines über Jahrhunderte überlieferten Wissens von Fasergewinnung, Färben, Weben, Nähen, Applizieren und Sticken. Sie geben einen Einblick in die mystische und religiöse Weltanschauung der bhutanischen Bevölkerung, spiegeln die komplementären und dennoch getrennten Lebensbereiche von Frauen und Männern wider und reflektieren gleichzeitig die Konzeption von Gender in der bhutanischen Gesellschaft. In den Textilien manifestiert sich einerseits die Leben spendende Kraft der Frau, die mit der säkularen Welt, der Kreativität und dem Wandel assoziiert wird,

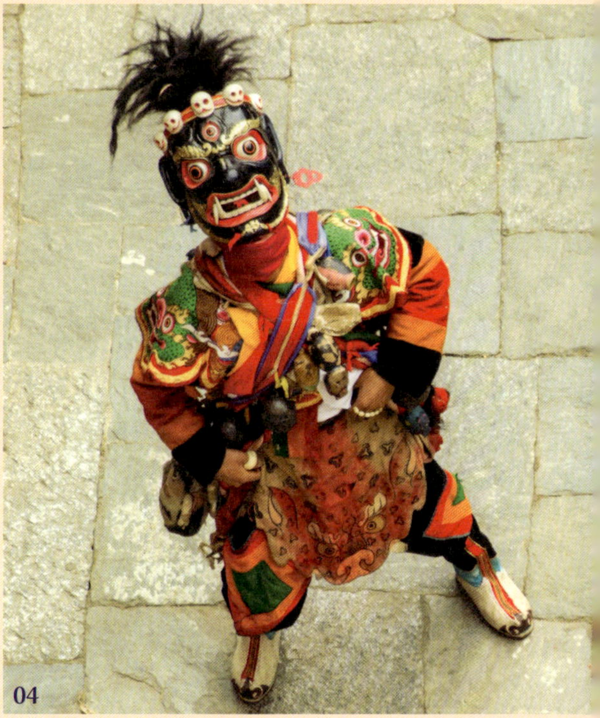

04

anderseits betonen sie die enge Beziehung zwischen Männlichkeit, religiöser Welt, Macht und der Erhaltung von Traditionen und Werten. Bhutans Textilien zeugen aber auch von den wandelnden Moden der bhutanischen Gesellschaft, von den Einflüssen von außen, von der nicht immer unproblematischen Gratwanderung zwischen Innovation und Tradition und von den neuen Herausforderungen, die im Umgang mit den importierten günstigen Fabrikwaren, die nach wie vor eine große Konkurrenz für die handgewebten bhutanischen Stoffe darstellen, liegen und im neuen Bildungssystem, welches Bhutans Jugend mit neuen Lerninhalten konfrontiert, sowie im Leben in den Städten, dem neuen Lebenszentrum der modernen Bhutaner*innen. Und letzten Endes erzählen die Textilien auch die Geschichte eines Landes, das in einer globalisierten Welt sensibel nach einer Balance zwischen Tradition und Fortschritt sucht.

SAFERTEX

Textilien in der Reinigungsindustrie

Walter Lunzer

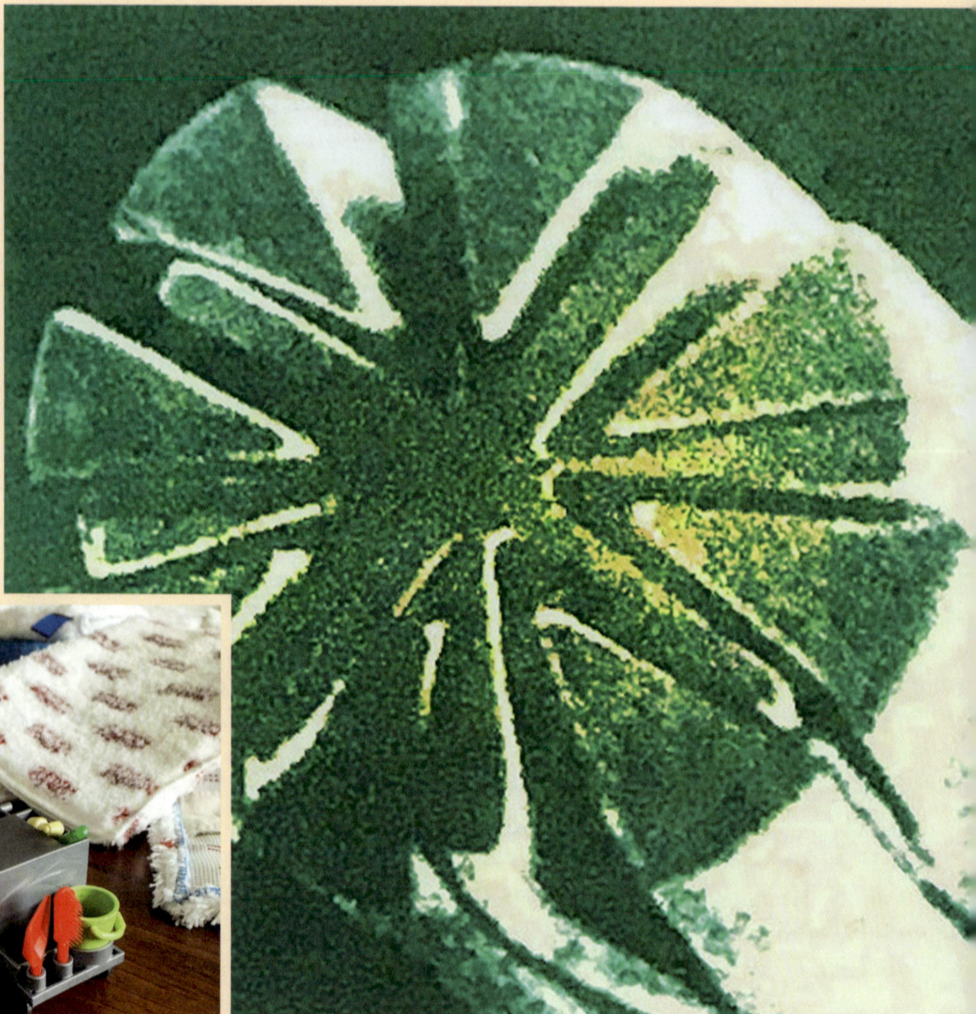

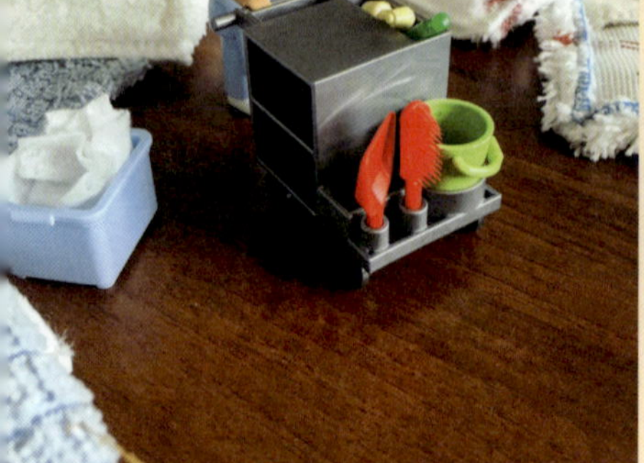

01 Bikomponentenfaser, 2014, © Ursula Völker und Karin Brückner

02 Playmobil-Reinigungskraft, 2020, © Walter Lunzer

Projektleitung: Walter Lunzer

Projekt in Kollaboration mit dem Österreichischen Forschungsinstitut OFI, mit dem Institut für Textilchemie und Textilphysik der Universität Innsbruck, dem Reinigungstextilhersteller REZI, den Firmen Markas, Hygline und Buls

Beteiligte: Julie Kohn, Mattia Minelli, Magdalena Kernegger, Julia Rohn, Ariana McManus

Das öffentliche Interesse an Hygiene ist durch die Corona-Pandemie gestiegen. Um die Verbreitung von Krankheitserregern zu verhindern, haben folglich Prozesse der Reinigung und Desinfektion in der breiten Gesellschaft einen höheren Stellenwert erhalten. Aber nicht erst seit der Pandemie sind die komplexen Herausforderungen an die Reinigungstechnik bekannt. Insbesondere Krankenhauskeime sind mitunter gefährliche Erreger, die eine nosokomiale – d. h. im Krankenhaus erworbene – Infektion verursachen können. Patient*innen, die von diesen Infektionen betroffen sind, haben gravierende gesundheitliche Probleme. Die Optimierung der Prozesse, Aufklärung und ein höheres Bewusstsein in Bezug auf Hygienepraktiken sind entscheidend, um der Übertragung von Infektionen vorzubeugen. Was in diesem Zusammenhang weniger bekannt ist: Innovative Textilien, vor allem Mikrofasern, sind dabei ein fixer Bestandteil in den gängigen Reinigungspraktiken, sowohl im professionellen als auch im privaten Bereich. Der Einsatz von Textilien in Kombination mit Reinigungs- und Desinfektionsmitteln bedingt jedoch bei unsachgemäßer Anwendung, dass nicht nur Schmutz und Bakterien, sondern oft auch Wirkstoffe von Reinigungs- und Desinfektionsmitteln in den Textilien gebunden werden und damit deren Wirkungsgrad verringern. Es braucht daher dringend Ideen zur Sicherstellung der richtigen Anwendung von Reinigungstextilien in Kombination mit Reinigungs- und Desinfektionsmitteln.

Das Forschungsprojekt *SaferTex*

In dem von der FFG geförderten Projekt (2019–2021) erforschte ein interdisziplinäres Team aus den Feldern Mikrobiologie, Chemische Industrie, Textilindustrie, Hygienetechnik, Reinigungsgewerbe sowie Design Textilien für die Reinigung und Desinfektion. Gegenstand des Forschungsprojekts war die Untersuchung der Wechselwirkungen zwischen Reinigungstextilien, den verwendeten Chemikalien und den zu behandelnden Oberflächen. Das Projektkonsortium bestand aus sieben Institutionen: Das Österreichische Forschungsinstitut OFI brachte sein Wissen rund um mikrobiologische Testmethoden ein, um die Qualität von Reinigungsmethoden zu beurteilen. Mit dem Institut für Textilchemie und Textilphysik der Universität Innsbruck und dem Reinigungstextilhersteller REZI war die textiltechnologische Kompetenz im Projekt vertreten. Die Firma Markas, die Reinigungskräfte ausbildet und für Institutionen bereitstellt, sowie die Firma Hygline, die Desinfektions- und Hygienepläne erstellt, waren vertreten, um die wirtschaftlichen Realbedingungen, Anforderungen und Hygienenormen in der Branche der Reinigungsindustrie im Auge zu behalten. Die Firma Buls, Hersteller von Reinigungschemikalien, ließ Kompetenzen aus dem Bereich der chemischen Industrie einfließen. Ich wurde als Designer und Textiltechnologe eingeladen, den Forschungsprozess aus kreativer Sicht zu unterstützen. In meiner Funktion als Lehrbeauftragter im Studium

DEX – Design, materielle Kultur und experimentelle Praxis (Technisches und textiles Werken) der Universität für angewandte Kunst Wien bot ich Studierenden die Möglichkeit, in diesem Projekt aktiv mitzuforschen. Im Rahmen meiner Lehrveranstaltung bestand die Aufgabe darin, die Fachinhalte schulisch zu kontextualisieren.

Kunstpädagogische Methoden im Rahmen des Forschungsprojekts *SaferTex*

Besonders wichtig war es in der Projektzusammenarbeit, die unterschiedlichen Kernkompetenzen der Projektpartner untereinander verständlich zu vermitteln und leichter miteinander zu verknüpfen. Dazu haben wir im Team der Angewandten Design Thinking[1] in mehreren Open-Innovation-Workshops[2] angewendet.

Ein paar konkrete Interventionen seien hier beispielhaft angeführt: Um den Projektstart interaktiv zu gestalten, wurde der Meetingraum vorab von Studierenden verschmutzt. Die Böden wurden mit Erde verunreinigt, auf Tischen klebten Speisereste, Kugelschreiber und andere hartnäckige Farbreste, und Fenster wurden mit Öl und Fett beschmiert. Zusätzlich wurden dem ankommenden Projektteam handelsübliche Reinigungs- und Desinfektionsmittel sowie Reinigungsutensilien aller Art zur Verfügung gestellt, und als erste Interaktion waren alle eingeladen, gemeinsam den Raum zu reinigen. Gleichzeitig hatten die teilnehmenden Studierenden die Aufgabe, die Projektteilnehmer*innen zu fragen, was ihnen während des Reinigens des Raumes alles in den Sinn komme. Diese Bemerkungen wurden auf Post-Its notiert und an die Stelle geklebt, die die befragte Person soeben gereinigt hatte. So entstand auf performative Weise ein erstes fachliches Stimmungsbild in Bezug auf das Thema des Projekts. Zusätzlich lernten sich die vorher einander nicht bekannten Projektpartner*innen dadurch kennen; die übliche Vorstellungsrunde wurde somit interaktiv durchgeführt (→ 03).

Im Sinne von „Bring Play to Work“ aus der Design-Thinking-Methode[3] wurde, um die Zugänglichkeit zum Themenfeld für alle spielerisch zu erleichtern, das Umfeld eines Krankenhauses auf einem mit Papier überzogenen Tisch mit Playmobil nachgestellt. Alle Impulse, die beim Betrachten und Arrangieren dieser Landschaft aufkamen, wurden auf dem Papier notiert und mit Playmobilfiguren nachgestellt. So entstand nicht nur eine schriftliche, sondern auch eine dreidimensionale Visualisierung des Brainstormings. Dieses Sichtbarmachen der Räume und Flächen eines Krankenhauses im Kleinformat war wichtig, um etwa die unterschiedlichen Hygieneklassen zwischen OP, Patient*innenzimmer und öffentlicher Nutzfläche nicht aus den Augen zu verlieren (um nur einen Vorteil dieser Visualisierungspraxis konkret zu erwähnen).

Für die Analyse der Reinigungstücher wurden die oben genannten Parameter Faser, flächenbildendes Verfahren, Form, Verarbeitung und Usability herangezogen. Wichtig war es, die Materialien physisch präsent zu machen, um insbesondere ihre Textilqualitäten begreifen zu können und damit Praxisnähe zu gewährleisten. Dieser Vorgang erleichterte in Folge den Prototyping-Prozess (→ 04).

Die darauffolgenden Analysen und Testmethoden deckten auf, wie viele andere Faktoren als die Faser selbst ausschlaggebend für den Reinigungsprozess sind. In bisherigen naturwissenschaftlichen Studien standen nämlich häufig nur die physikalischen Eigenschaften der Fasern im Mittelpunkt der Beurteilung. Durch Brainstorming und in Produktanalysen wurde das Team auf vielfältige Faktoren, die den Reinigungsprozess und die Qualität der Textilien beeinflussen, aufmerksam, beispielsweise darauf, welch intensiven Waschzyklen die Tücher ausgesetzt sind und wie diese die Reinigungsleistung verändern.

Zur weiteren Design-Ideenfindung für mögliche neue Formen und Verarbeitungen von Reinigungstüchern und Mopps leitete das Team der Angewandten Mapping-Methoden mit dem Arbeitskollektiv an, um das Know-how der Beteiligten für die am Design-Prozess Beteiligten transparent zu machen, beispielsweise über eine ergonomische Verwendung des Reinigungstuchs: hoher Tragekomfort an der Hand, Anpassungsfähigkeit an Oberflächen, Kanten, Ecken und runde Objekte, leichtes An- und Ausziehen. Im gemeinsamen Erarbeiten verschiedener Prototypen stellte sich heraus, dass ein vereinfachter Fäustling, welcher die durchschnittliche Hand umschlingt, eine gute Lösung darstellt, da so der Materialverbrauch verringert werden kann und ein gutes Umfassen von stark kontaminierten Flächen wie Türgriffen besser gewährleistet ist (→ 05).

Der Handmopp kann ein üblicherweise genutztes, 40 x 40 cm großes Putztuch, das während des Desinfizierens viermal gefaltet werden soll, ersetzen. Während eine vermehrte Benutzung einer Seite des Tuchs wahrscheinlich ist und es somit einer höheren Gefahr von Viren-, Bakterien- und Keimverschleppung ausgesetzt ist, gibt es dieses Problem bei der Benutzung des Handmopps nicht. Um den Verschnitt zu minimieren, wurde eine sechseckige Form gewählt.

Textiltechnologie bei Desinfektion und Reinigung

Die Reinigungs- und Desinfektionsindustrie unterscheidet zwischen den Begrifflichkeiten des „Putzens", „Reinigens" und „Desinfizierens". Putzen ist jene Tätigkeit, die von Personen im privaten Haushalt erledigt wird. Mit Reinigen ist das professionelle Entfernen von Schmutz gemeint und mit Desinfektion das Abtöten von Keimen durch verschiedene Lösungen. Reinigung und Desinfektion sind Prozesse, die in öffentlichen Institutionen nach in Reinigungs- und Hygieneplänen festgelegten Standards und Normen ein- und durchgeführt werden. Institutionen mit medizinischem Bezug, wie Krankenhäuser oder Pflegeheime, stehen im besonderen Fokus der Reinigungsindustrie, da hier Personen mit geschwächten Immunsystemen verkehren und somit schon geringe Keimbelastungen negative Auswirkungen auf die Gesundheit haben können. Räume in diesen Institutionen werden deshalb hinsichtlich der erforderlichen hygienischen Anforderungen in Hygienegruppen eingeteilt.[4]

Das Ziel von Reinigung und Desinfektion ist eine Unterstützung der Infektionsprophylaxe durch eine sachgerechte Anwendung geeigneter Verfahren. Welche Textilien dafür verwendet werden, wie diese mit Oberflächen und Chemikalien in Wechselwirkung stehen und wie sich deren Eigenschaften im Alterungsprozess durch Aufbereitung, Waschen und Trocknen verändern, ist bisher nur wenig erforscht worden.[5]

Im hier vorgestellten Forschungsprojekt wurden vier Produktionsfaktoren, die für Reinigungstextilien wesentlich sind, definiert: die Faser, das textile flächenbildende Verfahren, der Flor, also ob es sich um geschnittene Fasern (vergleichbar mit Plüsch) oder um Schlingen (vergleichbar mit Frottee) handelt, sowie die Verarbeitung zu einem Tuch oder Mopp. Unter Berücksichtigung dieser Aspekte wurden als Qualitätskriterien Saugfähigkeit,

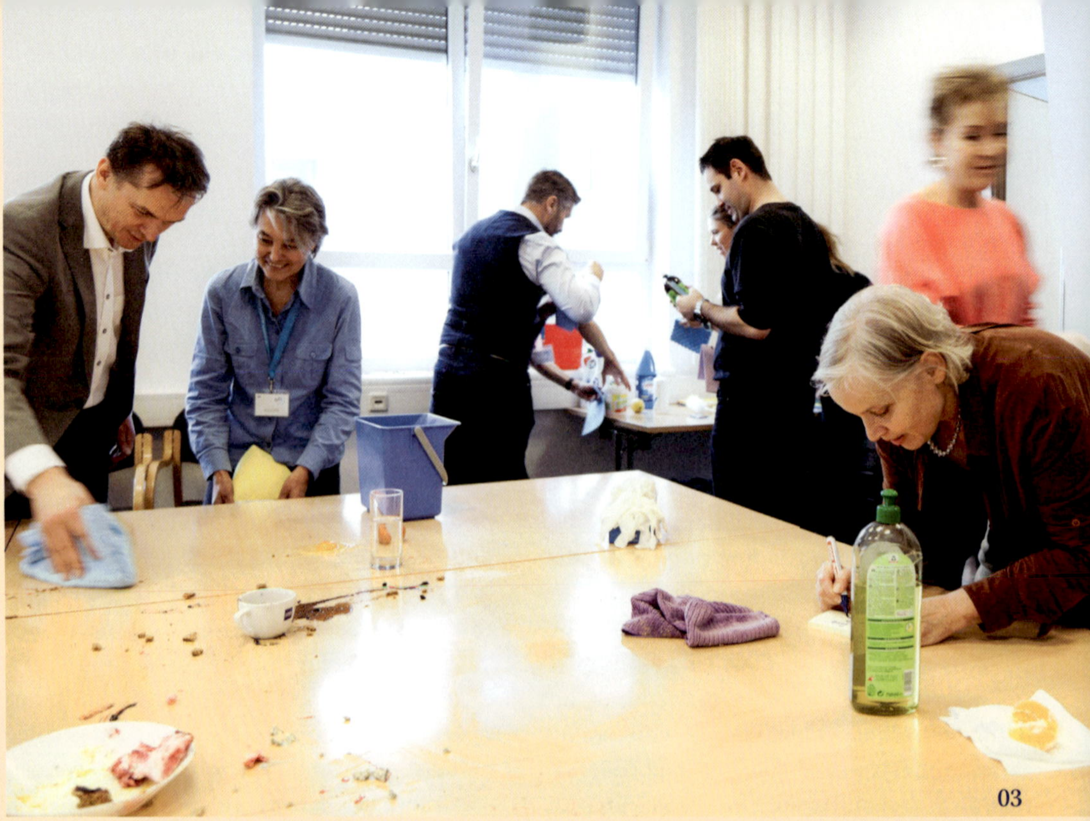

03

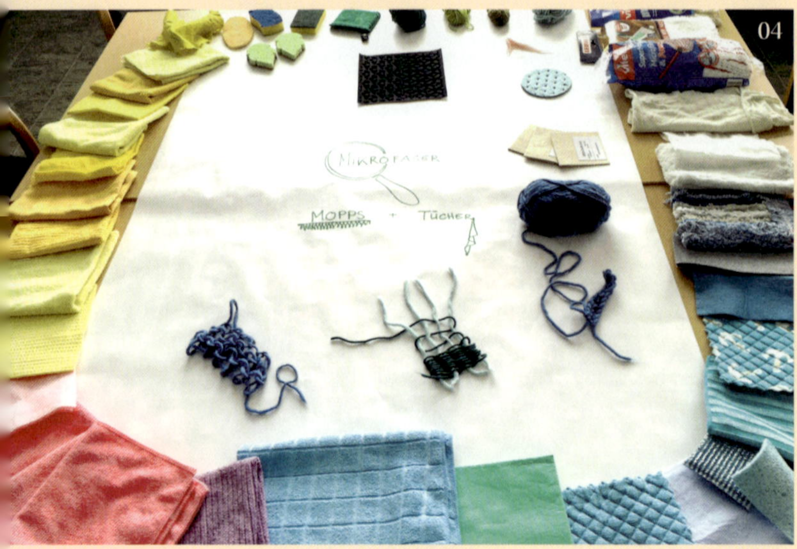

04

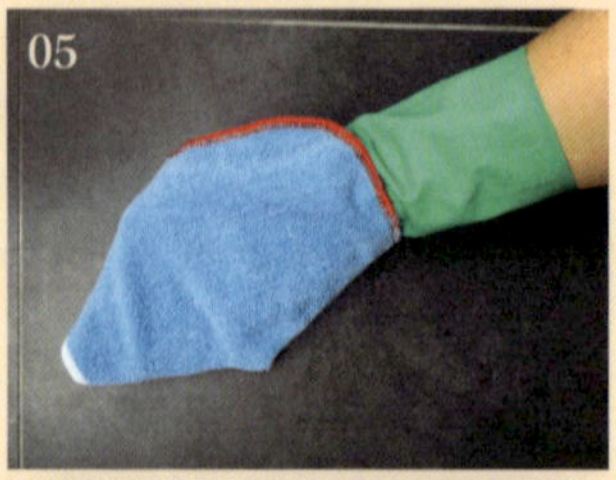

05

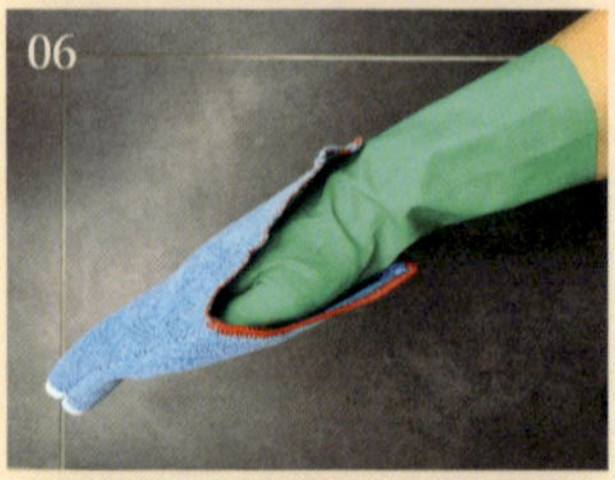

06

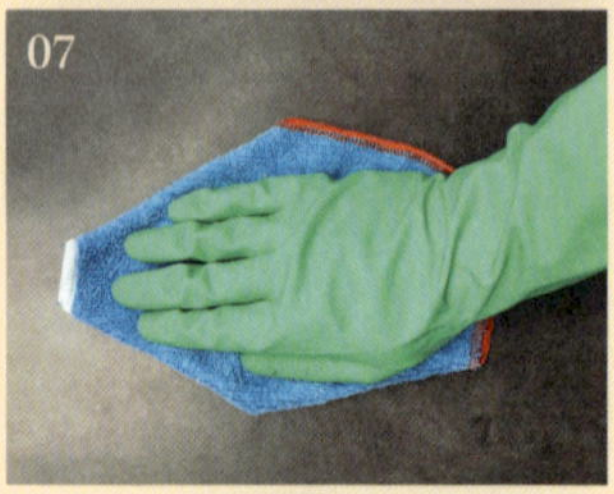

07

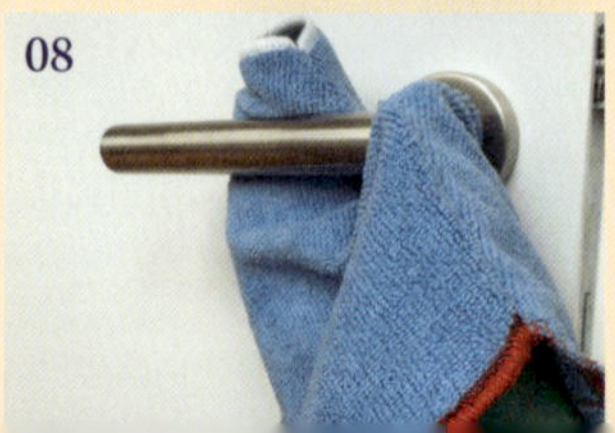

08

03 Verschmutzter Projektraum, 2020, © Julia Rohn

04 Sammlung von Reinigungstüchern, 2020, © Walter Lunzer

05–08 Handmopp, 2020, © Walter Lunzer

Rückhaltefähigkeit von Flüssigkeiten auf Wasser- wie auf Alkoholbasis, Strapazierfähigkeit und Abriebfestigkeit, Trocknungsdauer der Textilien sowie die sogenannte „Abreicherungsfähigkeit“ von Keimen definiert. Damit ist die Fähigkeit von Textilien, Keime von Oberflächen aufzunehmen, gemeint.

All diese Faktoren müssen unter Berücksichtigung des sogenannten Sinnerschen Kreislaufs betrachtet werden – dem Wechselspiel der vier Parameter Wärme, Zeit, Mechanik und Chemie. Die Intensität, mit der einer der Parameter im Aufbereitungsprozess wirkt, hat eine Wechselwirkung mit den anderen Parametern. Beispielsweise kann eine Reduktion des Einsatzes von Chemikalien bedeuten, dass ein höherer mechanischer Einsatz, mehr Zeit oder eine höhere Temperatur aufgewendet werden müssen, um dasselbe Ergebnis zu erzielen.[6]

Außerdem müssen Tücher in ihrem gesamten Verwendungsprozess beobachtet werden, inklusive Waschen und Trocknen. Diesen Prozess der Aufbereitung sollen die Tücher schnell, ohne Schaden und mehrmals überstehen, ohne dass ihre physikalischen Eigenschaften signifikante Einbußen erleiden. Es war eine weitere Erkenntnis des Projekts, Reinigungstextilien auch nach mehrmaligen Gebrauchszyklen von Reinigen – Waschen – Trocknen – Reinigen auf Qualitätsveränderungen prüfen zu müssen. Wie sich herausstellte, verändern sich die Reinigungseigenschaften von Reinigungstextilien mit hohem geschnittenem Flor durch die Verfilzungen, die durch Waschen und Trocknen entstehen, erheblich. Die Prozesse müssen zusätzlich auch noch praktikabel und wirtschaftlich akzeptabel sein. Es muss außerdem gewährleistet sein, dass die Produkte richtig angewendet werden. Hier klaffen Theorie und Praxis häufig auseinander; hier ein Beispiel: Viele Desinfektionsmittel müssten bis zu 15 Minuten einwirken, um ihre volle Wirkung zu erlangen, was etwa im OP-Bereich kaum einhaltbar ist. Dieser Umstand war der Auslöser für eine wesentliche Frage in Bezug auf die Rolle der Reinigungskräfte und ihre Arbeitssituation.

Hightech-Fasern in Reinigungstüchern

In den letzten Jahrzehnten wurde viel in die Weiterentwicklung von synthetischen Polymerfasern investiert. Natürliche pflanzliche Fasern bestehen aus Cellulose und bieten durch ihren Abrieb einen Nährboden für Keime, weswegen hauptsächlich Mikrofasern aus Polyester und/oder Polyamid in der Reinigung eingesetzt werden. Diese Fasern haben eine Feinheit von 0,1 bis 0,7 dtex; zum Vergleich: Baumwolle wiegt 1,5–2,5 dtex. Trotz ihrer Feinheit sind Mikrofasern sehr beständig gegenüber Säuren, Laugen und Abrieb. Entweder handelt es sich um reines Polyester oder noch häufiger um sogenannte Bikomponenten-Mikrofasern, kurz BiCo-Fasern, bestehend aus Polyester und Polyamid. Deren sternförmiger Querschnitt hat die höchste Reinigungsleistung, das heißt, BiCo-Fasern binden Schmutzpartikel besonders gut (→ 01).[7]

Dass sich wegen der höheren Feuchtigkeitsspeicherung des Polyamidanteils in BiCo-Fasern im Vergleich zu hundertprozentigen Polyester-Multifilamentfasern reine Polyesterfasertücher besser für die Desinfektion eignen, war eine neue Erkenntnis aus dem Projekt. Bei der Desinfektion ist es nämlich wesentlich, die Desinfektionslösung möglichst nicht in der Faser zu speichern, sondern die gesamte Lösung gut und gleichmäßig auf die Flächen zu verteilen.

Textile Flächenarten in der Reinigung

Neben der Faser spielt das flächenbildende textile Verfahren eine entscheidende Rolle: Ist das Tuch gewebt, gestrickt, gewirkt oder ein loser Faserverbund? Vor allem Einwegtücher in der Desinfektion bestehen häufig aus Polypropylen-Vlies. Die Produktion solcher Einwegtücher ist aus Nachhaltigkeitsgründen nicht vertretbar. Weil aber der Arbeitsaufwand für das Waschen und Trocknen wegfällt, sind sie kostengünstig und daher leider in der Anwendung sehr beliebt, wie die Firmen Markas und Hygline bestätigten. Darüber hinaus kann bei Einwegtüchern, die vorweg in Desinfektionslösung getränkt sind, die richtige Sättigung bereits vom Hersteller gewährleistet werden. Die genaue Sättigung von Textilien mit Desinfektionsmittel hat nämlich einen erheblichen Einfluss auf die Wirksamkeit des Abtötens von Keimen.

Von den Mehrwegtextilien werden Gewirke am häufigsten eingesetzt, weil diese sich sowohl aufgrund ihrer Maschenstruktur weich in Rundungen anlegen als auch im Falle von Rissen oder Löchern nicht fransen und im Vergleich zu Geweben ein tendenziell höheres Warenvolumen haben. Eine weitere Rolle spielt, ob das Garn als ein sogenannter Schnitt- oder Schlingenflor in der textilen Fläche angewendet wird. Schnittfasern haben eine besonders hohe Reinigungswirkung, da sie wie Bürsten wirken, das Rückhaltevermögen für Flüssigkeiten ist jedoch geringer im Vergleich zu Schlingenflor. Die oben angeführten Erkenntnisse wurden über genormte Prüfverfahren der Textil- und Bekleidungstechnik[8] durch das Institut für Textilchemie und Textilphysik der Universität Innsbruck gewonnen. In der Intensität, in der die Tücher verwendet werden, erzeugen sie Mikroplastik im Aufbereitungsprozess, also durch das intensive Waschen und Trocknen, was negative Auswirkungen auf das Ökosystem hat. Daher wurden die Scheuerfestigkeiten der Fasern in Wechselwirkung mit deren Verarbeitung zur Fläche ebenfalls analysiert. Der Vollständigkeit halber soll an dieser Stelle noch erwähnt werden, dass Schwämme im professionellen Bereich kaum vorkommen, da sie wegen ihrer Poren zu starke Keimbrutstätten bieten.

Verarbeitung von Reinigungstextilien

Die textilen Flächen werden zu Tüchern für Sichtoberflächen und Mopps für Böden verarbeitet und folgen dabei vor allem wirtschaftlichen und Usability-Kriterien, die den gesamten Prozess der Reinigung und Desinfektion umfassen. Falten oder eingeschlagene Säume von Tüchern dürfen keine (Hohl-)Räume bilden, in denen sich Staubpartikel sammeln können. Stoffkanten müssen nahttechnisch weich oder rund ausgeführt werden, um ein Hängenbleiben auf winkeligen Oberflächen zu vermeiden. Der Materialverbrauch und das Warengewicht sollten so gering wie möglich sein, um eine Beladung der Waschmaschinen und Trockner mit einer möglichst hohen Stückzahl zu gewährleisten.

Größe und Form der Tücher und Mopps wird so gewählt, dass deren Verarbeitung maximale Scheuerbelastung aushält, bei gleichzeitiger kostengünstigster Produktion. Die Meterpreise von Reinigungstextilien, allen voran von hochwertigen Bikomponentenfasern, sind teuer und eine zu aufwändige Verarbeitung würde den Preis noch weiter in die Höhe treiben. Wie aus den Diskussionen mit den Projektpartnern der Reinigungsindustrie hervorgegangen ist, ist der Preis, der für die Reinigung von Innenräumen ganzer Gebäude veranschlagt wird, das einzige und wichtigste Kriterium, um den Zuschlag für einen Auftrag zu erhalten.

Die Rolle der Reinigungskräfte

Zu dem Forschungsprojekt *SaferTex* bot ich für jene Studierenden, die sich für das Thema interessierten, eine begleitende Lehrveranstaltung an. Ich lud Expert*innen aus dem Projektteam an die Universität ein und vermittelte die wesentlichen Grundlagen zur Rolle von Textilien in der Reinigung und Desinfektion, damit die Studierenden den Diskussionsinhalten bei Projektmeetings leichter folgen konnten. Im Rahmen dieser Lehrveranstaltung wurden auch Reinigungskräfte der Angewandten eingeladen, um von ihrem Alltag zu erzählen und mit den Studierenden den Projektverlauf zu reflektieren. Dabei stellte sich heraus, dass es notwendig wäre, zu den Meetings mit Open-Innovation- und Design-Thinking-Interventionen neben den Fachexpert*innen explizit auch Reinigungskräfte einzuladen, die tagtäglich die Vorschriften umsetzen müssen, die zur sachgemäßen Reinigung aus der chemischen und der Hygieneindustrie kommen. Durch den Diskurs mit den Reinigungskräften wurde ein blinder Fleck der Forschungsfrage sichtbar: Die benötigte Zeit, um einer Reinigung und anschließenden Desinfektion nachzugehen, wie sie in der Theorie vorgesehen ist, ist meistens nicht gegeben, deswegen wird oft auf eine reinigende Desinfektion zurückgegriffen. Durch die hohe Beanspruchung der Reinigungskräfte und die geringe Aufmerksamkeit, die ihnen geschenkt wird, wird der Reinigungsprozess oftmals anders ausgeführt, als er in der Theorie behandelt wird. Weil jedoch Reinigung mit Hygiene in enger Verbindung steht, sollte der Arbeit von Reinigungskräften mehr Beachtung geschenkt werden. Somit war es eine wesentliche Erkenntnis, die fachspezifischen mikrobiologischen und chemischen Inhalte möglichst kooperativ mit den Reinigungskräften im Feld zu besprechen, denn Wertschätzung, Sichtbarmachen und Kooperation auf allen organisatorischen Ebenen sind motivierende Faktoren, um eine Tätigkeit „richtig" durchzuführen – und in diesem Fall auf das Forschungsziel einer ergonomischen Optimierung hin mitzuarbeiten.

Darüber hinaus erfahren Reinigungskräfte zu Unrecht gesellschaftliche Geringschätzung und genderstereotype Zuschreibungen. Diese soziologischen Faktoren sind wichtig zu beachten, denn es spielen nicht nur das Tuch, die Chemikalien und die Techniken der Reinigung und Desinfektion eine wesentliche Rolle bei der Gewährleistung der Einhaltung der Prozesse, sondern auch die Reinigungskraft selbst (→ 02).

Hygiene nimmt einen wichtigen Aspekt in unserer Gesellschaft ein, jedoch wird das Thema Hygieneerziehung nicht ausreichend in der Schule behandelt. Reinigungstextilien selbst sind allgegenwärtige, doch kaum beachtete Alltagsprodukte. Sie eignen sich für einen verschränkten Unterricht, oszillierend zwischen Naturwissenschaft, Technik, Design und Gesellschaft. Als Unterrichtsthema umfasst Hygiene das Hinterfragen traditioneller Standards und Wertungen von Putzen.[9] In den Lehrplänen des österreichischen Bundesministeriums für Bildung, Wissenschaft und Forschung ist dies nur für das Unterrichtsfach Chemie in der vierten Klasse vorgesehen. Des Weiteren werden Hygieneerziehung und Hygiene-Management im Unterrichtsfach Hauswirtschaftliche Tätigkeit erwähnt. Im Fach Biologie ist Mikrobiologie ab der zweiten Klasse Unterrichtsthema.[10]

Das Team der Universität für angewandte Kunst Wien entwickelte ein Unterrichtskonzept, das im Unterrichtsfach Technik und Design an die Lebensumfelder der Schüler*innen anknüpft und den Schwerpunkt auf die Hygieneerziehung legt. Es übernimmt in vereinfachter Form die interdisziplinären Methoden und Erkenntnisse des Forschungsprojekts und übersetzt diese in den schulischen Kontext: Durch Zusammenarbeit des Faches Textil und Design mit den Unterrichtsfächern Chemie und Biologie zu den Themen Mikrobiologie und Reinigungschemikalien kann Schüler*innen eine große Vielfalt fächerübergreifenden Wissens vermittelt werden. Eine Möglichkeit hierfür bieten grundlegende textile Testmethoden, etwa Saugfähigkeitsprüfungen, Abtropfverhalten oder Trocknungsdauer, wie sie in Reumanns Test-Grundlagen[11] festgelegt sind. Diese werden vereinfacht auf verschiedene Reinigungstücher angewendet, so wie es auch im professionellen Umfeld gemacht wird, um die Wirkung und Funktionalität eines Reinigungstuches zu gewährleisten. Im Chemie- und Biologieunterricht steht eine Reihe von weiteren Experimenten zur Verfügung, die mit Reinigung und Desinfektion in Verbindung gebracht werden können, beispielsweise Experimente zur Entfernung von Kalk durch Chemikalien, die auf Essigverbindungen aufbauen, oder in Zusammenhang mit der Vielzahl an Desinfektionsmitteln, die auf Basis von Aldehyden oder Alkohol oder als Sauerstoffabspalter funktionieren. Fächerübergreifend können Flächen vor und nach einer Reinigungsmethode mittels Abklatschtests auf die unterschiedlichen Grade von Sauberkeit zumindest rudimentär überprüft werden.[12]

Werden diese Experimente und Wirkungsweisen nicht von Lehrenden, sondern auch von einer Reinigungskraft vermittelt, führt dies außerdem zur Erkenntnis, wie viel chemisches Wissen in einer scheinbar so simplen Tätigkeit wie dem Reinigen steckt. Dabei gilt es ein Grundverständnis von Reinigung zu vermitteln. Die Fragen „Wann soll ein Raum gereinigt werden?“ oder „Wie funktioniert „richtige“ Reinigung von Oberflächen und Böden?“ sollen den Schüler*innen im wahrsten Sinn des Wortes „begreifbar“ gemacht werden.

Die Materialanalyse stellt einen besonders wichtigen Faktor für die Reinigungstextilien dar. Dafür stellen sich Fragen wie: Welche Art von Schmutz soll beseitigt werden? Wie muss die textile Oberfläche dann beschaffen sein? Welche Funktion soll das Tuch noch besitzen? Hierfür ist es wichtig, den Schüler*innen einen verständlichen und niederschwelligen Einblick in das textile Materialverständnis zu gewähren. Als Literatur eignet sich z. B. *Von der Faser zum Stoff: textile Werkstoff- und Warenkunde.*[13] Die praktische Arbeit spielt eine besondere Rolle beim Verständnis eines theoretischen Lehrinhalts. Durch das Verwenden von Beobachtungswerkzeugen, beispielsweise einem Mikroskop, wird eine Analyse des Textils begreifbarer.[14] Das Fühlen von Textilien und das Anlegen eines textilen Vokabulars kann bei einer Materialanalyse behilflich sein. Fragen wie zum Beispiel „Wie müssen die verschiedenen Oberflächen Holz, Kunststoff, Metall, Keramik und dergleichen gereinigt werden?“ oder „Wie fühlt sich das Textil an?“ laden die Schüler*innen ein, ihren haptischen Wahrnehmungssinn zu schulen.[15]

Abgesehen von der Materialerfahrung ist der Verwendungszweck des Reinigungstuches zu beachten. Mögliche Unterrichtsfragen sind: „Welches Objekt soll gereinigt werden?“ und „Welche Oberfläche soll gereinigt werden?“ Die Schüler*innen sollen durch diese Fragen angeregt werden, über mögliche Formen und Funktionen des Reinigungstuches nachzudenken, um ein Bewusstsein für das Produkt zu entwickeln. Auch hierbei gilt es, die Schüler*innen auf die Beschaffenheit ihrer Umgebung aufmerksam zu machen.

Fazit

Nicht nur für das Projektteam selbst haben die kunst- und designdidaktischen Interventionen unerwartete Blickwinkel auf das Feld der Reinigung und Desinfektion eröffnet. Schon durch den interaktiven performativen Projekteinstieg, den die Kunstpädagogik eingebracht hat, ist die wichtige Differenzierung zwischen den Begriffen „putzen", „reinigen" und „desinfizieren" zu Tage getreten. Diese grundlegende fachliche wie sprachliche Differenzierung für alle im Projekt beteiligten Personen war die Grundlage, um eine gemeinsame Sprache zu finden, die über die Grenzen der jeweils eigenen Fachdisziplinen verständlich ist.

In Projektmeetings stets auf die physische Präsenz der Textilien zu achten und die Praxen der Reinigung und Desinfektion unmittelbar in Workshops für alle Beteiligten erlebbar zu machen, war ein weiterer wichtiger Einfluss der Kunstpädagogik. So wurde etwa die Rolle der Reinigungskräfte als essentieller Faktor zur richtigen Durchführung von Reinigungsprozessen erkannt, was sich in den Ideen zur Form der Tücher widergespiegelt hat. Durch die aktive Einbindung von Lehramtsstudierenden des Faches Technik und Design hat sich auch gezeigt, wie notwendig es ist, Hygieneerziehung schon in der Schule einen größeren Stellenwert einzuräumen. Zudem eignet sich das Thema, um funktionelle Aspekte von Textilien hinsichtlich ihren Reinigungseigenschaften abseits vom bekannten Einsatz in Mode und Heimtextilien zu analysieren. Schon eine Produktanalyse von Reinigungstüchern und Mopps zeigt die vielfältigen Aspekte eines so selbstverständlichen Alltagsprodukts, insbesondere unter fachlicher Betreuung der unterschiedlichen Disziplinen.

---

1 | Nigel Cross, *Design Thinking*. London: Bloomsbury, 2002. Thomas Lockwood, *Design Thinking: Integrating Innovation, Customer Experience, and Brand Value*. New York: Allworth Press, 2010. Tim Seitz, *Design Thinking und Der Neue Geist des Kapitalismus: Soziologische Betrachtungen einer Innovationskultur*. Bielefeld: transcript, 2017. Hasso Plattner, Christoph Meinel, Ulrich Weinberg, *Design Thinking. Innovationen lernen, Ideenwelten öffnen*. München: Finanzbuch Verlag, 2009.

2 | Henry William Chesbrough, *Open Innovation: The New Imperative for Creating and Profiting from Technology*. Boston: Harvard Business School Press, 2003.

3 | Thomas Lockwood, *Design Thinking: Integrating Innovation, Customer Experience, and Brand Value*. New York: Allworth Press, 2010.

4 | Robert Kneißl, *Reinigung im Krankenhaus unter Berücksichtigung der Hygieneaspekte*. Riga: AV Akademikerverlag, 2018, 12–14.

5 | Maren Eggers, Daniel Hitz, Benjamin Eilts, „Reinigung von Oberflächen – eine mikrobiologische Untersuchung und Bewertung der Reinigung in Öffentlichen Bereichen". In*: Hygiene und Medizin*, 2020, 45 (7–8), 103–106.

6 | Doris Schwetje, Martina Diede, Alexander Furh, Barbara Ruhfus-Hartmann, Christine Maier, Christa Walgenbach, *Lernfelder Hauswirtschaft*. Troisdorf: Westermann Berufliche Bildung, 2018, 295.

7 | Ursula Völker, Katrin Brückner, *Von der Faser zum Stoff: textile Werkstoff- und Warenkunde, Handwerk und Technik*. Hamburg, 2014, 74–84. Wolfgang Bobeth (Hrsg.), *Textile Faserstoffe. Beschaffenheit und Eigenschaften*. Berlin/Heidelberg/New York: Springer, 1993, 100 ff.

8 | Ralf-Dieter Reumann, *Prüfverfahren in der Textil- und Bekleidungstechnik*. Heidelberg: Springer, 2000.

9 | Georg Peez, *Kunstunterricht – fächerverbindend und fächerübergreifend*. München: kopaed, 2011.

10 | Rechtsinformationssystem des Bundes, *Bundesrecht konsolidiert: Gesamte Rechtsvorschrift für Lehrpläne der Mittelschulen*. www.ris.bka.gv.at/GeltendeFassung.wxe?Abfrage=Bundesnormen&Gesetzesnummer=20007850 [09.02.2024].

11 | Ralf-Dieter Reumann, *Prüfverfahren in der Textil- und Bekleidungstechnik*. Heidelberg: Springer, 2000.

12 | Christopher Griffith, „Surface Sampling and the Detection of Contamination". In: *Handbook of Hygiene Control in the Food Industry*, 673–696. www.sciencedirect.com/science/article/pii/B9780081001554000443 [09.02.2024].

13 | Ursula Völker, Katrin Brückner, *Von der Faser zum Stoff: textile Werkstoff- und Warenkunde*. Hamburg: Handwerk und Technik, 2014.

14 | Anna-Maria Loffredo (Hrsg.), *Kunstdidaktische Erzählungen: Reflexionen zur Gegenwart und Geschichte des Kunstunterrichts als Graphic Novel*. Berlin: Christian A. Bachmann Verlag, 2018, 22.

15 | Thomas Stuber u. a., „Materialkunde textil". In: *Technik und Design*, 2020. https://hepverlag.s3.eu-central-1.wasabisys.com/production/general/materialkunde-textil.pdf [09.02.2024].

OBERFLÄCHEN-DESIGN FÜR EXOPROTHESEN UND ORTHESEN

Walter Lunzer

Projektleitung: Walter Lunzer

Projekt in Kollaboration mit:
Ottobock HealthCare Products GmbH

Beteiligte: Linnéa Jänen, Martina Mahdavi, David Meran

Ästhetische Faktoren spielen eine wichtige Rolle, um die Akzeptanz von Prothesen und Orthesen zu gewährleisten. Das Projekt *Oberflächen-Design für Exoprothesen und Orthesen* (2013–2014) konzentrierte sich auf die Gestaltung von Farbkonzepten und Muster für Prothesenschäfte in Zusammenarbeit mit der Ottobock HealthCare Products GmbH. Studierende wurden von Expert*innen des Unternehmens gebrieft und entwickelten Entwürfe, die anschließend mit dem Ottobock-Team diskutiert und verfeinert wurden. Sechs finale Entwürfe wurden erfolgreich auf dem Markt eingeführt. Das Projekt förderte interdisziplinäres Denken und vermittelte Kompetenzen in den Bereichen Technik, Körper und Raum.

Exoprothesen werden außerhalb des Körpers angebracht, um fehlende Gliedmaßen oder Funktionen zu ersetzen, während Endoprothesen chirurgisch in den Körper implantiert werden, um Gelenke oder Knochen zu ersetzen oder zu reparieren. Orthesen dagegen sind externe Vorrichtungen, die am Körper getragen werden, um Unterstützung, Stabilität oder Korrektur für eine beeinträchtigte Körperstruktur oder Funktion zu bieten. Exo- wie Endoprothesen sowie Orthesen sind durch intensive Entwicklungsarbeit in den letzten Jahrzehnten zu technischen Wunderwerken avanciert und haben neue Maßstäbe hinsichtlich der technischen Erweiterbarkeit des Menschen gesetzt. Die Verbindung von Mensch und Maschine wird sowohl medial durch SciFi-Filme wie *Terminator* oder *Star Wars* als auch durch Computerspiele immer wieder thematisiert. Den Utopien und Dystopien sind dabei scheinbar keine Grenzen gesetzt.[1]

Auch die Digitalisierung hält mit diesen Medizinprodukten im wahrsten Sinne des Wortes Einzug in unseren Körper, wenn etwa von „gedankengesteuerten Prothesen" die Rede ist.[2] Das wirft dann Fragen auf wie: „Wie sollte man sich gegenüber der potenziellen Steigerungslogik der technischen Bearbeitung des Körpers verhalten?"[3]

Bei all der Faszination daran, den menschlichen Körper mit medizintechnischen Vorrichtungen zu verändern, zu verbessern und zu erweitern, dürfen ästhetische Faktoren dabei nicht auf der Strecke bleiben, um die Akzeptanz einer Prothese oder Orthese für die Anwender*innen zu gewährleisten. In früheren Jahren waren Prothesen und Orthesen vorwiegend neutral gestaltet, hauptsächlich hautfarben, schwarz oder grau.[4] Heute zeichnet sich, wohl auch dank der Disability Studies, ein zunehmend höheres Selbstbewusstsein bei Menschen ab, die solch ein Produkt tragen, es weniger zu verstecken, als es vielmehr wie ein Mode-Artefakt zu tragen. Es sollte nämlich nicht als selbstverständlich hingenommen werden, einen versehrten/amputierten Körper als einen mangelhaften körperlichen Zustand zu begreifen, selbst wenn dieses Selbstverständnis noch immer sehr geläufig ist.[5]

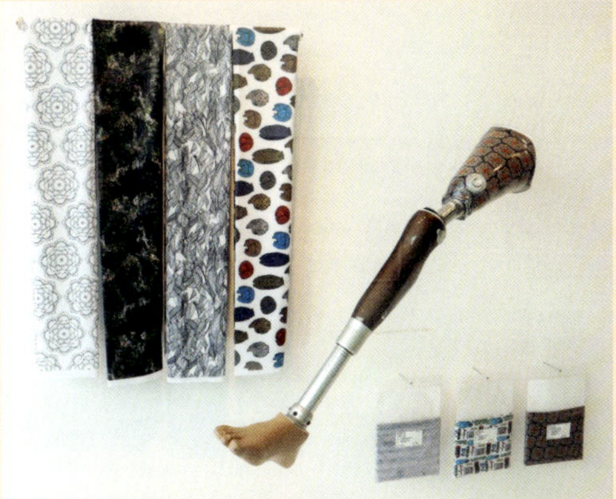

01 Vier Stoffmuster zum Einlaminieren in Prothesenschäfte, Beinprothese mit mechatronischem Kniegelenk und Prothesenschaft mit einlaminiertem Stoff, drei Stoffmuster in Originalverpackung, wie sie weltweit ausgeliefert werden, 2013, © Barbara Graf

Schaftgestaltung durch Studierende

Insbesondere durch die Zusammenlegung der Schulfächer des technischen und textilen Werkens zum neuen Schulfach *Technik und Design* eröffnet das Thema der Exoprothesen und Orthesen wichtige Untersuchungsfelder: Es fordert zum kritischen Denken darüber auf, inwieweit Technik in den menschlichen Körper eingreifen soll und darf. Diese Auseinandersetzung führt dann zu Fragen, die in das philosophische Feld des Posthumanismus reichen, die den Menschen, allem voran den Mann als Maß aller Dinge, aus dem Zentrum des Diskurses rücken.[6]

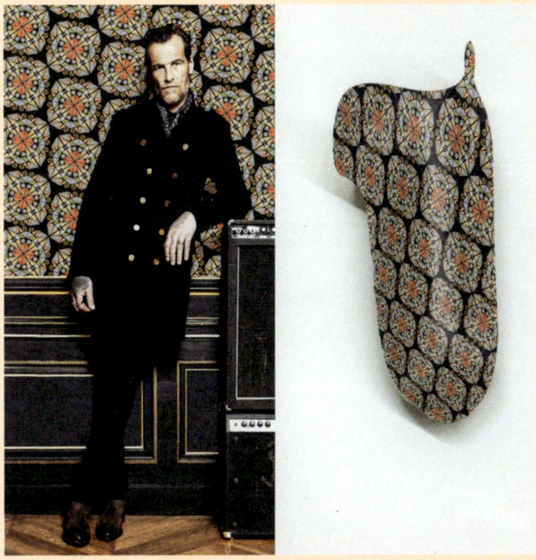

02 Moodboard und 3D-Rendering eines Prothesenschaftes für Oberarmamputierte nach einem Entwurf der Studierenden Martina Mahdavi, 2013, © Martina Mahdavi

Als Lehrender an der Abteilung *Textil* und seit Jahren in die Forschung bei Ottobock einbezogen, erschien und erscheint mir ein Einblick in dieses Entwicklungs- und Diskursfeld für Studierende notwendig und sinnvoll. Die technische Entwicklung und das Design von Exoprothesen und Orthesen würden den Rahmen einer Lehrveranstaltung im Lehramtsstudium jedoch sprengen. Um dieses Thema

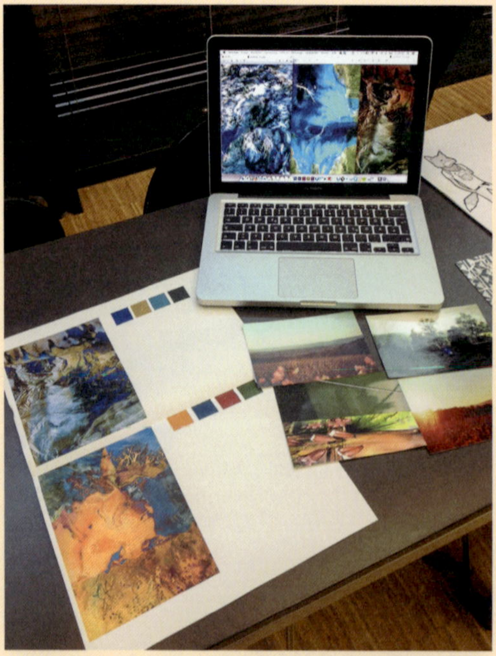

03 David Meran, Entwicklung eines Moodboards für ein Schaftdesign, inspiriert vom Bild der Erde vom Weltraum aus gesehen, 2013, © Walter Lunzer

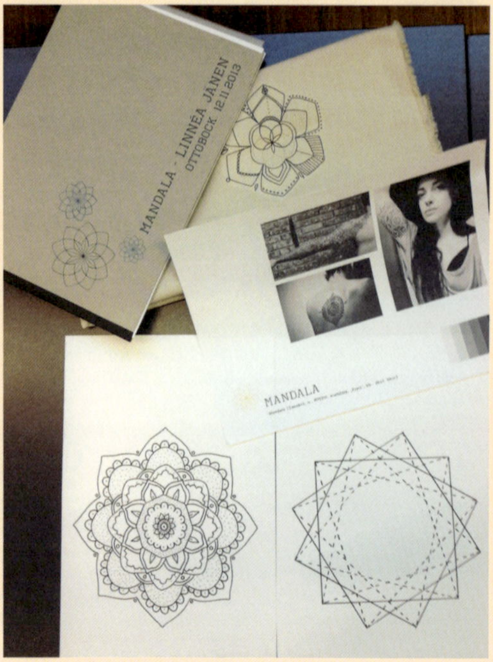

04 Linnéa Jänen, Entwürfe und Moodboard, inspiriert von Mandalas, 2013, © Walter Lunzer

der technisch-medizinischen Erweiterung des menschlichen Körpers Studierenden dennoch zugänglich zu machen, wurde der Fokus auf einen wichtigen Teil der sogenannten „Versorgung" mit einer Prothese oder Orthese gelegt, nämlich auf den Schaft. Ein Schaft ist eine maßgefertigte Hülle, die den Stumpf einer amputierten Gliedmaße oder eine beeinträchtigte Gliedmaße umgibt und eine sichere Verbindung zwischen dem Körper und der Prothese herstellt. Der Schaft wird durch die individuelle Anpassung und Formgebung unter Verwendung von Materialien wie Silikon, thermoplastischem Kunststoff oder Kohlefaser hergestellt.

Der Auftrag des dargestellten Projektes war es, Farbkonzepte, Grafiken und Muster für Schaftgestaltungen zu entwerfen, die der zunehmenden Nachfrage nach mehr Design und einer optisch ansprechenden Gestaltung von Prothesen und Orthesen gerecht werden. Dazu wurde mit der Ottobock HealthCare Products GmbH zusammengearbeitet. Ottobock ist Weltmarktführer im Bereich der Exoprothetik und die Studierenden wurden von den verschiedenen Expert*innen der Firma in drei Bereichen gebrieft.

In einem ersten technischen Briefing wurden die Grundlagen von Prothesen und Orthesen anhand von praktischen Beispielen vorgestellt. Dabei wurde Wert auf die Anfertigung von Schäften und Schalen von prothetischen und orthetischen Versorgungen gelegt, um zu verstehen, wie sich Muster auf solchen Objekten verhalten und mit welchen Technologien Muster in die Schäfte eingebracht werden können. Das zweite Briefing drehte sich um die Zielgruppendefinition und deren heterogene Ansprüche, mit der zentralen Frage, welche gestalterischen Mittel, welche Muster und welche Farben eingesetzt werden können und was dabei zu beachten ist. So wurde beispielsweise über den Einsatz von Rottönen diskutiert, die im Kontext eines Medizinproduktes sehr häufig mit Blut assoziiert und von vielen amputierten Anwender*innen tendenziell abgelehnt werden. Bei einem international agierenden Konzern wie Ottobock waren ebenso die vielen Kulturkreise, in denen die Muster und Grafiken angeboten werden, in Betracht zu ziehen. Als Zielgruppe wurden des Weiteren Kinder genannt; nicht nur jene, deren Gliedmaßen amputiert werden, sondern auch jene, die mit verkürzten Gliedmaßen auf die Welt kommen. Das dritte Briefing erfolgte nicht von Ottobock-Mitarbeiter*innen an die Studierenden, sondern im bilateralen Austausch und drehte sich um die Art und Weise, wie die verschiedenen Ideen am besten entwickelt und kommuniziert werden können: Zunächst wurden Moodboards erstellt und die Studierenden verfassten einen kurzen Text, der die Stilistik, in der sie sich bewegen wollten, illustrierte und erläuterte. Alle Entwürfe wurden schließlich gemeinsam mit dem internationalen Team von Ottobock diskutiert und verfeinert. Anschließend wurden die Entwürfe von den Studierenden anhand unterschiedlicher grafischer und digitaler Methoden umgesetzt und in konkreten Mustern und auf Schäften animiert dargestellt. Dann ging es darum, die Muster hinsichtlich ihrer Umsetzbarkeit als Rapport sowie hinsichtlich ihrer Produzierbarkeit als Transferdruckfolien, Stoffe und Laminate mit den Herstellerfirmen zu überprüfen. Dieser mehrstufige Prozess führte automatisch zu einem Aussieben der Ideen, bis die übriggebliebenen Entwürfe nach einer Ottobock-Befragung von Anwender*innen schließlich auf sechs finale reduziert wurden.

Fazit

Während des einjährigen Projektes nahmen die Studierenden an einem gesamten Designprozess teil. Sie erlebten, wie ein internationaler Konzern Produkte auf den Markt bringt und wie viele Faktoren dabei ineinandergreifen. Dabei lernten sie auch neue Materialen und deren Verarbeitungen kennen. Wesentlich war es im Rahmen des Projektes allerdings, Fragestellungen zu erörtern, die sich um den menschlichen Körper im Spannungsfeld zwischen technischer Erweiterbarkeit, Mode, Design und Gesellschaft, aber auch Ökonomisierung drehen, und die Erkenntnisse konkret in Entwürfen künstlerisch umzusetzen. Das von den neuen Lehrplänen für technisches und textiles Werken geforderte interdisziplinäre Denken konnte bei dem vorgestellten Projekt praktiziert werden:

„Mit den Inhalten aus den drei Bereichen TECHNIK, KÖRPER und RAUM werden durch forschendes, entdeckendes und problemlösendes Lernen und Arbeiten Kompetenzen in den Bereichen ENTWICKLUNG, HERSTELLUNG und REFLEXION ausgebildet.“[7]

Die Studierenden erhielten für nicht angenommene Entwürfe Abschlagszahlungen und für angenommene Entwürfe ein Honorar. Die sechs final ausgewählten Entwürfe sind international sehr erfolgreich am Markt positioniert worden.

---

1 | Karin Harasser, *Körper 2.0. Über die technische Erweiterbarkeit des Menschen.* Bielefeld: transcript, 2013.

2 | Eva Stanzl, „Prothese Ausgezeichnet“. In: *Wiener Zeitung.* Wien: 11.09.2020. www.wienerzeitung.at/nachrichten/wissen/mensch/2074815-Neue-Dimensionen-der-Prothetik.html [19.02.2024].

3 | Karin Harrasser, *Körper 2.0. Über die technische Erweiterbarkeit des Menschen.* Bielefeld: transcript, 2013, 1.

4 | Hans Georg Näder (Hrsg.), *Prothesen für die obere Extremität.* Otto Bock Prothesen-Kompendium, bearbeitet von Lothar Milde unter Mitarbeit der Otto Bock Fachabteilungen. Calbe: Cuno, 2011.

5 | Sybilla Nikolow, „Prothetik“. In: Martina Heßler, Kevin Liggieri (Hrsg.), *Technikanthropologie. Handbuch für Wissenschaft und Studium*, Baden-Baden: Nomos, 2020, 403–410.

6 | Rosi Braidotti, *Posthumanismus: Leben jenseits des Menschen.* Frankfurt/New York: Campus, 2014.

7 | Rechtsinformationssystem des Bundes, Bundesrecht konsolidiert: *Gesamte Rechtsvorschrift für Lehrpläne der Mittelschulen.* www.ris.bka.gv.at/GeltendeFassung.wxe?Abfrage=Bundesnormen&Gesetzesnummer=20007850 [09.02.2024].

FORSCHEND LEHREN, FORSCHEND LERNEN

Überlegungen zur künstlerischen Forschung und ihrer Lehre

Ebru Kurbak

Es gibt zahlreiche wissenschaftliche Arbeiten über das Verhältnis von künstlerisch forschender Praxis und künstlerischer Forschung im Kontext von Lehre. Allerdings findet sich selten die Gelegenheit, diese Beziehung in der Praxis auch zu erproben. Als Künstlerin, die seit über zehn Jahren im Kontext von *arts-based research* arbeitet, konnte ich Forschung und Lehre nur nacheinander in verschiedenen Zeiträumen durchführen, und zwar aufgrund der einfachen Tatsache, dass die beiden Kategorien oft von verschiedenen Parteien finanziert werden.

Im September 2020 begann ich auf Einladung von Barbara Putz-Plecko für zwei Jahre als Gastprofessorin in der Abteilung *Textil – Freie, angewandte und experimentelle künstlerische Gestaltung* zu arbeiten. Ich wurde gebeten, ein vierstündiges künstlerisches Seminar zu entwickeln, wobei mir großzügig die Möglichkeit eingeräumt wurde, die Lehre nach freiem Ermessen zu gestalten, zu experimentieren und zu reflektieren. Zur selben Zeit startete ich mein vierjähriges kunstbasiertes Forschungsprojekt *The Museum of Lost Technology*.[1]

Dieser Text stützt sich auf erste Erfahrungen und Überlegungen auf meiner Suche nach einem alternativen Weg, künstlerische Forschung und Lehre miteinander zu verbinden, wobei mir die gegebene Gleichzeitigkeit von Forschungs- und Lehrbeauftragung eine seltene Gelegenheit dazu bot. Ich werde versuchen, einige der wichtigsten Fragestellungen zu behandeln, auf die ich bei der Entwicklung des künstlerischen Seminars gestoßen bin, und die Einrichtung eines gemeinsamen Forschungsmilieus als Überbrückungsmodus der beiden unterschiedlichen Bereiche Forschung und Lehre diskutieren.

Das künstlerische Forschungsprojekt

Im Projekt *The Museum of Lost Technology* untersuche ich Textilien im Kunst- und Technologiekontext in der Absicht, Erwartungen an Konzepte der Medienkunst und technikbezogenen Kunst zu hinterfragen, und erkunde neue Positionen der „Frauenarbeit" in zeitgenössischen technologischen Kunstkontexten. Das vierjährige Forschungsprojekt geht von der Prämisse aus, dass historische Erfindungen in Wissenschaft und Technik nicht nur Produkte waren, die auf die intellektuellen Fähigkeiten ihrer Erfinder*innen zurückgehen, sondern auch auf praktischem Wissen und Fertigkeiten beruhen. In der westlichen Welt wurden jahrhundertelang nicht nur Frauen, sondern

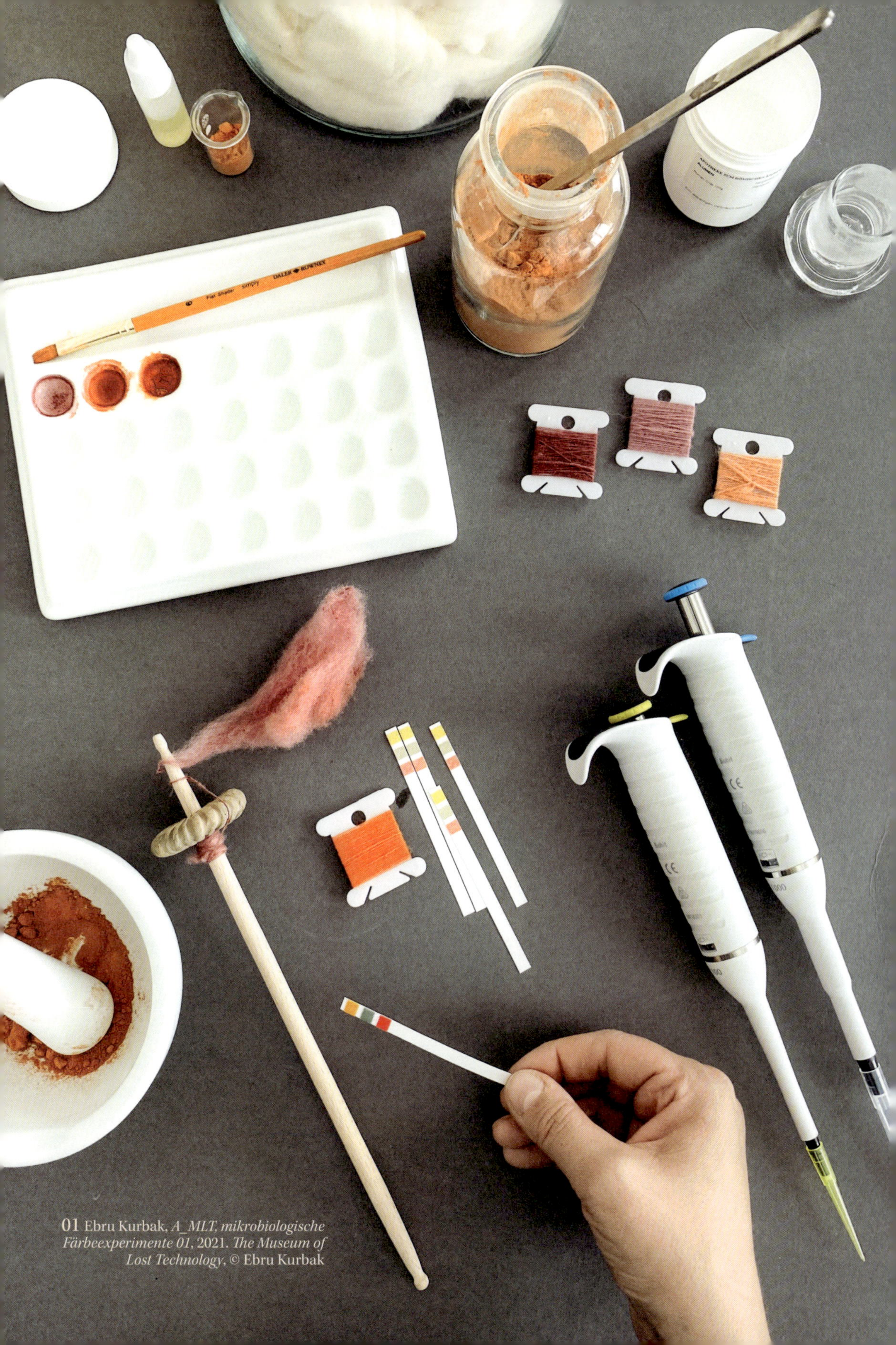

01 Ebru Kurbak, *A_MLT, mikrobiologische Färbeexperimente 01*, 2021. *The Museum of Lost Technology*, © Ebru Kurbak

auch besondere Kenntnisse, die hauptsächlich Frauen besaßen, von den offiziellen Seiten der wissenschaftlichen und technologischen Forschung ausgeschlossen. Bei der Durchführung praktischer Experimente an der Schnittstelle textiler und ausgewählter wissenschaftlicher Bereiche macht das Projekt spekulativ einige jener „versäumten Potenziale" sichtbar, die aufgrund der geschlechtsspezifischen sozialen und räumlichen Segregation des Wissens unvorstellbar blieben.

Mit dem Fokus auf der Einrichtung eines spekulativen Technikmuseums geht die Forschung im Studio auf die Suche nach einer imaginären Sammlung von Informationen, Techniken und Technologien, die hätten entwickelt werden können, aber nie entwickelt wurden. Da das Labor als Methode eines der Forschungsinteressen des Projektes ist, ist das Setting des Studios sehr wichtig. Unter den Prämissen, aufgeschlossen zu sein und ergebnisoffen zu bleiben, liegt der Forschungsfokus auf Materialuntersuchungen zur Anerkennung der Wirkungskraft der Materialien und der Materialprozesse.

Ich beschäftige mich jedes Jahr mit einem neuen Thema, für das ich ein fachfremdes Forschungsfeld wie zum Beispiel Biotechnologie, Physik oder Mathematik mit einer spezifisch textilen handwerklichen Methode, etwa dem natürlichen Färben, dem Klöppeln oder der Stickerei kombiniere. Dementsprechend wird jedes Jahr auch das Studio passend zum neuen Thema umgestaltet. Es wird zum Schauplatz der jeweiligen Materialrecherche. Die praxisbezogenen Experimente im Studio werden auf der Grundlage von kunsttheoretischer Forschung, vergleichenden projektrelevanten historischen Studien sowie vergleichenden Erhebungen von Sammlungen ausgewählter anthropologischer und technologischer Museen durchgeführt und unterstützt von Methoden kreativen Schreibens und „kreativer Welt-Bildung".[2]

Zielsetzung des künstlerischen Seminars

Bevor ich den Entwurf des künstlerischen Seminars skizzierte, setzte ich mir, im weiten Spektrum des Möglichen navigierend, zwei Hauptziele. Das Seminar sollte sowohl für das Forschungsprojekt vermittelnd wirken und bei der Öffnung der Themen und Fragestellungen für ein inneruniversitäres Netzwerk hilfreich sein wie auch selbst Ressource für Forschung werden. Aus diesem Grund wählte ich für das Seminar kein Thema aus meiner eigenen Forschungsgeschichte, sondern entschied mich, den Seminargegenstand auf das aktuelle Forschungsthema des Peek-Projektes zu beziehen. Zudem bot das Seminar die seltene Möglichkeit, abseits gängiger Formen von Lehre, die im klassischen Sinn auf künstlerische Produktion ausgerichtet sind, mit künstlerisch forschenden Methoden gemeinsam zu experimentieren. Auf Methoden zurückgreifend, die ich in meiner eigenen Forschung entwickelt hatte, würde das Seminar die Studierenden darin unterstützen, künstlerische Forschung in der Praxis zu erfahren, sie selbst zu betreiben und die eigene künstlerische Arbeit als Produktion von Wissen zu verstehen. Beide Ziele haben sich als kompliziert erwiesen und unterschiedliche Herausforderungen mit sich gebracht.

Wie man zur „unwissenden Lehrperson" wird. Lehren, was man noch nicht weiß

Wie also kann man lehren, was noch zu erforschen ist? Oder anders gefragt: Wie kann man lehren, was man noch nicht weiß? Die Antwort auf diese Frage steht scheinbar im Gegensatz zu Methoden der konventionellen Pädagogik. Eine Antwort kann man bei Jacques Rancière in *The Ignorant Schoolmaster*[3] finden. In seinem Beitrag zu den laufenden Debatten über Erziehung und Klasse in Frankreich beschreibt der Philosoph seine Vorstellung von der Logik einer herkömmlichen pädagogischen Beziehung. Demnach sei es das Geschäft der Lehrenden in Beziehung zu Schüler*innen (Ungebildeten), die Distanz zwischen dem eigenen Wissen und der Unwissenheit der Schüler*innen abzubauen. Jedoch sei es leider für Lehrende nur möglich, diese Distanz zwischen ihnen und den Schüler*innen zu reduzieren, indem sie diese ständig neu erschaffen. Anders formuliert: Obwohl sie die Distanz reduzieren müssen, sollten Lehrende stets einen Schritt voraus sein – das verlangt die pädagogische Beziehung, um ihren Zweck zu erfüllen. Also müssen Lehrende davon ausgehen, dass Schüler*innen nicht nur nicht wissen, was ihr*e Meister*in weiß, sondern auch nicht wissen, was er*sie nicht weiß oder wie man es wissen könnte.[4] Nach einer Geschichte von Joseph Jacotot, einem französischen Lehrer im Exil, der 1818 eine unkonventionelle Lehrmethode erfand, schlägt Jacques Rancière die Methode des „ignorant schoolmaster", des unwissenden Lehrenden als Alternative zur konventionellen Pädagogik vor. Der Mensch lernt von Geburt an, Dinge zu erkennen, indem er Zeichensysteme in Bedeutungen übersetzt, wie etwa beim Erlernen seiner Muttersprache. Im Bewusstsein dessen drängt die unwissende Lehrperson ihren Schüler*innen nicht ihr eigenes Wissen auf, sondern ermutigt sie vielmehr „to venture into the forest of things and signs, to say what they have seen and what they think of what they have seen, to verify it and have it verified"[5]. Die Schüler*innen lernen hier also nicht, die Position der Lehrperson zu übernehmen, sondern sich ihre jeweils eigene Position zu erarbeiten. Sie erlernen „die Kunst der Übersetzung", die das Herzstück allen Lernens ist.

Und tatsächlich lässt sich diese Philosophie in den Prinzipien studiobasierter Lehrformen in Kunst, Design und Architektur wiederfinden, als da Studierende in künstlerischen Prozessen Zeichen interpretieren und kontinuierlich ihre künstlerischen Arbeiten im Studio im Austausch mit Lehrenden und Kommiliton*innen gemeinsam prüfen, indem sie diese genau betrachten und ihre Wahrnehmungen und Gedanken teilen und diskutieren.

Durch die Reflexion des Rancière'schen Konzepts und seiner Beziehung zu zeitgenössischen Bildungsprozessen im Studio entwickelte ich schließlich, um Forschungsprojekt und Seminar möglichst gut zu verbinden, eine alternative organisatorische Struktur. Statt einer engen Ausrichtung auf das Forschungsprojekt und die damit verknüpften Themenstellungen entschied ich mich für ein eigenständiges Seminarthema. Es würde nur das Forschungsmilieu mit dem Forschungsprojekt teilen bzw., in Rancières Worten, denselben „Wald der Dinge". In diesem speziellen Arrangement würde es sowohl meine Aufgabe als auch die der Studierenden sein, diesen Wald zu kultivieren. Dieser könnte dann sowohl durch meine Forschungen als auch die der Studierenden Interpretationen erfahren. Nachdem ich eine Reihe von Themen in Betracht gezogen hatte, die in diese Struktur passen könnten, schlug ich schließlich eine Seminarreihe mit dem Titel *The Politics of Making: Kunst, Technologie, Ideologie* vor.

Über die Seminarreihe

The Politics of Making wollte Studierende dabei unterstützen, die konventionelle Trennung zwischen Kunst und Wissenschaft, Handwerk und Technik sowie angewandter Kunst und

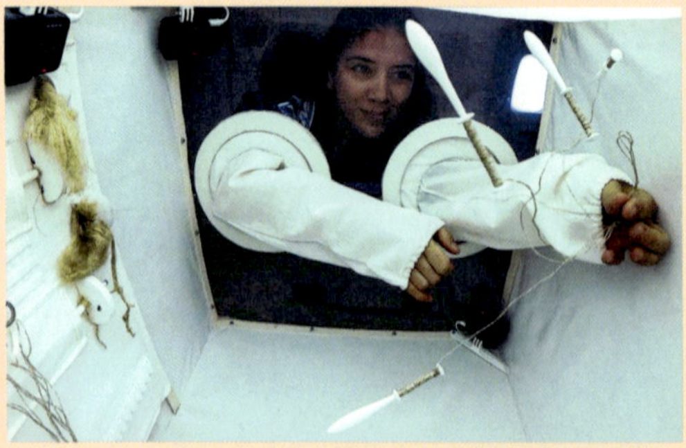

02 Ebru Kurbak, *Reinventing the Spindle*, 2021. Klöppeln in der Schwerelosigkeit, © Ebru Kurbak

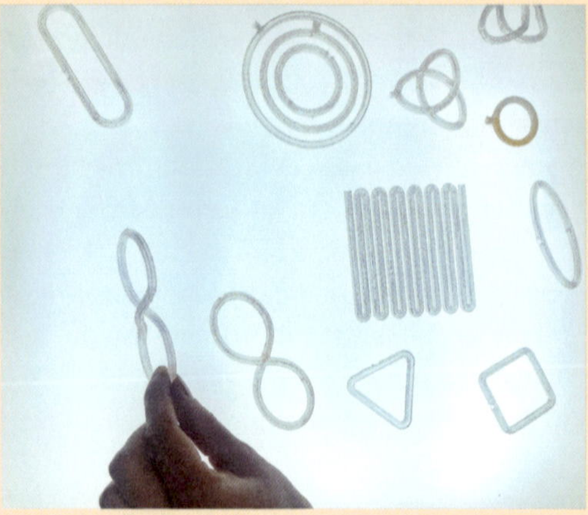

03 Ebru Kurbak, *B_MLT*, 2021. Mikrobiologische Experimente zum linearen Wachstum, *The Museum of Lost Technology*, © Ebru Kurbak

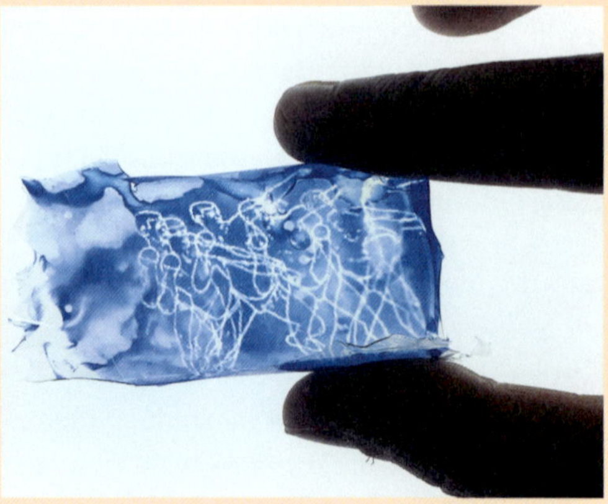

04 Emilia Pesty, Experimente mit bioplastischen Cyanotypie-Projektionsmedien, 2021, © Emilia Pesty

Ingenieurwesen zu überwinden. „Technologie" scheint ein neutraler Begriff zu sein. Tatsächlich aber wurde er im 19. Jahrhundert als exklusive Wissensdomäne gesetzt, die Hierarchien von Werten impliziert (Privilegierung ökonomischen Wachstums), von Geografien (Privilegierung des Westens) und der Geschlechter (Privilegierung des Maskulinen).

Diese unausgesprochenen Bias haben nicht nur im Alltag, sondern auch in der Kunst hierarchische Strukturen geschaffen. Technologiebezogene Kunstfelder wie Medienkunst und Device Arts sind exklusive Produktionsfelder, die von Beginn an ihre „Insider" und „Outsider" mit ins Spiel brachten. Das heutige Interesse an postdigitalen Kunst- und Technologieansätzen öffnet nun den Raum für neue und unkonventionelle materialbasierte und experimentelle Praxen. Deshalb sollte es ein zentrales Ziel der Seminarreihe sein, den Studierenden einige dieser Zugänge zu erschließen und sie zu ermutigen, erweiterte Definitionen von Technologie und Technoästhetik zu formulieren.

Parallel zu den wechselnden Themen des Forschungsprojekts wurde in den folgenden Semestern ein immer neues Unterthema der *Politics of Making* behandelt. Im Einklang mit dem Forschungsprojekt, das im ersten Jahr eine Brücke zwischen Biotechnologie, Rohstoffen und natürlichen Färbepraktiken schlug, lautete das Seminarthema des Wintersemesters *Raw* – ein Schlüsselbegriff, der die Geopolitik des Herstellens in den Mittelpunkt rückte. Die Betrachtung der materiellen Eigenschaften von Dingen kann unterschiedliche und interessante Fragen zu natürlichen Ressourcen, globaler Produktion, Logistik und Arbeit aufwerfen. Ein besonderes Augenmerk wurde in diesem Semester den Kartografien der Rohstoffe geschenkt. Es ging darum, woher die Materialien kommen und was von dem, was unter unseren Füßen ist, in der Region zu finden ist.

Im folgenden Semester, das unter dem Motto *Plantscapes* stand, erforschten wir Pflanzen im Kontext von kritischer Produktion, von Kunst und technologischen Praxen. Pflanzen werden seit langem zur Gewinnung von Holz, Papier, Fasern, natürlichen Farbstoffen, Pigmenten, Kork, Gummi und vielen anderen Materialien herangezogen und waren im Laufe der Geschichte immer schon Gegenstand von Kontroversen. In den letzten Jahren sind jedoch neue Fragen im Zusammenhang mit der politischen Dimension von Pflanzen aufgetaucht, insbesondere aufgrund der Krise unseres Planeten, der Entwicklungen in der Biotechnologie und des Aufkommens eines neuen materialistischen Denkens. Das Seminar schaffte Zugang zu den Debatten rund um Pflanzen und behandelte eine breite Palette von Themen wie Wachsen als Produktionsprozess, koloniale Pflanzungen, Flora und Weiblichkeit, wilde Ökologien, transgene Pflanzen, Biohacking, Pflanzenintelligenz und Space Farming, um nur einige zu nennen. Da sich das zentrale Thema des Forschungsprojekts im darauffolgenden Studienjahr von der Biotechnologie zur Physik verlagerte, wurde die Seminarreihe unter dem Thema *Cloud, Dust, Mist* fortgesetzt und beschäftigte sich mit ätherischen Materialien und unsichtbaren Kräften in der Natur.

Das gemeinsame Forschungsmilieu des Projekts *The Museum of Lost Technology* und des Seminars *The Politics of Making* bestand und besteht aus verschiedenen Ressourcen und Formen des Wissens. Das Studio als Projektraum ist mit Maschinen und Materialien für die Herstellung sowie mit kleinen Werkbänken für Mikrobiologie und Physik ausgestattet. Dieses steht den Studierenden während des Seminars zur Verfügung. Weitere Ressourcen des Milieus sind themenrelevante Bücher, ein Archiv beispielhafter Kunstprojekte und die kontinuierliche Möglichkeit, sich mit externen wissenschaftlichen Berater*innen des Forschungsprojekts auszutauschen.

Im Prozess bleiben. Vom Lehren, Kunst zu machen, zum Lehren künstlerischen Forschens

Das zweite Hauptziel des Seminars, mit dem Lehren künstlerischen Forschens zu experimentieren, statt in der Lehre Kunstproduktion als solche zu fokussieren, war gleichermaßen herausfordernd. Künstlerische Forschung erfordert es, ständig durch die Praxis selbst im Prozess zu bleiben. Allerdings lösen etablierte Gewohnheiten und Routinen in der gängigen Kunst- und Designausbildung Widerstände bei den Studierenden aus und es geht darum, neue Ansätze zu erproben. Die Studierenden des Seminars stammten aus unterschiedlichen Abteilungen – aus *Art and Science*; *Kunst und kommunikative Praxis*; *Design, Architektur und Environment für Kunstpädagogik*; *Textil* und aus *Social Design*.

Obwohl ihre Interessen in Bezug auf Thema, Medien, Form und Methode variieren, sind die Studierenden gewohnt, ihren Erfolg an der Fertigstellung eines Werks im Kunst- oder Designbereich zu messen. Um aber ein Umfeld zu erreichen, in dem alte Gewohnheiten verlernt werden können und man auszuhalten lernt, in einem künstlerisch forschenden Prozess zu bleiben, ohne vorschnelle Schlüsse zu ziehen, wurde der Schwerpunkt des Seminars durch die Definition des Semesterprojekts von der Problemlösung zur Problemformung verschoben. Im Gegensatz zu anderen Kunst- und Design-Lehrveranstaltungen, die mit einer künstlerischen Projektarbeit abschließen, wurde den

Studierenden im Seminar *The Politics of Making* die Aufgabe gestellt, während des gesamten Semesters Materialexperimente mit dem Ziel durchzuführen, zur Formulierung einer Forschungsfrage für ein potenzielles künstlerisches Forschungsprojekt zu finden.

Rückkoppelung zur Forschung. Über das Gewinnen übertragbaren Wissens durch die Lehre

Gegenwärtige Förderrichtlinien für künstlerische Forschung drängen Künstler*innen zunehmend dazu, hauptberuflich zu forschen. Daneben auch zu lehren *ist* möglich, orientiert sich aber eher am Vorbild der gängigen Modelle und lässt nicht viel Raum für Experimente. Oftmals lehren künstlerische Forscher*innen, um ihre Karriere zu unterstützen. In den meisten Fällen bedeutet dies, die Lehre in Curricula einzupassen, welche die Verbindung zwischen Forschung und Lehre nicht unbedingt fördern. Gelegentlich ist es auch so, dass künstlerische Forscher*innen eine Lehrtätigkeit annehmen, weil ihre laufenden Projekte davon profitieren. Dabei wird die Verbindung zwischen Forschung und Lehre oft gewissermaßen asymmetrisch: Studierende werden entweder selbst zum Gegenstand der Forschung oder zu Quasi-Praktikant*innen. Umso mehr erscheint unter den gegebenen Umständen die Chance, mit dem Forschen selbst und der Vermittlung künstlerischer Forschung experimentieren zu können, äußerst wertvoll.

Im vorliegenden autoethnografischen Essay habe ich versucht zu veranschaulichen, welche Fragestellungen ein Experimentieren mit künstlerischen Forschungspraxen und ihrer Vermittlung aufwerfen können. Künstlerische Forschung zu lehren – das hat sich deutlich gezeigt – ist nicht nur eine sinnvolle Erweiterung künstlerischer Lehre zum Vorteil der Studierenden. Vielmehr sind auch die Forschenden dadurch bestärkt, die eigene Forschungspraxis kontinuierlich einer kritischen Reflexion zu unterziehen und das in dieser eingeschriebene wertvolle und übertragbare Wissen präzise herauszuarbeiten.

---

1 | *The Museum of Lost Technology* [10.55776/V795] wird vom FWF – Der Wissenschaftsfonds / Elise-Richter-PEEK-Programm gefördert.

2 | Genauere Informationen: www.losttechnology.museum [04.03.2024].

3 | Jacques Rancière, *The Ignorant Schoolmaster: Five Lessons in Intellectual Emancipation*. Stanford, CA: Stanford University Press, 1991.

4 | Jacques Rancière, *The Emancipated Spectator*. London: Verso, 2011, 8.

5 | Ibid., 11.

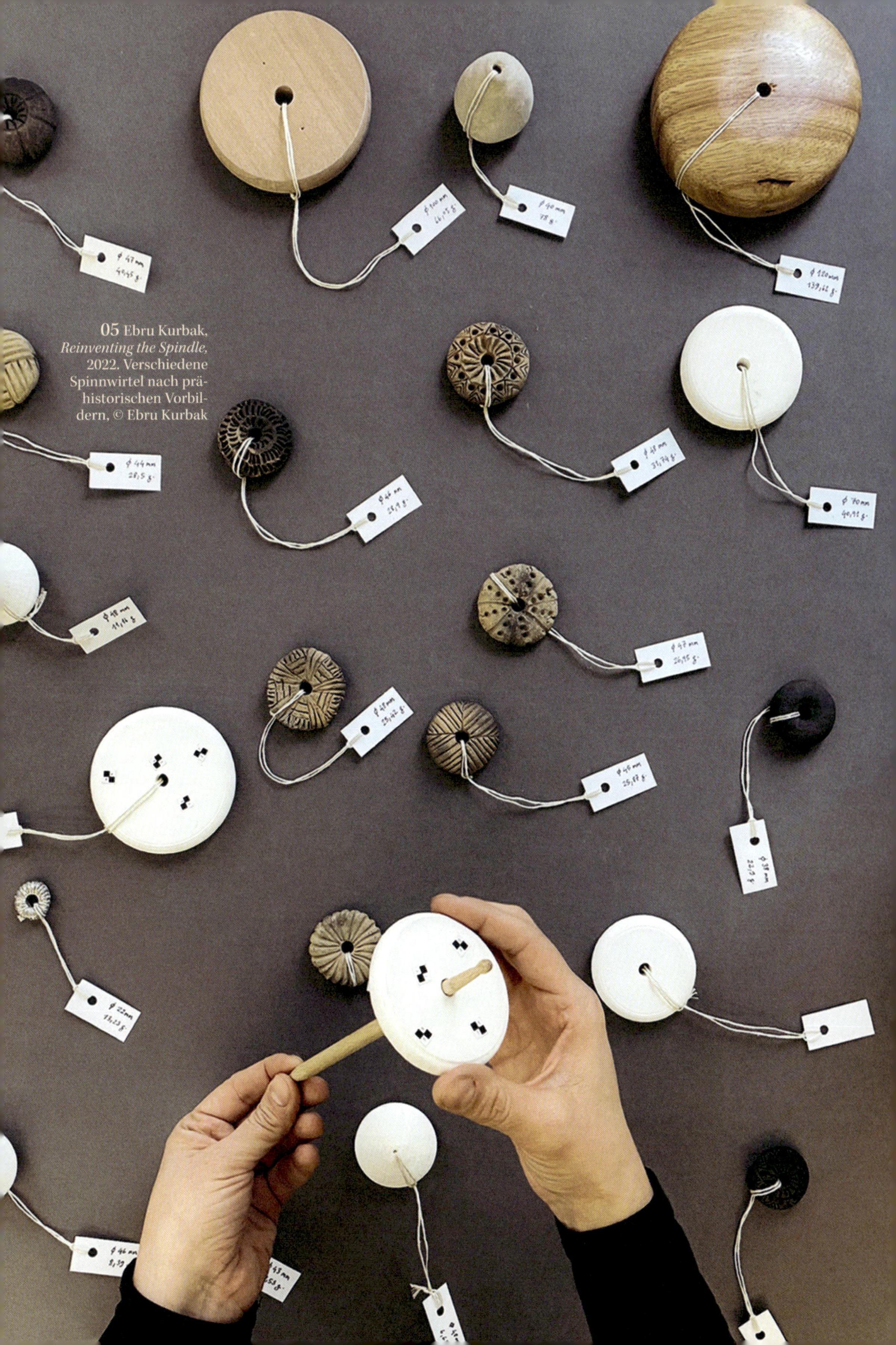

05 Ebru Kurbak, *Reinventing the Spindle,* 2022. Verschiedene Spinnwirtel nach prähistorischen Vorbildern, © Ebru Kurbak

KNITTED BODY MATERIALITY / GESTRICKTE KÖRPER MATERIALITÄT

Katharina Sabernig

Das vom FWF geförderte PEEK-Projekt (AR-705-G) widmet sich seit dem Frühjahr 2022 der Vermittlung medizinischer Inhalte durch textile Kunst.[1] Das Innere des Körpers ist eine Sphäre, zu der man normalerweise keinen direkten visuellen oder sensorischen Zugang hat, und es ist eine Herausforderung, einen Prozess zu verstehen, der sich im eigenen verletzlichen Körperinneren abspielt. Die Dramatik medizinischer Inhalte ruft oft negative Emotionen und reflexartige Abstoßung hervor – eine Abwehrhaltung, die durch ein Material umgangen werden kann, das mit Wärme, Pflege und Geborgenheit assoziiert wird. Gestricktes weckt das Bedürfnis des Betrachtens und Berührens anatomischer Strukturen, die man sonst nicht gerne sehen oder berühren würde. Ziel ist es, das natürliche Gefühl der Angst und des Ekels durch ein positives Gefühl beim Anblick des Körperinneren und der damit verbundenen Prozesse zu ersetzen. Zudem hat Textiles auch den Vorteil, eine Alternative zur fragwürdigen Verwendung und Zur-Schau-Stellung von Humanmaterial zu bieten. Die Tätigkeit der Chirurgie ist dem textilen Schaffen sowohl in Bezug auf die Arbeitsmittel als auch hinsichtlich der manuellen Techniken oft verblüffend ähnlich. Der Begriff „Chirurgie" geht auf das griechische Wort *cheirourgia* (χειρουργία) zurück, das sich aus *cheir* (χείρ) „Hand" und *ergon* (ἔργον) „Arbeit" zusammensetzt und ursprünglich jede manuelle Arbeit im Sinne der Ausübung eines Handwerks oder einer Kunst bezeichnet. Somit gibt es tatsächlich relevante Gründe, sich der Darstellung des Körperinneren mit Nadel und Faden zu nähern.

Gestrickte Objekte werden vom Publikum sehr unterschiedlich wahrgenommen. Bei Kindern als Zielgruppe kann es darum gehen, spielerisch Neugier für medizinische Sachverhalte zu wecken (plötzlich zeigt sich der Magen so vertraut wie ein Stofftier). Bei labilen Patienten mag es eine Erleichterung bedeuten, wenn zum Beispiel das Aufklärungsgespräch vor einer Operation auf eine schonendere Weise erfolgen kann. Allgemein an anatomischen Darstellungen Interessierte können die taktile Ästhetik der Strickobjekte auf sich wirken lassen oder in einen kunsthistorischen Kontext einordnen. Personal der medizinischen Profession mag abseits der Arbeitsroutine Muße zu einer Reflexion über seine Tätigkeit finden. Der Blick auf die Objekte ermöglicht eine unbeschwerte Auseinandersetzung mit dem Inneren des Körpers, kann aber auch eine Annäherung an die eigene Körperlichkeit in sensiblen und existenziellen Situationen sein.

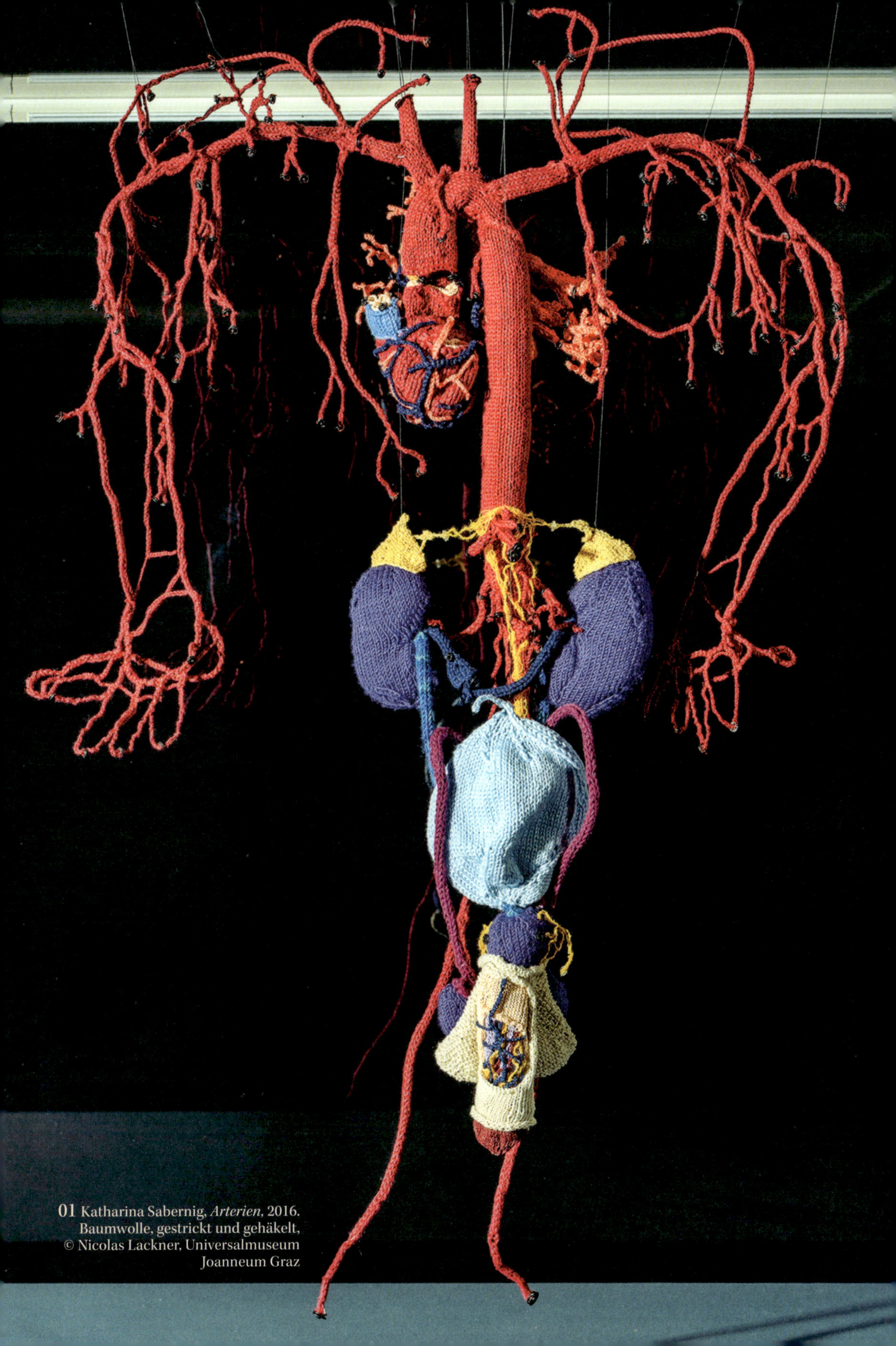

01 Katharina Sabernig, *Arterien*, 2016. Baumwolle, gestrickt und gehäkelt, © Nicolas Lackner, Universalmuseum Joanneum Graz

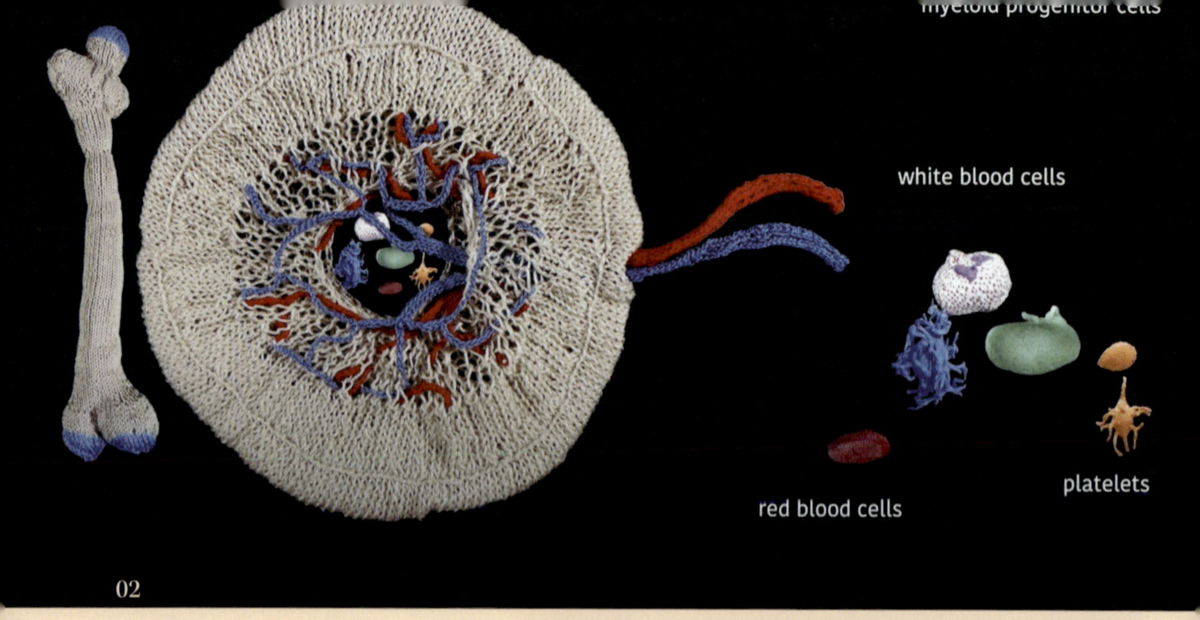

02 Katharina Sabernig, *Immunologische Verstrickungen*, 2023. Filmstill, © Katharina Sabernig und Tatia Skhirtladze

03 Katharina Sabernig, *Aortenaneurysma mit implantiertem Stent*, 2013. Baumwolle und Draht, gestrickt, © Katharina Sabernig und Tatia Skhirtladze

04 Katharina Sabernig, *Darm*, 2016. Baumwolle, gestrickt und gehäkelt, © Nicolas Lackner, Universalmuseum Joanneum Graz

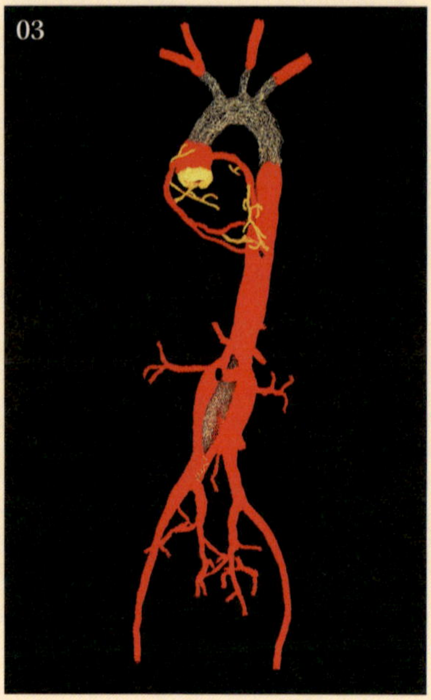

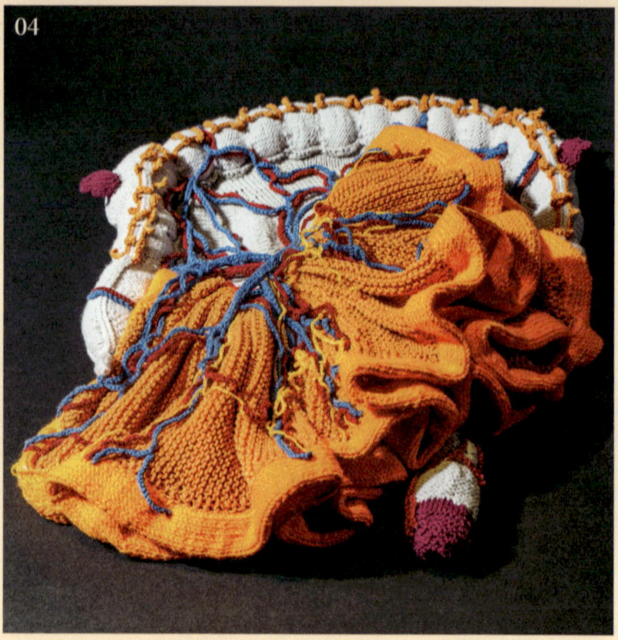

Ein wichtiger Teil des Projekts ist die weitere visuelle Aufbereitung der Objekte, wobei die Resultate mehr oder weniger statisch oder eher dynamisch sein können. Zur statischen Kategorie gehören die im Rahmen der Ausstellung *Threads of Life – Textiles in Kunst und Medizin* im *Angewandte Interdisciplinary Lab* (*AIL*) gezeigten Objekte oder Fotografien gestrickter Objekte, etwa des Darms (→ 04) oder der Venen und Lymphgefäße.

Durch eine Sequenz mehrerer an sich statischer Bilder kann eine gewisse Dynamik entstehen, zum Beispiel bei der Abfolge sich schrittweise verändernder Tumorstadien. Statische Bilder können auch in Videos rotiert, bewegt oder animiert werden. Diese Technik wurde bereits 2021 im Clip *Corona Virus and Immune Defence*[2] eingesetzt, der im Rahmen der Projekteinreichung mit Tatia Skhirtladze als Anschauungsbeispiel produziert wurde. Der 2023 fertiggestellte Animationsfilm *Immunological Enmeshments* (Immunologische Verstrickungen)[3] verbindet Fotografien und Videoaufnahmen mit 3D-animierten Zellen. Der Film versucht, die komplexen immunologischen Prozesse auf sinnlich ansprechende und spielerische Weise zu visualisieren (→ 02).

Während die computeranimierten dynamischen 3D-Videos gestrickter Objekte eine Verbindung von klassischen manuellen Fertigkeiten und heutigen digitalen Möglichkeiten der visuellen Bearbeitung veranschaulichen, soll mit der Entwicklung verschiedener Module für ein anatomisches Theater eine Brücke zu einem historischen Dilemma geschlagen werden: Die Inszenierung des sezierten menschlichen Leichnams im öffentlichen Raum, die zur Zeit des berühmten Anatomen Andreas Vesalius (1514–1564) unter dem Begriff „Theatrum anatomicum“ aufkam, wirft erhebliche ethische Fragen auf, die ihren zeitgenössischen Höhepunkt in den „Plastinaten“ und Aktionen Gunther von Hagens gefunden haben.[4] Gestrickte Organe oder Gefäßstrukturen lassen sich so einsetzen, dass sie im Vergleich zu originärem menschlichen Material präzise transformiert wirken, jedoch nicht jenes Unbehagen erzeugen, das natürlicherweise beim Betrachten von Leichenteilen oder „realistischen“ Darstellungen empfunden wird. Man kann von einer „Subversivität des Materials“[5] sprechen, bei der der Anblick prima facie erschreckender Dinge in ein sinnlich wohltuendes Erlebnis verkehrt wird. Auf welche Weise und zu welchem Zweck sich gestrickte Anatomie weiter einsetzen lässt, wird sich im Rahmen dieses bis Frühjahr 2026 laufenden PEEK-Projektes noch herausstellen.

---

1 | Anbindung Universität für angewandte Kunst Wien: *Textil – Freie, angewandte und experimentelle künstlerische Gestaltung*, Projektmitarbeiterinnen: Tatia Skhirtladze (Videoanimation), Sarah Wilhelmy (3D-Animation), Nora Dirisamer (anatomisches Theater) und Barbara Graf (textile Chirurgie), Projektwebseite: www.knittedbodymateriality.uni-ak.ac.at/index.php/events [19.02.2024].

2 | Katharina Sabernig, *Corona Virus and Immune Defence 26 5 2021.* www.youtube.com/watch?v=GSXefDHBmwA [19.02.2024].

3 | Katharina Sabernig, *Immunological Enmeshments.* www.youtube.com/watch?v=Q29ZOlvd67k [19.02.2024].

4 | Andreas Winkelmann, „Anatomisches Theater des Gunther von Hagens: Plädoyer für einen geschützten Raum“. In: *Deutsches Ärzteblatt,* 2003, 100, 1–2.

5 | Philipp Schulte, „It's a girl!“ Drei Aspekte der Performativität in Marijs Boulognes Autopsie-Performance *The Anatomy Lesson.* Excavations.“ In: Peter Hanenberg, Fernando Clara (Hrsg.), *Aufbrüche: Kulturwissenschaftliche Studien zu Performanz und Performativität.* Würzburg: Königshausen & Neumann, 2012, 163–172.

SHAPESHIFTING

Transformatorische Prozesse in Schnittentwicklung und Lehre

Barbara Putz-Plecko

Projektleitung: Ute Neuber, Barbara Putz-Plecko

Projektdauer: 2015–2023

Beteiligte: Studierende der Abteilung *Textil*

Textiles wird im Studienkontext sowohl als Medium der Selbstinszenierung und kulturellen Verortung als auch als historisch zentrales und zugleich konstant innovatives Segment unserer Materialkultur in den Fokus genommen, einschließlich der ihm eigenen Modelle der Strukturbildung und Vernetzung. Die Verschränkung von Theorie und Praxis – fokussiert auf unterschiedliche mediale, technische und inhaltliche Schwerpunkte – öffnet im Bereich der Lehre den Zugang zu vielschichtigen Erfahrungs- und Erkenntnisräumen und bietet Studierenden die Voraussetzung, Konstruktionsprinzipien und Bedingtheiten des Textilen und seiner ästhetischen Manifestationen untersuchen und schließlich auch dekonstruieren zu können.

Ab etwa 2010 inspirierten für mehrere Jahre unter anderem zwei Denk- und Handlungsfiguren die gemeinsamen Gestaltungsprojekte von Ute Neuber und Studierenden, die ich mit großem Interesse begleitete: *Entkernung* und *Provokation.*

Durch ein „Entkernen“ (einen Begriff, den ursprünglich die Begegnung mit der deutschen Künstlerin Ulrike Grossarth im Rahmen der Ausstellung *Un coup de Dès* der Generali Foundation in den Mittelpunkt rückte) wurde die Infragestellung bzw. die Verabschiedung eines geschichtsträchtigen und scheinbar unverzichtbaren, zentralen „Bezugskörpers“ – der Schneiderpuppe – in Gang gebracht, um mit dieser bewusst geschaffenen Leerstelle einen künstlerisch-forschenden Prozess der Um- und Neuorientierung zu initiieren.

Mit „provocare“ (im Sinne von anregen, reizen, hervorrufen, herausfordern und zumuten) wurde ein Denk- und Handlungspotenzial aufgerufen, das der künstlerischen Praxis nicht nur eingeschrieben ist, sondern einen dynamischen Prozess sinnlicher und affektiver Erregung unmittelbar an ihrer Quelle ausmacht. Diese Prozesse, in denen man nach neuen Lösungswegen sucht, da bestehende Antworten auf gegebene Probleme als nicht mehr angemessen erkannt werden, sind in der Regel hochgradig virulent und durchdrungen von Reizen und Reibungen, von Konflikten und bewussten wie unbewussten Provokationen. Mit Provokation rückte also jener hier konstruktiv verstandene Prozess in Kunst und Lehre in den Fokus, der die Überprüfung von Bedeutungs- und Wertkonstruktionen herausfordert, die Verhandlung von Differenz befeuert und neue Wege zu öffnen vermag.

Die Verschränkung von Theorie und Praxis in Resonanz mit den genannten Denk- und Handlungsfiguren regte zunächst die genauere Befassung mit zwei Arten des Lernens an: einerseits mit einem additiven Lernen, bei dem im Rahmen eines Grundgerüsts von Orientierungs- und Verhaltensweisen immer mehr Einzelheiten dazugelernt und letztendlich Grundorientierungen, Verhaltensweisen und Selbstverständnis bestätigt werden; andererseits mit Lernerfahrungen und Bildungsprozessen, die unseren bisherigen Umgang mit der Wirklichkeit bzw. unser Selbstverständnis sprengen und transformatorischen Charakter haben. Wir sprechen einerseits von explorativen Lernprozessen, welche auf Basis fester Lernvoraussetzungen Wissen vermehren, und andererseits von Bildungsprozessen, welche die zugrundeliegenden Lernvoraussetzungen und aktuellen Figuren des Welt- und Selbstverständnisses transformieren. Hier rücken Forschen und Sich-Bilden als experimentelle Formen von Welterschließung nicht nur eng zusammen, sondern werden eins.

Welche konkreten Stimuli gingen nun von den genannten Schlüsselbegriffen *Entkernung* und *Provokation* für jenes *Shapeshifting*-Projekt aus, das hier etwas näher erläutert werden soll und das bereits in seinem ersten Jahr die Form einer kollektiven Reise annahm?

Entkernung wurde als Infragestellung eines eingeübten Leitsystems zur Schnittentwicklung ausgelegt, indem Bedeutung und Folgen der Schneiderpuppe als Bezugskörper untersucht wurden. Was wird möglich, fragte sich die Seminargruppe unter der Leitung von Ute Neuber, wenn dieses dominante System außer Kraft gesetzt wird, weil ihm das zentrale Bezugsobjekt entzogen wird? Es ging dabei konkret um eine Befragung unseres Kleiderdenkens und dessen Transformation durch explorative und experimentelle Praxisformen; um die Auseinandersetzung mit Teilbereichen einer Kulturgeschichte des Körpers und um die Dekonstruktion dominanter Sichtweisen auf denselben sowie seiner Verortung und seines Handlungsrahmens im sozialen Raum. Entkernt werden sollte also eine wirkungsvolle, konsequenzenreiche Praxis und Denkschule in der Produktion von Kleidung und Mode.

Indem zu den Selbstverständlichkeiten eines global verbindlichen Kanons von Vermessungsmethoden des menschlichen Körpers auf Distanz gegangen wurde, was in der klassischen Schneiderpuppe als dem zentralen Hilfskörper im Dienste industrieller Fertigung sowie ihren aktuellen Abwandlungen in individuell anpassungsfähigen Körperrepräsentanten, den *Shapeshifting Robots* in virtuellen Fitting Rooms, verkörpert wird, kam vieles in Bewegung.

Jetzt ging es um ein neues Denken und Erarbeiten von Kategorien, Formfindungsprozessen und Produktionsstrukturen für ein transformiertes Verständnis von „angemessener" Kleidung für einen Körper in Bewegung und ebenso um die Entwicklung alternativer Arbeits- und Kommunikationsstrukturen.

Die Einladung zu einer internationalen Konferenz zur Transformation von Paradigmen in Mode- und Textildesign unter dem Motto

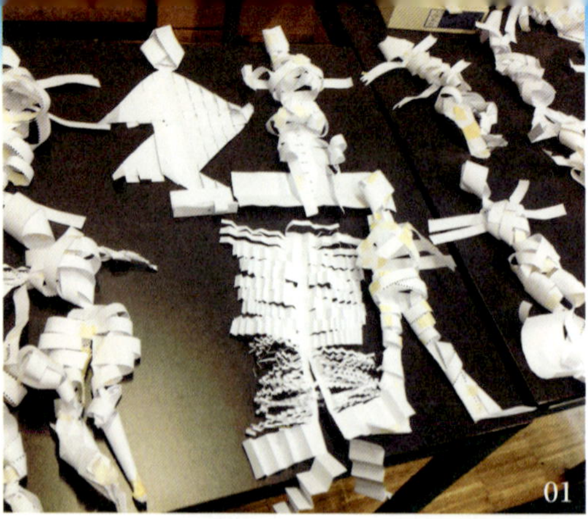

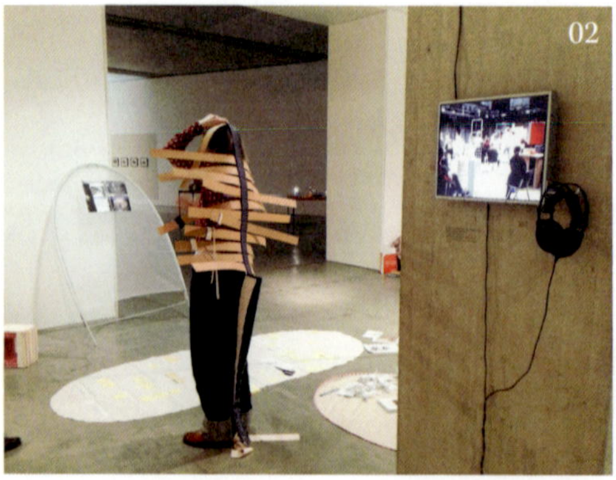

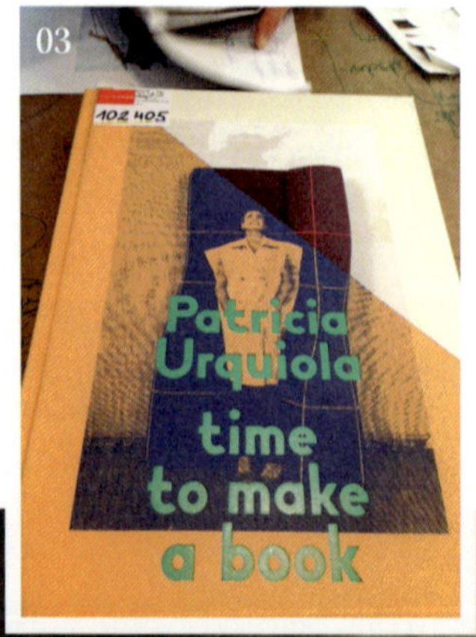

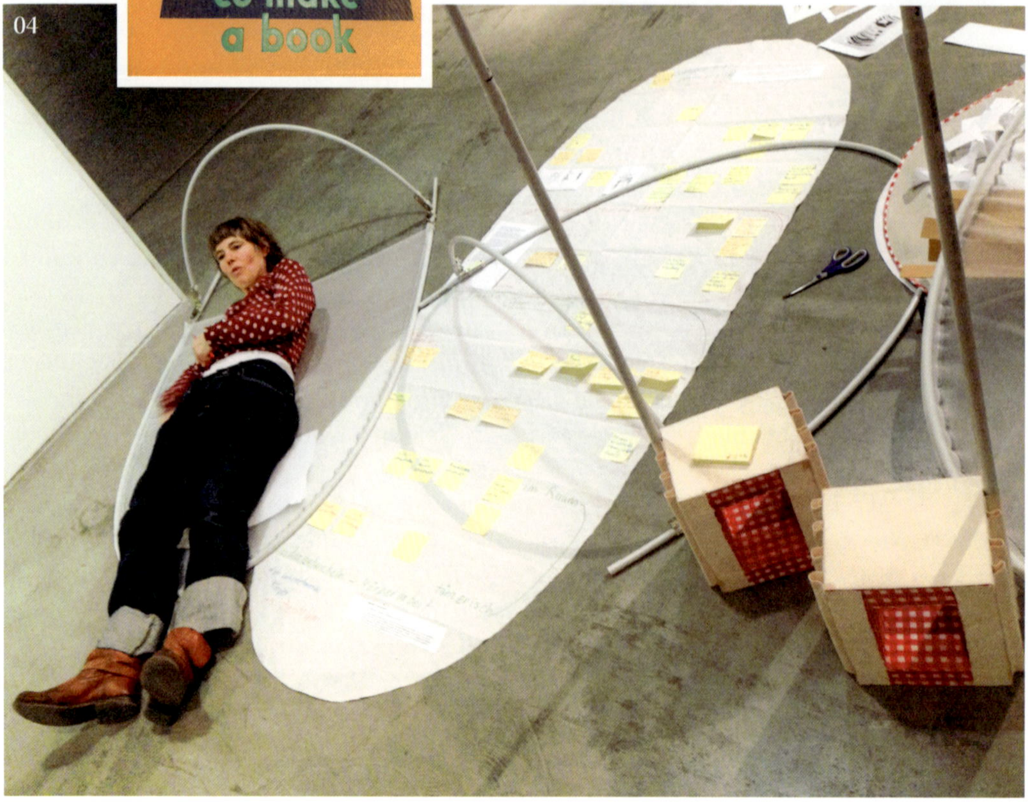

01 Individuelle *Korrespondenzkörper* aus Papier, 2016. Resonanz zur eigenen Körperwahrnehmung, Grundlage für Schnittentwicklung, © Projektgruppe Shapeshifting

02 Erprobung der Teststreifen am Körper zur Entwicklung neuer Silhouetten, 2017, © Projektgruppe Shapeshifting

03 Beispiel aus der Handbibliothek des Projektes, 2016, © Projektgruppe Shapeshifting

04 Formfindungsprozess mit Hilfskörpern, 2016, © Projektgruppe Shapeshifting

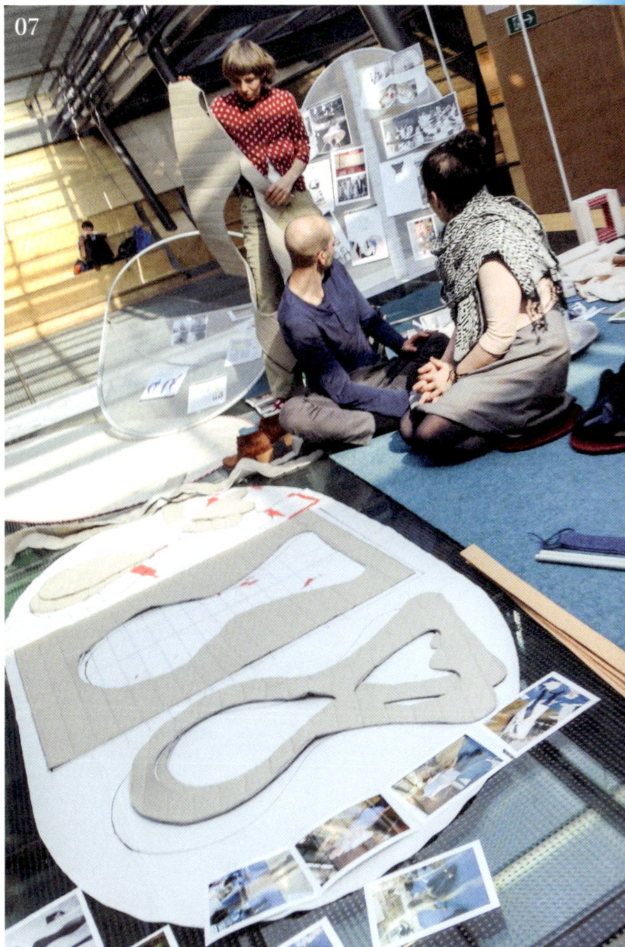

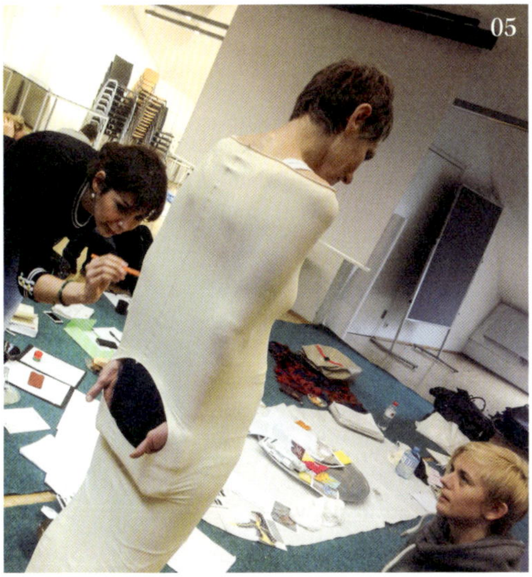

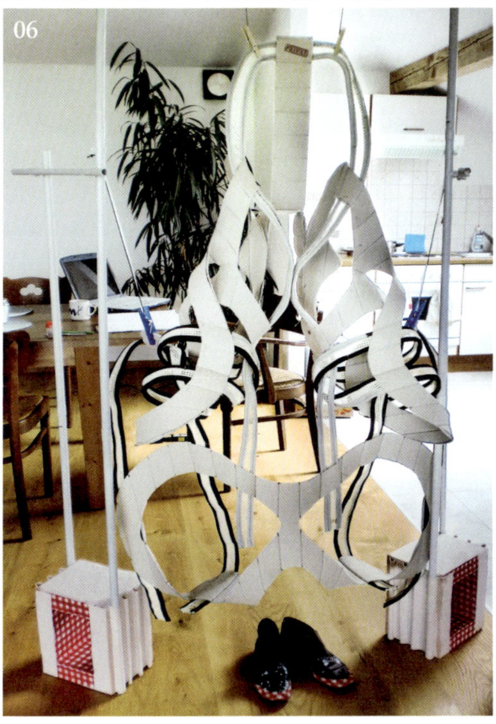

05 Diverse Experimente mit unterschiedlich geöffneten Schlauchmaterialien, 2016, © Projektgruppe Shapeshifting

06 Ute Neuber, *Hilfskörper*, 2014. Konstruktion aus Bändern und variabler Aufhängung, © Ute Neuber

07 Workshop zu experimentellen Formfindungsprozessen mit diversen Materialien aus dem Projektdepot, 2016, © Projektgruppe Shapeshifting

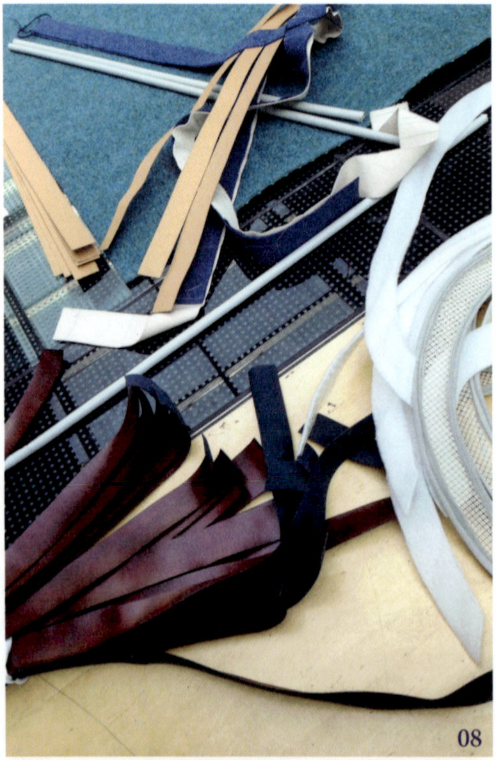

08

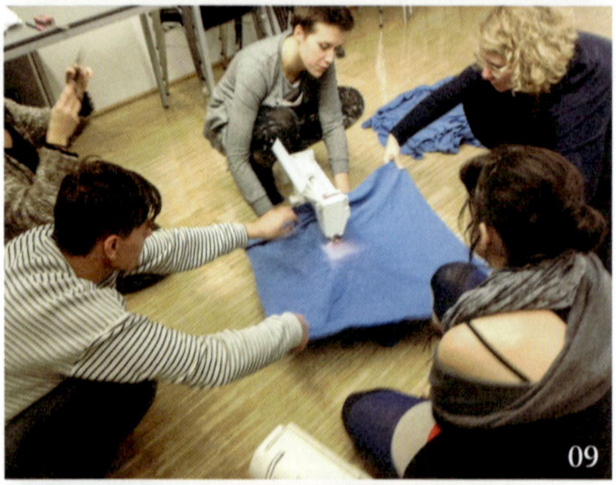

09

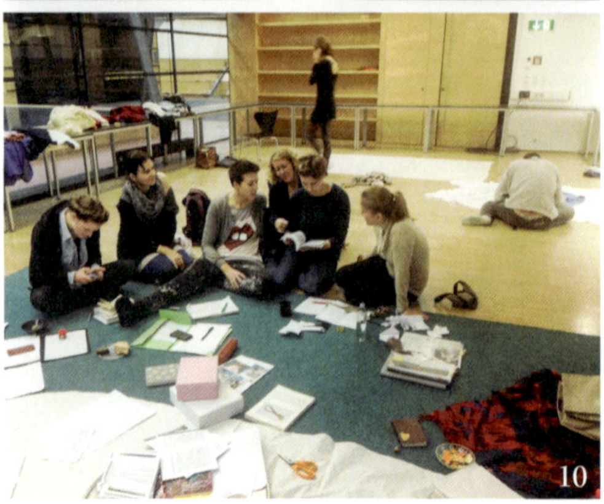

10

08 Bänder und diverse Arbeitsmaterialien aus dem Projektdepot, 2016, © Projektgruppe Shapeshifting

09 Kollaborativer Nähprozess. Gemeinsame Steuerung der Nähmaschine, 2016, © Projektgruppe Shapeshifting

10 Gruppenteilnehmer*innen im Arbeitsprozess, 2016, © Projektgruppe Shapeshifting

11 Ute Neuber, *Kleiderbausatz_Assistenzkörper*, 2018. Fügung aus Teilen von Kapuzensweater, Herrensakko und Rokoko-Reifrock, © Joachim Krenn, *Fashion wow!*, Galerie Freihausgasse Villach

12 Hilfskörper und Materialien aus dem Projektdepot, 2016, © Projektgruppe Shapeshifting

11

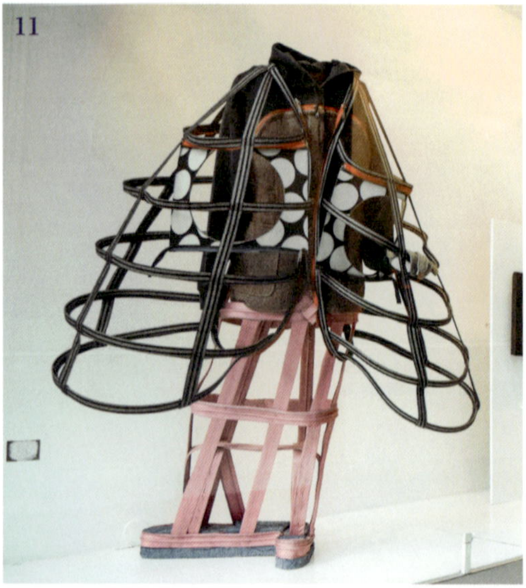

12

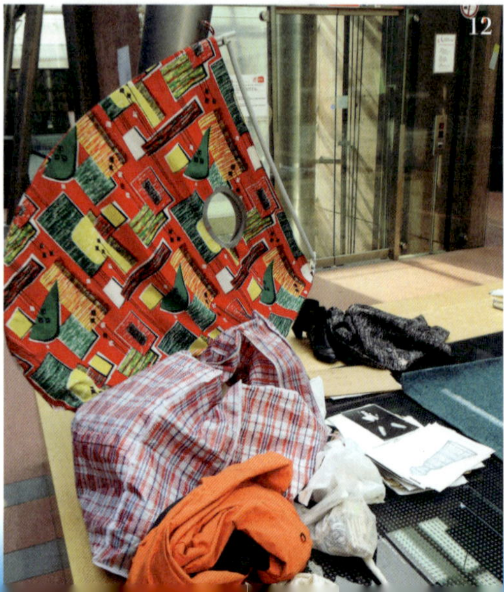

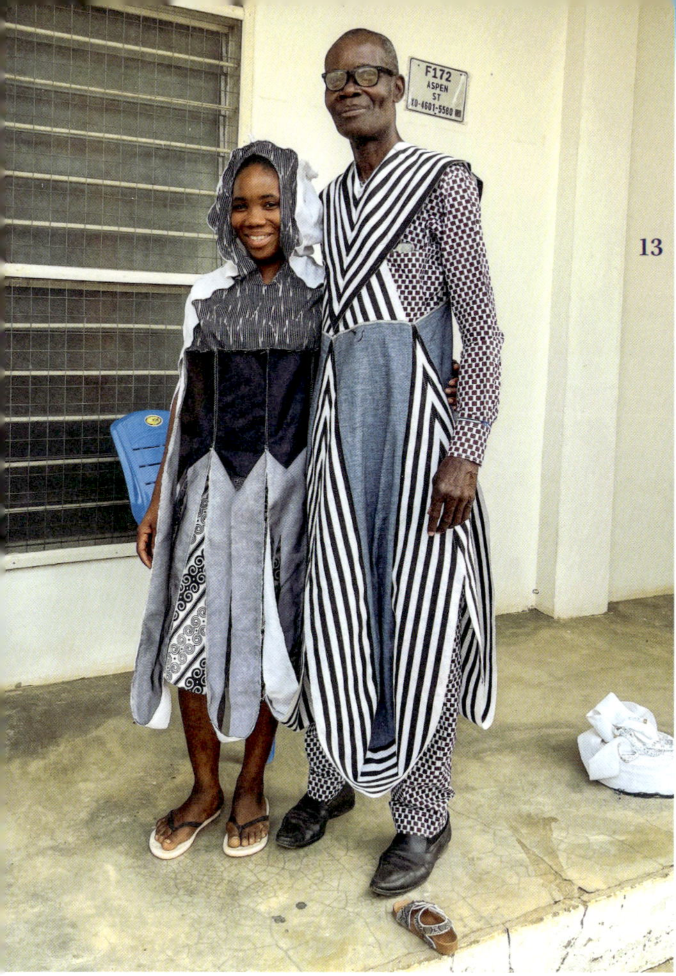

13

14

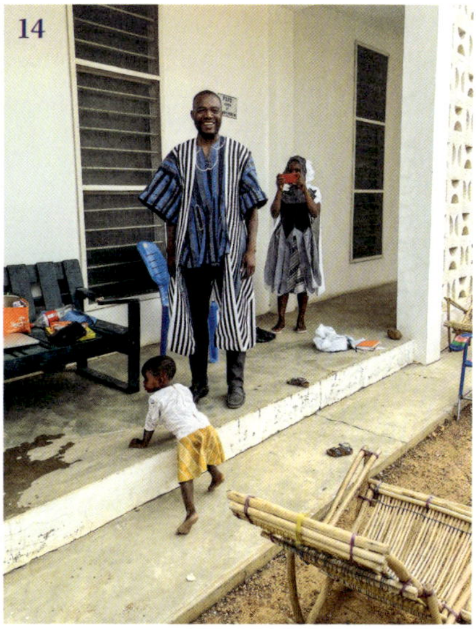

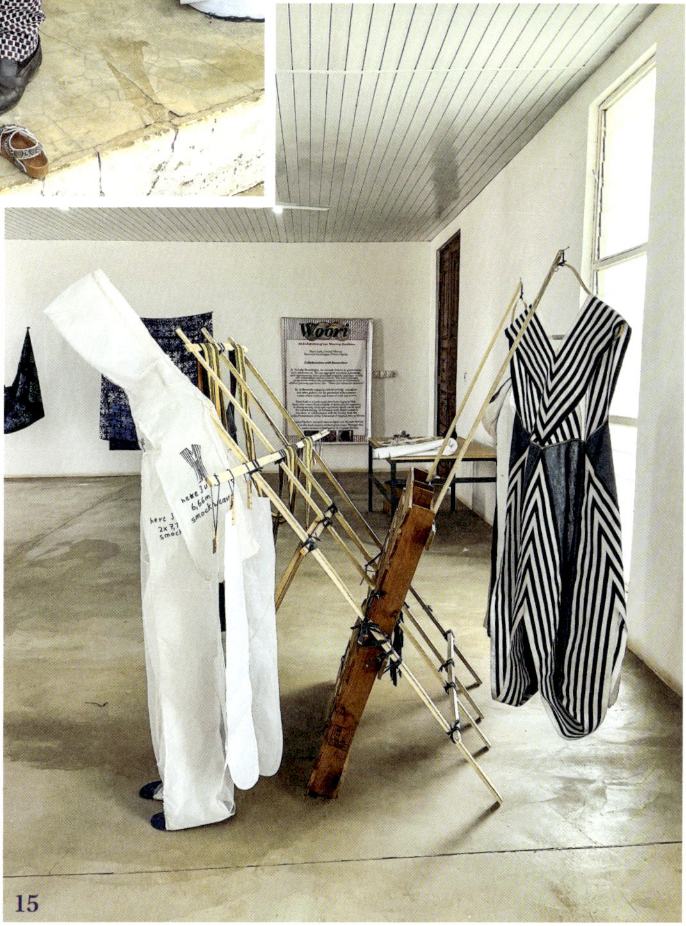

15

13–14 Formfindungsprozess mit traditionellen schmalen Webbahnen. Design: Ute Neuber, Ghana, Nubuke Foundation Wa, 2023, © Barbara Putz-Plecko

15 Präsentation verschiedener Objekte aus dem Formfindungsprozess mit traditionellen schmalen Webbahnen. Design: Ute Neuber, Ghana, Nubuke Foundation Wa, Whoori Festival, 2023, © Barbara Putz-Plecko

Shapeshifting an die Universität in Auckland, Neuseeland, beflügelte die konzeptionelle und experimentelle Auseinandersetzung mit innovativer Schnittentwicklung durch kollektiv operierende Teams.

Eine wichtige Inspirationsquelle in dieser Phase der Vorbereitung auf Auckland waren die Texte von Otto von Busch (Designer, Forscher und Assistant Professor an der Parsons School of Design, New York) zu transformativen Prozessen im Modedesign: (1) die von ihm vorgeschlagene Einführung von *abstrakten Accessoires* – von ihm als *hacking applications* bezeichnet –, welche als Anleitung und Werkzeug dienen können, sich kritisch mit seiner zweiten Haut, mit Codes und Funktionsweisen, mit Mythen und Methoden des Modesystems auseinanderzusetzen; (2) sein Arbeitsansatz, mit der Kleidung selbst und ihren spezifischen Qualitäten zu experimentieren, um zu einer möglichst persönlichen Aussage zu gelangen und neue Modi Operandi im Modesystems zu entwickeln, und (3) die konkrete Aufforderung, in individuellen und kollaborativen Arbeitsprozessen die eigenen Praktiken und Muster kritisch zu reflektieren, zu unterwandern und schließlich zu hacken – also die gewohnten Codes umzuschreiben, um sie dann in das System Mode wiederum einzuspeisen, und darüber eine kritische und aktive Co-Autorenschaft herzustellen sowie Vernetzungen und Kollaborationen aufzubauen.

Vom Hacking-Aktivismus eines Otto von Busch ausgehend konstruierten wir eine Verbindung zu den erwähnten Prozessen der *Entkernung* und *Provokation* und zur spekulativen Frage: Was wäre gewesen, wenn Guerre Lavigne, der Hofschneider von Marie Eugénie, jene die Schneiderei revolutionierende Schneiderpuppe (1841, „Lavigne Bust" genannt), nicht erfunden hätte und damit seine Technik, Stoffteile direkt auf den Puppenkörper zu stecken und zuzuschneiden, nicht zum grundlegenden Prinzip der Schnittentwicklung geworden wäre?

„Die Schneiderpuppe, wenn sie einmal kontrafaktisch entfernt ist, schärft in paradoxer Trialektik den Blick für ihre Zentralität", resümierte damals die Kulturwissenschaftlerin und Kollegin Elke Krasny, die den Prozess punktuell als *critical friend* begleitete. „Trialektik meint im konkreten Fall die Bewegungen zwischen dem Kontrafaktischen (also der entfernten Schneiderpuppe), dem Faktischen (also ihrer seit Erfindung zentral gebliebenen Bedeutung für die Produktion des Textilen) und dem künstlerischen Forschungsprozess. Welche Vorstellungen von Körper und Arbeit korrelieren in der zugleich vielzeitigen wie zeitresistenten Schneiderpuppe? Was kann an Stelle dieses Objektes treten? Was aus der fordistischen Produktion steckt bis heute in unseren Kleidern? Wie wirkt diese bis heute nach? Was steckt in unseren Körpern an Normiertheit durch die Moderne?"

Die Reflexion dieser Fragen, die schließlich den radikalen Ausschluss des Puppenkörpers als disziplinierendes Vorbild und Maß vorantrieb, fand häufig im transdisziplinären Austausch statt und stärkte das Interesse aller an neuen, transversalen Arbeitsformaten.

Für diese Treffen erfand Ute Neuber sogenannte *Korrespondenzkörper*, die sie allen zur Verfügung stellte, damit die jeweils eigene Körperwahrnehmung daran nachvollziehbar gemacht werden konnte (→ 01). Ausgangspunkt war ein einfaches, in Streifen geschnittenes Blatt Papier in kleinem Format. Schrittweise ließ sich aus den Streifen ein Körper formen. Diverse Adaptionen folgten, um zuerst mit Streifen am *Korrespondenzkörper*, später mit Bändern am eigenen

Körper Untersuchungen durchführen zu können (→ 02). Weitere sogenannte *Hilfskörper* folgten – wie zum Beispiel Elemente, von einem Sessel Arne Jacobsens abgenommen –, die (immer paarweise geschnitten) mit anderen *Hilfskörpern*, welche sich allesamt an den Körper legen ließen, um neue Schnittlinien zu finden, ein Set bildeten. Nach und nach entstand nun aus all den Theorie- und Recherchebausteinen sowie den *Korrespondenz-* und *Hilfskörpern* ein Materialpool, der Lehrenden und Studierenden fortan für Experimente zur Verfügung stand (→ 04, 06–07, 11–12). Der Spiegel als korrektives Medium der Selbstvergewisserung verlor zunehmend an Bedeutung. Die assoziative Entfaltung des Projekts in der Gruppe kultivierte vielmehr kollegialen Austausch und gegenseitiges Feedback, partnerschaftliche Hilfestellung und Inspiration, ein Teilen von Erfahrung und Wissen sowie die Pflege des diskursiven Raums.

Der stark performativ geprägte Prozess wurde durch gemeinsame Reflexionsphasen strukturiert, welche ermöglichten, die Erfahrungen zu sammeln, sie einander zur Verfügung zu stellen, zu bearbeiten und damit in den gemeinsamen Prozess einzuspeisen. Dieser Austausch förderte die Lust der Gruppenmitglieder an bisher für sie unbekannten Bewegungen, an der Einnahme ungewohnter Blickwinkel und an der Erprobung neuer Handlungsformen im sozialen Raum. Bewegungslust wurde zum Motor für eine veränderte Wahrnehmung und Aneignung des Raumes. Eine Sammlung von Denk-, Handlungs- und Bewegungsmöglichkeiten – ein potenzieller Raum – baute sich auf.

Insofern förderte das Projekt nicht nur innovative Prozesse der Schnittentwicklung, die – anders als gängige Schnittsysteme – auf dem individuellen Bewegungsbedürfnis der Träger*innen aufbauten. Es erprobte und stärkte kollaborative, multiperspektivische, dialogische und experimentelle Methoden im Kontext von Lehre, was entscheidend war für die spätere Lehrtätigkeit der Absolvent*innen. Deren Rückmeldungen betonen bis heute die große Bedeutung dieser Studienerfahrung für ihre Kooperationsfähigkeit, ihren Erfindergeist und ihr Verständnis von Lehren als experimentelle Situation.

NAQSHE KHANI_ GEWEBTE KLÄNGE

Mehdi Aminian

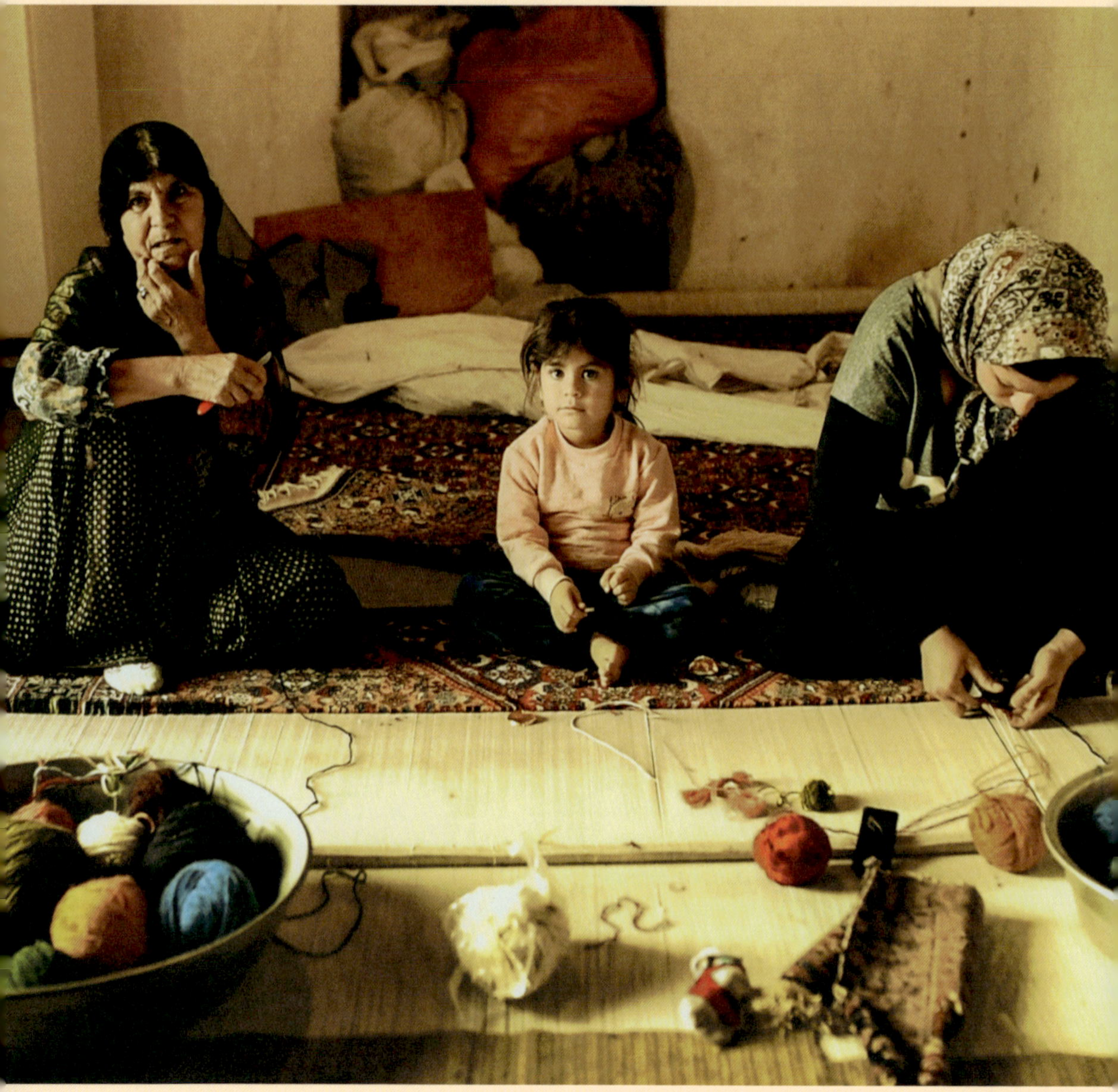

01 Teppichknüpferinnen im Iran, © Mehdi Aminian

Meine Forschungsarbeit, die ich hier vorstellen möchte, befasst sich mit einem immateriellen Kulturerbe im Bereich iranischer Teppichweberei: den *Woven Sounds*. Der spezifische Schwerpunkt der Forschung ist auf jene Musikkulturen ausgerichtet, die mit diesen verknüpft sind. In meiner breit angelegten Untersuchung analysiere ich Entwicklung, Verbreitung, Struktur und Praxis eines Phänomens, das ich in meiner aktuellen Forschung *Naqshe Khani* (Teppichgesang) nenne, sowie seine Auswirkungen auf die Teppichweber*innen/-knüpfer*innen und den Prozess des Teppichwebens/-knüpfens selbst. Nach intensiver Recherche stellte ich fest, dass es trotz der weit verbreiteten Kultur und der Vielfalt an Traditionen im Iran kaum Forschungsarbeiten zu diesem immateriellen Kulturerbe im Feld der händischen Produktion von Teppichen gibt. Viele der immateriellen Traditionen verschwinden heute ebenso rapide wie die dazugehörige Handwerkskunst. Im vorliegenden Beitrag konzentriere ich mich auf die historische Entwicklung der Teppichweberei/-knüpferei im Iran, die Entstehung der *Naqshe Khani*, den Prozess ihrer Einführung und das Ausmaß der heutigen Praxis in drei iranischen Provinzen. Dabei stütze ich mich auf die vorläufigen Ergebnisse einer Reihe von Feldforschungsreisen zwischen 2017 und 2022 in die Provinzen Esfahan, Fars und Kerman, Bakhtiayri und Yazd.

Von der Antike bis in die Gegenwart begleiteten oder leiteten verschiedene Melodien und Rhythmen Arbeiten wie den Fischfang, den Ackerbau, das Schwingen von Hämmern oder das Worfeln von Weizen. Musik wurde von Arbeiter*innen in Gesellschaften auf der ganzen Welt dafür eingesetzt, um Zeit zu messen und sich zu synchronisieren, um Müdigkeit zu überwinden, um sich zu konzentrieren und um Befehle zu erteilen. Musik kann „die wilde Brust besänftigen, Felsen erweichen oder eine verknotete Eiche biegen“[1], oder sie kann endlose Knoten von Fäden, die systematisch miteinander verbunden sind, begleiten, welche als handgeknüpfte Teppiche wohlbekannt sind.

Der Perserteppich, das schwierigste textile Kunsthandwerk im Iran, hat sich über Jahrtausende im Kontext seiner traditionellen Produktionsverfahren weiterentwickelt. Geopolitische Faktoren führten zur ständigen Verschiebung des früher als Persien und später als Iran bezeichneten Gebiets. Im Zuge dessen veränderten sich auch die Herstellung, der Stil und die Abmessungen der Perserteppiche. Für die Fertigstellung eines Teppichs ist ein hoher Zeitaufwand erforderlich; außerdem werden die Teppiche in Gruppen geknüpft. Beide Faktoren haben zu einer einzigartigen Form dieses immateriellen Kulturerbes geführt, zu dem insbesondere *Naqshe Khani* (*Pattern Singing*[2]/der Mustergesang) zählt.

2017 begann ich intensiv in verschiedenen Teilen des Irans zu recherchieren, um die Nadel des *Pattern Singing* im Heuhaufen der Teppichherstellung zu finden. Schon in den ersten Stunden vor Ort wurde mir klar, dass ich mich wohl einer außerordentlich vielfältigen interdisziplinären Forschung widmen würde.

Teppichweben und -knüpfen im Iran entwickelte sich im Laufe der Geschichte in der Überschneidung von Handwerk und künstlerischem Schaffen. So konnte sich ein einzigartiger Stil von Arbeitsmelodien ausbilden, welche konsequent mit dem Web- bzw. Knüpfprozess verbunden wurden.

Es gibt drei Arten von Teppichen im Iran: Stadt-, Dorf- und Nomadenteppiche.[3] Die Dorf- und Nomadenteppiche werden hauptsächlich ohne Karte, rein aus dem Gedächtnis oder auch

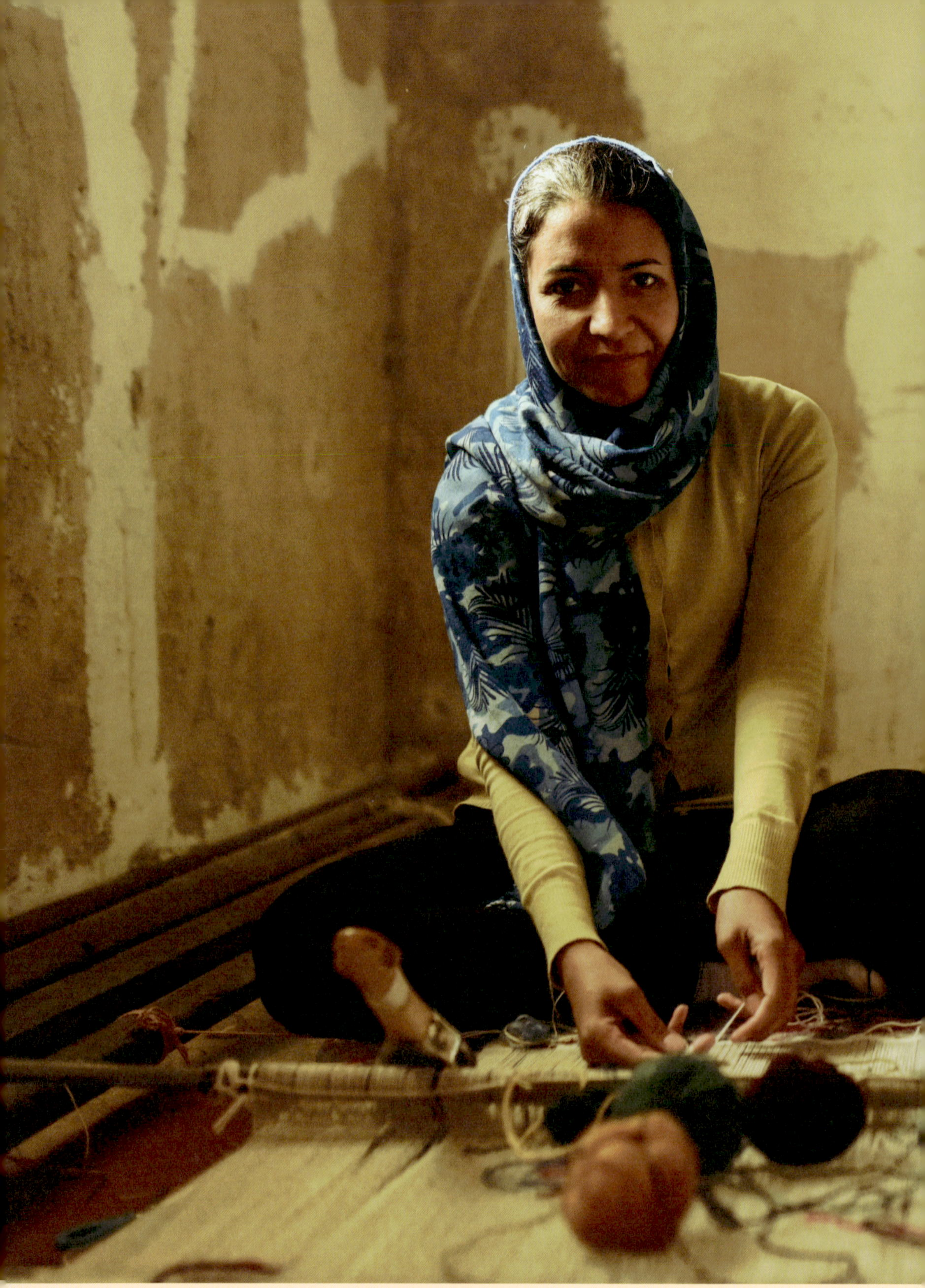

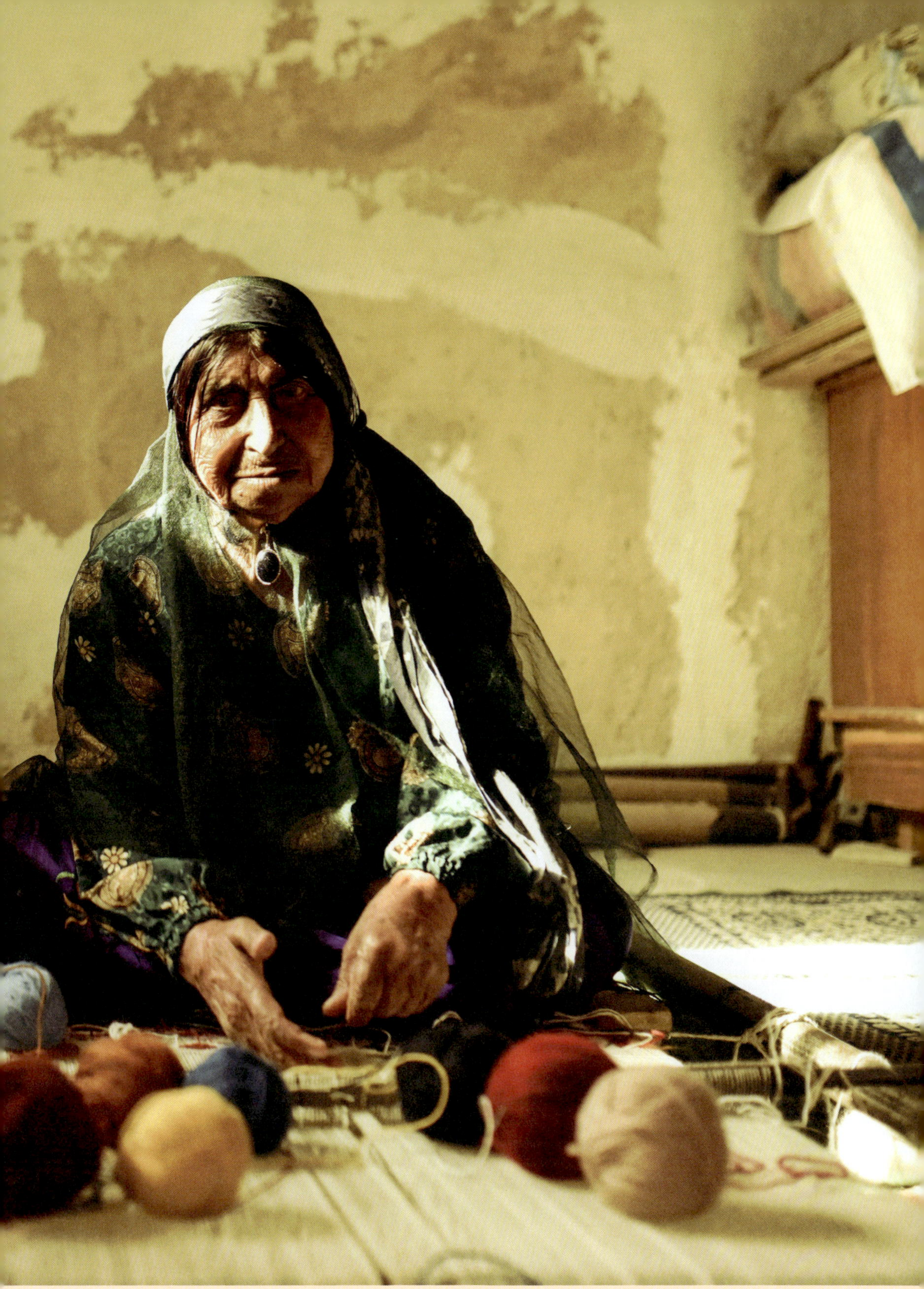

02 Teppichknüpferinnen im Iran, © Mehdi Aminian

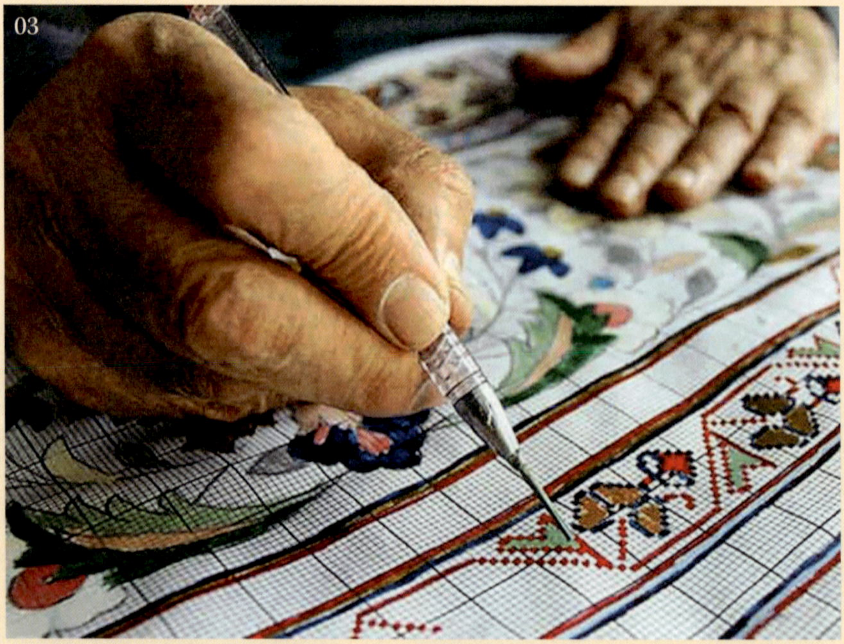

03

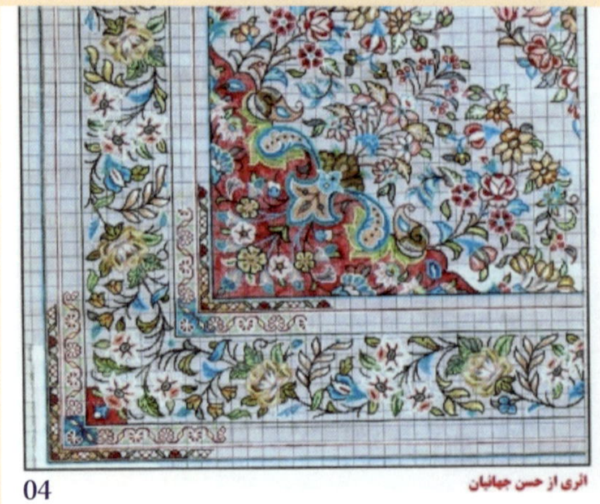

04

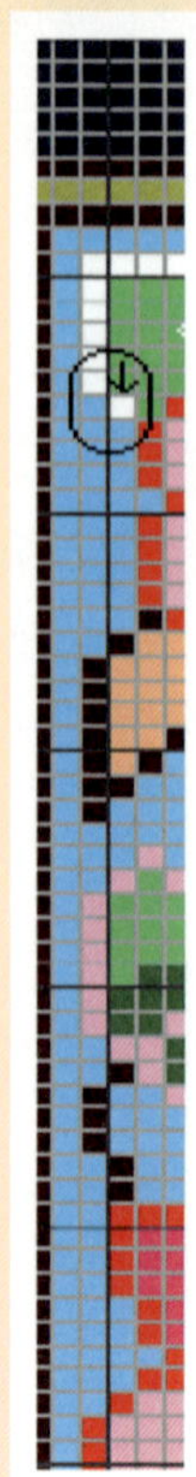

05

03–04 Zusammenstellung von Mustern in einer Mustervorlage, © Mehdi Aminian

05 „Sefid yeki pish raft!" („White goes one front!"), Shirin Suresrafil, *The Prominent Persian Carpet Illustrators* [Titel ins Englische übersetzt von Mehdi Aminian], Tehran: Peykan Publication, 2003.

aus der Fantasie entwickelt. Das bedeutet, dass die Weber*innen bzw. Knüpfer*innen keine vorgezeichnete Karte als Vorlage für den Web- bzw. Knüpfprozess verwenden. Bei städtischen Teppichen wird das Gewebe nach den Mustern einer aus Pixeln zusammengesetzten Karte oder Schablone gewebt. Diese Muster und Karten werden traditionell von Künstler*innen handgezeichnet, die darauf spezialisiert sind, die Karten nach den Mustern und Stilen einer bestimmten Region zu entwerfen. Dies ist eine komplexe Aufgabe, da die Muster und Ornamente in einem städtischen Teppich ein verschlungenes und kompliziertes Geflecht von Ornamenten bilden.[4]

Die meisten der städtischen Teppiche sind symmetrisch gestaltet.[5] Werden sie vertikal gefaltet, stimmen die Muster vollständig überein. Je nach Größe werden die Stadtteppiche von mehreren Knüpfer*innen erarbeitet. Deshalb ist es schwierig, sowohl ihre Eigenheit wie ihre Einheitlichkeit zu wahren. Vermutlich ist der große Zeitaufwand, den Meister*innen für das Musterzeichnen benötigten, als es noch keine Kopiergeräte oder Drucker gab, die beste Erklärung für die Entstehung des *Naqshe Khani* als mündliches Verfahren, bei dem die Muster den Mitarbeiter*innen sozusagen diktiert wurden. Beim *Naqshe Khani* spricht oder singt jemand mit lauter und klarer Stimme die Muster von einer Karte oder aus dem Gedächtnis seinen Kolleg*innen vor. *Naqshe Khani* wird eingesetzt, wenn mindestens zwei Weber*innen oder Knüpfer*innen zwei jeweils symmetrische Seiten des Teppichs erarbeiten. Es kann auch für mehrere Mitarbeiter*innen angewandt werden, wenn Teppichpaare mit demselben Abbildungsmuster gewebt bzw. geknüpft werden, oder wenn mehrere Teppiche parallel entstehen, sofern Abmessungen und Muster gleich sind.

Wie schon vorher erwähnt: Es gibt nur wenige Studien über dieses immaterielle Kulturerbe, obwohl die Teppichkultur im Iran äußerst wichtig ist und über lange Zeit zu großer Meisterschaft entwickelt wurde. Da viele dieser Traditionen und Handwerkskünste verschwinden, ist die Dringlichkeit einer Sicherung des Wissens über diese Kulturtechniken evident.

Das Forschungsprojekt *Woven Sounds*, das eine solche Untersuchung leistet, hat drei Dimensionen:

- Das PHD-Projekt an der Universität Wien und die Projektbetreuung an der Österreichischen Akademie der Wissenschaften (OEAW),
- den Dokumentarfilm *Woven Sounds*[6]
- sowie das musikalische Projekt *Woven Sounds Performance*, inspiriert durch den Film und das Teppichweben auf der Bühne.[7]

---

1 | Bruno Nettl, *The study of ethnomusicology: Twenty-nine issues and concepts.* Urbana/Chicago: University of Illinois Press, 1983.

2 | Die Übersetzung des Begriffs *Naqshe Khani* ist eine eigene, da dazu keine fremdsprachige Literatur gefunden werden konnte.

3 | Hossein Nikbin, Turaj Zhuleh, عناصر تزئینی اسلیمی و ختایی در طراحی فرش و هنر تذهیب [„Decorative Elements of Carpet Design and Art of Gilding“]. Teheran: Yasāwulī Publication, 2004.

4 | Abdollah Mirzaei, بررسی تأثیر کیفی دستمال نقشه‌ها در طرح و نقش قالی - هریس [„Investigating the Qualitative Effect of Map Napkins in the Design and Pattern of the Haris Carpet“]. Tehran: Goljam Publication, 2009.

5 | Omar Abdel-Kareem, „Konservierung und Restaurierung eines seltenen großen persischen Teppichs“. In: *E-Conservation Magazine,* 2010, 17, 53–63.

6 | Mehdi Aminian, *Woven Sounds,* Roots Revival Production 2023, www.youtube.com/watch?v=zeT5EaniYPM [12.02.2024].

7 | Mehdi Aminian, Maryam Abtahi, *Woven Sounds Performance,* Roots Revival, Morgenland Festival Osnabrück, 29.06.2023. www.youtube.com/watch?v=raDwa-KQiUk [12.02.2024].

Aufnahme eines ausgefransten Samts unter dem Elektronenmikroskop, 2024, © Simona Koch und Farkas Pintér

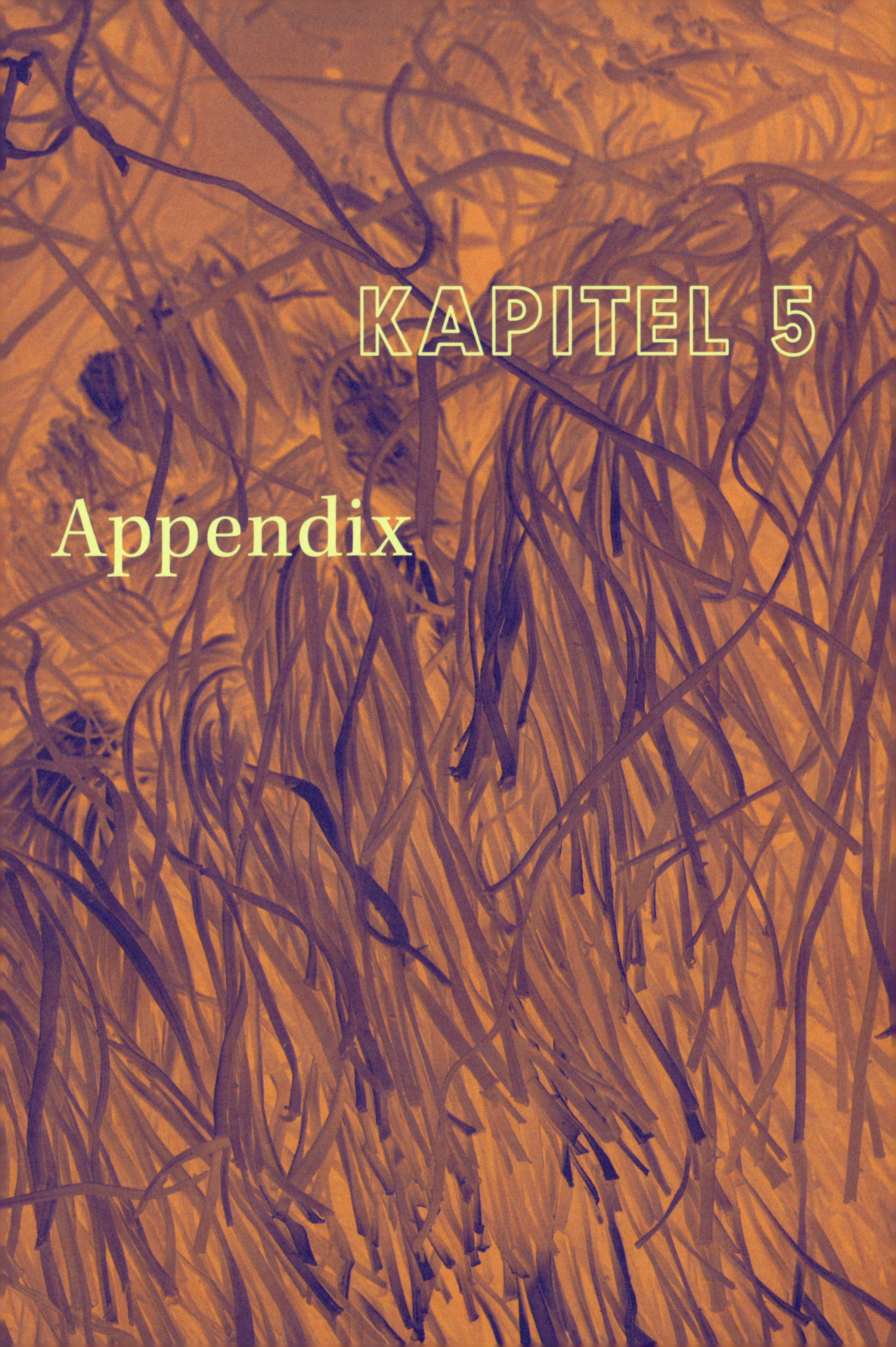

KAPITEL 5

Appendix

Nachwort

SOFT ASSEMBLIES

Ebba Fransén-Waldhör[1]

Das Feld des Textilen ist vielschichtig, und textiles Wissen kann auf unterschiedliche Weise vermittelt werden. Textiles Werken als Schulfach diente in der Vergangenheit häufig dazu, ein weibliches Ideal aufrechtzuerhalten und Mädchen dazu zu befähigen, ihre häuslichen Pflichten zu erfüllen, konzipiert als einseitige Vermittlung von Lehrenden an Schülerinnen[2]. Der heutige Werkunterricht legt seine Schwerpunkte auf den Umgang mit vielen unterschiedlichen Materialien, auf die Fähigkeit, Problemlösungen zu suchen, und auf die Freude am kreativen Prozess. Doch welche Relevanz hat das textile Wissen heute in der Lehre?

In den letzten Jahren ist im Kontext der Kunst und des Designs ein erneutes Interesse an kollektiven Arbeitsweisen entstanden, die das individuelle Autor*innentum in Frage stellen und kollaborative, multiperspektivische Gestaltungsansätze fördern. Vor diesem Hintergrund und um solche Designansätze zu erproben, habe ich das Kollektiv Popticum eingeladen, einen Workshop an der Angewandten zu geben. Gleichermaßen war dies für mich eine erste Möglichkeit, die Studierenden, meine Kolleg*innen sowie das Institut als solches richtig kennenzulernen. Ziel des Workshops war es, gemeinsam einen mobilen textilen Raum für die Abteilung zu schaffen. Der Workshop war eine Einladung an Lehrende und Studierende gleichermaßen, sich zu beteiligen.

Popticum ist ein Kollektiv von Architekt*innen und Designer*innen, die temporäre Räume an der Schnittstelle zwischen Kunst und Architektur schaffen. Sie nutzen aufblasbare Installationen, um den Diskurs über die Rolle von Architektur und Design in der Gestaltung von Räumen aufzunehmen. Textilien ermöglichen anders als andere (Bau-)Materialien durch ihre Leichtigkeit und Flexibilität eine gewisse Spontanität im Umgang mit ihnen. Sie können als spielerische Interventionen kollektive Erfahrungen ermöglichen, die einen Dialog mit der unmittelbaren Umgebung eröffnen. Durch ihren Architekturschwerpunkt geht Popticum anders an Textilien heran als traditionell ausgebildete Textilpraktiker*innen. So verwenden sie zum Beispiel CAD-Software, die in der Architekturplanung Anwendung findet und ursprünglich für feste Materialien entwickelt wurde, um Formen und Schnittmuster zu erstellen.

Die Abteilung *Textil – Freie, angewandte und experimentelle künstlerische Gestaltung* an der Angewandten besteht aus einer vielfältigen Gruppe von Textilkünstler*innen und -designer*innen, die jeweils ihre eigene Expertise und langjährige Erfahrung als Lehrende mitbringen. Für den dreitägigen Workshop beschäftigten wir uns mit der Frage, wie wir einen transformierbaren Raum entwerfen und realisieren können, der sich, ausgehend von den Bedürfnissen der Gruppe, für verschiedene Nutzungen verändern lässt. – Eine offene und

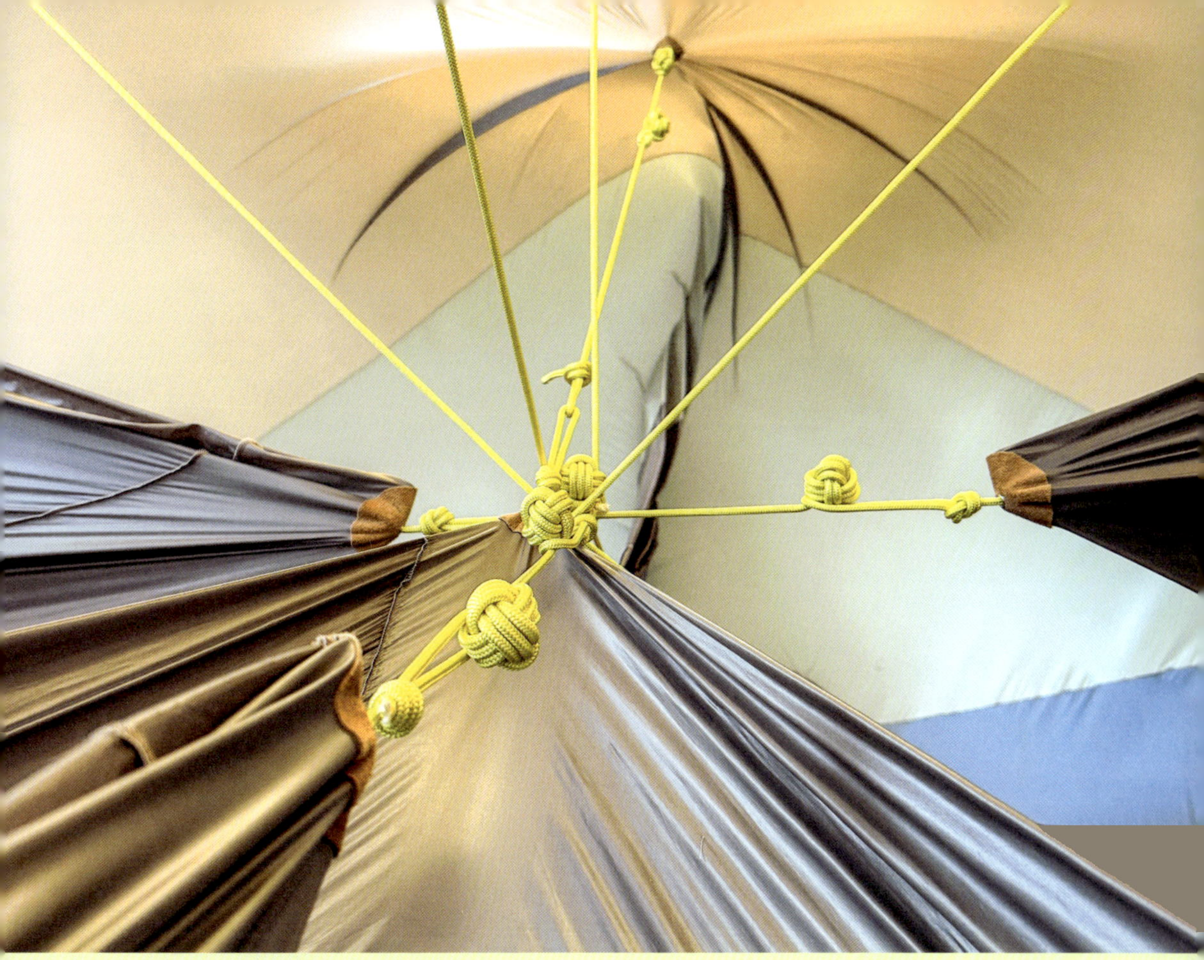

01 Popticum und die Abteilung *Textil – Freie, angewandte und experimentelle künstlerische Gestaltung* an der Angewandten, *Soft assemblies,* 2023, © Manora Auersperg

zugleich komplexe Aufgabe, für die es keinen vorgegebenen Plan gab.

Mit Reststoffen aus einer insolvent gegangenen Bekleidungsfabrik, die früher Daunenjacken hergestellt hatte, experimentierten wir mit verschiedenen Techniken des Schneiderns, um dreidimensionale Modelle zu fertigen. Die zuvor angefertigten Modelle wurden in den Computer eingespeist, was ein einfaches Hochskalieren auf architektonische Dimensionen ermöglichte und damit wiederum neue Perspektiven auf den Entwurfsprozess eröffnete. In der Nähwerkstatt probierten wir die Eigenschaften verschiedener Nahtarten im Zusammenspiel mit Luftdruck aus und testeten sie. Eine Gruppe von Lehrenden und Studierenden gestaltete in der Kunststoffwerkstatt einen aufblasbaren Eingang. Wir erforschten, wie textile Verbindungstechniken wie Knoten, Knöpfe, Klett- und Reißverschlüsse eingesetzt werden können, um die Form eines Inflatables zu transformieren.

Die Ideen wurden in einem dynamischen Prozess erprobt, bei dem die Teilnehmer*innen je nach Verfügbarkeit wechselten. Studierende und Lehrende brachten unterschiedliche textile Fachkenntnisse, Interessen und Perspektiven zusammen. Der Workshop wurde zu einem Ort des gemeinsamen Lernens und Experimentierens, des prozesshaften Wissenstransfers.

In der Textillehre geht es nicht nur um die Vermittlung von Wissen und Fertigkeiten, sondern auch um die Schaffung kollektiver Räume des Austauschs, aus denen neue Ideen und Impulse hervorgehen können. Das Ergebnis dieser

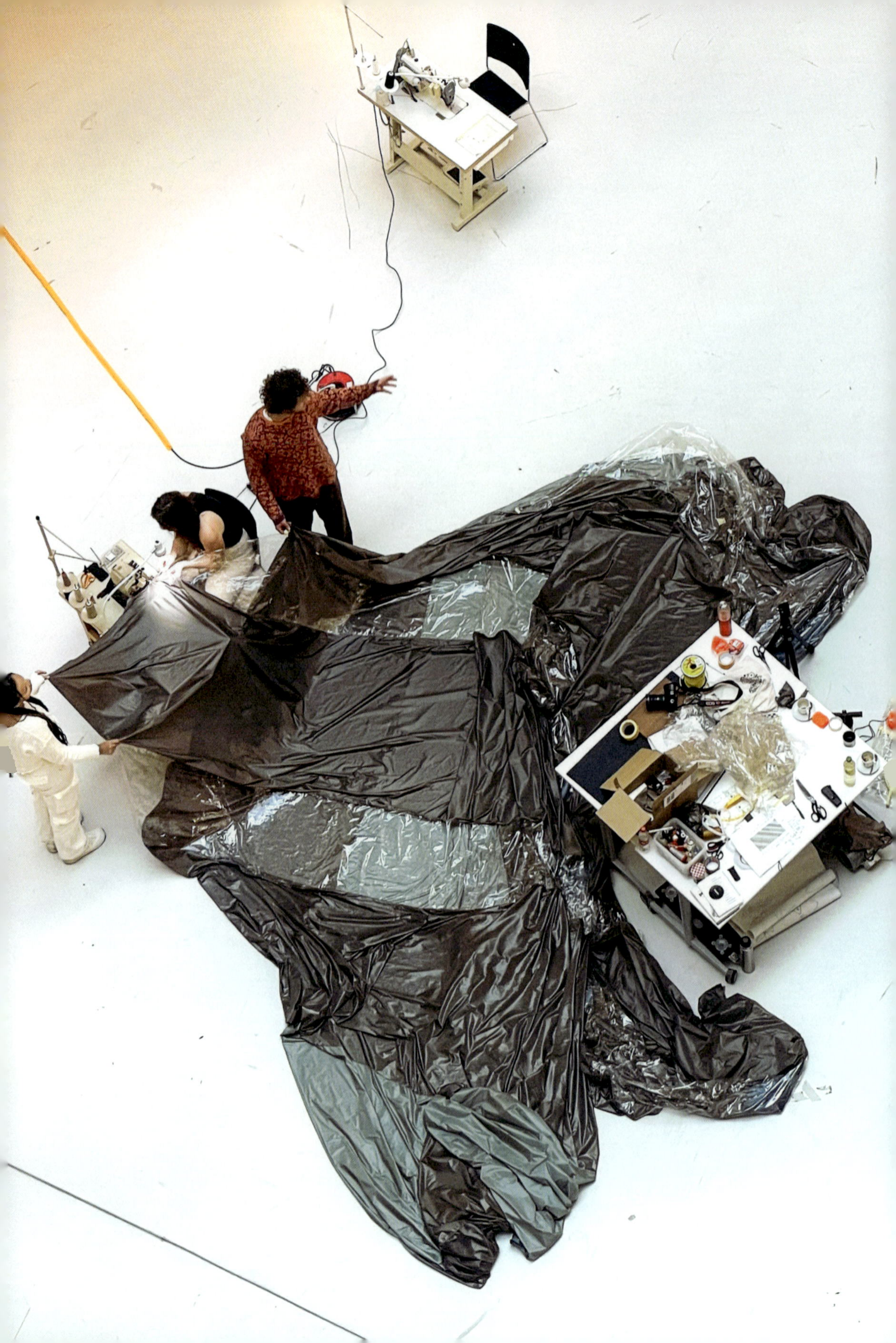

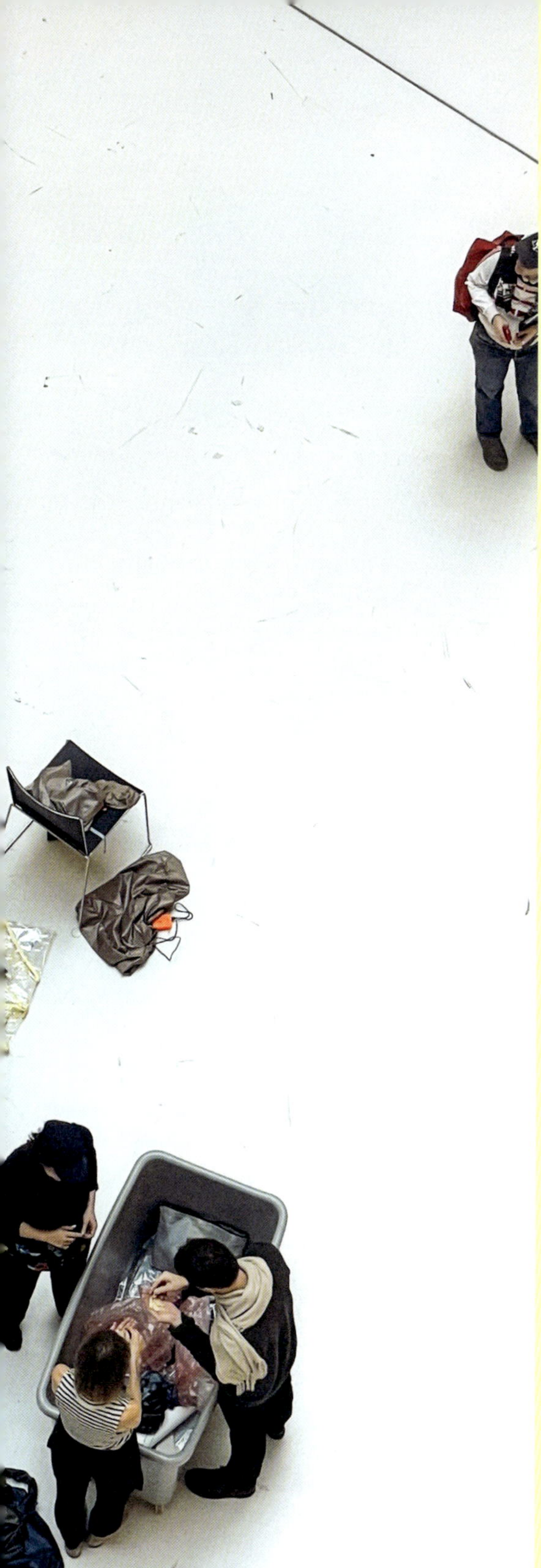

02 Popticum, *Soft Assemblies*, 2023. Inflatables, © Ebba Fransén-Waldhör

Zusammenarbeit war eine Reihe von Fragen zu Arten der Zusammenarbeit und eine textile Architektur, die eine direkte und intime Verbindung zum menschlichen Körper hegt: Sie spiegelt die Arbeit mit den Händen wider, die sie gefertigt haben, und die taktilen Textiltechnologien, die bei ihrer Herstellung eingesetzt wurden. Darüber hinaus ist sie mit anderen Körpern verbunden; sie lädt zur Interaktion und Veränderung ein, wie es statische Architektur nicht kann.

Neben den traditionell geschlechternormativen Kräften in der frühen Textilhandwerkserziehung hat das textile Handwerk auch eine reiche Geschichte der kollektiven Herstellung, des solidarischen Austauschs und der Gemeinschaftsbildung, die als Freiräume dienen konnten. Dieses Erbe sozialer Produktionsräume kann die heutige Bildungspraxis inspirieren und informieren.

---

1 | Ebba Fransén-Waldhör hat im Oktober 2023 die *Abteilung Textil – Freie, angewandte und experimentelle Gestaltung* an der Universität für angewandte Kunst Wien in der Nachfolge von Barbara Putz-Plecko übernommen. www.dieangewandte.at/jart/prj3/angewandte-2016/main.jart?reserve-mode=active&rel=de&content-id=1455126389158 [28.07.2024].

2 | Der Unterrichtsgegenstand Textiles Werken wurde 1869 in Österreich als Pflichtfach eingeführt. Ursprünglich als „Weibliche Handarbeiten“ bezeichnet, wurde dieses Fach ausschließlich Mädchen vermittelt und war auf die Vorbereitung auf den Haushalt und die Rolle als Hausfrau und Mutter ausgerichtet.

TEXTIL AN DER ANGEWANDTEN

im Kontext der Wandlung des Kunstbegriffs seit den 1970er-Jahren

Marietta Böning

Die Geschichte der Kunstpädagogik an der Angewandten ist durch den Zeitenwandel all jener künstlerischen, wissenschaftlichen, pädagogischen, politischen und institutionellen Entwicklungen geprägt, die den jeweiligen „State of the Art" in der Kunstvermittlung indizieren. Wenn Kunst seismografisch ist, so sollte es auch die Kunstpädagogik sein. Vera Vogelsberger recherchierte für die von Erika Patka 1991 organisierte Chronik *Kunst: Anspruch und Gegenstand* diese Geschichte ab dem Gründungsjahr 1867 bis 1990.[1] Sie zeichnet im Kontext der Wiener Moderne den wachsenden Stellenwert der Kunstpädagogik nach, ausgehend von ihrem Status als anfangs lediglich in Vorbereitungs- und Fachschulen an der Allgemeinen Abteilung integrierte Lehrer*innenausbildung. Anknüpfend an Vogelsbergers Recherchen sowie sie ab Übernahme der Leitung durch Barbara Putz-Plecko im Jahr 1998 und schließlich bis zu Umstrukturierungen aufgrund der Einführung des Bologna-Systems 2017 ergänzend, thematisiere ich die Besonderheit der Textilabteilung als dezidiert künstlerisch, statt primär technisch ausbildende Institution seit den 1970er-Jahren. Einstmals nur mit Handwerksarbeit konnotierte Textiltechniken wie Sticken, Stricken, Nähen, Weben etc. erhielten initial in den 1970er-Jahren und in der inhaltlichen Lehre seit Abteilungsübername durch Barbara Putz-Plecko jenen ästhetischen und funktionalen Stellenwert, den Techniken auch in anderen künstlerischen Abteilungen haben: Es geht nicht allein um gutes Handwerk, sondern um künstlerische Praxis.[2]

An der *Textil*-Abteilungsgeschichte seit Initialprägung durch ihren ersten Leiter Sepp Moosmann und vor allem danach in den Jahren unter Barbara Putz-Plecko wird zweierlei deutlich: dass an der Angewandten eine dezidiert künstlerisch verstandene *Textilabteilung* aufgebaut wurde, die sich dieses künstlerischen Selbstverständnisses stets bewusst war – bereits zu einer Zeit, in der im deutschsprachigen Raum an den Schulen den Mädchen Handarbeit, den Burschen Werken jeweils für den Hausgebrauch gelehrt wurde; und dass speziell unter Barbara Putz-Plecko eine Fokussierung dessen stattfand, was künstlerische Textil- und Materialkultur in ihrem ganzen Ausmaß bedeutet, und somit auch eine Abgrenzung vom Stigma einer bloßen Handwerkskultur. Mannigfache Verwendungskontexte textil- und materialtechnischer Produktionsformen fließen seither ebenso in die Vermittlung ein wie der Begriff künstlerischer Arbeit immer wieder neu geschärft wird und die Herstellung textiler Kunstwerke selbstverständlicher Teil der Lehre ist.

Bevor die ehemalige Kunstgewerbeschule 1970 als Hochschule bestätigt wurde, hieß die Abteilung, an der Kunstvermittlung gelehrt wurde, *Allgemeine Grundlagen der Kunstlehre*. Nun wurde sie zur Kunstpädagogikabteilung mit den drei Studienfächern Bildnerische

Erziehung, Werkerziehung und Handarbeit umstrukturiert. Ihre Schwerpunkte waren Werkerziehung und Handarbeit. Die 1970er-Jahre brachten neue Erkenntnisse für die künstlerische Lehrer*innenausbildung, wie die Wichtigkeit, individuelle künstlerische Qualität zu fördern, statt primär theoretisch-pädagogisch zu vermitteln; das sogenannte „Philosophengesetz": die Gewichtung von künstlerischer, wissenschaftlich-theoretischer und fachdidaktischer Expertise und Lehre; die Einführung von Praktika. Die im Zuge der Reform des Kunsthochschulgesetzes neue Studienordnung bedeutete die erste Neuerung seit 1930. Die Relevanz von Forschung und Wissenschaft wurde betont und betraf auch die Lehre – die Lehrkanzel für Kultur und Geistesgeschichte wurde unter der Leitung von Wilhelm Cermak 1974 etabliert. Interdisziplinarität in den Künsten wurde ein Thema,[3] ebenso Geschichte, Ästhetik, Semiotik und die emanzipatorische Rolle der Geisteswissenschaften generell bzw. an der Kunstuniversität die der Kunstgeschichte im Besonderen. Mit dem Studienjahr 1972/73 wurde das Studium für Lehramtskandidat*innen faktisch in den Rang eines Meisterklassestudiums gehoben.[4] Seither ist Kunstpädagogik an der Angewandten ein den anderen Studienfächern gleichwertiges Programm mit Hochschulabschluss. Bezeichnet wurde es nun als Meisterklasse für Gestaltungslehre, von denen es drei gab – für jede künstlerische Ausrichtung – Bildnerische Erziehung, Werkerziehung, Handarbeit – eine. Seit 1974 ist für das Studium der Kunstpädagogik – Lehramt an höheren Schulen eine verpflichtende Kombination von zwei der drei Studienrichtungen vorgesehen oder eine Kombination eines der künstlerischen Fächer mit einem zweiten wissenschaftlichen Fach an der Universität Wien, wo auch die pädagogische Lehre stattfand und bis heute stattfindet, oder an einer anderen Universität mit einem Angebot an Lehramtsfächern (zum Beispiel der Technischen Universität).[5]

Die Professoren an der Lehrkanzel prägten die Klassen durch ihre individuelle fachliche Expertise. Die Einflüsse der mit der *Gestaltungslehre Bildnerische Erziehung* assoziierten Professoren sind insofern interessant für die Betrachtung der Entwicklung der heutigen Textilabteilung, als diese ihren Schwerpunkt auch von Anfang an auf Textil im künstlerischen Kontext legte und die klassische handwerklich-kreative Textilarbeit darin einbettete. Und Kunst und somit auch *Bildernische Erziehung* hatten viele Facetten, die dann auch das textile künstlerische Feld betrafen: Eigenständigkeit, Pluralismus, Medialität und Wissensformen boten wichtige Reflexionspunkte zur Rolle und zum Verständnis von Kunst. Nach Franz Čižek um 1900 stellte Herbert Tasquil in den 1970er-Jahren Bildungsprozesse zu selbstständigem künstlerischen Empfinden, Denken und Handeln in den Vordergrund – Regelwidrigkeit und Bewegungsfreiheit der jungen Künstler*innen wird Geltung verschafft;[6] den Pluralismus der modernen Kunst zu fördern, war ein Ziel von Oswald Oberhuber; Aktions- und Diskurskünstler Bazon Brock vertrat den Anspruch, Vermittlungstätigkeit so auszuüben, dass die Betrachter*innen aktive Rezeption betreiben, d. h. ästhetische Wahrnehmung war ein Thema;[7] Medienkunst und an der Dynamik der Informations- und Kommunikationstechnologie orientierte inter- und transdisziplinäre Kunst war damals schon Ambition von Peter Weibel auch in der Lehre.[8] Weibel verknüpft auch prognostisch Subjektivität, Kunst und Wissenschaft, so dass eine wissenschaftlich wenig reflektierte Grenzziehung zwischen künstlerischem und wissenschaftlichem Denken fragwürdig wird. Erkennbar ist die Annäherung beider Wissensformen an einer mit der Zeit stetig steigenden

Anzahl an Projekten an der Angewandten, an denen Künstler*innen und Wissenschaftler*innen zusammenarbeiten.[9] Auch Bernhard Leitner begreift die Klasse als Forum, in dem zum „Öffnen und Erweitern der Grenzen angeregt wird, was Instrumentarium und Materialien einer künstlerischen Produktion und Auseinandersetzung betrifft wie auch die Inhalte und Aussagen selbst"[10]. Ursula Brandstätter leitet aus ähnlichen Beobachtungen für den Bildungsbegriff ab: „Ästhetisches Denken könnte [...] richtungsweisend für einen dem fiktionalen Charakter unserer Wirklichkeit angemessenen denkend-erkennenden Umgang mit der Welt werden. Und in diesem Sinne könnten von dem – auf dem ästhetischen Denken aufbauenden – Begriff der ästhetischen Bildung Impulse für eine Neuorientierung des Bildungsbegriffs insgesamt, auch im Bereich der tertiären Bildung, ausgehen."[11]

Die Meisterklasse für *Gestaltungslehre Tektonisches Formstudium – Werkerziehung* wurde für lange Zeit von Wilhelm Cermak geleitet. Im Unterricht stand klassisch die Prototypenentwicklung als Vorbereitung auch auf Architektur und Industriedesign im Fokus, doch auch er betonte die ausgewogene Gewichtung technischer wie künstlerischer Lehre und beeinflusste als Institutsvorstand freilich auch die Textilausbildung: „Die Kunstpädagogik mit der Fachrichtung Werkerziehung ist ein Studium, dessen Ausbildung stufenweise in technischer als auch in künstlerischer Hinsicht die Grundlagen zu schaffen hat."[12]

Die Textilklasse nun, zunächst *Meisterklasse für Raum- und Modetextil; Entwurf und Ausführung*, wurde zwischen 1976 und 1997 von Sepp Moosmann geleitet. Von Beginn an lehnte er die Bezeichnung „Handarbeit" und eine inhaltliche Beschreibung, die Weiß- und Kleidernähen fokussiert, ab. Bei seinem Amtsantritt 1976 führte er zunächst nur die Aufgabengebiete an: Weben, Knüpfen, Flechten, Entwurf und Ausführung von Textildrucken, Batik, Modeentwurf, Schnittzeichnen, Nähen. Die Wahlfächer für das Studienfach *Textiles Gestalten und Werken* waren 1976 *Mode (Entwurf und Ausführung)* und *Textil (Raum und Modetextil, Entwurf und Ausführung)*. Belegt werden konnten sie in den Meisterklassen *Mode*[13] sowie *Dekorative Gestaltung und Textil* (ab 1986 *Tapisserie*).[14] Ab 1989/90 erweiterte er die Beschreibung im Studienführer, wobei die Einfügung des Begriffs „künstlerisch" augenfällig ist: „Künstlerisch-technische Ausbildung sämtlicher Anwendungsgebiete für Mode und Raum, Entwurf und Ausführung der Disziplinen: Schneiderei, Schnittzeichnen, Modellieren, Gobelin-, Web- und Knüpftechniken, Stoffdruck, Stickerei sowie Applikation, in Verbindung mit Material- und Werkzeugkunde." Moosmann betonte die fantasiegeleitete, künstlerische Idee vor der Technik:

„Unbegrenzt soll bei kreativer Arbeit die Phantasie sein. Die Technik ist wichtig, aber nur in dem Maße, als mit ihrer Hilfe das ausgeführt werden kann, was als Idee existiert. Sie darf aber nie Hindernis sein. Jedes Material unterliegt einem eigenen Gesetz. Das zu finden ist eine der Aufgaben, die zu stellen sind. [...] Als Wichtigstes, im Vordergrund stehendes, schien mir zu sein, den Lernenden zu sich selbst zu führen, denn alles nur Anerzogene würde bald wieder vergessen sein, wenn er sich nicht damit identifizieren kann."[15]

Entsprechend sah er die Rolle der Lehrenden als die der Helfenden: „Die Erkenntnis eines Auftrages, sich [den] Fähigkeiten [dem Talent] unterzuordnen, sie so einzusetzen, dass sie getragen sind von dem Willen zu helfen; davon müssen wir ausgehen, denn ist nicht nur jeder Mensch erfassbar aus seinem eigensten, persönlichen Denken?"[16]

Moosmanns Einstellung impliziert eine Reduktion der Betonung des „Meisters“ in der Meisterklasse. Sie entspricht einer der Zielsetzungen bei der Einführung des Bundesgesetzes über die Organisation der Universitäten der Künste (KUOG), durch welches die Hochschulen einige Jahre später, 1998, zu Universitäten und vollrechtsfähigen juristischen Personen des öffentlichen Rechts wurden, und das 2002 in Kraft trat. Es sieht keine Einrichtung von Meisterklassen mehr vor. Die künstlerische Lehre und die Entwicklung und Erschließung der Künste sollte künftig in den Instituten erfolgen[17] – nicht zuletzt auf Wunsch von Studierenden, die sich innerhalb der personenabhängigen Ordnung der Meisterklassen nur schwerlich neue Horizonte erschließen konnten.[18]

Semantische Differenzen zwischen Abteilungsbezeichnungen und Bezeichnungen von Studienfächern sind nicht typisch für die Angewandte; aber für die Kunstpädagogik an der Angewandten sollten sie notwendig werden: Während sich in der Abteilungsbezeichnung die Selbstbestimmung, folglich auch Selbstdefinition der Textilklasse als künstlerische widerspiegelt, so muss die Bezeichnung des Lehramtsfachs auf die ministeriell verordneten Lehrpläne Rücksicht nehmen. Schon in den 1980er-Jahren ging es der Hochschule immer mehr nicht nur um eine eingleisige, vorhersehbare Ausbildung und primär um Technik. Immer wichtiger wurde die Betonung der *künstlerischen* Arbeit in Kombination mit einer zeitgemäßen pädagogischen Ausbildung und die ästhetische Reflexion des Gebrauchsdings, heute würde man sagen der Alltagskultur. Die frühe Ausdifferenzierung künstlerischer Ansätze mit interdisziplinären Zugängen, pluralistischen Ansätzen und Methodenvielfalt sowie auch die Prägung durch Ansätze zur Kunsterziehung bereits durch Franz Čižek[19] zeigen hier Wirkung. Niemals aber wurde durch diesen Zugang das Attribut *angewandte* Kunst vernachlässigt. Rektor Oswald Oberhuber formulierte 1981 prägend und differenziert den Kunstbegriff, für den die Angewandte steht, von Kunst als schöner Kunst dann, wenn mit schöner Kunst auf ihre Selbstzweckhaftigkeit (l'art pour l'art) referiert wird:

„Die erste wirkliche Reform, deren Hauptträger unsere Hochschule war, und die zu den Prinzipien des Bauhauses führte, brachte vor allem die Humanisierung des künstlerischen Gedankens, das Sich-Freimachen von der Idee des alleinigen Selbstzwecks der Vorgänge in der Kunst, so dass der Gebrauchsgegenstand gleichwertig neben die scheinbare Zwecklosigkeit reiner Kunst gestellt wurde. Dieser Gedanke bindet den Künstler viel stärker in den gesellschaftlichen Prozess ein und verwirft ihn nicht in die Regionen des Außenseitertums. Die Idee der Humanisierung von Kunst entstand im Zusammenhang mit der Erneuerung von sozialen Strukturen und der daraus resultierenden Wirklichkeitsvorstellung, einer Utopie, der Allgemeinheit die Erfüllung jedes menschlichen Bedürfnisses zu ermöglichen.“[20]

Diesen sozialen, humanistischen und bezugnehmenden Kunstbegriff prägt die Angewandte seither. Dies zeigt sich im 21. Jahrhundert in der Etablierung neuer Studienfächer mit gesellschaftlichem Fokus (Social Design[21], International Programmes in Sustainable Developments; Cross-Disciplinary Strategies; Art & Science). Von jeher gilt dies auch für die von Barbara Putz-Plecko geleiteten Lehramtsfächer, wie die unter ihr eingeführten Studien- und Abteilungsbezeichnungen zeigen – wo es galt und gilt, die seit den 1970er-Jahren rezipierten inter- und transdisziplinären, transkulturellen, rezeptions- und vermittlungsbezogenen sowie kunstsoziologischen, kunst- und medientheoretischen Fäden der Postmoderne zu neuen Ansätzen und Konzepten auch der

Kunstvermittlung inner- wie auch außerhalb des schulischen Kontexts zu bündeln und das Selbstverständnis und die Rolle des*der Künstler*in als Lehrende*r zu reformieren: Bildnerische Erziehung (jetzt Kunst und Gestaltung, da inzwischen – nach langem Ringen – endlich auch die Fächer in den österreichischen Schulen umbenannt wurden) ist „nur" Appendix von *KKP: Kunst und kommunikative Praxis* (Bildnerische Erziehung); Textiles Werken „nur" Appendix von *DEX – Design, materielle Kultur und experimentelle Praxis* (Technisches und textiles Werken; jetzt Design und Technik).[22] Die zugehörigen Abteilungen heißen *Kunst und Kommunikative Praxis* und *Textil – Freie, angewandte und experimentelle künstlerische Gestaltung*. Diese Bezeichnungen kündigen an, dass kulturelle Bildung einer neuen Lehr- und Lernkultur[23] bedarf und von der Rücksichtnahme auf eine zeitgemäße Lernkultur und Definition künstlerischen und kulturellen Schaffens in den Curricula an der Angewandten auszugehen ist: in künstlerischer, gestalterischer, technischer, didaktischer, pädagogischer und transkultureller/sozialer Hinsicht – mit dem Unterschied, dass die Bausteine nicht nur als vereinzelte wie noch Ende des 20. Jahrhunderts gelehrt werden, sondern ein „Trans" wie ein Faden die Facetten der Lehre am Kunst- bzw. Designobjekt selbst durchwirkt. Eben solch einen Ansatz der Kunstvermittlung zu etablieren, vor dieser Herausforderung dürfte Barbara Putz-Plecko bei ihrer Übernahme der Abteilung in den 1990er-Jahren gestanden haben.

1988 affirmierte Rektor Wilhelm Holzbauer Oberhubers Aussage bezüglich l'art pour l'art. Er historisierte die romantische Kunst zugunsten der wie auch immer sich dann in der Postmoderne herausdifferenzierenden modernen Kunst: „Die Kunst hat ihre Mystik verloren. Mit der Kunst als ‚l'art pour l'art', der Kunst um der Kunst willen, hat sie den Sinn ihrer Zeugung verloren, ins Gegenteil verkehrt."[24] Er will aber auch keine „Kunst im Dienste der Wirtschaft oder des Kunsthandels". Er wendet sich gegen ein funktionelles Auseinanderleben von Architektur/Design und Kunst, weil urbaner Raum, öffentliches Leben und Kunst einander bedingen[25] – auch hier werden der gegenwärtige Diskurs um postavantgardistische soziale Kunst bzw. interdisziplinäre Studienprogramme schon erahnbar.

Anfang der 1990er-Jahre wurde die *Abteilung V – Kunstpädagogik* erweitert. Neben der Etablierung eines Computer-Labs wurden die Lehrkanzeln für Kultur- und Geistesgeschichte, Kunstgeschichte, Philosophie und Kostümkunde angegliedert und somit das heutige *Institut für Kunstwissenschaften, Kunstpädagogik und Kunstvermittlung* angelegt (so benannt ab 2001). Das Studienjahr 1994/95 brachte eine weitere Erleichterung für alle ordentlichen Studierenden der Angewandten zur flexibleren individuellen Planung des Studiums, dadurch dass sie nunmehr gleichartige Lehrveranstaltungen anstelle vordefinierter Pflicht- und Wahlfächer wählen durften.[26] Pflichtfächer waren „klassische" Themen wie Architektur und Umweltgestaltung; Garten- und Landschaftsgestaltung; Gebundenes Zeichnen, Darstellende Geometrie; Kunstgeschichte, Geschichte und Theorie der Architektur, während Wahlfächer Themen zum Inhalt hatten, aber rangmäßig niedriger gestellt waren: z. B. Lehrveranstaltungen aus Kultur- und Geistesgeschichte; Medienpraxis: Foto, Film, Video, Computer; Philosophie; Visuelle Mediengestaltung und Medienästhetik. 1997/98 brachte einen Umbruch von der Hochschule zur Universität mit einer Neuregelung des Universitäts-Studiengesetzes. Verpflichtend wurde eine Berufsvorbildung in zwei Unterrichtsfächern für die Lehramtsanwärter*innen und die Einführung der ECTS-Punkte

(European Credit Transfer and Accumulation System) mit 19. März 1997.

Im selben Studienjahr übernahm Barbara Putz-Plecko die Leitung der Meisterklasse. In der durch sie aktualisierten Studienbeschreibung ist ab 1998/99 von „praktische[r] und theoretische[r] Untersuchung und Erschließung des Textilen, unter Berücksichtigung einer künstlerischen sowie funktionellen Orientierung“[27] die Rede sowie von der Entwicklung eines eigenständigen künstlerischen Standpunktes und eines Reflexionsvermögens ästhetischer Prozesse in Hinblick auf die spätere pädagogische Tätigkeit.

Im Studienjahr 2002/03 lautete das Studienfach noch *Gestaltungslehre. Textiles Gestalten.*[28] Putz-Plecko änderte die Kurzbeschreibung im Folgenden dann derart, dass bezogen auf die Adjektiva „künstlerisch“ und „funktionell“ nicht unzweideutig die Assoziation aufkommen kann, „funktional“ würde eher „angewandt“ und „projektbezogen“ meinen und „künstlerisch“ eher „bildend“: „In Projektarbeiten im Rahmen der künstlerischen Ausbildung wird das Textile fokussiert: als bildnerisches, technisch-funktionales und kommunikatives Gestaltungsmittel; als künstlerisches Medium im freien und angewandten Bereich; als wesentlicher Teil der Alltagskultur (besonders Mode); als Medium der Selbstverständigung und als kulturelle Hautbildung; bzw. seine Strukturbildungen als Modelle der Verbindung und Vernetzung.“[29]

Ab 2003/04 wurde die zugehörige Abteilung *Textil – freie, angewandte und experimentelle künstlerische Gestaltung* benannt. Der Begriff „funktional“ kommt in der Kurzbeschreibung nicht mehr vor, das Künstlerische und Freie wird dem Angewandten begrifflich vorangestellt: „[D]ie künstlerischen Projektarbeiten fokussieren das Textile als künstlerisches Medium im freien und angewandten Bereich“, weiter wird die (für künstlerische Ausdrucksformen wichtige) strukturbildende, vernetzende Eigenschaft des Textilen hervorgehoben und explizit auf seine Entwicklungs-, Aktualitäts- und medienübergreifenden Potenziale in einem auch internationalen Kontext gedeutet. Als Ziel wird die Ausbildung von Lehrer*innen im Studienführer nicht explizit erwähnt (freilich aber ist sie der Fokus im Curriculum); sie zählen zu den Kunstvermittler*innen generell. Die künstlerische Lehre an sich erfolgt unabhängig von genuin didaktischen und pädagogischen Prägungen speziell für angehende Lehrer*innen: „Ziel ist die Entwicklung des eigenen künstlerischen Vermögens und einer differenzierten Reflexionstätigkeit gestalterischer Prozesse und Produkte (Werke), in Hinblick auf eine spätere kontextbezogene künstlerische und kunstvermittelnde professionelle Tätigkeit.“[30]

Im Gegenzug bedeutet dies – wie sich in einer weiter verfeinerten Wortwahl in den Folgejahren immer expliziter zeigen wird –, dass edukative im Sinne auch emanzipatorischer und gesellschaftskritischer Aspekte damit nicht unterminiert werden; vielmehr unterläuft der Kunstbegriff selbst in Hinblick auf sein soziales vermittelndes Potenzial einem Wandel,[31] sodass bereits spätestens um die Jahrtausendwende das vermeintlich höhere Anspruchsdenken freier Künstler*innen verglichen mit Künstler*innen, die eine kunstpädagogische Ausbildung genießen, nicht nur fragwürdig geworden ist, sondern den gegenwärtigen Anspruch an Kunst nicht teilt:

„Einerseits gibt es Konsens darüber, dass Lehrer/innen auf dem höchsten Stand der Künste gebildet werden sollen, andererseits gibt es nach wie vor die nicht offen ausgesprochene Vorstellung, dass ein Studium für ein Lehramt nicht den Anspruch hat, in die höchsten Höhen der Künste vorzudringen. Übergänge sind da mit Sicherheit fließend.“[32]

Keywords im Versuch, das Potenzial, Vermögen und die Aufgabe von Kunst zu fassen, sind auch „Theorie“ und „Praxis“ bzw. ihre Verschränkung in „vielschichtigen, mehrperspektivischen Erfahrungs- und Erkenntnisräumen“[33], also die Infragestellung der Polarität zwischen beiden Begriffen.[34]

Seit dem im Studienjahr 2013/14 in Kraft getretenen, überarbeiteten Curriculum werden bei Putz-Plecko Kunst und Kultur kontinuierlich als Praxen, Aushandlungsprozesse und künstlerisch forschendes Zugehen auf die Welt bezeichnet. Das Studium fußt auf drei Säulen: 1. künstlerische und wissenschaftliche Theorie und Praxis, 2. didaktische Theorie und Praxis; 3. pädagogische/bildungswissenschaftliche Theorie und Praxis.[35] Auch der Begriff „Wissen“ in Relation zu Kunst und deren transdisziplinärer Funktion erhält als Folge der transdisziplinären Verschränkungen durch Putz-Plecko betonte Relevanz:

„Kunst wird als eigene Repräsentation von Wissensproduktion erfahren und vermittelt. [...] Das Studium ist projektorientiert aufgebaut und fördert inter- und transdisziplinäre sowie transkulturelle Arbeitsweisen. [...] Wesentlich ist die Entwicklung eines Verständnisses von künstlerischer Arbeit als einem Prozess ästhetischer Forschung, unter Berücksichtigung wissenschaftlicher und gesellschaftlicher Perspektiven[,] und der Erwerb von Fertigkeiten und Fachwissen hinsichtlich einer qualitätvollen Arbeit.“[36]

2011 kam es zu einer Umbenennung des Unterrichtsfachs in Textiles Gestalten/Textil – Kunst, Design, Styles sowie um die Zulassung eines Erweiterungsstudiums (Voraussetzung: Bachelor) in Form eines dritten Unterrichtsfachs[37]. Ein Erweiterungsstudium ist seither außerdem für Absolvent*innen sechssemestriger Abschlüsse an Pädagogischen Hochschulen, die einen Masterabschluss an der Angewandten erzielen möchten, möglich.[38]

In den Folgejahren kam es zur Erarbeitung des schon erwähnten neuen Curriculums im Zuge des Bologna-Prozesses. Das ursprüngliche Diplomstudium mit Magister*Magistra-Abschluss wurde zum Bachelor- bzw. Masterstudium umstrukturiert und trat 2017 in Kraft. Während im Bachelorstudium die wichtigen Kompetenzen auf Basisniveau vermittelt werden, hat das Masterstudium das Ziel, zu vertiefen und individuell zu spezialisieren. Die vormals drei Säulen wurden nach Vorgaben des Ministeriums auf fünf erweitert. Für das Textilstudium bedeutet das:

„In Projektarbeiten werden Praxen sowohl entwickelt wie untersucht. Fokussiert werden dazu technologische, materialspezifische sowie mediale Grundlagen, innovative Potenziale (wearables, smart textiles etc.), Nachhaltigkeit und soziale wie ökonomische Dimensionen und Bedingtheiten textiler Produktion (Säule 1). Die erworbenen Kompetenzen werden in unterschiedlichen Lehrveranstaltungsformaten mit fachdidaktischen (Säule 2), pädagogischen und bildungswissenschaftlichen (Säule 3) und schulpraktischen Kompetenzen (Säule 4), also der Praxis und Theorie der Vermittlung von Kunst und Kultur, verschränkt und in Projektarbeiten vertieft (Säule 5).“[39]

Neu ist auch, dass die Studierenden viele mögliche individuelle Schwerpunkte setzen können: 1. Kunst- und Kulturwissenschaften, 2. Neue Medien/Kommunikationsdesign/Medienpädagogik, 3. Kunst und soziale Praxis, 4. Diversity und (Trans-)Gender, 5. Moden und Styles, 6. Materialkultur/Produktionstechniken/Innovation, 7. Social Skills und Pädagogik, 8. Künstlerisch-pädagogische/kunstvermittelnde Praxen in außerschulischen Berufsfeldern, 9. Interdisziplinäre/transdisziplinäre Praxen, 10. Interkulturelle/transkulturelle

Praxen, 11. Künstlerische Forschung, 12. Fachdidaktische Forschung: Kunstpädagogik/Kunstvermittlung, 13. Forschung: Design-, Architekturpädagogik/Design und Architekturvermittlung, 14. Technisches Werken (*DAE*) bzw. Textiles Werken (*TEX*), 15. Basiskompetenzen für ein zweites Werkfach hinsichtlich des kombinierten Werkfachs an der Neuen Mittelschule (NMS).[40]

Die Studienfachbezeichnung für Textil lautete zuletzt *TEX – Textil – freie und kontextuelle künstlerische Gestaltung und Materialkultur (Textiles Gestalten)*. Nach der Zusammenlegung der beiden Studienfächer *TEX* und *DAE – Design, Architecture and Environment (Technisches Werken)* im Zuge der gesetzlich verordneten Zusammenlegung der beiden Unterrichtsfächer *Technisches und Textiles Werken* an österreichischen Schulen lautet das nun neu konzipierte Studienfach *DEX – Design, materielle Kultur und experimentelle Praxis (Technisches und textiles Werken)*. Das überarbeitete Curriculum trat mit Beginn des Studienjahres 2018/19 in Kraft.[41] Schließlich wurde 2019 auch die Umbenennung des akademischen Titels für den Lehramtsabschluss (bis dahin „Bachelor of Arts" und „Master of Arts") in „Bachelor of Education", abgekürzt „BEd", bzw. „Master of Education", abgekürzt „MEd", durch das Ministerium eingefordert.[42]

Insgesamt lässt sich für die Entwicklung der Kunstpädagogik, hier speziell für das künstlerische Lehramtsfach Textil, eine Orientierung an einer sehr breiten, auf ihre gesellschaftliche Wirkungskraft hin angelegten Ausdifferenzierung der inhaltlichen Schwerpunktsetzungen an der Angewandten nachweisen. Die Schwerpunktsetzungen betreffen im 20. Jahrhundert das Einbeziehen neuer Gebiete wie das der Geisteswissenschaften; dann IKT, neue Medien und technologiebasierte Künste und Anwendungen; die Ausdifferenzierung der Geisteswissenschaften wie Kunstgeschichte und Philosophie in Kulturwissenschaften und Cultural Studies (Diversität, Postkolonialismus, Feminismus, Soziologie, Politik); gegen Ende des Jahrhunderts wird Interdisziplinarität ein großes Thema; und spätestens im 21. Jahrhundert wird das „Inter" durch ein „Trans" ersetzt – Interdisziplinarität zwischen Künsten und Wissenschaften wird immer mehr durch art-based Research ergänzt, um dem Erkenntnisprozess und dem Ineinander von künstlerischen/wissenschaftlichen Methoden und Ansätzen in der Diktion gerecht zu werden. Dies zeigt sich auch im sozialen Charakter der Kunst: soziale Ansprüche, transkulturelle Ambitionen, Kunst in ihrer kulturellen Vermittlungsrolle. Auf der anderen Seite stellt sich die Frage, ob nicht gerade Kunst, die von Beginn an als zu vermittelnde gedacht und in Lehrkonzepten entsprechend reflektiert wurde, den sich entwickelnden sozialen Kunstbegriff schon früher angewandt hat. Kunstvermittlung ist schon per se dazu angehalten wie darauf angelegt, edukativ zu wirken und eine differenzierte Rezeption von Kunstwerken und visueller Kultur zu unterstützen. Und sie operiert nah an der Gesellschaft, z. B. in Schulklassen mit ihrem sich wandelndem Anteil an Kindern aus migrantischen Familien, im Museum und urbanen Räumen und Nischen. Diese Entwicklung zeigt sich anhand der Zunahme entsprechender Lehrveranstaltungen seit Mitte des 20. Jahrhunderts; speziell in der Kunstpädagogik unter der Leitung von Barbara Putz-Plecko zeigt sie sich auch an den identifizierten Schwerpunktthemen für Absolvent*innen und an vielfältigen Projekten im In- und Ausland in ihren kulturübergreifenden, soziale Themen adressierenden und wissenschaftsbasierten Dimensionen.

1 | Vera Vogelsberger, „Sequenzen aus Kunsterziehung und Geisteswissenschaften". In: Hochschule für angewandte Kunst in Wien (Hrsg.) *Kunst: Anspruch und Gegenstand.* Wien: 1991, 295.

2 | Heinz Meyer führt die Differenzierung zwischen „hoher Kunst" und Kunsthandwerk, wie z. B. das Knüpfen von Teppichen, auf ein traditionelles europäisches Kunstverständnis zurück, das Fantasieentwürfe und Erkenntnistätigkeit gegen die autonome Wirkungskraft von Material sowie Gefühlsleistung und Affektivität ausspielt (64), also im Grunde auf einen Leib-Seele-Dualismus anspielt. S. Heinz Meyer, *Textile Kunst. Zur Kultursoziologie und Ästhetik gewebter und geknüpfter Bilder.* Frankfurt: Peter Lang, 2000.

3 | Vogelsberger, „Sequenzen", 87.

4 | Sitzungsprotokoll der Studienkommission, 27.03.1973.

5 | *Studienführer* 1974/75.

6 | Herbert Tasquil, „Theorie der Form – Lehrziel und Methode des Studiums". In: *Ausstellung Meisterklasse für Gestaltungslehre. Theorie der Form.* Wien: MAK – Museum für angewandte Kunst in Wien, 1. März bis 4. April 1972.

7 | „Bazon Brocks Erfindung ist von Anfang an das action teaching gewesen. Teaching ist die Lehre mit dem Wort." – Peter Weibel, „Diskurs als Parcours de la méthode mit Peter Weibel [Brock als Diskurskünstler und action teacher]". In: Bazon Brock, *Lustmarsch durch das Theoriengelände – Musealisiert Euch.* Köln: Dumont, 2008, 369.

8 | Peter Weibel, „Überlegungen zu einer Kunstuniversität der Zukunft". In: Gerald Bast, Brigitte Felderer (Hrsg.), *Art And Now. Über die Zukunft künstlerischer Produktivitätsstrategien.* Wien: Springer, 2010, 113–125, 121. Peter Weibel (Hrsg.), *Meisterklasse für visuelle Mediengestaltung.* Wien: Hochschule für angewandte Kunst in Wien, 1994, 8. Hervorhebung M. Böning.

9 | Auf diese Tendenz reagierte die Angewandte im 21. Jh. mit der Etablierung der Abteilung *Support Kunst und Forschung* zur Förderung interdisziplinärer Projekte.

10 | Diese Grenzerweiterung bezieht sich in Leitners künstlerischer Arbeit auf den synästhetischen Gebrauch des Tons als skulpturales Material. S. Karin v. Maur, „Choreographie der Klangfiguren. Anmerkungen zu Bernhard Leitners Tonräumen". In: *Sinneswerkzeug. Kunst als Instrument. Bernhard Leitner, Max Peintner, Alfons Schilling,* Kulturhaus Graz, 19. Oktober bis 10. November 1991, Ausstellungskatalog. Wien: Passagen, 1991, 25–43, 27. Siehe außerdem Vera Vogelsberger: „Gespräch mit Bernhard Leitner am 26.06.91", zit. in: Vogelsberger, 307.

11 | Ursula Brandstätter, „Ästhetisches Denken. Die Allianz von Kunst und Wissenschaft als Impuls für eine Neuorientierung universitärer Bildung". In: *Kunstuniversität. Zur bildungspolitischen Allianz der Universität mit den Kunsthochschulen. Mitteilungen des Instituts für Wissenschaft und Kunst,* Nr. 55. Wien: 2000, 35. Siehe dazu außerdem Gerald Bast, Vorwörter der *Studienführer 2005/06* und *2008/09.*

12 | Siehe Vorwort von Cermak in: *Hochschule für angewandte Kunst in Wien, Meisterklasse für Gestaltungslehre – Werkerziehung – Institut für Modellbau.* Wien: Hochschule für angewandte Kunst in Wien, 1990.

13 | Die Modeklasse wurde 1974–1979 von Fred Adlmüller geleitet, sodann von Gastprofessor*innen: 1997–1983 von Karl Lagerfeld, 1983–1985 von Jil Sander, 1985–1989 von Jean-Charles de Castelbajac und 1989–1991 von Vivienne Westwood.

14 | Die Klasse *Dekorative Gestaltung und Textil* wurde bis 1985 von Margarethe Soulek-Rader geleitet, dann aufgelassen und in die Klasse *Tapisserie* umgewandelt, weiterhin unter der Leitung von Soulek-Rader.

15 | Sepp Moosmann, Übungen und Gestaltungen / Meisterklasse für Textiles Gestalten und Werken (Lehramt an Höheren Schulen). Wien: Hochschule für angewandte Kunst in Wien, 1984.

16 | Sepp Moosmann, Vorwort von „Textiles. Meisterklasse für Textiles Gestalten und Werken". Wien: Hochschule für angewandte Kunst in Wien, 1995.

17 | Christine Perle, „Neues Recht – neue Chancen – neue Herausforderungen". In: *Kunstuniversität. Zur bildungspolitischen Allianz der Universität mit den Kunsthochschulen. Mitteilungen des Instituts für Wissenschaft und Kunst,* Nr. 55. Wien: 2000, 4–6, 5.

18 | Robert Pfaller, „Über Nutzen und Nachteil der Wissenschaft für die Kunst sowie über die Vorteile der Kunst für die Wissenschaft". In: *Kunstuniversität. Zur bildungspolitischen Allianz der Universität mit den Kunsthochschulen. Mitteilungen des Instituts für Wissenschaft und Kunst,* Nr. 55. Wien: 2000, 18–24, 18.

19 | „Wachsen-lassen statt lernen" war ein Grundsatz von Čižek. Um Anschauung und Ausdruck seiner Schüler*innen sich entwickeln zu lassen, nahm er energetische Anleihen aus Impressionismus, Expressionismus, Kubismus. Leopold W. Rochowanski, *Der Formwille der Zeit in der angewandten Kunst.* Wien: Burgverlag, 1922, 8 ff.

20 | Oswald Oberhuber, *Von der Notwendigkeit einer Reform der Kunsthochschulen, Studienführer 1981/82,* 17–21, 19.

21 | Barbara Putz-Plecko leitete das Expertisefeld Bildende Kunst des Social-Design-Studiums.

22 | Mit Wintersemester 2017/18 mussten aufgrund der Zusammenlegung der Unterrichtsfächer *Technisches und Textiles Werken* in den AHS ab 2021 die Studienfächer *DAE – Design, Architecture and Environment (Technisches Werken)* und *TEX – Textil – freie und kontextuelle künstlerische Gestaltung und Materialkultur (Textiles Gestalten)* zusammengelegt werden. Das neue Fach heißt *DEX.*

23 | Siehe zur Forderung nach einer solchen: Barbara Putz-Plecko, „Kunst und Kultur – Schlüsselelemente der Bildung". In: Gerald Bast, Brigitte Felderer (Hrsg.), *Art And Now. Über die Zukunft künstlerischer Produktivitätsstrategien.* Wien: Springer, 2010, 217–226, 224.

24 | Wilhelm Holzerbauer im *Studienführer 1988/89.*

25 | Diese Wendung gegen ein Auseinanderleben von Kunst und Design kann als Vorgedanke des Begriffs sozial engagierter Kunst verstanden werden. Peter Bürger beschrieb in seiner Avantgardetheorie post Adorno das Scheitern

der Avantgarden im 20. Jh., nach dem Ästhetizismus in die Lebenswirklichkeit brechen zu können, um diese zu verändern. Er befürchtete durch die Angleichung von Kunst und Lebenspraxis die Einebnung von deren Gegensatz und damit den Verlust der Autonomie der Kunst, somit auch ihrer Charakteristik, als kritische Reflexionsinstanz wirken zu können. Siehe Peter Bürger, *Theorie der Avantgarde*, Frankfurt: Suhrkamp, 1972 sowie „Kunst und Lebenspraxis. Interview mit Peter Bürger von Isabelle Graw", *Flash Art* Nr. 144 (Januar/Februar 1989). Bürgers These passt z. B. zu Adornos Aussage „gerade der (autonome) Schein der Kunst sei ihre (souveräne) Wahrheit" (Theodor W. Adorno, „Aufzeichnungen zu Kafka". In: *Die Neue Rundschau*, 1952). In den 1990er-Jahren wurde Adornos Ästhetische Theorie, die sozial engagierte bzw. angewandte Kunst außen vorlässt, von Christoph Menke reflektiert (Christoph Menke, *Die Souveränität der Kunst, Ästhetische Erfahrung nach Adorno und Derrida*. Frankfurt: Suhrkamp, 1991). Menke stellt dem Begriff der Autonomie allerdings nicht den der Heteronomie, sondern den der Souveränität gegenüber. Die Souveränität der Kunst – man könnte sagen, ihr Potenzial, in anderen Diskursen mitsprechen zu können, mehr noch: sie zersetzen zu können – gründet Menke auf ihr dekonstruktives Potenzial (Dekonstruktion nach Derrida post Negativitätsdenken nach Adorno).

26 | Siehe Beschluss der Studienkommission für Künstlerischen Einzelunterricht vom 07.06.1994, *Studienführer 1994/95*.

27 | *Studienführer* 1998/99.

28 | *Mitteilungsblatt* 2002/03, 05.02.2003, St. 13.

29 | *Studienführer* 2002/03.

30 | *Studienführer* 2003/04.

31 | Sozial engagierte Kunst beschäftigt sich mit dem Gestaltungsprozess im sozialen Umfeld. Umsetzungsformen sind Interventionen (an der Angewandten etwa Martin Krenns dialogische Interventionen) und Partizipation an Aktionen gegen strukturelle Macht und Selbstermächtigung. Repräsentativ für die Angewandte steht das Studium *Social Design*. Bekannte theoretische Vertreter*innen an der Angewandten, die den Wandel des Kunstbegriffs postavantgardistisch ins Soziale und Engagement wenden, sind Martin Krenn, der sich bei Barbara Putz-Plecko habilitierte und seit 2006 an der Abteilung *KKP* lehrt, und Nora Sternfeld, Mitglied des Leitungsteams des von Barbara Putz-Plecko supervisierten postgradualen Lehrgangs *ecm – educating, curating, managing*. Siehe Martin Krenn, „Das Politische in sozialer Kunst". In: *Participate. Kultur aktiv gestalten, eJournal des Programmbereichs Contemporary Art & Cultural Production*, Martin Krenn, „Demokratie in der Krise. Demokratisierung durch Kunst". In: Marietta Böning, Lutz Ellrich (Hrsg.), *Werte(De)konstruktionen*. Wien: De Gruyter 2019, 266–279, Nora Sternfeld, *Das Pädagogische Unverhältnis. Lehren und Lernen bei Rancière, Gramsci und Foucault*. Wien: Turia und Kant, 2009.

32 | *Was Sie schon immer über Kunstuniversitäten wissen wollten*. Wien: Bundesministerium für Bildung, Wissenschaft und Forschung Abteilung IV/6 [Universitäten der Künste], 2019, 14. In Zusammenhang mit der Offenheit gegenüber Inter- und Transdisziplinarität, insbesondere auch Transkulturalität und Diversität, die dem Anspruchsdenken an die Kunstpädagogik an der Angewandten durch ihre Vertreterin Barbara Putz-Plecko eingeschrieben ist, ist erwähnenswert, dass diese ab 2007 zur Vizerektorin bestellt wurde – zunächst für Qualitätssicherung, Bildungsfragen, Vermittlung und Kommunikation (*Mitteilungsblatt* 2007/08, 07.11.2007, St. 4). 2011–2019 war sie Vizerektorin für künstlerische und wissenschaftliche Forschung und Qualitätsentwicklung, seit 2019 für Forschung und Diversität (*Mitteilungsblatt* 2019/20, 01.10.2019, St. 1, *Mitteilungsblatt* 2019/20, 01.10.2019, St. 1). Man könnte diese Bestellungen als Übertragung des disziplinenübergreifenden und sozialen Ansatzes in der Kunst, der an der Angewandten ihr Ansatz ist, auf die Repräsentation der Angewandten insgesamt interpretieren, für das die Kunstpädagogik ein Exempel statuiert.

33 | *Mitteilungsblatt* 2007/08, 25.06.2008, St. 22.

34 | Wie zwischen Theorie und Praxis in der Pädagogik differenziert werden soll, hängt auch wesentlich von der Definition beider Begriffe ab. Meistens wird ihr Unterschied betont, da er auch erwünscht ist: Theorie soll gerade kritische Distanz zur Handlungsebene wahren. Außerdem sei in der Theorie Erkenntnis wichtiger als der Nutzen. Arnd Morkel, „Theorie und Praxis. Die Aufgabe der Universität". In: *Forschung und Lehre*, 7, H. 8 (2000), 363–398. Colin Cramer, „Theorie und Praxis in der Lehrerbildung". In: DDS – *Die Deutsche Schule*, 106. Jg. (Heft 4, 2014), 344–375, 346. Solche Annahmen setzen voraus, dass der Einfluss von Theorie auf Praxis ein theoretischer Akt sei, ebenso wie die kritische Reflexion von Praxis. Die Reflexion wird definiert als die von Praxis als subjektives Wissen, was ebenfalls unklar bleibt, weil subjektives Erfahrungswissen von konzeptionellem, erworbenem, erlesenem gespeist ist. An den künstlerischen Abteilungen des Instituts für Kunstpädagogik der Angewandten findet forschendes Lernen statt, die Studierenden müssen von Anfang an Reflexion von Theorie und Praxis in ihrem sich im Laufe der Zeit verändernden Portfolio nachweisen.

35 | *Mitteilungsblatt*, 2013/14, 22.05.2014, St. 14.

36 | *Mitteilungsblatt* 2007/08, 25.06.2008, St. 22.

37 | *Mitteilungsblatt* 2011/12, 18.04.2012, St. 9.

38 | *Mitteilungsblatt* 2017/18, 14.06.2018, St. 20.

39 | Curriculum Bacherlorstudium Kunstpädagogik an der Universität für angewandte Kunst Wien, 2017.

40 | *Mitteilungsblatt* 2015/16, 18.03.2016, St. 10 sowie *Mitteilungsblatt* 2016/17, 04.04.2017, St. 14.

41 | *Mitteilungsblatt* 2017/18, 14.06.2018, St. 20 sowie 2017/18, 25.09.2018, St. 29: „Mit Beschluss des Rektorats vom 11.09.2018 wird mit Wintersemester 2018/19 das Erweiterungsstudium für AbsolventInnen sechssemestriger Lehramtsstudien gemäß § 54c UG mit folgenden Unterrichtsfächern eingerichtet:
- *KKP – Kunst und kommunikative Praxis (Bildnerische Erziehung)*
- *DEX – Design, materielle Kultur und experimentelle Praxis (Technisches und textiles Werken)*."

42 | *Mitteilungsblatt* 2018/19, 13.06.2019, St. 25.

KURZBIOGRAFIE BARBARA PUTZ-PLECKO

Barbara Putz-Plecko ist Künstlerin und lehrte von 1997 bis 2023 als Professorin an der Universität für angewandte Kunst Wien. Sie leitete das *Institut für Kunstwissenschaften, Kunstpädagogik und Kunstvermittlung* mit kurzen Unterbrechungen von 2001 bis 2023 sowie die Abteilung *Textil – Freie, angewandte und experimentelle künstlerische Gestaltung* seit 1997 und dazu die Abteilung *Kunst und kommunikative Praxis* seit 2006. Sie war Vizerektorin der Universität von 2007 bis 2024 und in dieser Funktion verantwortlich für die Agenden Forschung und Diversität. Einer ihrer langfristigen künstlerisch-forschenden Arbeitsschwerpunkte ist im Feld kontextueller, transdisziplinärer und transkultureller künstlerischer Praxen angesiedelt und fokussiert Potenziale künstlerischer Strategien in Gemeinschaften und Systemen. Sie ist Initiatorin verschiedenster internationaler Kooperationen und in diversen Projekten in verschiedenen Funktionen aktiv – seit mehr als zehn Jahren verstärkt in Ländern des globalen Südens (vor allem in Ghana und Mali). Als Vizerektorin verantwortete sie unter anderem das international ausgerichtete PHD-Programm für Artistic Research. Als Kuratorin betreute sie zuletzt (gemeinsam mit Gerald Bast und Alexander Damianisch) die Ausstellung *Understanding Art and Research*, eine Projektschau zu Kunst und Forschung, die inzwischen an neun Stationen in immer wieder adaptierter Form gezeigt wurde: u. a. in Dunedin (Neuseeland), Singapur, Los Angeles, Tokio, Shanghai, Prag, Novi Sad und im MAK – Museum für angewandte Kunst in Wien. Seit 2024 ist Barbara Putz-Plecko Vorsitzende des Kuratoriums der Kärntner Kulturstiftung, der ersten gemeinnützigen Kulturstiftung Österreichs, die hervorragende künstlerische Projekte mit innovativem Potenzial fördert und langfristig begleitet. Ihre eigene künstlerische Arbeit bleibt weiterhin medial divers und wird auch zukünftig zwischen Studioarbeit und Projekten in internationalen Kooperationen oszillieren.

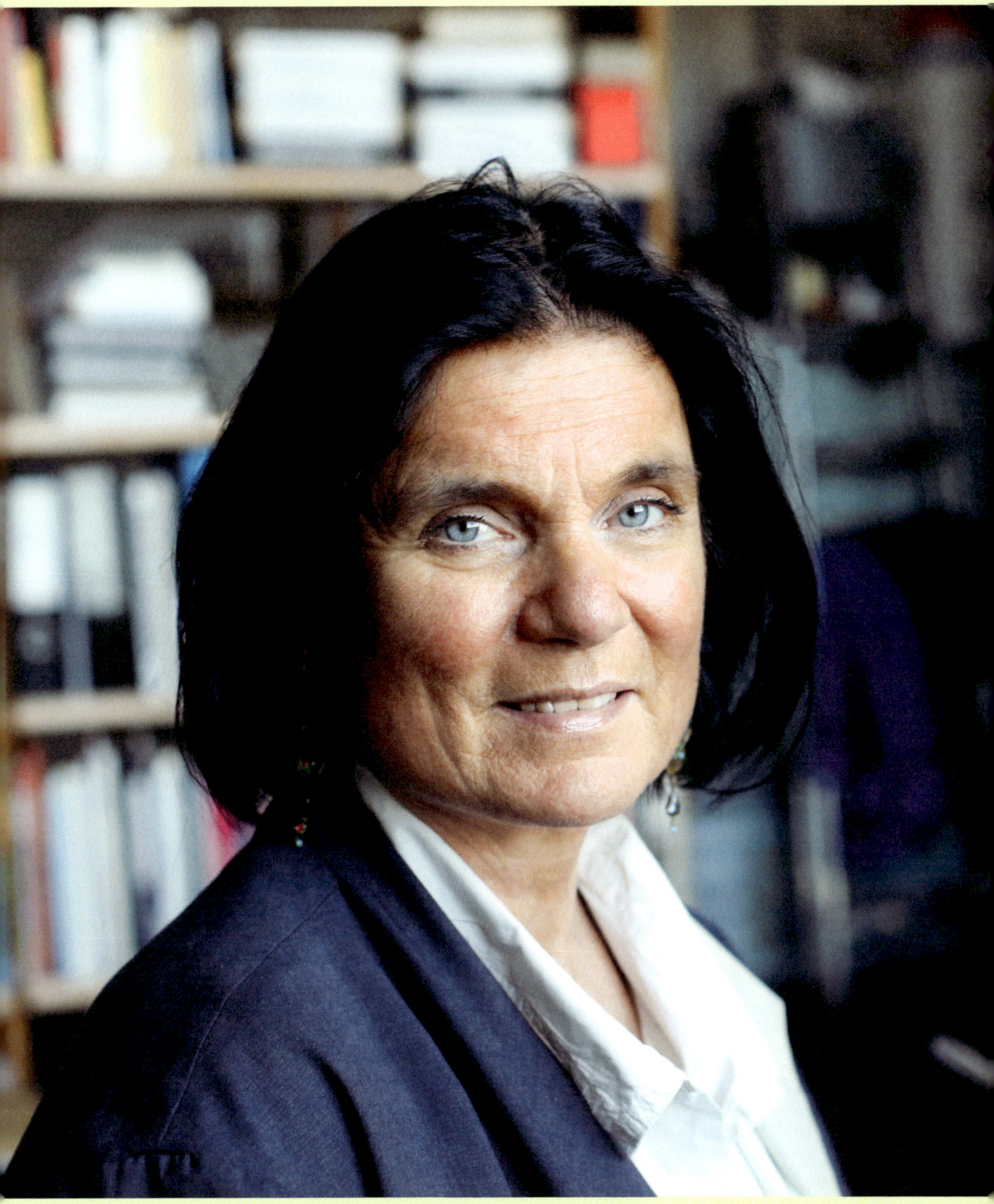

01 Barbara Putz-Plecko, 2021, © Peter Putz

KURZBIOGRAFIEN DER AUTOR*INNEN

Karin Altmann ist Künstlerin, Kunstvermittlerin, Forscherin und lehrt an der Abteilung *Textil* das Färben mit Naturfarbstoffen, Textildruck und textile Produktionsfelder. Seit 2004 initiiert sie transkulturelle Projekte mit Partner*innen aus Bhutan, Kirgistan, Mexiko, Japan, Ghana und Mali sowie Kunstprojekte mit Kindern, Menschen mit Behinderungen, Geflüchteten und Frauen in psychischen und sozialen Krisen. Ihr Forschungsinteresse gilt im Besonderen der Erschließung des Textilen als spezifische Medialität, seiner Erscheinungsform und Bedeutung in Kunst, Kultur und Gesellschaft sowie seinem Potenzial als Vernetzungsmodell.

Mehdi Aminian ist ein multidisziplinärer Wissenschaftler und Künstler, der in verschiedenen Teilen der Welt Geisteswissenschaften, Musik, Ethnomusikologie und Informatik studierte. Seine Erfahrungen fließen in die Leitung des Musikvereins und Labels Roots Revival ein. Derzeit arbeitet er an einer Doktorarbeit zum Thema Gesangskulturen rund um die Teppichweberei im Iran an der Universität Wien in Zusammenarbeit mit der Österreichischen Akademie der Wissenschaften.

Daniel Aschwanden († 2021) war Performer, Choreograf, Regisseur und Kurator. Mit *Tanzsprache* gründete er das erste Festival der freien Szene Wien. Im Rahmen von *Bilderwerfer* arbeitete er mit Tänzer*innen mit besonderen Bedürfnissen und erhielt mit der Gruppe den Staatspreis des Bundesministeriums für die richtungsweisende integrative künstlerische Leistung. In den folgenden Jahren verschob sich sein Arbeitsschwerpunkt zur performativen Praxis im öffentlichen Raum und zu Fragen nach der Rolle der Kunst in urbanen Entwicklungsprozessen. Er war Mitbegründer vieler Kunstinitiativen und Plattformen und lehrte im Studium *Social Design – Art as Urban Innovation* sowie an der Abteilung *Kunst und kommunikative Praxis*. Zuletzt wirkte er maßgeblich am Aufbau des *Angewandte Performance Lab (APL)* mit.

Manora Auersperg studierte Kunstpädagogik und Textil (Universität für angewandte Kunst Wien), Psychoanalytische Pädagogik (Universität Wien) und Bühnenkostümdesign (HdK Berlin). Ihre Tätigkeit als Lehrende an der Abteilung *Textil* ist eng mit ihrer künstlerischen Praxis verbunden. Ihre Projekte entwickeln sich entlang dem Interesse am Menschen und seiner Lebenswelt; sie untersuchen den menschlichen Körper in Bezug auf räumliche und soziale Kontexte, regen Interaktion an, hinterfragen Wahrnehmung und die Verinnerlichung kultureller Muster. Als Forscherin, Lehrende, Kostümbildnerin und Künstlerin arbeitet sie häufig in inter- und transdisziplinären Kooperationen.

Gerald Bast, ab dem Jahr 2000 Rektor der Universität für angewandte Kunst Wien, setzte sich als solcher in seiner knapp 24-jährigen Amtszeit mit enormer Energie für Reform und Erneuerung der Bildung ein und initiierte neue, disziplinenübergreifende Programme sowohl in Lehre wie in Forschung. Er arbeitete intensiv und mit großem Erfolg an der internationalen Vernetzung und Positionierung der Universität. Unter seiner Führung wurde die „Angewandte" 2022 als einzige österreichische Universität in den Kreis der 38 innovativsten europäischen Hochschuleinrichtungen aufgenommen. Durch den von ihm auf verschiedenen Ebenen initiierten und geförderten Austausch zwischen Kunst und Wissenschaft und durch seine klare gesellschaftspolitische Haltung hat er national und international wichtige und nachhaltigen Impulse gesetzt.

Marietta Böning studierte Philosophie, Literaturwissenschaft und Psychologie in Gießen sowie Kulturmanagement und -wissenschaft in Wien. Sie publiziert kultur- und literaturwissenschaftliche Beiträge, Literaturkritiken sowie Lyrik und lehrte Lyrik und Essay am *Institut für Sprachkunst* an der Universität für angewandte Kunst Wien. Eben dort ist sie als Projektassistentin des Vizerektors für Forschung und Digitalisierung (vormals der Vizerektorin für Forschung und Diversität, Barbara Putz-Plecko) beschäftigt.

Heidi Call studierte Kunstpädagogik und Textil an der Universität für angewandte Kunst Wien; seit 2005 ist sie Lektorin an der Abteilung *Textil* und betreut Projektarbeiten in Textiltechnologie, Mode, Materialkultur und Forschung. Nach ihrer Lehrtätigkeit an der Kunstuniversität Linz im Bereich Mode lehrte sie experimentelle Entwurfsstrategien an der Modeschule Hetzendorf (Wien) und ab 2008 an der Kunst-ModeDesign Herbststraße (Wien) Modedesign, Kollektionsplanung und -entwicklung, Textildesign und Textilpraxis. Ihr Fokus liegt auf dem Textildruck, textiler Materialentwicklung sowie thermoplastischen und laserunterstützten Oberflächentechniken.

Danica Dakić ist Künstlerin und dzt. Professorin an der Akademie in Düsseldorf, arbeitet mit Fotografie, Video und Film –, oft mit performativen und partizipativen Prozessen – um Bilder zu schaffen, die kulturelles Gedächtnis und Identität, Sprache und Rollenbilder sowie Geschichte in ihrer ständigen Veränderung und in ihren utopischen Potenzialen befragen. Ihre Werke werden in Museen und Großausstellungen weltweit gezeigt: u. a. im Bauhaus Museum Weimar, im Museum für Moderne Kunst Frankfurt, im Hammer Museum Los Angeles, in der Generali Foundation Wien und in der Kunsthalle Düsseldorf, auf der documenta 12 (2007), den Biennalen von Istanbul (2003 und 2009), Sydney (2010), São Paulo (2014) und Venedig (2019). 2010/11 war sie Gastprofessorin an der Abteilung *Kunst und kommunikative Praxis.*

Dobrila Denegri ist Kunsthistorikerin und Kuratorin zahlreicher Ausstellungen mit Künstler*innen wie Marina Abramovic, Alfredo Jaar, Gustav Metzger, Ernesto Neto und Thomas Saraceno. Sie wirkt seit mehr als dreißig Jahren an bedeutenden Institutionen der Künste. Unter anderem ist sie die künstlerische Leiterin von nKA/ICA (Belgrad), war Kuratorin am MACRO (Museum für zeitgenössische Kunst) in Rom, Dozentin für Kunst und Mode an der Universität La Sapienza in Rom und lehrt aktuell in Florenz. Von 2016 bis 2020 leitete sie ein Kooperationsprojekt der Akademia Sztuk Pięknych w Warszawie, der Universität für angewandte Kunst Wien und der University of the Arts London. Daraus entstand das international gezeigte Ausstellungsprojekt *Transfashional.*

Simonetta Ferfoglia (Gangart), Künstlerin, Kuratorin und Bühnenbildnerin, realisiert Kunst-, Medien- und Community-Projekte und kommuniziert kritische Positionen zu Territorium, Stadt und materieller Kultur. Kooperationspartner waren u. a.: Austrian Cultural Forum New York, Architekturbiennale Venedig, Architekturzentrum Wien, Bayrisches Staatsschauspiel München, Carnegie Museum Philadelphia, CCA Tbilisi, CIVA Brussels, Elias Canetti Gesellschaft Ruse, MAK Wien, Műcsarnok Budapest, Steirischer Herbst Graz, Wiener Festwochen. Sie lehrte an Universitäten in Österreich (u. a. war sie Gastprofessorin an der Abteilung *Kunst und kommunikative Praxis*), in den Niederlanden, der Slowakei, der Tschechischen Republik und Syrien.

Susanne Frantal lehrt an der Pädagogischen Hochschule Wien am IEP (Institut für Elementar- und Primarbildung) sowie am *Zentrum Didaktik für Kunst und Interdisziplinären Unterricht* an der Universität für angewandte Kunst Wien. Das Thema ihrer Dissertation – *Manuelle textile Techniken als künstlerisches Ausdrucksmittel in Wien von 1915 bis 2015* – spiegelt sich in ihren künstlerischen Werken wider. Nach dem Abschluss ihres Lehramtsstudiums an der Universität für angewandte Kunst Wien blieb sie mit der Abteilung *Textil* als Expertin für Stickerei verbunden.

Susanne Gobl studierte an der Universität für angewandte Kunst Wien Mode bei Jean-Charles de Castelbajac und diplomierte bei Vivienne Westwood. Als Modedesignerin war sie in Italien, in der Schweiz und in der Textilfabrik ihrer Familie in Niederösterreich tätig. Als Kostümbildnerin arbeitete sie am Theater und für Werbefilme. Sie ist an einem Gymnasium Kunst- und Textilpädagogin und war bis 2014 Arbeitsgruppenleiterin für Textiles Werken für den AHS-Bereich Niederösterreich. 2015 schloss sie ihr Lehramtsstudium an der Universität für angewandte Kunst Wien ab. An der Abteilung *Textil* wirkte sie als Expertin für Strick und Mode.

Alice Götz studierte an der Universität für angewandte Kunst Wien in den Klassen für Textiles Gestalten (Sepp Moosmann), Werkerziehung (Wilhelm Cermak) und Bildnerische Erziehung (Isabelle Graw). Sie ist Kunstpädagogin an einem Wiener Gymnasium und lehrt an der Universität für angewandte Kunst Wien an der Abteilung *Textil* seit 1998. Ihr Schwerpunkt ist die Entwicklung digitalen Textildesigns, das auf permanentem Research im Bereich Tilings/Patterns mit Fokus auf neue Entwicklungen wie Micro/Macro World, Deep Learning, GPT, KI/AI und Bio-Datentransfer (Brain Waves, Polygraph) aufbaut.

Barbara Graf studierte Malerei an der Universität für angewandte Kunst Wien bei Maria Lassnig. Seit 2004 lehrt sie an der Abteilung *Textil*. Schwerpunkt ihrer künstlerischen Arbeiten sind Untersuchungen zu Körperdarstellungen und -wahrnehmungen und flexible Skulptur als zweite Haut in den Medien Textil, Zeichnung, Skulptur, Fotografie und Film. Seit 2004 beteiligt sie sich an künstlerischen Forschungsprojekten im Kontext der Medical Humanities. 2024 promovierte sie zu *Stitches and Sutures* im Rahmen des PHD-Programms *Artistic Research* an der Universität für angewandte Kunst Wien.

Katharina Heinrich lebt und arbeitet in Wien. Sie studierte Bildhauerei an der Akademie der bildenden Künste Wien bei Bruno Gironcoli. Von 2003 bis 2022 lehrte sie an der Universität für angewandte Kunst Wien an der Abteilung *Textil*. Arbeitsaufenthalte führten sie nach Oslo, Paris, Rom und Berlin. Ihre ästhetische und formale Sprache erweitert den Skulpturenbegriff um neue Materialien, neue Platzierungen und neue Benutzerformen. Ihre Arbeiten werden in Ausstellungen national und international gezeigt.

Paul-Reza Klein ist leidenschaftlicher Kunst-, Design- und Technologiepädagoge, Designer, Forscher und Mitbegründer von *Studio Praxistest* (www.praxistest.cc), einer offenen und experimentellen Studiosituation mit einem spielerischen Zugang zu analogen/digitalen Schnittstellen. Er verfügt über mehr als 15 Jahre Erfahrung in der Entwicklung von Bildungstools und Spielen und ist auf interdisziplinären, institutionenübergreifenden Technologietransfer spezialisiert. Derzeit arbeitet er an der Universität für angewandte Kunst Wien (Studio Praxistest) und am Gymnasium G11 Geringergasse.

Ulrich Kühn ist Künstler und Lektor an der Universität für angewandte Kunst Wien und – gemeinsam mit Robert Zimmermann und Paul Reza Klein – Initiator der experimentellen Werkstatt *Studio Praxistext,* die an der Schnittstelle von Medienkunst, Sound Art, Physical Computing und Rapid Prototyping agiert. *Studio Praxistest* betreut Studierende der Abteilungen *Textil, Design, Architektur und Environment für Kunstpädagogik* sowie *Kunst und kommunikative Praxis.* Kühn arbeitet in den Grenzbereichen von Klang, Installationen, Licht und Elektronik. Er unterrichtet, ist im Ausstellungsfeld aktiv, gibt Konzerte und bespielt Film- und Musikfestivals.

Ebru Kurbak ist eine international tätige Künstlerin und Forscherin. Sie lebt und arbeitet in Wien. In ihrer künstlerischen Praxis arbeitet sie an der Schnittstelle zwischen Kunst, Technologie, Kultur und Politik, mit besonderem Fokus auf die politische Dimension von Alltagsräumen, Technologien und Routinen. Derzeit ist sie Senior Research Fellow an der Universität für angewandte Kunst Wien und leitet das vom Österreichischen Wissenschaftsfonds geförderte künstlerische Forschungsprojekt *The Museum of Lost Technology* (2020–2024). 2020–2022 war sie Gastprofessorin an der Abteilung *Textil.* Kurbak erhielt 2019 das LACMA Art and Technology Grant und kooperiert seitdem mit der MIT Media Lab Space Exploration Initiative.

Eva Lachner studierte an der Hochschule für angewandte Kunst in Wien bei Margarethe Rader-Soulek an der Abteilung *Dekorative Gestaltung und Textilentwurf.* Von 1977 bis 2014 war sie Lehrende und Leiterin des Webateliers an der Abteilung *Textil.* Sie vermittelte die Weberei nicht nur als bedeutende Kulturtechnik, sondern auch als zeitgenössisches künstlerisches Medium. Sie selbst hat in der Tapisserie ihr künstlerisches Ausdrucksmittel gefunden, wobei ihr Schaffen immer sowohl auf handwerkliche Exzellenz ausgerichtet ist als auch auf experimentelle Auseinandersetzung mit Material und Technik. Ihre Aquarelle sind farbliche und kompositionelle Skizzen für die eigentliche schöpferische Tätigkeit am Webstuhl.

Walter Lunzer ist Kunstpädagoge, Schneidermeister und Textiltechnologe. Als Lehrender an der Universität für angewandte Kunst Wien und als Unternehmer verfügt er über umfangreiche Erfahrung in verschiedenen Bereichen der Mode und Textilindustrie sowie im Feld interdisziplinärer Forschung. Zum Beispiel arbeitet er für Ottobock HealthCare Products, den Weltmarktführer im Bereich Prothesen und Orthesen. Das Zusammenwirken von langjähriger Praxiserfahrung mit Wissen und Forschungsaktivitäten in verschiedenen Produktionsfeldern bildet die Basis seiner stark auf aktuelle Entwicklungen des Feldes ausgerichteten Lehre an der Abteilung *Textil.*

Asja Mandić ist Assisstenzprofessorin für moderne und zeitgenössische Kunst und Museum Studies an der Universität Sarajevo. Sie publiziert in verschiedenen Medien, in Büchern und Journalen und wirkte als Kuratorin, unter anderem am Ars Aevi Museum Centre of Contemporary Art in Sarajevo, für den ersten Pavillon von Bosnien und Herzegowina auf der Venedig-Biennale und für eine Reihe von internationalen Ausstellungen. Sie begleitete das von Danica Dakić im Rahmen ihrer Gastprofessur initiierte Projekt *ornaMental structures. figure and ground.*

Ute Neuber ist Künstlerin und Lektorin an der Abteilung *Textil* der Universität für angewandte Kunst Wien. Schon als Teil des Kollektivs Modebus charakterisierte ihre Praxis die Hinterfragung und Auflösung konventioneller Zugänge zu Mode und Kleidung, ausgehend von einer differenzierten Wahrnehmung des Zusammenspiels von Körper, Raum, Bewegung, Interaktion, textilem Material und experimenteller Schnitttechnik. Sie bewegt sich zwischen angewandter Auftragsarbeit, freien künstlerischen Langzeitprojekten, Vermittlung und Feldenkrais und sucht bewusst den wechselseitigen Einfluss dieser Wirkbereiche als Treiber für Entwicklung.

PRINZpod, Brigitte Prinzgau und Wolfgang Podgorschek, arbeiten im Team seit 1984. Ihre künstlerische Praxis ist interdisziplinär und experimentell angelegt und hinsichtlich der Medien äußerst vielfältig. Fotografie, Zeichnung, dreidimensionale und raumbezogene Arbeiten, Collage (vor allem in der Auseinandersetzung mit Alltagskultur) sowie Film sind ineinander verwoben. Ein besonderer Fokus liegt auf künstlerischen Arbeiten im öffentlichen Raum (wie zum Beispiel *Die Entdeckung der Korridore*, Mistelbach-Passdorf, 1995; *Mahnmal Aspangbahnhof*, Wien, 2017). Ihre Arbeiten wurden in zahlreichen Ausstellungen national und international gezeigt. Ebenso lehrten und lehren sie im In- und Ausland und hatten 2015/16 eine Gastprofessur an der Abteilung *Kunst und kommunikative Praxis* inne.

Wilbirg Reiter-Heinisch absolvierte ein Lehramtsstudium für Germanistik an der Universität Salzburg und für Textiles Gestalten und Werken am Mozarteum Salzburg. Sie arbeitet als Kostümbildnerin, Künstlerin, Forscherin und Autorin und lehrte am Institut für Sekundarstufe der Pädagogischen Hochschule Wien, am Institut für das künstlerische Lehramt der Akademie der bildenden Künste Wien und an der Universität für angewandte Kunst Wien an der Abteilung *Textil.*

Katharina Sabernig studierte Medizin sowie Kulturanthropologie in Wien und publizierte über anatomische Illustrationen, visualisierte Medizin und tibetische Medizinterminologie. Inspiriert von der Vielfalt der anatomischen Darstellungen und den damit verbundenen ethischen Fragen, begann sie 2015 mit dem Stricken anatomischer Objekte. Ihr vom Österreichischen Wissenschaftsfonds gefördertes Forschungsprojekt *Knitted Anatomy* verbindet sie mit der Abteilung *Textil* der Universität für angewandte Kunst Wien.

Michael P. Schultes studierte Architektur an der Technischen Universität Wien und Sportwissenschaften an der Universität Wien. Zwischen 1982 und 2002 war er bei schulteswien unternehmerisch tätig, mit besonderer Expertise in der Umsetzung von Ideen aus Kunst, Medizin und Kommerz zu Produkten aus Kunststofffolien. Seit 1986 lehrte er an verschiedenen Universitäten: in Wien, Innsbruck, Linz, Dessau, Nanjing und an der Abteilung *Textil.* Sein Unternehmen experimonde – die Welt des Experiments gründete Schultes 2006 als universitätsbegleitende Plattform für experimentelle Architektur, u. a. zur Erforschung und Entwicklung von intelligenten Gebäudehüllen aus Membranen.

Tatia (Tamar) Skhirtladze, geb. in Georgien, lebt und arbeitet als Künstlerin und Filmarbeiterin in Wien. Sie studierte Kunstpädagogik in Georgien und Österreich sowie Bildende Kunst in den Niederlanden. Ihre künstlerischen Arbeiten oszillieren zwischen bildender Kunst und Film. Ihre Werke werden in nationalen und internationalen Ausstellungen und Filmfestivals gezeigt. Seit 2011 lehrt sie Video an der Universität für angewandte Kunst Wien für Studierende der Abteilungen *Kunst und kommunikative Praxis, Textil* sowie *Design*, Architektur und Environment für Kunstpädagogik. Sie entwickelt Kunstvermittlungsangebote und leitet Workshops zu filmkünstlerischen Praktiken.

Kristoffer Stefan lebt und arbeitet in Paris und Wien. Er ist freischaffender Künstler und Lehrender an der Abteilung *Textil*, verantwortlich für den Bereich Kunststoffe und vermittelt durch gemeinsames Experimentieren und diskursive Formate Perspektiven und Strategien, um neuen Materialien und veränderlichen Gegebenheiten mit Offenheit und forschender Neugier zu begegnen. Auch in seinen künstlerischen Projekten versucht er die traditionellen Vorstellungen von Materialität zu überschreiten und neue Verständnisebenen zwischen Kunst, Wissenschaft, Gesellschaft und Technologie zu erschließen.

Konrad Strutz ist bildender Künstler und Lehrender an der Universität für angewandte Kunst Wien mit Fokus auf Fotografie. Als solcher betreut er Studierende der Abteilungen *Kunst und kommunikative Praxis, Textil* sowie *Design, Architektur und Environment für Kunstpädagogik*. Seine künstlerische und wissenschaftliche Arbeit beschäftigt sich mit der Veränderung von Raumvorstellung durch technologische Entwicklungen und Kommunikationsmittel, mit der Bedeutung dieser Prozesse für ein Identitätskonzept und dem Zusammenhang von räumlicher und gedanklicher Struktur.

Manuel Wandl lehrt Weberei und Knüpftechniken an der Universität für angewandte Kunst Wien, Abteilung *Textil* und an der KunstMode-Design-Schule Herbststraße. Sein künstlerischer und wissenschaftlicher Fokus liegt auf diversen Handwebtechniken, den dazugehörigen Webgeräten und deren kultursoziologischen Einbettungen. Er zeigt seine textilen Arbeiten in Ausstellungen, veröffentlicht wissenschaftliche Artikel und beteiligt sich mit seiner spezifischen Expertise an regionalen und internationalen Projekten. Unter anderem war er einige Jahre ein wichtiger Partner in Kooperationsprojekten der Abteilung *Textil* in Ghana und Mali.

Robert Zimmermann studierte Kunstpädagogik an der Universität für angewandte Kunst Wien und lehrt seitdem im selben Kontext. In Kollaboration mit Uli Kühn und Paul Reza Klein betreibt er die experimentelle Werkstätte *Studio Praxistest*, welche Studierenden des Lehramts einen spielerisch-experimentellen Zugang zur Elektronikvermittlung eröffnet. Im Zentrum seiner künstlerischen und theoretischen Auseinandersetzung steht die Wechselwirkung von Electronic Engineering und Performance im Bereich der experimentellen elektronischen Musik.

DANKSAGUNG

Barbara Putz-Plecko

Ich möchte all jenen sehr herzlich danken, die seit 1997 in unterschiedlichen Funktionen zum Gelingen der Entwicklung und Profilierung der Abteilung beigetragen und jetzt mit ihren Beiträgen dieses Buch ermöglicht haben, im Besonderen allen meinen Kolleg*innen und Studierenden.

Ich bedanke mich ebenso herzlich bei all jenen, die an der Produktion dieses Buches in unterschiedlichen Funktionen aktiv und geduldig mitgewirkt haben. Ohne ihre professionelle Unterstützung und ihre Erfahrung, dank der sie mir in Zeiten größten Drucks immer ruhig begegnet sind, wäre die Publikation niemals so geworden, wie sie jetzt vorliegt.

Besonders danke ich in diesem Zusammenhang Simona Koch für ihren künstlerischen Blick auf grafische Entscheidungen, ihr großes Engagement für die Sache, ihre große Offenheit und Wärme, Barbara Wimmer für ihre immer unterstützende, umsichtige und geduldige Kommunikation mit uns nächsten am Produktionsprozess Beteiligten sowie für ihre zusätzliche lektorielle Unterstützung, Bernadette Krogger für das ausgezeichnete und sorgfältige Lektorat und ihre Geduld mit immer wieder verzögert eingereichten Texten, Farkas Pintér und dem Institut für *Konservierung und Restaurierung* für die Aufnahmen unter dem Elektronenmikroskop, Peter Putz für die aufwändige Bildbearbeitung und seinen immerwährenden Support und nicht zuletzt Marietta Böning, die über mehrere Jahre mit großem Engagement die Produktion vorbereitete und unterstützte und außerdem dankenswerterweise das zweite Lektorat übernommen hat.

Ich danke darüber hinaus allen internen und externen Partner*innen für die große Bereicherung durch ihre Expertise, ihren Blick von außen und dass sie uns Türen in kollaborativen Prozessen geöffnet haben.

Ich danke Gerald Bast, der als Rektor nicht nur die Rahmenbedingungen und Bewegungsmöglichkeiten für uns alle über viele Jahre gesichert und erweitert hat, sondern auf Basis seines engagierten Einsatzes für Universität, Kunst, Wissenschaft, Bildung und gesellschaftliche Verantwortung viele Entwicklungen und Öffnungen selbst angestoßen bzw. interessiert begleitet hat. Er schuf ein Klima der sozialen Offenheit und eines disziplinenübergreifenden Interesses, das intern wie weltweit Kontakte, Netzwerke und Kooperationen ermöglichte.

Ein ebenfalls großer Dank gilt Frank Müller, der immer für alles und uns alle sorgte.

Und ich bedanke mich bei der Universität für angewandte Kunst Wien sowohl für die Unterstützung dieser Produktion als auch vor allem für die immens wertvollen, bereichernden und inspirierenden Jahre, die ich in der Gemeinschaft aller, die diese Universität sind, verbringen durfte.

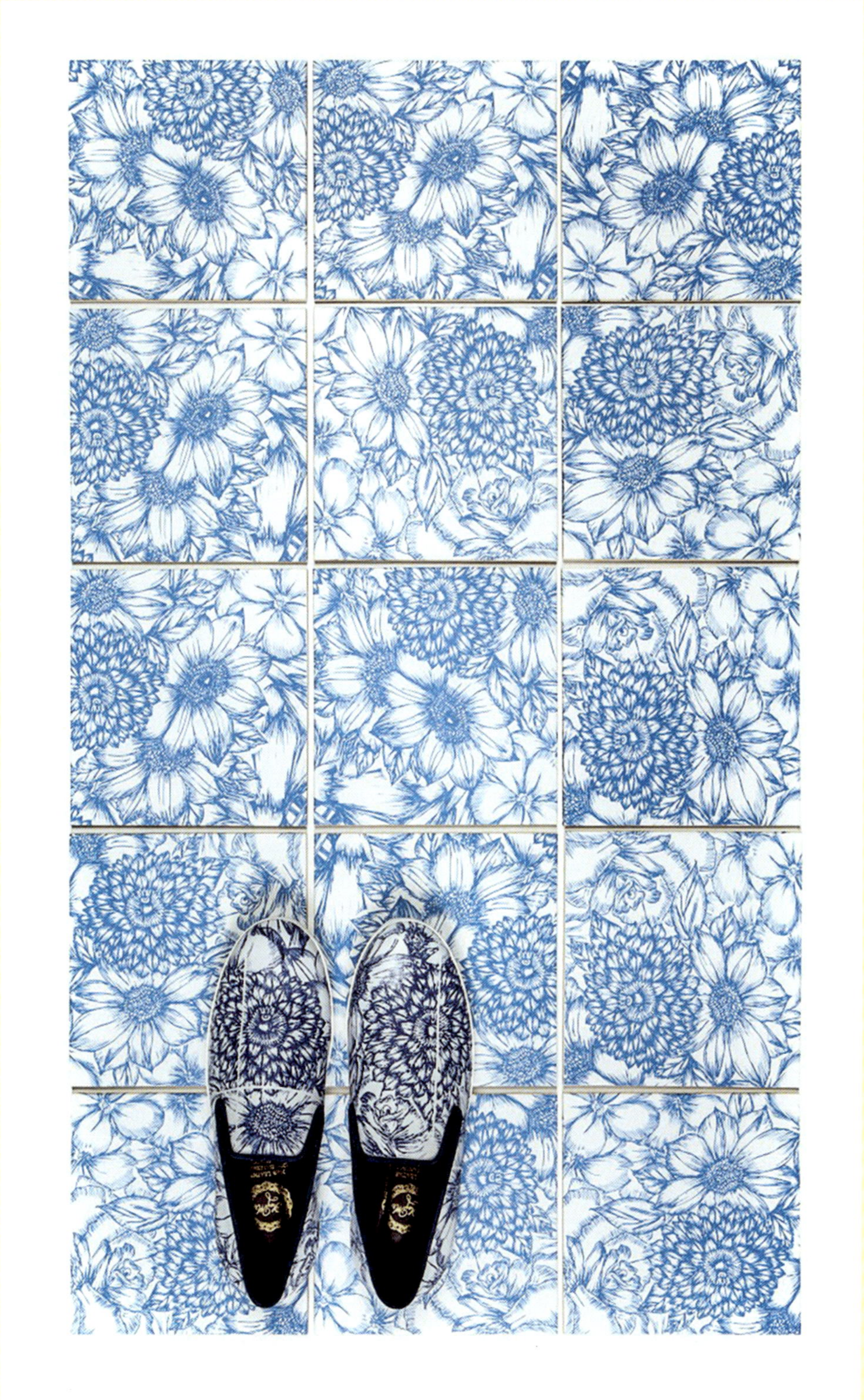

01 László Lukács, *Männerschuh*, 2015. Installation mit Fliesen für roter faden-textilforce, © László Lukács

IMPRESSUM

Barbara Putz-Plecko (Hrsg.)

Projektleitung „Edition Angewandte" für die Universität für angewandte Kunst Wien: Barbara Wimmer, A-Wien

Redaktion:
Marietta Böning, A-Wien

Übersetzung der Beiträge von:
Mehdi Aminian, Dobrila Denegri und Ebru Kurbak: Marietta Böning, A-Wien

Korrektorat/Lektorat:
Bernadette Krogger, A-Graz

Umschlagabbildung:
Simona Koch, Farkas Pintér, A-Wien

Buchdesign, Layout und Satz:
Simona Koch, A-Wien
Mitarbeit: Almut Rink, A-Wien

Litho:
Peter Putz, ewigesarchiv.at, A-Wien

Druck:
Holzhausen, die Buchmarke der Gerin Druck GmbH, A-Wolkersdorf

Papier:
Salzer Touch 120 g/m² und 300 g/m²

Schriften:
Neuzeit Grotesk – URW Type Foundry,
Kepler von Robert Slimbach – Adobe Originals

Library of Congress Control Number: 2025931844

Bibliografische Information der Deutschen Nationalbibliothek

Die Deutsche Nationalbibliothek verzeichnet diese Publikation in der Deutschen Nationalbibliografie; detaillierte bibliografische Daten sind im Internet über http://dnb.dnb.de abrufbar.

ISSN 1866-248X

Geografien des Textilen (Bd. 1):
ISBN 978-3-11-145760-4

Geografien des Textilen (Bd. 1):
e-ISBN (PDF) 978-3-11-145818-2

Heterotopien des Künstlerischen (Bd. 2):
ISBN 978-3-11-145774-1

Heterotopien des Künstlerischen (Bd. 2):
e-ISBN (PDF) 978-3-11-145819-9

Genthiner Straße 13, 10785 Berlin

www.degruyter.com

Fragen zur allgemeinen Produktsicherheit:
productsafety@degruyterbrill.com

TRANSFORMATION HAUTBILDUN
NÄHEN TEXTILDRUCK FADEN
REPARIEREN KÖRPER STOFF
TECHNOLOGIE MEDIEN KULTUR
PARTIZIPATION KOLLABORATIO
MOBILE ARCHITEKTUR ORNAME
TRANSDISZIPLINÄR TRANSKULT
POSTKOLONIAL POTENZIALITÄ
KLEIDUNG TEXTILES IDENTITÄT
GENDER WISSENSCHAFT KUNS
HISTORISCH ZUKUNFT RESSO
TRANSVERSAL POLITISCH BILD
POLIPERSPEKTIVISCH WEICH A
AMBIVALENT AMBIGUITÄT ZV
PROVOKATION GRUPPE RAUM
REFLEXIVITÄT FAIR TRADE N
POTENZIALRESTAURIEREN VERM
DEKOLONIALISIEREN VISUELLE